OV 40998

B7
AFN
M480

Gérer et assurer la qualité

ACCUEIL AFNOR
01 42 91 55 55

Standard d'accueil général

INFO NORMES
01 42 91 55 33

Aide à l'identification des normes
et des domaines réglementés

INFO VENTE
01 42 91 55 34

Toute l'information commerciale
sur les produits et prestations
AFNOR

RELATIONS ADHÉRENTS
01 42 91 55 99

Accueil adhérents
Informations sur l'adhésion
à l'AFNOR

INFO CERTIFICATION
01 42 91 60 60

Information sur la certification
des produits et services
et sur la marque NF

CONTACT FORMATION
01 42 91 55 22

Information sur les stages
de formation interentreprises

Gérer et assurer la qualité

6e édition

QUALITÉ ET EFFICACITÉ
DES ORGANISATIONS

AFNOR

Note importante

Les normes sont susceptibles d'être révisées pour tenir compte de l'évolution des techniques, des travaux européens ou internationaux. Il est conseillé de vérifier qu'une norme est toujours en vigueur.

Le présent recueil est à jour à la date du 3 juillet 1996, grâce au concours de nombreuses personnes, qui ont su participer et aider étroitement à sa réalisation, en particulier **Stéphane Mathieu, Corinne Del Cerro, Marie-Hélène Notis,** ingénieurs en normalisation.

AFNOR - Tour Europe - 92049 Paris La Défense Cedex - Tél. : 01 42 91 55 55

Sommaire

Introduction

GERER ET ASSURER LA QUALITÉ 1996

UN OUTIL POUR CONSTRUIRE ET PÉRENNISER
VOTRE DÉMARCHE QUALITÉ

1996 marque la finalisation des spécifications pour la deuxième vague d'amélioration des normes de base de la série ISO 9000 avec la révision "phase 2" ciblée pour l'an 2000. Cette mise à jour interviendra donc treize ans après leur sortie officielle et six ans après la première réactualisation de 1994. Ce parcours est la parfaite illustration que la normalisation se doit d'être à l'écoute des utilisateurs, et donc impérativement suivre non seulement les évolutions techniques ou la mutation des marchés mais aussi les changements de comportement.

Quelques rappels sur l'origine des normes de la série ISO 9000

C'est en 1979 que l'ISO (l'organisation internationale de normalisation) met en place le Comité Technique (le TC 176), qui prend en charge l'élaboration des normes sur le management et l'assurance de la qualité. Avec comme objectif de faciliter les relations contractuelles client/fournisseur par l'élaboration d'un référentiel international permettant, entre autres, de diminuer le poids représenté par la multiplicité des audits pour les entreprises qui fournissaient des produits à plusieurs clients dans des secteurs d'activité différents.

La première publication de la série des normes ISO 9000 de base (ISO 8402, ISO 9000, ISO 9004 et ISO 9001/2/3) date de 1987.

Très vite, les trois normes modèles pour l'Assurance de la Qualité ont acquis une notoriété mondiale, et ont été utilisées pour la certification d'entreprise par tierce partie. Il est néanmoins utile de rappeler que l'application des normes ISO (et de celles de la famille ISO 9000 en particulier) reste volontaire. Pour autant, le fait qu'elles soient élaborées en réponse aux demandes du marché et se fondent sur un consensus entre les parties intéressées leur assure une utilisation généralisée. Ainsi plus de 80 pays ont à ce jour repris les normes de la série ISO 9000 dans leur collection nationale. En France, elles sont publiées sous la référence NF EN ISO 9000, ce qui indique qu'elles ont été reprises en normes européennes avant d'être incorporées dans la collection nationale.

Il convient de faire attention à l'utilisation de l'expression "certification ISO". En effet, l'ISO n'a pas d'activité d'évaluation de la conformité, bien que ses instances techniques élaborent des lignes directrices qui établissent les fondements d'une bonne pratique. L'ISO ne délivre donc pas de certificat. L'expression correcte est **"certification selon ISO 9000"**, et si l'on souhaite être très précis "certification de conformité aux exigences de la norme ISO 9001" par exemple (ou 9002 ou 9003).

Les normes ISO 9001, ISO 9002 et ISO 9003 constituent donc des *référentiels* pour la certification. Le choix du référentiel est essentiellement lié à la nécessité de donner confiance aux clients dans le fait que leurs besoins seront satisfaits. Il s'agit de démontrer la maîtrise des processus de réalisation du produit en fonction de la <u>complexité</u> de ce produit. Par contre, ces référentiels ne sont pas attachés à un <u>niveau de performance</u> du produit. Ils prennent différemment en compte les processus allant de la conception d'un produit (ou d'un service) au soutien après la vente.

Il convient de choisir la norme ISO 9001 comme référentiel d'organisation, lorsque le système qualité de l'entreprise couvre les activités allant de la conception jusqu'au soutien après la vente.

La norme ISO 9002 reprend l'ensemble des chapitres de l'ISO 9001 à l'exception des activités de conception. Elle sera indiquée pour toute entreprise voulant démontrer son aptitude à maîtriser ses processus de fabrication ainsi que les services associés à ses produits.

Enfin, la norme ISO 9003 spécifie des exigences en matière de système qualité à utiliser lorsque l'entreprise veut démontrer sa capacité à détecter toute non-conformité du produit, et à maîtriser les dispositions correspondantes pendant les contrôles et essais finals.

Il est important de rappeler que **ces modèles sont génériques et donc indépendants du secteur d'activité ou de la taille de l'entreprise.**

Pourquoi un nouveau recueil en 1996 ?

Près de dix ans après leur parution, les normes de la série ISO 9000 connaissent un succès indiscutable et s'inscrivent comme la référence mondiale en matière de management et d'assurance qualité. La barre des 100 000 entreprises certifiées dans le monde a été dépassée (en France, près de 7000 entreprises ont obtenues le certificat). Pratiquement, tous les secteurs économiques ont adopté les normes ISO 9000 depuis les secteurs industriels classiques tels que la mécanique, la chimie, l'électronique, ... jusqu'aux activités de services (par exemple les SSII, les organismes de formation,... mais aussi les services aux particuliers comme les banques ou les assurances).

Cependant, l'engouement pour les modèles contractuels marqué par ces progressions exponentielles au niveau de la certification est contrasté par la faible exploitation des autres normes relatives au management de la qualité ou à ses outils, tant nationales qu'internationales.

Les différentes études révèlent ainsi que bon nombre d'entreprises se sont focalisées sur les référentiels de "démonstration" sans assurer les fondations de leur projet qualité avec les guides et outils de la série ISO 9004 et ISO 10000, mais également les différentes normes françaises. Il n'est donc pas étonnant qu'aujourd'hui les questions d'après-certification et de maintenance du système qualité soient si souvent au centre des débats.

Au niveau international, il est bon de rappeler que la famille ISO 9000 a été conçue pour comprendre le paysage normatif du management et de l'assurance qualité (la carte routière ISO 9000-1), pour construire le système qualité (la série ISO 9004), pour le "démontrer" (ISO 9001, ISO 9002 et ISO 9003), pour le maintenir et l'améliorer (série ISO 10000).

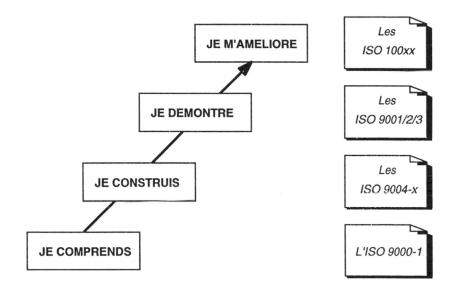

D'ores et déjà, les orientations de la révision "phase 2" des ISO 9000 vont renforcer cette logique d'approche en simplifiant la famille de base et ainsi assurer une meilleure cohérence vis-à-vis de l'utilisateur (cf. partie sur l'évolution des normes ISO 9000 à l'horizon 2000, p. 597).

C'est dans le même esprit d'une exploitation optimale de l'outil normatif que le présent recueil a été bâti.

De par sa nouvelle structure et le choix des normes, il vous permettra de répondre à la question suivante : "comment construire efficacement un système qualité tout en assurant sa pérennité dans le temps ?". La carte routière ci-après vous décrit ainsi les différentes catégories de normes qu'il est recommandé d'exploiter pour garantir le succès des étapes d'un projet qualité. Ces catégories sont au nombre de quatre :

1. la famille ISO 9000 : les normes fondamentales

2. les processus dans l'entreprise

3. le pilotage par la qualité

4. la documentation du système qualité

Pour aller plus loin et anticiper sur demain, les annexes vous présenteront les grandes lignes de l'évolution des normes ISO 9000 à l'horizon 2000, ainsi qu'un fascicule de documentation, le FD X50-175 sur la cohérence des démarches de maîtrise globale de la qualité, assurance de la qualité et ISO 9000. Les deux normes de terminologie sur le management et l'assurance de la qualité, l'ISO 8402 (considérée comme norme de base de la famille ISO 9000) et la X50-125, ont été volontairement placées vers la fin du recueil pour des raisons pratiques dans l'objectif de les exploiter comme un lexique.

Une bibliographie normative, une liste des recueils et principaux ouvrages, et des adresses utiles sur le domaine de la qualité vous permettront de disposer de références complémentaires sur le sujet.

Stéphane MATHIEU
Service Efficacité de l'Entreprise
AFNOR

GERER ET ASSURER LA QUALITE 1996
LA CARTE ROUTIERE

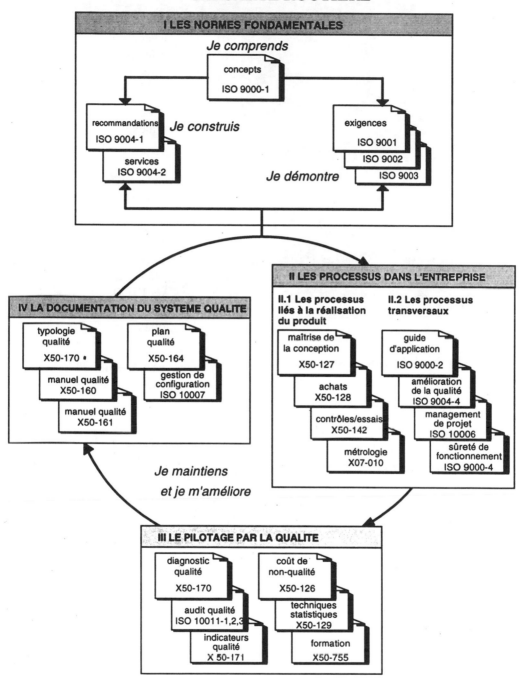

Pour ne pas vous fier aux apparences, fiez-vous à cette différence.

Face à l'exigence de NF, tous les produits ne sont pas égaux. A partir des normes, la rigueur des tests et l'impartialité des contrôles marquent cette différence : plus de qualité, plus de sécurité et le souci de mieux répondre aux attentes des utilisateurs. CONTACT : (1) 42 91 56 39

R E M A R Q U E Z   L A   D I F F E R E N C E

NF Service :
la garantie du sérieux et de la qualité des services de déménagement

Conscients de la nécessité d'offrir un service de qualité et soucieux d'acquérir la confiance des consommateurs, les professionnels du déménagement ont demandé à l'AFNOR de créer un label de confiance : la marque NF Service. Elle garantit la qualité, la fiabilité et le sérieux du service fourni, protège les consommateurs des escroqueries et des abus. Aujourd'hui, des entreprises de déménagement de particuliers sont déjà titulaires de la marque NF Service. Pour tout connaître sur la marque NF Service, contactez l'AFNOR au 01 42 91 60 52.

Tour Europe - 92049 Paris La Défense Cedex

I. LES NORMES FONDAMENTALES

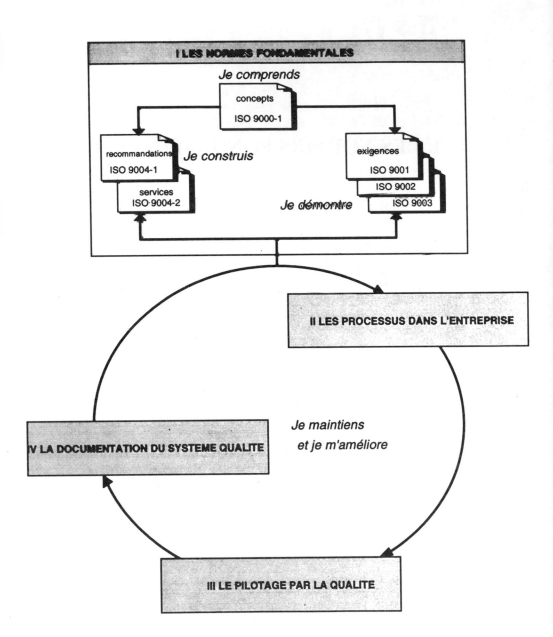

ISSN 0335-3931

norme européenne
norme française

NF EN ISO 9000-1

Août 1994

Indice de classement : X 50-121-1

Normes pour le management de la qualité et l'assurance de la qualité

Partie 1 : Lignes directrices pour leur sélection et utilisation

E : Quality management and quality assurance standards —
Part 1 : Guidelines for selection and use
D : Normen zur Qualitätsmanagement und zur Darlegung von
Qualitätsmanagementsystemen — Teil 1 : Leitfaden zur Auswahl
und Anwendung

Norme française homologuée par décision du Directeur Général de l'AFNOR le 5 juillet 1994 pour prendre effet le 5 août 1994.

Remplace la norme homologuée NF EN 29000, de décembre 1988 (indice de classement : X 50-121).

correspondance   La norme européenne EN ISO 9000-1:1994 a le statut d'une norme française.

analyse   Le présent document clarifie les relations entre les principaux concepts relatifs à la qualité. Il fournit les lignes directrices pour la sélection et l'utilisation des normes de la famille ISO 9000 relative au management de la qualité et à l'assurance de la qualité.

descripteurs   **Thésaurus International Technique** : management de qualité, assurance de qualité, audit de qualité, système d'assurance qualité, sélection, utilisation, conditions générales.

modifications   Par rapport à la précédente édition, présentation de nouveaux concepts et développement de la présentation de la famille ISO 9000.

corrections

éditée et diffusée par l'association française de normalisation (afnor), tour europe cedex 7 92049 paris la défense — tél. : (1) 42 91 55 55

AFNOR 1994   © AFNOR 1994   1er tirage 94-08

Membres de la commission de normalisation

Président : M VAISENBERG

Secrétariat : MME DEL CERRO — AFNOR

M	AFFATICATI	MATRA GENERAL SA
M	ANGELINI	ASCII QUALITATEM
M	ARDAULT	SNCF
M	AULAGNER	IPEQ
M	BABY	EDF/DER
M	BAUDON	RNUR
M	BELLAMIT	SYMEDIA
M	BERNARD	GIAT INDUSTRIES
M	BESSIN	ABB CONTROL
M	BLAIZOT	FIEE
M	BLANC	CTDEC
M	BONNOME	
M	BRUNSCHWIG	
M	BUSSARD	EXECUTIVE CONSULTANT SA
M	CALMELS	DGA DION MISSILES ET ESPACE
M	CANCE	
M	CANIS	LIONEL CANIS CONSEIL
M	CARLU	
M	CATINAUD	ISOVER SAINT GOBAIN
M	CATTAN	FRAMATOME SA
M	CAUDRON	GEC ALSTHOM TRANSPORT
M	CHASSIGNET	
M	CLOCHARD	GEC ALSTHOM T & D
M	COMBRET	RENAULT VEHICULES INDUSTRIELS
M	COPIN	CM CONSULTANTS
MME	DECROIX	BULL SA
M	DEDEWANOU	ROUSSEL UCLAF
MME	DEJEAN DE LA BATIE	UIC
M	DEL FABBRO	MATRA DEFENSE
MME	DELORT	UTE/SNQ
M	DESMARES	DGA/DCA
M	DOULIERY	AEROSPATIALE
M	DUPUIS	EDF
M	DUTRAIVE	
M	ETIENNE	DAEI
M	FABBRI	LORIENT NAVAL ET INDUSTRIES
M	FOURCADE	MATRA DEFENSE
M	FROMAN	
M	GAUTHIER	ATT GIS
M	GENESTE	CRCI
M	GERVASON	CENTRE TECHNIQUE DU PAPIER
MME	GILLIOT	
M	GODET	CIE SALINS MIDI ET SALINES EST
M	GRANGER	FRANCE TELECOM SCT
M	HAMES	3M FRANCE

M	IACOLARE	ALTRAN TECHNOLOGIES
M	KOLUB	SGS QUALITEST
M	KRYNICKI	HEWLETT PACKARD FRANCE
M	L'HERMITTE	EDF
M	LALLET	GEC ALSTHOM ELECTROMECANIQUE
MME	LAVALETTE	SYSECA SA
M	LE CLANCHE	FRANCE TELECOM SCT
M	LIETVEAUX	BNIF
M	LOLIVIER	LOGIQUAL
M	MAUGUIERE	THOMSON CSF
MME	MAURER	CISI
M	MIGNOT	MATRA DEFENSE
M	MILLERET	SOMELEC SA
M	MIRANDA	ARMEMENT SERVICES
M	MITONNEAU	AMOVI EURL
M	MONTJOIE	CEA
M	MOUGAS	CAMIF
MME	NEEL	DASSAULT AVIATION
M	NICOLAS	FIM
MME	NOTIS	AFNOR
M	OGER	INCHCAPE TESTING SERVICES
MME	OUDIN DARRIBERE	
M	PAILHES	RHONE-POULENC CHIMIE
M	PIZON	FRANCE TELECOM SCT
M	QUEREL	PQI GENIE QUALITE
M	QUINIO	TECHNIP
MME	RENARD	LABORATOIRES METROLOGIE D'IVRY
MME	RENAUX	SOCOTEC QUALITE
M	RICHER	HEI
M	ROULEAU	GDF — DION PRODUCT TRANSPORT CTO
M	SAMPERE	CEP SYSTEMES
M	SANS	
M	SEGOY	LA POSTE
M	SERVAJAN	D'HERMY CONSEIL SA
MME	SIDI	CAP GEMINI SOGETI
M	THORETTON	AUTOMOBILES CITROEN
M	THOUSCH	SGS QUALITEST
M	TILLET	RENAULT VEHICULES INDUSTRIELS
M	TRAPON	BUREAU VERITAS
M	VAISENBERG	AFAQ/ICA
M	VINCENT	LEXMARK INTERNATIONAL SA
M	WEIDMANN	AIRBUS INDUSTRIE
M	WENISCH	SQIFE
M	WIDMER	EDF

Avant-propos national

Références aux normes françaises

La correspondance entre la norme internationale mentionnée à l'article 2 «Référence normative» et la norme française identique est la suivante :

ISO 8402:1994 : NF EN ISO 8402 (indice de classement : X 50-120) [1]

---

1) À publier.

NORME EUROPÉENNE
EUROPÄISCHE NORM
EUROPEAN STANDARD

EN ISO 9000-1

Juillet 1994

ICS 03.120.10

Remplace EN 29000:1987

Descripteurs : management de qualité, assurance de qualité, audit de qualité, système d'assurance qualité, sélection, utilisation, conditions générales.

Version française

Normes pour le management de la qualité et l'assurance de la qualité —
Partie 1 : Lignes directrices pour leur sélection et utilisation
(ISO 9000-1:1994)

Normen zur Qualitätsmanagement und zur Darlegung von Qualitätsmanagementsystemen — Teil 1 : Leitfaden zur Auswahl und Anwendung (ISO 9000-1:1994)

Quality management and quality assurance standards — Part 1 : Guidelines for selection and use (ISO 9000-1:1994)

La présente norme européenne a été adoptée par le CEN le 1994-06-20.

Les membres du CEN sont tenus de se soumettre au Règlement Intérieur du CEN/CENELEC, qui définit les conditions dans lesquelles doit être attribué, sans modification, le statut de norme nationale à la norme européenne.

Les listes mises à jour et les références bibliographiques relatives à ces normes nationales peuvent être obtenues auprès du Secrétariat Central ou auprès des membres du CEN.

La présente norme européenne existe en trois versions officielles (allemand, anglais, français). Une version faite dans une autre langue par traduction sous la responsabilité d'un membre du CEN dans sa langue nationale, et notifiée au Secrétariat Central, a le même statut que les versions officielles.

Les membres du CEN sont les organismes nationaux de normalisation des pays suivants : Allemagne, Autriche, Belgique, Danemark, Espagne, Finlande, France, Grèce, Irlande, Islande, Italie, Luxembourg, Norvège, Pays-Bas, Portugal, Royaume-Uni, Suède et Suisse.

CEN

COMITÉ EUROPÉEN DE NORMALISATION

Europäisches Komitee für Normung
European Committee for Standardization

Secrétariat Central : rue de Stassart 36, B-1050 Bruxelles

Réf. n° EN ISO 9000-1:1994 F

Avant-propos

La présente norme européenne a été élaborée par l'ISO/TC 176 «Management et assurance de la qualité» de l'Organisation Internationale de Normalisation (ISO) et a été approuvée par l'ISO et le CEN suite à un vote parallèle.

La présente norme européenne remplace EN 29000:1987.

La présente norme européenne devra recevoir le statut de norme nationale, soit par publication d'un texte identique, soit par entérinement, au plus tard en janvier 1995, et toutes les normes nationales en contradiction devront être retirées au plus tard en janvier 1995.

Conformément au Règlement Intérieur du CEN/CENELEC, les pays suivants sont tenus de mettre la présente norme européenne en application : Allemagne, Autriche, Belgique, Danemark; Espagne, Finlande, France, Grèce, Irlande, Islande, Italie, Luxembourg, Norvège, Pays-Bas, Portugal, Royaume-Uni, Suède et Suisse.

Notice d'entérinement

Le texte de la norme internationale ISO 9000-1:1994 a été approuvé par le CEN comme norme européenne sans aucune modification.

Sommaire

Avant-propos

L'ISO (Organisation internationale de normalisation) est une fédération mondiale d'organismes nationaux de normalisation (comités membres de l'ISO). L'élaboration des Normes internationales est en général confiée aux comités techniques de l'ISO. Chaque comité membre intéressé par une étude a le droit de faire partie du comité technique créé à cet effet. Les organisations internationales, gouvernementales et non gouvernementales, en liaison avec l'ISO participent également aux travaux. L'ISO collabore étroitement avec la Commission électrotechnique internationale (CEI) en ce qui concerne la normalisation électrotechnique.

Les projets de Normes internationales adoptés par les comités techniques sont soumis aux comités membres pour vote. Leur publication comme Normes internationales requiert l'approbation de 75 % au moins des comités membres votants.

La Norme internationale ISO 9000-1 a été élaborée par le comité technique ISO/TC 176, *Management et assurance de la qualité*, sous-comité SC 2, *Systèmes qualité*.

Cette première édition de l'ISO 9000-1 annule et remplace l'ISO 9000:1987. L'ISO/TC 176 a adopté en 1990 une stratégie pour la révision de la série ISO 9000 initialement publiée en 1987. Ceci est la première révision. La présente partie de l'ISO 9000, qui a un rôle de carte routière pour la série, a été substantiellement développée.

L'ISO 9000 comprend les parties suivantes, présentées sous le titre général *Normes pour le management de la qualité et l'assurance de la qualité*:

— *Partie 1: Lignes directrices pour leur sélection et utilisation*

— *Partie 2: Lignes directrices pour l'application de l'ISO 9001, l'ISO 9002 et l'ISO 9003*

— *Partie 3: Lignes directrices pour l'application de l'ISO 9001 au développement, à la mise à disposition et à la maintenance du logiciel*

— *Partie 4: Guide de gestion du programme de sûreté de fonctionnement*

L'annexe A fait partie intégrante de la présente partie de l'ISO 9000. Les annexes B, C, D et E sont données uniquement à titre d'information.

Introduction

Les organismes — industriels, commerciaux ou gouvernementaux — fournissent des produits destinés à satisfaire les besoins et/ou exigences des clients. Une concurrence globale accrue a entraîné des attentes de plus en plus contraignantes en ce qui concerne la qualité. Pour être compétitifs et maintenir de bonnes performances économiques, les organismes/fournisseurs doivent utiliser des systèmes de plus en plus efficients et efficaces. Il convient que ces systèmes entraînent des améliorations continues de la qualité et une satisfaction accrue des clients de l'organisme et des autres parties prenantes (employés, propriétaires, sous-contractants, société).

Les exigences du client sont souvent intégrées aux «spécifications». Cependant, des spécifications techniques peuvent ne pas assurer elles-mêmes que les exigences du client seront pleinement satisfaites, si des déficiences se produisent dans le système organisationnel de fourniture et de soutien au produit. En conséquence, ces préoccupations ont abouti au développement de normes et lignes directrices de système qualité qui complètent les exigences applicables relatives au produit données dans les spécifications techniques. Les Normes internationales de la famille ISO 9000 sont destinées à procurer un tronc commun générique de normes applicables à une large gamme d'industries et de secteurs économiques (voir article 7).

Le système de management d'un organisme est influencé par ses objectifs, par ses produits et par les pratiques spécifiques à l'organisme, et, en conséquence, les systèmes qualité varient également d'un organisme à un autre. L'objectif majeur du management de la qualité est d'améliorer les systèmes et processus afin qu'une amélioration continue de la qualité soit réalisée.

La présente partie de l'ISO 9000, qui joue le rôle de carte routière pour la famille ISO 9000, a été substantiellement développée. En particulier, la présente partie de l'ISO 9000 contient des concepts qui ne sont pas dans la version de 1987. Ces concepts supplémentaires

— sont nécessaires à une compréhension efficace et une application courante de la famille ISO 9000, et

— sont planifiés pour une intégration complète dans l'architecture et le contenu des révisions futures de la famille ISO 9000.

Dans la révision de la famille ISO 9000, il n'y a pas de changements majeurs dans les architectures de l'ISO 9001, l'ISO 9002, l'ISO 9003 et l'ISO 9004. (Cependant, l'ISO 9003 contient des articles supplémentaires par rapport à la version de 1987.) Chacune de ces Normes internationales, en particulier l'ISO 9004, comporte des changements mineurs. Ces changements constituent une avancée vers de futures révisions, afin de mieux satisfaire les besoins des utilisateurs.

La présente partie de l'ISO 9000 et toutes les autres Normes internationales de la famille ISO 9000 sont indépendantes de tout secteur industriel
ou économique particulier. Elles fournissent de façon collective des
conseils pour le management de la qualité et les exigences générales en
matière d'assurance de la qualité.

Les Normes internationales de la famille ISO 9000 décrivent les éléments
qu'il convient que les systèmes qualité englobent, mais non pas comment
un organisme spécifique met ces éléments en œuvre. L'objectif de ces
Normes internationales n'est pas de renforcer l'uniformité des systèmes
qualité. Les besoins des organismes varient. La conception et la mise en
œuvre d'un système qualité doivent nécessairement être influencées par
les objectifs, les produits et processus, ainsi que les pratiques spécifiques
de l'organisme particulier.

La présente partie de l'ISO 9000 clarifie les principaux concepts relatifs à
la qualité contenus dans les Normes internationales de management de
la qualité et d'assurance de la qualité élaborées par l'ISO/TC 176 et fournit
des conseils quant à leur sélection et leur utilisation.

Normes pour le management de la qualité et l'assurance de la qualité —

Partie 1:
Lignes directrices pour leur sélection et utilisation

1 Domaine d'application

La présente partie de l'ISO 9000

a) clarifie les principaux concepts relatifs à la qualité et les distinctions et les relations entre eux;

b) fournit des conseils pour la sélection et l'utilisation des Normes internationales de la famille ISO 9000 relatives au management de la qualité et à l'assurance de la qualité.

2 Référence normative

La norme suivante contient des dispositions qui, par suite de la référence qui en est faite, constituent des dispositions valables pour la présente partie de l'ISO 9000. Au moment de la publication, l'édition indiquée était en vigueur. Toute norme est sujette à révision et les parties prenantes des accords fondés sur la présente partie de l'ISO 9000 sont invitées à rechercher la possibilité d'appliquer l'édition la plus récente de la norme indiquée ci-après. Les membres de la CEI et de l'ISO possèdent le registre des Normes internationales en vigueur à un moment donné.

ISO 8402:1994, *Management de la qualité et assurance de la qualité — Vocabulaire.*

3 Définitions

La présente révision de l'ISO 9000, l'ISO 9001, l'ISO 9002, l'ISO 9003 et l'ISO 9004 a amélioré l'harmonisation de la terminologie des organismes jouant un rôle dans la chaîne d'approvisionnement. Le ta-bleau 1 montre la terminologie de la chaîne d'approvisionnement utilisée dans ces Normes internationales.

L'utilisation de tous ces termes est conforme à leurs définitions formelles données dans l'ISO 8402. Les différences de terminologie restant dans le tableau 1 reflètent, en partie, une volonté de conserver une continuité historique par rapport à l'utilisation dans l'édition 1987 de ces Normes internationales.

NOTES

1   Dans toutes ces Normes internationales, le format grammatical du texte des conseils ou des exigences concerne l'organisme dans son rôle de fournisseur de produits (la troisième colonne du tableau 1).

2   Dans la ligne ISO 9000 du tableau 1, en anglais, l'utilisation de «sous-contractant» souligne la relation de type chaîne d'approvisionnement entre les trois unités organisationnelles, en utilisant ce terme qui implique le statut de «fournisseur». Lorsque cela convient, particulièrement en débattant des situations de management de la qualité, le terme «organisme» est utilisé de préférence à «fournisseur».

3   Dans la ligne ISO 9001, ISO 9002 et ISO 9003 du tableau 1, l'utilisation de «sous-contractant» reflète le fait que, dans un contexte d'assurance de la qualité externe, la relation applicable est souvent (explicitement ou implicitement) contractuelle.

4   Dans la ligne ISO 9004 du tableau 1, l'utilisation de «organisme» reflète le fait que les conseils en matière de management de la qualité s'appliquent à toute unité organisationnelle, indépendamment des catégories de produits qu'elle peut fournir, ou que ce soit une unité indépendante ou une partie d'un organisme plus grand.

1

Tableau 1 — Relations des organismes dans la chaîne d'approvisionnement

ISO 9000-1	Sous-contractant	——>	fournisseur ou organisme	——>	client
ISO 9001, ISO 9002, ISO 9003	Sous-contractant	——>	fournisseur	——>	client
ISO 9004-1	Sous-contractant	——>	organisme	——>	client

Dans le cadre de la présente partie de l'ISO 9000, les définitions données dans l'ISO 8402 ainsi que les définitions suivantes s'appliquent.

NOTE 5   Par commodité pour les utilisateurs de la présente partie de l'ISO 9000, certaines définitions de l'ISO 8402 sont contenues dans l'annexe A.

3.1   matériel: Produit tangible se présentant sous forme d'article distinct.

NOTE 6   Les matériels sont en principe constitués de pièces, éléments et/ou ensembles manufacturés, construits ou fabriqués.

3.2   logiciel: Création intellectuelle consistant en informations, mises sur un support.

NOTES

7   Un logiciel peut prendre la forme de concepts, transactions ou procédures.

8   Un programme informatique est un exemple particulier de logiciel.

3.3   produits issus de processus à caractère continu: Matériaux obtenus par transformation de matière première.

NOTES

9   L'état des produits issus de processus à caractère continu peut être liquide, gazeux, sous forme de particules, de lingots, de fils ou de feuilles.

10   Les produits issus de processus à caractère continu sont généralement livrés par fûts, sacs, réservoirs, cylindres, boîtes, conduites ou rouleaux.

3.4   secteur économique/industriel: Groupement de fournisseurs dont les offres satisfont aux besoins similaires et/ou dont les clients sont étroitement liés sur le marché.

NOTES

11   Il est admis que l'une des expressions «secteur industriel» et «secteur économique» sera utilisée selon le sens voulu dans des pays ou des langues spécifiques.

12   Les secteurs industriels/économiques comprennent l'administration, l'aéronautique, la finance, la chimie, la construction, l'éducation, l'alimentation, la santé, les loisirs, les assurances, les mines, la vente au détail, les télécommunications, le textile, le tourisme et ainsi de suite.

13   Les secteurs industriels/économiques s'appliquent à l'économie globale ou à une économie nationale.

3.5   parties prenantes: Personne ou groupe de personnes ayant un intérêt commun dans les résultats de l'organisme fournisseur et dans l'environnement dans lequel il agit.

3.6   famille ISO 9000: Toutes les Normes internationales produites par le comité technique ISO/TC 176.

NOTE 14   La famille comprend actuellement

a) toutes les Normes internationales numérotées ISO 9000 à ISO 9004, y compris toutes les parties de l'ISO 9000 et de l'ISO 9004;

b) toutes les Normes internationales numérotées ISO 10001 à l'ISO 10020, y compris toutes les parties; et

c) l'ISO 8402.

4   Concepts principaux

4.1   Objectifs clés et responsabilités pour la qualité

Il convient qu'un organisme

a) réalise, maintienne et recherche une amélioration continue de la qualité de ses produits en regard des exigences en matière de qualité;

b) améliore la qualité de ses propres opérations, de façon à satisfaire continuellement les besoins exprimés ou implicites des clients et des autres parties prenantes;

2

c) donne confiance à sa direction interne et aux autres employés en ce que les exigences en matière de qualité sont satisfaites et maintenues, et en ce que l'amélioration de la qualité est mise en œuvre;

d) donne confiance aux clients et autres parties prenantes en ce que les exigences en matière de qualité sont ou seront satisfaites dans le produit livré;

e) donne confiance en ce que les exigences du système qualité sont satisfaites.

4.2 Les parties prenantes et leurs attentes

Chaque organisme, en tant que fournisseur, comporte cinq groupes principaux de parties prenantes: ses clients, ses employés, ses propriétaires, ses souscontractants et la société.

Il est recommandé que le fournisseur satisfasse les attentes et besoins de toutes ses parties prenantes.

Parties prenantes du fournisseur	Attentes ou besoins caractéristiques
Clients	Qualité du produit
Employés	Satisfaction dans le travail/carrière
Propriétaires	Résultat des investissements
Sous-contractants	Opportunité permanente d'affaires
Société	Intendance responsable

Les Normes internationales de la famille ISO 9000 centrent leurs conseils et leurs exigences sur la satisfaction du client.

Les exigences de la société, l'une des cinq parties prenantes, deviennent plus contraignantes dans le monde entier. En outre, les attentes et les besoins deviennent plus explicites pour des considérations telles que l'hygiène et la sécurité sur le lieu de travail, la protection de l'environnement (y compris la conservation de l'énergie et des ressources naturelles), et la sûreté. Reconnaissant que les Normes internationales de la famille ISO 9000 fournissent une approche largement utilisée des systèmes de management qui peuvent satisfaire les exigences en matière de qualité, ces principes de management peuvent être utiles pour d'autres préoccupations de la société. La compatibilité des approches des systèmes de management dans ces différents domaines peut renforcer l'efficacité d'un organisme. De la même façon que les spécifications techniques du produit et du processus sont séparées des exigences des systèmes de management, il convient que les spécifications techniques de ces autres domaines soient développées séparément.

4.3 Distinction entre les exigences du système qualité et les exigences relatives au produit

Les Normes internationales de la famille ISO 9000 font une distinction entre les exigences du système qualité et les exigences relatives au produit. Grâce à cette distinction, la famille ISO 9000 s'applique à des organismes fournissant des produits de toute catégorie générique et à toutes les caractéristiques relatives à la qualité des produits. Les exigences du système qualité sont complémentaires aux exigences techniques relatives au produit. Les spécifications techniques du produit applicables (par exemple celles établies dans des normes de produits) et les spécifications techniques du processus applicables sont séparées et distinctes des exigences ou des conseils applicables de la famille ISO 9000.

Les Normes internationales de la famille ISO 9000, tant pour les conseils que pour les exigences, sont rédigées en termes d'objectifs de système qualité à satisfaire. Ces Normes internationales ne prescrivent pas comment réaliser les objectifs mais en laissent le choix à la direction de l'organisme.

4.4 Catégories génériques de produits

Il est utile d'identifier quatre catégories génériques de produits (voir article 3 et annexe A), comme suit:

a) matériels;

b) logiciels;

c) produits issus de processus à caractère continu;

d) services.

Ces quatre catégories génériques de produits englobent tous les types de produits fournis par des organismes. Les Normes internationales de la famille ISO 9000 s'applique à ces quatre catégories génériques de produit. Les exigences du système qualité sont essentiellement les mêmes pour toutes les catégories génériques de produit mais la terminologie, les détails et les points importants des systèmes de management peuvent varier.

Deux ou plusieurs catégories génériques de produits sont généralement présentes dans les offres de tout organisme sur le marché, quel que soit le secteur industriel/économique (voir article 3) dans lequel l'organisme opère. Par exemple, la plupart des organismes qui fournissent des matériels, logiciels ou produits issus de processus à caractère continu ont

3

une composante service dans leur offre. Les clients (et autres parties prenantes) rechercheront la part de chacune des catégories génériques de produit présente dans l'offre.

Les instruments analytiques sont des exemples dans lesquels les matériels (c'est-à-dire l'instrument), les logiciels (pour informatiser les tâches à l'intérieur de l'instrument), les produits issus de processus à caractère continu (comme le titrage de solutions ou le raccordement à des étalons de référence), et les services (comme la formation ou la maintenance) peuvent tous être des caractéristiques importantes de l'offre. Un organisme de service, tel qu'un restaurant, comportera des matériels, logiciels et produits issus de processus à caractère continu, ainsi que des éléments de service.

4.5 Facettes de la qualité

Quatre facettes contribuent de façon essentielle à la qualité du produit. Ce sont les suivantes.

a) **Qualité découlant de la définition des besoins relatifs au produit**

La première facette est la qualité découlant de la définition et de la mise à jour du produit, pour répondre aux exigences et aux opportunités du marché.

b) **Qualité découlant de la conception du produit**

La seconde facette est la qualité découlant de la conception, dans le produit, des caractéristiques qui lui permettent de répondre aux exigences et aux opportunités du marché, et de fournir un plus aux clients et autres parties prenantes. Plus précisément, la qualité découlant de la conception du produit est constituée des propriétés relatives à la conception du produit qui influencent les résultats attendus dans une certaine mesure, ainsi que des propriétés relatives à la conception du produit qui influencent la stabilité des résultats du produit dans des conditions variables de production et d'utilisation.

c) **Qualité découlant de la conformité du produit de sa conception**

La troisième facette est la qualité découlant du maintien, de la cohérence journalière dans la conformité du produit par rapport à sa conception et de la fourniture des caractéristiques et valeurs de conception des clients et autres parties prenantes.

d) **Qualité découlant du soutien du produit**

La quatrième facette est la qualité découlant de la fourniture d'un soutien tout au long du cycle de vie du produit, comme nécessaire, pour fournir les caractéristiques et valeurs de conception pour les clients et autres parties prenantes.

Pour certains produits, les caractéristiques importantes relatives à la qualité incluent les caractéristiques de sûreté de fonctionnement. La sûreté de fonctionnement (c'est-à-dire la fiabilité, la maintenabilité et la disponibilité) peut être influencée par les quatre facettes de la qualité du produit.

La satisfaction des besoins concernant les quatre facettes de la qualité du produit est un des objectifs des conseils et des exigences des Normes internationales de la famille ISO 9000. Certaines facettes de la qualité peuvent être particulièrement importantes, par exemple dans des situations contractuelles, mais en général, toutes les facettes contribuent à la qualité du produit. La famille ISO 9000 fournit explicitement des conseils génériques relatifs au management de la qualité et des exigences relatives à l'assurance externe de la qualité sur les facettes a), b), c) et d).

Lors de la prise en compte de l'offre totale concernant le produit, le client aura à l'esprit des facteurs supplémentaires. Ceux-ci incluent les aspects suivants.

— Le statut du fournisseur sur son marché et sa stratégie dans ce domaine: si le fournisseur a un statut et/ou une stratégie établie et réputée sur le marché, qui lui vaut une part de marché satisfaisante, le client est susceptible d'accorder une valeur plus grande à l'offre du fournisseur.

— Le statut financier du fournisseur et sa stratégie dans ce domaine: si le fournisseur a un statut et/ou une stratégie établie et réputée en matière de finance, qui lui vaut d'améliorer ses performances financières, le client est susceptible d'accorder une valeur plus grande à l'offre du fournisseur.

— Le statut du fournisseur en matière de ressources humaines et sa stratégie dans ce domaine: si le fournisseur a un statut et/ou une stratégie établie et réputée en matière de ressources humaines, qui lui permet d'améliorer ses compétences, la diversité et l'engagement dans ses ressources humaines, le client est susceptible d'accorder une valeur plus grande à l'offre du fournisseur.

Ces facteurs supplémentaires ont une importance vitale dans le management d'un organisme fournisseur en tant qu'entreprise globale.

4

NOTE 15   La valeur du produit implique à la fois la qualité et le prix et, en tant que tel, le prix n'est pas une facette de la qualité.

4.6   Concept d'un processus

Les Normes internationales de la famille ISO 9000 sont fondées sur la compréhension que tout travail est accompli par un processus (voir figure 1). Chaque processus a des entrants. Les sortants sont les résultats du processus. Les sortants sont des produits, matériels ou immatériels. Le processus lui-même est (ou devrait être) une transformation qui ajoute de la valeur. Chaque processus implique des personnes et/ou d'autres ressources d'une certaine façon. Un sortant peut être, par exemple, une facture, un logiciel de calcul, un combustible liquide, un dispositif clinique, un service bancaire ou un produit final ou intermédiaire appartenant à une catégorie générique. Il

existe des possibilités de réaliser des mesures sur les entrants, en divers endroits du processus, ainsi que sur les sortants. Comme indiqué à la figure 2, les entrants et les sortants sont de plusieurs types.

Type	Exemples
Relatif au produit (lignes continues à la figure 2)	Matières premières Produit intermédiaire Produit fini Produit échantillonné
Relatif à l'information (lignes pointillées à la figure 2)	Exigences en matière de produit Information sur les caractéristiques et l'état d'un produit Communications de la fonction de soutien Retour d'information sur les besoins et les résultats du produit Résultats de mesure d'un produit échantillonné

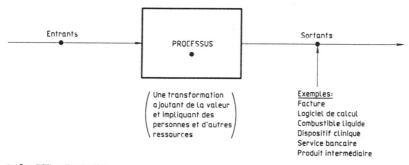

● = Possibilités d'évaluation

Figure 1 — Tout travail est accompli par un processus

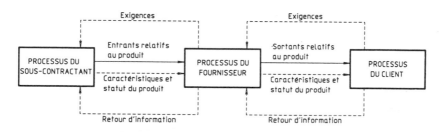

Figure 2 — La chaîne d'approvisionnement des processus, avec les flux relatifs au produit et à l'information

5

La figure 2 représente le fournisseur dans la chaîne d'approvisionnement avec un sous-contractant et un client. Dans cette structure de chaîne d'approvisionnement, les divers entrants et sortants doivent s'écouler dans des directions différentes, comme illustré à la figure 2. Il convient de souligner que dans ce contexte, «produit» inclut les quatre catégories génériques de produit.

Le management de la qualité est réalisée en gérant les processus dans l'organisme. Il est nécessaire de gérer un processus dans deux sens:

— la structure et le fonctionnement du processus lui-même à l'intérieur duquel le produit ou l'information passe; et

— la qualité du produit ou de l'information passant à l'intérieur de la structure.

4.7 Le réseau de processus d'un organisme

Chaque organisme existe pour accomplir un travail d'ajout de valeur. Le travail s'accomplit par l'intermédiaire d'un réseau de processus. La structure du réseau n'est généralement pas une simple structure séquentielle, mais est souvent très complexe.

Dans un organisme, de nombreuses fonctions doivent être exécutées. Elles comprennent la production, la conception du produit, le management de la technologie, la mercatique, la formation, le management des ressources humaines, la planification stratégique, la livraison, la facturation et la maintenance. Étant donné la complexité de la plupart des organismes, il est important de mettre en lumière les processus principaux et de simplifier et de donner la priorité aux processus relatifs aux objectifs de management de la qualité.

Un organisme doit identifier, organiser et gérer son réseau de processus et d'interfaces. L'organisme crée, améliore et procure une qualité cohérente dans ses offres, par l'intermédiaire du réseau de processus. Ceci est une base conceptuelle fondamentale de la famille ISO 9000. Il convient que les processus et leurs interfaces soient soumis à une analyse et à l'amélioration continue.

Les problèmes ont tendance à survenir lorsque des personnes doivent gérer plusieurs processus et leurs relations, en particulier des processus importants qui peuvent couvrir plusieurs fonctions. Afin de clarifier les interfaces, les responsabilités et les autorités, il est recommandé qu'un processus ait comme personne responsable un propriétaire. La qualité des propres processus du management de l'encadrement, comme la planification stratégique, est particulièrement importante.

4.8 Le système qualité par rapport au réseau des processus

Il est habituel de parler d'un système qualité comme étant composé d'un certain nombre d'éléments. Le système qualité est mis en œuvre au moyen de processus qui existent à la fois à l'intérieur et entre les fonctions. Pour qu'un système qualité soit efficace, ces processus et les responsabilités, autorités, procédures et ressources associées doivent être définis et déployés de façon cohérente. Un système est plus que la somme des processus. Pour qu'il soit efficace, le système qualité nécessite la coordination et la compatibilité de ses processus constituants, et la définition de leurs interfaces.

4.9 Évaluation des systèmes qualité

4.9.1 Introduction

Lors de l'évaluation de systèmes qualité, trois questions essentielles doivent être posées en relation avec chaque processus soumis à évaluation, comme suit:

a) Les processus sont-ils définis et leurs procédures sont-elles consignées par écrit de façon appropriée?

b) Les processus sont-ils totalement déployés et mis en œuvre tels qu'ils sont consignés par écrit?

c) Les processus sont-ils efficaces pour fournir les résultats attendus?

Les réponses collectives à ces questions concernant respectivement l'approche, le déploiement et les résultats, vont déterminer l'issue de l'évaluation. L'évaluation d'un système qualité peut varier en étendue et englober une large gamme d'activités, dont certaines sont évoquées en 4.9.2 et 4.9.3.

4.9.2 Revue de direction

L'une des activités importantes que la direction de l'organisme du fournisseur doit réaliser systématiquement est une évaluation de l'état et de l'adéquation du système qualité, y compris la politique qualité, par rapport aux attentes des parties prenantes. Les revues de direction tiennent généralement compte de nombreux facteurs supplémentaires allant au-delà des exigences indiquées dans l'ISO 9001, l'ISO 9002 ou l'ISO 9003. Les résultats des audits internes et des audits externes constituent une importante source d'information. Il est important que le résultat de la revue de direction entraîne une efficacité et une efficience accrues du système qualité.

6

4.9.3 Audits du système qualité

Dans l'évaluation de l'efficacité d'un système qualité, les audits constituent un élément important. Les audits peuvent être menés par, ou au nom de, l'organisme lui-même (première partie), ses clients (seconde partie) ou entités indépendantes (tierce partie). L'audit par seconde ou tierce partie peut fournir un degré d'objectivité supérieur du point de vue du client.

Les audits qualité internes par première partie peuvent être conduits par des membres de l'organisme ou par d'autres personnes au nom de l'organisme. Ceux-ci fournissent des informations pour une revue de direction efficace et des actions correctives, préventives ou d'amélioration.

Les audits qualité par seconde partie peuvent être conduits par des clients de l'organisme ou par d'autres personnes au nom du client, lorsqu'il existe un contrat ou une série de contrats à l'étude. Ceux-ci donnent confiance en le fournisseur.

Les audits qualité par tierce partie peuvent être réalisés par des organismes de certification compétents pour obtenir une certification ou une inscription, donnant ainsi confiance à un éventail de clients potentiels.

Les exigences fondamentales pour les systèmes qualité sont données dans l'ISO 9001, l'ISO 9002 et l'ISO 9003. Les parties 1, 2 et 3 de l'ISO 10011 donnent des conseils sur les audits.

NOTE 16   Un audit première partie est souvent appelé audit «interne», alors que les audits qualité seconde partie et tierce partie sont souvent appelés audits qualité «externes».

5   Rôles de la documentation

5.1   Valeur de la documentation

Dans le contexte de la famille ISO 9000, la préparation et l'utilisation de la documentation sont destinées à être des activités dynamiques à valeur ajoutée élevée. Une documentation appropriée est essentielle pour plusieurs rôles critiques:

— atteindre la qualité (du produit) requise;

— évaluer les systèmes qualité;

— améliorer la qualité;

— mettre à jour les améliorations.

5.2   Documentation et évaluation des systèmes qualité

Dans le cadre des audits, la documentation des procédures est une preuve tangible que

— un processus a été défini,

— les procédures sont approuvées,

— les changements de procédures sont maîtrisés.

C'est seulement dans ces circonstances que des audits internes ou externes peuvent procurer une évaluation significative de l'adéquation du déploiement et de la mise en œuvre.

5.3   Documentation en tant que soutien pour l'amélioration de la qualité

La documentation est importante pour l'amélioration de la qualité. Lorsque des procédures sont consignées par écrit, déployées et mises en œuvre, il est possible de déterminer avec confiance comment les choses sont faites habituellement et de mesurer les résultats habituels. Alors la fiabilité de la mesure de l'effet d'un changement est augmentée. En outre, des procédures opératoires courantes consignées par écrit sont essentielles pour le maintien des bénéfices provenant des activités d'amélioration de la qualité.

5.4   Documentation et formation

Le maintien de la cohérence des procédures qui sont déployées et mises en œuvre résulte d'une combinaison de la documentation, des compétences et de la formation du personnel. Dans chaque situation, un équilibre approprié entre l'étendue de la documentation et l'étendue des compétences et de la formation doit être recherché, afin de limiter la documentation à un niveau raisonnable qui peut être tenu à jour à des intervalles appropriés. Les audits du système qualité doivent être réalisés en gardant à l'esprit cet équilibre nécessaire.

6   Situations relatives aux systèmes qualité

La famille ISO 9000 est destinée à être utilisée dans quatre situations:

a)   conseils pour le management de la qualité;

b)   contractuelle, entre première et seconde parties;

c)   approbation ou inscription par seconde partie; et

7

d) certification ou inscription par tierce partie.

Il convient que l'organisme fournisseur mette en place et tienne à jour un système qualité conçu pour couvrir toutes les situations [parmi celles indiquées en a), b), c) et d)] que rencontre l'organisme.

Pour la situation a), ce système renforcera sa propre compétitivité afin de satisfaire les exigences relatives à la qualité du produit de façon rentable.

Dans la situation b), le client peut être intéressé par certains éléments du système qualité du fournisseur qui touchent à l'aptitude du fournisseur à produire uniformément le produit conformément aux exigences, et aux risques associés. Le client exige donc contractuellement que certains éléments et processus du système qualité, comme approprié, fassent partie du système qualité du fournisseur, en spécifiant un modèle particulier d'assurance de la qualité.

Dans la situation c), le système qualité du fournisseur est évalué par le client. Le fournisseur peut recevoir une reconnaissance formelle de conformité à la norme.

Dans la situation d), le système qualité du fournisseur est évalué par l'organisme de certification, et le fournisseur convient de maintenir le système qualité pour tous les clients, sauf spécification contraire dans un contrat individuel. Ce type de certification ou d'inscription du système qualité réduit souvent le nombre et/ou l'étendue des évaluations de systèmes qualité par les clients.

Un seul fournisseur est souvent impliqué dans des situations de tous les types. Le fournisseur peut acheter des matériels ou des composants à partir d'un stock standard, sans exigences contractuelles du système qualité, et en acheter d'autres, avec des exigences contractuelles de système qualité. Le même fournisseur peut vendre certains produits dans des situations non contractuelles, avec ou sans clients comptant sur une certification du système qualité, et peut vendre d'autres produits dans des situations contractuelles.

Un fournisseur peut choisir d'utiliser la famille ISO 9000 dans l'un ou l'autre sens, qui peuvent respectivement être appelés «incité par la direction» et «incité par les parties prenantes». Dans l'un ou l'autre cas, il convient que le fournisseur consulte préalablement la présente partie de l'ISO 9000, carte routière pour la famille ISO 9000, pour comprendre les concepts fondamentaux et les types de normes disponibles dans la famille.

L'approche incitée par les parties prenantes est la pratique prédominante dans de nombreux pays et

secteurs industriels/économiques. L'utilisation croissante de certification/inscription de système qualité est un facteur dans le développement de cette approche.

Dans l'approche incitée par les parties prenantes, le fournisseur met initialement en œuvre un système qualité en réponse à des demandes immédiates des clients ou des autres parties prenantes. Le système qualité choisi est conforme aux exigences de l'ISO 9001, l'ISO 9002 ou l'ISO 9003 applicables. La direction du fournisseur doit jouer un rôle moteur significatif dans cette approche, mais l'effort est conduit par des parties prenantes externes. Généralement, le fournisseur trouve que des améliorations significatives concernant la qualité du produit, les coûts et les résultats opératoires internes sont obtenues. Au même moment ou plus tard, le fournisseur peut entamer un effort de management de la qualité afin de bénéficier d'autres améliorations, de construire un système qualité plus complet à partir du modèle d'assurance de la qualité sélectionné comme base d'édification.

Dans l'approche incitée par la direction, la propre direction du fournisseur entame l'effort en anticipant les besoins et tendances émanant du marché. Dans cette voie, l'ISO 9004-1 (et les autres parties applicables de l'ISO 9004) sont utilisées d'abord, pour guider une approche de management de la qualité vers la mise en place d'un système qualité qui renforce l'obtention de qualité du fournisseur. Ensuite, le fournisseur peut utiliser la norme d'exigences applicable, l'ISO 9001, l'ISO 9002 ou l'ISO 9003, en tant que modèle d'assurance qualité pour démontrer l'adéquation du système qualité, s'il recherche, en mesure préparatoire, une certification avant toute exigence d'un client.

Le système qualité mis en œuvre dans cette approche incitée par la direction est généralement plus complet et fructueux que le modèle utilisé pour faire la preuve de l'adéquation du système qualité.

7 Sélection et utilisation des Normes internationales relatives à la qualité

7.1 Généralités

À des fins de management de la qualité, il convient que les organismes utilisent les Normes internationales de la famille ISO 9000 afin de développer, mettre en œuvre et améliorer leur système qualité, à la fois en situation de «incité par la direction» et de «incité par les parties prenantes».

La famille ISO 9000 comprend deux types de normes de conseil. Plusieurs parties de l'ISO 9000 fournissent

8

des conseils d'application dans un objectif d'assurance qualité. Les parties de l'ISO 9004 fournissent des conseils d'application spécialisés dans un objectif de management de la qualité. Ces parties de l'ISO 9004 ne sont pas faites pour être utilisées dans un but d'interprétation des exigences des normes d'assurance qualité, cependant, elles peuvent fournir des références utiles. De la même façon, les Normes internationales de la série ISO 10000 peuvent être utilisées comme référence.

Tout au long de la famille ISO 9000, l'accent est mis sur la satisfaction des besoins du client, l'établissement de responsabilités fonctionnelles et l'importance d'évaluer (autant que possible) le risque et les bénéfices potentiels. Il est recommandé que tous ces aspects soient pris en considération dans l'établissement et le maintien d'un système qualité efficace, et son amélioration continue.

Il convient qu'une attention particulière soit accordée à l'ISO 9004-1 qui traite du management de la qualité de tout produit (voir 7.9) et s'applique à toutes les catégories génériques de produits et à tous les secteurs industriels/économiques.

En utilisant l'ISO 9004-1, il convient que le fournisseur détermine, conformément à sa situation particulière, l'étendue dans laquelle chaque élément d'un système qualité est applicable, et quelles méthodes et technologies spécifiques doivent être appliquées; des parties appropriées de la famille ISO 9000 donnent des conseils supplémentaires.

Les paragraphes 7.2 à 7.16 donnent des conseils afin de permettre aux organismes de choisir dans la famille ISO 9000 les Normes internationales appropriées qui fourniront l'information utile pour mettre en œuvre et faire fonctionner des systèmes qualité.

7.2 Sélection et utilisation

ISO 9000-1:1994, *Normes pour le management de la qualité et l'assurance de la qualité — Partie 1: Lignes directrices pour leur sélection et utilisation*

Il convient que tout organisme qui envisage le développement et la mise en œuvre d'un système qualité fasse référence à l'ISO 9000-1.

Une concurrence globale accrue a entraîné des attentes plus contraignantes du client concernant la qualité. Pour être compétitifs et prolonger de bons résultats économiques, les organismes/fournisseurs doivent employer des systèmes de plus en plus efficaces et rentables.

L'ISO 9000-1 clarifie les principaux concepts relatifs à la qualité et donne des conseils pour la sélection et l'utilisation des normes de la famille ISO 9000 à cet effet.

7.3 Lignes directrices d'application

ISO 9000-2:1993, *Normes pour le management de la qualité et l'assurance de la qualité — Partie 2: Lignes directrices pour l'application de l'ISO 9001, l'ISO 9002 et l'ISO 9003*

Il convient de sélectionner l'ISO 9000-2 en cas de besoin d'aide dans la mise en œuvre et l'application de l'ISO 9001, l'ISO 9002 et l'ISO 9003 (voir article 8).

Elle donne des conseils pour la mise en œuvre des articles des normes d'assurance de la qualité et est particulièrement utile pendant la mise en œuvre initiale.

7.4 Logiciels

ISO 9000-3:1991, *Normes pour la gestion de la qualité et l'assurance de la qualité — Partie 3: Lignes directrices pour l'application de l'ISO 9001 au développement, à la mise à disposition et à la maintenance du logiciel*

(L'ISO 9000-3 traite exclusivement des logiciels informatiques.)

Il convient que les organismes fournisseurs mettant en œuvre un système qualité, conformément à l'ISO 9001, pour un produit logiciel ou un produit qui inclue un élément logiciel, fassent référence à l'ISO 9000-3.

Le processus de développement, de mise à disposition et de maintenance d'un logiciel est différent de celui de la plupart des autres types de produits industriels, car il n'y a pas de phase de fabrication distincte. Le logiciel ne «s'use» pas et par conséquent, les activités relatives à la qualité pendant la phase de conception sont d'une importance capitale pour la qualité finale du produit.

L'ISO 9000-3 établit des lignes directrices afin de faciliter l'application de l'ISO 9001 dans des organismes développant, mettant à disposition et assurant la maintenance de logiciels, grâce à la suggestion de maîtrises et de méthodes appropriées à cet effet.

9

7.5 Sûreté de fonctionnement

ISO 9000-4:1993, *Normes pour la gestion de la qualité et l'assurance de la qualité — Partie 4: Guide de gestion du programme de sûreté de fonctionnement*

Il convient de sélectionner l'ISO 9000-4 lorsque le fournisseur doit donner l'assurance de la sûreté de fonctionnement (fiabilité, maintenabilité et disponibilité) des caractéristiques d'un produit.

La confiance accrue de la société dans les services tels que les transports, l'électricité, les télécommunications et les services d'information conduit à des exigences et des attentes plus élevées des utilisateurs en ce qui concerne la qualité du service. La sûreté de fonctionnement des produits utilisés pour ces services est un facteur contribuant grandement à leur qualité de service.

L'ISO 9000-4 donne des conseils relatifs au management d'un programme de sûreté de fonctionnement. Elle couvre les caractéristiques essentielles d'un programme complet relatif à la sûreté de fonctionnement pour la planification, l'organisation, la direction et la maîtrise des ressources pour produire des articles qui seront fiables et maintenables.

7.6 Assurance de la qualité: conception, développement, production, installation et prestations associées

ISO 9001:1994, *Systèmes qualité — Modèle pour l'assurance de la qualité en conception, développement, production, installation et prestations associées*

Il convient de sélectionner et d'utiliser l'ISO 9001 lorsque le fournisseur a besoin de faire la preuve de son aptitude à maîtriser les processus pour la conception ainsi que la production de produits conformes. Les exigences spécifiées sont principalement destinées à obtenir la satisfaction du client en prévenant les non-conformités à toutes les étapes, depuis la conception jusqu'aux prestations associées. L'ISO 9001 spécifie un modèle de système d'assurance qualité à cet effet.

7.7 Assurance de la qualité: production, installation et prestations associées

ISO 9002:1994, *Systèmes qualité — Modèle pour l'assurance de la qualité en production, installation et prestations associées*

Il convient de sélectionner et d'utiliser l'ISO 9002 lorsque le fournisseur a besoin de faire la preuve de son aptitude à maîtriser les processus pour la production d'un produit conforme. L'ISO 9002 spécifie un modèle de système d'assurance qualité à cet effet.

7.8 Assurance de la qualité: contrôles et essais finals

ISO 9003:1994, *Systèmes qualité — Modèle pour l'assurance de la qualité en contrôle et essais finals*

Il convient de sélectionner et d'utiliser l'ISO 9003 lorsque la conformité à des exigences spécifiées doit être assurée par le fournisseur au moment des contrôles et essais finals. L'ISO 9003 spécifie un modèle de système d'assurance qualité à cet effet.

7.9 Management de la qualité

ISO 9004-1:1994, *Management de la qualité et éléments de système qualité — Partie 1: Lignes directrices*

Il convient que tout organisme qui entend développer et mettre en œuvre un système qualité fasse référence à l'ISO 9004-1.

Afin de satisfaire à ses objectifs, il convient qu'un organisme s'assure que tous les facteurs techniques, administratifs et humains liés à la qualité de ses produits sont maîtrisés, que ce soient des matériels, des logiciels, des produits issus de processus à caractère continu ou des services.

L'ISO 9004-1 décrit une liste complète d'éléments de système qualité liés à toutes les phases et activités du cycle de vie d'un produit, afin d'aider l'organisme à sélectionner et à appliquer les éléments adaptés à ses besoins.

7.10 Services

ISO 9004-2:1991, *Gestion de la qualité et éléments de système qualité — Partie 2: Lignes directrices pour les services*

Il convient que les organismes qui fournissent des services ou dont les offres de produits incluent un élément de service fasse référence à l'ISO 9004-2.

Les caractéristiques d'un service peuvent différer de celles d'autres produits et peuvent inclure des aspects tels que le personnel, le temps d'attente, le délai de livraison, l'hygiène, la crédibilité et la communication livrés directement au client final. L'évaluation du client, souvent très subjective, est la mesure fondamentale de la qualité d'un service.

10

L'ISO 9004-2 présente des conseils supplémentaires à l'ISO 9004-1 en ce qui concerne les produits de la catégorie des services. Elle décrit des concepts, des principes et des éléments de système qualité qui s'appliquent à toutes les formes d'offres de service.

7.11 Produits issus de processus à caractère continu

ISO 9004-3:1993, *Management de la qualité et éléments de système qualité — Partie 3: Lignes directrices pour les produits issus de processus à caractère continu*

Il convient que les organismes dont les produits (finaux ou intermédiaires) sont obtenus par transformation et constitués de solides, de liquides, de gaz ou de combinaisons de ceux-ci (y compris les matériaux en particules, les lingots, les fils ou des structures en feuilles), fassent référence à l'ISO 9004-3. Ces produits sont généralement livrés par des systèmes de vrac tels que conduites, fûts, sacs, réservoirs, boîtes ou rouleaux.

Par leur nature, les produits issus de processus à caractère continu (vrac) présentent des difficultés uniques en regard de la vérification du produit à des points importants du processus de fabrication. Ceci augmente l'importance de l'utilisation des procédures d'échantillonnage et d'évaluation statistique et de leur application à des spécifications de la maîtrise en cours de processus et de produits finis.

L'ISO 9004-3 présente des conseils supplémentaires à l'ISO 9004-1 en ce qui concerne les produits de la catégorie des produits issus de processus à caractère continu.

7.12 Amélioration de la qualité

ISO 9004-4:1993, *Management de la qualité et éléments de système qualité — Partie 4: Lignes directrices pour l'amélioration de la qualité*

Il convient que tout organisme souhaitant améliorer l'efficacité (qu'il ait ou non mis en œuvre un système qualité formel) fasse référence à l'ISO 9004-4.

Il convient qu'un objectif constant de la direction de toutes les fonctions et à tous les niveaux d'un organisme soit d'essayer d'obtenir la satisfaction du client et l'amélioration continue de la qualité.

L'ISO 9004-4 décrit les concepts et les principes fondamentaux, les lignes directrices et la méthodologie du management (outils et techniques) pour les améliorations de la qualité.

7.13 Audits

ISO 10011-1:1990, *Lignes directrices pour l'audit des systèmes qualité — Partie 1: Audit*

Il convient de sélectionner l'ISO 10011-1 lors de l'établissement, de la planification, de la réalisation et de la documentation d'audits des systèmes qualité. Elle fournit des lignes directrices pour la vérification de l'existence et de la mise en œuvre des éléments d'un système qualité, et pour la vérification de l'aptitude du système à atteindre des objectifs qualité définis.

7.14 Auditeurs

ISO 10011-2:1991, *Lignes directrices pour l'audit des systèmes qualité — Partie 2: Critères de qualification pour les auditeurs de systèmes qualité*

Il convient de sélectionner l'ISO 10011-2 lorsqu'il est nécessaire de sélectionner et de former du personnel pour disposer d'auditeurs de système qualité.

Elle donne des conseils sur les critères de qualification des auditeurs de système qualité. Elle présente des conseils sur l'éducation, la formation, l'expérience, les caractéristiques des personnes et les aptitudes de l'encadrement nécessaires pour réaliser un audit.

7.15 Gestion des audits

ISO 10011-3:1991, *Lignes directrices pour l'audit des systèmes qualité — Partie 3: Gestion des programmes d'audit*

Il convient de sélectionner l'ISO 10011-3 lors de la planification d'un programme d'audit. Elle donne des lignes directrices de base concernant la gestion des programmes d'audit de système qualité. Elle est cohérente avec les autres parties de l'ISO 10011.

7.16 Assurance de la qualité pour le mesurage

ISO 10012-1:1992, *Exigences d'assurance de la qualité des équipements de mesure — Partie 1: Confirmation métrologique de l'équipement de mesure*

Il convient de sélectionner l'ISO 10012-1 lorsque la qualité d'un produit ou d'un processus dépend fortement de la capacité à mesurer de façon exacte. Elle spécifie les principales caractéristiques du système de confirmation qui doit être utilisé pour les équipements de mesure du fournisseur. Elle contient les exigences en matière d'assurance de la qualité pour les équipements de mesure d'un fournisseur afin

11

d'assurer que les mesurages sont effectués avec l'exactitude et l'uniformité voulues. Elle contient des exigences plus détaillées que celles contenues dans l'ISO 9001, l'ISO 9002 et l'ISO 9003, et est présentée avec des conseils pour la mise en œuvre.

8 Sélection et utilisation des Normes internationales pour l'assurance de la qualité externe

8.1 Conseils généraux

Lors d'une approbation ou inscription par seconde partie [cas b) et c) de l'article 6], il convient que le fournisseur et l'autre partie se mettent d'accord sur la Norme internationale qui sera utilisée comme base de l'approbation. Il convient que la sélection et l'application d'un modèle pour l'assurance qualité appropriée à une situation donnée procurent des bénéfices à la fois au client et au fournisseur.

L'examen des bénéfices, des risques et des coûts pour les deux parties déterminera l'étendue et la nature de l'information réciproque et les mesures qu'il convient que chaque partie prenne pour donner la confiance adéquate dans le fait que la qualité voulue sera obtenue. Le fournisseur a la responsabilité de choisir le modèle pour les contrats de sous-traitance sauf accord contraire avec le client.

Lors de la certification/inscription par tierce partie, il convient que le fournisseur et l'organisme de certification se mettent d'accord sur la Norme internationale qui sera utilisée comme base de la certification/inscription. Il convient que le modèle sélectionné soit adéquat et non pas trompeur du point de vue des clients du fournisseur. Par exemple, le rôle et le caractère des activités de conception, le cas échéant, est particulièrement important dans la sélection entre l'ISO 9001 et l'ISO 9002. Il convient que la sélection et l'application d'un modèle pour une assurance de la qualité appropriée à une situation donnée soutiennent également les objectifs du fournisseur. L'examen du cadre des activités du fournisseur qui seront couvertes par le certificat déterminera l'étendue et la nature de l'information réciproque et des mesures que chaque partie doit prendre pour donner confiance en ce que la certification est maintenue conformément aux exigences du modèle sélectionné.

8.2 Sélection d'un modèle

8.2.1 Trois modèles pour l'assurance de la qualité

Comme indiqué en 7.6 à 7.8, dans les trois Normes internationales applicables, certains éléments du sys-

tème qualité ont été regroupés afin de former trois modèles distincts dans l'objectif du fournisseur à démontrer ses aptitudes et dans l'évaluation d'un tel fournisseur par des parties externes.

a) ISO 9001: à utiliser lorsque la conformité à des exigences spécifiées doit être assurée par le fournisseur pendant la conception, le développement, la production, l'installation et les prestations associées.

b) ISO 9002: à utiliser lorsque la conformité à des exigences spécifiées doit être assurée par le fournisseur pendant la production, l'installation et les prestations associées.

NOTE 17 L'ISO 9002 est identique à l'ISO 9001 à l'exception de la suppression de toutes les exigences du système qualité pour la maîtrise de la conception.

c) ISO 9003: à utiliser lorsque la conformité à des exigences spécifiées doit être assurée par le fournisseur lors des contrôles et essais finals.

En 4.6 à 4.8 et ailleurs, une perspective de processus est soulignée. L'objectif du système qualité est de satisfaire aux exigences relatives à la qualité dans les résultats provenant des processus du fournisseur. Mais les exigences du système qualité sont directement dirigées vers les procédures utilisées pour ces processus. En conséquence, les exigences spécifiques de système qualité dans l'ISO 9001, l'ISO 9002 et l'ISO 9003 sont généralement rédigées comme suit: «Le fournisseur doit établir et tenir à jour des procédures écrites...».

8.2.2 Sélection

Les domaines d'application des Normes internationales tels qu'ils sont résumés en 8.2.1 indiquent comment le choix doit se faire entre l'ISO 9001, l'ISO 9002 ou l'ISO 9003 de façon cohérente avec les cas a), b), c) et d) de l'article 6.

8.3 Démonstration de la conformité au modèle sélectionné

Il convient que les éléments du système qualité soient consignés par écrit et démontrables d'une façon cohérente avec les exigences du modèle sélectionné.

La démonstration des éléments du système qualité et de leurs processus associés donne confiance en

a) l'adéquation du système qualité,

12

b) la capacité à obtenir la conformité du produit aux exigences spécifiées.

La responsabilité de faire la preuve de l'adéquation et de l'efficacité du système qualité incombe au fournisseur. Cependant, le fournisseur peut avoir besoin de tenir compte des attentes concernant la démonstration aux parties intéressées concernées comme décrit à l'article 6 b), c) et d). Ces considérations peuvent déterminer les moyens à adopter pour faire la preuve de la conformité au modèle sélectionné. Les méthodes peuvent inclure

— la déclaration de conformité du fournisseur;

— la fourniture de preuves fondamentales consignées par écrit;

— la fourniture de la preuve des approbations ou inscriptions par d'autres clients;

— l'audit par le client;

— l'audit par une tierce partie;

— la fourniture d'une preuve de la certification par une tierce partie compétente.

L'un ou l'autre de ces moyens ou une combinaison de ceux-ci peut s'appliquer dans les cas b) et c) de l'article 6. Dans le cas 6 d), les deux derniers moyens sont applicables.

La nature et le degré de démonstration peuvent varier d'une situation à une autre selon des critères tels que

a) les considérations économiques, les utilisations et les conditions d'utilisation du produit;

b) la complexité et l'innovation requises pour concevoir le produit;

c) la complexité et la difficulté à produire l'article;

d) la capacité à juger de la qualité d'un produit sur la base unique des contrôles et essais finals;

e) les exigences de la société concernant le produit;

f) les résultats passés du fournisseur;

g) le degré de partenariat dans la relation avec le client.

8.4 Considérations supplémentaires dans des situations contractuelles

8.4.1 Ajustement des éléments contractuels

L'expérience a montré qu'avec un petit nombre fixé de Normes internationales disponibles, il est possible dans presque chaque situation contractuelle donnée d'en sélectionner une qui va répondre au besoin de façon adéquate. Cependant, dans certaines occasions, certains éléments ou sous-éléments du système qualité requis dans la Norme internationale sélectionnée peuvent être supprimés et, dans d'autres occasions, des éléments ou sous-éléments peuvent être ajoutés. L'ajustement peut également concerner le degré de démonstration des éléments du système qualité. Si l'ajustement s'avère nécessaire, il convient qu'il fasse l'objet d'un accord entre le client et le fournisseur et qu'il soit spécifié dans le contrat.

8.4.2 Revue des éléments contractuels du système qualité

Il est recommandé que les deux parties revoient le contrat proposé, afin de s'assurer qu'elles comprennent les exigences du système qualité et que les exigences sont réciproquement acceptables étant donné les considérations économiques et les risques dans leurs situations respectives.

8.4.3 Exigences supplémentaires en matière d'assurance de la qualité

Il peut être nécessaire de spécifier des exigences supplémentaires dans le contrat, telles que la maîtrise statistique de processus ou des exigences des systèmes en vue de la sécurité des articles critiques.

8.4.4 Évaluation préalable au contrat

Les évaluations du système qualité d'un fournisseur conformément à l'ISO 9001, l'ISO 9002, l'ISO 9003 et, le cas échéant, à des exigences supplémentaires sont souvent utilisées avant un contrat afin de déterminer la capacité du fournisseur à répondre aux exigences. Dans de nombreux cas, les évaluations sont réalisées directement par le client.

8.4.5 Audits après conclusion du contrat

La démonstration du système qualité du fournisseur qui se poursuit après conclusion du contrat peut être réalisée par une série d'audits qualité menés par le client, l'agent du client ou une tierce partie agréée.

13

Annexe A
(normative)

Termes et définitions tirés de l'ISO 8402:1994

A.1 qualité: Ensemble des caractéristiques d'une entité qui lui confèrent l'aptitude à satisfaire des besoins exprimés et implicites.

NOTES

18 Dans une situation contractuelle, ou dans un environnement réglementé, tel que le domaine de la sécurité nucléaire, les besoins sont spécifiés, tandis que dans d'autres, il convient d'identifier et de définir les besoins implicites.

19 Dans de nombreux cas, les besoins peuvent évoluer avec le temps; ceci implique la revue périodique des exigences pour la qualité.

20 Les besoins sont habituellement traduits en caractéristiques avec des critères spécifiés. Les besoins peuvent inclure, par exemple, des aspects de performance, de facilité d'emploi, de sûreté de fonctionnement (disponibilité, fiabilité, maintenabilité), de sécurité, des aspects relatifs à l'environnement, des aspects économiques et esthétiques.

21 Il convient que le terme «qualité» ne soit utilisé isolément ni pour exprimer un degré d'excellence dans un sens comparatif, ni pour des évaluations techniques dans un sens quantitatif. Pour exprimer ces deux sens, il est bon qu'un adjectif qualificatif soit utilisé. Par exemple, on peut employer les termes suivants:

a) «qualité relative» lorsque les entités sont classées en fonction de leur degré d'excellence ou d'une manière comparative (à ne pas confondre avec classe);

b) «niveau de qualité» dans un sens quantitatif (tel qu'employé dans le contrôle par échantillonnage) et «mesure de la qualité» lorsque des évaluations techniques précises sont effectuées.

22 L'obtention d'une qualité satisfaisante implique l'ensemble des phases de la boucle de la qualité. Les contributions à la qualité de ces différentes phases sont parfois considérées séparément pour les distinguer; par exemple, qualité due à la définition des besoins, qualité due à la conception du produit, qualité due à la conformité, qualité due au soutien du produit tout au long de son cycle de vie.

23 Dans certains textes existants, on identifie la qualité à «l'aptitude à l'usage», ou à «l'aptitude à l'emploi», ou à «la satisfaction du client» ou à «la conformité aux exigences». Ces notions ne représentent que certaines facettes de la qualité, telle que définie ci-dessus.

A.2 politique qualité: Orientations et objectifs généraux d'un organisme concernant la qualité, tels qu'ils sont exprimés formellement par la direction au plus haut niveau.

NOTE 24 La politique qualité est un élément de la politique générale et est approuvée par la direction au plus haut niveau.

A.3 management de la qualité: Ensemble des activités de la fonction générale de management qui déterminent la politique qualité, les objectifs et les responsabilités, et les mettent en œuvre par des moyens tels que la planification de la qualité, la maîtrise de la qualité, l'assurance de la qualité et l'amélioration de la qualité dans le cadre du système qualité.

NOTES

25 Le management de la qualité est la responsabilité de tous les niveaux de direction, mais il doit être conduit par la direction au plus haut niveau. Sa mise en œuvre implique tous les membres de l'organisme.

26 Le management de la qualité prend en compte les aspects économiques.

A.4 système qualité: Ensemble de l'organisation, des procédures, des processus et des moyens nécessaires pour mettre en œuvre le management de la qualité.

NOTES

27 Il convient que le système qualité ne soit pas plus étendu qu'il n'est besoin pour atteindre les objectifs relatifs à la qualité.

28 Le système qualité d'un organisme est conçu essentiellement pour satisfaire les besoins internes de management de l'organisme. Il va au-delà des exigences d'un client particulier qui n'évalue que la partie du système qualité qui le concerne.

29 Pour les besoins d'une évaluation qualité contractuelle ou obligatoire, la démonstration de la mise en œuvre d'éléments identifiés du système qualité peut être exigée.

14

A.5 maîtrise de la qualité: Techniques et activités à caractère opérationnel utilisées pour satisfaire aux exigences pour la qualité.

NOTES

30 La maîtrise de la qualité comprend des techniques et activités à caractère opérationnel qui ont pour but à la fois de piloter un processus et d'éliminer les causes de fonctionnement non satisfaisant à toutes les phases de la boucle de la qualité en vue d'atteindre la meilleure efficacité économique.

31 Certaines actions de maîtrise de la qualité et d'assurance de la qualité sont liées entre elles.

A.6 assurance de la qualité: Ensemble des activités préétablies et systématiques mises en œuvre dans le cadre du système qualité, et démontrées en tant que de besoin, pour donner la confiance appropriée en ce qu'une entité satisfera aux exigences pour la qualité.

NOTES

32 L'assurance de la qualité vise à la fois des objectifs internes et externes:

a) assurance de la qualité interne: au sein d'un organisme, l'assurance de la qualité sert à donner confiance à la direction;

b) assurance de la qualité externe: dans des situations contractuelles ou autres, l'assurance de la qualité sert à donner confiance aux clients ou à d'autres.

33 Certaines actions de maîtrise de la qualité et d'assurance de la qualité sont liées entre elles.

34 Si les exigences pour la qualité ne reflètent pas entièrement les besoins de l'utilisateur, l'assurance de la qualité peut ne pas donner la confiance appropriée.

A.7 amélioration de la qualité: Actions entreprises dans tout l'organisme, en vue d'accroître l'efficacité et le rendement des activités et des processus, pour apporter des avantages accrus à la fois à l'organisme et à ses clients.

A.8 produit: Résultat d'activités ou de processus.

NOTES

35 Le terme produit peut inclure les services, les matériels, les produits issus de processus à caractère continu, les logiciels, ou une combinaison des deux.

36 Un produit peut être matériel (par exemple, assemblages ou produits issus de processus à caractère continu) ou immatériel (par exemple, connaissances ou concepts), ou une combinaison des deux.

37 Un produit peut être soit intentionnel (par exemple, une offre aux clients), soit non intentionnel (par exemple, un polluant ou des effets indésirables).

A.9 service: Résultat généré par des activités à l'interface entre le fournisseur et le client, et par des activités internes au fournisseur pour répondre aux besoins du client.

NOTES

38 Le fournisseur ou le client peut être représenté à l'interface par des personnes ou par des équipements.

39 Les activités du client à l'interface avec le fournisseur peuvent être essentielles pour la prestation de service.

40 La livraison ou l'utilisation de produits matériels peut faire partie de la prestation de service.

41 Un service peut être lié à la fabrication et à la fourniture d'un produit matériel.

A.10 client: Destinataire d'un produit fourni par le fournisseur.

NOTES

42 Dans une situation contractuelle, le client est dénommé «acheteur».

43 Le client peut être, par exemple, le consommateur final, l'utilisateur, le bénéficiaire ou l'acheteur.

44 Le client peut être interne ou externe à l'organisme.

A.11 fournisseur: Organisme qui fournit un produit au client.

NOTES

45 Dans une situation contractuelle, le fournisseur peut être dénommé «titulaire du contrat».

46 Le fournisseur peut être, par exemple, le producteur, le distributeur, l'importateur, l'ensemblier ou l'organisme de service.

47 Le fournisseur peut être interne ou externe à l'organisme.

A.12 processus, procédé: Ensemble de moyens et d'activités liés qui transforment des éléments entrants en éléments sortants.

NOTE 48 Ces moyens peuvent inclure le personnel, les finances, les installations, les équipements, les techniques et les méthodes.

15

Annexe B
(informative)

Facteurs relatifs au produit et au processus

B.1 Objet

Les caractéristiques relatives au produit et au processus sont importantes dans l'application de la famille ISO 9000. La présente annexe met en lumière un certain nombre de facteurs relatifs au produit et au processus qu'il convient de prendre en compte, par exemple

a) par la direction du fournisseur à des effets de management de la qualité, lors de la planification de l'approche et de l'étendue de la mise en œuvre d'un élément du système qualité (voir 7.1);

b) par les auditeurs, lors de la planification d'audits première, seconde et tierce partie (voir 4.9.3)

c) conjointement par le fournisseur et le client lors de la sélection et/ou de l'ajustement des exigences du système qualité pour un contrat seconde partie (voir 8.4).

NOTE 49 Dans l'ISO 9000:1987, ces facteurs étaient donnés comme conseils seulement pour le point c).

B.2 Facteurs

a) **Complexité de la conception**

Ce facteur traite de la difficulté de concevoir le produit et de concevoir les processus de production et de soutien s'ils doivent être conçus, ou si la conception doit changer périodiquement.

b) **Maturité et stabilité des conceptions de produit**

Ce facteur traite de la dimension dans laquelle la conception complète du produit est connue et éprouvée, par des essais de performances ou par des expériences en exploitation.

c) **Complexité du processus de production**

Ce facteur traite

1) de la disponibilité de processus de production prouvés;

2) du besoin de développer de nouveaux processus;

3) du nombre et de la variété de processus requis;

4) de l'impact du (des) processus sur les résultats du produit;

5) du besoin de maîtrise du processus.

d) **Caractéristiques du produit**

Ce facteur traite de la complexité du produit, du nombre de caractéristiques liées entre elles, et de la criticité de chaque caractéristique pour les résultats.

e) **Sécurité du produit**

Ce facteur traite du risque d'apparition d'un défaut et des conséquences de ce défaut.

f) **Considérations économiques**

Ce facteur traite des coûts économiques, à la fois pour le fournisseur et pour le client, des facteurs précédents comparés aux coûts imputables à des non-conformités du produit.

16

Annexe C
(informative)

Prolifération des normes

La famille ISO 9000 — en particulier les Normes internationales à utiliser dans les contrats, l'évaluation ou la certification (ISO 9001, ISO 9002 et ISO 9003) — est employée dans le monde entier dans de nombreux secteurs industriels/économiques pour des produits appartenant aux quatre catégories génériques de produits. Divers schémas spécifiques à des secteurs industriels/économiques particuliers ont été développés.

Il est important de faire la distinction entre les schémas qui mettent en œuvre, sans changement, la famille ISO 9000, et les schémas qui impliquent des versions localisées de ces Normes internationales. Si la famille ISO 9000 devait ne devenir que le noyau d'une prolifération de normes localisées dérivées de la famille ISO 9000, mais variant dans le contenu ou dans l'architecture, il y aurait une faible normalisation mondiale. Une fois encore, il pourrait y avoir une entrave mondiale au commerce en raison de la prolifération de normes et d'exigences incohérentes.

Heureusement, les tendances actuelles globales du marché entraînent de nombreux utilisateurs de normes vers la reconnaissance stratégique du fait qu'ils ont besoin des Normes internationales et de s'y conformer. La famille ISO 9000, et les plans pour une révision continue, sont destinées à fournir l'objet, le contenu et la flexibilité nécessaires pour satisfaire aux besoins actuels et à ceux qui surgiront dans le futur.

La figure C.1 représente, sous forme de matrice, quelles activités de mise en œuvre de normes sont recommandées dans chacun des quatre domaines de mise en œuvre, à l'intérieur du domaine du management de la qualité et de l'assurance de la qualité. Toute évaluation et schéma de certification par tierce partie doit fonctionner selon des procédures qui sont totalement conformes à toutes les Normes internationales, guides et pratiques comme cela est exigé pour la reconnaissance mutuelle internationale de la certification du système qualité.

17

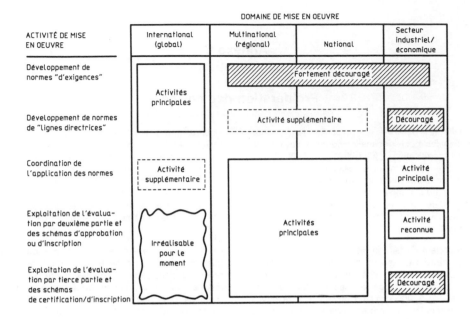

Figure C.1 — Matrice d'activité des normes relatives à l'assurance de la qualité

18

Annexe D
(informative)

Tableau de correspondance entre les numéros des articles, des paragraphes et les sujets correspondants

Assurance qualité externe				Titre de paragraphe dans ISO 9001	Lignes directrices de management de la qualité	Carte routière
Exigences			Guides d'application			
ISO 9001	ISO 9002	ISO 9003	ISO 9000-2		ISO 9004-1	ISO 9000-1
4.1 ■	■	O	4.1	Responsabilité de la direction	4	4.1; 4.2; 4.3
4.2 ■	■	O	4.2	Système qualité	5	4.4; 4.5; 4.8
4.3 ■	■	■	4.3	Revue de contrat	X	8
4.4 ■	X	X	4.4	Maîtrise de la conception	8	
4.5 ■	■	■	4.5	Maîtrise des documents et des données	5.3; 11.5	
4.6 ■	■	X	4.6	Achats	9	
4.7 ■	■	■	4.7	Maîtrise du produit fourni par le client	X	
4.8 ■	■	O	4.8	Identification et traçabilité du produit	11.2	5
4.9 ■	■	X	4.9	Maîtrise du processus	10, 11	4.6; 4.7
4.10 ■	■	O	4.10	Contrôles et essais	12	
4.11 ■	■	■	4.11	Maîtrise des équipements de contrôle, de mesure et d'essai	13	
4.12 ■	■	■	4.12	État des contrôles et des essais	11.7	
4.13 ■	■	O	4.13	Maîtrise du produit non conforme	14	
4.14 ■	■	O	4.14	Actions correctives et préventives	15	
4.15 ■	■	■	4.15	Manutention, stockage, conditionnement, préservation et livraison	10.4; 16.1; 16.2	
4.16 ■	■	O	4.16	Maîtrise des enregistrements relatifs à la qualité	5.3; 17.2; 17.3	
4.17 ■	■	O	4.17	Audits qualité internes	5.4	4.9
4.18 ■	■	O	4.18	Formation	18.1	5.4
4.19 ■	■	X	4.19	Prestations associées	16.4	
4.20 ■	■	O	4.20	Techniques statistiques	20	
				Considérations financières relatives aux systèmes qualité	6	
				Sécurité relative au produit	19	
				Qualité en mercatique	7	

Légende:
■ = exigence complète
O = exigences moins contraignantes que ISO 9001 et ISO 9002
X = élément absent

19

Annexe E
(informative)

Bibliographie

[1] ISO 9000-2:1993, *Normes pour le management de la qualité et l'assurance de la qualité — Partie 2: Lignes directrices pour l'application de l'ISO 9001, l'ISO 9002 et l'ISO 9003.*

[2] ISO 9000-3:1991, *Normes pour la gestion de la qualité et l'assurance de la qualité — Partie 3: Lignes directrices pour l'application de l'ISO 9001 au développement, à la mise à disposition et à la maintenance du logiciel.*

[3] ISO 9000-4:1993, *Normes pour la gestion de la qualité et l'assurance de la qualité — Partie 4: Guide de gestion du programme de sûreté de fonctionnement.*

[4] ISO 9001:1994, *Systèmes qualité — Modèle pour l'assurance de la qualité en conception, développement, production, installation et prestations associées.*

[5] ISO 9002:1994, *Systèmes qualité — Modèle pour l'assurance de la qualité en production, installation et prestations associées.*

[6] ISO 9003:1994, *Systèmes qualité — Modèle pour l'assurance de la qualité en contrôle et essais finals.*

[7] ISO 9004-1:1994, *Management de la qualité et éléments de système qualité — Partie 1: Lignes directrices.*

[8] ISO 9004-2:1991, *Gestion de la qualité et éléments de système qualité — Partie 2: Lignes directrices pour les services.*

[9] ISO 9004-3:1993, *Management de la qualité et éléments de système qualité — Partie 3: Lignes directrices pour les produits issus de processus à caractère continu.*

[10] ISO 9004-4:1993, *Management de la qualité et éléments de système qualité — Partie 4: Lignes directrices pour l'amélioration de la qualité.*

[11] ISO 10011-1:1990, *Lignes directrices pour l'audit des systèmes qualité — Partie 1: Audit.*

[12] ISO 10011-2:1991, *Lignes directrices pour l'audit des systèmes qualité — Partie 2: Critères de qualification pour les auditeurs de systèmes qualité.*

[13] ISO 10011-3:1991, *Lignes directrices pour l'audit des systèmes qualité — Partie 3: Gestion des programmes d'audit.*

[14] ISO 10012-1:1992, *Exigences d'assurance de la qualité des équipements de mesure — Partie 1: Confirmation métrologique de l'équipement de mesure.*

[15] ISO 10013:1994[1], *Lignes directrices pour l'élaboration des manuels qualité.*

[16] ISO/TR 13425:—[1], *Lignes directrices pour la sélection des méthodes statistiques dans la normalisation et les spécifications.*

[17] RECUEIL ISO 3:1989, *Méthodes statistiques.*

---

1) À publier.

ISSN 0335-3931

norme européenne
norme française

NF EN ISO 9004-1
Août 1994

Indice de classement : **X 50-122-1**

Management de la qualité et éléments de système qualité

Partie 1 : Lignes directrices

E : Quality management and quality system elements — Part 1 : Guidelines
D : Qualitätsmanagement und Elemente eines Qualitätsmanagementsystems
   — Teil 1 : Leitfaden

Norme française homologuée par décision du Directeur Général de l'AFNOR le 5 juillet 1994 pour prendre effet le 5 août 1994.

Remplace la norme homologuée NF EN 29004, de décembre 1988 (indice de classement : X 50-122).

correspondance La norme européenne EN ISO 9004-1:1994 a le statut d'une norme française.

analyse Le présent document décrit un ensemble d'éléments fondamentaux permettant la mise en œuvre d'un système de management de la qualité dans l'entreprise en vue de renforcer la compétitivité, d'atteindre pour le produit la qualité requise d'une manière économiquement efficace et d'assurer la satisfaction du client. Les normes NF EN ISO 9001, NF EN ISO 9002 et NF EN ISO 9003 définissent trois modèles distincts pour l'assurance de la qualité dans le cas d'une situation contractuelle, réglementaire ou de certification.

descripteurs **Thésaurus International Technique** : management de la qualité, système d'assurance qualité, composant, conditions générales.

modifications Par rapport à la précédente édition, quelques modifications de fond mineures et modifications d'ordre rédactionnel.

corrections

éditée et diffusée par l'association française de normalisation (afnor), tour europe cedex 7 92049 paris la défense — tél. : (1) 42 91 55 55

Membres de la commission de normalisation

Président : M VAISENBERG

Secrétariat : MME DEL CERRO — AFNOR

M	AFFATICATI	MATRA GENERAL SA
M	ANGELINI	ASCII QUALITATEM
M	ARDAULT	SNCF
M	AULAGNER	IPEQ
M	BABY	EDF/DER
M	BAUDON	RNUR
M	BELLAMIT	SYMEDIA
M	BERNARD	GIAT INDUSTRIES
M	BESSIN	ABB CONTROL
M	BLAIZOT	FIEE
M	BLANC	CTDEC
M	BONNOME	
M	BRUNSCHWIG	
M	BUSSARD	EXECUTIVE CONSULTANT SA
M	CALMELS	DGA DION MISSILES ET ESPACE
M	CANCE	
M	CANIS	LIONEL CANIS CONSEIL
M	CARLU	
M	CATINAUD	ISOVER SAINT GOBAIN
M	CATTAN	FRAMATOME SA
M	CAUDRON	GEC ALSTHOM TRANSPORT
M	CHASSIGNET	
M	CLOCHARD	GEC ALSTHOM T & D
M	COMBRET	RENAULT VEHICULES INDUSTRIELS
M	COPIN	CM CONSULTANTS
MME	DECROIX	BULL SA
M	DEDEWANOU	ROUSSEL UCLAF
MME	DEJEAN DE LA BATIE	UIC
M	DEL FABBRO	MATRA DEFENSE
MME	DELORT	UTE/SNQ
M	DESMARES	DGA/DCA
M	DOULIERY	AEROSPATIALE
M	DUPUIS	EDF
M	DUTRAIVE	
M	ETIENNE	DAEI
M	FABBRI	LORIENT NAVAL ET INDUSTRIES
M	FOURCADE	MATRA DEFENSE
M	FROMAN	
M	GAUTHIER	ATT GIS
M	GENESTE	CRCI
M	GERVASON	CENTRE TECHNIQUE DU PAPIER
MME	GILLIOT	
M	GODET	CIE SALINS MIDI ET SALINES EST
M	GRANGER	FRANCE TELECOM SCT
M	HAMES	3M FRANCE

M	IACOLARE	ALTRAN TECHNOLOGIES
M	KOLUB	SGS QUALITEST
M	KRYNICKI	HEWLETT PACKARD FRANCE
M	L'HERMITTE	EDF
M	LALLET	GEC ALSTHOM ELECTROMECANIQUE
MME	LAVALETTE	SYSECA SA
M	LE CLANCHE	FRANCE TELECOM SCT
M	LIETVEAUX	BNIF
M	LOLIVIER	LOGIQUAL
M	MAUGUIERE	THOMSON CSF
MME	MAURER	CISI
M	MIGNOT	MATRA DEFENSE
M	MILLERET	SOMELEC SA
M	MIRANDA	ARMEMENT SERVICES
M	MITONNEAU	AMOVI EURL
M	MONTJOIE	CEA
M	MOUGAS	CAMIF
MME	NEEL	DASSAULT AVIATION
M	NICOLAS	FIM
MME	NOTIS	AFNOR
M	OGER	INCHCAPE TESTING SERVICES
MME	OUDIN DARRIBERE	
M	PAILHES	RHONE-POULENC CHIMIE
M	PIZON	FRANCE TELECOM SCT
M	QUEREL	PQI GENIE QUALITE
M	QUINIO	TECHNIP
MME	RENARD	LABORATOIRES METROLOGIE D'IVRY
MME	RENAUX	SOCOTEC QUALITE
M	RICHER	HEI
M	ROULEAU	GDF — DION PRODUCT TRANSPORT CTO
M	SAMPERE	CEP SYSTEMES
M	SANS	
M	SEGOY	LA POSTE
M	SERVAJAN	D'HERMY CONSEIL SA
MME	SIDI	CAP GEMINI SOGETI
M	THORETTON	AUTOMOBILES CITROEN
M	THOUSCH	SGS QUALITEST
M	TILLET	RENAULT VEHICULES INDUSTRIELS
M	TRAPON	BUREAU VERITAS
M	VAISENBERG	AFAQ/ICA
M	VINCENT	LEXMARK INTERNATIONAL SA
M	WEIDMANN	AIRBUS INDUSTRIE
M	WENISCH	SQIFE
M	WIDMER	EDF

Avant-propos national

Références aux normes françaises

La correspondance entre les normes mentionnées à l'article 2 «Références normatives» et les normes françaises identiques est la suivante :

ISO 8402.1994   : *NF EN ISO 8402 (indice de classement : X 50-120)* [1]

ISO 9000-1:1994   : *NF EN ISO 9000-1 (indice de classement : X 50-121-1)*

---
1) *À publier.*

NORME EUROPÉENNE
EUROPÄISCHE NORM
EUROPEAN STANDARD

EN ISO 9004-1

Juillet 1994

ICS 03.120.10

Remplace EN 29004:1987

Descripteurs : management de qualité, système d'assurance qualité, composant, conditions générales.

Version française

Management de la qualité et éléments de système qualité —
Partie 1 : Lignes directrices
(ISO 9004-1:1994)

Qualitätsmanagement und Elemente
eines Qualitätsmanagementsystems —
Teil 1 : Leitfaden
(ISO 9004-1:1994)

Quality management and quality system
elements — Part 1 : Guidelines
(ISO 9004-1:1994)

La présente norme européenne a été adoptée par le CEN le 1994-06-20.

Les membres du CEN sont tenus de se soumettre au Règlement Intérieur du CEN/CENELEC, qui définit les conditions dans lesquelles doit être attribué, sans modification, le statut de norme nationale à la norme européenne.

Les listes mises à jour et les références bibliographiques relatives à ces normes nationales peuvent être obtenues auprès du Secrétariat Central ou auprès des membres du CEN.

La présente norme européenne existe en trois versions officielles (allemand, anglais, français). Une version faite dans une autre langue par traduction sous la responsabilité d'un membre du CEN dans sa langue nationale, et notifiée au Secrétariat Central, a le même statut que les versions officielles.

Les membres du CEN sont les organismes nationaux de normalisation des pays suivants : Allemagne, Autriche, Belgique, Danemark, Espagne, Finlande, France, Grèce, Irlande, Islande, Italie, Luxembourg, Norvège, Pays-Bas, Portugal, Royaume-Uni, Suède et Suisse.

CEN

COMITÉ EUROPÉEN DE NORMALISATION

Europäisches Komitee für Normung
European Committee for Standardization

Secrétariat Central : rue de Stassart 36, B-1050 Bruxelles

Avant-propos

La présente norme européenne a été élaborée par l'ISO/TC 176 «Management et assurance de la qualité» de l'Organisation Internationale de Normalisation (ISO) et a été approuvée par l'ISO et le CEN suite à un vote parallèle.

La présente norme européenne remplace EN 29004:1987.

La présente norme européenne devra recevoir le statut de norme nationale, soit par publication d'un texte identique, soit par entérinement, au plus tard en janvier 1995, et toutes les normes nationales en contradiction devront être retirées au plus tard en janvier 1995.

Conformément au Règlement Intérieur du CEN/CENELEC, les pays suivants sont tenus de mettre la présente norme européenne en application : Allemagne, Autriche, Belgique, Danemark; Espagne, Finlande, France, Grèce, Irlande, Islande, Italie, Luxembourg, Norvège, Pays-Bas, Portugal, Royaume-Uni, Suède et Suisse.

Notice d'entérinement

Le texte de la norme internationale ISO 9004-1:1994 a été approuvé par le CEN comme norme européenne sans aucune modification.

Sommaire

Avant-propos

L'ISO (Organisation internationale de normalisation) est une fédération mondiale d'organismes nationaux de normalisation (comités membres de l'ISO). L'élaboration des Normes internationales est en général confiée aux comités techniques de l'ISO. Chaque comité membre intéressé par une étude a le droit de faire partie du comité technique créé à cet effet. Les organisations internationales, gouvernementales et non gouvernementales, en liaison avec l'ISO participent également aux travaux. L'ISO collabore étroitement avec la Commission électrotechnique internationale (CEI) en ce qui concerne la normalisation électrotechnique.

Les projets de Normes internationales adoptés par les comités techniques sont soumis aux comités membres pour vote. Leur publication comme Normes internationales requiert l'approbation de 75 % au moins des comités membres votants.

La Norme internationale ISO 9004-1 a été élaborée par le comité technique ISO/TC 176, *Management et assurance de la qualité*, sous-comité SC 2, *Systèmes qualité*.

Cette première édition de l'ISO 9004-1 annule et remplace l'ISO 9004:1987, et a été préparée sur la base des commentaires reçus sur l'ISO 9004:1987. L'ISO prescrit que toutes les Normes internationales soient révisées tous les cinq ans, et l'ISO 9004 s'étant élargie en une série de normes, on a considéré que la révision de l'édition de 1987 de l'ISO 9004 devait devenir la première partie de la série, c'est-à-dire l'ISO 9004-1.

Les commentaires pris en compte par le groupe de travail 12 de l'ISO/TC 176/SC 2 pendant la révision ont été fondés sur les considérations suivantes.

a) L'ISO 9004 est un document à usage interne pour un organisme. Il n'a pas pour vocation d'être un guide pour l'ISO 9001, l'ISO 9002 ou l'ISO 9003, pour lesquelles on dispose de l'ISO 9000-2.

b) Pour des raisons rédactionnelles, la structure du document de 1987 a été retenue pour l'édition de 1994. Les structures de l'ensemble des quatre normes ISO 9001, ISO 9002, ISO 9003 et ISO 9004 seront modifiées et alignées les unes par rapport aux autres lors de la prochaine révision majeure des cinq ans.

c) La présente édition est essentiellement une révision rédactionnelle qui a pour but d'aligner la terminologie avec l'ISO 8402 et de mieux répondre aux besoins non seulement des industries de matériels manufacturés, mais aussi des industries de processus et de service.

d) La présente édition introduit également quelques concepts plus récents sur le management de la qualité; par exemple, toutes les activités peuvent être considérées comme des processus, avec des entrées et des sorties.

e) Une importance plus grande a été donnée à la planification et à l'action préventive. Pour cette raison, des activités telles que les processus de manutention, d'identification et de conditionnement sont maintenant traitées de façon complémentaire dans la Qualité en définition et conception (article 8), dans la Qualité des processus (article 10) et dans la Maîtrise des processus (article 11).

f) La figure 1 a été mise à jour afin de refléter les activités de la qualité dans le cycle de vie d'un produit.

g) De nouvelles méthodes pour le suivi financier de l'efficacité du management de la qualité ont été introduites.

L'ISO 9004 comprend les parties suivantes, présentées sous le titre général *Management de la qualité et éléments de système qualité*:

— *Partie 1: Lignes directrices*

— *Partie 2: Lignes directrices pour les services*

— *Partie 3: Lignes directrices pour les produits issus de processus à caractère continu*

— *Partie 4: Lignes directrices pour l'amélioration de la qualité*

— *Partie 5: Lignes directrices pour les plans qualité*

— *Partie 6: Lignes directrices pour l'assurance de la qualité de la conduite de projet*

— *Partie 7: Lignes directrices pour la gestion de configuration*

— *Partie 8: Lignes directrices pour les principes de la qualité et leur application aux pratiques de management*

L'annexe A de la présente partie de l'ISO 9004 est donnée uniquement à titre d'information.

Introduction

0.1 Généralités

La présente partie de l'ISO 9004 et toutes les autres Normes internationales de la famille ISO 9000 sont génériques et indépendantes de tout
secteur économique ou industriel spécifique. Leur ensemble donne des
conseils pour le management de la qualité et des modèles pour l'assurance de la qualité.

Les Normes internationales de la famille ISO 9000 décrivent les éléments
que les systèmes qualité devraient englober, mais non pas la façon dont
il convient qu'un organisme spécifique mette en œuvre ces éléments.
Comme les besoins des organismes varient, l'objet de ces Normes internationales n'est pas d'imposer l'uniformité des systèmes qualité. La
conception et la mise en œuvre d'un système qualité dépendront des objectifs, des produits, des processus et des pratiques spécifiques de l'organisme.

Il convient que l'une des préoccupations essentielles de tout organisme
soit la qualité de ses produits. (Voir en 3.5 la définition de «produit» qui
comprend le service.)

Pour réussir, il convient qu'un organisme propose des produits qui

a)   répondent à un besoin, un usage ou un objectif bien définis;

b)   satisfont aux attentes des clients;

c)   sont conformes aux normes et aux spécifications applicables;

d)   sont conformes aux exigences de société (voir 3.3);

e)   tiennent compte des besoins de l'environnement;

f)   sont offerts à des prix compétitifs;

g)   sont produits de façon économique.

0.2 Objectifs liés à l'organisation

Pour atteindre ses objectifs, il convient que l'organisme s'assure que les
facteurs techniques, administratifs et humains ayant une incidence sur la
qualité de ses produits seront maîtrisés, qu'il s'agisse de matériels, de
logiciels, de produits issus de processus à caractère continu ou de services. Il convient que cette maîtrise soit orientée vers la réduction, l'élimination et, surtout vers la prévention des non-conformités.

Il convient qu'un système qualité soit développé et mis en œuvre afin
d'atteindre les objectifs fixés dans la politique qualité de l'organisme.

L'importance de chaque élément (ou exigence) au sein d'un système qualité varie suivant le type d'activité et suivant le produit.

Afin d'obtenir une efficacité maximale et de satisfaire aux attentes du client, il est essentiel que le système qualité soit adapté au type d'activité et au produit proposé.

0.3 Conformité aux besoins et attentes de l'organisme et du client

Un système qualité présente deux aspects qui sont liés, comme indiqué ci-après.

a) **Les besoins et attentes du client**

Le client a besoin d'avoir confiance tant dans l'aptitude de l'organisme à fournir la qualité voulue que dans le maintien cohérent de cette qualité.

b) **Les besoins et intérêts de l'organisme**

L'organisme a besoin pour sa pérennité d'atteindre et de maintenir la qualité voulue à un coût optimal; la réalisation de cet aspect est liée à une utilisation planifiée et efficace des ressources technologiques, humaines et matérielles dont il dispose.

Chacun des aspects ci-dessus d'un système qualité implique de fournir une preuve tangible sous la forme d'informations et de données concernant la qualité du système et la qualité des produits de l'organisme.

0.4 Bénéfices, coûts et risques

Les considérations relatives aux bénéfices, aux coûts et aux risques jouent un rôle important, à la fois pour l'organisme et pour le client. Ces considérations sont des aspects propres à la plupart des produits. Les effets et les suites possibles de ces considérations sont donnés en a) à c).

a) **Considérations relatives aux bénéfices**

Pour le client, la réduction des coûts, l'amélioration de l'aptitude à l'usage, l'accroissement de la satisfaction et de la confiance sont à prendre en considération.

Pour l'organisme, l'accroissement du profit et de la part de marché est à prendre en considération.

b) **Considérations relatives aux coûts**

Pour le client, la sécurité, les coûts d'acquisition, les coûts de fonctionnement, de maintenance, d'arrêts et de réparation, ainsi que les coûts éventuels de mise hors service sont à prendre en considération.

Pour l'organisme, les coûts imputables aux déficiences de la mercatique et de la conception, qui comprennent les produits non satisfaisants, les reprises, les réparations, les remplacements, les retraitements, les pertes de production, les garanties et les réparations sur site, sont à prendre en considération.

c) **Considérations relatives aux risques**

Pour le client, les risques tels que ceux liés à la santé et à la sécurité des personnes, l'insatisfaction qu'entraînent les produits, la disponibilité, les réclamations des clients et la perte de confiance, sont à prendre en considération.

Pour l'organisme, les risques liés à des produits défectueux qui entraînent une perte d'image ou de réputation, une perte de marché, des plaintes, des réclamations, une responsabilité, un gaspillage des ressources humaines et financières, sont à prendre en considération.

0.5 Conclusions

Il convient qu'un système qualité effectif soit conçu pour répondre aux besoins et aux attentes du client, tout en servant à protéger les intérêts de l'organisme. Un système qualité bien structuré est un précieux moyen de management pour optimiser et maîtriser la qualité en regard des considérations relatives aux bénéfices, aux coûts et aux risques.

Management de la qualité et éléments de système qualité —

Partie 1:
Lignes directrices

1 Domaine d'application

La présente partie de l'ISO 9004 fournit des conseils concernant le management de la qualité et les éléments du système qualité.

Les éléments du système qualité conviennent au développement et la mise en œuvre d'un système qualité interne complet et effectif, en vue d'assurer la satisfaction du client.

La présente partie de l'ISO 9004 n'est pas destinée à une utilisation contractuelle, réglementaire ou de certification. En conséquence, elle ne constitue pas un guide pour la mise en œuvre de l'ISO 9001, l'ISO 9002 et l'ISO 9003. Il est recommandé d'utiliser l'ISO 9000-2 à cette fin.

La sélection des éléments appropriés figurant dans la présente partie de l'ISO 9004 et la mesure dans laquelle ces éléments sont adoptés et appliqués par un organisme dépendent de facteurs tels que le marché concerné, la nature des produits, les processus de production, le client et les besoins du consommateur.

Il convient, dans la présente partie de l'ISO 9004, d'interpréter les références à un «produit» comme s'appliquant aux catégories génériques de produits, c'est à dire les matériels, les logiciels, les produits issus de processus à caractère continu et les services (conformément à la définition de «produit» dans l'ISO 8402).

NOTES

1   Pour d'autres conseils, voir l'ISO 9004-2 et l'ISO 9004-3.

2   Pour les références informatives, voir annexe A.

2 Références normatives

Les normes suivantes contiennent des dispositions qui, par suite de la référence qui en est faite, constituent des dispositions valables pour la présente partie de l'ISO 9004. Au moment de la publication, les éditions indiquées étaient en vigueur. Toute norme est sujette à révision et les parties prenantes des accords fondés sur la présente partie de l'ISO 9004 sont invitées à rechercher la possibilité d'appliquer les éditions les plus récentes des normes indiquées ci-après. Les membres de la CEI et de l'ISO possèdent le registre des Normes internationales en vigueur à un moment donné.

ISO 8402:1994, *Management de la qualité et assurance de la qualité — Vocabulaire.*

ISO 9000-1:1994, *Normes pour le management de la qualité et l'assurance de la qualité — Partie 1: Lignes directrices pour leur sélection et utilisation.*

3 Définitions

La présente révision de l'ISO 9004 a amélioré l'harmonisation de la terminologie avec d'autres Normes internationales de la famille ISO 9000. Le tableau 1 montre la terminologie de la chaîne d'approvisionnement utilisée dans ces Normes internationales.

1

Tableau 1 — Relations des organismes dans la chaîne d'approvisionnement

ISO 9000-1	Sous-contractant	→	fournisseur ou orga-nisme	→	client	
ISO 9001, ISO 9002, ISO 9003	Sous-contractant	→	fournisseur	→	client	
ISO 9004-1	Sous-contractant	→	organisme	→	client	

Ainsi, le terme «sous-contractant» est utilisé plutôt que le terme «fournisseur» dans la présente partie de l'ISO 9004, afin d'éviter une confusion avec la signification du terme «fournisseur» dans l'ISO 9000 et l'ISO 9001. Voir l'ISO 9000-1 pour une explication plus complète des cas d'utilisation de ces termes.

Pour les besoins de la présente partie de l'ISO 9004, les définitions données dans l'ISO 8402 s'appliquent.

Pour la commodité des utilisateurs de la présente partie de l'ISO 9004, les définitions suivantes sont extraites de l'ISO 8402.

3.1 organisme: Compagnie, société, firme, entreprise ou institution, ou partie de celles-ci, à responsabilité limitée ou d'un autre statut, de droit public ou privé, qui a sa propre structure fonctionnelle et administrative.

3.2 client: Destinataire d'un produit fourni par le fournisseur.

NOTES

3 Dans une situation contractuelle, le client est dénommé «acheteur».

4 Le client peut être, par exemple, le consommateur final, l'utilisateur, le bénéficiaire ou l'acheteur.

5 Le client peut être interne ou externe à l'organisme.

3.3 exigences de société: Obligations résultant de lois, de réglements, de règles, de codes, d'actes et d'autres considérations.

NOTES

6 L'expression «d'autres considérations» vise notamment la protection de l'environnement, la santé, la sécurité, la sûreté, la conservation de l'énergie et des ressources naturelles.

7 Il convient que toutes les exigences de société soient prises en compte lors de la définition des exigences pour la qualité.

8 Les exigences de société comprennent des exigences juridiques et réglementaires. Elles peuvent varier selon les juridictions.

3.4 plan qualité: Document énonçant les pratiques, les moyens et la séquence des activités liées à la qualité, spécifiques à un produit, projet ou contrat particulier.

NOTES

9 Un plan qualité fait généralement référence aux parties du manuel qualité applicables spécifiquement.

10 Selon l'objet du plan, un qualificatif peut être utilisé, par exemple «plan assurance qualité», «plan management de la qualité».

3.5 produit: Résultat d'activités ou de processus.

NOTES

11 Le terme produit peut inclure les services, les matériels, les produits issus de processus à caractère continu, les logiciels, ou une combinaison des deux.

12 Un produit peut être matériel (par exemple, assemblages ou produits issus de processus à caractère continu) ou immatériel (par exemple, connaissances ou concepts), ou une combinaison des deux.

13 Un produit peut être soit intentionnel (par exemple, une offre aux clients), soit non intentionnel (par exemple, un polluant ou des effets indésirables).

3.6 service: Résultat généré par des activités à l'interface entre le fournisseur et le client, et par des activités internes au fournisseur pour répondre aux besoins du client.

NOTES

14 Le fournisseur ou le client peut être représenté à l'interface par des personnes ou par des équipements.

15 Les activités du client à l'interface avec le fournisseur peuvent être essentielles pour la prestation de service.

16 La livraison ou l'utilisation de produits matériels peut faire partie de la prestation de service.

17 Un service peut être lié à la fabrication et à la fourniture d'un produit matériel.

2

4 Responsabilité de la direction

4.1 Généralités

La responsabilité et l'engagement relatifs à la politique qualité incombent au plus haut niveau de la direction. Le management de la qualité comprend l'ensemble des activités de la fonction générale de management qui déterminent la politique qualité, les objectifs et les responsabilités, et les mettent en œuvre par des moyens tels que la planification de la qualité, la maîtrise de la qualité, l'assurance de la qualité et l'amélioration de la qualité dans le cadre du système qualité.

4.2 Politique qualité

Il convient que la direction d'un organisme définisse et consigne par écrit sa politique qualité. Il convient que cette politique soit cohérente avec les autres politiques de l'organisme. Il convient que la direction prenne toutes les mesures nécessaires pour assurer que sa politique qualité soit comprise, mise en œuvre et revue, à tous les niveaux de l'organisme.

4.3 Objectifs qualité

4.3.1 Il convient que la direction consigne par écrit les objectifs et les engagements qu'elle prend vis-à-vis des éléments-clés de la qualité, tels que l'aptitude à l'usage, la performance, la sécurité et la sûreté de fonctionnement.

4.3.2 Il est recommandé que le calcul et l'évaluation des coûts associés à tous les éléments et objectifs de qualité soient toujours une considération importante, dans le but de minimiser les pertes relatives à la qualité.

4.3.3 Il est recommandé que les niveaux hiérarchiques appropriés de la direction consignent par écrit leurs objectifs qualité spécifiques, ces objectifs étant cohérents avec la politique qualité ainsi qu'avec les autres objectifs de l'organisme.

4.4 Système qualité

4.4.1 Un système qualité comprend l'organisation, les procédures, les processus et les moyens nécessaires à la mise en œuvre du management de la qualité.

4.4.2 Pour réaliser les politiques et objectifs formulés, il convient que la direction de l'organisme développe, établisse et mette en œuvre un système qualité.

4.4.3 Il convient que le système qualité soit structuré et adapté au type particulier d'activité de l'organisme et tienne compte des éléments appropriés décrits dans la présente partie de l'ISO 9004.

4.4.4 Il convient que le système qualité fonctionne de telle façon qu'il donne confiance en ce que

a) le système est compris, mis en œuvre, entretenu et appliqué;

b) les produits satisfont réellement les besoins et les attentes du client;

c) les besoins de la société et de l'environnement ont été pris en compte;

d) une attention particulière est portée à la prévention des problèmes, plutôt qu'à leur correction après apparition.

5 Éléments d'un système qualité

5.1 Portée de l'application

5.1.1 Le système qualité s'applique à, et interagit avec toutes les activités relatives à la qualité d'un produit. Il concerne toutes les phases du cycle de vie d'un produit et celles des processus, depuis l'identification initiale des besoins du marché jusqu'à la satisfaction finale des exigences. Les phases caractéristiques sont les suivantes:

a) recherche et étude de marché;

b) conception et développement du produit;

c) planification et développement des processus;

d) achats;

e) production, ou fourniture de services;

f) vérification;

g) conditionnement et stockage;

h) vente et distribution;

i) installation et mise en service;

j) assistance technique et prestations associés;

k) après-vente;

l) mise hors service ou recyclage en fin de vie;

3

NOTE 18   La figure 1 donne une représentation schématique des phases du cycle de vie d'un produit.

5.1.2   Dans le contexte d'activités interdépendantes au sein d'un organisme, il convient de porter l'accent sur la mercatique et la conception qui sont particulièrement importantes pour

— déterminer et définir les besoins du client, les attentes et exigences relatives au produit, et

— préciser les concepts (y compris les données de soutien) permettant de réaliser un produit répondant à des spécifications écrites, à un coût optimal.

5.2   Structure du système qualité

5.2.1   Généralités

Il convient que les informations en provenance du marché soient utilisées pour améliorer les produits nouveaux et existants et pour améliorer le système qualité.

La direction est la seule responsable de l'établissement de la politique qualité et des décisions concernant le démarrage, le développement, la mise en œuvre et l'entretien du système qualité.

5.2.2   Responsabilité et autorité

Il convient de définir et de consigner par écrit les activités contribuant directement ou indirectement à la qualité, et d'entreprendre les actions suivantes.

a)   Il convient que les responsabilités générales et celles spécifiques à la qualité soient clairement définies.

b)   Il convient que les responsabilités et l'autorité qui sont déléguées dans le cadre de chaque activité contribuant à la qualité soient clairement établies. Il convient que les responsabilités, la liberté d'organisation et l'autorité pour agir soient suffisantes pour atteindre les objectifs qualité fixés avec l'efficacité voulue.

c)   Il convient de bien définir les mesures de maîtrise des interfaces et de coordination entre les diverses activités.

d)   Dans l'organisation d'un système qualité bien structuré et effectif, il convient de mettre l'accent sur l'identification des problèmes réels ou potentiels en matière de qualité et sur la mise en oeuvre d'actions préventives ou correctives (voir articles 14 et 15).

5.2.3   Organisation

Il convient que les fonctions relatives au système qualité soient clairement définies au sein de l'ensemble de l'organisation. Il convient de définir les liaisons hiérarchiques et les circuits de communication.

5.2.4   Moyens et personnel

Il convient que la direction identifie les exigences en matière de moyens et fournisse des moyens suffisants et appropriés essentiels à la mise en œuvre de la politique qualité et à la réalisation des objectifs qualité. Par exemple, ces moyens peuvent inclure

a)   les ressources humaines et les compétences spécialisées;

b)   les outils de conception et de développement;

c)   les équipements de fabrication;

d)   les équipements de contrôle, d'essai et d'examen;

e)   les logiciels d'instrumentation et de calculs.

Il convient que la direction détermine les niveaux de compétence, d'expérience et de formation nécessaires pour assurer l'aptitude du personnel (voir article 18).

Il convient que la direction identifie les facteurs relatifs à la qualité qui ont une influence sur la position sur le marché et les objectifs liés aux produits. processus ou services associés, afin d'y consacrer les moyens de l'organisme selon un plan et un calendrier bien définis.

Il convient que les programmes et les calendriers portant sur ces moyens et ces compétences soient cohérents avec les objectifs globaux de l'organisme.

5.2.5   Procédures opérationnelles

Il convient d'organiser le système qualité de telle sorte que toutes les activités ayant une influence sur la qualité soient maîtrisées de façon adéquate et continue.

Il convient que le système qualité mette l'accent sur les actions préventives qui évitent l'apparition de problèmes, tout en conservant l'aptitude à prendre en compte et à corriger les défaillances lorsqu'elles se produisent.

Il convient que les procédures opérationnelles écrites, assurant la coordination des différentes activités dans

4

le cadre d'un système qualité effectif, soient développées, publiées et tenues à jour en vue de la mise en œuvre de la politique et des objectifs qualité. Il convient que ces procédures écrites précisent les objectifs et les résultats attendus des diverses activités ayant une incidence sur la qualité (voir figure 1).

Il convient que toutes les procédures écrites soient formulées en termes simples, non ambigus et compréhensibles, et qu'elles indiquent les méthodes à utiliser et les critères à satisfaire.

5.2.6 Gestion de configuration

Il convient que le système qualité comprenne des procédures écrites relatives à la gestion de configu-

ration autant que nécessaire. Cette discipline commence au début de la phase de conception et se poursuit tout au long du cycle de vie d'un produit. Elle aide au déroulement et à la maîtrise de la conception, du développement, de la production et de l'utilisation d'un produit, et donne à la direction la visibilité sur l'état de la documentation et du produit pendant sa durée de vie.

La gestion de configuration peut comprendre l'identification, la maîtrise, l'enregistrement et suivi et l'audit de la configuration. Elle est liée à plusieurs activités décrites dans la présente partie de l'ISO 9004.

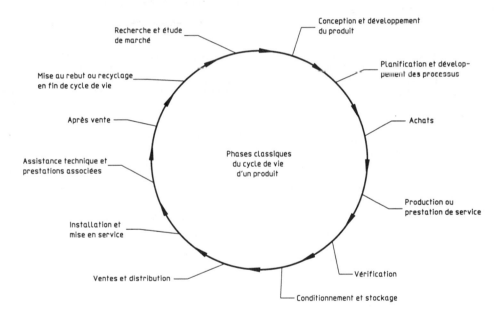

Figure 1 — Activités ayant une incidence sur la qualité

5

5.3 Documentation du système qualité

5.3.1 Politiques et procédures relatives à la qualité

Il convient que tous les éléments, exigences et dispositions adoptés par un organisme pour son système qualité soient écrits de façon systématique, ordonnée et compréhensible sous forme de politiques et de procédures. Cependant, il convient de veiller à limiter la documentation à ce qui est nécessaire à l'application envisagée.

Il convient que le système qualité prévoie des dispositions adéquates pour l'identification, la diffusion, la collecte et la mise à jour corrects de tous les documents relatifs à la qualité.

5.3.2 Documentation du système qualité

5.3.2.1 La forme caractéristique du document principal utilisé pour démontrer ou décrire un système qualité est un «manuel qualité». Pour des conseils supplémentaires, voir l'ISO 10013.

5.3.2.2 L'objectif essentiel d'un manuel qualité est de définir la structure d'ensemble du système qualité, tout en servant de référence permanente dans la mise en œuvre et l'entretien de ce système.

5.3.2.3 Il convient d'établir des procédures écrites sur la manière d'apporter des changements, des modifications, des révisions ou des suppléments au contenu du manuel qualité.

5.3.2.4 Le manuel qualité s'appuie sur des procédures écrites (par exemple, des instructions sur la conception, les achats et la production). La forme de ces procédures écrites peut varier selon

— la taille de l'organisme,

— la spécificité de l'activité,

— le domaine d'application et la structure prévus pour le manuel qualité.

Les procédures écrites peuvent s'appliquer à une ou plusieurs parties de l'organisme.

5.3.3 Plans qualité

Pour tout produit ou processus, il convient que la direction assure que des plans qualité écrits sont préparés et mis à jour. Il convient qu'ils soient cohérents avec toutes les autres exigences du système qualité de l'organisme, et qu'ils assurent que les exigences spécifiées pour un produit, un projet ou un contrat sont satisfaites. Un plan qualité peut faire partie d'un plan global plus important. Un plan qualité est particulièrement nécessaire pour un produit ou processus nouveau, ou pour une modification significative d'un produit ou processus existant.

Il convient que les plans qualité définissent

a) les objectifs qualité à atteindre (par exemple les caractéristiques ou spécifications, l'uniformité, l'efficacité, l'esthétique, la durée de vie, le coût, les ressources naturelles, l'utilisation, le rendement et la sûreté de fonctionnement);

b) les étapes des processus qui constituent la pratique opératoire de l'organisme (un schéma de flux ou un diagramme similaire peut être utilisé pour représenter les éléments du processus);

c) l'attribution spécifique des responsabilités, de l'autorité et des moyens au cours des différentes phases du projet;

d) les procédures et instructions écrites spécifiques à appliquer;

e) des programmes appropriés d'essai, de contrôle, d'examen et d'audit aux stades appropriés (par exemple conception et développement);

f) une procédure écrite concernant les changements et les modifications à apporter au plan qualité au fur et à mesure de l'avancement des projets;

g) une méthode permettant de mesurer le degré de réalisation des objectifs qualité;

h) les autres actions nécessaires pour atteindre les objectifs.

Les plans qualité peuvent être inclus ou mis en référence dans le manuel qualité, comme il convient.

Afin de faciliter la réalisation des objectifs d'un plan qualité, il convient de maîtriser les opérations en s'appuyant sur des documents de la manière décrite dans la présente partie de l'ISO 9004.

5.3.4 Enregistrements relatifs à la qualité

Il convient de conserver les enregistrements relatifs à la qualité, y compris les états se rapportant à la conception, au contrôle, aux essais, à la surveillance, à l'audit, à la revue ou aux résultats qui correspondent, car ils constituent une preuve importante de la conformité aux exigences spécifiées et du fonctionnement effectif du système qualité (voir article 17).

6

5.4 Audit du système qualité

5.4.1 Généralités

Il convient que des audits soient planifiés et réalisés afin de déterminer si les activités du système qualité de l'organisme, et les résultats qui s'y rapportent, sont conformes aux dispositions prévues, et afin de déterminer l'efficacité du système qualité. Il convient que tous les éléments soient audités en interne et régulièrement évalués, en tenant compte de l'état et de l'importance de l'activité à auditer. À cet effet, il convient qu'un programme d'audit approprié soit établi et mis en œuvre par la direction de l'organisme.

5.4.2 Programme d'audit

Il convient que le programme d'audit couvre

a) la planification et le calendrier des audits à effectuer sur des activités et domaines spécifiques;

b) l'affectation du personnel ayant les qualifications appropriées pour conduire des audits;

c) les procédures écrites pour réaliser des audits, y compris pour enregistrer et rendre compte des résultats de l'audit qualité et pour convenir des actions correctives à mettre en œuvre en temps voulu pour corriger les déficiences trouvées pendant l'audit.

À part les audits planifiés et systématiques, des changements dans l'organisation, des retours d'information du marché, des rapports de non-conformités, ou des enquêtes peuvent être des facteurs justifiant un audit.

5.4.3 Étendue des audits

Il convient que les évaluations objectives des activités du système qualité par des personnes compétentes portent sur les activités ou domaines suivants:

a) l'organisation;

b) les procédures administratives, opérationnelles et relatives au système qualité;

c) les ressources humaines et les moyens en équipement et en matériel;

d) les lieux de travail, les opérations et processus;

e) les produits en cours de production (pour établir le degré de conformité du système aux normes et aux spécifications);

f) la documentation, les rapports et enregistrements de suivi.

Il convient que les personnes conduisant des audits sur les éléments du système qualité soient indépendantes de celles ayant une responsabilité directe sur les activités ou domaines spécifiques audités. Il convient de préparer et de consigner par écrit un plan d'audit pour tenir compte des aspects consignés en a) à f).

5.4.4 Rapport d'audit

Il convient que les observations, les conclusions de l'audit et les actions correctives convenues soient enregistrées et soumises pour action appropriée au responsable du domaine audité, et communiquées pour information à la direction ayant pouvoir de décision en matière de qualité.

Il convient que les points suivants figurent dans le rapport d'audit:

a) tous les cas de non-conformité ou de déficience;

b) les actions correctives appropriées, en temps utile.

5.4.5 Suite de l'audit

Il convient d'évaluer la mise en œuvre et l'efficacité des actions correctives résultant d'audits antérieurs, et d'en consigner les résultats par écrit.

NOTE 19 Pour d'autres conseils sur l'audit qualité, les qualifications des auditeurs et le management des programmes d'audit, voir les parties 1 à 3 de l'ISO 10011.

5.5 Revue et évaluation du système qualité

Il convient que la direction de l'organisme prenne des dispositions pour passer en revue et évaluer de façon indépendante le système qualité à des intervalles définis. Il convient que les revues de la politique et des objectifs qualité soient effectuées au plus haut niveau de direction et que la revue des activités de soutien le soit par les membres de la direction ayant pouvoir de décision en matière de qualité et par d'autres membres appropriés, en utilisant des personnes compétentes indépendantes, conformément aux décisions de la direction.

Il convient que les revues consistent en des évaluations complètes et bien structurées qui incluent

a) les résultats des audits internes centrés sur divers éléments du système qualité (voir 5.4.3);

7

b) la manière dont les conseils de la présente partie de l'ISO 9004 ainsi que la politique et les objectifs qualité de l'organisme, tels qu'ils sont formulés, sont bien pris en compte;

c) la capacité à maintenir à jour le système qualité en fonction des changements qu'apportent les nouvelles technologies, les concepts relatifs à la qualité, les stratégies commerciales et les conditions sociales ou environnementales.

Afin d'entreprendre les actions nécessaires, il convient de consigner par écrit les observations, les conclusions et les recommandations résultant des revues et des évaluations.

5.6 Amélioration de la qualité

Lors de la mise en œuvre d'un système qualité, il convient que la direction d'un organisme assure que le système facilitera et favorisera l'amélioration continue de la qualité.

Par amélioration de la qualité, on entend les actions entreprises dans tout l'organisme en vue d'accroître l'efficacité et le rendement des activités et des processus, pour apporter des avantages accrus, à la fois à l'organisme et à ses clients.

Pour la création d'un environnement favorable à l'amélioration de la qualité, il convient de prendre en considération les points suivants:

a) encourager et entretenir un style de management prêt à soutenir l'action;

b) promouvoir les valeurs, attitudes et comportements qui stimulent l'amélioration;

c) fixer des objectifs clairs en matière d'amélioration de la qualité;

d) encourager une communication réelle et le travail d'équipe;

e) reconnaître les succès et les réalisations;

f) former et éduquer en vue de l'amélioration.

NOTE 20   Des conseils complémentaires sont donnés dans l'ISO 9004-4.

6   Considérations financières relatives aux systèmes qualité

6.1   Généralités

Il est important que l'efficacité d'un système qualité soit mesurée en termes financiers. L'impact d'un système qualité efficace sur les profits et les pertes de l'organisme peut être très important, particulièrement par l'amélioration des opérations, qui aboutit à réduire les pertes dues à des erreurs, et par sa contribution à la satisfaction du client.

Cette façon de mesurer les résultats et d'en rendre compte peut fournir un moyen d'identifier les activités inefficaces, et d'initier des activités d'amélioration internes.

Par le rapport des activités et de l'efficacité du système qualité en termes financiers, la direction reçoit les résultats provenant de tous les départements dans un langage commun.

6.2   Approches pour rendre compte des activités du système qualité en termes financiers

6.2.1   Généralités

Certains organismes trouvent utile de rendre compte financièrement des bénéfices en utilisant les procédures systématiques de compte rendu financier.

Les approches choisies et utilisées par certains organismes pour rendre compte de leurs résultats en termes financiers dépendront de leur propre structure, de leurs activités et de leur maturité en matière de système qualité.

6.2.2   Approches

Il existe différentes approches pour rassembler, présenter et analyser les éléments des données financières. Les approches indiquées en a) à c) ont été jugées utiles, cependant elles n'excluent pas les autres, et peuvent aussi être adaptées ou combinées entre elles.

a)   **Approche par le coût de la qualité**

Cette approche utilise les coûts relatifs à la qualité, qui sont globalement répartis entre ceux qui résultent d'opérations internes et ceux qui résultent d'activités externes.

8

Les éléments de coûts des opérations internes sont analysés conformément au modèle de coût PED (prévention, évaluation, défaillance).

Les coûts de prévention et d'évaluation sont considérés comme des investissements, alors que les coûts de défaillance sont considérés comme des pertes. Les composantes des coûts sont

1) prévention: efforts pour prévenir les défaillances;

2) évaluation: essais, contrôle et examen pour évaluer si les exigences pour la qualité sont satisfaites;

3) défaillance interne: coûts résultant de l'incapacité d'un produit à satisfaire aux exigences pour la qualité avant livraison (par exemple, prestation de service à reprendre, retraitement, reprise, nouvel essai, rebut);

4) défaillance externe: coûts résultant de l'incapacité d'un produit à satisfaire aux exigences pour la qualité après livraison (par exemple, maintenance et réparation du produit, garanties et retours, coûts directs et indemnités, coûts liés au rappel de produits, coûts liés à la responsabilité du fait du produit).

b) **Approche par le coût du processus**

Cette approche prend en compte les coûts de conformité et les coûts de non-conformité pour tout processus, les deux pouvant être sources d'économies. Ils sont définis comme suit:

1) coût de conformité: coût pour satisfaire tous les besoins exprimés et implicites des clients en l'absence de défaillance du processus existant;

2) coût de non-conformité: coût encouru dû à une défaillance du processus existant.

c) **Approche par la perte relative à la qualité**

Cette approche vise les pertes internes et externes dues à la mauvaise qualité et identifie les types de pertes matérielles et immatérielles. Un type de perte externe immatérielle est la perte de futures ventes imputable à la non-satisfaction du client. Des types internes de pertes immatérielles sont celles provenant d'une efficacité de travail insuffisante imputable aux reprises, à une mauvaise ergonomie, à des occasions manquées, etc.

Les pertes matérielles sont des coûts des défaillances internes et externes.

6.3 Compte rendu

Il convient que le compte rendu financier des activités relatives à la qualité soit régulièrement fourni à et contrôlé par la direction, et mis en relation avec d'autres données commerciales telles que le «carnet de commande», le «chiffre d'affaires» ou la «valeur ajoutée», afin de permettre, de façon réaliste et avec esprit d'entreprise

— l'évaluation de l'adéquation et de l'efficacité du système qualité,

— l'identification d'autres domaines nécessitant attention et amélioration, et

— l'établissement d'objectifs de qualité et de coût prévisionnels.

Les éléments des comptes rendus financiers relatifs à la qualité sont souvent déjà disponibles dans l'organisme, mais sous d'autres formes. Leur présentation sous forme de compte rendu financier relatif à la qualité peut exiger le regroupement d'éléments provenant d'autres comptes rendus.

7 Qualité en mercatique

7.1 Exigences en matière de mercatique

Il convient que la fonction mercatique définisse et consigne par écrit les exigences qui s'imposent pour la qualité du produit. Il est particulièrement important à cette première étape du cycle de vie du produit, de prendre en compte les exigences concernant tous les éléments du produit dans sa globalité, qu'il s'agisse de matériels, de logiciels, de produits issus de processus à caractère continu ou de services. En fait, tous les produits présentent un aspect service, et de nombreux produits mettent en jeu plusieurs des catégories génériques de produits. Il convient que la fonction mercatique

a) détermine s'il existe un besoin pour un produit;

b) définisse la demande et le secteur du marché, de façon à déterminer la classe, la quantité, le prix et les délais concernant le produit;

c) détermine les exigences spécifiques du client ou passe en revue les besoins généraux du marché; les actions comprennent une évaluation de toutes les attentes ou particularités non formulées des clients;

9

d) communique toutes les exigences du client au sein de l'organisme;

e) assure que toutes les fonctions concernées de l'organisme reconnaissent avoir l'aptitude à satisfaire aux exigences des clients.

7.2 Définition des spécifications du produit

Il convient que la fonction mercatique donne à l'organisme, de façon formelle, une description ou les grandes lignes des exigences relatives au produit. Il convient que les exigences et les attentes d'un client spécifique et du marché en général soient traduites en un ensemble préliminaire de spécifications pour servir de base aux travaux de conception ultérieurs. Parmi les éléments susceptibles d'être inclus, figurent les exigences suivantes:

a) caractéristiques de fonctionnement (par exemple conditions d'environnement et d'utilisation, sûreté de fonctionnement);

b) caractéristiques sensorielles (par exemple, aspect, couleur, goût, odeur);

c) conditions d'installation, de disposition et d'adaptation;

d) normes et textes réglementaires applicables;

e) conditionnement;

f) vérification et/ou assurance de la qualité.

7.3 Retour d'information du client

Il convient que la fonction mercatique établisse un système permanent de retour de l'information et de suivi de cette information. Il convient que toutes les informations liées à l'utilisation du produit, ainsi que la satisfaction procurée au client par la qualité de ce produit soient analysées, collationnées, interprétées, vérifiées et communiquées conformément aux procédures écrites. Ces informations aideront à déterminer la nature et la portée des problèmes liés au produit du fait de la connaissance et des attentes du client à l'égard du produit. En outre, le retour d'information peut conduire à des actions de la direction se traduisant par une amélioration du produit ou l'offre d'un nouveau produit (voir également 8.8, 8.9, article 15 et 16.6).

10

8 Qualité en définition et conception

8.1 Contribution de la définition et de la conception à la qualité

Il convient que les fonctions définition et conception traduisent les besoins du client en spécifications techniques concernant les matériels, les produits et les processus. Il convient que ceci aboutisse à la création d'un produit qui satisfasse le client à un prix acceptable et qui permette un profit satisfaisant pour l'organisme. Il convient que la définition et la conception soient telles que le produit soit apte à être élaboré, vérifié et contrôlé dans les conditions proposées de production, d'installation, de mise en route et de fonctionnement.

8.2 Planification et objectifs de la conception
(définition du projet)

8.2.1 Il convient que la direction planifie les dispositions qui définissent les responsabilités pour chaque activité de conception et de développement à l'intérieur et/ou à l'extérieur de l'organisme, et assure que tous ceux qui contribuent à la conception sont conscients de leurs responsabilités vis à vis de l'ensemble du projet.

8.2.2 Dans sa délégation de responsabilités et d'autorité en matière de qualité, il convient que la direction assure que les fonctions de conception fournissent des données techniques claires et figées pour l'approvisionnement, l'exécution du travail ainsi que la vérification de conformité des produits et processus aux exigences spécifiées.

8.2.3 Il convient que la direction établisse une planification des phases de conception incluant des points d'arrêt appropriés à la nature du produit et du processus. L'étendue de chaque phase, et la position des points d'arrêt auxquels auront lieu les évaluations du produit ou du processus peuvent dépendre de plusieurs éléments tels que

— la destination du produit,

— la complexité de sa conception,

— le degré d'innovation et le niveau de technologie mis en œuvre,

— le degré de normalisation et de similitude avec des conceptions ayant fait leurs preuves dans le passé.

8.2.4 Outre les besoins du client, il est recommandé de prendre en compte les exigences liées à la sécurité, à l'environnement et autres réglementations, y compris les éléments de la politique qualité de l'organisme qui dépassent les contraintes réglementaires. (voir également 3.3).

8.2.5 Il convient que la conception définisse de façon non ambiguë et adéquate les caractéristiques importantes pour la qualité telles que les critères d'acceptation. Il convient de prendre en compte à la fois l'aptitude à l'emploi et la prévention contre une mauvaise utilisation. La définition du produit peut aussi porter sur la sûreté de fonctionnement et l'aptitude à l'entretien pendant une durée de vie raisonnable et comprenant, selon le cas, les défaillances légères et la mise hors service sans danger.

8.3 Essais et mesurages sur le produit

Il convient de spécifier les méthodes de mesurage et d'essai, et les critères d'acceptation appliqués à l'évaluation du produit et des processus tant dans les phases de conception que de production. Il est recommandé que ceux-ci comprennent ce qui suit:

a) les valeurs cibles de fonctionnement, les tolérances et les caractéristiques d'attributs (non mesurables);

b) les critères d'acceptation;

c) les méthodes de mesure et d'essai, les équipements et les logiciels (voir article 13).

8.4 Revue de conception

8.4.1 Généralités

Il convient qu'à la fin de chaque phase du déroulement de la conception, on planifie et effectue une revue formelle, documentée, systématique et critique des résultats de la conception. Il est recommandé que celle-ci soit distincte d'une réunion concernant l'avancement du projet. Il convient que les participants à chaque revue de conception soient représentatifs de toutes les fonctions ayant une incidence sur la qualité, selon la phase soumise à revue. Il convient que la revue de conception identifie et prévoie les sujets à problème et les inadéquations, et déclenche des actions correctives afin d'assurer que la conception finale et les données associées satisfont aux exigences du client.

8.4.2 Éléments relatifs aux revues de conception

Selon la phase de conception et le produit, il convient de prendre en considération les éléments indiqués en a) à c):

a) **éléments relatifs aux besoins et à la satisfaction du client**

1) comparaison des besoins du client exprimés dans le descriptif du produit, aux spécifications techniques pour les matériaux, les produits et les processus;

2) validation de la conception au moyen d'essais de prototypes;

3) aptitude à fonctionner dans les conditions prévues d'utilisation et d'environnement;

4) utilisations non prévues et anormales;

5) sécurité et compatibilité environnementale;

6) conformité aux exigences réglementaires, aux Normes nationales et internationales, et aux pratiques de l'organisme;

7) comparaisons à des conceptions concurrentes;

8) comparaisons à des conceptions similaires, en particulier analyse de l'historique des problèmes internes et externes, afin d'éviter qu'ils se reproduisent.

b) **Éléments relatifs aux exigences de spécification du produit**

1) exigences relatives à sûreté de fonctionnement et à l'aptitude à l'entretien;

2) tolérances admissibles et comparaison aux aptitudes des processus;

3) critères d'acceptation du produit;

4) facilité d'installation, d'assemblage, besoins liés au stockage, durée de conservation et aptitude à la mise hors service;

5) caractéristiques concernant les défaillances légères et la sûreté intégrée;

6) spécifications et critères d'acceptation concernant l'esthétique;

11

7) analyse des modes de défaillance et de leurs effets, et analyse par arbre de défaillance;

8) aptitude à diagnostiquer et corriger les problèmes;

9) exigences concernant l'étiquetage, les mises en garde, l'identification, la traçabilité et les instructions d'utilisation;

10) revue et utilisation d'éléments standardisés.

c) **Éléments relatifs aux spécifications de processus**

1) aptitude à produire un produit conforme à la conception, y compris les besoins relatifs aux procédés spéciaux, la mécanisation, l'automatisation, l'assemblage et l'installation des composants;

2) aptitude à contrôler et vérifier la conception, y compris les exigences particulières de contrôle et d'essai;

3) spécification, ainsi que disponibilité, des matériaux, des composants et des sous-ensembles, y compris les approvisionnements et les sous-contractants agréés;

4) exigences concernant le conditionnement, la manutention, le stockage et la durée de conservation, en particulier les facteurs liés à la sécurité et concernant les articles entrant et sortant.

8.4.3 Vérification de la conception

Il convient de vérifier tous les aspects de la conception pour assurer que les spécifications du produit sont satisfaites (voir 7.2). Outre la revue de conception, il convient que la vérification de la conception comporte une ou plusieurs des méthodes suivantes:

a) exécution de calculs parallèles, afin de vérifier l'exactitude des calculs et des analyses initiaux;

b) essais et démonstrations (par exemple essais de maquette ou de prototype); si cette méthode est adoptée, il convient que les programmes d'essai soient clairement définis et leurs résultats consignés;

c) vérification indépendante, de l'exactitude des calculs initiaux et/ou d'autres activités de conception.

8.5 Qualification et validation de la conception

Il convient que le processus de conception fournisse une évaluation périodique de la conception à des étapes significatives. Cette évaluation peut prendre la forme de méthodes analytiques, comme l'AMDE (analyse des modes de défaillance et de leurs effets), l'analyse par arbre de défaillance ou l'évaluation du risque, ainsi que le contrôle et l'essai de prototypes et/ou d'échantillons prélevés dans la production réelle. Il convient que l'étendue et le niveau de sévérité des essais (voir 8.3) soient fonction des risques identifiés. Une évaluation indépendante peut être utilisée, s'il y a lieu, pour vérifier les calculs initiaux, pour fournir d'autres modes de calcul ou réaliser des essais. Il convient qu'un certain nombre d'échantillons soient soumis à des essais et/ou des contrôles pour donner une confiance statistique adéquate dans les résultats. Il est recommandé que les essais comprennent les activités suivantes:

a) l'évaluation des performances, de la durabilité, de la sécurité et de la sûreté de fonctionnement dans des conditions prévues de fonctionnement et de stockage;

b) les contrôles ayant pour objet de vérifier que toutes les caractéristiques de conception sont conformes aux besoins définis de l'utilisateur et que toutes les modifications de conception autorisées ont été effectuées et enregistrées;

c) la validation des systèmes informatiques et des logiciels.

Il convient que les résultats de tous les essais et évaluations soient consignés régulièrement tout au long du cycle d'essai de qualification. Il convient qu'une revue des résultats d'essais inclue une analyse des non-conformités et des défaillances.

8.6 Revue de conception finale et autorisation de lancement de la production

Il convient que la conception finale soit revue et les résultats consignés de façon appropriée dans des spécifications et dessins qui forment ensuite la conception de référence. S'il y a lieu, il convient que ceci inclue une description des individus ayant subi les essais initiaux et toutes modifications apportées pour corriger les déficiences identifiées pendant les programmes d'essais de qualification. Il convient que la totalité des documents qui définissent la conception de référence (données de sortie) fasse l'objet d'une approbation aux échelons appropriés de la direction qui sont concernés par le produit ou qui contribuent

12

à sa réalisation. Cette approbation constitue l'autorisation de lancement de la production et signifie que l'on peut passer de la conception à la réalisation.

8.7 Revue d'aptitude à la mise sur marché

Il convient de déterminer si l'organisme est apte à livrer le produit nouveau ou reconçu. Selon le type de produit, cette revue peut couvrir les points suivants:

a) disponibilité et adéquation des manuels d'installation, de fonctionnement, de maintenance et de réparation;

b) existence d'une organisation de distribution et d'un service après vente adéquats;

c) formation du personnel d'exploitation;

d) disponibilité de pièces de rechange;

e) essais sur site;

f) succès des essais de qualification;

g) contrôle des premières unités produites, de leur conditionnement et de leur étiquetage;

h) preuve de l'aptitude du processus à satisfaire aux spécifications sur les équipements de production.

8.8 Maîtrise des modifications de conception

Il convient que le système qualité prévoie des procédures écrites pour maîtriser la publication, la modification et l'utilisation des documents définissant les données d'entrée de la conception et la conception de référence (données de sorties), et pour autoriser les tâches nécessaires à la mise en œuvre des changements et modifications qui peuvent avoir une influence sur le produit pendant l'ensemble de son cycle de vie, y compris les changements dans les logiciels et les instructions d'utilisation. Il convient que les procédures prévoient, pour les diverses approbations nécessaires, les points et moments spécifiés pour la mise en œuvre des modifications, le retrait aux postes de travail, des dessins et spécifications périmés, et la vérification que les modifications sont faites aux moments et aux endroits fixés. Il convient que ces procédures prennent en compte les modifications urgentes nécessaire pour prévenir la production ou la livraison d'un produit non conforme. Il convient de tenir compte de l'instauration de revues de conception formelles et d'essais de validation lorsque l'ampleur, la complexité ou les risques associés à la modification justifient de telles mesures.

8.9 Requalification de la conception

Il convient qu'une évaluation périodique des produits soit exécutée pour assurer que la conception est toujours valable. Il est recommandé que l'évaluation inclue une revue des besoins du client et des spécifications techniques à la lumière de l'expérience opérationnelle, d'enquête sur les résultats d'exploitation ou de nouvelles technologies et techniques. Il convient que l'évaluation tienne compte également des modifications relatives au processus. Il convient que le système qualité assure qu'il existe pour analyse, un retour d'information de toute expérience en production et en exploitation. Il convient de veiller à ce que les modifications de conception n'entraînent pas une dégradation de la qualité du produit par exemple, et que soit évaluée l'incidence des modifications proposées sur toutes les caractéristiques du produit entrant dans sa spécification initiale.

8.10 Gestion de configuration en conception

Cette discipline peut être commencée dès que les exigences ont été définies, mais elle est surtout utile pendant la phase de conception. Elle se poursuit tout au long du cycle de vie du produit (voir 5.2.6).

9 Qualité aux achats

9.1 Généralités

Les produits achetés sont incorporés au produit de l'organisme et ont une influence directe sur sa qualité. Il convient que toutes les activités d'achat soient planifiées et maîtrisées par des procédures écrites. Il convient que les services achetés, tels que les essais, l'étalonnage et les opérations sous-traitées soient également inclus. Il est recommandé qu'une étroite collaboration et un système de retour d'information soient établis avec chaque sous-contractant. De cette façon, les améliorations de la qualité peuvent être continues et les différends évités ou rapidement réglés. Cette étroite collaboration et ce système de retour d'information profiteront aux deux parties.

Il convient que la partie du système qualité applicable aux achats comprenne au moins les éléments suivants:

a) l'édition en vigueur des spécifications, dessins, documents d'achat et autres données techniques (voir 9.2);

b) le choix de sous-contractants acceptables (voir 9.3);

13

c) l'accord relatif à l'assurance de la qualité (voir 9.4);

d) l'accord relatif aux méthodes de vérification (voir 9.5);

e) des dispositions pour le règlement des différends (voir 9.6);

f) les procédures de contrôle de réception (voir 9.7);

g) les contrôles de réception (voir 9.7);

h) les enregistrements qualité relatifs à la réception (voir 9.8).

9.2 Exigences relatives aux spécifications, aux dessins et aux documents d'achat

L'approvisionnement correct en fournitures commence par une définition claire des exigences. Généralement, ces exigences figurent dans les spécifications du contrat, dans les dessins et dans les documents d'achat qui sont transmis au sous-contractant.

Il convient que la fonction d'achat établisse des procédures écrites afin d'assurer que les exigences applicables aux fournitures sont clairement définies, communiquées et, surtout, complètement comprises par le sous-contractant. Ces méthodes peuvent inclure des procédures écrites pour la préparation des spécifications, des dessins et des documents d'achat, des réunions avec les sous-contractants avant l'envoi des documents d'achat, et d'autres activités appropriées pour les fournitures en cours d'approvisionnement.

Il convient que les documents d'achat contiennent des données décrivant clairement le produit commandé. Les éléments habituels sont les suivants:

a) l'identification précise du type, de la catégorie et de la classe;

b) les instructions de contrôle et la publication des spécifications applicables;

c) la norme de système qualité à appliquer.

Il convient que les documents d'achat soient revus et approuvés avant envoi pour en déterminer l'exactitude et l'exhaustivité.

9.3 Sélection des sous-contractants pour acceptation

Il convient que chaque sous-contractant puisse démontrer son aptitude à livrer un produit qui réponde à toutes les exigences des spécifications, des dessins et des documents d'achat.

Cette aptitude peut être établie en utilisant les méthodes ci-dessous, une combinaison de celles-ci, ou toute autre méthode:

a) l'évaluation sur le site de l'aptitude du sous-contractant et/ou de son système qualité;

b) l'évaluation d'échantillons de produit;

c) l'expérience relative à des produits similaires;

d) les résultats d'essai relatifs à des produits similaires;

e) l'information diffusée par d'autres utilisateurs.

9.4 Accord relatif à l'assurance de la qualité

Il convient que l'organisme se mette d'accord sans ambiguïté avec les sous-contractants en ce qui concerne l'assurance de la qualité relative au produit fourni. Ceci peut être obtenu grâce à un ou plusieurs des points suivants:

a) confiance dans le système qualité du sous-contractant;

b) soumission avec les livraisons de données spécifiées de contrôle ou d'essai et d'enregistrements relatifs à la maîtrise du processus;

c) contrôles/essais à 100 % par le sous-contractant;

d) contrôles/essais d'acceptation de lot par échantillonnage, effectués par le sous-contractant;

e) mise en œuvre d'un système qualité formel par le sous-contractant, tel que spécifié par l'organisme; dans certains cas, un modèle formel pour l'assurance de la qualité peut être utilisé (voir ISO 9001, ISO 9002 ou ISO 9003 pour plus ample information);

f) évaluation périodique par l'organisme ou par une tierce partie des pratiques du sous-contractant en matière de qualité;

g) contrôle ou tri à la réception dans les locaux de l'organisme.

14

9.5 Accord relatif aux méthodes de vérification

Il convient qu'un accord sans ambiguïté soit établi avec le sous-contractant en ce qui concerne les méthodes qui serviront à vérifier la conformité aux exigences. De tels accords peuvent inclure l'échange de données de contrôle et d'essai, dans le but de poursuivre les améliorations de la qualité. La conclusion d'un accord peut réduire les difficultés dans l'interprétation des exigences, ainsi que dans les méthodes de contrôle, d'essai ou d'échantillonnage.

9.6 Dispositions relatives au règlement des différends

Il convient que des systèmes et procédures soient établis pour qu'un règlement des différends liés à la qualité puisse être obtenu avec les sous-contractants. Il convient que des dispositions régissent le règlement des affaires courantes et exceptionnelles.

Les dispositions d'amélioration des circuits de communication entre l'organisme et le sous-contractant dans les domaines ayant une incidence sur la qualité sont un aspect très important de ces systèmes et procédures.

9.7 Planification et maîtrise du contrôle de réception

Il convient que des mesures appropriées soient prises pour assurer que les fournitures reçues sont correctement maîtrisées. Il convient que ces procédures prévoient des zones de quarantaine ou d'autres méthodes appropriées, pour éviter l'utilisation non intentionnelle ou l'installation de fournitures non conformes (voir 14.3).

Il convient que l'étendue du contrôle à effectuer à la réception soit soigneusement planifiée. Il convient que les caractéristiques à contrôler soient fonction de la criticité du produit. Il convient de considérer également l'aptitude du sous-contractant, en tenant compte des facteurs énumérés en 9.3. Il convient que le niveau de contrôle soit choisi afin d'équilibrer les coûts de contrôle par rapport aux conséquences d'un contrôle inadéquat.

Il est également nécessaire d'assurer, avant l'arrivée du produit, que tous les outils, les jauges, les appareils de mesure, les instruments et les équipements nécessaires sont disponibles et correctement étalonnés. Il est recommandé que le personnel ait reçu une formation adéquate.

9.8 Enregistrements qualité relatifs aux achats

Il convient de conserver des enregistrements qualité appropriés, relatifs à la réception du produit. Ceci assurera la disponibilité des données passées permettant d'évaluer les tendances du sous-contractant en matière de résultats et de qualité.

En outre, il peut être utile, et dans certains cas essentiel, d'effectuer des enregistrements relatifs à l'identification de lots, à des fins de traçabilité.

10 Qualité des processus

10.1 Planification de la maîtrise des processus

10.1.1 Il convient d'assurer par la planification des processus que ceux-ci se déroulent dans des conditions maîtrisées, selon une manière et un ordre spécifiés. Ces conditions comprennent une maîtrise appropriée des matériaux, des moyens de production prévus, des équipement d'installation et de services associés, des procédures écrites ou des plans qualité, des logiciels, des normes et codes de référence, une approbation adéquate des processus et du personnel, ainsi que des fournitures associées, moyens annexes et environnement.

Il convient que la mise en œuvre des processus soit spécifiée dans la mesure nécessaire par des instructions de travail écrites.

Il convient que des études d'aptitude de processus soient réalisées pour déterminer l'efficacité potentielle d'un processus (voir 10.2).

Il convient que les pratiques courantes qui peuvent être appliquées avec profit dans tout l'organisme fassent l'objet de documents et soient référencées dans des procédures et instructions appropriées. Il convient qu'elles décrivent les critères qui permettent de déterminer si le travail est réalisé de façon satisfaisante et s'il est conforme aux spécifications et aux bonnes pratiques de fabrication. Il convient que les critères de bonnes pratiques de travail soient stipulés de la façon la plus claire par des règles écrites, des photographies, des illustrations et/ou des échantillons représentatifs.

10.1.2 Il convient que soit prise en compte la vérification de la qualité des matériaux, des processus, des logiciels, des produits issus de processus à caractère continu, des services ou de l'environnement aux points importants du cycle de production, afin de réduire les effets des erreurs et d'augmenter les ren-

15

dements. L'utilisation de cartes de contrôle, de procédures et de plans d'échantillonnage statistique sont des exemples de moyens utilisés pour faciliter la maîtrise des processus (voir également 12.2).

10.1.3 Il convient que le pilotage et la maîtrise des processus soient en relation directe avec les spécifications du produit fini ou avec une exigence interne, s'il y a lieu. Si la vérification des paramètres du processus au moyen d'une procédure de mesure n'est pas physiquement ou économiquement réalisable, cette vérification devra porter essentiellement sur les caractéristiques du produit fini. Dans tous les cas, il convient que les relations entre les contrôles en cours de fabrication, leurs spécifications, et les spécifications du produit fini soient développées, communiquées au personnel concerné et fassent l'objet de documents.

10.1.4 Il convient que toutes les vérifications en cours de fabrication et en fin de fabrication soient planifiées et spécifiées. Il convient que des procédures écrites d'essai et de contrôle soient tenues à jour pour chaque caractéristique de qualité à vérifier. Ces procédures incluent les équipements particuliers pour effectuer ces vérifications et essais, ainsi que les exigences spécifiées et les critères de bonnes pratiques de travail.

10.1.5 Il convient que les méthodes appropriées de nettoyage et de préservation, ainsi que les détails du conditionnement, y compris l'élimination de l'humidité, le rembourrage, le calage et l'emballage soient établis et tenues à jour dans des procédures écrites.

10.1.6 Il convient d'encourager les efforts visant à élaborer de nouvelles méthodes d'amélioration de la qualité du processus.

10.2 Aptitude du processus

Il convient de vérifier que les processus sont aptes à produire un produit conformément aux spécifications. Il convient d'identifier les opérations associées aux caractéristiques du produit ou du processus qui peuvent avoir un effet significatif sur la qualité du produit. Il convient de mettre en place des moyens appropriés afin d'assurer que ces caractéristiques restent dans les limites de la spécification, ou que les modifications ou changements adéquats sont effectués.

Il convient que la vérification des processus porte sur les matériaux, les équipements, le système informatique et les logiciels, les procédures et le personnel.

10.3 Fournitures, moyens annexes et environnement

Il convient que, lorsqu'ils sont importants pour les caractéristiques du produit, les matières et les moyens annexes tels que l'eau, l'air comprimé, le courant électrique et les produits chimiques utilisés en production, soient maîtrisés et vérifiés régulièrement, pour assurer la constance de leur effet sur le processus. Lorsque les conditions d'environnement, telles que la température, l'hygrométrie et la propreté, sont importantes pour la qualité du produit, il convient de spécifier, maîtriser et vérifier les limites d'acceptation appropriées.

10.4 Manutention

La manutention du produit nécessite de planifier, de maîtriser et d'établir un système documentaire spécifique pour les produits entrants, en cours de fabrication et les produits finis; ceci s'applique non seulement durant la livraison mais jusqu'à la mise en service.

Il convient que les méthodes de manutention d'un produit prévoient des palettes, conteneurs, transporteurs et véhicules adaptés afin d'éviter un endommagement ou une détérioration dus aux vibrations, aux chocs, aux frottements, à la corrosion, à la température ou à tout autre condition se produisant durant la production ou à la livraison.

11 Maîtrise des processus

11.1 Généralités

Il convient de rechercher la qualité du produit à chaque phase du cycle de vie (voir 5.1.1).

11.2 Maîtrise des matériaux, traçabilité et identification

11.2.1 Maîtrise des matériaux

Il convient que tous les matériaux et constituants soient conformes aux exigences spécifiées avant d'être introduits dans un processus. Cependant, dans la détermination de l'étendue et de la nature du contrôle de réception nécessaire, il convient de tenir compte de l'impact sur les coûts et de l'effet que des matériaux de qualité insuffisante pourraient avoir sur le flux de production.

Il convient que les produits en cours de fabrication, y compris ceux en attente, soient stockés, isolés, manipulés et préservés de façon appropriée afin de

16

maintenir leur aptitude à l'emploi. Il convient d'accorder une attention particulière au contrôle de la durée de conservation et de la détérioration, y compris le contrôle du produit en stock à des intervalles appropriés. (Pour le stockage du produit fini, voir 16.1.)

11.2.2 Traçabilité

Lorsque la traçabilité d'un produit revêt une importance spéciale, il convient de maintenir l'identification appropriée pour ce produit tout au long du processus, depuis la réception et pendant toutes les étapes de la production, de la livraison et de l'installation, pour assurer un rattachement à l'identification initiale des matériaux d'origine et à leur état de vérification (voir 11.7 et 14.2).

11.2.3 Identification

Il convient que le marquage et l'étiquetage des constituants soient lisibles, durables et conformes aux spécifications. Il convient que les constituants soient identifiés de la même façon depuis leur réception jusqu'à leur livraison et leur installation à leur destination finale. Il convient que cette identification soit conforme à des procédures écrites et qu'elle soit enregistrée. Ceci permettra d'identifier un produit particulier dans le cas où un rappel ou un contrôle spécial deviendrait nécessaire.

11.3 Maîtrise et maintenance des équipements

Il convient que tous les équipements, y compris les machines à poste fixe, les bâtis, les installations, les outils, les gabarits, les modèles et les calibres aient fait leurs preuves avant utilisation en ce qui concerne leur précision. Il est recommandé qu'une attention soit accordée aux ordinateurs utilisés pour maîtriser les processus, et à la maintenance du logiciel associé (voir 13.1).

Il convient que les équipements soient convenablement stockés et protégés entre les périodes d'utilisation, vérifiés ou réétalonnés à des intervalles appropriés, pour assurer que leur exactitude (justesse et fidélité) est maintenue.

Il convient d'établir un programme de maintenance préventive pour assurer l'aptitude permanente du processus. Il convient de porter une attention particulière aux caractéristiques des équipements qui ont une influence sur la qualité du produit.

11.4 Management de la maîtrise des processus

Il convient de planifier, d'approuver, de piloter et de maîtriser les processus importants pour la qualité du produit. Il convient d'accorder une attention particulière aux caractéristiques du produit qui ne sont pas mesurables facilement ou économiquement, et à celles qui requièrent des compétences spéciales.

Il convient que les paramètres des processus soient pilotés, maîtrisés et vérifiés à des intervalles appropriées pour assurer

a) l'exactitude et la variabilité des équipements utilisés;

b) la compétence, l'aptitude et les connaissances des opérateurs;

c) l'exactitude des résultats de mesure et des données utilisées pour maîtriser le processus;

d) l'environnement du processus et les autres facteurs ayant une incidence sur la qualité, tels que le temps, la température et la pression;

e) une documentation appropriée en ce qui concerne les paramètres du processus, les équipements et le personnel.

Dans certains cas, par exemple lorsque des déficiences du processus ne se manifestent que lors de l'utilisation du produit, les résultats des processus ne peuvent pas être vérifiés directement par un contrôle ou par un essai ultérieur du produit lui-même. Ces processus exigent une préqualification (validation) pour assurer leur aptitude et la maîtrise de tous les paramètres critiques durant leur mise en œuvre.

11.5 Documentation

Il convient que la documentation soit maîtrisée comme cela est spécifié par le système qualité (voir 5.3 et 17.3).

11.6 Maîtrise des changements de processus

Il convient que les personnes habilitées à autoriser des changements dans le processus soient clairement désignées et, lorsque cela est nécessaire, que l'approbation du client soit recherchée. Comme pour les changements de conception, il convient que tous les changements portant sur les outillages ou équipements de production, les matériaux ou les processus fassent l'objet de documents. Il convient que la

17

mise en œuvre des changements soit définie par des procédures.

Il convient, à l'issue de tout changement, d'évaluer le produit pour vérifier que ce changement a apporté l'effet escompté sur la qualité du produit. Il convient que tous les changements dans les relations entre le processus et les caractéristiques du produit qui résultent du changement fassent l'objet de documents et soient communiqués de façon appropriée.

11.7 Maîtrise de l'état des vérifications

Il convient d'identifier l'état de vérification des éléments sortant du processus. Il convient que cette identification se fasse à l'aide de moyens adaptés, tels que des tampons, des étiquettes, des inscriptions ou des registres de contrôle qui accompagnent le produit, des saisies sur ordinateur ou des emplacements affectés. Il convient que l'identification permette de distinguer les produits non vérifiés, conformes ou non conformes. Il convient également que ces moyens permettent d'identifier l'unité responsable de la vérification au sein de l'organisme.

11.8 Maîtrise du produit non conforme

Il convient que des dispositions soient prises pour l'identification et la maîtrise de tous les produits et matériaux non conformes (voir article 14).

12 Vérification des produits

12.1 Matériaux et constituants entrants

La méthode utilisée pour assurer la qualité des matériaux, constituants et ensembles achetés arrivant sur le lieu de production dépend de l'importance de l'article vis-à-vis de la qualité, de son état de maîtrise et des informations disponibles auprès du sous-contractant et de l'impact sur les coûts (voir article 9, en particulier 9.7 et 9.8).

12.2 Vérification en cours de réalisation

Il convient de prévoir des vérifications de conformité, généralement au moyen de contrôles ou d'essais en des points appropriés du processus. Le point et la fréquence dépendront de l'importance des caractéristiques et de la facilité de vérification pendant le processus. En général, il est recommandé de procéder à la vérification aussi près que possible du point où est obtenue la caractéristique.

Les vérifications des produits matériels peuvent comprendre ce qui suit:

a) mise en place et contrôle de la première pièce;

b) contrôles ou essais par l'opérateur;

c) contrôle ou essai automatique;

d) contrôles en des postes fixes disposés tout le long du processus;

e) pilotage d'opérations spécifiques par des contrôleurs volants.

Il est recommandé que le produit ne soit pas mis à disposition pour utilisation tant qu'il n'a pas été vérifié conformément au plan qualité, sauf dans le cas de procédures de rappel préétablies.

12.3 Vérification du produit fini

Deux formes de contrôle final du produit fini sont possibles pour compléter les contrôles et les essais effectués en cours de réalisation. On peut utiliser, selon les cas, l'une et/ou l'autre des techniques suivantes.

a) Des contrôles ou des essais d'acceptation peuvent être utilisés pour assurer que le produit fini est conforme aux exigences spécifiées. Il peut être fait référence à la commande pour vérifier que le produit à expédier est conforme en nature et quantité. Le contrôle à 100 % des individus, l'échantillonnage par lots et l'échantillonnage continu en sont des exemples.

b) L'audit qualité de produit sur des échantillons choisis comme étant représentatifs de lots complets peut être périodique ou continu.

Le contrôle d'acceptation et l'audit qualité de produit peuvent être utilisés pour fournir un retour d'information rapide en vue d'actions correctives sur le produit, le processus ou le système qualité. Il convient qu'un produit non conforme fasse l'objet d'un rapport et soit examiné, retiré ou isolé, puis réparé, accepté avec ou sans dérogation, repris, reclassé ou mis au rebut (voir article 14). Il convient que des produits réparés et/ou repris soient recontrôlés ou soumis à nouvel essai.

Il est recommandé qu'aucun produit ne soit expédié tant que les activités spécifiées dans le plan qualité ou les procédures écrites n'ont pas été accomplies de façon satisfaisante et que les données et la documentation associées ne sont pas disponibles et acceptées.

18

13 Maîtrise des équipements de contrôle, de mesure et d'essai

13.1 Maîtrise du mesurage

Il convient de maîtriser en permanence tous les systèmes de mesurage utilisés pour le développement, la fabrication, l'installation d'un produit et les prestations associées, afin de donner confiance dans les décisions ou actions fondées sur des résultats de mesure. Il convient que cette maîtrise porte sur les calibres, les instruments, les capteurs, les équipements d'essai spéciaux et le logiciel associé. En outre, il convient que les gabarits de fabrication, les installations tels que matériels d'essai, références de comparaison et instrumentation utilisés dans le processus pouvant affecter les caractéristiques spécifiées d'un produit ou d'un processus fassent l'objet d'une maîtrise adéquate (voir 11.3).

Il convient d'établir des procédures écrites afin de piloter et de maintenir le processus de mesurage lui-même, y compris les équipements, les procédures et les compétences de l'opérateur, en état de maîtrise statistique. Il convient que les équipements de contrôle, de mesure et d'essai, y compris le logiciel d'essai, soient utilisés avec des procédures écrites afin d'assurer que l'incertitude de mesure est connue et compatible avec l'aptitude requise en matière de mesurage. Il convient que des actions appropriées soient entreprises lorsque l'exactitude ne permet pas d'obtenir des mesures correctes sur le processus et le produit.

13.2 Éléments de maîtrise

Il convient que les procédures pour la maîtrise de l'équipement de contrôle, de mesure et d'essai et des méthodes d'essai comprennent, s'il y a lieu

a) une spécification et une sélection convenables, tenant compte de l'étendue de mesure, de l'exactitude, et de la robustesse, dans des conditions spécifiées d'environnement;

b) un étalonnage initial, avant première utilisation, pour valider l'exactitude requise (justesse et fidélité); il convient que le logiciel, et les procédures régissant l'équipement automatique d'essai soient également soumis à essai;

c) un rappel périodique du matériel à des fins de réglage, de réparation et de réétalonnage, en fonction des spécifications du fabricant, des résultats de l'étalonnage précédent, de la méthode et de l'intensité d'utilisation, pour conserver l'exactitude requise en utilisation;

d) des documents justifiant l'identification unique des instruments, la fréquence de réétalonnage, l'état d'étalonnage, et les procédures de rappel, de manutention, de préservation et de stockage, de réglage, de réparation, d'étalonnage, d'installation et d'utilisation;

e) le raccordement à des étalons de référence d'exactitude et de stabilité connues, de préférence des étalons nationaux ou internationaux reconnus; lorsque ces étalons n'existent pas, il convient que la référence utilisée pour l'étalonnage fasse l'objet d'une description écrite.

13.3 Maîtrise du mesurage chez les sous-contractants

La maîtrise des équipements de mesure et d'essai ainsi que les méthodes d'essai peuvent être étendues à tous les sous-contractants.

13.4 Action corrective

Quand les processus de mesurage s'avèrent n'être plus maîtrisés ou quand les équipements de contrôle, de mesure ou d'essai s'avèrent être hors étalonnage, une action appropriée est nécessaire. Il convient de faire une évaluation afin de déterminer les conséquences sur le travail effectué et dans quelle mesure une reprise en fabrication, un nouvel essai, un réétalonnage ou un rejet pur et simple peut être nécessaire. En outre, la recherche des causes est importante dans le but d'en éviter le renouvellement. Ceci peut comprendre l'examen de la fréquence et des méthodes d'étalonnage, de la formation, et de l'adéquation des équipements d'essai.

13.5 Essais externes

Les installations d'organismes externes peuvent être utilisées pour le contrôle, le mesurage, les essais ou l'étalonnage afin d'éviter des duplications coûteuses ou des investissements supplémentaires, dès lors que les conditions données en 13.2 et 13.4 sont satisfaites. (Pour de plus amples informations, voir ISO 10012-1.)

14 Maîtrise du produit non conforme

14.1 Généralités

Il convient que les étapes concernant le traitement d'un produit non conforme soient établies et tenues à jour dans des procédures écrites. Les procédures de maîtrise de non-conformité ont pour objet d'éviter

19

que le client reçoive par inadvertance un produit non conforme et d'éviter les coûts inutiles du traitement supplémentaire d'un produit non conforme. Il convient que les étapes données de 14.2 à 14.7 soient suivies dès que des indications montrent que des matériaux, constituants ou produits finis ne sont pas conformes, ou peuvent ne pas être conformes, aux exigences spécifiées.

14.2 Identification

Il convient d'identifier immédiatement et d'enregistrer l'apparition des articles ou lots présumés non conformes.

Il convient de prendre des dispositions, autant que nécessaire, pour examiner ou réexaminer les lots précédents.

14.3 Isolement

Il convient d'isoler, lorsque cela est possible, les articles non conformes des articles conformes et de les identifier de façon adéquate pour éviter leur utilisation ultérieure non intentionnelle jusqu'à ce qu'une action appropriée soit décidée.

14.4 Examen

Il est recommandé qu'un produit non conforme soit examiné par des personnes désignées pour déterminer s'il peut être accepté sans réparation par dérogation, réparé, repris, reclassé ou mis au rebut. Il convient que les personnes effectuant cet examen soient compétentes pour évaluer les effets de la décision sur l'interchangeabilité, le traitement ultérieur, les résultats, la sûreté de fonctionnement, la sécurité et l'esthétique (voir 9.7 et 11.8).

14.5 Traitement

Il convient que le traitement d'un produit non conforme soit fait dès que possible. Il convient que la décision d'acceptation d'un tel produit soit appuyée sur des documents donnant la raison de cette décision, dans le cadre des dérogations autorisées, avec les précautions appropriées.

14.6 Action

Il convient qu'une action soit menée dès que possible pour éviter une utilisation ou une installation non intentionnelle d'un produit non conforme. Cette action peut comprendre l'examen d'autres produits conçus ou fabriqués suivant les mêmes procédures que le produit trouvé non conforme, et/ou des lots précédents du même produit.

Pour les travaux en cours, il convient de mettre en place la correction dès que possible afin de limiter les coûts de réparation, de reprise ou de mise au rebut. Il convient que le produit réparé, repris et/ou modifié soit recontrôlé et soumis à nouvel essai pour vérifier sa conformité aux exigences spécifiées.

En outre, il peut être nécessaire de rappeler un produit fini, qu'il soit dans le magasin des produits finis, en transit vers des distributeurs, dans leurs magasins, ou déjà en utilisation (voir 11.2). Les décisions de rappel dépendent de considérations relatives à la sécurité, à la responsabilité du fait du produit et à la satisfaction du client.

14.7 Prévention du renouvellement

Il convient que des mesures appropriées soient prises afin d'éviter le renouvellement des non-conformités (voir 15.5 et 15.6).

15 Actions correctives

15.1 Généralités

La mise en œuvre d'actions correctives commence dès la détection d'un problème relatif à la qualité et implique de prendre des mesures pour éliminer ou minimiser le renouvellement du problème. Les actions correctives supposent également que le produit non satisfaisant a été au préalable réparé, repris, rappelé ou mis au rebut. Le besoin d'une action pour éliminer la cause de non-conformités peut provenir de sources telles que

a) audits (internes et/ou externes);

b) rapports de non-conformité de processus;

c) revues de direction;

d) retour d'information du marché;

e) réclamations des clients.

Des actions spécifiques pour éliminer les causes d'une non-conformité existante ou d'une non-conformité potentielle sont indiquées dans les points 15.2 à 15.8.

15.2 Attribution des responsabilités

Il convient que les responsabilités et l'autorité pour mettre en place une action corrective soient définies dans le cadre du système qualité. Il convient que la coordination, l'enregistrement et le pilotage des ac-

20

tions correctives, liés à tous les aspects du système qualité, soient attribués au sein de l'organisme. Leur analyse et leur mise en œuvre peuvent impliquer diverses fonctions, telles que la conception, les achats, l'ingénierie, la production et la maîtrise de la qualité.

15.3 Évaluation de l'importance du problème

Il convient d'évaluer l'importance d'un problème ayant une influence sur la qualité selon son incidence potentielle sur des aspects tels que coûts de production, coûts relatifs à la qualité, les performances, la sûreté de fonctionnement, la sécurité et la satisfaction du client.

15.4 Recherches des causes possibles

Il convient que les variables importantes ayant une incidence sur l'aptitude du processus à répondre aux exigences spécifiées soient identifiées. Il convient que la relation causes à effets soit déterminée en tenant compte de toutes les causes potentielles. Il convient que les résultats de cette recherche soient enregistrés.

15.5 Analyse du problème

Il convient, dans l'analyse d'un problème relatif à la qualité, que la (les) cause(s) profonde(s) soi(en)t déterminée(s) avant de planifier une action corrective. Souvent, la cause profonde n'est pas évidente, et nécessite donc une analyse soigneuse des spécifications du produit et de tous les processus, opérations, enregistrements qualité, rapports d'utilisation, réclamations du client. Les méthodes statistiques peuvent être utiles pour l'analyse d'un problème (voir article 20).

Il convient d'établir un dossier énumérant les non-conformités pour aider à identifier les problèmes ayant une source commune, par opposition à ceux qui constituent des cas uniques.

15.6 Élimination des causes

Il convient de prendre des mesures appropriées afin d'éliminer les causes de non-conformités existantes ou potentielles. L'identification de la cause ou des causes potentielles peut entraîner des changements dans les processus de production, de conditionnement, de manipulation, de transport ou de stockage, des changements de la spécification d'un produit et/ou la révision du système qualité. Il convient qu'une action soit engagée à un niveau approprié à l'ampleur des problèmes pour éviter le renouvellement des non-conformités.

15.7 Maîtrise des processus

Il convient de mettre en œuvre une maîtrise suffisante des processus et des procédures afin d'éviter le renouvellement du problème. Lorsque des actions correctives sont mises en œuvre, il convient que leurs effets soient surveillés pour assurer que les objectifs visés sont atteints.

15.8 Modifications

Il convient que les modifications qui résultent d'actions correctives soient enregistrées dans les instructions de travail, la documentation concernant le processus de fabrication, les spécifications du produit et/ou la documentation du système qualité. Il peut également être nécessaire de réviser les procédures utilisées pour détecter et éliminer les problèmes potentiels.

16 Activités postérieures à la production

16.1 Stockage

Il convient que des méthodes de stockage appropriées soient spécifiées afin d'assurer la conservation et d'éviter la détérioration. Il convient que les conditions de stockage et l'état d'un produit en stock soient vérifiés à des intervalles appropriés pour satisfaire aux exigences spécifiées et détecter toute perte, dommage ou détérioration du produit (voir également 10.1.5 et 10.4).

16.2 Livraison

Des dispositions de protection de la qualité du produit sont importantes à toutes les étapes de la livraison. Il convient que tous les produits, en particulier les produits ayant une durée de conservation limitée ou exigeant une protection particulière pendant le transport ou le stockage, soient identifiés, et que des procédures écrites soient établies et tenues à jour, de façon à assurer qu'un produit détérioré n'est pas expédié et mis en utilisation.

16.3 Installation

Il convient que les procédures d'installation, y compris les notices d'utilisation, contribuent à la bonne installation et fassent l'objet de documents. Il convient qu'elles comportent des dispositions évitant une mauvaise installation ou ce qui peut entraîner une dégradation de la qualité, de la sûreté de fonctionnement, de la sécurité et des résultats d'un produit ou d'un matériau.

21

16.4 Prestations associées

16.4.1 Il convient de valider, comme pour tout produit nouveau, la conception et la fonction des outillages ou équipements spéciaux destinés à la manutention et à l'entretien des produits pendant ou après l'installation (voir 8.5).

16.4.2 Il convient de maîtriser les équipements de contrôle, de mesure et d'essai utilisés sur le site (voir article 13).

16.4.3 Il convient d'établir de façon complète et de fournir en temps utile des procédures écrites et des instructions associées pour l'assemblage et l'installation sur le site, la mise en service, le fonctionnement, les listes de pièces détachées ou de rechange et l'entretien de tout produit. Il convient de vérifier que les instructions sont adaptées à celui (ou celle) qui est censé(e) les lire.

16.4.4 Il convient d'assurer qu'un appui logistique adéquat est prévu, comprenant des conseils techniques, la fourniture de pièces détachées ou de rechange, et un service après-vente compétent. Il convient que les responsabilités soient clairement attribuées et fassent l'objet d'un accord entre les sous-contractants, les distributeurs et les clients.

16.5 Après-vente

Il convient d'envisager d'établir dès que possible un système de dépistage pour être informé des cas de défaillance ou de défaut du produit, afin d'assurer des actions correctives rapides.

Il convient que les informations concernant les réclamations, la fréquence et les modes de défaillance, ou tout problème rencontré dans l'utilisation, soient disponibles pour des revues et des actions correctives en conception, fabrication et/ou utilisation du produit.

16.6 Retour d'information du marché

Il est recommandé qu'un système de retour d'information concernant les résultats en utilisation existe, afin de surveiller les caractéristiques de qualité des produits durant leur cycle de vie. Ce système peut permettre l'analyse, en continu, du niveau de satisfaction aux exigences ou attentes du client en qui concerne la qualité du produit, y compris la sécurité et la sûreté de fonctionnement.

17 Enregistrements relatifs à la qualité

17.1 Généralités

Il convient que l'organisme établisse et tienne à jour des procédures écrites sur les moyens d'identification, de collecte, d'indexation, d'accès, de classement, de stockage, de maintenance, de recherche et de traitement d'enregistrements appropriés relatifs à la qualité. Il convient de fixer une politique concernant la disponibilité et l'accès aux enregistrements par les clients et sous-contractants. Il convient également de fixer dans des procédures écrites une politique concernant les changements et modifications des divers types de documents.

17.2 Enregistrements relatifs à la qualité

Il est recommandé que le système qualité impose que des enregistrements suffisants soient tenus à jour afin de démontrer la conformité aux exigences spécifiés et vérifier le fonctionnement effectif du système qualité. L'analyse des enregistrements relatifs à la qualité est un apport important aux actions correctives et à l'amélioration. Suivent quelques exemples d'enregistrements relatifs à la qualité, y compris des graphiques, qui doivent être maîtrisés:

— rapports de contrôle,

— données d'essai,

— rapports de qualification,

— rapports de validation,

— rapports d'étude et d'audit,

— rapports d'examen concernant les matériaux,

— résultats d'étalonnage,

— rapports sur les coûts relatifs à la qualité.

Il convient de conserver les enregistrements relatifs à la qualité pendant une durée déterminée, de façon qu'ils puissent être facilement retrouvés pour analyse afin d'identifier l'évolution des résultats de mesure de la qualité, ainsi que le besoin et l'efficacité des actions correctives.

Pendant leur stockage, il convient que les enregistrements relatifs à la qualité soient protégés par des dispositions appropriées contre les dommages, la perte et la détérioration dus par exemple aux conditions d'environnement.

17.3 Maîtrise des enregistrements relatifs à la qualité

Il convient que le système qualité spécifie qu'une documentation suffisante soit disponible pour suivre et démontrer la conformité aux exigences spécifiées et le fonctionnement effectif du système qualité. Il est recommandé d'y inclure la documentation appropriée établie par le sous-contractant. Il convient que toute la documentation soit lisible, datée (y compris les dates de révision), nette, facile à identifier et à retrouver, et conservée dans des installations qui offrent un environnement approprié pour minimiser la détérioration ou le dommage et éviter les pertes. Les enregistrements peuvent se présenter sous forme de papier, sur support informatique ou autre support.

En outre, il convient que le système qualité prévoie une méthode de définition des durées de conservation, de retrait et/ou de mise au rebut de la documentation lorsque cette documentation est périmée.

Suivent quelques exemples de types de documents à maîtriser:

— dessins,

— spécifications,

— procédures et instructions de contrôle,

— procédures d'essai,

— instructions de travail,

— gammes opératoires,

— manuel qualité (voir 5.3.2),

— plans qualité,

— procédures opérationnelles,

— procédures du système qualité.

18 Personnel

18.1 Formation

18.1.1 Généralités

Il convient d'identifier les besoins en formation du personnel et il est recommandé d'établir et de tenir à jour des procédures écrites permettant cette formation. Il convient qu'une formation appropriée soit prévue pour toutes les catégories de personnel qui, au sein de l'organisme, exercent des activités ayant une incidence sur la qualité. Il convient qu'une attention particulière soit portée aux qualifications, à la sélection et à la formation de personnel nouvellement recruté, et au personnel affecté à de nouvelles activités. Il est recommandé de tenir à jour des enregistrements appropriés de la formation.

18.1.2 Personnel de direction et d'encadrement

Il convient de dispenser à l'encadrement une formation lui permettant de comprendre le système qualité et de maîtriser les outils et techniques requis, afin qu'il participe pleinement à la mise en œuvre du système. Il convient également que l'encadrement soit informé des critères disponibles pour évaluer l'efficacité du système.

18.1.3 Personnel technique

Il convient d'assurer la formation du personnel technique pour renforcer sa contribution au succès du système qualité. Il est recommandé de ne pas limiter la formation au personnel ayant une activité directement liée à la qualité, mais d'inclure des activités telles que la mercatique, les achats et l'ingénierie des processus et produits. Il convient d'attacher une attention particulière à la formation dans le domaine des techniques statistiques, telles que celles indiquées en 20.2.

18.1.4 Responsables de processus et personnel de production

Il convient que tous les responsables de processus et le personnel de production reçoivent une formation quant aux procédures et aux compétences nécessaires pour exécuter leur tâche, c'est-à-dire

— la mise en œuvre correcte des instruments, des outils et des machines qu'ils doivent utiliser,

— la lecture et la compréhension de la documentation fournie,

— la relation existant entre leurs tâches et la qualité, et

— la sécurité au poste de travail.

Il convient que le personnel, s'il y a lieu, soit certifié en ce qui concerne ses compétences, comme par exemple pour le soudage. Il convient également d'envisager une formation de base aux techniques statistiques.

23

18.2 Qualification

Il convient que la nécessité d'exiger et d'appuyer sur des documents les qualifications du personnel exécutant certaines opérations, processus, essais ou contrôles spécialisés soit évaluée et mise en œuvre lorsque cela est nécessaire, en particulier pour les travaux mettant en jeu la sécurité. Il convient d'examiner la nécessité d'évaluer et/ou d'exiger périodiquement des preuves de la compétence et/ou l'aptitude. Il convient également de prendre en considération l'éducation, la formation et l'expérience appropriées.

18.3 Motivation

18.3.1 Généralités

La motivation du personnel commence par sa compréhension des tâches qui lui incombent et de la façon dont elles contribuent aux activités d'ensemble. Il convient de faire prendre conscience au personnel de l'intérêt d'un travail bien fait à tous les niveaux, et des conséquences de résultats médiocres sur les autres personnes, sur la satisfaction du client, les coûts de fabrication et la prospérité de l'organisme.

18.3.2 Applicabilité

Il convient que les efforts pour encourager le personnel à la qualité de l'exécution s'adressent non seulement au personnel de la production, mais également au personnel de la mercatique, de la conception, de la documentation, des achats, du contrôle, des essais, du conditionnement et de l'expédition et des prestations associées. La direction, le personnel fonctionnel et opérationnel doivent être inclus.

18.3.3 Sensibilisation à la qualité

Il convient de mettre l'accent sur le besoin en matière de qualité au moyen d'un programme de sensibilisation qui peut inclure des programmes élémentaires et d'introduction pour les nouveaux employés, des programmes de recyclage périodique pour les anciens employés et des instructions aux employés susceptibles des actions correctives et préventives et autres procédures.

18.3.4 Mesure de la qualité

S'il y a lieu, il convient de développer des moyens objectifs et exacts de mesure de l'obtention de la qualité. Ces mesures peuvent être publiées pour que le personnel puisse voir, par lui-même, ce qu'il est en train d'accomplir individuellement ou collectivement.

Ceci peut l'encourager à améliorer la qualité. Il convient de reconnaître le travail accompli.

19 Sécurité relative au produit

Il convient d'identifier les aspects relatifs à la sécurité du produit et du processus dans le but d'accroître cette sécurité. Les étapes peuvent comprendre

a) l'identification des normes relatives à la sécurité afin de rendre plus efficace la formulation des spécifications d'un produit;

b) la réalisation des essais d'évaluation de la conception et de qualification de prototypes (ou modèles) en vue de la sécurité et en consignant les résultats des essais;

c) l'analyse des instructions et des précautions d'emploi destinés à l'utilisateur, des manuels d'entretien, des matériaux d'étiquetage et de promotion afin de minimiser les interprétations erronées, particulièrement en ce qui concerne l'utilisation prévue et les risques connus;

d) le développement de moyens de traçabilité pour faciliter le rappel d'un produit (voir 11.2, 14.2 et 14.6);

e) la prise en compte de l'établissement d'un plan d'urgence au cas où le rappel d'un produit s'avère nécessaire.

20 Utilisation de méthodes statistiques

20.1 Applications

L'identification et l'application correctes des méthodes statistiques modernes sont des éléments importants pour maîtriser chaque phase des processus de l'organisme. Il convient que des procédures écrites soient établies et mises à jour afin de sélectionner et appliquer des méthodes statistiques à

a) l'analyse de marché;

b) la conception du produit;

c) la spécification de la sûreté de fonctionnement, les études prévisionnelles sur la longévité et la durabilité;

d) les études de maîtrise du processus et d'aptitude du processus;

e) la détermination des niveaux de qualité dans les plans d'échantillonnage;

24

f) l'analyse des données, l'évaluation des résultats et l'analyse des non-conformités;

g) l'amélioration du processus;

h) l'évaluation de la sécurité et l'analyse du risque.

20.2 Techniques statistiques

Les méthodes statistiques spécifiques permettant d'établir, de maîtriser et de vérifier des activités comprennent, de façon non limitative, ce qui suit:

a) les plans d'expériences et l'analyse factorielle;

b) l'analyse de variance et l'analyse de régression;

c) les tests de signification;

d) les cartes de contrôle et les techniques de sommes cumulées;

e) l'échantillonnage statistique.

NOTE 21   Des conseils sur l'utilisation des Normes internationales en matière de techniques statistiques peuvent être trouvés dans l'ISO/TR 13425 et le recueil ISO 3. Il convient pour la sûreté de fonctionnement de se référer à l'ISO 9000-4 et aux publications de la CEI.

25

© ISO

Annexe A
(informative)

Bibliographie

[1] ISO 9000-1:1994, *Normes pour le management de la qualité et l'assurance de la qualité — Partie 1: Lignes directrices pour leur sélection et utilisation.*

[2] ISO 9000-2:1993, *Normes pour le management de la qualité et l'assurance de la qualité — Partie 2: Lignes directrices pour l'application de l'ISO 9001, l'ISO 9002 et l'ISO 9003.*

[3] ISO 9000-3:1991, *Normes pour la gestion de la qualité et l'assurance de la qualité — Partie 3: Lignes directrices pour l'application de l'ISO 9001 au développement, à la mise à disposition et à la maintenance du logiciel.*

[4] ISO 9000-4:1993, *Normes pour la gestion de la qualité et l'assurance de la qualité — Partie 4: Guide de gestion du programme de sûreté de fonctionnement.*

[5] ISO 9001:1994, *Systèmes qualité — Modèle pour l'assurance de la qualité en conception, développement, production, installation et prestations associées.*

[6] ISO 9002:1994, *Systèmes qualité — Modèle pour l'assurance de la qualité en production, installation et prestations associées.*

[7] ISO 9003:1994, *Systèmes qualité — Modèle pour l'assurance de la qualité en contrôle et essais finals.*

[8] ISO 9004-2:1991, *Gestion de la qualité et éléments de système qualité — Partie 2: Lignes directrices pour les services.*

[9] ISO 9004-3:1993, *Management de la qualité et éléments de système qualité — Partie 3: Lignes directrices pour les produits issus de processus à caractère continu.*

[10] ISO 9004-4:1993, *Management de la qualité et éléments de système qualité — Partie 4: Lignes directrices pour l'amélioration de la qualité.*

[11] ISO 10011-1:1990, *Lignes directrices pour l'audit des systèmes qualité — Partie 1: Audit.*

[12] ISO 10011-2:1991, *Lignes directrices pour l'audit des systèmes qualité — Partie 2: Critères de qualification pour les auditeurs de systèmes qualité.*

[13] ISO 10011-3:1991, *Lignes directrices pour l'audit des systèmes qualité — Partie 3: Gestion des programmes d'audit.*

[14] ISO 10012-1:1992, *Exigences d'assurance de la qualité des équipements de mesure — Partie 1: Confirmation métrologique de l'équipement de mesure.*

[15] ISO 10013:—[1], *Lignes directrices pour l'élaboration des manuels qualité.*

[16] ISO/TR 13425:—[1], *Lignes directrices pour la sélection des méthodes statistiques dans la normalisation et les spécifications.*

[17] Recueil de normes ISO 3:1989, *Méthodes statistiques.*

---

1) À publier.

26

ISSN 0335-3931

norme européenne
norme française

NF EN 29004-2
ISO 9004-2
Août 1994
Indice de classement : **X 50-122-2**

Gestion de la qualité et éléments de système qualité

Partie 2 : Lignes directrices pour les services

E : Quality management and quality system elements — Part 2 : Guidelines for services

D : Qualitätsmanagement und Elemente eines Qualitätssicherungssystems — Teil 2 : Leitfaden für Dienstleistungen

Norme française homologuée par décision du Directeur Général de l'AFNOR le 20 juillet 1994 pour prendre effet le 20 août 1994.

Remplace le fascicule de documentation X 50-122-2, de juin 1992.

correspondance
La norme européenne EN 29004-2:1994 a le statut d'une norme française. Elle reproduit intégralement la norme internationale ISO 9004-2:1991 corrigée et réimprimée en 1993.

analyse
Le présent document donne les lignes directrices pour l'élaboration et la mise en œuvre d'un système qualité dans un organisme de service.

Il ne s'inscrit pas dans une démarche contractuelle. Il ne peut pas, par conséquent, servir de référence à l'attribution d'une certification de système qualité.

descripteurs
Thésaurus International Technique : qualité, assurance de qualité, programme d'assurance qualité, création, mise en œuvre, service.

modifications
Par rapport au fascicule de documentation X 50-122-2, modification de la figure 3 page 7.

corrections

éditée et diffusée par l'association française de normalisation (afnor), tour europe cedex 7 92049 paris la défense — tél. : (1) 42 91 55 55

AFNOR 1994   © AFNOR 1994   1er tirage 94-08

Management et assurance de la qualité

Membres de la commission de normalisation

Président : M VAISENBERG

Secrétariat : MME DEL CERRO et M NACIRI — AFNOR

M	AFFATICATI	MATRA GENERAL SA
M	ANGELINI	ASCII QUALITATEM
M	ARDAULT	SNCF
M	AULAGNER	IPEQ
M	BABY	EDF/DER
M	BAUDON	RNUR
M	BELLAMIT	SYMEDIA
M	BERNARD	GIAT INDUSTRIES
M	BESSIN	ABB CONTROL
M	BLAIZOT	FIEE
M	BLANC	CTDEC
M	BONNOME	
M	BRUNSCHWIG	
M	BUSSARD	EXECUTIVE CONSULTANT SA
M	CANCE	
M	CANIS	LIONEL CANIS CONSEIL
M	CALMELS	MINISTERE DE LA DEFENSE — DGA DION MISSILES ET ESPACE
M	CARLU	
M	CATINAUD	ISOVER SAINT GOBAIN
M	CATTAN	FRAMATOME SA
M	CAUDRON	GEC ALSTHOM TRANSPORT
M	CHASSIGNET	
M	CLOCHARD	GEC ALSTHOM T & D
M	COMBRET	RENAULT VEHICULES INDUSTRIELS
M	COPIN	CM CONSULTANTS
MME	DECROIX	BULL SA
M	DEDEWANOU	ROUSSEL UCLAF
MME	DEJEAN DE LA BATIE	UIC
MME	DELORT	UTE/SNQ
M	DEL FABBRO	MATRA DEFENSE
M	DESMARES	MINISTERE DE LA DEFENSE — DGA DCA
M	DOULIERY	AEROSPATIALE
M	DUPUIS	EDF
M	DUTRAIVE	
M	ETIENNE	MINISTERE DE L'EQUIPEMENT — DAEI
M	FABBRI	LORIENT NAVAL ET INDUSTRIES
M	FOURCADE	MATRA DEFENSE
M	FROMAN	
M	GAUTHIER	ATT GIS
M	GENESTE	CRCI
M	GERVASON	CENTRE TECHNIQUE DU PAPIER
MME	GILLIOT	
M	GODET	CIE SALINS MIDI ET SALINES EST
M	GRANGER	FRANCE TELECOM SCT

M	HAMES	3M FRANCE
M	IACOLARE	ALTRAN TECHNOLOGIES
M	KOLUB	SGS QUALITEST
M	KRYNICKI	HEWLETT PACKARD FRANCE
M	LALLET	GEC ALSTHOM ELECTROMECANIQUE
MME	LAVALETTE	SYSECA SA
M	LE CLANCHE	FRANCE TELECOM SCT
M	LIETVEAUX	BNIF
M	L'HERMITTE	EDF
M	LOLIVIER	LOGIQUAL
M	MAUGUIERE	THOMSON CSF
MME	MAURER	CISI
M	MIGNOT	MATRA DEFENSE
M	MILLERET	SOMELEC SA
M	MIRANDA	ARMEMENT SERVICES
M	MITONNEAU	AMOVI EURL
M	MONTJOIE	CEA
M	MOUGAS	CAMIF
MME	NEEL	DASSAULT AVIATION
M	NICOLAS	FIM
MME	NOTIS	AFNOR
M	OGER	INCHCAPE TESTING SERVICES
MME	OUDIN DARRIBERE	
M	PAILHES	RHONE POULENC CHIMIE
M	PIZON	FRANCE TELECOM SCT
M	QUEREL	PQI GENIE QUALITE
M	QUINIO	TECHNIP
MME	RENARD	LABORATOIRES METROLOGIE D'IVRY
MME	RENAUX	SOCOTEC QUALITE
M	RICHER	HEI
M	ROULEAU	GDF — DION PRODUCT TRANSPORT CTO
M	SAMPERE	CEP SYSTEMES
M	SANS	
M	SEGOT	LA POSTE
M	SERVAJAN	D'HERMY CONSEIL SA
MME	SIDI	CAP GEMINI SOGETI
M	THORETTON	AUTOMOBILES CITROEN
M	TILLET	RENAULT VEHICULES INDUSTRIELS
M	THOUSCH	SGS QUALITEST
M	TRAPON	BUREAU VERITAS
M	VAISENBERG	AFAQ/ICA
M	VINCENT	LEXMARK INTERNATIONAL SA
M	WEIDMANN	AIRBUS INDUSTRIE
M	WENISCH	SQIFE
M	WIDMER	EDF

Avant-propos national

Références aux normes françaises

La correspondance entre les normes mentionnées à l'article «Références normatives» et les normes françaises identiques est la suivante :

   ISO 9000:1987 : NF EN 29000 (indice de classement : X 50-121)

   ISO 9004:1987 : NF EN 29004 (indice de classement : X 50-122)

La correspondance entre les normes mentionnées à l'article «Références normatives» et les normes françaises de même domaine d'application mais non identiques est la suivante :

   ISO 8402:1986 : NF X 50-120

NORME EUROPÉENNE
EUROPÄISCHE NORM
EUROPEAN STANDARD

EN 29004-2

Juin 1994

CDU 658.562 (035)

Descripteurs : qualité, gestion, assurance de qualité, programme d'assurance qualité, principe, conception, mise en œuvre.

Version française

Gestion de la qualité et éléments de système qualité —
Partie 2 : Lignes directrices pour les services
(ISO 9004-2:1991)

Qualitätsmanagement und Elemente eines
Qualitätssicherungssystems — Teil 2 :
Leitfaden für Dienstleistungen
(ISO 9004-2:1991)

Quality management and quality system
elements — Part 2 : Guidelines for services
(ISO 9004-2:1991)

La présente norme européenne a été adoptée par le CEN le 1993-05-24.

Les membres du CEN sont tenus de se soumettre au Règlement Intérieur du CEN/CENELEC, qui définit les conditions dans lesquelles doit être attribué, sans modification, le statut de norme nationale à la norme européenne.

Les listes mises à jour et les références bibliographiques relatives à ces normes nationales peuvent être obtenues auprès du Secrétariat Central ou auprès des membres du CEN.

La présente norme européenne existe en trois versions officielles (allemand, anglais, français). Une version faite dans une autre langue par traduction sous la responsabilité d'un membre du CEN dans sa langue nationale, et notifiée au Secrétariat Central, a le même statut que les versions officielles.

Les membres du CEN sont les organismes nationaux de normalisation des pays suivants : Allemagne, Autriche, Belgique, Danemark, Espagne, Finlande, France, Grèce, Irlande, Islande, Italie, Luxembourg, Norvège, Pays-Bas, Portugal, Royaume-Uni, Suède et Suisse.

CEN

COMITÉ EUROPÉEN DE NORMALISATION

Europäisches Komitee für Normung
European Committee for Standardization

Secrétariat Central : rue de Stassart 36, B-1050 Bruxelles

Réf. n° EN 29004-2:1994 F

Avant-propos

Suite à la résolution BT 221/1991, l'ISO 9004-2:1991 «Gestion de la qualité et éléments de système qualité — Partie 2 : Lignes directrices pour les services» a été soumise à la procédure d'acceptation unique.

Le résultat de la procédure d'acceptation unique était positif.

Cette norme européenne devra recevoir le statut de norme nationale, soit par publication d'un texte identique, soit par entérinement, au plus tard en décembre 1993, et toutes les normes nationales en contradiction devront être retirées au plus tard en décembre 1993.

Selon le Règlement Intérieur du CEN/CENELEC, les pays suivants sont tenus de mettre cette norme européenne en application : Allemagne, Autriche, Belgique, Danemark, Espagne, Finlande, France, Grèce, Irlande, Islande, Italie, Luxembourg, Norvège, Pays-Bas, Portugal, Royaume-Uni, Suède et Suisse.

Notice d'entérinement

Le texte de la norme internationale ISO 9004-2:1991 a été approuvé par le CEN comme norme européenne sans aucune modification.

NOTE : Les références normatives aux publications internationales sont mentionnées en annexe ZA (normative).

Sommaire

Avant-propos

L'ISO (Organisation internationale de normalisation) est une fédération mondiale d'organismes nationaux de normalisation (comités membres de l'ISO). L'élaboration des Normes internationales est en général confiée aux comités techniques de l'ISO. Chaque comité membre intéressé par une étude a le droit de faire partie du comité technique créé à cet effet. Les organisations internationales, gouvernementales et non gouvernementales, en liaison avec l'ISO participent également aux travaux. L'ISO collabore étroitement avec la Commission électrotechnique internationale (CEI) en ce qui concerne la normalisation électrotechnique.

Les projets de Normes internationales adoptés par les comités techniques sont soumis aux comités membres pour vote. Leur publication comme Normes internationales requiert l'approbation de 75 % au moins des comités membres votants.

La Norme internationale ISO 9004-2 a été élaborée par le comité technique ISO/TC 176, *Management et assurance de la qualité,* sous-comité SC 2, *Systèmes qualité.*

L'ISO 9004 comprend les parties suivantes, présentées sous le titre général *Gestion de la qualité et éléments de système qualité:*

— *Partie 1: Lignes directrices*

— *Partie 2: Lignes directrices pour les services*

— *Partie 3: Lignes directrices pour les produits issus de processus continus*

— *Partie 4: Lignes directrices pour l'amélioration de la qualité*

— *Partie 5: Lignes directrices pour les plans qualité*

— *Partie 6: Guide pour l'assurance de la conduite de projet*

— *Partie 7: Lignes directrices pour la gestion de configuration*

La partie 1 sera une révision de l'ISO 9004:1987. D'autres parties sont en préparation.

Les annexes A, B et C de la présente partie de l'ISO 9004 sont données uniquement à titre d'information.

Introduction

La qualité et la satisfaction de la clientèle sont des sujets dont l'importance fait l'objet d'une attention croissante dans le monde entier. La présente partie de l'ISO 9004 fournit une réponse à cette prise de conscience et a pour but d'encourager les organismes et les entreprises à gérer les aspects de la qualité de leurs activités de service d'une manière plus efficace.

La présente partie de l'ISO 9004 est fondée sur les principes de la gestion de la qualité, tels qu'ils apparaissent dans la série des Normes internationales ISO 9000 à ISO 9004. Elle reconnaît que le fait de ne pas atteindre les objectifs qualité peut avoir une influence préjudiciable pour le client, l'organisme et la société. Elle reconnaît, en outre, qu'il incombe à la direction la responsabilité de faire en sorte que de telles défaillances soient évitées.

La création et le maintien de la qualité dans un organisme dépendent d'une approche systématique de la gestion de la qualité ayant pour but de garantir que les besoins du client sont compris et satisfaits. Pour obtenir la qualité, plusieurs conditions sont nécessaires. Tout d'abord, tous les niveaux de l'organisme doivent adhérer aux principes de la qualité. Ensuite, le système de la gestion de la qualité mis en place doit faire l'objet d'une revue permanente et d'une amélioration continue fondée sur les retours d'informations venant des clients quant à leur perception du service fourni.

L'application réussie de la gestion de la qualité à un service offre d'importantes potentialités d'amélioration:

— la réalisation du service et la satisfaction du client,

— la productivité, l'efficacité, et la réduction des coûts,

— les parts du marché.

Pour obtenir ces bénéfices, un système qualité appliqué aux services doit intégrer les aspects humains de la prestation de service:

— en gérant les processus sociaux du service,

— en considérant les interactions humaines comme un élément essentiel de la qualité du service,

— en reconnaissant l'importance de la perception des clients vis-à-vis de l'image de marque, de la culture et des réalisations des organismes de service,

— en développant les compétences et les aptitudes du personnel,

— en motivant le personnel pour améliorer la qualité et répondre aux attentes du client.

Gestion de la qualité et éléments de système qualité —

Partie 2:
Lignes directrices pour les services

1 Domaine d'application

La présente partie de l'ISO 9004 donne les lignes directrices pour l'élaboration et la mise en œuvre d'un système qualité au sein d'un organisme. Elle s'appuie sur les principes fondamentaux de la gestion interne de la qualité décrits dans l'ISO 9004:1987 et offre une vue complète d'un système qualité spécifique aux services.

La présente partie de l'ISO 9004 peut s'appliquer à l'élaboration d'un système qualité pour un nouveau service ou pour un service modifié. Elle peut aussi s'appliquer directement à la mise en œuvre d'un système qualité pour un service existant. Le système qualité englobe tous les processus nécessaires à la fourniture d'un service efficace depuis la mercatique jusqu'à la préstation du service et l'analyse du service fourni au client.

Les concepts, les principes et les éléments du système qualité décrits sont applicables à toutes les formes de service, que le service ait uniquement le caractère d'un service ou qu'il soit associé à la fabrication et à la fourniture d'un produit. Ceci peut être représenté comme un continuum où l'on passe d'une situation dans laquelle le service est directement relié à un produit, à une situation dans laquelle le produit ne joue qu'un rôle mineur. La figure 1 illustre ce concept pour trois types de service.

NOTE 1   Les équipements ou installations peuvent aussi faire directement partie de la prestation du service, par exemple pour les distributeurs automatiques ou les guichets bancaires automatiques.

Les concepts et les principes contenus dans la présente partie de l'ISO 9004 conviennent à des organismes de toutes tailles. Bien que le petit organisme de service ne dispose pas et n'ait pas besoin de la structure complexe nécessaire à un organisme plus grand, les mêmes principes sont applicables. Il y a simplement une différence d'échelle.

Le client extérieur à l'organisme est par définition le destinataire final du service. Cependant, il n'est pas rare que le client soit interne à organisme, et ce, particulièrement dans les grandes entreprises où le client peut se trouver à l'étape suivante du processus de la prestation du service. La présente partie de l'ISO 9004 est essentiellement destinée aux clients externes, mais peut néanmoins s'appliquer aux clients internes pour l'obtention globale de la qualité requise.

La sélection des éléments opérationnels appropriés et la mesure dans laquelle ils sont adoptés et appliqués dépendent de facteurs tels que le marché desservi, les options de l'organisme de service, la nature du service, ses processus et les besoins des clients.

L'annexe A donne à titre indicatif des exemples de services auxquels la présente partie de l'ISO 9004 peut s'appliquer. Les exemples comprennent les activités de service interne aux industries manufacturières.

Figure 1 — Part du produit dans le continuum du service

1

2 Références normatives

Les normes suivantes contiennent des dispositions qui, par suite de la référence qui en est faite, constituent des dispositions valables pour la présente partie de l'ISO 9004. Au moment de la publication, les éditions indiquées étaient en vigueur. Toute norme est sujette à révision et les parties prenantes des accords fondés sur la présente partie de l'ISO 9004 sont invitées à rechercher la possibilité d'appliquer les éditions les plus récentes des normes indiquées ci-après. Les membres de la CEI et de l'ISO possèdent le registre des Normes internationales en vigueur à un moment donné.

ISO 8402:1986, *Qualité — Vocabulaire*.

ISO 9000:1987, *Normes pour la gestion de la qualité et l'assurance de la qualité — Lignes directrices pour la sélection et l'utilisation*.

ISO 9004:1987, *Gestion de la qualité et éléments de système qualité — Lignes directrices*.

3 Définitions

Pour les besoins de la présente Norme internationale, les définitions données dans l'ISO 8402, ainsi que les définitions suivantes s'appliquent.

NOTES

2 Le terme «organisme de service» peut désigner le cas échéant un «fournisseur».

3 Par souci de clarté, certaines définitions existantes (à l'exclusion des notes) ont été rappelées et leur origine indiquée entre crochets.

3.1 organisme: Tout ou partie d'une société, groupe, firme, entreprise ou association, de statut anonyme ou non, du secteur public ou privé, disposant de son autonomie fonctionnelle et administrative.

3.2 fournisseur: Organisme qui fournit un produit ou un service à un client.

NOTE 4   Dans les affaires le fournisseur est parfois appelé «première partie».

3.3 sous-traitant: Fournisseur de l'organisme de service dans le cadre d'une situation contractuelle.

3.4 client: Le destinataire d'un produit ou d'un service.

NOTES

5 Un client peut être, par exemple, le consommateur final, l'utilisateur, le bénéficiaire ou l'acheteur.

6 Dans les affaires le client est parfois appelé «seconde partie».

7 Un client peut être une unité au sein d'un organisme de service.

3.5 service: Résultats générés par des activités à l'interface fournisseur/client et par des activités internes au fournisseur, pour répondre aux besoins du client.

NOTES

8 Le fournisseur ou le client peut être représenté à l'interface par des personnes ou par des équipements.

9 Les activités du client à l'interface avec le fournisseur peuvent être essentielles pour la prestation du service.

10 La fourniture ou l'utilisation de produits matériels peut faire partie de la prestation de service.

11 Un service peut être lié à la fabrication et à la fourniture de produits matériels.

3.6 prestation du service: Activités du fournisseur nécessaires à la fourniture du service.

3.7 qualité: Ensemble des propriétés et caractéristiques d'un produit ou d'un service qui lui confère l'aptitude à satisfaire des besoins exprimés ou implicites. [ISO 8402]

3.8 politique de qualité: Les orientations et objectifs généraux d'une entreprise en ce qui concerne la qualité, tels qu'ils sont exprimés formellement par la direction générale. [ISO 8402]

3.9 gestion de la qualité: Aspect de la fonction générale de gestion qui détermine la politique qualité et la met en œuvre. [ISO 8402]

3.10 système qualité: Ensemble de la structure organisationnelle, des responsabilités, des procédures, des procédés et des ressources pour mettre en œuvre la gestion de la qualité. [ISO 8402]

4 Caractéristiques des services

4.1 Caractéristiques du service et de la prestation du service

Les exigences d'un service doivent être clairement définies en termes de caractéristiques observables et susceptibles d'être évaluées par le client.

Il en va de même pour les processus de prestation du service qui doivent également être définis en termes de caractéristiques qui influent directement sur l'exécution du service bien qu'elles ne soient pas toujours directement observables par le client.

Ces deux sortes de caractéristiques doivent pouvoir être évaluées par l'organisme de service en fonction de critères d'acceptation établis.

2

Une caractéristique du service ou de la prestation du service peut être quantitative (mesurable) ou qualitative (susceptible de comparaison) en fonction de la façon dont elle est évaluée ou de l'auteur de l'évaluation: organisme de service ou client.

NOTE 12 De nombreuses caractéristiques qualitatives appréciées subjectivement par les clients peuvent faire l'objet de mesures quantitatives par l'organisme du service.

Exemple de caractéristiques susceptibles d'être précisées dans les documents spécifiant des exigences:

— installations et équipements, capacité, effectifs et qualité de matériels;

— temps d'attente, temps de réalisation de la prestation, durées des processus;

— hygiène, sécurité des biens et des personnes, fiabilité;

— capacité de réaction, facilité d'accès, courtoisie, confort, esthétique de l'environnement, compétence, sûreté de fonctionnement, précision, service rendu en totalité, état de l'art, crédibilité et communication efficace.

4.2 Maîtrise des caractéristiques du service et de la prestation du service

Dans la plupart des cas, la maîtrise des caractéristiques du service et de la prestation du service ne peut être obtenue qu'en maîtrisant le procédé qui fournit le service. La mesure et la maîtrise des résultats du procédé sont donc essentielles pour obtenir et maintenir la qualité exigée du service. Bien que des actions correctives soient parfois possibles durant la prestation de service, il est en général impossible de compter sur l'inspection finale pour influer sur la qualité du service à l'interface client, alors que l'évaluation du client de toute non-conformité est souvent immédiate.

Le processus de prestation du service peut être soit hautement mécanisé (comme un appel téléphonique automatique), soit fortement personnalisé (comme les services juridiques, médicaux ou de conseil). Plus le procédé est défini mécaniquement ou par des procédures détaillées, plus il se prête à l'application des principes structurés et disciplinés d'un système qualité.

5 Principes d'un système qualité

5.1 Facteurs clés d'un système qualité

La figure 2 illustre le fait que le client est le point de convergence des trois facteurs clés d'un système qualité. Elle montre également que l'harmonie de l'interaction entre la responsabilité de la direction, les ressources matérielles et humaines et la structure du système est une condition indispensable à la satisfaction du client.

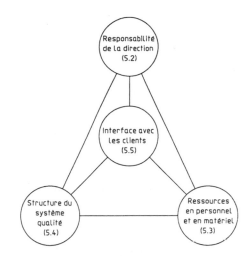

Figure 2 — Facteurs clés d'un système qualité

5.2 Responsabilités de la direction

5.2.1 Généralités

Il incombe à la direction la responsabilité d'établir une politique relative à la qualité du service et à la satisfaction de la clientèle. La mise en œuvre réussie de cette politique dépend de l'engagement de la direction vis-à-vis de l'élaboration et du fonctionnement efficace d'un système qualité.

5.2.2 Politique qualité

La responsabilité de la politique qualité et l'engagement correspondant relèvent du plus haut niveau de la direction générale au sein de l'organisme de service.

Il convient que la direction mette au point et consigne par écrit la politique qualité en développant les points suivants:

— niveau de service devant être fourni;

— image et réputation de la qualité de l'organisme de service;

— objectifs qualité du service;

— façon de procéder pour atteindre les objectifs qualité;

3

— rôle du personnel chargé de la mise en œuvre de la politique qualité.

Il est recommandé à la direction de s'assurer que l'information concernant la politique qualité est diffusée, que cette politique est comprise, mise en œuvre et maintenue.

5.2.3 Objectifs qualité

La réalisation d'une politique qualité exige l'identification des buts essentiels pour fixer des objectifs qualité. Les buts essentiels doivent au moins comprendre les faits suivants:

— la satisfaction du client, compatible avec les normes et l'éthique professionnelles;

— l'amélioration permanente du service;

— la prise en considération des exigences de la société et de l'environnement;

— l'efficacité de la prestation du service.

La direction doit traduire les buts essentiels en un ensemble d'objectifs qualité et d'activités, comme par exemple

— une définition claire des besoins du client avec les mesures de qualité appropriées;

— des actions et contrôles préventifs pour éviter tout mécontentement du client;

— l'optimisation des coûts relatifs à la qualité afin d'obtenir le niveau de réalisation du service exigé;

— l'obtention d'un engagement de tous pour la qualité au sein de l'organisme de service;

— l'examen permanent des exigences du service et des résultats obtenus pour identifier les potentialités d'amélioration concernant la qualité du service;

— éviter que l'organisme de service puisse produire des effets défavorables à la société et à l'environnement.

5.2.4 Responsabilité et autorité relatives à la qualité

Pour réaliser les objectifs qualité, la direction doit établir une structure pour le système qualité en vue d'une réelle maîtrise de la qualité du service, de son évaluation et de son amélioration durant toutes les étapes de la prestation d'un service.

La responsabilité et l'autorité, générales et particulières, doivent être formellement définies pour toutes les personnes dont les activités influencent la qualité du service; elles doivent permettre des relations clients-fournisseurs efficaces à toutes les interfaces internes et externes de l'organisme de service. La définition de la responsabilité et de l'autorité doit être cohérente avec les moyens et les méthodes nécessaires à l'obtention de la qualité du service.

Il incombe à la direction au plus haut niveau de s'assurer que les exigences du systèmes qualité sont élaborées. Elle doit garder toute responsabilité, sinon désigner son représentant chargé de s'assurer que le système qualité est appliqué, audité, mesuré et analysé de façon continue pour être amélioré.

Bien qu'un personnel ayant des responsabilités spécifiques puisse contribuer de façon essentielle à l'obtention de la qualité, il est néanmoins important de souligner que ce ne sont pas ces personnes qui créent la qualité. Elles ne sont qu'une partie du système qualité. En effet, le système qualité comprend l'ensemble des fonctions et implique la participation, l'engagement et la coopération efficace de tout le personnel de l'organisme de service pour obtenir une amélioration constante.

5.2.5 Revue de direction

Afin de s'assurer de la permanence de l'adéquation et de l'efficacité de la mise en œuvre de la politique qualité et de la réalisation des objectifs qualité, la direction doit veiller à ce que soient effectuées des revues de direction formelles, périodiques et indépendantes, tout en insistant sur les besoins ou les potentialités d'amélioration. Les revues doivent être effectuées par des responsables de la direction ou par des personnes compétentes et indépendantes qui dépendent directement de la direction au plus haut niveau.

Les revues de direction doivent consister à faire des évaluations bien structurées et exhaustives, c'est-à-dire englobant toutes les sources utiles d'information, notamment

— les résultats d'analyses concernant les informations relatives à la réalisation du service, à l'efficacité de la prestation en vue de répondre aux exigences du service et d'obtenir la satisfaction du client (voir 6.4);

— les résultats d'audits internes portant sur la mise en œuvre et l'efficacité de tous les éléments du système qualité en vue d'atteindre les objectifs fixés pour la qualité du service (voir 6.4.4);

— les changements dus aux nouvelles techniques, aux concepts qualité, aux stratégies de marché, aux conditions sociales et à l'environnement.

Les observations, les conclusions et les recommandations élaborées à la suite d'une revue et d'une évaluation doivent être soumises sous forme de documents à la direction de l'organisme en vue d'établir un programme d'amélioration de la qualité du service.

4

5.3 Ressources en personnel et en matériel

5.3.1 Généralités

La direction doit mettre à disposition des ressources suffisantes et appropriées pour mettre en œuvre le système qualité et atteindre les objectifs qualité.

5.3.2 Personnel

5.3.2.1 Motivation

Chaque membre du personnel de l'organisme constitue l'une de ses ressources les plus importantes. Ceci est particulièrement vrai dans un organisme de service où le comportement et la façon de faire des individus ont une influence sur la qualité du service.

Pour stimuler la motivation du personnel, son évolution, sa faculté de communication et sa façon de faire, la direction doit

— sélectionner le personnel en fonction de son aptitude à répondre aux critères d'une définition de fonction donnée;

— fournir des conditions de travail qui suscitent l'excellence et des relations de travail stables;

— donner à chacun des individus au sein de l'organisme la possibilité de se réaliser grâce à des méthodes de travail cohérentes et créatives en leur offrant de plus larges possibilités de participation;

— s'assurer de la bonne compréhension des tâches à accomplir, des objectifs à atteindre et de la manière dont ils affectent la qualité;

— vérifier que tout le personnel se sent concerné et qu'il a une influence sur la qualité du service fourni aux clients;

— reconnaître et accorder la considération qu'il convient à toute action qui contribue à améliorer la qualité;

— évaluer périodiquement les facteurs qui incitent le personnel à fournir la qualité du service;

— mettre en place des plans d'évolution de carrière pour le personnel;

— créer des programmes de formation visant à remettre à niveau les compétences du personnel.

5.3.2.2 Formation et évolution

L'éducation sensibilise à la nécessité du changement et de l'évolution et fournit les moyens de les réaliser.

Les éléments importants de l'évolution du personnel comprennent:

— la formation de l'encadrement supérieur à la gestion de la qualité, y compris les coûts relatifs à la qualité et l'évaluation de l'efficacité du système qualité;

— la formation du personnel (il ne faut pas se contenter de former uniquement les personnes ayant des responsabilités dans le domaine de la qualité);

— la formation de tout le personnel à la politique qualité de l'organisme de service, à ses objectifs et au concept de satisfaction du client;

— un programme de sensibilisation à la qualité pour les nouveaux arrivants (instruction et formation) et un programme de recyclage périodique pour les autres employés;

— des procédures pour définir et vérifier que le personnel a reçu une formation appropriée;

— la formation à la maîtrise des procédés, au recueil et à l'analyse des données, à l'identification et à l'analyse des problèmes, ainsi qu'aux actions correctives et aux améliorations, au travail d'équipe, aux méthodes de communication;

— la nécessité de vérifier soigneusement que le personnel a besoin d'une qualification officielle, et dans ce cas, de fournir de manière appropriée assistance et encouragements;

— l'évaluation des performances du personnel afin de mesurer ses besoins et son potentiel en matière d'évolution.

5.3.2.3 Communication

Le personnel de l'organisme de service, en particulier celui qui traite directement avec le client, doit avoir acquis un savoir-faire et les compétences nécessaires en communication. Il doit être apte à travailler en équipe, se sentir à l'aise dans les relations avec les organismes extérieurs et leurs représentants pour fournir sans incident un service dans les délais impartis.

Le travail en équipe, tel que les réunions d'amélioration de la qualité, peut être un moyen efficace d'améliorer la communication entre les membres du personnel et de favoriser une attitude coopérative et participative dans la résolution des problèmes.

Tous les niveaux hiérarchiques doivent manifester une aptitude à la communication au sein de l'organisme de service. L'existence d'un système d'information approprié est un outil essentiel pour de bonnes communications et pour la réalisation du service. Parmi les méthodes de communication, on peut citer

5

— des briefings de direction;

— des réunions d'information;

— une information écrite;

— des moyens technologiques d'information.

5.3.3 Ressources en matériel

Parmi les ressources en matériel nécessaires à la réalisation du service, on peut citer

— les équipements et les installations pour la prestation du service;

— les besoins opérationnels tels que mise à disposition de locaux, de systèmes de transport et d'information;

— les logiciels, l'instrumentation et les équipements nécessaires à l'évaluation de la qualité;

— la documentation opérationnelle et technique.

5.4 Structure d'un système qualité

5.4.1 Généralités

L'organisme de service doit développer, établir, documenter, mettre en œuvre et maintenir un système qualité en tant que moyen grâce auquel les politiques et les objectifs fixés pour la qualité du service peuvent être atteints. Les éléments opérationnels d'un système qualité sont décrits dans l'article 6.

Les éléments du système qualité doivent être structurés pour établir la maîtrise et l'assurance de la qualité sur tous les processus opérationnels affectant la qualité du service.

Le système qualité doit mettre l'accent sur les actions préventives qui évitent l'apparition de problèmes, tout en ne sacrifiant pas la capacité à prendre en compte et à corriger les défaillances au cas où elles viendraient à se produire.

5.4.2 Boucle de la qualité du service

Des procédures du système qualité doivent être établies pour spécifier les exigences de fonctionnement de tous les processus nécessaires aux services, y compris les trois processus principaux (mercatique, conception du service et prestation du service) qu'illustre la boucle de qualité du service (voir figure 3).

Du point de vue du client, la qualité du service est directement influencée par les processus ci-dessus, aussi bien que par les actions consécutives aux mesures de retour d'information sur la qualité du service pour contribuer à son amélioration, à savoir:

— évaluation par le fournisseur du service fourni;

— évaluation par le client du service reçu;

— audits qualité de la mise en œuvre et de l'efficacité de tous les éléments du système qualité.

Le retour d'information qualité doit également être établi entre les éléments interactifs de la boucle de la qualité.

5.4.3 Documentation et enregistrements relatifs à la qualité

5.4.3.1 Système de documentation

Tous les éléments, exigences et dispositions relatives aux services faisant partie du système qualité doivent être définis et documentés dans le cadre de la documentation générale de l'organisme de service. Pour remplir son rôle, la documentation du système qualité doit comprendre les éléments suivants.

a) Manuel qualité: Il doit fournir une description du système qualité et servir de référence permanente.

Il doit contenir

— la politique qualité;

— les objectifs qualité;

— la structure de l'organisme y compris la définition des responsabilités;

— une description exhaustive et détaillée du système qualité;

— les pratiques qualité de l'organisme;

— la structure et la diffusion de la documentation du système qualité.

b) Plan qualité: Il décrit les pratiques qualités spécifiques, les ressources et les séquences d'activités propres à un service donné.

c) Procédures: Déclarations écrites qui précisent l'objectif et l'étendue des activités effectuées par l'organisme de service pour satisfaire les besoins du client. Elles définissent la façon dont les activités sont effectuées, maîtrisées et enregistrées.

Les procédures doivent être approuvées, accessibles aux personnes et compréhensibles par tous ceux qui sont concernés par la mise en œuvre.

d) Enregistrements relatifs à la qualité: Ils fournissent des informations sur

— le degré de réalisation des objectifs qualité;

6

— la satisfaction et le mécontentement du client concernant le service;

— les résultats du système qualité en vue de l'analyse et de l'amélioration du service;

— les analyses effectuées pour identifier les tendances de la qualité;

— les actions correctives et leur efficacité;

— la qualité de la prestation du sous-traitant;

— les compétences et la formation du personnel;

— la comparaison avec la concurrence.

Les enregistrements qualité doivent être

— vérifiés pour être validés;

— faciles d'accès;

— conservés pendant une période déterminée;

— protégés contre tout dommage, perte, détérioration pendant l'archivage.

La direction doit définir une politique d'accès aux enregistrements relatifs à la qualité.

5.4.3.2 Maîtrise des documents

Tous les documents doivent être lisibles, datés (y compris les dates de révision), clairs, faciles à identifier et comporter l'état de leur approbation.

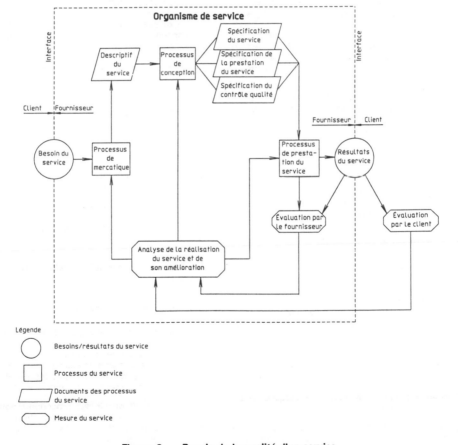

Figure 3 — Boucle de la qualité d'un service

7

Il faut définir des méthodes permettant d'assurer la maîtrise de l'édition, de la diffusion et de la révision des documents. Les méthodes doivent garantir que les documents sont

— approuvés par le personnel autorisé;

— diffusés et mis à disposition là où l'information est nécessaire;

— compréhensibles et recevables par les utilisateurs;

— examinés aux fins de révision, si nécessaire;

— retirés lorsqu'ils sont périmés.

5.4.4 Audits qualité internes

Des audits qualité internes doivent être effectués périodiquement afin de vérifier la mise en œuvre et l'efficacité du système qualité, ainsi que sa conformité à la spécification du service (voir 6.2.3), à la spécification de la prestation du service (voir 6.2.4) et à la spécification de la maîtrise de la qualité (voir 6.2.5).

Les audits qualité internes doivent être planifiés, réalisés et enregistrés selon des procédures écrites, et ce, par des personnes compétentes qui sont indépendantes des activités ou des secteurs à auditer.

Les résultats de l'audit doivent être documentés et soumis à la direction générale. La direction responsable de l'activité auditée doit veiller à la mise en œuvre des actions correctives nécessaires et appropriées conformément aux résultats de l'audit.

La mise en œuvre et l'efficacité des actions correctives recommandées au cours des audits précédents doivent être évaluées.

NOTE 13   Il est recommandé de se reporter à l'ISO 10011-1 pour plus amples informations et conseils concernant les audits qualité.

5.5 Interface avec les clients

5.5.1 Généralités

La direction doit prendre des mesures appropriées pour assurer une interaction efficace entre les clients et le personnel de l'organisme de service. C'est d'une importance vitale pour la qualité du service perçue par le client.

La direction peut influencer cette perception en créant une image appropriée fondée sur la réalité des actions entreprises pour satisfaire les besoins du client. Cette image présentée par le personnel à tous les niveaux est essentielle dans la relation entre l'organisme de service et ses clients.

Le personnel en contact direct avec les clients est une source d'informations importante pour l'amélioration

continue de la qualité. La direction doit régulièrement procéder à la revue des méthodes appropriées pour améliorer les contacts avec la clientèle.

5.5.2 Communication avec les clients

La communication avec les clients implique de les écouter et de les tenir informés. Les difficultés de communication ou d'interaction avec les clients, y compris les clients internes, doivent faire l'objet d'une attention vigilante. Ces difficultés fournissent d'importantes informations dans les domaines susceptibles d'amélioration du processus de prestation de service. La communication efficace avec les clients implique

— de décrire le service, son objet, sa disponibilité et les délais de sa prestation;

— de préciser le coût du service;

— d'expliquer les relations entre le service, sa prestation et son coût;

— d'expliquer aux clients en cas de problème, les conséquences de ce dernier et la façon dont il sera résolu;

— de s'assurer que les clients sont informés de la contribution qu'ils peuvent apporter à la qualité du service;

— de fournir des moyens adaptés et facilement accessibles pour une communication efficace;

— d'établir la relation entre le service offert et les besoins réels du client.

La perception de la qualité du service par les clients se fait souvent au travers des relations avec le personnel de l'organisme de service et de l'utilisation des moyens mis à disposition.

NOTE 14   Des ressources inadéquates auront un effet défavorable sur la communication avec les clients.

6 Éléments opérationnels d'un système qualité

6.1 Processus de mercatique

6.1.1 Qualité dans l'analyse et l'étude du marché

Une responsabilité de la mercatique est d'identifier le besoin d'un service et d'en susciter la demande. Il est utile de pratiquer des enquêtes et des entretiens pour recueillir des informations concernant le marché.

La direction doit établir des procédures pour la planification et la mise en œuvre d'activités liées au marché. Parmi les éléments associés à la qualité propre à la mercatique figurent

— la détermination des besoins et des attentes du client concernant le service proposé (par exemple les goûts du consommateur, le niveau du service et la fiabilité escomptée, la disponibilité, les attentes ou les a priori non exprimés des clients);

— les services complémentaires;

— les activités et réalisations des concurrents;

— l'étude de la législation (concernant par exemple la santé, la sécurité, l'environnement) ainsi que les normes et les codes nationaux et internationaux applicables;

— l'analyse et l'étude des exigences du client, des données relatives au service et des informations concernant le contrat, qui ont été recueillies; les résumés appropriés des données analysées doivent être communiqués au personnel chargé de la conception et de la prestation du service;

— la consultation de toutes les fonctions concernées de l'organisme de service afin de confirmer leur engagement et leur capacité à répondre aux exigences relatives à la qualité du service;

— l'étude permanente de l'évolution des besoins du marché, des nouvelles techniques et de l'impact de la concurrence;

— la mise en application de la maîtrise de la qualité.

6.1.2 Obligations du fournisseur

Les obligations du fournisseur vis-à-vis des clients peuvent être exprimées d'un manière explicite ou implicite entre l'organisme de service et ses clients. Le fournisseur doit documenter de manière adéquate ses obligations explicites (garanties, par exemple). Avant publication, la cohérence des obligations documentées doit être vérifiée sur trois points:

— la documentation relative à la qualité;

— la capacité du fournisseur;

— les exigences réglementaires et légales à respecter.

Ces obligations doivent être citées en référence dans le descriptif du service (voir 6.1.3). Lorsque les obligations du fournisseur sont définies d'une façon formelle, la liaison efficace avec les clients prend toute son importance.

6.1.3 Descriptif du service

Dès que la décision d'offrir un service a été prise, les résultats de l'étude et de l'analyse du marché, ainsi que les obligations acceptées par le fournisseur doivent être incorporés dans un descriptif du service. Ce descriptif définit les besoins du client et les capacités correspondantes de l'organisme de service, sous forme d'un ensemble d'exigences et d'instructions devant servir de base à la conception du service.

6.1.4 Gestion du service

Avant l'élaboration d'un service, la direction doit établir les procédures de planification, d'organisation et de lancement et le cas échéant, celles de son retrait définitif.

Il incombe aussi à la direction la responsabilité de s'assurer que toutes les ressources nécessaires, les moyens et les supports techniques sont disponibles dans des délais planifiés pour chaque processus contribuant au lancement du service.

Cette planification doit faire figurer parmi les exigences du service et parmi celles de la prestation du service une clause explicite concernant la sécurité, les responsabilités potentielles et les moyens appropriés de minimiser les risques encourus par le personnel, les clients et l'environnement. Elle doit aussi préciser qui en assume la responsabilité.

6.1.5 Qualité dans la publicité

Toute publicité relative à un service doit refléter la spécification du service et tenir compte de la perception du client, concernant la qualité du service fourni. La fonction mercatique doit identifier les responsabilités et les conséquences financières résultant de déclarations exagérées ou non fondées faites à l'égard d'un service.

6.2 Processus de conception

6.2.1 Généralités

Le processus de conception d'un service implique de traduire le descriptif du service (voir 6.1.3) en spécifications concernant aussi bien le service, sa prestation que sa maîtrise, tout en reflétant les options de l'organisme de service (c'est-à-dire les objectifs, les choix politiques et les coûts).

La spécification du service définit le service qui doit être fourni tandis que la spécification de la prestation du service définit les moyens et les méthodes employés pour la prestation de service. La spécification de la maîtrise de la qualité définit les procédures pour l'évaluation et la maîtrise des caractéristiques du service et de sa prestation.

L'élaboration de la spécification du service, et de la prestation du service et celle de la maîtrise de la qualité sont interdépendantes et leur interaction s'étend sur toute la durée de l'élaboration. Les logigrammes contribuent utilement à la représentation de toutes les activités, de leurs relations et de leur interdépendance.

9

Les principes de la maîtrise de la qualité doivent être appliqués au processus de conception lui-même.

6.2.2 Responsabilités de la conception

Les responsabilités de la conception du service doivent être attribuées par la direction qui doit, en outre, s'assurer que tous ceux qui participent à cette conception ont conscience de leurs responsabilités dans l'obtention de la qualité du service. Prévenir des défauts à ce stade est moins coûteux que de les corriger pendant la prestation du service.

Les responsabilités de la conception comprennent

— la planification, la préparation, la validation, l'actualisation et la maîtrise de la spécification du service (voir 6.2.3), de la spécification de la prestation du service (voir 6.2.4) et de la spécification de la maîtrise de la qualité (voir 6.2.5);

— les spécifications des produits et services à approvisionner pour les intégrer au processus de la prestation du service (voir 6.2.4.3);

— la mise en œuvre de revues de conception pour chaque phase de la conception du service (voir 6.2.6);

— la validation de la conformité du processus de la prestation de service, dans sa mise en œuvre, aux exigences du descriptif du service (voir 6.2.7);

— la mise à jour de la spécification du service, de la spécification de la prestation du service et de celle de la maîtrise de la qualité à la suite du retour d'information ou d'autres raisons externes quand cela est nécessaire (voir 6.2.8).

Pendant l'élaboration de la spécification du service, de la spécification de la prestation du service et de celle de la maîtrise de la qualité, il est important

— de prévoir les fluctuations de la demande en matière de service;

— de procéder à une analyse afin d'anticiper les conséquences d'éventuelles défaillances systématiques ou aléatoires ainsi que celles qui échappent au contrôle du fournisseur;

— de mettre au point des plans d'urgence pour le service.

6.2.3 Spécification du service

La spécification du service doit comprendre une description complète et précise du service à fournir, y compris

— une description claire des caractéristiques du service qui font l'objet d'évaluation par le client (voir 3.4);

— un critère d'acceptation pour chacune des caractéristiques du service.

6.2.4 Spécification de la prestation du service

6.2.4.1 Généralités

La spécification de la prestation du service doit comprendre les procédures de la prestation du service décrivant les méthodes à utiliser dans le processus de la prestation de service, y compris

— une description précise des caractéristiques de la prestation du service qui influent directement sur la réalisation du service (voir 4.1);

— un critère d'acceptation pour chacune des caractéristiques de la prestation du service;

— les exigences en matière de ressources précisant le type et la quantité d'équipements, ainsi que les moyens requis pour satisfaire à la spécification du service;

— le nombre de personnes requis, ainsi que leurs compétences;

— le recours à des sous-traitants pour des produits et services achetés.

La spécification de la prestation du service doit prendre en compte les objectifs, la politique, les capacités de l'organisme de service aussi bien que la santé, la sécurité, l'environnement, ou d'autres exigences légales.

6.2.4.2 Procédures de la prestation du service

La conception du processus de la prestation du service peut utilement être réalisée en subdivisant celui-ci en phases de travail distinctes faisant l'objet de procédures décrivant les activités phase par phase. Une attention toute particulière doit être prêtée aux interfaces entre phases de travail individuelles. Parmi les exemples de phases de travail liées à des services figurent

— la fourniture de renseignements sur les services offerts aux clients;

— la prise de commande;

— les dispositions concernant le service et sa prestation;

— la facturation et le paiement du service.

L'emploi de logigrammes détaillés peut faciliter le découpage en phases du processus de prestations du service.

10

NOTE 15   Suivant le type de service, le contenu, l'ordre de succession des séquences et le nombre de phases de travail peuvent varier.

NOTE 16   Lors de l'achat de produits ou services, il est recommandé d'utiliser, suivant le cas, l'ISO 9001, l'ISO 9002 ou l'ISO 9003.

6.2.4.3   Qualité de l'approvisionnement

Les produits et les services achetés peuvent être essentiels à la qualité, au coût, à l'efficacité et à la sûreté des services fournis par un organisme de service. L'approvisionnement de produits et de services doit faire l'objet du même niveau de planification, de maîtrise et de vérification que les autres activités internes.

L'organisme de service doit établir des relations opérationnelles permettant le retour d'information avec ses sous-traitants. Ceci contribue au programme d'amélioration continue de la qualité et permet d'éviter ou de régler rapidement les litiges concernant la qualité.

Pour l'achat de produits ou de services, la liste minimale des exigences concernant l'approvisionnement comprend

— des commandes d'achats rédigées sous forme de descriptions ou de spécifications;

— une sélection de sous-traitants qualifiés;

— un accord sur les exigences en matière de la qualité et de l'assurance de la qualité;

— un accord sur l'assurance de la qualité et les méthodes de vérification;

— des dispositions pour le règlement des litiges concernant la qualité;

— le contrôle des produits et services à l'arrivée;

— des enregistrements relatifs à la qualité de ces produits et services.

Lors de la sélection d'un sous-traitant, l'organisme de service doit prendre en considération

— l'estimation et l'évaluation sur place des capacités du sous-traitant et/ou des éléments du système qualité nécessaires à l'assurance de la qualité;

— l'évaluation des échantillons fournis par les sous-traitants;

— l'historique des relations antérieures avec le sous-traitant sélectionné et des sous-traitants semblables;

— les résultats d'essais de sous-traitants semblables;

— l'expérience d'autres utilisateurs.

6.2.4.4   Équipements fournis au client par le fournisseur pour réaliser le service et la prestation du service

Quand un équipement est mis à la disposition du client pour être utilisé par ce dernier, l'organisme de service doit s'assurer que cet équipement est adapté à sa finalité et qu'il est accompagné de sa notice d'utilisation.

6.2.4.5   Identification du service et traçabilité

Lorsque cela est approprié, pour assurer la traçabilité en cas de non-conformité, de plainte du client et de responsabilité engagée, l'organisme de service doit identifier et enregistrer l'origine de chacun des produits ou services qui constituent un élément du service fourni, les personnes responsables de la vérification et des autres actions de service tout au long du processus de prestation du service doivent être indiquées.

6.2.4.6   Manutention, stockage, conditionnement, livraison et protection des biens des clients

L'organisme de service doit mettre en œuvre des contrôles efficaces de la manutention, du stockage, du conditionnement, de la livraison et de la protection des biens des clients dont il est responsable ou avec lequel il entre en contact durant la prestation du service.

6.2.5   Spécifications de la maîtrise de la qualité

La maîtrise de la qualité doit être conçue comme faisant partie intégrante des processus du service: la mercatique, la conception et la prestation du service. La spécification élaborée pour la maîtrise de la qualité doit permettre une maîtrise efficace de chaque processus du service afin de garantir que les services sont conformes en permanence à leurs spécifications de service et satisfont le client.

La conception de la maîtrise de la qualité implique

— l'identification des activités clés dans chaque processus qui affectent de manière significative les caractéristiques spécifiées du service;

— l'analyse des activités clés pouvant sélectionner les caractéristiques dont le mesurage et la maîtrise garantiront la qualité du service;

— la définition de méthodes pour l'évaluation des caractéristiques sélectionnées;

11

— le développement de moyens permettant d'influer sur les caractéristiques ou de les maîtriser dans des limites spécifiées.

La mise en application des principes de la maîtrise de la qualité au processus de la prestation du service est illustré par l'exemple d'un service d'un restaurant donné ci-dessous.

a) Une activité clé à identifier dans le service d'un restaurant serait le rapport entre la préparation d'un repas et le fait qu'il soit servi au client au moment opportun.

b) Le temps mis pour préparer les différents ingrédients du repas serait l'une des caractéristiques de l'activité de la prestation du service à mesurer.

c) Une méthode pour l'évaluation de la caractéristique consisterait à procéder à des vérifications ponctuelles du temps pris pour préparer et servir un repas.

d) L'utilisation efficace du personnel et des matériels garantirait que la caractéristique du service — temps mis à servir le repas — serait maintenue dans les limites spécifiées.

6.2.6 Revue de conception

À la fin de chaque phase de la conception l'organisme de service doit effectuer sur la base du descriptif du service une revue de la conception du service formellement documentée.

La cohérence et la conformité aux exigences suivantes doivent être vérifiées à la fin de chacune des phases du travail de conception:

— les points de la spécification du service ayant trait aux besoins et à la satisfaction du client;

— le points de la spécification de la maîtrise de la prestation du service ayant trait aux exigences du service;

— les points de la spécification de la maîtrise de la qualité ayant trait à la maîtrise des processus du service.

Les participants à chaque revue de conception doivent comprendre les représentants correspondant à chacune des phases en cours de revue et à la totalité des fonctions affectant la qualité du service. La revue de conception doit identifier les domaines susceptibles de poser des problèmes et des inadéquations pour les anticiper et engager les actions destinées à garantir que

— la spécification du service et la spécification de la prestation du service dans leur totalité satisfont aux exigences du client;

— la spécification de la maîtrise de la qualité est adéquate pour fournir des renseignements précis sur la qualité du service fourni.

6.2.7 Validation de la spécification du service, de la spécification de la prestation du service et de celle de la maîtrise de la qualité

Les services nouveaux et modifiés et les processus des prestations du service doivent faire l'objet d'une validation afin de s'assurer qu'ils sont entièrement mis au point et qu'ils satisfont aux besoins des clients dans des conditions anticipées et défavorables. La validation doit être définie, planifiée et achevée avant la mise en œuvre du service.

Les résultats doivent être documentés.

Avant la première prestation du service, les points suivants doivent être examinés en vue de confirmer que

— le service est compatible avec les exigences du client;

— le processus de prestation du service est complet;

— des ressources sont disponibles pour assurer les obligations du service, en particulier les moyens matériels et humains;

— les codes de bonne pratique, les normes, les schémas et les spécifications applicables sont observés de manière satisfaisante;

— l'information relative à l'utilisation du service est mise à la disposition des clients.

Une revalidation périodique doit être effectuée pour garantir que le service continue à satisfaire les besoins du client et reste conforme à la spécification du service, et pour identifier les potentialités d'améliorations dans la fourniture et la maîtrise du service.

La revalidation doit être une activité programmée et documentée devant inclure des considérations sur l'expérience du terrain, sur l'impact de modifications du service et des processus, celui des changements concernant le personnel et sur l'adéquation des procédures, des instructions, des directives et des modifications proposées.

6.2.8 Maîtrise des modifications de conception

La spécification du service, la spécification de la prestation du service et la spécification de la maîtrise de la qualité sont les documents de référence pour le service. Ces documents ne doivent pas être modifiés sans s'être assuré par un examen approprié que les raisons de ce changement sont valables.

L'objectif de la maîtrise des modifications de conception est de documenter et de gérer les modifications

12

des exigences et des procédures, après que les spécifications initiales ont été approuvées et mises en œuvre. Cette maîtrise doit garantir que

— le besoin de modification est identifié, vérifié et soumis à analyse pour une nouvelle conception de la partie du service concerné;

— les modifications des spécifications sont planifiées, documentées, approuvées, mises en œuvre et enregistrées correctement;

— les représentants de toutes les fonctions concernées par la modification participent à sa définition et à son approbation;

— l'impact des modifications est évalué pour garantir qu'elles produisent le résultat escompté sans dégrader la qualité du service;

— les clients sont informés des modifications de conception qui affectent les caractéristiques et la réalisation du service.

6.3 Processus de la prestation du service

6.3.1 Généralités

La direction doit attribuer des responsabilités précises à tout le personnel mettant en œuvre le processus de la prestation du service, y compris l'évaluation par le fournisseur et l'évaluation par le client.

La prestation du service aux clients suppose

— de respecter la spécification de la prestation du service prévue;

— de contrôler le respect de la spécification du service;

— d'ajuster le processus en cas de dérive.

6.3.2 Évaluation de la qualité du service par le fournisseur

La maîtrise de la qualité fait partie intégrante de la mise en œuvre du processus de la prestation du service. Ceci comprend

— le mesurage et la vérification des activités clés du processus pour éviter l'apparition de tendances indésirables et le mécontentement du client;

— l'auto-contrôle effectué par le personnel chargé de la prestation du service, intégré au mesurage du processus;

— une évaluation finale à l'interface avec le client, effectuée par le fournisseur pour obtenir sa propre vision de la qualité du service fourni.

6.3.3 Évaluation de la qualité du service par le client

L'évaluation par le client est la mesure absolue de la qualité du service. La réaction du client peut être immédiate ou différée et rétroactive. L'évaluation du service par le client se réduit souvent à la seule évaluation subjective. Il est rare que les clients fassent spontanément part de leur appréciation de la qualité du service à l'organisme prestataire. Les clients mécontents cessent souvent d'utiliser des services ou de les acheter sans donner les raisons qui auraient permis d'engager les actions correctives. Se contenter, pour la mesure de la satisfaction des clients, de prendre en compte leurs réclamations peut conduire à des conclusions erronées.

NOTE 17   La satisfaction du client doit être compatible avec le niveau d'exigence et d'éthique professionnelles de l'organisme de service.

Les organismes de service doivent établir une évaluation et une mesure permanente de la satisfaction des clients. Dans le cadre de ces évaluations, doivent être recherchées les réactions aussi bien positives que négatives et leur incidence probable sur les activités futures de l'organisme.

L'évaluation de la satisfaction du client doit chercher essentiellement à déterminer l'adéquation entre le descriptif du service, les spécifications, le processus de la prestation du service et les besoins des clients. Ce n'est pas parce qu'un organisme de service pense souvent qu'il fournit un bon service que le client est d'accord. Ce désaccord indique que les spécifications, les processus ou les mesures sont inadéquats.

L'évaluation par le client et l'auto-évaluation par l'organisme de service doivent être comparées afin d'apprécier la compatibilité des deux mesures de la qualité ainsi que tout besoin d'une action appropriée pour améliorer la qualité du service.

6.3.4 État de service

L'état du travail effectué à chaque phase du processus de prestation du service doit être enregistré afin d'identifier la conformité à la spécification du service et le degré de satisfaction du client.

6.3.5 Actions correctives pour services non conformes

6.3.5.1 Responsabilités

Toute personne au sein de l'organisme de service a pour devoir et responsabilité d'identifier et de signaler les services non conformes. Toutes les mesures doivent être prises pour identifier les non-conformités potentielles du service avant qu'elles n'affectent les clients. Le système qualité doit définir les responsabilités et l'autorité relatives aux actions correctives.

13

6.3.5.2 Identification de la non-conformité et actions correctives

Toute non-conformité détectée doit être enregistrée, analysée et corrigée. Souvent l'action corrective comprend deux étapes: tout d'abord, une action immédiate pour satisfaire les besoins du client et ensuite, une évaluation de la cause première de la non-conformité afin de définir des actions correctives nécessaires à long terme pour éviter que le problème ne se reproduise.

L'action corrective à long terme doit être appropriée à l'importance et aux conséquences du problème. Après mise en œuvre, l'efficacité des actions correctives doit être vérifiée.

6.3.6 Maîtrise du système de mesure

Des procédures doivent être établies pour contrôler et maintenir le système utilisé pour mesurer le service. Les contrôles effectués portent sur les compétences du personnel, les procédures de mesure, ainsi que sur tout modèle analytique ou logiciel de mesure et d'essai.

Tous les moyens de mesure et d'essai, y compris les enquêtes et les questionnaires pour apprécier la satisfaction des clients, doivent être testés pour s'assurer de leur validité et de leur fiabilité.

Pour avoir confiance dans les décisions ou les actions fondées sur des données de mesures, il faut contrôler l'emploi, l'étalonnage et la maintenance de tous les équipements de mesure et d'essai utilisés pour fournir ou évaluer les services. L'erreur de mesure doit être comparée aux exigences, et des actions appropriées doivent être engagées en cas de non-conformité concernant la précision et/ou les écarts.

NOTE 18   Voir ISO 10012-1 pour des conseils concernant les exigences d'assurance de la qualité des équipements de mesure.

6.4 Analyse et amélioration de la réalisation du service

6.4.1 Généralités

Pour identifier et exploiter les potentialités d'amélioration de la qualité du service, le fonctionnement des processus du service doit être soumis à une évaluation permanente. Pour réaliser de telles évaluations, la direction doit établir et maintenir un système d'information permettant le recueil et la diffusion des données en provenance de toutes les sources appropriées. La direction doit attribuer les responsabilités relatives au système d'information et à l'amélioration de la qualité du service.

6.4.2 Recueil et analyse des données

Les données doivent provenir de mesures effectuées pendant la réalisation du service, au moyen

— de l'évaluation par le fournisseur (y compris la maîtrise de la qualité);

— de l'évaluation par le client (y compris les réactions et les réclamations du client, les informations en retour demandées);

— des audits qualité.

L'analyse de ces données permet d'apprécier les résultats obtenus et de préciser les potentialités d'amélioration de la qualité et de l'efficacité du service fourni.

Pour être efficace, le recueil et l'analyse des données doivent faire l'objet d'opérations dont la finalité et le planning doivent être établis sans laisser de part au hasard.

L'identification des erreurs systématiques, de leurs causes et de leur prévention doit être l'objectif fondamental de toute analyse des données. La cause première de l'erreur n'est pas toujours manifeste, mais doit être recherchée en tenant compte de la possibilité d'erreurs humaines qui surviennent rarement de manière aléatoire et qui le plus souvent peuvent être ramenées à une cause sous-jacente. Trop des erreurs attribuées au personnel ou au client proviennent, en fait, d'imperfections dans le fonctionnement du service, liées à des opérations complexes ou à l'inadéquation des procédures, de l'environnement, des conditions de travail, de la formation, des instructions ou des ressources.

6.4.3 Méthodes statistiques

Les méthodes statistiques modernes peuvent fournir une assistance dans bien des aspects du recueil et de l'application des données, que ce soit pour une meilleure compréhension des besoins des clients, pour la maîtrise du processus, pour une étude de faisabilité pour la prévision ou la mesure de la qualité. Ces méthodes constituent ainsi une aide à la décision.

6.4.4 Amélioration de la qualité du service

Un programme d'amélioration continue de la qualité et de l'efficacité du service dans sa totalité doit exister et permettre, entre autres, d'identifier

— la caractéristique dont l'amélioration profiterait le plus au client et à l'organisme de service;

— toutes les modifications des besoins du marché susceptibles d'affecter le niveau du service à fournir;

14

— toutes les dérives de la qualité spécifiée du service, résultant de l'inefficacité ou de l'absence des contrôles du système qualité;

— les occasions de réduire le coût en maintenant et en améliorant la qualité du service fourni (cela implique une méthode systématique d'estimation des coûts et des bénéfices mesurables).

Les activités de l'amélioration de la qualité du service doivent tenir compte à la fois des besoins d'amélioration à court et à plus long terme et porter sur

— l'identification des données qu'il est pertinent de recueillir;

— l'analyse des données privilégiant les activités dont l'impact est le plus défavorable à la qualité du service;

— la communication des résultats de l'analyse aux directions opérationnelles et l'incitation à l'amélioration immédiate du service;

— la transmission à l'encadrement supérieur d'informations périodiques permettant des revues de direction, des recommandations d'amélioration qualité à long terme (voir 5.2.5).

Les idées proposées par les membres du personnel, d'horizons différents au sein de l'organisme de service, réunis pour coopérer, peuvent être utilement canalisées pour améliorer la qualité et réduire les coûts. La direction doit encourager le personnel de tout niveau à participer au programme d'amélioration de la qualité et reconnaître leurs efforts et leur participation.

15

Annexe A
(informative)

Exemples de services pour lesquels la présente partie de l'ISO 9004 peut s'appliquer

Services d'accueil

Restauration, hôtellerie, services touristiques, spectacles, radiodiffusion, télévision, loisirs.

Communications

Aéroports et compagnies aériennes, transports routiers, ferroviaires, maritimes, télécommunications, service postal, réseaux informatiques.

Services de santé

Médecins, services hospitaliers, services ambulanciers, laboratoires d'analyses médicales, dentistes, opticiens.

Maintenance

Électrique, mécaniquo, de véhicules, de systèmes de chauffage, de climatisation, construction, informatique.

Services publics

Nettoyage, gestion des déchets, services des eaux, entretien des espaces verts, fourniture de gaz, d'électricité et d'énergie, pompiers, police, etc.

Commerce

Commerce de gros, commerce de détail, stockistes, distribution, mercatique, emballage.

Finances

Banques, assurances, caisses de retraite, agences immobilières et services connexes, comptabilité.

Professions

Architectes, géomètres, droit, services chargés de faire respecter la loi, sécurité, formation et éducation, ingéniérie, gestion de projets, gestion de la qualité, conseils.

Administration

Service du personnel, services informatiques, services administratifs.

Techniques

Conseils, photographie, laboratoires d'essais.

Scientifiques

Recherche, développement, études, aide à la décision.

NOTE 19 Les entreprises manufacturières fournissent également des services internes dans leurs activités de mercatique, de livraison et de service après vente.

16

Annexe B
(informative)

Correspondance des éléments du système qualité et des articles et paragraphes

Article (ou paragraphe) dans l'ISO 9004-2:1991	Titre	Article (ou paragraphe) correspondant de l'ISO 9004:1987
Article 4	Caractéristiques des services	7.2
4.1	Caractéristiques du service et de la prestation du service	7.2
4.2	Maîtrise des caractéristiques du service et de la prestation du service	11.4
Article 5	Principes d'un système qualité	5
5.1	Facteurs clés d'un système qualité	5.1.1
5.2	Responsabilités de la direction	4
5.2.2	Politique qualité	4.2
5.2.3	Objectifs qualité	4.3, 6, 19
5.2.4	Responsabilité et autorité relatives à la qualité	5.2.2
5.2.5	Revue de direction	5.5
5.3	Ressources en personnel et en matériel	5.2.4
5.3.2	Personnel	18
5.3.2.1	Motivation	18.3
5.3.2.2	Formation et évolution	18.1, 18.2
5.3.2.3	Communication	7.3
5.3.3	Ressources en matériel	5.2.4
5.4	Structure d'un système qualité	4.4, 5.2.1
5.4.2	Boucle de la qualité du service	5.1
5.4.3	Documentation et enregistrements relatifs à la qualité	5.2.5, 5.3, 17
5.4.3.1	Système de documentation	5.3.2
5.4.3.2	Maîtrise des documents	17.2
5.4.4	Audits qualité internes	5.4
5.5	Interface avec les clients	7.3
5.5.2	Communication avec les clients	7.3
Article 6	Éléments opérationnels d'un système qualité	5
6.1	Processus de mercatique	7
6.1.1	Qualité dans l'analyse et l'étude du marché	7.1, 19
6.1.2	Obligations du fournisseur	8.2.4
6.1.3	Descriptif du service	7.2
6.1.4	Gestion du service	8.7
6.1.5	Qualité dans la publicité	0.4.2.2

17

Article (ou paragraphe) dans l'ISO 9004-2:1991	Titre	Article (ou paragraphe) correspondant de l'ISO 9004:1987
6.2	Processus de conception	8
6.2.2	Responsabilités de la conception	8.2
6.2.3	Spécification du service	8.1, 8.2, 8.3
6.2.4	Spécification de la prestation du service	10
6.2.4.2	Procédures de la prestation du service	10.1
6.2.4.3	Qualité de l'approvisionnement	9, 12.1
6.2.4.4	Équipements fournis au client par le fournisseur pour réaliser le service et la prestation du service	13.3
6.2.4.5	Identification du service et traçabilité	11.2, 19
6.2.4.6	Manutention, stockage, conditionnement, livraison et protection des biens des clients	16
6.2.5	Spécifications de la maîtrise de la qualité	12.2
6.2.6	Revue de conception	8.5, 8.5.2
6.2.7	Validation de la spécification du service, de la spécification de la prestation du service et de celle de la maîtrise de la qualité	8.4, 8.5.3, 8.7, 8.9
6.2.8	Maîtrise des modifications de conception	8.8
6.3	Processus de la prestation du service	10, 12.3
6.3.2	Évaluation de la qualité du service par le fournisseur	12
6.3.3	Évaluation de la qualité du service par le client	7.3
6.3.4	État de service	11.7
6.3.5	Actions correctives pour services non conformes	11.8, 14, 15
6.3.5.1	Responsabilités	15.2
6.3.5.2	Identification de la non-conformité et actions correctives	14, 15
6.3.6	Maîtrise du système de mesure	11.3, 13
6.4	Analyse et amélioration de la réalisation du service	16.3
6.4.2	Recueil et analyse des données	15.5
6.4.3	Méthodes statistiques	20
6.4.4	Amélioration de la qualité du service	6

18

Annexe C
(informative)

Bibliographie

[1] ISO 9001:1987, *Systèmes qualité — Modèle pour l'assurance de la qualité en conception/développement, production, installation et soutien après la vente.*

[2] ISO 9002:1987, *Systèmes qualité — Modèle pour l'assurance de la qualité en production et installation.*

[3] ISO 9003:1987, *Systèmes qualité — Modèle pour l'assurance de la qualité en contrôle et essais finals.*

[4] ISO 10011-1:1990, *Lignes directrices pour l'audit des systèmes qualité — Partie 1: Audit.*

[5] ISO 10011-2:1991, *Lignes directrices pour l'audit des systèmes qualité — Partie 2: Critères de qualification pour les auditeurs de systèmes qualité.*

[6] ISO 10011-3:1991, *Lignes directrices pour l'audit des systèmes qualité — Partie 3: Gestion des programmes d'audit.*

[7] ISO 10012-1:1992, *Exigences d'assurance de la qualité des équipements de mesure — Partie 1: Confirmation métrologique de l'équipement de mesure.*

19

Annexe ZA

(normative)

Références normatives aux publications internationales avec leurs publications européennes correspondantes

Cette norme européenne comporte par référence datée ou non datée des dispositions d'autres publications. Ces références normatives sont citées aux endroits appropriés dans le texte et les publications sont énumérées ci-après. Pour les références datées, les amendements ou révisions ultérieurs de l'une quelconque de ces publications ne s'appliquent à cette norme européenne que s'ils y ont été incorporés par amendement ou révision. Pour les références non datées, la dernière édition de la publication à laquelle il est fait référence s'applique.

Publication	Année	Titre	EN/HD	Année
ISO 8402	1986	Qualité — Vocabulaire	EN 28402	1991
ISO 9000	1987	Normes pour la gestion de la qualité et l'assurance de la qualité — Lignes directrices pour la sélection et l'utilisation	EN 29000	1990
ISO 9004	1987	Gestion de la qualité et éléments de système qualité — Lignes directrices	EN 29004	1990

ISSN 0335-3931

norme européenne
norme française

NF EN ISO 9001
Août 1994

Indice de classement : **X 50-131**

Systèmes qualité

Modèle pour l'assurance de la qualité en conception, développement, production, installation et prestations associées

E : Quality systems — Model for quality assurance in design, development, production, installation and servicing

D : Qualitätsmanagementsysteme — Modell zur Darlegung des Qualitätsmanagementsystems in Design/Entwicklung, Produktion, Montage und Kundendienst

Norme française homologuée par décision du Directeur Général de l'AFNOR le 5 juillet 1994 pour prendre effet le 5 août 1994.

Remplace la norme homologuée NF EN 29001, de décembre 1988 (indice de classement : X 50-131).

correspondance La norme européenne EN ISO 9001:1994 a le statut d'une norme française.

analyse Le présent document, qui fait partie d'une série de trois normes sur les systèmes qualité (NF EN ISO 9001, NF EN ISO 9002 et NF EN ISO 9003), définit un modèle type d'assurance de la qualité dans les relations client fournisseur. Il est applicable lorsque la conformité à des exigences spécifiées est à assurer par le fournisseur dans un cadre contractuel, ou est à évaluer par des parties externes, pendant plusieurs phases qui peuvent comprendre la conception, le développement, la production, l'installation et les prestations associées.

descripteurs **Thésaurus International Technique** : assurance de qualité, programme d'assurance qualité, système d'assurance qualité, conception, développement (recherche), production, installation, service après-vente, modèle de référence.

modifications Par rapport à la précédente édition, quelques modifications de fond mineures et modifications d'ordre rédactionnel.

corrections

éditée et diffusée par l'association française de normalisation (afnor), tour europe cedex 7 92049 paris la défense — tél. : (1) 42 91 55 55

Membres de la commission de normalisation

Président : M VAISENBERG

Secrétariat : MME DEL CERRO — AFNOR

M	AFFATICATI	MATRA GENERAL SA
M	ANGELINI	ASCII QUALITATEM
M	ARDAULT	SNCF
M	AULAGNER	IPEQ
M	BABY	EDF/DER
M	BAUDON	RNUR
M	BELLAMIT	SYMEDIA
M	BERNARD	GIAT INDUSTRIES
M	BESSIN	ABB CONTROL
M	BLAIZOT	FIEE
M	BLANC	CTDEC
M	BONNOME	
M	BRUNSCHWIG	
M	BUSSARD	EXECUTIVE CONSULTANT SA
M	CALMELS	DGA DION MISSILES ET ESPACE
M	CANCE	
M	CANIS	LIONEL CANIS CONSEIL
M	CARLU	
M	CATINAUD	ISOVER SAINT GOBAIN
M	CATTAN	FRAMATOME SA
M	CAUDRON	GEC ALSTHOM TRANSPORT
M	CHASSIGNET	
M	CLOCHARD	GEC ALSTHOM T & D
M	COMBRET	RENAULT VEHICULES INDUSTRIELS
M	COPIN	CM CONSULTANTS
MME	DECROIX	BULL SA
M	DEDEWANOU	ROUSSEL UCLAF
MME	DEJEAN DE LA BATIE	UIC
M	DEL FABBRO	MATRA DEFENSE
MME	DELORT	UTE/SNQ
M	DESMARES	DGA/DCA
M	DOULIERY	AEROSPATIALE
M	DUPUIS	EDF
M	DUTRAIVE	
M	ETIENNE	DAEI
M	FABBRI	LORIENT NAVAL ET INDUSTRIES
M	FOURCADE	MATRA DEFENSE
M	FROMAN	
M	GAUTHIER	ATT GIS
M	GENESTE	CRCI
M	GERVASON	CENTRE TECHNIQUE DU PAPIER
MME	GILLIOT	
M	GODET	CIE SALINS MIDI ET SALINES EST
M	GRANGER	FRANCE TELECOM SCT
M	HAMES	3M FRANCE

M	IACOLARE	ALTRAN TECHNOLOGIES
M	KOLUB	SGS QUALITEST
M	KRYNICKI	HEWLETT PACKARD FRANCE
M	L'HERMITTE	EDF
M	LALLET	GEC ALSTHOM ELECTROMECANIQUE
MME	LAVALETTE	SYSECA SA
M	LE CLANCHE	FRANCE TELECOM SCT
M	LIETVEAUX	BNIF
M	LOLIVIER	LOGIQUAL
M	MAUGUIERE	THOMSON CSF
MME	MAURER	CISI
M	MIGNOT	MATRA DEFENSE
M	MILLERET	SOMELEC SA
M	MIRANDA	ARMEMENT SERVICES
M	MITONNEAU	AMOVI EURL
M	MONTJOIE	CEA
M	MOUGAS	CAMIF
MME	NEEL	DASSAULT AVIATION
M	NICOLAS	FIM
MME	NOTIS	AFNOR
M	OGER	INCHCAPE TESTING SERVICES
MME	OUDIN DARRIBERE	
M	PAILHES	RHONE-POULENC CHIMIE
M	PIZON	FRANCE TELECOM SCT
M	QUEREL	PQI GENIE QUALITE
M	QUINIO	TECHNIP
MME	RENARD	LABORATOIRES METROLOGIE D'IVRY
MME	RENAUX	SOCOTEC QUALITE
M	RICHER	HEI
M	ROULEAU	GDF — DION PRODUCT TRANSPORT CTO
M	SAMPERE	CEP SYSTEMES
M	SANS	
M	SEGOY	LA POSTE
M	SERVAJAN	D'HERMY CONSEIL SA
MME	SIDI	CAP GEMINI SOGETI
M	THORETTON	AUTOMOBILES CITROEN
M	THOUSCH	SGS QUALITEST
M	TILLET	RENAULT VEHICULES INDUSTRIELS
M	TRAPON	BUREAU VERITAS
M	VAISENBERG	AFAQ/ICA
M	VINCENT	LEXMARK INTERNATIONAL SA
M	WEIDMANN	AIRBUS INDUSTRIE
M	WENISCH	SQIFE
M	WIDMER	EDF

Avant-propos national

Références aux normes françaises

La correspondance entre la norme internationale mentionnée à l'article «Référence normative» et la norme française identique est la suivante :

ISO 8402:1994 : NF EN ISO 8402 (indice de classement : X 50-120) [1]

---

1) À publier.

NORME EUROPÉENNE
EUROPÄISCHE NORM
EUROPEAN STANDARD

EN ISO 9001

Juillet 1994

ICS 03.120.10

Remplace EN 29001:1987

Descripteurs : assurance de qualité, programme d'assurance qualité, système d'assurance qualité, conception, développement (recherche), production, installation, service après-vente, modèle de référence.

Version française

Systèmes qualité —
Modèle pour l'assurance de la qualité en conception, développement, production, installation et prestations associées
(ISO 9001:1994)

Qualitätsmanagementsysteme — Modell zur Darlegung des Qualitätsmanagementsystems in Design/Entwicklung, Produktion, Montage und Kundendienst
(ISO 9001:1994)

Quality systems — Model for quality assurance in design, development, production, installation and servicing
(ISO 9001:1994)

La présente norme européenne a été adoptée par le CEN le 1994-06-20.

Les membres du CEN sont tenus de se soumettre au Règlement Intérieur du CEN/CENELEC, qui définit les conditions dans lesquelles doit être attribué, sans modification, le statut de norme nationale à la norme européenne.

Les listes mises à jour et les références bibliographiques relatives à ces normes nationales peuvent être obtenues auprès du Secrétariat Central ou auprès des membres du CEN.

La présente norme européenne existe en trois versions officielles (allemand, anglais, français). Une version faite dans une autre langue par traduction sous la responsabilité d'un membre du CEN dans sa langue nationale, et notifiée au Secrétariat Central, a le même statut que les versions officielles.

Les membres du CEN sont les organismes nationaux de normalisation des pays suivants : Allemagne, Autriche, Belgique, Danemark, Espagne, Finlande, France, Grèce, Irlande, Islande, Italie, Luxembourg, Norvège, Pays-Bas, Portugal, Royaume-Uni, Suède et Suisse.

CEN

COMITÉ EUROPÉEN DE NORMALISATION

Europäisches Komitee für Normung
European Committee for Standardization

Secrétariat Central : rue de Stassart 36, B-1050 Bruxelles

Avant-propos

La présente norme européenne a été élaborée par l'ISO/TC 176 «Management et assurance de la qualité» de l'Organisation Internationale de Normalisation (ISO) et a été approuvée par l'ISO et le CEN suite à un vote parallèle.

La présente norme européenne remplace EN 29001:1987.

La présente norme européenne devra recevoir le statut de norme nationale, soit par publication d'un texte identique, soit par entérinement, au plus tard en janvier 1995, et toutes les normes nationales en contradiction devront être retirées au plus tard en janvier 1995.

Conformément au Règlement Intérieur du CEN/CENELEC, les pays suivants sont tenus de mettre la présente norme européenne en application : Allemagne, Autriche, Belgique, Danemark; Espagne, Finlande, France, Grèce, Irlande, Islande, Italie, Luxembourg, Norvège, Pays-Bas, Portugal, Royaume-Uni, Suède et Suisse.

Notice d'entérinement

Le texte de la norme internationale ISO 9001:1994 a été approuvé par le CEN comme norme européenne sans aucune modification.

Sommaire

Avant-propos

L'ISO (Organisation internationale de normalisation) est une fédération mondiale d'organismes nationaux de normalisation (comités membres de l'ISO). L'élaboration des Normes internationales est en général confiée aux comités techniques de l'ISO. Chaque comité membre intéressé par une étude a le droit de faire partie du comité technique créé à cet effet. Les organisations internationales, gouvernementales et non gouvernementales, en liaison avec l'ISO participent également aux travaux. L'ISO collabore étroitement avec la Commission électrotechnique internationale (CEI) en ce qui concerne la normalisation électrotechnique.

Les projets de Normes internationales adoptés par les comités techniques sont soumis aux comités membres pour vote. Leur publication comme Normes internationales requiert l'approbation de 75 % au moins des comités membres votants.

La Norme internationale ISO 9001 a été élaborée par le comité technique ISO/TC 176, *Management et assurance de la qualité*, sous-comité SC 2, *Systèmes qualité*.

Cette deuxième édition annule et remplace la première édition (ISO 9001:1987), dont elle constitue une révision technique.

L'annexe A de la présente Norme internationale est donnée uniquement à titre d'information.

Introduction

La présente Norme internationale fait partie d'une série de trois Normes internationales sur les exigences en matière de système qualité qui peuvent être utilisées dans le cadre de l'assurance externe de la qualité. Les modèles pour l'assurance de la qualité, définis dans les trois Normes internationales mentionnées ci-dessous, décrivent trois formes distinctes d'exigences en matière de système qualité qui conviennent pour la démonstration des aptitudes d'un fournisseur et leur évaluation par des parties externes.

a) ISO 9001, *Systèmes qualité — Modèle pour l'assurance de la qualité en conception, développement, production, installation et prestations associées*

   — à utiliser lorsque la conformité à des exigences spécifiées est à assurer par le fournisseur pendant la conception, le développement, la production, l'installation et les prestations associées.

b) ISO 9002, *Systèmes qualité — Modèle pour l'assurance de la qualité en production, installation et prestations associées*

   — à utiliser lorsque la conformité à des exigences spécifiées est à assurer par le fournisseur pendant la production, l'installation et les prestations associées.

c) ISO 9003, *Systèmes qualité — Modèle pour l'assurance de la qualité en contrôle et essais finals*

   — à utiliser lorsque la conformité à des exigences spécifiées est à assurer par le fournisseur uniquement lors des contrôles et essais finals.

Il faut souligner que les exigences en matière de système qualité, spécifiées dans la présente Norme internationale, dans l'ISO 9002 et l'ISO 9003, sont complémentaires (et ne se substituent pas) aux exigences techniques spécifiées (pour le produit). Elles spécifient des exigences qui déterminent les éléments que doivent comprendre les systèmes qualité, mais leur but n'est pas d'imposer l'uniformité des systèmes qualité. Ces Normes internationales sont génériques, indépendantes de tout secteur industriel ou économique particulier. La conception et la mise en œuvre d'un système qualité tiendront compte des différents besoins d'un organisme, de ses objectifs particuliers, des produits et services fournis et des processus et pratiques spécifiques en usage.

Il est prévu que ces Normes internationales soient utilisées telles quelles, mais, dans certains cas, il peut être nécessaire de les ajuster en ajoutant ou en supprimant certaines exigences de système qualité en fonction de situations contractuelles particulières. L'ISO 9000-1 fournit des indications sur cet ajustement et sur le choix du modèle approprié pour l'assurance de la qualité, à savoir ISO 9001, ISO 9002 ou ISO 9003.

Systèmes qualité — Modèle pour l'assurance de la qualité en conception, développement, production, installation et prestations associées

1 Domaine d'application

La présente Norme internationale spécifie des exigences en matière de système qualité à utiliser lorsque l'aptitude d'un fournisseur à concevoir et fournir un produit conforme doit être démontrée.

Les exigences spécifiées visent en premier lieu la satisfaction du client, par la prévention des non-conformités à tous les stades, depuis la conception jusqu'aux prestations associées.

La présente Norme internationale est applicable lorsque

a) de la conception est exigée et les exigences relatives au produit sont formulées principalement en termes de résultats ou lorsqu'il est nécessaire d'établir ces exigences, et

b) la confiance dans la conformité du produit peut être obtenue par une démonstration adéquate des aptitudes d'un fournisseur en matière de conception, développement, production, installation et prestations associées.

NOTE 1   Pour les références informatives, voir annexe A.

2 Référence normative

La norme suivante contient des dispositions qui, par suite de la référence qui en est faite, constituent des dispositions valables pour la présente Norme internationale. Au moment de la publication, l'édition indiquée était en vigueur. Toute norme est sujette à révision et les parties prenantes des accords fondés sur la présente Norme internationale sont invitées à rechercher la possibilité d'appliquer l'édition la plus récente de la norme indiquée ci-après. Les membres de la CEI et de l'ISO possèdent le registre des Normes internationales en vigueur à un moment donné.

ISO 8402:1994, *Management de la qualité et assurance de la qualité — Vocabulaire.*

3   Définitions

Pour les besoins de la présente Norme internationale, les définitions données dans l'ISO 8402 et les définitions suivantes s'appliquent.

3.1   produit: Résultat d'activités ou de processus.

NOTES

2   Le terme produit peut inclure les services, les matériels, les produits issus de processus à caractère continu, les logiciels, ou une combinaison des deux.

3   Un produit peut être matériel (par exemple, assemblages ou produits issus de processus à caractère continu) ou immatériel (par exemple, connaissances ou concepts), ou une combinaison des deux.

4   Dans le cadre de la présente Norme internationale, le terme «produit» s'applique au produit intentionnel et ne s'applique pas aux sous-produits non-intentionnels affectant l'environnement. Ceci diffère de la définition donnée dans l'ISO 8402.

3.2   offre: Une offre est faite par un fournisseur en réponse à un appel d'offre en vue de l'attribution d'un contrat de fourniture d'un produit.

3.3   contrat: Exigences ayant fait l'objet d'un accord entre un fournisseur et un client et transmises par un moyen quelconque.

1

4 Exigences en matière de système qualité

4.1 Responsabilité de la direction

4.1.1 Politique qualité

La direction du fournisseur, qui a pouvoir de décision doit définir et consigner par écrit sa politique en matière de qualité, y compris ses objectifs et son engagement en la matière. La politique qualité doit être pertinente par rapport aux objectifs généraux du fournisseur et aux attentes et besoins de ses clients. Le fournisseur doit assurer que cette politique est comprise, mise en œuvre et entrenue à tous les niveaux de l'organisme.

4.1.2 Organisation

4.1.2.1 Responsabilité et autorité

La responsabilité, l'autorité et les relations entre les personnes qui dirigent, exécutent et vérifient des tâches qui ont une incidence sur la qualité doivent être définies par écrit; cela concerne, en particulier les personnes qui ont besoin de la liberté et de l'autorité sur le plan de l'organisation pour

a) déclencher des actions permettant de prévenir l'apparition de toute non-conformité relative au produit, au processus et au système qualité;

b) identifier et enregistrer tout problème relatif au produit, au processus et au système qualité;

c) déclencher, recommander ou fournir des solutions en suivant des circuits définis;

d) vérifier la mise en œuvre des solutions;

e) maîtriser la poursuite des opérations relatives au produit non conforme, sa livraison ou son installation jusqu'à ce que la déficience ou la situation non satisfaisante ait été corrigée.

4.1.2.2 Moyens

Le fournisseur doit identifier les exigences relatives aux moyens et fournir les moyens adéquats, y compris la désignation de personnes formées (voir 4.18), pour le management, l'exécution et la vérification des tâches, ainsi que les audits qualité internes.

4.1.2.3 Représentant de la direction

La direction du fournisseur, qui a pouvoir de décision, doit nommer un de ses membres qui, nonobstant d'autres responsabilités, doit avoir une autorité définie pour

a) assurer qu'un système qualité est défini, mis en œuvre et entretenu conformément à la présente Norme internationale, et

b) rendre compte du fonctionnement du système qualité à la direction du fournisseur pour en faire la revue et servir de base à l'amélioration du système qualité.

NOTE 5   La responsabilité du représentant de la direction peut également comprendre les relations avec des parties extérieures en ce qui concerne les sujets relatifs au système qualité du fournisseur.

4.1.3 Revue de direction

La direction du fournisseur, qui a pouvoir de décision, doit faire une revue du système qualité à une fréquence définie et suffisante pour assurer qu'il demeure constamment approprié et efficace afin de satisfaire aux exigences de la présente Norme internationale ainsi qu'à la politique et aux objectifs qualité fixés par le fournisseur (voir 4.1.1). Des enregistrements de ces revues doivent être conservés (voir 4.16).

4.2 Système qualité

4.2.1 Généralités

Le fournisseur doit établir, consigner par écrit et entretenir un système qualité en tant que moyen pour assurer que le produit est conforme aux exigences spécifiées. Le fournisseur doit établir un manuel qualité couvrant les exigences de la présente Norme internationale. Le manuel qualité doit comprendre les procédures du système qualité ou y faire référence, et exposer la structure de la documentation utilisée dans le cadre du système qualité.

NOTE 6   L'ISO 10013 fournit des conseils relatifs à l'élaboration des manuels qualité.

4.2.2 Procédures du système qualité

Le fournisseur doit

a) établir des procédures écrites cohérentes avec les exigences de la présente Norme internationale et avec la politique qualité qu'il a formulée, et

b) mettre réellement en œuvre le système qualité et ses procédures écrites.

2

Dans le cadre de la présente Norme internationale, l'étendue et le niveau de détail des procédures qui font partie du système qualité doivent dépendre de la complexité des tâches, des méthodes utilisées, des compétences et de la formation nécessaires au personnel impliqué dans l'exécution de ces tâches.

NOTE 7   Les procédures écrites peuvent faire référence à des instructions de travail qui définissent comment une tâche est réalisée.

4.2.3   Planification de la qualité

Le fournisseur doit définir et consigner par écrit comment satisfaire les exigences pour la qualité. La planification de la qualité doit être cohérente avec l'ensemble des exigences du système qualité du fournisseur et doit être consignée sous une forme adaptée aux méthodes de travail du fournisseur. Ce dernier doit porter toute son attention sur les activités suivantes, s'il y a lieu, pour satisfaire aux exigences spécifiées pour les produits, les projets ou les contrats:

a) l'établissement de plans qualité;

b) l'identification et l'acquisition de tous moyens de maîtrise des activités, processus, équipements (y compris les équipements de contrôle et d'essai), dispositifs, ensemble des moyens et compétences qui peuvent être nécessaires pour obtenir la qualité requise;

c) l'assurance de la compatibilité de la conception, du processus de production, de l'installation, des prestations associées, des procédures de contrôle et d'essai et de la documentation applicable;

d) la mise à jour, autant que nécessaire, des techniques de maîtrise de la qualité, de contrôle et d'essai, y compris le développement d'une nouvelle instrumentation;

e) l'identification, en temps voulu, de toute exigence en matière de mesurage mettant en jeu une aptitude qui dépasse les possibilités actuelles de l'état de l'art, afin de developper l'aptitude nécessaire;

f) l'identification des vérifications adéquates aux phases appropriées de la réalisation du produit;

g) la clarification des normes d'acceptation pour toutes les caractéristiques et exigences, y compris celles qui contiennent un élément subjectif;

h) l'identification et la préparation d'enregistrements relatifs à la qualité (voir 4.16).

NOTE 8   Les plans qualité mentionnés [voir 4.2.3 a)] peuvent faire référence aux procédures écrites appropriées qui font partie intégrante du système qualité du fournisseur.

4.3   Revue de contrat

4.3.1   Généralités

Le fournisseur doit établir et tenir à jour des procédures écrites de revue de contrat et de coordination de ces activités.

4.3.2   Revue

Avant soumission d'une offre ou acceptation d'un contrat ou d'une commande (formulation des exigences), l'offre, le contrat ou la commande doit être revu(e) par le fournisseur afin d'assurer que

a) les exigences sont définies et documentées de façon adéquate; lorsqu'il n'existe pas d'exigences écrites pour une commande verbale, le fournisseur doit assurer que les exigences de cette commande ont bien fait l'objet d'un accord avant d'être acceptées;

b) toute différence entre les exigences d'un contrat ou d'une commande et celles de l'offre a fait l'objet d'une solution;

c) le fournisseur présente l'aptitude à satisfaire aux exigences du contrat ou de la commande.

4.3.3   Avenant au contrat

Le fournisseur doit définir comment un avenant à un contrat est traité et comment il le transmet correctement aux fonctions concernées de son organisation.

4.3.4   Enregistrements

Des enregistrements de ces revues de contrat doivent être conservés (voir 4.16).

NOTE 9   Il convient de constituer des circuits de communication et des interfaces avec le client en matière de contrat.

4.4   Maîtrise de la conception

4.4.1   Généralités

Le fournisseur doit établir et tenir à jour des procédures écrites pour maîtriser et vérifier la conception du produit afin d'assurer que les exigences spécifiées sont satisfaites.

3

4.4.2 Planification de la conception et du développement

Le fournisseur doit élaborer des plans pour chaque activité de conception et de développement. Ces plans décrivent ces activités ou y font référence, et définissent les responsabilités pour leur mise en œuvre. Les activités de conception et de développement doivent être affectées à du personnel qualifié doté de moyens adéquats. Les plans doivent être mis à jour au fur et à mesure de l'évolution de la conception.

4.4.3 Interfaces organisationnelles et techniques

Les interfaces organisationnelles et techniques entre les différents groupes, qui contribuent au processus de conception, doivent être définies et les informations nécessaires doivent être consignées par écrit, transmises et revues régulièrement.

4.4.4 Données d'entrée de la conception

Les exigences concernant le produit relatives aux données d'entrée de la conception et comprenant les exigences légales et réglementaires applicables doivent être identifiées et consignées par écrit, et leur sélection doit être revue par le fournisseur quant à leur adéquation. Il faut apporter une solution aux exigences incomplètes, ambiguës ou incompatibles avec ceux qui les ont imposées.

Les données d'entrée de la conception doivent prendre en compte les résultats de toutes les activités de revue de contrat.

4.4.5 Données de sortie de la conception

Les données de sortie de la conception doivent être consignées par écrit et exprimées de façon à pouvoir être vérifiées et validées par rapport aux données d'entrée de la conception.

Les données de sortie de la conception doivent

a) satisfaire aux exigences des données d'entrée de la conception;

b) contenir ou faire référence à des critères d'acceptation;

c) identifier les caractéristiques de conception critiques pour le fonctionnement correct et en toute sécurité du produit (par exemple, les exigences en matière d'exploitation, de stockage, de manutention, de maintenance et de mise hors service).

Les documents relatifs aux données de sortie de la conception doivent être revus avant leur mise en circulation.

4.4.6 Revue de conception

Des revues formelles et consignées par écrit des résultats de la conception doivent être planifiées et conduites à des phases appropriées de la conception. Les participants à chacune de ces revues doivent comprendre des représentants de toutes les fonctions concernées par la phase de conception, objet de la revue, ainsi que tout autre expert, comme requis. Des enregistrements de ces revues doivent être conservés (voir 4.16).

4.4.7 Vérification de la conception

La vérification de la conception doit être effectuée à des phases appropriées de la conception afin d'assurer que les données de sortie de chacune de ces phases satisfont aux exigences des données d'entrée de cette même phase. Les actions de vérification de la conception doivent être enregistrées (voir 4.16).

NOTE 10   En plus des revues de conception (voir 4.4.6), la vérification de la conception peut comprendre des tâches telles que

— l'exécution de calculs par d'autres méthodes,

— la comparaison de la nouvelle conception avec une conception similaire éprouvée si elle existe,

— la réalisation d'essais et de modèles de démonstration, et

— la revue des documents relatifs aux différentes phases de la conception avant leur mise en circulation.

4.4.8 Validation de la conception

La validation de la conception doit être effectuée pour assurer que le produit est conforme aux besoins et/ou aux exigences définis de l'utilisateur.

NOTES

11   Cette validation fait suite à une vérification satisfaisante de la conception (voir 4.4.7).

12   La validation est effectuée normalement dans des conditions de fonctionnement définies.

13   La validation est effectuée normalement sur le produit final, mais peut être nécessaire à des phases antérieures à l'achèvement du produit.

14   Des validations multiples peuvent être exécutées si différentes utilisations sont prévues.

4

4.4.9 Modifications de la conception

Tous les changements et toutes les modifications de la conception doivent être identifiés, consignés par écrit, revus et approuvés par des personnes habilitées avant d'être mis en œuvre.

4.5 Maîtrise des documents et des données

4.5.1 Généralités

Le fournisseur doit établir et tenir à jour des procédures écrites pour maîtriser tous les documents et données relatifs aux exigences de la présente Norme internationale, y compris, dans les limites de ce qui est applicable, des documents d'origine extérieure tels que les normes et les plans du client.

NOTE 15   Les documents et les données peuvent se présenter sur tout support, tel que support papier ou support informatique.

4.5.2 Approbation et diffusion des documents et des données

Avant leur diffusion, les documents et les données doivent être revus et approuvés en ce qui concerne leur adéquation, par des personnes habilitées. Une liste de référence ou toute procédure de maîtrise de documents équivalente indiquant la révision en vigueur des documents doit être établie et être facilement accessible pour empêcher l'utilisation de documents non valables et/ou périmés.

Cette maîtrise doit assurer que

a)   les éditions pertinentes des documents appropriés sont disponibles à tous les endroits où des opérations essentielles au fonctionnement efficace du système qualité sont effectuées;

b)   les documents non valables et/ou périmés sont aussitôt retirés de tous les points de diffusion ou d'utilisation, ou sinon qu'ils ne peuvent pas être utilisés de façon non intentionnelle;

c)   tout document périmé conservé à des fins légales ou de conservation des connaissances est convenablement identifié.

4.5.3 Modifications des documents et des données

Les modifications des documents et des données doivent être revues et approuvées par les mêmes fonctions/organismes qui les ont revus et approuvés à l'origine, à moins qu'il n'en soit spécifié autrement.

Les fonctions/organismes désignés doivent avoir accès à toutes informations appropriées sur lesquelles ils peuvent fonder leur revue et leur approbation.

Lorsque cela est réalisable, la nature de la modification doit être identifiée dans le document ou dans les annexes appropriées.

4.6 Achats

4.6.1 Généralités

Le fournisseur doit établir et tenir à jour des procédures écrites pour assurer que le produit acheté (voir 3.1) est conforme aux exigences spécifiées.

4.6.2 Évaluation des sous-contractants

Le fournisseur doit

a)   évaluer et sélectionner les sous-contractants sur la base de leur aptitude à satisfaire aux exigences de la sous-commande, y compris les exigences de système qualité et toutes exigences spécifiques d'assurance de la qualité;

b)   définir le type et l'étendue de la maîtrise exercée par le fournisseur sur ses sous-contractants. Celle-ci doit dépendre du type de produit commandé au sous-contractant, de l'incidence de ce produit sur la qualité du produit final et, lorsque cela est applicable, des rapports d'audits qualité et/ou des enregistrements relatifs aux aptitudes et performances dont le sous-contractant a fait la démonstration précédemment;

c)   établir, tenir à jour et conserver des enregistrements relatifs à la qualité des sous-contractants acceptables (voir 4.16).

4.6.3 Données d'achat

Les documents d'achat doivent contenir des données décrivant clairement le produit commandé et comprenant, lorsque cela est applicable

a)   le type, la catégorie, la classe ou toute autre identification précise;

b)   le titre ou toute autre identification formelle et l'édition applicable des spécifications, plans, exigences en matière de processus, instructions de contrôle et autres données techniques pertinentes, y compris les exigences pour l'approbation ou la qualification du produit, des procédures, de l'équipement et du personnel relatifs au processus;

5

c) le titre, le numéro et l'édition de la norme de système qualité à appliquer.

Le fournisseur doit revoir et approuver les documents d'achat en ce qui concerne l'adéquation des exigences spécifiées avant de les diffuser.

4.6.4 Vérification du produit acheté

4.6.4.1 Vérification par le fournisseur chez le sous-contractant

Lorsque le fournisseur a l'intention de vérifier le produit acheté chez le sous-contractant, il doit spécifier dans les documents d'achat les dispositions à prendre pour la vérification et les modalités de mise à disposition du produit.

4.6.4.2 Vérification par le client du produit sous-contracté

Lorsque cela est spécifié dans le contrat, le client du fournisseur ou son représentant doit avoir le droit de vérifier dans les locaux du sous-contractant et du fournisseur que le produit sous-contracté est conforme aux exigences spécifiées. Cette vérification ne doit pas être utilisée par le fournisseur comme preuve de la maîtrise effective de la qualité par le sous-contractant.

La vérification par le client ne doit pas décharger le fournisseur de sa responsabilité de fournir un produit acceptable, ni empêcher un rejet ultérieur du produit par le client.

4.7 Maîtrise du produit fourni par le client

Le fournisseur doit établir et tenir à jour des procédures écrites pour la vérification, le stockage et la préservation du produit fourni par le client pour être incorporé dans les fournitures ou pour des activités qui y sont liées. Tout produit de cette nature perdu, endommagé ou encore impropre à l'utilisation doit être enregistré et le client doit en être informé (voir 4.16).

La vérification par le fournisseur ne décharge pas le client de sa responsabilité de fournir un produit acceptable.

4.8 Identification et traçabilité du produit

Lorsque cela est approprié, le fournisseur doit établir et tenir à jour des procédures écrites pour l'identification du produit à l'aide de moyens adéquats, de la réception jusqu'à la livraison et l'installation, ainsi qu'au cours de toutes les phases de production.

Lorsque et dans la mesure où la traçabilité est une exigence spécifiée, le fournisseur doit établir et tenir à jour des procédures écrites pour l'identification unique de produits ou de lots particuliers. Cette identification doit être enregistrée (voir 4.16).

4.9 Maîtrise des processus

Le fournisseur doit identifier et planifier les processus de production, d'installation et les processus relatifs aux prestations associées qui ont une incidence directe sur la qualité, et il doit aussi assurer que ces processus sont mis en œuvre dans des conditions maîtrisées. Ces dernières doivent comprendre

a) des procédures écrites définissant les pratiques de production, d'installation et les pratiques relatives aux prestations associées lorsque l'absence de ces procédures pourrait avoir une incidence néfaste sur la qualité;

b) l'utilisation d'équipements adéquats pour la production, l'installation et les prestations associées, ainsi qu'un environnement de travail approprié;

c) la conformité aux normes et codes de référence, aux plans qualité et/ou aux procédures écrites;

d) le pilotage et la maîtrise des paramètres des processus et des caractéristiques du produit appropriés;

e) l'approbation des processus et de l'équipement, s'il y a lieu;

f) les critères d'exécution qui doivent être prescrits le plus clairement possible (par exemple au moyen de normes écrites, d'échantillons représentatifs ou d'illustrations);

g) la maintenance appropriée de l'équipement de manière à assurer en permanence l'aptitude des processus.

Quand les résultats des processus ne peuvent pas être entièrement vérifiés par des contrôles et des essais du produit effectués a posteriori et pour lesquels, par exemple, des déficiences peuvent n'apparaître qu'en cours d'utilisation du produit, les processus doivent être conduits par des opérateurs qualifiés et/ou doivent exiger un pilotage continu des opérations et la maîtrise permanente des paramètres de processus, de manière à assurer leur conformité aux exigences spécifiées.

Les exigences relatives à la qualification des processus, y compris l'équipement et le personnel associés (voir 4.18), doivent être spécifiées.

6

NOTE 16   De tels processus qui nécessitent une préqualification de leur aptitude sont souvent appelés procédés spéciaux.

Des enregistrements doivent être conservés pour les processus, équipements et personnels qualifiés, s'il y a lieu (voir 4.16).

4.10   Contrôles et essais

4.10.1   Généralités

Le fournisseur doit établir et tenir à jour des procédures écrites pour les opérations de contrôles et d'essais afin de vérifier que les exigences spécifiées pour le produit sont respectées. Les contrôles et essais requis ainsi que les enregistrements à effectuer doivent figurer dans le plan qualité ou dans des procédures écrites.

4.10.2   Contrôles et essais à la réception

4.10.2.1   Le fournisseur doit assurer que le produit entrant n'est ni utilisé, ni mis en œuvre (sauf dans les cas décrits en 4.10.2.3) tant qu'il n'a pas été contrôlé ou tant que sa conformité aux exigences spécifiées n'a pas été vérifiée d'une autre manière. La vérification de la conformité aux exigences spécifiées doit être effectuée conformément au plan qualité et/ou aux procédures écrites.

4.10.2.2   Lors de la détermination de l'importance et de la nature des contrôles à la réception, il faut prendre en considération l'importance du contrôle exercé dans les locaux des sous-contractants et le fait qu'une preuve enregistrée de la conformité a été fournie.

4.10.2.3   Lorsque, pour des raisons d'urgence, le produit entrant est lancé en production avant d'être vérifié, il doit être identifié de façon formelle et enregistré (voir 4.16), afin de permettre son rappel immédiat et son remplacement dans le cas de non-conformité aux exigences spécifiées.

4.10.3   Contrôles et essais en cours de réalisation

Le fournisseur doit

a)   contrôler le produit et faire des essais conformément au plan qualité et/ou aux procédures écrites;

b)   bloquer le produit jusqu'à ce que les contrôles et les essais requis soient terminés ou jusqu'à ce que les rapports nécessaires aient été reçus et vérifiés, excepté lorsque le produit est mis en circulation conformément à des procédures de rappel préétablies (voir 4.10.2.3). La mise en

circulation suivant ces procédures ne doit pas empêcher de mener les activités prévues en 4.10.3 a).

4.10.4   Contrôles et essais finals

Le fournisseur doit effectuer tous les contrôles et essais finals conformément au plan qualité et/ou aux procédures écrites afin de démontrer la conformité du produit fini aux exigences spécifiées.

Le plan qualité et/ou les procédures écrites pour les contrôles et les essais finals doivent exiger que tous les contrôles et essais spécifiés, y compris ceux spécifiés à la réception du produit ou pendant sa réalisation, aient été menés à bien et que les résultats satisfassent aux exigences spécifiées.

Aucun produit ne doit être expédié avant que toutes les activités spécifiées dans le plan qualité et/ou dans les procédures écrites aient été accomplies de façon satisfaisante et que les données et la documentation qui y sont associées soient disponibles et acceptées.

4.10.5   Enregistrements des contrôles et essais

Le fournisseur doit établir et conserver des enregistrements apportant la preuve que le produit a subi des contrôles et/ou des essais. Ces enregistrements doivent montrer clairement si le produit a satisfait ou non aux contrôles et/ou aux essais conformément à des critères d'acceptation définis. Lorsque le produit ne passe pas avec succès les contrôles et/ou les essais, les procédures de maîtrise du produit non conforme doivent s'appliquer (voir 4.13).

Les enregistrements doivent identifier la personne habilitée pour le contrôle et la mise en circulation du produit (voir 4.16).

4.11   Maîtrise des équipements de contrôle, de mesure et d'essai

4.11.1   Généralités

Le fournisseur doit établir et tenir à jour des procédures écrites pour maîtriser, étalonner et maintenir en état les équipements de contrôle, de mesure et d'essai (y compris les logiciels d'essais) utilisés par le fournisseur pour démontrer la conformité du produit aux exigences spécifiées. Les équipements de contrôle, de mesure et d'essai doivent être utilisés de façon à assurer que l'incertitude de mesure est connue et compatible avec l'aptitude requise en matière de mesurage.

Lorsque des logiciels d'essai ou des références de comparaison, tels que des matériels d'essai, sont utilisés comme moyens de contrôle appropriés, ils doivent être vérifiés pour démontrer qu'ils sont capables de contrôler que le produit est acceptable, avant sa mise en circulation pour utilisation lors de la production, de l'installation ou des prestations associées, et doivent être vérifiés de nouveau aux intervalles prescrits. Le fournisseur doit fixer l'étendue et la fréquence de telles vérifications et conserver des enregistrements comme preuve de sa maîtrise des équipements considérés (voir 4.16).

Lorsque la disponibilité des données techniques relatives aux équipements de contrôle, de mesure et d'essai est une exigence spécifiée, de telles données doivent être mises à la disposition du client ou de son représentant, à leur demande, afin de vérifier que les équipements de contrôle, de mesure et d'essai conviennent sur le plan fonctionnel.

NOTE 17   Pour les besoins de la présente Norme internationale, le terme équipement de mesure comprend les appareils et instruments de mesure.

4.11.2 Procédures de maîtrise

Le fournisseur doit

a) déterminer les mesurages à effectuer, l'exactitude requise et sélectionner l'équipement de contrôle, de mesure et d'essai approprié capable d'apporter l'exactitude et la précision nécessaires;

b) identifier tous les équipements de contrôle, de mesure et d'essai qui peuvent avoir une influence sur la qualité du produit, les étalonner et les régler aux intervalles prescrits, ou avant utilisation, par rapport à des équipements certifiés reliés de façon valable à des étalons reconnus au plan international ou national. Lorsque ces étalons n'existent pas, la référence utilisée pour l'étalonnage doit faire l'objet d'une description écrite;

c) définir le processus utilisé pour l'étalonnage des équipements de contrôle, de mesure et d'essai en détaillant le type d'équipement, l'identification spécifique, l'emplacement, la fréquence des vérifications, la méthode de vérification, les critères d'acceptation et l'action à entreprendre lorsque les résultats ne sont pas satisfaisants;

d) identifier les équipements de contrôle, de mesure et d'essai avec un marquage approprié ou un enregistrement d'identification approuvé pour indiquer la validité de l'étalonnage;

e) conserver des enregistrements d'étalonnage pour les équipements de contrôle, de mesure et d'essai (voir 4.16);

f) évaluer et consigner par écrit la validité de résultats de contrôle et d'essai antérieurs lorsque les équipements de contrôle, de mesure et d'essai s'avèrent être en dehors des limites fixées pour l'étalonnage;

g) assurer que les conditions d'environnement sont appropriées pour la réalisation des étalonnages, contrôles, mesures et essais;

h) assurer que la manutention, la préservation et le stockage des équipements de contrôle, de mesure et d'essai sont tels que l'exactitude et l'aptitude à l'emploi sont maintenues;

i) protéger les moyens de contrôle, de mesure et d'essai, y compris les matériels et les logiciels d'essai, contre des manipulations qui invalideraient les réglages d'étalonnage.

NOTE 18   Les exigences en matière d'assurance de la qualité des équipements de mesure données dans l'ISO 10012 peuvent être utilisées en tant que guide.

4.12   État des contrôles et des essais

L'état des contrôles et des essais du produit doit être identifié par des moyens appropriés qui indiquent la conformité ou la non-conformité du produit par rapport aux contrôles et essais effectués. L'identification de l'état des contrôles et des essais doit être tenue à jour, conformément au plan qualité et/ou aux procédures écrites, tout au long de la réalisation, de l'installation du produit et des prestations associées, afin d'assurer que seul le produit qui a subi avec succès les contrôles et essais requis [ou a été mis en circulation par dérogation autorisée (voir 4.13.2)] est expédié, utilisé ou installé.

4.13   Maîtrise du produit non conforme

4.13.1   Généralités

Le fournisseur doit établir et tenir à jour des procédures écrites afin d'assurer que tout produit non conforme aux exigences spécifiées ne puisse être utilisé ou livré de façon non intentionnelle. Cette maîtrise doit comprendre l'identification, la documentation, l'évaluation, l'isolement (lorsqu'il est possible), le traitement du produit non conforme et la notification aux fonctions concernées.

4.13.2   Examen et traitement du produit non conforme

La responsabilité relative à l'examen et à la décision

8

pour le traitement du produit non conforme doit être définie.

Le produit non conforme doit être examiné selon des procédures écrites. Il peut être

a) repris pour satisfaire aux exigences spécifiées,

b) accepté par dérogation avec ou sans réparation,

c) déclassé pour d'autres applications, ou bien

d) rejeté ou mis au rebut.

Si le contrat l'exige, la proposition d'utilisation ou de réparation du produit [voir 4.13.2 b)] qui n'est pas conforme aux exigences spécifiées doit être présentée pour dérogation au client ou à son représentant. La description de la non-conformité qui a été acceptée et des réparations doit être enregistrée pour indiquer l'état réel (voir 4.16).

Le produit réparé et/ou repris doit être contrôlé de nouveau conformément aux exigences du plan qualité et/ou des procédures écrites.

4.14 Actions correctives et préventives

4.14.1 Généralités

Le fournisseur doit établir et tenir à jour des procédures écrites pour mettre en œuvre des actions correctives et préventives.

Toute action corrective ou préventive conduite pour éliminer les causes des non-conformités réelles ou potentielles doit l'être à un niveau correspondant à l'importance des problèmes et en rapport avec les risques encourus.

Le fournisseur doit mettre en œuvre et enregistrer toutes les modifications des procédures écrites qui résultent des actions correctives et préventives.

4.14.2 Actions correctives

Les procédures d'actions correctives doivent comprendre

a) le traitement effectif des réclamations du client et des rapports de non-conformité du produit;

b) la recherche des causes de non-conformité relatives au produit, au processus et au système qualité ainsi que l'enregistrement des résultats de cette recherche (voir 4.16);

c) la détermination des actions correctives nécessaires pour éliminer les causes de non-conformité;

d) l'application de moyens de maîtrise pour assurer que l'action corrective est mise en œuvre et qu'elle produit l'effet escompté.

4.14.3 Actions préventives

Les procédures d'action préventive doivent comprendre

a) l'utilisation de sources d'informations appropriées telles que processus et opérations affectant la qualité du produit, dérogations, résultats d'audits, enregistrements relatifs à la qualité, rapports de maintenance et réclamations des clients, de manière à détecter, analyser et éliminer les causes potentielles de non-conformités;

b) la détermination des étapes appropriées pour traiter tout problème nécessitant une action préventive;

c) le déclenchement d'actions préventives et l'application de moyens de maîtrise pour assurer qu'elles produisent l'effet escompté;

d) l'assurance qu'une information pertinente relative aux actions mises en œuvre est soumise à la revue de direction (voir 4.1.3).

4.15 Manutention, stockage, conditionnement, préservation et livraison

4.15.1 Généralités

Le fournisseur doit établir et tenir à jour des procédures écrites pour la manutention, le stockage, le conditionnement, la préservation et la livraison du produit.

4.15.2 Manutention

Le fournisseur doit prévoir des méthodes et des moyens de manutention du produit qui empêchent son endommagement ou sa détérioration.

4.15.3 Stockage

Le fournisseur doit utiliser les aires ou les locaux de stockage désignés afin d'empêcher l'endommagement ou la détérioration du produit lorsqu'il est en attente d'utilisation ou de livraison. Des méthodes appropriées doivent être prescrites pour autoriser la réception dans ces aires et l'expédition à partir de celles-ci.

9

L'état du produit en stock doit être évalué à intervalles appropriés afin de détecter toute détérioration.

4.15.4 Conditionnement

Le fournisseur doit maîtriser les processus d'emballage, de conditionnement et de marquage (y compris les matériaux utilisés) autant qu'il est nécessaire pour assurer la conformité aux exigences spécifiées.

4.15.5 Préservation

Le fournisseur doit appliquer des méthodes appropriées pour la préservation et l'isolement du produit lorsque le produit est sous le contrôle du fournisseur.

4.15.6 Livraison

Le fournisseur doit prendre des dispositions pour la protection de la qualité du produit après les contrôles et essais finals. Lorsque cela est spécifié contractuellement, cette protection doit être étendue pour inclure la livraison à destination.

4.16 Maîtrise des enregistrements relatifs à la qualité

Le fournisseur doit établir et tenir à jour des procédures écrites d'identification, de collecte, d'indexage, d'accès, de classement, de stockage, de conservation et d'élimination des enregistrements relatifs à la qualité.

Les enregistrements relatifs à la qualité doivent être conservés pour démontrer la conformité aux exigences spécifiées et que le système qualité est opérationnel. Des enregistrements pertinents relatifs à la qualité, concernant les sous-contractants, doivent être un élément de ces données.

Tous les enregistrements relatifs à la qualité doivent être lisibles, stockés et conservés de façon à être facilement retrouvés dans des installations qui offrent un environnement approprié pour éviter les détériorations, les endommagements et les pertes. Les durées de conservation des enregistrements relatifs à la qualité doivent être définies et enregistrées. Lorsque cela est convenu contractuellement, ces enregistrements doivent être disponibles pour évaluation par le client ou son représentant, pendant une durée convenue.

NOTE 19   Les enregistrements peuvent se présenter sur tout support, tel que support papier ou support informatique.

4.17 Audits qualité internes

Le fournisseur doit établir et tenir à jour des procédures écrites pour la planification et la réalisation des audits qualité internes, afin de vérifier si les activités relatives à la qualité et les résultats correspondants sont conformes aux dispositions prévues et de déterminer l'efficacité du système qualité.

Les audits qualité internes doivent être programmés en fonction de la nature et de l'importance de l'activité soumise à l'audit. Ils doivent être conduits par des personnes indépendantes de celles qui ont la responsabilité directe de l'activité auditée.

Les résultats des audits doivent être enregistrés (voir 4.16) et portés à la connaissance des personnes qui ont la responsabilité du domaine soumis à l'audit. Les responsables de ce domaine doivent engager des actions correctives en temps utile pour remédier aux déficiences trouvées lors de l'audit.

Les activités de suivi d'audit doivent comprendre la vérification et l'enregistrement de la mise en œuvre et de l'efficacité des actions correctives engagées (voir 4.16).

NOTES

20   Les résultats des audits qualité internes font partie intégrante des activités de revue de direction (voir 4.1.3).

21   L'ISO 10011 donne des informations relatives aux audits des systèmes qualité.

4.18 Formation

Le fournisseur doit établir et tenir à jour des procédures écrites permettant d'identifier les besoins de formation et de pourvoir à la formation de toutes les personnes chargées d'une activité ayant une incidence sur la qualité. Les personnes chargées d'accomplir des tâches particulières doivent être qualifiées sur la base d'une formation initiale appropriée, d'une formation complémentaire et/ou d'une expérience appropriée, selon les exigences. Des enregistrements appropriés de la formation doivent être tenus à jour (voir 4.16).

4.19 Prestations associées

Lorsque les prestations associées sont une exigence spécifiée, le fournisseur doit établir et tenir à jour des procédures écrites pour effectuer, vérifier et rendre compte que ces prestations sont conformes aux exigences spécifiées.

10

4.20 Techniques statistiques

4.20.1 Identification des besoins

Le fournisseur doit identifier les besoins en techniques statistiques requises pour établir, maîtriser et vérifier l'aptitude de processus et les caractéristiques du produit.

4.20.2 Procédures

Le fournisseur doit établir et tenir à jour les procédures écrites pour mettre en œuvre et maîtriser l'application des techniques statistiques identifiées en 4.20.1.

11

Annexe A
(informative)

Bibliographie

[1] ISO 9000-1:1994, *Normes pour le management de la qualité et l'assurance de la qualité — Partie 1: Lignes directrices pour leur sélection et utilisation.*

[2] ISO 9000-2:1993, *Normes pour le management de la qualité et l'assurance de la qualité — Partie 2: Lignes directrices pour l'application de l'ISO 9001, l'ISO 9002 et l'ISO 9003.*

[3] ISO 9000-3:1991, *Normes pour la gestion de la qualité et l'assurance de la qualité — Partie 3: Lignes directrices pour l'application de l'ISO 9001 au développement, à la mise à disposition et à la maintenance du logiciel.*

[4] ISO 9002:1994, *Systèmes qualité — Modèle pour l'assurance de la qualité en production, installation et prestations associées.*

[5] ISO 9003:1994, *Systèmes qualité — Modèle pour l'assurance de la qualité en contrôle et essais finals.*

[6] ISO 10011-1:1990, *Lignes directrices pour l'audit des systèmes qualité — Partie 1: Audit.*

[7] ISO 10011-2:1991, *Lignes directrices pour l'audit des systèmes qualité — Partie 2: Critères de qualification pour les auditeurs de systèmes qualité.*

[8] ISO 10011-3:1991, *Lignes directrices pour l'audit des systèmes qualité — Partie 3: Gestion des programmes d'audit.*

[9] ISO 10012-1:1992, *Exigences d'assurance de la qualité des équipements de mesure — Partie 1: Confirmation métrologique de l'équipement de mesure.*

[10] ISO 10013:—[1), *Lignes directrices pour l'élaboration des manuels qualité.*

[11] ISO/TR 13425:—[1), *Lignes directrices pour la sélection des méthodes statistiques dans la normalisation et les spécifications.*

---

1) À publier.

12

ISSN 0335-3931

norme européenne
norme française

NF EN ISO 9002
Août 1994

Indice de classement : X 50-132

Systèmes qualité

Modèle pour l'assurance de la qualité en production, installation et prestations associées

E : Quality systems — Model for quality assurance in production, installation and servicing
D : Qualitätsmanagementsysteme — Modell zur Darlegung des Qualitätsmanagementsystems in Produktion, Montage und Kundendienst

Norme française homologuée par décision du Directeur Général de l'AFNOR le 5 juillet 1994 pour prendre effet le 5 août 1994.

Remplace la norme homologuée NF EN 29002, de décembre 1988 (indice de classement : X 50-132).

correspondance La norme européenne EN ISO 9002:1994 a le statut d'une norme française.

analyse Le présent document, qui fait partie d'une série de trois normes sur les systèmes qualité (NF EN ISO 9001, NF EN ISO 9002 et NF EN ISO 9003), définit un modèle type d'assurance de la qualité dans les relations client fournisseur. Il est applicable lorsque la conformité à des exigences spécifiées est à assurer par le fournisseur dans un cadre contractuel, ou est à évaluer par des parties externes, pendant plusieurs phases qui peuvent comprendre la production, l'installation et les prestations associées.

descripteurs **Thésaurus International Technique** : assurance de qualité, programme d'assurance qualité, système d'assurance qualité, production, installation, service après-vente, modèle de référence.

modifications Par rapport à la précédente édition, quelques modifications de fond mineures, ajout de l'article «Prestations associées», et modifications d'ordre rédactionnel.

corrections

éditée et diffusée par l'association française de normalisation (afnor), tour europe cedex 7 92049 paris la défense — tél. : (1) 42 91 55 55

AFNOR 1994   © AFNOR 1994   1er tirage 94-08

Membres de la commission de normalisation

Président : M VAISENBERG

Secrétariat : MME DEL CERRO — AFNOR

M	AFFATICATI	MATRA GENERAL SA
M	ANGELINI	ASCII QUALITATEM
M	ARDAULT	SNCF
M	AULAGNER	IPEQ
M	BABY	EDF/DER
M	BAUDON	RNUR
M	BELLAMIT	SYMEDIA
M	BERNARD	GIAT INDUSTRIES
M	BESSIN	ABB CONTROL
M	BLAIZOT	FIEE
M	BLANC	CTDEC
M	BONNOME	
M	BRUNSCHWIG	
M	BUSSARD	EXECUTIVE CONSULTANT SA
M	CALMELS	DGA DION MISSILES ET ESPACE
M	CANCE	
M	CANIS	LIONEL CANIS CONSEIL
M	CARLU	
M	CATINAUD	ISOVER SAINT GOBAIN
M	CATTAN	FRAMATOME SA
M	CAUDRON	GEC ALSTHOM TRANSPORT
M	CHASSIGNET	
M	CLOCHARD	GEC ALSTHOM T & D
M	COMBRET	RENAULT VEHICULES INDUSTRIELS
M	COPIN	CM CONSULTANTS
MME	DECROIX	BULL SA
M	DEDEWANOU	ROUSSEL UCLAF
MME	DEJEAN DE LA BATIE	UIC
M	DEL FABBRO	MATRA DEFENSE
MME	DELORT	UTE/SNQ
M	DESMARES	DGA/DCA
M	DOULIERY	AEROSPATIALE
M	DUPUIS	EDF
M	DUTRAIVE	
M	ETIENNE	DAEI
M	FABBRI	LORIENT NAVAL ET INDUSTRIES
M	FOURCADE	MATRA DEFENSE
M	FROMAN	
M	GAUTHIER	ATT GIS
M	GENESTE	CRCI
M	GERVASON	CENTRE TECHNIQUE DU PAPIER
MME	GILLIOT	
M	GODET	CIE SALINS MIDI ET SALINES EST
M	GRANGER	FRANCE TELECOM SCT
M	HAMES	3M FRANCE

M	IACOLARE	ALTRAN TECHNOLOGIES
M	KOLUB	SGS QUALITEST
M	KRYNICKI	HEWLETT PACKARD FRANCE
M	L'HERMITTE	EDF
M	LALLET	GEC ALSTHOM ELECTROMECANIQUE
MME	LAVALETTE	SYSECA SA
M	LE CLANCHE	FRANCE TELECOM SCT
M	LIETVEAUX	BNIF
M	LOLIVIER	LOGIQUAL
M	MAUGUIERE	THOMSON CSF
MME	MAURER	CISI
M	MIGNOT	MATRA DEFENSE
M	MILLERET	SOMELEC SA
M	MIRANDA	ARMEMENT SERVICES
M	MITONNEAU	AMOVI EURL
M	MONTJOIE	CEA
M	MOUGAS	CAMIF
MME	NEEL	DASSAULT AVIATION
M	NICOLAS	FIM
MME	NOTIS	AFNOR
M	OGER	INCHCAPE TESTING SERVICES
MME	OUDIN DARRIBERE	
M	PAILHES	RHONE-POULENC CHIMIE
M	PIZON	FRANCE TELECOM SCT
M	QUEREL	PQI GENIE QUALITE
M	QUINIO	TECHNIP
MME	RENARD	LABORATOIRES METROLOGIE D'IVRY
MME	RENAUX	SOCOTEC QUALITE
M	RICHER	HEI
M	ROULEAU	GDF — DION PRODUCT TRANSPORT CTO
M	SAMPERE	CEP SYSTEMES
M	SANS	
M	SEGOY	LA POSTE
M	SERVAJAN	D'HERMY CONSEIL SA
MME	SIDI	CAP GEMINI SOGETI
M	THORETTON	AUTOMOBILES CITROEN
M	THOUSCH	SGS QUALITEST
M	TILLET	RENAULT VEHICULES INDUSTRIELS
M	TRAPON	BUREAU VERITAS
M	VAISENBERG	AFAQ/ICA
M	VINCENT	LEXMARK INTERNATIONAL SA
M	WEIDMANN	AIRBUS INDUSTRIE
M	WENISCH	SQIFE
M	WIDMER	EDF

Avant-propos national

Références aux normes françaises

La correspondance entre la norme internationale mentionnée à l'article 2 «Référence normative» et la norme française identique est la suivante :

ISO 8402:1994 : NF EN ISO 8402 (indice de classement : X 50-120) [1]

---

1) À publier.

NORME EUROPÉENNE
EUROPÄISCHE NORM
EUROPEAN STANDARD

EN ISO 9002

Juillet 1994

ICS 03.120.10

Remplace EN 29002:1987

Descripteurs : assurance de qualité, programme d'assurance qualité, système d'assurance qualité, production, installation, service après-vente, modèle de référence.

Version française

Systèmes qualité —
Modèle pour l'assurance de la qualité en production, installation
et prestations associées
(ISO 9002:1994)

Qualitätsmanagementsysteme — Modell zur Darlegung des Qualitätsmanagementsystems in Produktion, Montage und Kundendienst (ISO 9002:1994)

Quality systems — Model for quality assurance in production, installation and servicing (ISO 9002:1994)

La présente norme européenne a été adoptée par le CEN le 1994-06-20.

Les membres du CEN sont tenus de se soumettre au Règlement Intérieur du CEN/CENELEC, qui définit les conditions dans lesquelles doit être attribué, sans modification, le statut de norme nationale à la norme européenne.

Les listes mises à jour et les références bibliographiques relatives à ces normes nationales peuvent être obtenues auprès du Secrétariat Central ou auprès des membres du CEN.

La présente norme européenne existe en trois versions officielles (allemand, anglais, français). Une version faite dans une autre langue par traduction sous la responsabilité d'un membre du CEN dans sa langue nationale, et notifiée au Secrétariat Central, a le même statut que les versions officielles.

Les membres du CEN sont les organismes nationaux de normalisation des pays suivants : Allemagne, Autriche, Belgique, Danemark, Espagne, Finlande, France, Grèce, Irlande, Islande, Italie, Luxembourg, Norvège, Pays-Bas, Portugal, Royaume-Uni, Suède et Suisse.

CEN

COMITÉ EUROPÉEN DE NORMALISATION

Europäisches Komitee für Normung
European Committee for Standardization

Secrétariat Central : rue de Stassart 36, B-1050 Bruxelles

Réf. n° EN ISO 9002:1994 F

Avant-propos

La présente norme européenne a été élaborée par l'ISO/TC 176 «Management et assurance de la qualité» de l'Organisation Internationale de Normalisation (ISO) et a été approuvée par l'ISO et le CEN suite à un vote parallèle.

La présente norme européenne remplace EN 29002:1987.

La présente norme européenne devra recevoir le statut de norme nationale, soit par publication d'un texte identique, soit par entérinement, au plus tard en janvier 1995, et toutes les normes nationales en contradiction devront être retirées au plus tard en janvier 1995.

Conformément au Règlement Intérieur du CEN/CENELEC, les pays suivants sont tenus de mettre la présente norme européenne en application : Allemagne, Autriche, Belgique, Danemark, Espagne, Finlande, France, Grèce, Irlande, Islande, Italie, Luxembourg, Norvège, Pays-Bas, Portugal, Royaume-Uni, Suède et Suisse.

Notice d'entérinement

Le texte de la norme internationale ISO 9002:1994 a été approuvé par le CEN comme norme européenne sans aucune modification.

Sommaire

Avant-propos

L'ISO (Organisation internationale de normalisation) est une fédération mondiale d'organismes nationaux de normalisation (comités membres de l'ISO). L'élaboration des Normes internationales est en général confiée aux comités techniques de l'ISO. Chaque comité membre intéressé par une étude a le droit de faire partie du comité technique créé à cet effet. Les organisations internationales, gouvernementales et non gouvernementales, en liaison avec l'ISO participent également aux travaux. L'ISO collabore étroitement avec la Commission électrotechnique internationale (CEI) en ce qui concerne la normalisation électrotechnique.

Les projets de Normes internationales adoptés par les comités techniques sont soumis aux comités membres pour vote. Leur publication comme Normes internationales requiert l'approbation de 75 % au moins des comités membres votants.

La Norme internationale ISO 9002 a été élaborée par le comité technique ISO/TC 176, *Management et assurance de la qualité*, sous-comité SC 2, *Systèmes qualité*.

Cette deuxième édition annule et remplace la première édition (ISO 9002:1987), dont elle constitue une révision technique.

L'annexe A de la présente Norme internationale est donnée uniquement à titre d'information.

Introduction

La présente Norme internationale fait partie d'une série de trois Normes internationales sur les exigences en matière de système qualité qui peuvent être utilisées dans le cadre de l'assurance externe de la qualité. Les modèles pour l'assurance de la qualité, définis dans les trois Normes internationales mentionnées ci-dessous, décrivent trois formes distinctes d'exigences en matière de système qualité qui conviennent pour la démonstration des aptitudes d'un fournisseur et leur évaluation par des parties externes.

a) ISO 9001, *Systèmes qualité — Modèle pour l'assurance de la qualité en conception, développement, production, installation et prestations associées*

   — à utiliser lorsque la conformité à des exigences spécifiées est à assurer par le fournisseur pendant la conception, le développement, la production, l'installation et les prestations associées.

b) ISO 9002, *Systèmes qualité — Modèle pour l'assurance de la qualité en production, installation et prestations associées*

   — à utiliser lorsque la conformité à des exigences spécifiées est à assurer par le fournisseur pendant la production, l'installation et les prestations associées.

c) ISO 9003, *Systèmes qualité — Modèle pour l'assurance de la qualité en contrôle et essais finals*

   — à utiliser lorsque la conformité à des exigences spécifiées est à assurer par le fournisseur uniquement lors des contrôles et essais finals.

Il faut souligner que les exigences en matière de système qualité, spécifiées dans la présente Norme internationale, dans l'ISO 9001 et l'ISO 9003, sont complémentaires (et ne se substituent pas) aux exigences techniques spécifiées (pour le produit). Elles spécifient des exigences qui déterminent les éléments que doivent comprendre les systèmes qualité, mais leur but n'est pas d'imposer l'uniformité des systèmes qualité. Ces Normes internationales sont génériques, indépendantes de tout secteur industriel ou économique particulier. La conception et la mise en œuvre d'un système qualité tiendront compte des différents besoins d'un organisme, de ses objectifs particuliers, des produits et services fournis et des processus et pratiques spécifiques en usage.

Il est prévu que ces Normes internationales soient utilisées telles quelles, mais, dans certains cas, il peut être nécessaire de les ajuster en ajoutant ou en supprimant certaines exigences de système qualité en fonction de situations contractuelles particulières. L'ISO 9000-1 fournit des indications sur cet ajustement et sur le choix du modèle approprié pour l'assurance de la qualité, à savoir ISO 9001, ISO 9002 ou ISO 9003.

Systèmes qualité — Modèle pour l'assurance de la qualité en production, installation et prestations associées

1 Domaine d'application

La présente Norme internationale spécifie des exigences en matière de système qualité à utiliser lorsque l'aptitude d'un fournisseur à fournir un produit conforme à une conception établie doit être démontrée.

Les exigences spécifiées visent en premier lieu la satisfaction du client, par la prévention des non-conformités à tous les stades, depuis la production jusqu'aux prestations associées.

La présente Norme internationale est applicable lorsque

a) les exigences spécifiées pour le produit sont formulées en termes de conception ou de spécification établie, et

b) la confiance dans la conformité du produit peut être obtenue par une démonstration adéquate des aptitudes d'un fournisseur en matière de production, installation et prestations associées.

NOTE 1 Pour les références informatives, voir annexe A.

2 Référence normative

La norme suivante contient des dispositions qui, par suite de la référence qui en est faite, constituent des dispositions valables pour la présente Norme internationale. Au moment de la publication, l'édition indiquée était en vigueur. Toute norme est sujette à révision et les parties prenantes des accords fondés sur la présente Norme internationale sont invitées à rechercher la possibilité d'appliquer l'édition la plus récente de la norme indiquée ci-après. Les membres de la CEI et de l'ISO possèdent le registre des Normes internationales en vigueur à un moment donné.

ISO 8402:1994, *Management de la qualité et assurance de la qualité — Vocabulaire.*

3 Définitions

Pour les besoins de la présente Norme internationale, les définitions données dans l'ISO 8402 et les définitions suivantes s'appliquent.

3.1 produit: Résultat d'activités ou de processus.

NOTES

2 Le terme produit peut inclure les services, les matériels, les produits issus de processus à caractère continu, les logiciels, ou une combinaison des deux.

3 Un produit peut être matériel (par exemple, assemblages ou produits issus de processus à caractère continu) ou immatériel (par exemple, connaissances ou concepts), ou une combinaison des deux.

4 Dans le cadre de la présente Norme internationale, le terme «produit» s'applique au produit intentionnel et ne s'applique pas aux sous-produits non-intentionnels affectant l'environnement. Ceci diffère de la définition donnée dans l'ISO 8402.

3.2 offre: Une offre est faite par un fournisseur en réponse à un appel d'offre en vue de l'attribution d'un contrat de fourniture d'un produit.

3.3 contrat: Exigences ayant fait l'objet d'un accord entre un fournisseur et un client et transmises par un moyen quelconque.

1

4 Exigences en matière de système qualité

4.1 Responsabilité de la direction

4.1.1 Politique qualité

La direction du fournisseur, qui a pouvoir de décision doit définir et consigner par écrit sa politique en matière de qualité, y compris ses objectifs et son engagement en la matière. La politique qualité doit être pertinente par rapport aux objectifs généraux du fournisseur et aux attentes et besoins de ses clients. Le fournisseur doit assurer que cette politique est comprise, mise en œuvre et entrenue à tous les niveaux de l'organisme.

4.1.2 Organisation

4.1.2.1 Responsabilité et autorité

La responsabilité, l'autorité et les relations entre les personnes qui dirigent, exécutent et vérifient des tâches qui ont une incidence sur la qualité doivent être définies par écrit; cela concerne, en particulier les personnes qui ont besoin de la liberté et de l'autorité sur le plan de l'organisation pour

a) déclencher des actions permettant de prévenir l'apparition de toute non-conformité relative au produit, au processus et au système qualité;

b) identifier et enregistrer tout problème relatif au produit, au processus et au système qualité;

c) déclencher, recommander ou fournir des solutions en suivant des circuits définis;

d) vérifier la mise en œuvre des solutions;

e) maîtriser la poursuite des opérations relatives au produit non conforme, sa livraison ou son installation jusqu'à ce que la déficience ou la situation non satisfaisante ait été corrigée.

4.1.2.2 Moyens

Le fournisseur doit identifier les exigences relatives aux moyens et fournir les moyens adéquats, y compris la désignation de personnes formées (voir 4.18), pour le management, l'exécution et la vérification des tâches, ainsi que les audits qualité internes.

4.1.2.3 Représentant de la direction

La direction du fournisseur, qui a pouvoir de décision, doit nommer un de ses membres qui, nonobstant d'autres responsabilités, doit avoir une autorité définie pour

a) assurer qu'un système qualité est défini, mis en œuvre et entretenu conformément à la présente Norme internationale, et

b) rendre compte du fonctionnement du système qualité à la direction du fournisseur pour en faire la revue et servir de base à l'amélioration du système qualité.

NOTE 5   La responsabilité du représentant de la direction peut également comprendre les relations avec des parties extérieurs en ce qui concerne les sujets relatifs au système qualité du fournisseur.

4.1.3 Revue de direction

La direction du fournisseur, qui a pouvoir de décision, doit faire une revue du système qualité à une fréquence définie et suffisante pour assurer qu'il demeure constamment approprié et efficace afin de satisfaire aux exigences de la présente Norme internationale ainsi qu'à la politique et aux objectifs qualité fixés par le fournisseur (voir 4.1.1). Des enregistrements de ces revues doivent être conservés (voir 4.16).

4.2 Système qualité

4.2.1 Généralités

Le fournisseur doit établir, consigner par écrit et entretenir un système qualité en tant que moyen pour assurer que le produit est conforme aux exigences spécifiées. Le fournisseur doit établir un manuel qualité couvrant les exigences de la présente Norme internationale. Le manuel qualité doit comprendre les procédures du système qualité ou y faire référence, et exposer la structure de la documentation utilisée dans le cadre du système qualité.

NOTE 6   L'ISO 10013 fournit des conseils relatifs à l'élaboration des manuels qualité.

4.2.2 Procédures du système qualité

Le fournisseur doit

a) établir des procédures écrites cohérentes avec les exigences de la présente Norme internationale et avec la politique qualité qu'il a formulée, et

b) mettre réellement en œuvre le système qualité et ses procédures écrites.

2

Dans le cadre de la présente Norme internationale, l'étendue et le niveau de détail des procédures qui font partie du système qualité doivent dépendre de la complexité des tâches, des méthodes utilisées, des compétences et de la formation nécessaires au personnel impliqué dans l'exécution de ces tâches.

NOTE 7   Les procédures écrites peuvent faire référence à des instructions de travail qui définissent comment une tâche est réalisée.

4.2.3   Planification de la qualité

Le fournisseur doit définir et consigner par écrit comment satisfaire les exigences pour la qualité. La planification de la qualité doit être cohérente avec l'ensemble des exigences du système qualité du fournisseur et doit être consignée sous une forme adaptée aux méthodes de travail du fournisseur. Ce dernier doit porter toute son attention sur les activités suivantes, s'il y a lieu, pour satisfaire aux exigences spécifiées pour les produits, les projets ou les contrats:

a)   l'établissement de plans qualité;

b)   l'identification et l'acquisition de tous moyens de maîtrise des activités, processus, équipements (y compris les équipements de contrôle et d'essai), dispositifs, ensemble des moyens et compétences qui peuvent être nécessaires pour obtenir la qualité requise;

c)   l'assurance de la compatibilité du processus de production, de l'installation, des prestations associées, des procédures de contrôle et d'essai et de la documentation applicable;

d)   la mise à jour, autant que nécessaire, des techniques de maîtrise de la qualité, de contrôle et d'essai, y compris le développement d'une nouvelle instrumentation;

e)   l'identification, en temps voulu, de toute exigence en matière de mesurage mettant en jeu une aptitude qui dépasse les possibilités actuelles de l'état de l'art, afin de developper l'aptitude nécessaire;

f)   l'identification des vérifications adéquates aux phases appropriées de la réalisation du produit;

g)   la clarification des normes d'acceptation pour toutes les caractéristiques et exigences, y compris celles qui contiennent un élément subjectif;

h)   l'identification et la préparation d'enregistrements relatifs à la qualité (voir 4.16).

NOTE 8   Les plans qualité mentionnés [voir 4.2.3 a)] peuvent faire référence aux procédures écrites appropriées qui font partie intégrante du système qualité du fournisseur.

4.3   Revue de contrat

4.3.1   Généralités

Le fournisseur doit établir et tenir à jour des procédures écrites de revue de contrat et de coordination de ces activités.

4.3.2   Revue

Avant soumission d'une offre ou acceptation d'un contrat ou d'une commande (formulation des exigences), l'offre, le contrat ou la commande doit être revu(e) par le fournisseur afin d'assurer que

a)   les exigences sont définies et documentées de façon adéquate; lorsqu'il n'existe pas d'exigences écrites pour une commande verbale, le fournisseur doit assurer que les exigences de cette commande ont bien fait l'objet d'un accord avant d'être acceptées;

b)   toute différence entre les exigences d'un contrat ou d'une commande et celles de l'offre a fait l'objet d'une solution;

c)   le fournisseur présente l'aptitude à satisfaire aux exigences du contrat ou de la commande.

4.3.3   Avenant au contrat

Le fournisseur doit définir comment un avenant à un contrat est traité et comment il le transmet correctement aux fonctions concernées de son organisation.

4.3.4   Enregistrements

Des enregistrements de ces revues de contrat doivent être conservés (voir 4.16).

NOTE 9   Il convient de constituer des circuits de communication et des interfaces avec le client en matière de contrat.

4.4   Maîtrise de la conception

Le domaine d'application de la présente Norme internationale ne comprend pas d'exigences de système qualité pour la maîtrise de la conception. Ce paragraphe est inclus afin d'aligner la numérotation des articles avec l'ISO 9001.

3

4.5 Maîtrise des documents et des données

4.5.1 Généralités

Le fournisseur doit établir et tenir à jour des procédures écrites pour maîtriser tous les documents et données relatifs aux exigences de la présente Norme internationale, y compris, dans les limites de ce qui est applicable, des documents d'origine extérieure tels que les normes et les plans du client.

NOTE 10   Les documents et les données peuvent se présenter sur tout support, tel que support papier ou support informatique.

4.5.2 Approbation et diffusion des documents et des données

Avant leur diffusion, les documents et les données doivent être revus et approuvés en ce qui concerne leur adéquation, par des personnes habilitées. Une liste de référence ou toute procédure de maîtrise de documents équivalente indiquant la révision en vigueur des documents doit être établie et être facilement accessible pour empêcher l'utilisation de documents non valables et/ou périmés.

Cette maîtrise doit assurer que

a) les éditions pertinentes des documents appropriés sont disponibles à tous les endroits où des opérations essentielles au fonctionnement efficace du système qualité sont effectuées;

b) les documents non valables et/ou périmés sont aussitôt retirés de tous les points de diffusion ou d'utilisation, ou sinon qu'ils ne peuvent pas être utilisés de façon non intentionnelle;

c) tout document périmé conservé à des fins légales ou de conservation des connaissances est convenablement identifié.

4.5.3 Modifications des documents et des données

Les modifications des documents et des données doivent être revues et approuvées par les mêmes fonctions/organismes qui les ont revus et approuvés à l'origine, à moins qu'il n'en soit spécifié autrement. Les fonctions/organismes désignés doivent avoir accès à toutes informations appropriées sur lesquelles ils peuvent fonder leur revue et leur approbation.

Lorsque cela est réalisable, la nature de la modification doit être identifiée dans le document ou dans les annexes appropriées.

4.6 Achats

4.6.1 Généralités

Le fournisseur doit établir et tenir à jour des procédures écrites pour assurer que le produit acheté (voir 3.1) est conforme aux exigences spécifiées.

4.6.2 Évaluation des sous-contractants

Le fournisseur doit

a) évaluer et sélectionner les sous-contractants sur la base de leur aptitude à satisfaire aux exigences de la sous-commande, y compris les exigences de système qualité et toutes exigences spécifiques d'assurance de la qualité;

b) définir le type et l'étendue de la maîtrise exercée par le fournisseur sur ses sous-contractants. Celle-ci doit dépendre du type de produit commandé au sous-contractant, de l'incidence de ce produit sur la qualité du produit final et, lorsque cela est applicable, des rapports d'audits qualité et/ou des enregistrements relatifs aux aptitudes et performances dont le sous-contractant a fait la démonstration précédemment;

c) établir, tenir à jour et conserver des enregistrements relatifs à la qualité des sous-contractants acceptables (voir 4.16).

4.6.3 Données d'achat

Les documents d'achat doivent contenir des données décrivant clairement le produit commandé et comprenant, lorsque cela est applicable

a) le type, la catégorie, la classe ou toute autre identification précise;

b) le titre ou toute autre identification formelle et l'édition applicable des spécifications, plans, exigences en matière de processus, instructions de contrôle et autres données techniques pertinentes, y compris les exigences pour l'approbation ou la qualification du produit, des procédures, de l'équipement et du personnel relatifs au processus;

c) le titre, le numéro et l'édition de la norme de système qualité à appliquer.

Le fournisseur doit revoir et approuver les documents d'achat en ce qui concerne l'adéquation des exigences spécifiées avant de les diffuser.

4

4.6.4 Vérification du produit acheté

4.6.4.1 Vérification par le fournisseur chez le sous-contractant

Lorsque le fournisseur a l'intention de vérifier le produit acheté chez le sous-contractant, il doit spécifier dans les documents d'achat les dispositions à prendre pour la vérification et les modalités de mise à disposition du produit.

4.6.4.2 Vérification par le client du produit sous-contracté

Lorsque cela est spécifié dans le contrat, le client du fournisseur ou son représentant doit avoir le droit de vérifier dans les locaux du sous-contractant et du fournisseur que le produit sous-contracté est conforme aux exigences spécifiées. Cette vérification ne doit pas être utilisée par le fournisseur comme preuve de la maîtrise effective de la qualité par le sous-contractant.

La vérification par le client ne doit pas décharger le fournisseur de sa responsabilité de fournir un produit acceptable, ni empêcher un rejet ultérieur du produit par le client.

4.7 Maîtrise du produit fourni par le client

Le fournisseur doit établir et tenir à jour des procédures écrites pour la vérification, le stockage et la préservation du produit fourni par le client pour être incorporé dans les fournitures ou pour des activités qui y sont liées. Tout produit de cette nature perdu, endommagé ou encore impropre à l'utilisation doit être enregistré et le client doit en être informé (voir 4.16).

La vérification par le fournisseur ne décharge pas le client de sa responsabilité de fournir un produit acceptable.

4.8 Identification et traçabilité du produit

Lorsque cela est approprié, le fournisseur doit établir et tenir à jour des procédures écrites pour l'identification du produit à l'aide de moyens adéquats, de la réception jusqu'à la livraison et l'installation, ainsi qu'au cours de toutes les phases de production.

Lorsque et dans la mesure où la traçabilité est une exigence spécifiée, le fournisseur doit établir et tenir à jour des procédures écrites pour l'identification unique de produits ou de lots particuliers. Cette identification doit être enregistrée (voir 4.16).

4.9 Maîtrise des processus

Le fournisseur doit identifier et planifier les processus de production, d'installation et les processus relatifs aux prestations associées qui ont une incidence directe sur la qualité, et il doit aussi assurer que ces processus sont mis en œuvre dans des conditions maîtrisées. Ces dernières doivent comprendre

a) des procédures écrites définissant les pratiques de production, d'installation et les pratiques relatives aux prestations associées lorsque l'absence de ces procédures pourrait avoir une incidence néfaste sur la qualité;

b) l'utilisation d'équipements adéquats pour la production, l'installation et les prestations associées, ainsi qu'un environnement de travail approprié;

c) la conformité aux normes et codes de référence, aux plans qualité et/ou aux procédures écrites;

d) le pilotage et la maîtrise des paramètres des processus et des caractéristiques du produit appropriés;

e) l'approbation des processus et de l'équipement, s'il y a lieu;

f) les critères d'exécution qui doivent être prescrits le plus clairement possible (par exemple au moyen de normes écrites, d'échantillons représentatifs ou d'illustrations);

g) la maintenance appropriée de l'équipement de manière à assurer en permanence l'aptitude des processus.

Quand les résultats des processus ne peuvent pas être entièrement vérifiés par des contrôles et des essais du produit effectués a posteriori et pour lesquels, par exemple, des déficiences peuvent n'apparaître qu'en cours d'utilisation du produit, les processus doivent être conduits par des opérateurs qualifiés et/ou doivent exiger un pilotage continu des opérations et la maîtrise permanente des paramètres de processus, de manière à assurer leur conformité aux exigences spécifiées.

Les exigences relatives à la qualification des processus, y compris l'équipement et le personnel associés (voir 4.18), doivent être spécifiées.

NOTE 11   De tels processus qui nécessitent une préqualification de leur aptitude sont souvent appelés procédés spéciaux.

5

Des enregistrements doivent être conservés pour les processus, équipements et personnels qualifiés, s'il y a lieu (voir 4.16).

4.10 Contrôles et essais

4.10.1 Généralités

Le fournisseur doit établir et tenir à jour des procédures écrites pour les opérations de contrôles et d'essais afin de vérifier que les exigences spécifiées pour le produit sont respectées. Les contrôles et essais requis ainsi que les enregistrements à effectuer doivent figurer dans le plan qualité ou dans des procédures écrites.

4.10.2 Contrôles et essais à la réception

4.10.2.1 Le fournisseur doit assurer que le produit entrant n'est ni utilisé, ni mis en œuvre (sauf dans les cas décrits en 4.10.2.3) tant qu'il n'a pas été contrôlé ou tant que sa conformité aux exigences spécifiées n'a pas été vérifiée d'une autre manière. La vérification de la conformité aux exigences spécifiées doit être effectuée conformément au plan qualité et/ou aux procédures écrites.

4.10.2.2 Lors de la détermination de l'importance et de la nature des contrôles à la réception, il faut prendre en considération l'importance du contrôle exercé dans les locaux des sous-contractants et le fait qu'une preuve enregistrée de la conformité a été fournie.

4.10.2.3 Lorsque, pour des raisons d'urgence, le produit entrant est lancé en production avant d'être vérifié, il doit être identifié de façon formelle et enregistré (voir 4.16), afin de permettre son rappel immédiat et son remplacement dans le cas de non-conformité aux exigences spécifiées.

4.10.3 Contrôles et essais en cours de réalisation

Le fournisseur doit

a) contrôler le produit et faire des essais conformément au plan qualité et/ou aux procédures écrites;

b) bloquer le produit jusqu'à ce que les contrôles et les essais requis soient terminés ou jusqu'à ce que les rapports nécessaires aient été reçus et vérifiés, excepté lorsque le produit est mis en circulation conformément à des procédures de rappel préétablies (voir 4.10.2.3). La mise en circulation suivant ces procédures ne doit pas empêcher de mener les activités prévues en 4.10.3 a).

4.10.4 Contrôles et essais finals

Le fournisseur doit effectuer tous les contrôles et essais finals conformément au plan qualité et/ou aux procédures écrites afin de démontrer la conformité du produit fini aux exigences spécifiées.

Le plan qualité et/ou les procédures écrites pour les contrôles et les essais finals doivent exiger que tous les contrôles et essais spécifiés, y compris ceux spécifiés à la réception du produit ou pendant sa réalisation, aient été menés à bien et que les résultats satisfassent aux exigences spécifiées.

Aucun produit ne doit être expédié avant que toutes les activités spécifiées dans le plan qualité et/ou dans les procédures écrites aient été accomplies de façon satisfaisante et que les données et la documentation qui y sont associées soient disponibles et acceptées.

4.10.5 Enregistrements des contrôles et essais

Le fournisseur doit établir et conserver des enregistrements apportant la preuve que le produit a subi des contrôles et/ou des essais. Ces enregistrements doivent montrer clairement si le produit a satisfait ou non aux contrôles et/ou aux essais conformément à des critères d'acceptation définis. Lorsque le produit ne passe pas avec succès les contrôles et/ou les essais, les procédures de maîtrise du produit non conforme doivent s'appliquer (voir 4.13).

Les enregistrements doivent identifier la personne habilitée pour le contrôle et la mise en circulation du produit (voir 4.16).

4.11 Maîtrise des équipements de contrôle, de mesure et d'essai

4.11.1 Généralités

Le fournisseur doit établir et tenir à jour des procédures écrites pour maîtriser, étalonner et maintenir en état les équipements de contrôle, de mesure et d'essai (y compris les logiciels d'essais) utilisés par le fournisseur pour démontrer la conformité du produit aux exigences spécifiées. Les équipements de contrôle, de mesure et d'essai doivent être utilisés de façon à assurer que l'incertitude de mesure est connue et compatible avec l'aptitude requise en matière de mesurage.

Lorsque des logiciels d'essai ou des références de comparaison, tels que des matériels d'essai, sont utilisés comme moyens de contrôle appropriés, ils doivent être vérifiés pour démontrer qu'ils sont capables de contrôler que le produit est acceptable, avant sa mise en circulation pour utilisation lors de la produc-

6

tion, de l'installation ou des prestations associées, et doivent être vérifiés de nouveau aux intervalles prescrits. Le fournisseur doit fixer l'étendue et la fréquence de telles vérifications et conserver des enregistrements comme preuve de sa maîtrise des équipements considérés (voir 4.16).

Lorsque la disponibilité des données techniques relatives aux équipements de contrôle, de mesure et d'essai est une exigence spécifiée, de telles données doivent être mises à la disposition du client ou de son représentant, à leur demande, afin de vérifier que les équipements de contrôle, de mesure et d'essai conviennent sur le plan fonctionnel.

NOTE 12   Pour les besoins de la présente Norme internationale, le terme équipement de mesure comprend les appareils et instruments de mesure.

4.11.2   Procédures de maîtrise

Le fournisseur doit

a) déterminer les mesurages à effectuer, l'exactitude requise et sélectionner l'équipement de contrôle, de mesure et d'essai approprié capable d'apporter l'exactitude et la précision nécessaires;

b) identifier tous les équipements de contrôle, de mesure et d'essai qui peuvent avoir une influence sur la qualité du produit, les étalonner et les régler aux intervalles prescrits, ou avant utilisation, par rapport à des équipements certifiés reliés de façon valable à des étalons reconnus au plan international ou national. Lorsque ces étalons n'existent pas, la référence utilisée pour l'étalonnage doit faire l'objet d'une description écrite;

c) définir le processus utilisé pour l'étalonnage des équipements de contrôle, de mesure et d'essai en détaillant le type d'équipement, l'identification spécifique, l'emplacement, la fréquence des vérifications, la méthode de vérification, les critères d'acceptation et l'action à entreprendre lorsque les résultats ne sont pas satisfaisants;

d) identifier les équipements de contrôle, de mesure et d'essai avec un marquage approprié ou un enregistrement d'identification approuvé pour indiquer la validité de l'étalonnage;

e) conserver des enregistrements d'étalonnage pour les équipements de contrôle, de mesure et d'essai (voir 4.16);

f) évaluer et consigner par écrit la validité de résultats de contrôle et d'essai antérieurs lorsque les

équipements de contrôle, de mesure et d'essai s'avèrent être en dehors des limites fixées pour l'étalonnage;

g) assurer que les conditions d'environnement sont appropriées pour la réalisation des étalonnages, contrôles, mesures et essais;

h) assurer que la manutention, la préservation et le stockage des équipements de contrôle, de mesure et d'essai sont tels que l'exactitude et l'aptitude à l'emploi sont maintenues;

i) protéger les moyens de contrôle, de mesure et d'essai, y compris les matériels et les logiciels d'essai, contre des manipulations qui invalideraient les réglages d'étalonnage.

NOTE 13   Les exigences en matière d'assurance de la qualité des équipements de mesure données dans l'ISO 10012 peuvent être utilisées en tant que guide.

4.12   État des contrôles et des essais

L'état des contrôles et des essais du produit doit être identifié par des moyens appropriés qui indiquent la conformité ou la non-conformité du produit par rapport aux contrôles et essais effectués. L'identification de l'état des contrôles et des essais doit être tenue à jour, conformément au plan qualité et/ou aux procédures écrites, tout au long de la réalisation, de l'installation du produit et des prestations associées, afin d'assurer que seul le produit qui a subi avec succès les contrôles et essais requis [ou a été mis en circulation par dérogation autorisée (voir 4.13.2)] est expédié, utilisé ou installé.

4.13   Maîtrise du produit non conforme

4.13.1   Généralités

Le fournisseur doit établir et tenir à jour des procédures écrites afin d'assurer que tout produit non conforme aux exigences spécifiées ne puisse être utilisé ou livré de façon non intentionnelle. Cette maîtrise doit comprendre l'identification, la documentation, l'évaluation, l'isolement (lorsqu'il est possible), le traitement du produit non conforme et la notification aux fonctions concernées.

4.13.2   Examen et traitement du produit non conforme

La responsabilité relative à l'examen et la décision pour le traitement du produit non conforme doit être définie.

7

Le produit non conforme doit être examiné selon des procédures écrites. Il peut être

a) repris pour satisfaire aux exigences spécifiées,

b) accepté par dérogation avec ou sans réparation,

c) déclassé pour d'autres applications, ou bien

d) rejeté ou mis au rebut.

Si le contrat l'exige, la proposition d'utilisation ou de réparation du produit [voir 4.13.2 b)] qui n'est pas conforme aux exigences spécifiées doit être présentée pour dérogation au client ou à son représentant. La description de la non-conformité qui a été acceptée et des réparations doit être enregistrée pour indiquer l'état réel (voir 4.16).

Le produit réparé et/ou repris doit être contrôlé de nouveau conformément aux exigences du plan qualité et/ou des procédures écrites.

4.14 Actions correctives et préventives

4.14.1 Généralités

Le fournisseur doit établir et tenir à jour des procédures écrites pour mettre en œuvre des actions correctives et préventives.

Toute action corrective ou préventive conduite pour éliminer les causes des non-conformités réelles ou potentielles doit l'être à un niveau correspondant à l'importance des problèmes et en rapport avec les risques encourus.

Le fournisseur doit mettre en œuvre et enregistrer toutes les modifications des procédures écrites qui résultent des actions correctives et préventives.

4.14.2 Actions correctives

Les procédures d'actions correctives doivent comprendre

a) le traitement effectif des réclamations du client et des rapports de non-conformité du produit;

b) la recherche des causes de non-conformité relatives au produit, au processus et au système qualité ainsi que l'enregistrement des résultats de cette recherche (voir 4.16);

c) la détermination des actions correctives nécessaires pour éliminer les causes de non-conformité;

d) l'application de moyens de maîtrise pour assurer que l'action corrective est mise en œuvre et qu'elle produit l'effet escompté.

4.14.3 Actions préventives

Les procédures d'action préventive doivent comprendre

a) l'utilisation de sources d'informations appropriées telles que processus et opérations affectant la qualité du produit, dérogations, résultats d'audits, enregistrements relatifs à la qualité, rapports de maintenance et réclamations des clients, de manière à détecter, analyser et éliminer les causes potentielles de non-conformités;

b) la détermination des étapes appropriées pour traiter tout problème nécessitant une action préventive;

c) le déclenchement d'actions préventives et l'application de moyens de maîtrise pour assurer qu'elles produisent l'effet escompté;

d) l'assurance qu'une information pertinente relative aux actions mises en œuvre est soumise à la revue de direction (voir 4.1.3).

4.15 Manutention, stockage, conditionnement, préservation et livraison

4.15.1 Généralités

Le fournisseur doit établir et tenir à jour des procédures écrites pour la manutention, le stockage, le conditionnement, la préservation et la livraison du produit.

4.15.2 Manutention

Le fournisseur doit prévoir des méthodes et des moyens de manutention du produit qui empêchent son endommagement ou sa détérioration.

4.15.3 Stockage

Le fournisseur doit utiliser les aires ou les locaux de stockage désignés afin d'empêcher l'endommagement ou la détérioration du produit lorsqu'il est en attente d'utilisation ou de livraison. Des méthodes appropriées doivent être prescrites pour autoriser la réception dans ces aires et l'expédition à partir de celles-ci.

L'état du produit en stock doit être évalué à intervalles appropriés afin de détecter toute détérioration.

8

4.15.4 Conditionnement

Le fournisseur doit maîtriser les processus d'emballage, de conditionnement et de marquage (y compris les matériaux utilisés) autant qu'il est nécessaire pour assurer la conformité aux exigences spécifiées.

4.15.5 Préservation

Le fournisseur doit appliquer des méthodes appropriées pour la préservation et l'isolement du produit lorsque le produit est sous le contrôle du fournisseur.

4.15.6 Livraison

Le fournisseur doit prendre des dispositions pour la protection de la qualité du produit après les contrôles et essais finals. Lorsque cela est spécifié contractuellement, cette protection doit être étendue pour inclure la livraison à destination.

4.16 Maîtrise des enregistrements relatifs à la qualité

Le fournisseur doit établir et tenir à jour des procédures écrites d'identification, de collecte, d'indexage, d'accès, de classement, de stockage, de conservation et d'élimination des enregistrements relatifs à la qualité.

Les enregistrements relatifs à la qualité doivent être conservés pour démontrer la conformité aux exigences spécifiées et que le système qualité est opérationnel. Des enregistrements pertinents relatifs à la qualité, concernant les sous-contractants, doivent être un élément de ces données.

Tous les enregistrements relatifs à la qualité doivent être lisibles, stockés et conservés de façon à être facilement retrouvés dans des installations qui offrent un environnement approprié pour éviter les détériorations, les endommagements et les pertes. Les durées de conservation des enregistrements relatifs à la qualité doivent être définies et enregistrées. Lorsque cela est convenu contractuellement, ces enregistrements doivent être disponibles pour évaluation par le client ou son représentant, pendant une durée convenue.

NOTE 14   Les enregistrements peuvent se présenter sur tout support, tel que support papier ou support informatique.

4.17 Audits qualité internes

Le fournisseur doit établir et tenir à jour des procédures écrites pour la planification et la réalisation des audits qualité internes, afin de vérifier si les activités relatives à la qualité et les résultats correspondants sont conformes aux dispositions prévues et de déterminer l'efficacité du système qualité.

Les audits qualité internes doivent être programmés en fonction de la nature et de l'importance de l'activité soumise à l'audit. Ils doivent être conduits par des personnes indépendantes de celles qui ont la responsabilité directe de l'activité auditée.

Les résultats des audits doivent être enregistrés (voir 4.16) et portés à la connaissance des personnes qui ont la responsabilité du domaine soumis à l'audit. Les responsables de ce domaine doivent engager des actions correctives en temps utile pour remédier aux déficiences trouvées lors de l'audit.

Les activités de suivi d'audit doivent comprendre la vérification et l'enregistrement de la mise en œuvre et de l'efficacité des actions correctives engagées (voir 4.16).

NOTES

15   Les résultats des audits qualité internes font partie intégrante des activités de revue de direction (voir 4.1.3).

16   L'ISO 10011 donne des informations relatives aux audits des systèmes qualité.

4.18 Formation

Le fournisseur doit établir et tenir à jour des procédures écrites permettant d'identifier les besoins de formation et de pourvoir à la formation de toutes les personnes chargées d'une activité ayant une incidence sur la qualité. Les personnes chargées d'accomplir des tâches particulières doivent être qualifiées sur la base d'une formation initiale appropriée, d'une formation complémentaire et/ou d'une expérience appropriée, selon les exigences. Des enregistrements appropriés de la formation doivent être tenus à jour (voir 4.16).

4.19 Prestations associées

Lorsque les prestations associées sont une exigence spécifiée, le fournisseur doit établir et tenir à jour des procédures écrites pour effectuer, vérifier et rendre compte que ces prestations sont conformes aux exigences spécifiées.

4.20 Techniques statistiques

4.20.1 Identification des besoins

Le fournisseur doit identifier les besoins en techniques statistiques requises pour établir, maîtriser et

9

vérifier l'aptitude de processus et les caractéristiques du produit.

4.20.2 Procédures

Le fournisseur doit établir et tenir à jour les procédures écrites pour mettre en œuvre et maîtriser l'application des techniques statistiques identifiées en 4.20.1.

10

Annexe A
(informative)

Bibliographie

[1] ISO 9000-1:1994, *Normes pour le management de la qualité et l'assurance de la qualité — Partie 1: Lignes directrices pour leur sélection et utilisation.*

[2] ISO 9000-2:1993, *Normes pour le management de la qualité et l'assurance de la qualité — Partie 2: Lignes directrices pour l'application de l'ISO 9001, l'ISO 9002 et l'ISO 9003.*

[3] ISO 9000-3:1991, *Normes pour la gestion de la qualité et l'assurance de la qualité — Partie 3: Lignes directrices pour l'application de l'ISO 9001 au développement, à la mise à disposition et à la maintenance du logiciel.*

[4] ISO 9001:1994, *Systèmes qualité — Modèle pour l'assurance de la qualité en conception, développement, production, installation et prestations associées.*

[5] ISO 9003:1994, *Systèmes qualité — Modèle pour l'assurance de la qualité en contrôle et essais finals.*

[6] ISO 10011-1:1990, *Lignes directrices pour l'audit des systèmes qualité — Partie 1: Audit.*

[7] ISO 10011-2:1991, *Lignes directrices pour l'audit des systèmes qualité — Partie 2: Critères de qualification pour les auditeurs de systèmes qualité.*

[8] ISO 10011-3:1991, *Lignes directrices pour l'audit des systèmes qualité — Partie 3: Gestion des programmes d'audit.*

[9] ISO 10012-1:1992, *Exigences d'assurance de la qualité des équipements de mesure — Partie 1: Confirmation métrologique de l'équipement de mesure.*

[10] ISO 10013:—[1], *Lignes directrices pour l'élaboration des manuels qualité.*

[11] ISO/TR 13425:—[1], *Lignes directrices pour la sélection des méthodes statistiques dans la normalisation et les spécifications.*

---

1) À publier.

11

ISSN 0335-3931

norme européenne
norme française

NF EN ISO 9003
Août 1994

Indice de classement : X 50-133

Systèmes qualité

Modèles pour l'assurance de la qualité en contrôle et essais finals

E : Quality systems — Model for quality assurance in final inspection and test
D : Qualitätsmanagementsysteme — Modell zur Darlegung des Qualitätsmanagementsystems bei der Endprüfung

Norme française homologuée par décision du Directeur Général de l'AFNOR le 5 juillet 1994 pour prendre effet le 5 août 1994.

Remplace la norme homologuée NF EN 29003, de décembre 1988 (indice de classement : X 50-133).

correspondance La norme européenne EN ISO 9003:1994 a le statut d'une norme française.

analyse Le présent document, qui fait partie d'une série de trois normes sur les systèmes qualité (NF EN ISO 9001, NF EN ISO 9002 et NF EN ISO 9003) définit un modèle type d'assurance de la qualité dans les relations client fournisseur. Dans un cadre contractuel, il est applicable lorsque la conformité à des exigences spécifiées est à assurer par le fournisseur uniquement lors des contrôles et essais finals.

descripteurs **Thésaurus International Technique** : assurance de qualité, programme d'assurance qualité, système d'assurance qualité, essai, contrôle, modèle de référence.

modifications Par rapport à la précédente édition, modifications de fond mineures, et ajout des articles «Revue de contrat», «Maîtrise du produit fourni par le client», «Actions correctives» et «Audits qualité internes».

corrections

éditée et diffusée par l'association française de normalisation (afnor), tour europe cedex 7 92049 paris la défense — tél. : (1) 42 91 55 55

Membres de la commission de normalisation

Président : M VAISENBERG

Secrétariat : MME DEL CERRO — AFNOR

M	AFFATICATI	MATRA GENERAL SA
M	ANGELINI	ASCII QUALITATEM
M	ARDAULT	SNCF
M	AULAGNER	IPEQ
M	BABY	EDF/DER
M	BAUDON	RNUR
M	BELLAMIT	SYMEDIA
M	BERNARD	GIAT INDUSTRIES
M	BESSIN	ABB CONTROL
M	BLAIZOT	FIEE
M	BLANC	CTDEC
M	BONNOME	
M	BRUNSCHWIG	
M	BUSSARD	EXECUTIVE CONSULTANT SA
M	CALMELS	DGA DION MISSILES ET ESPACE
M	CANCE	
M	CANIS	LIONEL CANIS CONSEIL
M	CARLU	
M	CATINAUD	ISOVER SAINT GOBAIN
M	CATTAN	FRAMATOME SA
M	CAUDRON	GEC ALSTHOM TRANSPORT
M	CHASSIGNET	
M	CLOCHARD	GEC ALSTHOM T & D
M	COMBRET	RENAULT VEHICULES INDUSTRIELS
M	COPIN	CM CONSULTANTS
MME	DECROIX	BULL SA
M	DEDEWANOU	ROUSSEL UCLAF
MME	DEJEAN DE LA BATIE	UIC
M	DEL FABBRO	MATRA DEFENSE
MME	DELORT	UTE/SNQ
M	DESMARES	DGA/DCA
M	DOULIERY	AEROSPATIALE
M	DUPUIS	EDF
M	DUTRAIVE	
M	ETIENNE	DAEI
M	FABBRI	LORIENT NAVAL ET INDUSTRIES
M	FOURCADE	MATRA DEFENSE
M	FROMAN	
M	GAUTHIER	ATT GIS
M	GENESTE	CRCI
M	GERVASON	CENTRE TECHNIQUE DU PAPIER
MME	GILLIOT	
M	GODET	CIE SALINS MIDI ET SALINES EST
M	GRANGER	FRANCE TELECOM SCT
M	HAMES	3M FRANCE

M	IACOLARE	ALTRAN TECHNOLOGIES
M	KOLUB	SGS QUALITEST
M	KRYNICKI	HEWLETT PACKARD FRANCE
M	L'HERMITTE	EDF
M	LALLET	GEC ALSTHOM ELECTROMECANIQUE
MME	LAVALETTE	SYSECA SA
M	LE CLANCHE	FRANCE TELECOM SCT
M	LIETVEAUX	BNIF
M	LOLIVIER	LOGIQUAL
M	MAUGUIERE	THOMSON CSF
MME	MAURER	CISI
M	MIGNOT	MATRA DEFENSE
M	MILLERET	SOMELEC SA
M	MIRANDA	ARMEMENT SERVICES
M	MITONNEAU	AMOVI EURL
M	MONTJOIE	CEA
M	MOUGAS	CAMIF
MME	NEEL	DASSAULT AVIATION
M	NICOLAS	FIM
MME	NOTIS	AFNOR
M	OGER	INCHCAPE TESTING SERVICES
MME	OUDIN DARRIBERE	
M	PAILHES	RHONE-POULENC CHIMIE
M	PIZON	FRANCE TELECOM SCT
M	QUEREL	PQI GENIE QUALITE
M	QUINIO	TECHNIP
MME	RENARD	LABORATOIRES METROLOGIE D'IVRY
MME	RENAUX	SOCOTEC QUALITE
M	RICHER	HEI
M	ROULEAU	GDF — DION PRODUCT TRANSPORT CTO
M	SAMPERE	CEP SYSTEMES
M	SANS	
M	SEGOY	LA POSTE
M	SERVAJAN	D'HERMY CONSEIL SA
MME	SIDI	CAP GEMINI SOGETI
M	THORETTON	AUTOMOBILES CITROEN
M	THOUSCH	SGS QUALITEST
M	TILLET	RENAULT VEHICULES INDUSTRIELS
M	TRAPON	BUREAU VERITAS
M	VAISENBERG	AFAQ/ICA
M	VINCENT	LEXMARK INTERNATIONAL SA
M	WEIDMANN	AIRBUS INDUSTRIE
M	WENISCH	SQIFE
M	WIDMER	EDF

Avant-propos national

Références aux normes françaises

La correspondance entre la norme internationale mentionnée à l'article «Référence normative» et la norme française identique est la suivante :

ISO 8402:1994 : NF EN ISO 8402 (indice de classement : X 50-120) [1]

---
1) À publier.

NORME EUROPÉENNE
EUROPÄISCHE NORM
EUROPEAN STANDARD

EN ISO 9003

Juillet 1994

ICS 03.120.10

Remplace EN 29003:1987

Descripteurs : assurance de qualité, programme d'assurance qualité, système d'assurance qualité, essai, contrôle, modèle de référence.

Version française

Systèmes qualité —
Modèles pour l'assurance de la qualité en contrôle et essais finals
(ISO 9003:1994)

Qualitätsmanagementsysteme — Modell zur
Darlegung des Qualitätsmanagementsystems
bei der Endprüfung
(ISO 9003:1994)

Quality systems — Model for quality
assurance in final inspection and test
(ISO 9003:1994)

La présente norme européenne a été adoptée par le CEN le 1994-06-20.

Les membres du CEN sont tenus de se soumettre au Règlement Intérieur du CEN/CENELEC, qui définit les conditions dans lesquelles doit être attribué, sans modification, le statut de norme nationale à la norme européenne.

Les listes mises à jour et les références bibliographiques relatives à ces normes nationales peuvent être obtenues auprès du Secrétariat Central ou auprès des membres du CEN.

La présente norme européenne existe en trois versions officielles (allemand, anglais, français). Une version faite dans une autre langue par traduction sous la responsabilité d'un membre du CEN dans sa langue nationale, et notifiée au Secrétariat Central, a le même statut que les versions officielles.

Les membres du CEN sont les organismes nationaux de normalisation des pays suivants : Allemagne, Autriche, Belgique, Danemark, Espagne, Finlande, France, Grèce, Irlande, Islande, Italie, Luxembourg, Norvège, Pays-Bas, Portugal, Royaume-Uni, Suède et Suisse.

CEN

COMITÉ EUROPÉEN DE NORMALISATION

Europäisches Komitee für Normung
European Committee for Standardization

Secrétariat Central : rue de Stassart 36, B-1050 Bruxelles

Réf. n° EN ISO 9003:1994 F

Avant-propos

La présente norme européenne a été élaborée par l'ISO/TC 176 «Management et assurance de la qualité» de l'Organisation Internationale de Normalisation (ISO) et a été approuvée par l'ISO et le CEN suite à un vote parallèle.

La présente norme européenne remplace EN 29003:1987.

La présente norme européenne devra recevoir le statut de norme nationale, soit par publication d'un texte identique, soit par entérinement, au plus tard en janvier 1995, et toutes les normes nationales en contradiction devront être retirées au plus tard en janvier 1995.

Conformément au Règlement Intérieur du CEN/CENELEC, les pays suivants sont tenus de mettre la présente norme européenne en application : Allemagne, Autriche, Belgique, Danemark; Espagne, Finlande, France, Grèce, Irlande, Islande, Italie, Luxembourg, Norvège, Pays-Bas, Portugal, Royaume-Uni, Suède et Suisse.

Notice d'entérinement

Le texte de la norme internationale ISO 9003:1994 a été approuvé par le CEN comme norme européenne sans aucune modification.

Sommaire

Page

Avant-propos

L'ISO (Organisation internationale de normalisation) est une fédération mondiale d'organismes nationaux de normalisation (comités membres de l'ISO). L'élaboration des Normes internationales est en général confiée aux comités techniques de l'ISO. Chaque comité membre intéressé par une étude a le droit de faire partie du comité technique créé à cet effet. Les organisations internationales, gouvernementales et non gouvernementales, en liaison avec l'ISO participent également aux travaux. L'ISO collabore étroitement avec la Commission électrotechnique internationale (CEI) en ce qui concerne la normalisation électrotechnique.

Les projets de Normes internationales adoptés par les comités techniques sont soumis aux comités membres pour vote. Leur publication comme Normes internationales requiert l'approbation de 75 % au moins des comités membres votants.

La Norme internationale ISO 9003 a été élaborée par le comité technique ISO/TC 176, *Management et assurance de la qualité*, sous-comité SC 2, *Systèmes qualité*.

Cette deuxième édition annule et remplace la première édition (ISO 9003:1987), dont elle constitue une révision technique.

L'annexe A de la présente Norme internationale est donnée uniquement à titre d'information.

Introduction

La présente Norme internationale fait partie d'une série de trois Normes internationales sur les exigences en matière de système qualité qui peuvent être utilisées dans le cadre de l'assurance externe de la qualité. Les modèles pour l'assurance de la qualité, définis dans les trois Normes internationales mentionnées ci-dessous, décrivent trois formes distinctes d'exigences en matière de système qualité qui conviennent pour la démonstration des aptitudes d'un fournisseur et leur évaluation par des parties externes.

a) ISO 9001, *Systèmes qualité — Modèle pour l'assurance de la qualité en conception, développement, production, installation et prestations associées*

— à utiliser lorsque la conformité à des exigences spécifiées est à assurer par le fournisseur pendant la conception, le développement, la production, l'installation et les prestations associées.

b) ISO 9002, *Systèmes qualité — Modèle pour l'assurance de la qualité en production, installation et prestations associées*

— à utiliser lorsque la conformité à des exigences spécifiées est à assurer par le fournisseur pendant la production, l'installation et les prestations associées.

c) ISO 9003, *Systèmes qualité — Modèle pour l'assurance de la qualité en contrôle et essais finals*

— à utiliser lorsque la conformité à des exigences spécifiées est à assurer par le fournisseur uniquement lors des contrôles et essais finals.

Il faut souligner que les exigences en matière de système qualité, spécifiées dans la présente Norme internationale, dans l'ISO 9001 et l'ISO 9002, sont complémentaires (et ne se substituent pas) aux exigences techniques spécifiées (pour le produit). Elles spécifient des exigences qui déterminent les éléments que doivent comprendre les systèmes qualité, mais leur but n'est pas d'imposer l'uniformité des systèmes qualité. Ces Normes internationales sont génériques, indépendantes de tout secteur industriel ou économique particulier. La conception et la mise en œuvre d'un système qualité tiendront compte des différents besoins d'un organisme, de ses objectifs particuliers, des produits et services fournis et des processus et pratiques spécifiques en usage.

Il est prévu que ces Normes internationales soient utilisées telles quelles, mais, dans certains cas, il peut être nécessaire de les ajuster en ajoutant ou en supprimant certaines exigences de système qualité en fonction de situations contractuelles particulières. L'ISO 9000-1 fournit des indications sur cet ajustement et sur le choix du modèle approprié pour l'assurance de la qualité, à savoir ISO 9001, ISO 9002 ou ISO 9003.

Systèmes qualité — Modèle pour l'assurance de la qualité en contrôle et essais finals

1 Domaine d'application

La présente Norme internationale spécifie des exigences en matière de système qualité à utiliser lorsque l'aptitude du fournisseur à détecter toute non-conformité du produit et à maîtriser les dispositions correspondantes pendant les contrôles et essais finals doit être démontrée.

La présente Norme internationale est applicable dans toutes les situations où l'on peut mettre en évidence, avec une confiance appropriée, la conformité du produit aux exigences spécifiées, ceci étant réalisé à partir d'une démonstration satisfaisante de certaines aptitudes du fournisseur en matière de contrôles et d'essais effectués sur le produit fini.

NOTE 1 Pour les références informatives, voir annexe A.

2 Référence normative

La norme suivante contient des dispositions qui, par suite de la référence qui en est faite, constituent des dispositions valables pour la présente Norme internationale. Au moment de la publication, l'édition indiquée était en vigueur. Toute norme est sujette à révision et les parties prenantes des accords fondés sur la présente Norme internationale sont invitées à rechercher la possibilité d'appliquer l'édition la plus récente de la norme indiquée ci-après. Les membres de la CEI et de l'ISO possèdent le registre des Normes internationales en vigueur à un moment donné.

ISO 8402:1994, *Management de la qualité et assurance de la qualité — Vocabulaire.*

3 Définitions

Pour les besoins de la présente Norme internationale, les définitions données dans l'ISO 8402 et les définitions suivantes s'appliquent.

3.1 produit: Résultat d'activités ou de processus.

NOTES

2 Le terme produit peut inclure le service, le matériel, les produits issus de processus à caractère continu, les logiciels, ou une combinaison de ceux-ci.

3 Un produit peut être matériel (par exemple assemblages ou produits issus de processus à caractère continu) ou immatériel (par exemple connaissances ou concepts), ou une combinaison de ceux-ci.

4 Dans le cadre de la présente Norme internationale, le terme «produit» s'applique au produit intentionnel et ne s'applique pas aux sous-produits non-intentionnels affectant l'environnement. Ceci diffère de la définition donnée dans l'ISO 8402.

3.2 offre: Une offre est faite par un fournisseur en réponse à un appel d'offre en vue de l'attribution d'un contrat de fourniture d'un produit.

3.3 contrat: Exigences ayant fait l'objet d'un accord entre un fournisseur et un client et transmises par un moyen quelconque.

4 Exigences en matière de système qualité

4.1 Responsabilité de la direction

4.1.1 Politique qualité

La direction du fournisseur, qui a pouvoir de décision doit définir et consigner par écrit sa politique en matière de qualité, y compris ses objectifs et son engagement en la matière. La politique qualité doit être pertinente par rapport aux objectifs généraux du fournisseur et aux attentes et besoins de ses clients. Le

1

fournisseur doit assurer que cette politique est comprise, mise en œuvre et entrenue à tous les niveaux de l'organisme.

4.1.2 Organisation

4.1.2.1 Responsabilité et autorité

La responsabilité, l'autorité et les relations entre les personnes qui dirigent, exécutent et vérifient des tâches qui sont soumises aux exigences de la présente Norme internationale doivent être définies par écrit, cela concernant, en particulier, les personnes qui ont besoin de la liberté et de l'autorité sur le plan de l'organisation pour

a)   conduire les contrôles et essais finals, et

b)   assurer que le produit fini non conforme aux exigences spécifiées ne sera pas utilisé ni livré.

4.1.2.2 Moyens

Le fournisseur doit identifier les exigences relatives aux moyens et fournir les moyens adéquats, y compris la désignation de personnes formées (voir 4.18), pour le management, l'exécution et la vérification des tâches, ainsi que les audits qualité internes.

4.1.2.3 Représentant de la direction

La direction du fournisseur, qui a pouvoir de décision, doit nommer un de ses membres qui, nonobstant d'autres responsabilités, doit avoir une autorité définie pour

a)   assurer qu'un système qualité est défini, mis en œuvre et entretenu conformément à la présente Norme internationale, et

b)   rendre compte du fonctionnement du système qualité à la direction du fournisseur pour en faire la revue et servir de base à l'amélioration du système qualité.

NOTE 5   La responsabilité du représentant de la direction peut également comprendre les relations avec des parties extérieures en ce qui concerne les sujets relatifs au système qualité du fournisseur.

4.1.3 Revue de direction

La direction du fournisseur, qui a pouvoir de décision, doit faire une revue du système qualité à une fréquence définie et suffisante pour assurer qu'il demeure constamment approprié et efficace afin de satisfaire aux exigences de la présente Norme inter-

nationale ainsi qu'à la politique et aux objectifs qualité fixés par le fournisseur (voir 4.1.1). Des enregistrements de ces revues doivent être conservés (voir 4.16).

4.2 Système qualité

4.2.1 Généralités

Le fournisseur doit établir, consigner par écrit et entretenir un système qualité en tant que moyen pour assurer que le produit fini est conforme aux exigences spécifiées. Le fournisseur doit établir un manuel qualité couvrant les exigences de la présente Norme internationale. Le manuel qualité doit comprendre les procédures du système qualité ou y faire référence, et exposer la structure de la documentation utilisée dans le cadre du système qualité.

NOTE 6   L'ISO 10013 fournit des conseils relatifs à l'élaboration des manuels qualité.

4.2.2 Procédures du système qualité

Le fournisseur doit

a)   établir des procédures écrites cohérentes avec les exigences de la présente Norme internationale et avec la politique qualité qu'il a formulée, et

b)   mettre réellement en œuvre le système qualité et ses procédures écrites.

Dans le cadre de la présente Norme internationale, l'étendue et le niveau de détail des procédures qui font partie du système qualité doivent dépendre de la complexité des tâches, des méthodes utilisées, des compétences et de la formation nécessaires au personnel impliqué dans l'exécution de ces tâches.

NOTE 7   Les procédures écrites peuvent faire référence à des instructions de travail qui définissent comment une tâche est réalisée.

4.2.3 Planification de la qualité

Le fournisseur doit définir et consigner par écrit comment satisfaire les exigences pour la qualité du produit fini. La planification de la qualité doit être cohérente avec l'ensemble des exigences du système qualité du fournisseur et doit être consignée sous une forme adaptée aux méthodes de travail du fournisseur. Ce dernier doit porter toute son attention sur les activités suivantes, selon le cas

a)   l'élaboration d'un plan qualité pour les contrôles et essai finals;

2

b) l'identification et l'acquisition de tout équipement de contrôle et d'essai finals, des moyens et compétences qui peuvent être nécessaires pour obtenir la qualité requise;

c) la mise à jour, si nécessaire, des techniques de contrôle et d'essai;

d) l'identification, en temps voulu, de toute exigence en matière de contrôle final et d'essai de mesurage mettant en jeu une aptitude qui dépasse les possibilités actuelles de l'état de l'art, afin de developper l'aptitude nécessaire;

e) l'identification d'une vérification appropriée au stade du produit fini;

f) la clarification des normes d'acceptation pour toutes les caractéristiques et exigences, y compris celles qui contiennent un élément subjectif;

g) l'identification et la préparation d'enregistrements relatifs à la qualité (voir 4.16).

NOTE 8   Le plan qualité mentionné [voir 4.2.3 a)] peut faire référence aux procédures écrites appropriées qui font partie intégrante du système qualité du fournisseur.

4.3   Revue de contrat

4.3.1   Généralités

Le fournisseur doit établir et tenir à jour des procédures écrites de revue de contrat et de coordination de ces activités.

4.3.2   Revue

Avant soumission d'une offre ou acceptation d'un contrat ou d'une commande (formulation des exigences), l'offre, le contrat ou la commande doit être revu(e) par le fournisseur afin d'assurer que

a) les exigences sont définies et documentées de façon adéquate; lorsqu'il n'existe pas d'exigences écrites pour une commande verbale, le fournisseur doit assurer que les exigences de cette commande ont bien fait l'objet d'un accord avant d'être acceptées;

b) toute différence entre les exigences d'un contrat ou d'une commande et celles de l'offre a fait l'objet d'une solution;

c) le fournisseur présente l'aptitude à satisfaire aux exigences du contrat ou de la commande pour le produit fini.

4.3.3   Avenant au contrat

Le fournisseur doit définir comment un avenant à un contrat est traité et comment il le transmet correctement aux fonctions concernées de son organisation.

4.3.4   Enregistrements

Des enregistrements de ces revues de contrat doivent être conservés (voir 4.16).

NOTE 9   Il convient de constituer des circuits de communication et des interfaces avec le client en matière de contrat.

4.4   Maîtrise de la conception

Le domaine d'application de la présente Norme internationale ne comprend pas d'exigences de système qualité pour la maîtrise de la conception. Ce paragraphe est inclus afin d'aligner la numérotation des articles avec l'ISO 9001.

4.5   Maîtrise des documents et des données

4.5.1   Généralités

Le fournisseur doit établir et tenir à jour des procédures écrites pour maîtriser tous les documents et données relatifs aux exigences de la présente Norme internationale, y compris, dans les limites de ce qui est applicable, des documents d'origine extérieure tels que les normes et les plans du client.

NOTE 10   Les documents et les données peuvent se présenter sous tout support, tel que support papier ou support informatique.

4.5.2   Approbation et diffusion des documents et des données

Avant leur diffusion, les documents et les données doivent être revus et approuvés en ce qui concerne leur adéquation, par des personnes habilitées. Une liste de référence ou toute procédure de maîtrise de documents équivalente indiquant la révision en vigueur des documents doit être établie et être facilement accessible pour empêcher l'utilisation de documents non valables et/ou périmés.

Cette maîtrise doit assurer que

a) les éditions pertinentes des documents appropriés sont disponibles à tous les endroits où des opérations essentielles au fonctionnement efficace du système qualité sont effectuées;

3

b) les documents non valables et/ou périmés sont aussitôt retirés de tous les points de diffusion ou d'utilisation, ou sinon qu'ils ne peuvent pas être utilisés de façon non intentionnelle;

c) tout document périmé conservé à des fins légales ou de conservation des connaissances est convenablement identifié.

4.5.3 Modifications des documents et des données

Les modifications des documents et des données doivent être revues et approuvées par les mêmes fonctions/organismes qui les ont revus et approuvés à l'origine, à moins qu'il n'en soit spécifié autrement. Les fonctions/organismes désignés doivent avoir accès à toutes informations appropriées sur lesquelles ils peuvent fonder leur revue et leur approbation.

Lorsque cela est réalisable, la nature de la modification doit être identifiée dans le document ou dans les annexes appropriées.

4.6 Achats

Le domaine d'application de la présente Norme internationale ne comprend pas d'exigences de système qualité pour les achats. Ce paragraphe est inclus afin d'aligner la numérotation des articles avec l'ISO 9001.

4.7 Maîtrise du produit fourni par le client

Le fournisseur doit établir et tenir à jour des procédures écrites pour la vérification, le stockage et la préservation du produit fourni par le client pour être incorporé dans le produit fini ou pour des activités qui y sont liées. Tout produit de cette nature perdu, endommagé ou encore impropre à l'utilisation doit être enregistré et le client doit en être informé (voir 4.16).

La vérification par le fournisseur ne décharge pas le client de sa responsabilité de fournir un produit acceptable.

4.8 Identification et traçabilité du produit

Lorsque et dans la mesure où la traçabilité est une exigence spécifiée, le fournisseur doit établir et tenir à jour des procédures écrites pour l'identification unique de produits ou de lots particuliers. Cette identification doit être enregistrée (voir 4.16).

4.9 Maîtrise des processus

Le domaine d'application de la présente Norme internationale ne comprend pas d'exigences de système qualité pour la maîtrise des processus. Ce paragraphe est inclus afin d'aligner la numérotation des articles avec l'ISO 9001.

4.10 Contrôles et essais

4.10.1 Généralités

Le fournisseur doit établir et tenir à jour des procédures écrites pour les opérations de contrôles et d'essais finals afin de vérifier que les exigences spécifiées pour le produit fini sont respectées. Les contrôles et essais finals requis ainsi que les enregistrements à effectuer doivent figurer dans le plan qualité ou dans des procédures écrites.

4.10.2 Contrôles et essais finals

Le fournisseur doit effectuer tous les contrôles et essais finals conformément au plan qualité et/ou aux procédures écrites; il doit également tenir à jour les enregistrements appropriés afin de démontrer la conformité du produit aux exigences spécifiées. Lorsque la conformité aux exigences spécifiées ne peut pas être entièrement vérifiée sur le produit fini, la vérification des résultats acceptables issus des contrôles et essais obligatoires effectués auparavant doit alors être incluse aux contrôles et essais finals à titre de vérification de la conformité aux exigences du produit.

Les enregistrements doivent identifier l'autorité de contrôle responsable de la mise en circulation d'un produit conforme (voir 4.16).

4.11 Maîtrise des équipements de contrôle, de mesure et d'essai

4.11.1 Généralités

Le fournisseur doit établir et tenir à jour des procédures écrites pour maîtriser, étalonner et maintenir en état les équipements de contrôle, de mesure et d'essai final (y compris les logiciels d'essais) utilisés par le fournisseur pour démontrer la conformité du produit aux exigences spécifiées. Les équipements de contrôle, de mesure et d'essai doivent être utilisés de façon à assurer que l'incertitude de mesure est connue et compatible avec l'aptitude requise en matière de mesurage.

Lorsque des logiciels d'essai ou des références de comparaison, tels que des matériels d'essai, sont utilisés comme moyens de contrôle appropriés, ils doivent être vérifiés pour démontrer qu'ils sont capables de contrôler que le produit est acceptable, avant sa mise en circulation pour utilisation lors des contrôles

4

et essais finals, et doivent être vérifiés de nouveau aux intervalles prescrits. Le fournisseur doit fixer l'étendue et la fréquence de telles vérifications et conserver des enregistrements comme preuve de sa maîtrise des équipements considérés (voir 4.16).

Lorsque la disponibilité des données techniques relatives aux équipements de contrôle, de mesure et d'essai est une exigence spécifiée, de telles données doivent être mises à la disposition du client ou de son représentant, à leur demande, afin de vérifier que les équipements de contrôle, de mesure et d'essai conviennent sur le plan fonctionnel.

NOTE 11   Dans le cadre de la présente Norme internationale, le terme équipement de mesure comprend les appareils et instruments de mesure.

4.11.2   Procédures de maîtrise

Le fournisseur doit

a) déterminer les mesurages à effectuer, l'exactitude requise et sélectionner l'équipement de contrôle, de mesure et d'essai approprié capable d'apporter l'exactitude et la précision nécessaires;

b) identifier tous les équipements de contrôle, de mesure et d'essai qui peuvent avoir une influence sur la qualité du produit, les étalonner et les régler aux intervalles prescrits, ou avant utilisation, par rapport à des équipements certifiés reliés de façon valable à des étalons reconnus au plan international ou national. Lorsque ces étalons n'existent pas, la référence utilisée pour l'étalonnage doit faire l'objet d'une description écrite;

c) définir le processus utilisé pour l'étalonnage des équipements de contrôle, de mesure et d'essai en détaillant le type d'équipement, l'identification spécifique, l'emplacement, la fréquence des vérifications, la méthode de vérification, les critères d'acceptation et l'action à entreprendre lorsque les résultats ne sont pas satisfaisants;

d) identifier les équipements de contrôle, de mesure et d'essai avec un marquage approprié ou un enregistrement d'identification approuvé pour indiquer la validité de l'étalonnage;

e) conserver des enregistrements d'étalonnage pour les équipements de contrôle, de mesure et d'essai (voir 4.16);

f) évaluer et consigner par écrit la validité de résultats de contrôle et d'essai antérieurs lorsque les équipements de contrôle, de mesure et d'essai s'avèrent être en dehors des limites fixées pour l'étalonnage;

g) assurer que les conditions d'environnement sont appropriées pour la réalisation des étalonnages, contrôles, mesures et essais;

h) assurer que la manutention, la préservation et le stockage des équipements de contrôle, de mesure et d'essai sont tels que l'exactitude et l'aptitude à l'emploi sont maintenues;

i) protéger les moyens de contrôle, de mesure et d'essai, y compris les matériels et les logiciels d'essai, contre des manipulations qui invalideraient les réglages d'étalonnage.

NOTE 12   Les exigences en matière d'assurance de la qualité des équipements de mesure données dans l'ISO 10012 peuvent être utilisées en tant que guide.

4.12   État des contrôles et des essais

L'état des contrôles et des essais du produit doit être identifié par des moyens appropriés qui indiquent la conformité ou la non-conformité du produit par rapport aux contrôles et essais effectués. L'identification de l'état des contrôles et des essais doit être tenue à jour, conformément au plan qualité et/ou aux procédures écrites, afin d'assurer que seul le produit qui a subi avec succès les contrôles et essais finals requis [ou a été mis en circulation par dérogation autorisée (voir 4.13)] est expédié.

4.13   Maîtrise du produit non conforme

Le fournisseur doit établir et conserver la maîtrise du produit qui n'est pas conforme aux exigences spécifiées afin d'assurer qu'il ne puisse être utilisé ou livré de façon non intentionnelle.

La maîtrise doit comprendre l'identification, la documentation, l'évaluation, l'isolement (lorsqu'il est possible), le traitement du produit non conforme et la notification aux fonctions concernées.

La description des réparations et de toute non-conformité qui a été acceptée par dérogation officielle doit être enregistrée pour indiquer l'état réel (voir 4.16).

Le produit réparé et/ou repris doit être contrôlé de nouveau conformément aux exigences du plan qualité et/ou des procédures écrites.

5

4.14 Actions correctives

Le fournisseur doit:

a) rechercher les non-conformités identifiées d'après l'analyse des rapports sur les contrôles et essais finals ainsi que des plaintes du client vis-à-vis du produit;

b) déterminer et mettre en œuvre les actions correctives pour traiter les non-conformités;

c) s'assurer que les informations relatives aux actions correctives prises sont soumises à une revue de direction (voir 4.1.3).

4.15 Manutention, stockage, conditionnement, préservation et livraison

4.15.1 Généralités

Le fournisseur doit établir et tenir à jour des procédures écrites pour la manutention, le stockage, le conditionnement, la préservation et la livraison du produit fini après contrôle et essai finals.

4.15.2 Manutention

Le fournisseur doit prévoir des méthodes et des moyens de manutention du produit qui empêchent son endommagement ou sa détérioration.

4.15.3 Stockage

Le fournisseur doit utiliser les aires ou les locaux de stockage désignés afin d'empêcher l'endommagement ou la détérioration du produit lorsqu'il est en attente de livraison. Des méthodes appropriées doivent être prescrites pour autoriser la réception dans ces aires et l'expédition à partir de celles-ci.

L'état du produit en stock doit être évalué à intervalles appropriés afin de détecter toute détérioration.

4.15.4 Conditionnement

Le fournisseur doit maîtriser les processus d'emballage, de conditionnement et de marquage (y compris les matériaux utilisés) autant qu'il est nécessaire pour assurer la conformité aux exigences spécifiées.

4.15.5 Préservation

Le fournisseur doit appliquer des méthodes appropriées pour la préservation et l'isolement du produit lorsque le produit est sous le contrôle du fournisseur.

4.15.6 Livraison

Le fournisseur doit prendre des dispositions pour la protection de la qualité du produit après les contrôles et essais finals. Lorsque cela est spécifié contractuellement, cette protection doit être étendue pour inclure la livraison à destination.

4.16 Maîtrise des enregistrements relatifs à la qualité

Le fournisseur doit établir et conserver la maîtrise des enregistrements appropriés relatifs à la qualité de manière à démontrer que le produit fini est conforme aux exigences spécifiées et que le système qualité fonctionne réellement.

Les enregistrements relatifs à la qualité doivent être lisibles et identifiables par rapport au produit concerné. Ces enregistrements qui attestent de la conformité du produit fini avec les exigences spécifiées et du fonctionnement réel du système qualité doivent être conservés pendant une durée convenue et être disponibles sur simple demande.

NOTE 13   Les enregistrements peuvent se présenter sur tout support, tel que support papier ou support informatique.

4.17 Audits qualité internes

Le fournisseur doit effectuer des audits qualité internes, afin de vérifier si les activités relatives à la qualité et les résultats correspondants sont conformes aux dispositions prévues couvrant les exigences de la présente Norme internationale et de déterminer l'efficacité du système qualité.

Les audits qualité internes doivent être programmés en fonction de la nature et de l'importance de l'activité soumise à l'audit. Ils doivent être conduits par des personnes indépendantes de celles qui ont la responsabilité directe de l'activité auditée.

Les résultats des audits doivent être enregistrés (voir 4.16) et portés à la connaissance des personnes qui ont la responsabilité du domaine soumis à l'audit. Les responsables de ce domaine doivent engager des actions correctives en temps utile pour remédier aux déficiences trouvées lors de l'audit.

Les activités de suivi d'audit doivent comprendre la vérification et l'enregistrement de la mise en œuvre et de l'efficacité des actions correctives engagées (voir 4.16).

6

NOTES

14   Les résultats des audits qualité internes font partie intégrante des activités de revue de direction (voir 4.1.3).

15   L'ISO 10011 donne des informations relatives aux audits des systèmes qualité.

4.18   Formation

Les personnes chargées des activités de contrôles et
d'essais finals couvrant les exigences de la présente
Norme internationale doivent avoir une expérience
appropriée et/ou une formation offrant la qualification
nécessaire à l'accomplissement des tâches assignées
particulières. Des enregistrements appropriés de la
formation doivent être tenus à jour (voir 4.16).

4.19   Prestations associées

Le domaine d'application de la présente Norme internationale ne comprend pas d'exigences de système
qualité pour les prestations associées. Ce paragraphe
est inclus afin d'aligner la numérotation des articles
avec l'ISO 9001.

4.20   Techniques statistiques

Le fournisseur doit:

a)   identifier les besoins en techniques statistiques
requises pour l'acceptabilité des caractéristiques
du produit;

b)   mettre en œuvre et maîtriser l'application des
techniques statistiques.

7

Annexe A
(informative)

Bibliographie

[1] ISO 9000-1:1994, *Normes pour le management de la qualité et l'assurance de la qualité — Partie 1: Lignes directrices pour leur sélection et utilisation.*

[2] ISO 9000-2:1993, *Normes pour le management de la qualité et l'assurance de la qualité — Partie 2: Lignes directrices pour l'application de l'ISO 9001, l'ISO 9002 et l'ISO 9003.*

[3] ISO 9000-3:1991, *Normes pour la gestion de la qualité et l'assurance de la qualité — Partie 3: Lignes directrices pour l'application de l'ISO 9001 au développement, à la mise à disposition et à la maintenance du logiciel.*

[4] ISO 9001:1994, *Systèmes qualité — Modèle pour l'assurance de la qualité en conception, développement, production, installation et prestations associées.*

[5] ISO 9002:1994, *Systèmes qualité — Modèle pour l'assurance de la qualité en production, installation et prestations associées.*

[6] ISO 10011-1:1990, *Lignes directrices pour l'audit des systèmes qualité — Partie 1: Audit.*

[7] ISO 10011-2:1991, *Lignes directrices pour l'audit des systèmes qualité — Partie 2: Critères de qualification pour les auditeurs de systèmes qualité.*

[8] ISO 10011-3:1991, *Lignes directrices pour l'audit des systèmes qualité — Partie 3: Gestion des programmes d'audit.*

[9] ISO 10012-1:1992, *Exigences d'assurance de la qualité des équipements de mesure — Partie 1: Confirmation métrologique de l'équipement de mesure.*

[10] ISO 10013:—[1], *Lignes directrices pour l'élaboration des manuels qualité.*

[11] ISO/TR 13425:—[1], *Lignes directrices pour la sélection des méthodes statistiques dans la normalisation et les spécifications.*

---

1) À publier.

8

II. LES PROCESSUS
DANS L'ENTREPRISE

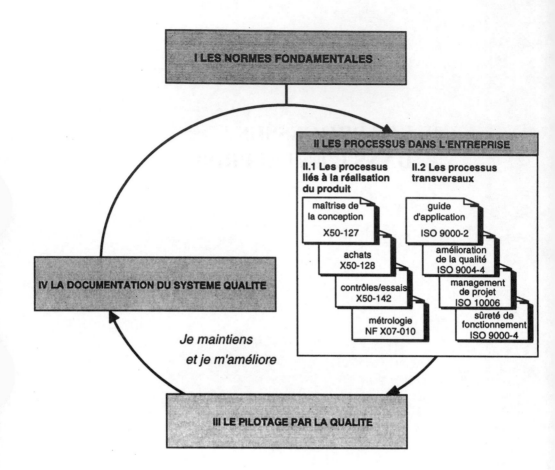

I LES NORMES FONDAMENTALES

II LES PROCESSUS DANS L'ENTREPRISE

II.1 Les processus liés à la réalisation du produit

maîtrise de la conception
X50-127

achats
X50-128

contrôles/essais
X50-142

métrologie
NF X07-010

II.2 Les processus transversaux

guide d'application
ISO 9000-2

amélioration de la qualité
ISO 9004-4

management de projet
ISO 10006

sûreté de fonctionnement
ISO 9000-4

IV LA DOCUMENTATION DU SYSTEME QUALITE

Je maintiens et je m'améliore

III LE PILOTAGE PAR LA QUALITE

II.1. Les processus liés à la réalisation du produit

ISSN 0335-3931

normalisation française

X 50-127

Janvier 1988

Gestion de la qualité

Recommandations pour obtenir et assurer la qualité en conception

E : Quality management — Recommendations for obtaining and ensuring design quality

D : Qualitätslenkung — Empfehlungen für das Erreichen und Sichern der Qualität beim gestalten

---

Fascicule de documentation publié par l'afnor en janvier 1988.

---

correspondance
À la date de publication du présent fascicule de documentation, il n'existe pas de norme internationale traitant du même sujet.

---

analyse
Ce fascicule de documentation se situe dans le cadre des travaux normatifs relatifs à la gestion et à l'assurance de la qualité.

Il complète les principes généraux et les dispositions principales exposés dans la norme NF X 50-122 et constitue un guide à l'usage du concepteur afin d'obtenir et d'assurer, dès la phase de conception, la qualité des produits et des services associés.

descripteurs
Thésaurus International Technique : qualité, gestion, assurance de qualité, contrôle de qualité, entreprise, conception, programme d'assurance qualité.

---

modifications

corrections

édité et diffusé par l'association française de normalisation (afnor), tour europe cedex 7 92080 paris la défense — tél. : (1) 42.91.55.55

SOMMAIRE

AVANT-PROPOS

Le développement, la crédibilité, la pérennité, voire la survie de l'entreprise dépendent de son aptitude à fournir en permanence des produits concurrentiels en termes de performances, de caractéristiques, de coûts et de délais.

La mise en œuvre d'un système de gestion de la qualité est un facteur déterminant pour obtenir dans ce contexte l'efficacité optimale.

Les principes généraux et les dispositions principales permettant la mise en œuvre et l'évolution d'un système de gestion de la qualité sont exposés dans la norme NF X 50-122.

La conception est l'une des étapes de la vie du produit dont il convient de maîtriser la qualité, de façon à ce que tout écart entre les besoins des utilisateurs et les résultats obtenus soit évité ou décelé puis traité au plus tôt.

Ce fascicule de documentation fournit un guide à l'usage du concepteur afin d'obtenir et assurer la qualité des produits et des services associés. Bien qu'utilisable par toute entreprise, il nécessite dans son application une adaptation appropriée pour tenir compte des particularités de chaque entreprise.

1 OBJET

Le présent fascicule de documentation est un guide à l'usage de l'entreprise afin d'obtenir et assurer la qualité en conception.

Il expose :

— les principes généraux relatifs à la maîtrise de la qualité en conception,
— la nature des phases de conception,
— pour chacune des phases de conception, les dispositions d'obtention de la qualité :
  - son objectif,
  - ses données d'entrée, ses données de sortie,
  - la nature des décisions à prendre,
  - les actions faisant suite aux décisions.

2 DOMAINE D'APPLICATION

Le présent fascicule de documentation s'adresse à toute entreprise de tout secteur industriel concernée par la conception de produit et de service associé à un produit.

Il couvre :

— non seulement, les activités de conception qui aboutissent à la première définition d'un produit et d'un service associé, ces activités ayant une durée limitée dans le temps ;
— mais aussi, les activités de conception à caractère permanent, qui permettent d'améliorer la définition du produit et du service associé, depuis la première définition du produit jusqu'à l'élimination du dernier exemplaire du produit.

Il appartient aux responsables de l'entreprise d'adapter et de définir les modalités pratiques d'application de ce fascicule de documentation aux cas particuliers de leur entreprise et du produit et du service associé étudiés.

Pour la conception de prestations particulières telles que logiciels, essais, méthodes ..., il convient de se référer à des documents spécifiques.

3 RÉFÉRENCES

NF X 50-113   Gestion de la qualité — Guide pour l'établissement d'un manuel qualité.

NF X 50-120   Qualité — vocabulaire.

NF X 50-122   Gestion de la qualité et éléments de systèmes qualité — Lignes directrices.

X 50-151   Guide pour l'élaboration d'un cahier des charges fonctionnel (expression fonctionnelle du besoin).

4 DÉFINITIONS

Les définitions données dans la norme NF X 50-120 s'appliquent au présent fascicule de documentation, ainsi que les définitions suivantes :

Conception

Activité créatrice qui, partant des besoins exprimés et des connaissances existantes, aboutit à la définition d'un produit satisfaisant ces besoins et industriellement réalisable.

Produit (NF X 50-113)

Terme englobant tous articles issus d'opérations de production ou toutes prestations de services tels que :

— les productions matérielles (matières premières, produits semi-ouvrés ou finis, ingrédients, pièces, composants, équipements, matériels, systèmes, etc.),
— la documentation et les logiciels,
— les services (procédés, études, réparations, maintenance, contrôles, essais, expertises, opérations de transport, de distribution, prestations hospitalières, bancaires, hôtelières, communication, etc.).

5 MAÎTRISE DE LA QUALITÉ EN CONCEPTION

5.1 Contexte général dans lequel se situe la conception

La conception s'insère dans le contexte général de la vie du produit et du service associé qui peut se décomposer en :

— l'expression des besoins,
— la conception,
— la réalisation (industrialisation et fabrication),
— la distribution,
— l'utilisation,
— l'élimination.

5.2 Qualité en conception et maîtrise de la qualité en conception

La qualité en conception se caractérise par la concordance entre les résultats obtenus sur tout produit ou service conforme à sa définition et les besoins des utilisateurs.

Les écarts entre les besoins des utilisateurs et les résultats obtenus sont d'autant plus lourds de conséquences qu'ils sont générés plus tôt et détectés plus tard et qu'ils deviennent ainsi de plus en plus difficiles à corriger. En outre, les décisions les plus importantes, sur le plan économique, étant celles qui sont prises au début du processus de conception, il importe d'organiser et de maîtriser l'ensemble de ce processus dès son début, afin de pouvoir opérer à tout moment des choix opportuns et apprécier continuellement le bien-fondé de ces choix, ce qui implique de :

— définir les objectifs à atteindre (performances, caractéristiques, coûts, délais) ;
— organiser le déroulement temporel du projet ou programme (voir chapitre 6 ci-après) ;
— mettre en place une structure de concertation systématique entre les parties concernées et organiser une critique constructive des états successifs de la définition du produit ou du service ;
— assurer tout au long du projet ou programme (voir chapitre 6 ci-après), la cohérence des actions envisagées avec les objectifs à atteindre (besoins à satisfaire) et les contraintes réellement rencontrées ;
— sélectionner et affecter les moyens techniques et les compétences humaines adaptés au produit ou au service à concevoir ;
— définir, répartir et planifier les tâches à effectuer et veiller à leur déroulement ;
— évaluer continuellement les résultats obtenus pour prendre les actions correctives nécessaires.

Les tâches à répartir et à effectuer comprennent les tâches générales suivantes :

— les tâches de gestion (ou de direction) de projet,
— les tâches pour obtenir la qualité, tâches qui correspondent aux activités d'exécution, d'autocontrôle, de vérification technique et de gestion des modifications,
— les tâches d'assurance de la qualité qui correspondent :
  - d'une part, aux vérifications de la bonne définition, de la mise en œuvre et de l'efficacité des tâches de gestion de projet, et des tâches pour obtenir la qualité,
  - d'autre part, à la promotion des méthodes conduisant à l'obtention de la qualité (tâches d'animation).

5.3   Obtention de la qualité en conception

Il importe que le concepteur dispose de données nécessaires et suffisantes pour juger de l'opportunité des choix techniques et pour prendre les décisions appropriées, et que l'entreprise soit organisée de telle sorte que :

— les besoins soient spécifiés le plus complètement possible et traduits en besoins élémentaires,

— les méthodes, moyens et données(1) nécessaires aux choix de conception soient recensés et disponibles aux moments opportuns (qu'il s'agisse de méthodes, de moyens et de données nouveaux, ou de ceux déjà acquis),

— les choix de conception soient justifiés par rapport aux besoins et données,

— les données fournies par chaque tâche contribuent à la définition du produit et comportent les preuves suffisantes pour donner confiance en la qualité en conception,

— chaque tâche ne commence que lorsque les tâches dont elle dépend sont :

- soit terminées,

- soit parvenues à un degré d'avancement permettant d'évaluer les risques que l'on prend en engageant cette tâche avant que celles dont elle dépend soient terminées.

Les conditions précédentes nécessitent, par conséquent, de prendre des dispositions portant notamment sur :

— la définition des domaines d'activité concernés par le produit étudié, des responsabilités des personnes et organismes impliqués ainsi que de leurs liaisons,

— la définition des exigences et des contraintes,

— l'identification des codes, des normes et des spécifications applicables,

— l'identification puis le traitement des écarts par rapport aux données spécifiées,

— le traitement des modifications et des évolutions des études.

Ces dispositions font l'objet d'évaluations et de mises à jour périodiques.

Toutes les activités qui influent sur la qualité sont exercées conformément aux procédures, instructions ou plans appropriés à l'activité. Ces documents comportent des critères d'acceptation qualitatifs, le cas échéant, quantitatifs, permettant de déterminer si les activités ont été accomplies de façon satisfaisante.

5.4   Assurance de la qualité en conception

Dans un souci de prévention, l'assurance de la qualité, qui est destinée à donner confiance a priori en l'obtention de la qualité requise, consiste à s'assurer que les choix du concepteur satisfont aux besoins des utilisateurs et aux intérêts de l'entreprise :

— par l'adéquation de ces choix,

— en minimisant les risques de non-conformité du produit réalisé par rapport au produit défini.

Il convient, notamment, de prendre en considération :

— pour les utilisateurs : les risques liés à la santé et à la sécurité des personnes, l'insatisfaction due aux produits, aux services, à leur disponibilité, à leur commercialisation, la perte de confiance,...

— pour l'entreprise : les risques liés aux produits ou services défectueux qui entraînent une perte d'image de marque ou de réputation, une perte de marché, des plaintes, des réclamations, l'engagement de sa responsabilité, le gâchis des ressources humaines et financières,...

---

(1)   *Les données peuvent résulter de diverses contraintes techniques ou réglementaires.*

À l'intérieur de l'entreprise, l'assurance de la qualité a pour objectifs essentiels de s'assurer que :

— les actions nécessaires à l'obtention de la qualité sont effectivement programmées et conduites,

— l'ensemble des choix de conception n'engendre qu'un minimum de risques, tant en conception et en réalisation que lors de la distribution, l'utilisation jusqu'à l'élimination du produit,

— la définition du produit ou service et de ses éléments constitutifs est suffisante pour permettre :

  - une réalisation reproductible et le contrôle de conformité du produit réalisé par rapport au produit défini,

  - si nécessaire, des changements de définition n'affectant pas la qualité du produit.

5.5 Méthodes et moyens

Les dispositions d'obtention et d'assurance de la qualité décrites ci-dessus (paragraphes 5.3 et 5.4), et généralement présentées dans un manuel qualité, doivent prévoir la mise en œuvre d'outils tels que :

— plans qualité,

— audits,

— revues ou points de consolidation ou examens critiques (revues de conception),

— retour d'expérience,

— exploitation des écarts, anomalies ou non-conformités,

— méthodes de mesure de la qualité,

— programmes de qualification des produits, fournitures, moyens, procédés,

— plans de formation,

— qualification et certification des personnels.

6 PHASES DE CONCEPTION

Partant de besoins exprimés, le processus de conception définit pas à pas le produit qui doit répondre aux besoins et aux attentes, par des choix successifs portant sur des points de plus en plus détaillés.

Le déroulement de ce processus dans le temps doit être organisé selon une logique qui permette d'avoir l'assurance qu'il va bien au but (satisfaction des besoins dans les conditions de délai et de coût spécifiées) et pour cela de bien évaluer et de minimiser les risques, et d'optimiser la solution retenue.

Dans cette logique, il doit être répondu successivement aux questions suivantes avant de décider de poursuivre le processus de conception :

— Quels sont les concepts envisageables ?

  La réponse à cette question est apportée au cours de la

PHASE D'ÉTUDE DE FAISABILITÉ

— Parmi les concepts jugés faisables, quel est le meilleur ?

  Les éléments de choix sont apportés par la

PHASE D'AVANT-PROJETS

— Le concept étant choisi, quel est le produit optimal qui le concrétise ?

  La définition détaillée et la mise au point du produit font l'objet de la

PHASE DE DÉVELOPPEMENT DU PROJET

Au début de chacune de ces phases, c'est-à-dire à un **jalon** donné, le résultat de la conception, à cet instant, constitue un état intermédiaire de la définition du produit et une ou plusieurs décisions doivent être prises. **Ces décisions constituent des autorisations d'engager la phase suivante.**

Les phases d'étude de faisabilité et d'avant-projets sont des phases de même nature. Si, à cette étape, la part des dépenses engagées est encore faible, les décisions prises et les choix effectués au cours de ces phases sont déterminants sur le plan économique pour les étapes suivantes du cycle de vie du produit.

Le schéma, ci-après, illustre le recouvrement des phases que l'on rencontre dans les activités de conception mais il ne tient pas compte de la poursuite de ces activités lors de la réalisation et de l'utilisation.

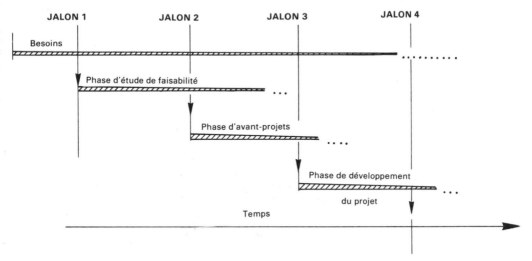

Schéma — Succession des phases de conception

Remarques : les termes «phase d'étude de faisabilité», «phase d'avant-projets» et «phase de développement du projet» ne sont pas d'un usage général. Quelle que soit la terminologie utilisée l'important est que l'entreprise suive la démarche proposée.

Dans certaines entreprises, la phase de développement du projet comprend également l'industrialisation.

Les paragraphes suivants développent pour chaque phase du processus de conception :

— son objectif,
— ses données d'entrée,
— ses données de sortie (avant décision(s)),
— la (ou les) décisions(s) à prendre,
— les actions faisant suite à la prise de décision(s).

Avant décision, les données de sortie, qui peuvent être incomplètes sont, cependant, de nature telle que les décisions puissent être prises.

Après prise de décision(s), les données de sortie sont complétées en fonction de ces décisions.

Le contenu de chaque phase, les méthodes et moyens à utiliser pour effectuer les activités de conception correspondantes sont respectivement donnés de façon non exhaustive en annexe A et en annexe B.

6.1 Phase d'étude de faisabilité

Objectif

Cette phase a pour but de montrer dans quelle mesure il peut être répondu aux besoins exprimés en précisant les voies technologiques possibles.

Données d'entrée

Étude de marché.

Expression des besoins.

Cahier des charges ; spécifications.

Cahier des charges fonctionnel (X 50-151).

Prescriptions diverses (normes, réglementation, contraintes diverses,...).

Données de sortie

Elles définissent les voies technologiques possibles :

— rapport d'étude de faisabilité :

- présentation technique des voies technologiques possibles

— cahier des charges et cahier des charges fonctionnel mis à jour,

— analyse de risque,

— points critiques à étudier en phase suivante,

— justification du rejet de certaines solutions,

- évaluation globale des coûts et des délais,

- évaluation du coût de la phase suivante.

Tous les éléments du rapport d'étude de faisabilité (en particulier les solutions estimées faisables) doivent être présentés de façon à ce que soient facilitées leur étude et leur prise en compte lors de la phase suivante (phase d'avant-projets).

— spécifications techniques préliminaires pour chacune des solutions faisables.

Décision

À partir des données de sortie vérifiées par rapport au cahier des charges et/ou cahier des charges fonctionnel, c'est-à-dire après avoir effectué la revue de l'étude, la décision suivante est prise :

— abandon des voies technologiques reconnues non faisables,

— approfondissement des voies technologiques reconnues faisables.

Actions faisant suite à la décision

Compléter les données de sortie pour les voies technologiques reconnues faisables.

Justifier pourquoi certaines voies technologiques ont été reconnues non faisables.

6.2 Phase d'avant-projets

Objectif

Cette phase a pour but d'étudier les voies reconnues faisables en fin de phase d'étude de faisabilité afin de proposer celle qui pourra être développée.

Données d'entrée

Rapport d'étude de faisabilité.

Cahier des charges et cahier des charges fonctionnel.

Spécifications techniques préliminaires des voies reconnues faisables.

Prescriptions diverses (normes, réglementation, contraintes diverses,...).

Données de sortie

Pour chaque solution proposée :

— spécifications de développement,
— spécifications de développement des principaux sous-ensembles,
— plan de développement sommaire.

Bilan comparatif des solutions proposées et justification de l'abandon des autres solutions.

Plan de développement de la solution proposée et plan qualité associé.

Documents particuliers résultant des relations client-fournisseur (exemple : spécifications de programme).

Décisions

À partir des données de sortie vérifiées, c'est-à-dire après avoir comparé la spécification de développement au cahier des charges et/ou cahier des charges fonctionnel (mis à jour) et avoir effectué la revue d'avant-projets de la spécification de développement, les décisions suivantes sont prises :

— choix de la voie technologique retenue,
— lancement de la phase de développement.

Actions faisant suite aux décisions

Compléter les données de sortie pour la voie technologique retenue.

Justifier pourquoi les autres voies technologiques proposées n'ont pas été retenues.

6.3   Phase de développement du projet

Objectif

Cette phase a pour but de définir la solution retenue, de la qualifier et de préparer la réalisation et l'utilisation du produit.

Données d'entrée

Spécifications de développement de l'ensemble et des sous-ensembles (aspects techniques, de coûts, de délai et moyens).

Prescriptions diverses (normes, réglementation, contraintes diverses).

Plan de développement de la solution retenue et plan qualité associé.

Données de sortie

Dossier de définition du produit.

Décomposition des tâches de production (réalisation ou fabrication).

Plan et dossier de production (réalisation ou fabrication).

Plan et dossier de contrôle.

Plan de gestion des évolutions techniques.

Plan de mise en place de la logistique (vente, distribution, après-vente, maintenance, y compris documentation d'utilisation, d'entretien et de maintenance).

Plan qualité complété.

Décisions

Qualification de la définition.

Lancement de la production (réalisation ou fabrication).

Mise en place de la logistique.

Actions faisant suite aux décisions

Compléter les données de sortie.

Justifier les décisions prises, notamment celles relatives à la définition du produit.

7 ÉVOLUTION DU PRODUIT

Le produit peut être amené à évoluer :

— soit parce que sa définition ne répond pas aux besoins des utilisateurs,

— soit parce que les besoins des utilisateurs évoluent au cours du temps,

— soit par évolution des moyens et procédés technologiques,

— soit par évolution en fonction de l'évolution souhaitée des dossiers de fabrication et/ou de contrôle,

— soit par prise en compte de considérations économiques nouvelles.

Il convient donc que soit organisé un système permanent de retour d'informations vers la conception, ces informations étant relatives à la réalisation (industrialisation et fabrication) du produit et du service associé, utilisation jusqu'à son élimination. Ce système de collecte, puis de traitement des informations, fournit des indications sur les modifications de conception, lesquelles modifications doivent être maîtrisées.

Cette maîtrise des modifications comprend en particulier :

— l'évaluation, avant toute décision, de l'impact de la modification envisagée,

— l'établissement de données de base permettant de prendre une décision pour la modification envisagée,

— la justification de la décision prise,

— le suivi des actions résultant de la décision prise.

Les paragraphes 7.3, 8.8 et 8.9 de la norme NF X 50-122 développent ces aspects.

8 IMPLICATIONS DU PRÉSENT FASCICULE DE DOCUMENTATION

L'application du présent fascicule de documentation sera d'autant facilitée que :

l'entreprise dans son ensemble

— a effectivement mis en place une organisation et applique des dispositions conduisant à l'obtention et à l'assurance de la qualité de ses produits et de ses services associés (cette organisation et ces dispositions étant décrites dans un manuel qualité),

— développe un climat de participation en accordant une priorité à la disponibilité et à la circulation de l'information,

— forme l'ensemble du personnel aux méthodes préconisées ;

le concepteur

— a connaissance et met en œuvre, pour les activités de conception, les éléments développés dans la norme NF X 50-122, en particulier au chapitre 8 relatif à la qualité en définition et conception mais également aux chapitres 5, 6, 14, 15, 17, 18, 19 et 20,

— accepte les remises en cause comme source supplémentaire d'informations.

9 BIBLIOGRAPHIE

X 50-100	De l'expression du besoin à la compétitivité.
X 50-114	Manuel qualité — Questionnaire guide pour la rédaction de manuels qualité.
NF ISO 9000 (X 50-121)	Normes pour la gestion de la qualité et l'assurance de la qualité — Lignes directrices pour la sélection et l'utilisation.
X 50-150	Analyse de la valeur — Vocabulaire.

Recommandation BNAE-RG Aéro 000 26 (Mars 1983) «Construction et assurance de la qualité en conception des matériels balistiques et spatiaux.

Travaux BNAE sur

— la maîtrise de la qualité (projet de Recommandation RG Aéro 000 03),

— la définition (projet de Recommandation RG Aéro 000 14),

— dossier de définition (Recommandation RG Aéro 000 05),

— spécification technique de besoin (Recommandation RG Aéro 000 08).

ANNEXE A

EXEMPLES DU CONTENU DES PHASES DE CONCEPTION
(Contenu non-exhaustif)

A.1 Phase d'étude de faisabilité

Analyser les exigences.

Analyser les contraintes liées aux interfaces et à l'environnement.

Analyser les risques (financiers, techniques,...).

Déterminer les fonctions.

Explorer les sources d'approvisionnements (actuelles et liées au développement technologique).

Faire l'analyse de la sécurité.

Analyser les produits du marché.

Analyser les technologies connues et moyens associés de l'entreprise.

Déterminer la compatibilité entre les besoins et les contraintes.

A.2 Phase d'avant-projets

Valider les données de base.

Effectuer l'analyse détaillée des exigences et contraintes.

Définir l'architecture physique du système.

Établir la liste préférentielle des tâches à effectuer.

Identifier les interfaces.

Définir les exigences (performances, fiabilité, sécurité, maintenabilité...) pour chacun des constituants.

Définir les exigences des interfaces.

Rechercher et évaluer les fournisseurs potentiels.

Identifier les documents à produire.

Établir le bilan économique.

Préparer un plan d'engagement financier.

Établir un plan qualité.

Préparer un plan de développement.

Évaluer le soutien logistique.

Estimer le coût global de possession.

A.3   Phase de développement du projet

A.3.1   Complément des études d'avant-projets

Compléter les spécifications de développement de l'ensemble et des sous-ensembles ;

— aspects techniques,
— fixation des coûts,
— étude des moyens (moyens de production, fournisseurs,...).

Préciser la logique de développement (plan de développement).

Préciser la décomposition des tâches (organigramme technique).

Affiner l'évaluation des fournisseurs.

Définir et passer les contrats.

A.3.2   Conduite des tâches de développement du programme

Ces tâches ont pour objet :

— de gérer :
  - la décomposition des tâches élémentaires,
  - les coûts et les délais,
  - la définition du produit,
  - la documentation,
  - la qualité ;

— de préparer la production ;
— de préparer l'utilisation.

A.3.3   Préparation du développement des constituants

Établir les spécifications de développement des constituants.

Établir les clauses techniques et les clauses qualité associées.

Évaluer les fournisseurs.

Choisir les fournisseurs et établir les contrats.

A.3.4   Conduite du développement des constituants

Compléter la décomposition des tâches élémentaires.

Préciser la logique du développement.

Établir les devis.

Établir les règles de gestion.

Préparer le développement des composants des constituants (si ces composants sont approvisionnés à l'extérieur).

Réaliser l'étude des constituants permettant de les définir.

Gérer les éléments critiques.

Valider les technologies.

Établir les justificatifs de la définition.

Établir les documents de contrôle, d'essai et de qualification.

Mettre en place les procédures de traitement des évolutions techniques.

Mettre en place un traitement des non-conformités.

Préparer la production.

Préparer l'utilisation.

ANNEXE B

QUELQUES EXEMPLES DE MÉTHODES ET MOYENS À UTILISER

Nature des moyens et méthodes à utiliser (non limitatives)	Phase		
	Étude de faisabilité	Avant-projets	Développement du projet
Analyse fonctionnelle	X	X	X
Analyse de la valeur	X	X	X
Banque de données (notamment sur les statistiques de défaillance)	X	X	X
Système de documentation	X	X	X
Conseils externes	X	X	X
Essais et méthodes expérimentales	X	X	X
Enquêtes, panels et tests de marché	X	X	X
Outils de vérifications techniques	X	X	X
Modélisation mathématique		X	X
Maquettes et prototypes		X	X
Planification		X	X
Décomposition des tâches (organigramme technique)		X	X
Outil informatique		X	X
Études paramétriques permettant de vérifier la corrélation entre les paramètres techniques et les paramètres d'usage (plans d'expériences, statistiques,...)		X	X
Analyse du soutien à l'après-vente		X	X
Méthodes liées à la fiabilité prévisionnelle (exemple : AMDEC) (1)		X	X

(1) Analyse en mode de défaillance et études de criticité.

ISSN 0335-3931

norme française

NF X 50-128
Décembre 1990

Gestion de la qualité et éléments
de système qualité

Lignes directrices pour les achats et les approvisionnements

E : Quality management and quality system elements — Guidelines
concerning purchases and supplies
D : Qualitätsmanagement und Elemente eines Qualitätssicherungssystems —
Leitfaden im Bereich der Einkäufe und der Beschaffungen

Norme française homologuée par décision du Directeur Général de l'afnor
le 20 novembre 1990 pour prendre effet le 20 décembre 1990.

correspondance
À la date de publication de la présente norme, il n'existe pas de norme internationale traitant du même sujet.

analyse
La présente norme fait partie de la série des normes relatives au management
et à l'assurance de la qualité.

Dans le cadre du déploiement du concept de la qualité dans l'entreprise, cette
norme complète les principes généraux et les dispositions exposés dans la
norme NF EN 29004. Elle constitue un guide à l'usage des acheteurs-approvi-
sionneurs pour obtenir et assurer, par les actes d'achats et d'approvisionnements et les processus qui s'y rattachent, la qualité des fournitures.

descripteurs
Thésaurus International Technique : qualité, management, gestion de la qualité, contrôle qualité, entreprise, achats, approvisionnements, relation
clients-fournisseurs, sous-traitance.

modifications

corrections

éditée et diffusée par l'association française de normalisation (afnor), tour europe cedex 7 92049 paris la défense — tél. : (1) 42 91 55 55

**Membres de la commission de normalisation
chargée de l'élaboration du présent document**

Président : M GERARD

Secrétaire : M KOLUB — AFNOR et MLLE MEUNIER — AFNOR

M	AMANS	HOLOPHANE SA VERRE
M	BECKMANN	CEA CEN CADARACHE
M	BELLONNE	SIAR TOULON
M	BENARD	ETS MECA NEU
M	BERGER	AGDE ELECTRONIQUE
M	BLAES	APASP
M	BROUTIN	SAGEM
M	CANCEL	BP CHIMIE
M	CAVELIER	PORT AUTONOME DE ROUEN
M	CHAULE	AVX
M	CHRISTOFFLEAU	
M	CLAVAL	HUTCHINSON SA
M	COJAN	SEXTANT AVIONIQUE
M	D'ABOVILLE	CIE DES MACHINES BULL
M	DE GAULMYN	RHONE POULENC SA
M	DE LUCA	
M	DELOIN	
M	DELVIGNE	BURROUGHS
M	DENIS	
MME	DEPREZ	BURROUGHS
M	DROUFFE	CIE GENERALE DE CHAUFFE
MME	DUBUISSON	GEPM
M	DUCLUZEAU	COMABI
M	DUTRAIVE	CEA CEN CADARACHE
M	FABRE	DCAN
M	FEODOROF	TELIC ALCATEL
M	FOUCREAU	ETS POIRIER
M	FRERY	APASP
M	GASNIER	ETS L'HOTELLIER
M	GERARD	RPIC
M	GIRARDEAUX	NADELLA
M	GODET	CIE SALINS DU MIDI
M	GUIGNY	CABOT FRANCE
M	GUILLAUMAT	VP SCHICKEDANZ SA
M	GUILLOT	TELEMECANIQUE
M	JEAN	CHAMBRE DE COMMERCE ET D'INDUSTRIE DE L'OISE

M	LASNIER	LIPHA SA
M	LE BIHAN	POMPES GUINARD
M	LE LAOUENAN	LABORATOIRE DE BIOLOGIE VEGETALE YVES ROCHER
M	LELARGE	CABRIT
M	LEMIRE	PETROSYNTHESE & OROGIL
M	MAGNIER	GLAENZER SPICER SA
M	MAHIEU	LINCOLN ELECTRIC CIE
M	MAIGE	DOLLAC
M	MARET	SOPALIN
M	MARIE	SEP
M	MASTIN	ASCINTER OTIS
M	MOUQUET	TELIC ALCATEL
M	NOUGIER	PAULSTR SNC
MME	PERUZZA	RHONE POULENC SANTE PROPHARMA
M	PINCEMIN	SNCF
MME	POUJADE	SEPR
M	POUTEAU	SOCAR
M	RENARD	
M	ROSEAU	LABORATOIRE AGUETTANT
M	SARTRAL	TELEMECANIQUE
MME	SELMIN	REVIMA
M	SEUGE	COGEMA
M	SIMOUNEAU	APASP
M	THOMAS Joël	REVIMA
M	THOMAS	DCAN
M	TITEUX	
M	TREMEAU	FAIVELEY SA
M	VAISENBERG	STEIN INDUSTRIE
M	WAAC	
M	WERY	CIE SALINS DU MIDI
M	WORMSER	CIE FRANCAISE DE PRODUITS INDUSTRIELS

AVANT-PROPOS

À la frontière de deux types de négociations, en amont avec les fournisseurs et en aval avec les services de l'entreprise ou organisme, le sous-système des achats et des approvisionnements constitue un élément important du système qualité de l'entreprise.

Les principes généraux et les dispositions principales permettant la mise en œuvre et l'évolution d'un système qualité à des fins de gestion interne sont exposés dans la norme ISO 9004.

La gestion des ressources externes entrant dans l'entreprise aux meilleures conditions pour répondre à ses besoins dans l'exercice de ses activités constitue la fonction principale du sous-système de gestion des achats/approvisionnements.

Dans le corps de la présente norme, la notion de fonction ne correspond pas à une structure dans l'entreprise mais à la mission qui incombe au sous-système de gestion des achats/approvisionnements.

La présente norme fournit des lignes directrices à l'usage de l'acheteur qui veut obtenir et assurer la qualité dans les achats/approvisionnements de ses fournitures. Elle est conçue pour être un instrument de travail et de réflexion. Bien qu'utilisable par toute entreprise, elle nécessite dans son application une adaptation appropriée pour tenir compte des particularités de chaque entreprise. Comme la norme ISO 9004, la présente norme n'est utilisable qu'à des fins de gestion interne. Elle ne doit pas être appliquée telle quelle dans les relations contractuelles clients/fournisseurs.

SOMMAIRE

1 OBJET

La présente norme est un guide à l'usage de l'entreprise qui veut obtenir et assurer la qualité relative aux achats/approvisionnements de ses fournitures afin d'assurer la qualité de ses propres produits et/ou services.

Elle expose :

— la politique d'achats/approvisionnements, le positionnement de la fonction achats/approvisionnements dans le système que constitue l'entreprise,

— les principes généraux relatifs à l'évaluation et à la validation des besoins, des produits et/ou services achetés et des fournisseurs,

— la nature des processus de l'acte d'achats/approvisionnements et pour chacun d'eux les dispositions d'obtention de la qualité,

— la conceptualisation et la mise en pratique des tableaux de bord,

— les éléments généraux concernant le savoir, le savoir-faire et le savoir-être de l'acheteur.

2 DOMAINE D'APPLICATION

La présente norme s'adresse à tout secteur concerné par les activités d'achats et d'approvisionnements.

Elle explique :

— les activités de management des achats/approvisionnements,

— les activités de l'entreprise influençant les possibilités opérationnelles de l'acheteur,

— les relations d'interfaces nécessaires pour éveiller la réflexion du fournisseur et celle de l'utilisateur sur les besoins de précisions concernant la qualité des produits et/ou services achetés et sur les fluctuations de la demande afin de répondre aux besoins des clients internes ou externes à l'entreprise.

La présente norme n'explique pas l'aspect logistique de la fourniture.

Il appartient aux responsables concernés d'adapter et de définir les modalités pratiques d'application de cette norme aux cas propres à leurs entreprises et de s'appuyer, en cas de besoin, sur les documents législatifs nécessaires.

3 RÉFÉRENCES

NF X 50-120	Qualité — Vocabulaire.
NF EN 29004	Gestion de la qualité et éléments de système qualité — Lignes directrices. (Indice de classement : X 50-122.)
X 50-127	Gestion de la qualité — Recommandations pour obtenir et assurer la qualité en conception.
NF EN 29001	Systèmes qualité — Modèle pour l'assurance de la qualité en conception/développement, production, installation et soutien après la vente. (Indice de classement : X 50-131.)
NF EN 29002	Systèmes qualité — Modèle pour l'assurance de la qualité en production et installation. (Indice de classement : X 50-132.)
NF EN 29003	Systèmes qualité — Modèle pour l'assurance de la qualité en contrôle et essais finals. (Indice de classement : X 50-133.)
NF X 50-136-1	Systèmes qualité — Lignes directrices pour l'audit des systèmes qualité — Partie 1 : Lignes directrices pour l'audit.
X 50-150	Analyse de la valeur — Vocabulaire.

X 50-151	Guide pour l'élaboration d'un cahier des charges fonctionnel (expression fonctionnelle du besoin).
NF X 50-160	Gestion de la qualité — Guide pour l'établissement d'un manuel qualité.
X 50-168	Relations clients-fournisseurs — Questionnaire-type d'évaluation préliminaire d'un fournisseur.
X 50-300	Organisation et gestion de la production industrielle — Sous-traitance industrielle — Vocabulaire.
X 50-310	Organisation et gestion de la production industrielle — Concepts fondamentaux de la gestion de production — Définitions.
X 60-012	Termes et définitions des éléments constitutifs et de leurs approvisionnements pour les biens durables.

4 DÉFINITIONS

Les définitions données dans les normes X 60-012, X 50-150, X 50-300, X 50-310 et NF X 50-120 s'appliquent à la présente norme, ainsi que la définition suivante :

Fonction achats/approvisionnements :

Rôle assumé par le sous-système achats/approvisionnements afin de mettre à disposition de l'entreprise les fournitures nécessaires à son activité et répondant à ses différents besoins :

Note :   — En tant qu'acheteur, il convient de participer à la définition des fournitures et d'assurer :

  – la détermination de la stratégie de l'entreprise dans le marché fournisseur,

  – la préparation, la négociation, la conclusion et la gestion des contrats d'achats, commandes et marchés,

  – la surveillance du bon déroulement de ces contrats,

  – le règlement des litiges.

— En tant qu'approvisionneur, il convient d'assurer :

  – la programmation des besoins des livraisons et des stocks dans le cadre d'une planification générale de l'activité de l'entreprise,

  – la gestion matérielle et administrative des livraisons et des stocks de produits achetés.

— L'ensemble des deux fonctions forme la fonction achats/approvisionnements.

— Les achats/approvisionnements constituent l'un des sous-systèmes de l'entreprise.

5 GÉNÉRALITÉS

5.1 L'entreprise et son environnement

L'activité de l'entreprise a pour but de satisfaire les exigences du marché, tout en dégageant un résultat qui permette son propre développement.

Parmi ces exigences, celles qui sont relatives aux performances, aux délais et aux prix ne peuvent être satisfaites sans une maîtrise des achats et des approvisionnements des fournitures nécessaires à la réalisation des produits et/ou services de l'entreprise.

Les achats et les approvisionnements représentent, le plus souvent, pour l'entreprise, les éléments de coût principaux et ont, par conséquent, une influence majeure sur ses résultats dans la mesure où de meilleurs achats sont certainement le premier moyen d'assurer la marge de l'entreprise.

L'entreprise étant responsable des fournitures commandées vis-à-vis des clients et utilisateurs, son action s'étend en matière de qualité auprès de ses propres fournisseurs.

En outre, l'environnement crée, pour l'entreprise, des risques qu'elle doit savoir prévoir, évaluer et gérer dans le domaine des achats/approvisionnements comme dans les autres activités nécessaires à son fonctionnement.

Un management efficace du sous-système de gestion des achats/approvisionnements donne à l'entreprise et à ses clients la confiance dans l'organisation et la maîtrise des processus d'achats et d'approvisionnements. Il permet un développement cohérent de ses activités en interne et avec l'environnement.

5.2 La fonction achats/approvisionnements et ses responsabilités

La fonction achats/approvisionnements intervient dans l'élaboration de la politique générale et dans la mise en œuvre de la stratégie de l'entreprise. En assurant une gestion efficace des ressources externes, elle contribue à l'amélioration de sa compétitivité.

Dans ce cadre, elle se trouve être le passage obligatoire des relations contractuelles se rapportant aux flux des produits et/ou services nécessaires à la vie de l'entreprise.

Pour les demandeurs (clients internes), elle permet la mise en œuvre de la stratégie d'achats/approvisionnements par l'application de tactiques appropriées. Vis-à-vis des fournisseurs, la fonction achats/approvisionnements s'appuie sur le respect d'une déontologie définie dans le cadre de sa politique.

Les responsabilités de l'acheteur/approvisionneur consistent principalement à assurer que le produit et/ou service acheté est conforme aux exigences spécifiées. Ceci implique, entre autres, les actions suivantes :

— participer à l'expression du besoin,
— identifier et maîtriser les risques d'achats/approvisionnements,
— négocier avec les fournisseurs,
— rédiger les accords en termes univoques,
— établir les relations avec les fournisseurs : usuelles (court, moyen terme), partenariales (moyen, long terme),
— développer les sources d'achats/approvisionnements, en recherchant et sélectionnant les fournisseurs et les produits et en participant à leur qualification,
— associer les services techniques à toute idée, ou action, pouvant contribuer à l'amélioration des performances des produits ou services achetés,
— susciter chez les fournisseurs un esprit de compétitivité créative,
— promouvoir les propositions des fournisseurs et leurs suggestions pour la réduction des coûts et/ou l'amélioration des performances,
— informer les responsables des autres sous-systèmes de gestion de l'entreprise, des évolutions de toute sorte (technique, économique, réglementaire, ...) affectant l'environnement,
— résoudre, dans son domaine, les problèmes et les différends qui peuvent apparaître.

5.3 Relations clients/fournisseurs

Une déontologie commune et reconnue des deux parties doit régir les relations clients/fournisseurs, y compris les modalités d'éventuelles suspensions des relations. Le choix du type de relations établies entre les deux parties, usuelles ou partenariales, doit être explicite.

5.3.1 Relations usuelles

Ces relations conduisent, à court ou moyen terme, à la satisfaction des besoins ponctuels de l'entreprise, caractérisés au moins par des niveaux de performances, des quantités, des délais et des prix, à partir de l'exploitation de données provenant de fournisseurs en concurrence.

Des contraintes techniques ou économiques, dues par exemple à la productivité, aux performances des produits et/ou services ou au besoin d'innovation, peuvent conduire à modifier ce type de relations notamment en recherchant une collaboration plus étroite entre clients et fournisseurs.

5.3.2 Relations partenariales

Ces relations stables et profondes sont basées sur une volonté réciproque d'engagement formel pour les deux parties dans le but d'optimiser leurs intérêts communs et d'assurer leur développement mutuel à moyen et long termes.

Ce type de relation réclame le respect de l'identité de chacun, la transparence et un climat de pleine confiance quant au but et à l'environnement du produit et/ou service concerné.

La formalisation de clauses partenariales doit se faire par le biais d'une déclaration d'intention ou d'une charte dont l'objet porte, par exemple, sur :

— les niveaux de performance de la fourniture (consécutifs au respect des spécifications ou des obligations de résultat, ...),

— les modes de production qui imposent une grande maîtrise logistique (organisation en juste à temps),

— des éléments relatifs aux services connexes à la fourniture,

— la transparence ou la compétitivité des prix,

— les innovations ou le développement de nouvelles relations commerciales,

— les interactions ou les communications.

L'élargissement des relations partenariales, par l'établissement d'un contrat, peut inclure d'autres accords tels que le partage des risques et le partage des profits.

L'entreprise capable de répondre à ces attentes ne doit pas être considérée comme un fournisseur traditionnel. Il convient de veiller plus particulièrement à la santé de ce type de partenaire.

5.4 Typologie des achats

Pour assurer une meilleure maîtrise des processus, les achats doivent être classés en fonction de critères pertinents, selon la nature des produits et/ou des services concernés. Dans le but d'établir cette typologie, il convient de prendre en considération les risques liés :

— aux activités de l'entreprise,
— à la position stratégique du produit et/ou du service,
— à la complexité technique du produit et/ou du service,
— à la complexité des relations commerciales.

TYPOLOGIE DES ACHATS

TYPE D'ACHATS	ACTIVITÉS CONCERNÉES
MATIÈRES PREMIÈRES	TRANSFORMATION ET PRODUCTION
COMPOSANTS	ASSEMBLAGE (Grande et Moyenne séries) PROJETS ET PETITES SÉRIES
SOUS-TRAITANCE EMBALLAGES ET MATIÈRES PREMIÈRES AUXILIAIRES ET CONSOMMABLES MAINTENANCE (Matériels, Services, ...) LOGICIELS CONSEILS ET PRESTATIONS INTELLECTUELLES SERVICES (Services généraux, Publicité, Location, Personnel Intérimaire, ...) TRANSPORTS ACHAT POUR REVENTE EN L'ÉTAT INVESTISSEMENTS (Ingénierie, Équipements, Bâtiment, Marchés de travaux)	TOUTES
PRODUITS POUR STOCKAGE ET DISTRIBUTION	COMMERCE GROS ET DÉTAIL

Qu'il s'agisse d'achats nationaux ou d'achats internationaux, la problématique reste la même, cependant, il convient de tenir compte de la diversité des législations, des réglementations et des usages en vigueur qu'il faut respecter.

6 ÉVALUATION ET VALIDATION DES BESOINS

De bons achats ne peuvent être réalisés que dans la mesure où il y a connaissance précise des besoins internes et une parfaite connaissance des moyens mis à disposition, concernant notamment le marché et la trésorerie de l'entreprise.

6.1 Analyse des besoins internes

Le sous-système achats/approvisionnements a pour fonction d'analyser précisément quels sont les besoins exprimés ou implicites des clients internes ou externes (prescripteurs, utilisateurs, gestionnaires) et d'identifier entre autres :

— les performances requises,

— les quantités consommées et prévisionnelles,

— les délais souhaités,

— les coûts générés,

— les prestations associées attendues,

— les contraintes internes d'approvisionnements à prendre en compte et les conditions économiques à intégrer.

Cette identification est facilitée par la connaissance des produits et la compréhension de leur utilisation, des besoins prévisionnels (qualitatifs et quantitatifs), du mode de gestion des flux et de la fiabilité des informations.

Dans ce but, il est nécessaire de positionner le besoin dans la stratégie d'achat et/ou dans la stratégie de l'entreprise.

6.2 Marketing d'achat

La pratique du marketing d'achat consiste à construire la demande compte tenu de l'offre, des moyens et des solutions dont on dispose dans une conjoncture donnée.

Afin d'estimer si le marché est en mesure de satisfaire le besoin, il convient :

— d'évaluer, de compléter et de réactualiser en permanence les connaissances du marché,

— d'évaluer la compatibilité des besoins avec le marché en tenant compte des performances techniques, des quantités, des délais et des coûts,

— d'évaluer les conditions économiques de mise à disposition, d'utilisation et d'extinction en tenant à jour les fichiers sur les articles et les fournisseurs : le coût global d'approvisionnement constitué par l'ensemble des dépenses qu'engage l'entreprise jusqu'au moment où la fourniture est utilisée par le client comprend des éléments externes et des éléments internes tels que :

– prix d'achat,

– coûts d'approche,

– coûts de contrôle,

– coûts de la non-qualité induits par les défauts,

– écarts de rendement,

– coûts de mise en œuvre,

– coûts de maintenance,

– coûts de stockage,

– coûts d'extinction.

— de vérifier l'adéquation entre les prestations requises et le savoir-faire des fournisseurs,

— de faire une évaluation préliminaire des fournisseurs (X 50-168) en fonction de données relatives à l'identification des entreprises et à l'identification des activités, aux qualifications et aux certifications éventuelles, attribuées à la suite d'audits chez les fournisseurs ou de l'analyse des bilans.

6.3 L'expression du besoin

La formulation du besoin doit être à la fois la plus complète pour tenir compte des exigences précises de l'utilisateur, y compris en matière d'assurance de la qualité, et la plus ouverte possible pour profiter des facultés créatrices des fournisseurs qui pourront ainsi remettre les offres les mieux adaptées.

La formulation du besoin doit tenir compte de performances attendues, du prix à payer et du délai imparti. Cet ensemble constitue un paramètre essentiel de compétitivité pour tout acheteur.

Afin de faciliter l'expression du besoin, l'application de l'analyse fonctionnelle permet :

— de définir précisément les actions attendues du produit et/ou service, ou de l'un de ses constituants, exprimées exclusivement en terme de finalités ou de fonctions,

— de qualifier et de quantifier ces fonctions au moyen de critères d'appréciation objectifs.

Le cahier des charges fonctionnel (X 50-151) qui exprime les exigences en termes de résultats et non de moyens constitue l'aboutissement de la formulation du besoin.

Des consultations sur la base de ce document permettent d'obtenir des propositions pour l'obtention d'un produit et/ou service le plus apte à présenter les propriétés et les caractéristiques voulues à un coût minimal pour les conditions prévues.

L'implication de l'acheteur dans l'analyse fonctionnelle doit permettre d'affiner, entre autres, les éléments suivants :

— les objectifs à atteindre,

— la prise en compte de l'environnement culturel,

— les enjeux relationnels,

— les délais impartis.

6.4 Consultation des fournisseurs

Il est nécessaire de mettre en concurrence les fournisseurs à partir des différentes solutions établies susceptibles de répondre aux besoins exprimés en étudiant ces solutions en termes technico-économiques.

6.4.1 Procédures de consultation des fournisseurs

La consultation des fournisseurs doit faire l'objet de procédures internes documentées qui comprennent notamment des dispositions relatives :

— à la consultation d'un ou plusieurs fournisseurs,

— aux appels d'offres restreints,

— aux appels d'offres ouverts,

— aux appels à soumission.

6.4.2 Sélection des propositions reçues

Le mécanisme de sélection des propositions reçues doit faire l'objet de procédures internes documentées qui présentent entre autres :

— la composition du groupe de décision,

— les critères d'admission des offres,

— les méthodes d'analyse des offres,

— les méthodes de comparaison des offres,

— les méthodes de prise de décision.

7 ÉVALUATION ET SÉLECTION DES FOURNISSEURS

7.1 Évaluation des fournisseurs

L'évaluation des fournisseurs est un examen systématique à un instant donné pour déterminer dans quelle mesure le fournisseur est capable à un instant donné de satisfaire aux exigences spécifiées.

Elle a pour but de rechercher, apprécier et développer la confiance de l'acheteur dans l'aptitude de ses fournisseurs à satisfaire ses besoins en enregistrant, en qualifiant ou en certifiant les éléments du système de l'entreprise.

Elle concerne aussi bien les fournisseurs potentiels que les fournisseurs existants.

L'évaluation du fournisseur peut porter sur tout ou partie de son système, qu'il s'agisse des éléments financiers ou des éléments techniques, en fonction des besoins exprimés par les clients internes auprès de l'acheteur.

Cette évaluation doit se faire avec le respect d'un code déontologique préétabli qui tient compte notamment de la probité, de la discrétion, de la propriété industrielle et intellectuelle, du secret, de la franchise, de la transparence.

7.1.1 Évaluation commerciale et financière

Cette évaluation est effectuée en recensant les éléments permettant à l'acheteur de se faire une opinion sur l'aptitude du fournisseur à supporter les modifications de la conjoncture économique ainsi que sur son aptitude à résoudre les questions concernant la commercialisation. Elle porte notamment sur :

— l'identification de l'entreprise : raison sociale, statuts juridiques, filiations, liaisons intersociétés, actionnaires, structure du bilan, effectifs, activités, professionnalisme des principaux dirigeants, répartition des responsabilités, climat social, information interne, formation et mobilité du personnel...,

— la stratégie du fournisseur vis-à-vis du marché concerné par l'achat : connaissance du marché client, portefeuille d'activités, innovations, axes de développement, appuis sur des pôles technologiques régionaux ou internationaux, renouvellement de la clientèle, positionnement face à la concurrence...,

— la politique commerciale : priorités commerciales, réseaux de distribution, professionnalisme des équipes commerciales et/ou technico-commerciales, prix, attitude en négociation, échantillonnage, rapidité de réaction...,

— l'aptitude du fournisseur à tenir ses engagements : taux de charge, capacité d'investissement, importance et nature des contentieux, respect des délais, des prix, des performances, contenu et application des garanties, aptitude à la maintenance...

7.1.2 Évaluation du système qualité

Un accord sur les exigences d'assurance de la qualité qui incombent au fournisseur doit exister. Cet accord peut être basé sur un, ou une combinaison, des éléments suivants :

— confiance dans le système d'assurance de la qualité du fournisseur,

— mise en œuvre d'un système formel d'assurance de la qualité, tel que spécifié par l'acheteur ou normalisé,

— soumission avec les livraisons de données spécifiées de contrôles ou d'essais ou d'enregistrements relatifs à la maîtrise du procédé,

— contrôles/essais à 100 % à réaliser par le fournisseur,

— contrôles/essais d'acceptation de lot par échantillonnage effectués par le fournisseur.

En l'absence de spécifications d'assurance de la qualité, l'acheteur se fie aux contrôles, à la réception et aux tris effectués sous sa responsabilité.

La sélection et l'application d'un modèle pour l'assurance de la qualité approprié pour un type de produit et/ou service donné doivent générer des bénéfices tant pour l'acheteur que pour le fournisseur. L'examen des risques, des coûts et des bénéfices pour les deux parties détermine l'étendue et la nature des informations nécessaires ainsi que les mesures que chaque partie a l'obligation de prendre pour assurer l'obtention de la qualité visée.

La prise en considération d'un modèle pour l'assurance de la qualité (NF EN 29001, NF EN 29002, NF EN 29003) allège la démarche d'évaluation des fournisseurs existants ou potentiels. Les besoins d'assurance doivent être proportionnés aux besoins relatifs à l'activité de l'acheteur.

Les conclusions des audits qualité (NF X 50-136-1) formalisés dans un rapport d'audit constituent des éléments fondamentaux de gestion pour atteindre les objectifs que s'est fixés l'entreprise. Ces conclusions sont tirées des questionnaires remplis par le fournisseur, des listes types de vérifications, de l'analyse documentaire (références, argumentaires, ...).

La gestion des conclusions des audits qualité doit faciliter pour l'acheteur la mise en place des fichiers d'évaluation des fournisseurs rassemblant toutes les données nécessaires.

La présentation par un fournisseur d'un certificat en cours de validité de son système d'assurance de la qualité, émanant d'une tierce partie ou d'un organisme tiers reconnu, peut constituer une base d'évaluation du système qualité du fournisseur.

7.1.3 Évaluation de la technicité

Les dispositions décrites dans les modèles pour l'assurance de la qualité étant exprimées en termes de fins, l'acheteur peut vouloir vérifier, pour des produits et/ou services spécifiques, le choix ou l'adaptation des moyens techniques permettant d'obtenir les caractéristiques et les propriétés recherchées.

Les résultats de cette évaluation sont généralement fournis par les responsables techniques. Ils concernent, outre les éléments du procédé de réalisation et de contrôle du produit et/ou service acheté, les capacités de production, l'équipement des locaux, les surfaces, les moyens de manutention, de production, de contrôle, la compétence technique des équipes de réalisation.

7.2 Sélection des fournisseurs

La sélection des fournisseurs est réalisée en fonction des résultats de l'évaluation et d'outils de décision adéquats. Elle est de préférence conduite par des personnes différentes de celles appelées à établir les résultats de l'évaluation.

L'acheteur doit sélectionner ses fournisseurs sur la base de leur aptitude à satisfaire aux exigences de l'accord, lesquelles incluent des exigences relatives à la qualité. La sélection des fournisseurs par l'acheteur, le type et l'ampleur de la maîtrise que ce dernier en acquiert, doivent dépendre du type de produit et/ou service acheté, et lorsqu'il y a lieu, des enregistrements relatifs à l'aptitude et à la performance dont ont fait preuve précédemment les fournisseurs.

Les méthodes pour établir cette aptitude peuvent comprendre toute combinaison des éléments suivants :
— évaluation sur le site et évaluation de la capacité du fournisseur et/ou de son système qualité,
— évaluation d'échantillons de produits ou d'essais de service,
— expérience relative à des fournitures similaires,
— résultats d'essais relatifs à des fournitures similaires,
— expérience diffusée par d'autres utilisateurs.

Il y a lieu d'adapter les critères de sélection des fournisseurs à la nature du produit et/ou service acheté (par exemple sur catalogue, sur spécification, etc.).

8 ÉVALUATION DE LA FOURNITURE

Quelle que soit la fourniture considérée, son évaluation consiste à apprécier ses aptitudes à répondre aux besoins définis selon un cahier des charges ou un ensemble de spécifications. Ceux-ci, techniquement et économiquement négociés, doivent faire l'objet d'une commande ou d'un contrat.

Cette évaluation a pour objet d'assurer à l'utilisateur interne que la fourniture acquise répond à ses exigences et, à défaut, que des actions correctives sont mises en place.

Elle peut être exigée par le client externe et peut constituer un moyen pour respecter la conformité du produit et/ou service attendu à ses exigences.

L'évaluation de la fourniture peut être réalisée, soit par les utilisateurs ou services internes, soit par des organismes tiers, en possession de toutes les données des contrats nécessaires à l'évaluation.

Le niveau d'évaluation est éventuellement fixé contractuellement par les termes de la commande. Il est rappelé qu'une cohérence est nécessaire entre les exigences vis-à-vis des fournitures et les niveaux de risques acceptés par leurs utilisateurs. Les niveaux d'évaluation doivent être adaptés à chaque activité en fonction des fournitures, du moment, du type de clientèle, du mode de distribution, etc.

8.1 Méthodes et moyens de contrôle

Les actions de contrôle de la fourniture peuvent comprendre :
— des examens,
— des tests,
— des contrôles de conformité,
— des essais destructifs ou en l'état, in situ, en laboratoire,
— des mises en service probatoires...

et peuvent déboucher sur :
— des réparations, retouches ou mises au point,
— des acceptations par dérogations, etc.

Les fournitures sous contrôle doivent être repérées comme telles.

Les actions de contrôle impliquent l'élaboration d'un plan de contrôle stipulant, entre autres, les points particuliers à vérifier, les personnes, les services ou organismes habilités, les fréquences de contrôle, les délais à respecter, les critères de décision, les actions correctives éventuelles à mettre en place et la documentation.

Le plan de contrôle peut être mis en œuvre à travers trois modèles d'assurance de la qualité, qu'il s'agisse du contrôle et des essais finals (NF EN 29003), de la réalisation et de l'installation (NF EN 29002) ou de la conception jusqu'au soutien après la vente (NF EN 29001).

Les moyens de contrôle, qu'ils soient propres au client ou qu'ils appartiennent à des tiers, doivent faire l'objet d'accords vis-à-vis du fournisseur, tant dans leur nature que dans leur mise en œuvre, de manière à faciliter les interprétations et convenir des méthodes d'étalonnage.

L'expression des résultats de l'évaluation prévue dans la commande peut apparaître sous la forme de :
— déclaration de conformité,
— certificat de conformité,
— procès-verbal d'essai,
— certificat d'analyse,
— rapport de contrôle...

Il convient d'adapter les méthodes, les moyens et l'expression des résultats de l'évaluation au type d'achat considéré.

8.2 Traitement des non-conformités

Il convient de prévoir au contrat le traitement des non-conformités.

Il est nécessaire d'identifier les produits et/ou services non conformes et de les isoler avant que des décisions d'action corrective ne soient prises : réparation ou retouche pour mise en conformité, dérogation ou mise au rebut.

Si nécessaire, un avenant au contrat sera établi.

8.3 Pérennité et évolution des fournitures

Que l'acquisition des fournitures soit faite au coup par coup ou par contrat de longue durée, il importe de procéder périodiquement à un réexamen complet des caractéristiques attendues des fournitures et à une mise à jour du plan de contrôle.

Il est nécessaire de veiller à la traçabilité des évolutions, à la mise à jour des documents (spécifications, plans, obligations nouvelles de résultat, dérogations, indices, etc.) et de prévoir éventuellement une procédure de remise en conformité des matériels en stocks.

8.4 Responsabilités du fait de la fourniture

Quelles que soient les méthodes d'évaluation et l'expression des résultats, la responsabilité du fournisseur du fait de la fourniture reste soumise à la législation en vigueur.

9 CONDUITE DE L'ACTE D'ACHAT

9.1 Saisie de l'expression du besoin

Il convient de s'assurer que le besoin de l'utilisateur parfaitement exprimé à l'intérieur de l'entreprise est transmis au fournisseur sans aucune incompréhension par les parties concernées. Si nécessaire, des consultations auprès des personnes impliquées doivent être faites pour faciliter sa traduction, tout en respectant son équivalence, ou pour effectuer les conversions nécessaires en indiquant clairement les bases de ces conversions. Ces différences d'expression peuvent provenir des usages, des coutumes ou des habitudes inhérents :

— aux pays (langues pratiquées, unités de mesures, ...),

— aux secteurs industriels et/ou techniques (langage, unités de mesures, spécificités techniques, codes des usages, ...),

— aux entreprises (langage, historique, ...),

— aux personnes (fonction, culture, ...).

9.2 Négociation

À la suite de consultations ou d'appels d'offres, puis de leur dépouillement, une phase de négociation doit être engagée afin de sélectionner les fournisseurs, sur la base de l'évaluation de la fourniture.

Lors de cette phase, il convient de s'assurer que le fournisseur sera en mesure de respecter toutes les clauses de l'accord et qu'un terrain d'entente sera accepté par les deux parties (en particulier pour les clauses qui n'auraient pas fait l'objet d'une négociation précédente ou celles dont les paramètres définis dans le cadre des négociations précédentes ont été modifiés).

Pour obtenir et assurer la qualité des achats/approvisionnements, il est recommandé de ne pas passer sous silence des éléments pouvant donner naissance à des litiges et de ne pas rester sur une position d'incertitude, d'incompréhension ou de désaccord. La confiance doit régir les négociations avec les fournisseurs.

Des évolutions ultérieures peuvent amener à négocier des avenants (modifications des termes de la Commande/Contrat).

9.3 Rédaction de l'accord (Commande / contrat)

La formalisation de l'acte d'achat n'ayant pas un caractère d'obligation (un engagement entre les deux parties peut être effectué oralement ou téléphoniquement, tout en impliquant une valeur totale d'engagement et une valeur juridique absolue), il est recommandé afin de constituer un garant en matière d'assurance de la qualité, d'établir un document stipulant les données d'achat.

L'examen et la décision de prendre en considération certaines données de l'accord doivent se faire consciemment et en connaissance de cause.

En fonction de la nature de l'achat, les documents d'achat, quel qu'en soit le support, doivent contenir des données qui portent sur tout ou partie de la liste non exhaustive ci-après :

— date,

— numéro de document,

— pagination du document,

— objet de l'accord : type, groupe, modèle, classe ou toute autre identification précise, références à une offre, références à un engagement antérieur, références à des échantillons, code (codification interne), références du fournisseur, poste (numérotation des lignes),

— cocontractants : noms des responsables de l'établissement de la commande, adresses complètes, noms des signataires, noms des correspondants,

— délais des différentes phases d'exécution de l'accord : fourniture des documents de mise à disposition, d'expédition, d'embarquement, de livraison, de mise en service,

— quantités,

— prix en tenant compte du prix unitaire (catalogue, HT, TTC, net), de la nature du prix (ferme, révisable —formule de révision—, actualisable, ajustable), des majorations (en précisant les conditions), des minorations (en précisant les conditions), du montant (prix multiples des quantités), du montant total du contrat, de l'unité monétaire, de la parité monétaire (taux de conversion référencé), du régime de taxes (TVA, taxes diverses, taux),

— règlements financiers : mode, termes, conditions, organismes financiers, acomptes, avances,

— clauses de confidentialité,

— lieux et modifications éventuelles des lieux de réalisation (production, montage, contrôle), de mise à disposition, d'expédition, de transit, de livraison, de mise en service,

— fourniture de documents : documents juridiques, douaniers, financiers, spécifications, plans, dessins, instructions de contrôle et autres données technique avec les titres, numéros, additions ou toute autre identification formelle,

— langues utilisées pour la rédaction des documents, pour les liaisons et les communications,

— conditionnement : emballages, présentation, conditions techniques, emballages perdus, emballages en consignation, palettisation (plan de palettisation, palettes perdues, palettes en consignation),

— unités : de besoin, de production, de conditionnement, de livraison, de stockage, de facturation,

— réception : provisoire, en période probatoire, définitive, avec contrôles quantitatifs, qualitatifs,

— contrôles : types (destructifs, non destructifs), conditions, responsabilités (fournisseur, client, organisme tiers), normes de référence, relevés des contrôles (mesures), certificats de conformité, bons à tirer,

— transport : moyens, transporteurs, transitaires, manutentions,

— incoterms (au sens de la Chambre de commerce internationale),

— douane : conditions des opérations douanières, bureaux de douane utilisés, transitaires,

— adresses : de livraison, de facturation, de transmission de documents, de retour de documents, de transmission d'informations,

— accusés de réception et/ou confirmation d'accord et plus généralement le mode de diffusion des accords émis,

— avenants (modifications ultérieures),

— garanties : de moyens, de résultats, de performances, d'adaptation technique, des vices cachés, décennales, des responsabilités du fait du produit (sécurité),

— conformité aux normes et à la législation en vigueur des pays de destination ou de transit (avec les titres, les numéros et les éditions des documents),

— conformité aux exigences de l'utilisateur en tenant compte des modes d'insertion des exigences en matière d'assurance de la qualité,

— propriété et risques : transferts de propriété, transferts de risques, réserves de propriété, propriété industrielle, propriété intellectuelle, brevets,

— assurances,

— accès aux établissements en référence aux règlements intérieurs à la sécurité,

— formation, assistance technique,

— pénalités ou bonifications en raison des délais, des résultats, des garanties,

— maintenance préventive et corrective en tenant compte éventuellement des pièces détachées nécessaires à la maintenance ainsi que des fournitures pour constituer les stocks initiaux et de leur gestion,

— traitement des déchets,

— résolution de l'accord, annulation de la vente, conditions de remboursement des sommes déjà versées,

— conditions spéciales d'achat (1) (références au droit applicable à la jurisprudence),

— désignation d'experts, d'experts arbitres,

— signatures, délégation de représentation et/ou d'engagement de l'entreprise (nécessité d'un contrôle que le document expédié est valable).

— etc.

Les deux parties doivent examiner et approuver les documents d'achat, avant de les diffuser, pour répondre aux exigences spécifiées.

9.4 Rédaction des clauses d'assurance de la qualité

Lors de la passation de l'accord (commande ou contrat) les dispositions préalablement négociées doivent être impérativement précisées. Elles peuvent concerner la certification de l'entreprise, d'un produit et/ou d'un service, un contrat spécifique d'assurance de la qualité, un cahier des charges, une entente sur des normes à appliquer,... En outre, des clauses d'assurance de la qualité spécifiques peuvent exprimer contractuellement les exigences de l'acheteur. Elles peuvent comprendre :

— un plan d'assurance de la qualité,

— la liste des opérations de réalisation et de contrôle,

— des contrôles demandés par le client,

— le plan de contrôle,

— des contrôles effectués par le fournisseur,

— des contrôles menés conjointement,

— la documentation qualité requise par le client,

— des procès-verbaux d'essais et/ou de contrôles,

— une procédure de traitement des non-conformités.

Le choix des clauses d'assurance de la qualité doit être guidé par l'appréciation des risques inhérents au produit et/ou au service et de son utilisation dans les conditions conformes à sa destination.

---

(1) Dans le droit français, en l'absence de certaines clauses et/ou de conditions générales d'achat, la vente est régie par les conditions générales de vente du fournisseur : il est donc souhaitable que l'entreprise ait des conditions générales d'achat.

9.5 Aspects juridiques de l'achat

L'acte d'achat engage juridiquement l'entreprise. Afin de minimiser les risques, il peut être utile de faire appel à un juriste compétent dans le domaine concerné.

Des précisions doivent être données lors de la rédaction de l'accord afin d'éviter les litiges qui peuvent induire des surcoûts à supporter par les deux parties.

Le respect des recommandations de la présente norme pour la rédaction de l'accord constitue un élément des actions nécessaires pour donner la confiance appropriée dans l'acte d'achat. En cas de litige ou de jugement par une instance extérieure, la validation de la bonne foi (ce que les contractants ont voulu au plus profond de leur volonté) est primordiale. C'est précisément parce qu'un engagement oral entre dans le cadre de la législation que la force d'une formalisation instruite tend à éviter les litiges.

En cas de litige, la préférence doit être donnée au règlement à l'amiable en se réservant la possibilité de désigner des experts agréés par les parties ou des experts arbitres. Jusqu'à la fin de la négociation du règlement à l'amiable, l'acheteur est maître des décisions quand bien même il est obligé de se plier aux décisions de l'arbitre. Dès le recours aux Tribunaux, le dossier échappe à l'acheteur et les décisions ne lui appartiennent plus, sauf transaction.

Pour éviter tout litige dans la saisie d'un tribunal, il est indispensable de préciser les clauses de droits applicables, de désigner le tribunal compétent et le lieu de son siège.

9.6 Relances internes

Le mode de circulation interne concernant le projet de l'accord doit être établi selon les besoins et les pratiques de l'entreprise. Il doit favoriser la rapidité de la circulation des documents et de la prise de décisions.

9.7 Relances externes

L'ensemble des actions déclenchées après l'établissement de l'accord pour tenter d'obtenir auprès de l'autre partie le respect des conditions contractuelles suivant le dernier document accepté par les parties doit être considéré comme une opération exceptionnelle. Afin de pallier une information insuffisante de la part du fournisseur vers son client, l'acheteur doit favoriser la relance préventive par rapport à la relance corrective, afin d'éviter les conflits qui risqueraient de compromettre le respect des engagements contractuels.

Toute étape de l'exécution de l'accord peut faire l'objet d'une relance : l'accusé de réception, la confirmation de l'accord, l'expédition de documents techniques, les plans, les mises à jour ou la livraison des produits et/ou services.

L'acheteur doit être en mesure de déterminer la forme de la relance à utiliser. Celle-ci peut être verbale, écrite (imprimé standard, exemplaire de l'accord, télex, télécopie, support informatique), une visite chez le fournisseur, un suivi en usine, un suivi chez le sous-traitant ...

Cette mesure exceptionnelle doit être avantageusement remplacée par la mise en place d'un suivi prévu dans les clauses du contrat et concernant les principales étapes du déroulement du contrat.

9.8 Dispositions relatives aux règlements des différends liés à la qualité

Des procédures doivent être établies pour faciliter le règlement des différends liés à la qualité avec les fournisseurs. Des dispositions doivent régir le règlement des affaires courantes ou exceptionnelles.

Un aspect très important de ces procédures concerne les dispositions d'amélioration des circuits de communication entre l'acheteur et le fournisseur dans les domaines ayant une incidence sur la qualité.

9.9 Paiements

Lors de l'établissement de l'accord, le mode de paiement et les termes du paiement doivent être impérativement précisés.

Le contrat engage l'acheteur au paiement suivant les événements et les conditions prévus dans l'accord.

Tout règlement par effet de commerce nécessite de la part de l'acheteur le retour du document dans le délai le plus court possible.

9.10 Conservation des documents

La fonction achats/approvisionnements doit prendre toutes mesures pour permettre la traçabilité de l'acte d'achat et la conservation des documents d'achat, dans le cadre des dispositions en vigueur.

10 TABLEAU DE BORD DES ACHATS/APPROVISIONNEMENTS

10.1 Constitution du tableau de bord

Afin de déterminer si le fonctionnement du sous-système de gestion des achats/approvisionnements est adapté aux objectifs fixés par les centres décisionnels de l'entreprise, il convient d'élaborer, à partir d'un ensemble d'indicateurs, un tableau de bord des achats/approvisionnements. Celui-ci doit constituer un outil de synthèse permettant d'avoir une vision claire des moyens mis en œuvre et des résultats obtenus pour réagir rapidement face aux non-conformités et défauts et établir des comparaisons.

Le suivi des indicateurs du tableau de bord est un outil d'aide à la décision indispensable pour diminuer les risques à engager lors des achats et des approvisionnements et pour mesurer les écarts entre les différents objectifs et les résultats obtenus.

Dans la suite hiérarchisée des objectifs, chacun d'eux peut se voir attribuer un ou plusieurs indicateurs selon leur importance.

Une typologie des indicateurs peut être réalisée en fonction :

— d'éléments concernant plus spécifiquement les achats et les approvisionnements, par exemple les indicateurs relatifs aux clients internes, aux fournisseurs, aux produits...,

— d'éléments plus particulièrement spécifiques au sous-système de gestion des achats, par exemple les indicateurs relatifs à l'organisation du service, aux services connexes aux produits et aux services achetés...,

— d'éléments relatifs aux mouvements induits par les achats qui concernent également un sous-système de gestion interne autre que celui des achats, par exemple les indicateurs relatifs aux mouvements de trésorerie et à leurs délais...

Les indicateurs doivent être judicieusement choisis en fonction des objectifs auxquels ils doivent correspondre. Des indicateurs de base doivent figurer dans l'architecture du tableau de bord.

Les informations véhiculées par les indicateurs sont soit des données brutes, soit des écarts, soit des ratios. Elles doivent être significatives de la situation d'une activité donnée et traduire fidèlement la réalité, mises à jour à intervalles déterminés et susceptibles d'être traduites aisément en données économiques.

La diffusion des informations doit être régie par des procédures préétablies. Les mises à jour doivent être déterminées en fonction du but recherché. Les indicateurs doivent être :

— en nombre suffisant,
— faciles à lire et à interpréter,
— significatifs d'une activité, d'une évolution dans le temps,
— mesurables et sensibles,
— fidèles et objectifs,
— cohérents avec les données de l'entreprise,
— exprimés en données brutes, écarts ou ratios,
— remis à jour périodiquement,
— réétalonnés régulièrement.

Les indicateurs du tableau de bord des achats/approvisonnements fournissent des informations au moins sur les éléments suivants :

— les contrats (nombres, durées, montant des commandes),
— les niveaux de performance des produits et/ou services,
— les délais de livraison (nombre de retards et de pénalités),
— les délais de paiement,
— les non-conformités et les défauts des produits et/ou services achetés,
— les dérives de prix (prix contrat/prix prévisionnel),
— les stockages (taux de rotation)...

10.2 Gestion du tableau de bord des achats/approvisionnements

Toutes les informations relatives aux accords passés, au sous-système de gestion achats/approvisionnements ou aux systèmes de gestion internes autres mais nécessitant une manipulation commune, doivent apparaître dans le tableau de bord des achats/approvisionnements. Pour une bonne gestion de ce tableau de bord, il est nécessaire de définir les responsabilités de la manipulation des informations entrantes et sortantes, les moyens nécessaires pour les manipulations et leurs objectifs.

Ces données doivent être gérées conformément aux normes en vigueur.

La durée du stockage des informations du tableau de bord doit être égale ou supérieure à trois ans.

Au-delà de la photographie des activités relatives aux achats/approvisionnements, la gestion du tableau de bord doit permettre d'évaluer les progrès réalisés grâce à l'amélioration apportée au tableau de bord.

Le développement d'une banque de données à partir de la gestion du tableau de bord doit permettre de consolider la mémoire interne de la fonction achats/approvisionnements.

10.3 Gestion des informations relatives aux accords

En préalable il convient de s'assurer, avant expédition, que tous les renseignements nécessaires au fournisseur figurent dans l'accord et peuvent être aisément repérés soit :

— par l'archivage d'un exemplaire de l'accord (quel que soit le support),
— par l'archivage de l'accusé de réception préalablement exigé des fournisseurs,
— par l'archivage d'un double de l'accord adressé qui doit être retourné après annotations éventuelles et signature.

À réception de l'accusé de réception ou du double de l'accord, selon les propositions de modifications apportées par le fournisseur, l'acheteur doit contacter son fournisseur et renégocier avec lui les termes du litige et confirmer par écrit les bases du nouvel accord. L'accusé de réception doit être archivé avec la commande.

Les nouvelles informations constituant les bases d'un nouvel accord doivent être collectées, indexées, classées, notées et conservées dans l'élément approprié du tableau de bord.

10.4 Gestion des informations relatives aux livraisons

Il convient d'exiger de chaque fournisseur que le bulletin de livraison porte toutes les informations fournies sur l'accord afin de faciliter l'identification de la fourniture. Les informations suivantes sont au moins nécessaires :

— les références,

— le numéro de l'accord,

— les quantités commandées,

— les quantités livrées,

— les dates ou les délais convenus.

Pour toute réception, les informations quantitatives ou qualitatives relatives à l'accord doivent être enregistrées dans l'élément du tableau de bord approprié.

Les réserves apposées en cas de litige doivent être répertoriées et adressées au plus tôt au transporteur par lettre recommandée (dans les 72 h). Il est impératif de contacter rapidement le fournisseur pour régler, si possible à l'amiable, le problème.

10.5 Gestion des informations relatives aux contrôles des fournitures

Tout produit et/ou service fourni doit être vérifié selon des règles ou des plans préétablis :

— soit par le fournisseur qui doit certifier dans un document les résultats des contrôles réalisés en interne ou sous-traités,

— soit par le client (l'acheteur ou le destinataire), qui doit enregistrer ces informations ainsi que celles, transmises par le fournisseur, concernant sa maîtrise des non-conformités ou des défauts qu'il répertorie au moyen de procédures documentées pour déterminer :

– les retouches pour satisfaire aux exigences spécifiées,

– les acceptations par dérogation avec ou sans réparation,

– les déclassements pour d'autres applications,

– les rejets ou mises au rebut.

10.6 Gestion des produits fournis par l'acheteur

Il est recommandé de vérifier que le fournisseur gère correctement les stocks, sur les plans quantitatif et qualitatif. Il est utile d'obtenir des informations concernant la valeur de ces stocks afin d'anticiper les événements pouvant porter préjudice aux achats/approvisionnements ultérieurs.

10.7 Gestion des informations relatives aux délais

Le respect des délais est une caractéristique des fournisseurs dont l'acheteur doit tenir particulièrement compte. Afin d'aider à sa tenue, l'acheteur doit effectuer un suivi efficace afin de tirer les enseignements utiles notamment les dates de relances éventuelles.

Les paramètres de suivi doivent notamment inclure la durée moyenne des retards et le ratio, nombre d'accords en retard/nombre total d'accords.

10.8 Gestion des informations relatives aux paiements

Avant de régler une facture, il convient de s'assurer que tous les termes de cette facture sont conformes à l'accord et de comparer entre eux la facture, les éléments de l'accord, le bordereau de livraison et les données obtenues à réception.

10.9 Gestion des informations relatives aux fournisseurs

Il est nécessaire d'établir et de tenir en permanence des enregistrements concernant les fournisseurs acceptables, au moyen d'un fichier donnant des indications au moins sur les performances, les délais, les prix et les chiffres d'affaires. Les indications doivent être mises à jour.

L'acheteur doit établir avec chaque fournisseur une collaboration étroite et un système de retour d'information afin de permettre une amélioration continue de la qualité.

L'évolution des informations se fait en fonction des améliorations apportées notamment sur les points suivants :

— les exigences liées aux spécifications, aux dessins et aux commandes,
— la sélection de fournisseurs qualifiés,
— l'accord relatif à l'assurance de la qualité,
— l'accord relatif aux méthodes de vérification,
— les dispositions concernant le règlement des différends relatifs à la qualité,
— les plans de contrôle de réception,
— les contrôles à la réception,
— les enregistrements qualité relatifs à la réception,
— le traitement des non-conformités décelées.

10.10 Remise en cause des fournisseurs

La remise en cause des fournisseurs doit être établie en fonction du non-respect des accords passés. Cette remise en cause se justifie par :

— un non-respect des contrats,
— un non-respect des procédures contractuelles,
— un non-respect des clauses d'assurance de la qualité contractuelles,
— une dégradation des produits et des services fournis,
— une inaptitude à utiliser de nouvelles techniques,
— un non-respect des objectifs,
— un désavantage concurrentiel,
— une dégradation de la santé financière ou sociale du fournisseur.

Par ailleurs, une évolution des besoins ou de l'offre peut entraîner une remise en cause du fournisseur.

La remise en cause ne doit pas être définitive mais seulement temporaire.

Des décisions doivent être prises quant au type de relations nouvelles à entretenir.

Le fournisseur peut entrer par exemple dans un nouveau cycle d'évaluation et de sélection.

10.11 Gestion des historiques de prix

La gestion des historiques de prix est indispensable. Elle doit faire l'objet de procédures internes documentées. À tout prix doivent correspondre une quantité et une date de référence. Dans certain cas, il convient d'ajouter des frais divers (voir en 6.2) pour faciliter la détermination d'un coût global.

Les historiques de prix peuvent faire apparaître :

— le prix standard entreprise,
— le prix moyen,
— le prix de la dernière facture,
— le prix de revient ou de cession,
— etc.

La durée de conservation des historiques de prix doit être au moins identique ou supérieure à la durée de l'accord.

11 IMPLICATIONS DU PRÉSENT DOCUMENT

11.1 Déontologie

Les règles qui régissent les rapports des acheteurs avec les autres acteurs de l'entreprise, les clients, les fournisseurs internes ou externes doivent être formalisées.

La transparence vis-à-vis de la direction générale et des autres fonctions de l'entreprise concernant les motivations, les choix et les décisions, est assurée par l'acheteur.

Les clauses de confidentialité concernant les informations fournies par les fournisseurs doivent être respectées.

11.2 Formation

La formation du personnel des achats/approvisionnements varie suivant les responsabilités attribuées et le domaine d'activité. Cette formation peut porter sur :
— la culture générale,
— la culture industrielle,
— les concepts de management et d'assurance de la qualité,
— les techniques commerciales,
— les aspects juridiques (réglementations de transport, de stockage, de documents d'assurance, de modalités de paiement),
— les techniques administratives et financières (lecture de bilan),
— la gestion des stocks,
— les langues étrangères,
— les techniques spécifiques au métier de l'entreprise,
— les techniques spécifiques aux achats/approvisionnements et les techniques connexes,
— les outils, méthodes et techniques relatives à la qualité,
— la normalisation,
— etc.

Cette formation doit être régulièrement actualisée.

11.3 Aptitudes du personnel

Les critères de sélection et d'appréciation du personnel des achats/approvisionnements peuvent porter, selon le poste occupé et l'activité, sur tout ou partie des qualités suivantes :
— la présentation,
— l'agilité d'esprit,
— la curiosité,
— la prudence, la réserve et la discrétion,
— l'esprit d'initiative et de décision,
— l'esprit d'analyse,
— la rigueur de raisonnement,
— l'imagination,
— l'esprit d'organisation et de méthode,
— le sens relationnel,
— l'aptitude à communiquer,
— l'aptitude à argumenter,
— l'aptitude à négocier,
— la mémorisation.

Il convient d'insister sur la disponibilité d'esprit nécessaire pour entretenir de bons rapports humains, sur la stabilité émotionnelle et sur le respect de la déontologie.

11.4 Moyens et organisation

Les ressources nécessaires doivent être attribuées en fonction de l'importance que représente la charge des achats et des approvisionnements dans l'entreprise. Il convient d'étudier les ratios adéquats pour déterminer le seuil des ressources optimales.

La valorisation du sous-système achats/approvisionnements par la mise à disposition des ressources nécessaires permet de réaliser des économies bien supérieures à son coût de fonctionnement.

L'organisation des achats/approvisionnements est fonction du mode d'organisation générale de l'entreprise. Elle peut se faire notamment d'après :

— l'homogénéité des tâches,

— l'affinité des produits et des techniques,

— les emplacements géographiques de réalisation des produits et/ou services.

11.5 Approche systémique

Dans le cadre de la vocation de l'entreprise, le sous-système des achats/approvisionnements s'inscrit en cohérence avec les autres sous-systèmes de gestion et avec l'environnement. À cette fin il doit être considéré lui-même comme un sous-système de réalisation, de gestion et d'information.

11.5.1 Sous-système de réalisation des processus des achats et des commandes

L'objectif du sous-système des achats/approvionnements est de satisfaire les besoins de l'entreprise en produits et/ou services qu'elle se procure sur le marché extérieur. La mise en œuvre des processus décrits dans la présente norme est un élément de base de l'atteinte de cet objectif.

11.5.2 Sous-système de gestion interne des achats/approvisionnements

À partir des informations sur l'état de l'environnement (état des marchés fournisseurs et sous-traitance et leurs évolutions) et sur les besoins internes, ce sous-système détermine les objectifs de la politique d'achats.

Ce sous-système de gestion doit jouer un rôle de coordinateur vis-à-vis des autres sous-systèmes de gestion de l'entreprise qui sont confrontés aux risques inhérents aux achats/approvisionnements. Il doit par conséquent assurer, pour cette raison, toutes les liaisons interactives nécessaires.

11.5.3 Sous-système d'information des achats/approvisionnements

Pour effectuer les processus qui incombent à ce sous-système, il convient de rechercher et d'utiliser des circuits d'information pertinents, à jour et exacts.

Le personnel des achats/approvisionnements a aussi pour mission de recueillir, de traiter et de transmettre les informations sur l'évolution des marchés fournisseurs dans leurs composantes commerciales, économiques, technologiques, institutionnelles et politiques.

Il convient de s'appuyer sur des systèmes de communication pour adapter le sous-système des achats/approvisionnements à l'environnement interne et externe dont la situation est en perpétuelle évolution. Ces systèmes lui permettent par la réduction des temps de réponse d'élaborer plus rapidement ses prévisions, d'améliorer la flexibilité de ses structures, d'accroître l'efficacité de ses ressources.

ISSN 0335-3931

norme française

NF X 50-142
Décembre 1990

Relations clients-fournisseurs
Qualité des essais
Lignes directrices pour demander et organiser les essais

E : Supplier-User relations — Tests Quality — Guidelines for requesting and organizing tests
D : Kunden-Lieferanten Beziehungen — Qualität der Prüfungen — Richtlinien zum Anfordern und Gestalten der Prüfungen

Norme française homologuée par décision du Directeur Général de l'afnor le 20 novembre 1990 pour prendre effet le 20 décembre 1990.

correspondance   À la date de publication de la présente norme, des travaux internationaux sont en cours traitant partiellement du même sujet.

analyse   La présente norme constitue un guide à l'usage des partenaires d'une prestation d'essais, elle définit et explicite les facteurs à prendre en compte pour assurer la qualité dans les essais.

descripteurs   **Thésaurus International Technique** : qualité, assurance de la qualité, essai.

modifications

corrections

éditée et diffusée par l'association française de normalisation (afnor), tour europe cedex 7 92049 paris la défense — tél. . (1) 42 91 55 55

Qualité des essais

Membres de la commission de normalisation chargée de l'élaboration de la présente norme

Président : M CALMELS

Secrétaire : M CLOAREC — AFNOR

M	ALVERNHE	BNAE	M	LALIGAND	GDF
M	ANRIGO	CSTB	M	LALLEMANT	LA TELEMECANIQUE SA
M	BIGUET	ITF	M	LARAVOIRE	DAEI
M	BILLIARD	CEMAGREF GROUPEMENT	M	LAURENT	GDF
		D'ANTONY	M	LEPRETRE	AFNOR
M	CAILLET	SOLLAC	M	LOUIS	GDF
M	CALMELS	Ministère de la Défense	M	LOUVET	ISOVER SAINT GOBAIN
M	COPIN	XAVIER PIETTRE CONSULTANTS	M	MANCEAU	SERAP INDUSTRIES SA
M	COUDERT	UGAP	M	MILLOTTE	ADP AEROPORTS DE PARIS
M	DAVID	AFNOR	MME	MORIN	AFNOR
M	DORE	GDF	M	NAVIER	TECNITAS — GROUPE BUREAU
M	DURAND	CERIB			VERITAS
M	FERRANDERY	Ministère de l'industrie et de l'amé-	M	PITON	EVIC CEBA SA
		nagement du territoire	M	PRATS	IRCHA
M	FERRE	EDF-GDF	M	PRIGENT	CEA CEN FONTENAY
MME	GAILLARD	Ministère de la Défense	M	RANSON	LNE
M	GOUPILLON	CEMAGREF GROUPEMENT	M	REPOSEUR	RNE
		D'ANTONY	M	ROCHE	BNS
M	HEINIS	RNE	M	ROSENAU	ASTE
M	HEITZ	UGINE ACG	M	ROULEAU	GDF
M	HUMBERT	LRBA	M	SCHMITT	AEROSPATIALE
M	JACQUES	LAB. CENTRAL DES PONTS ET	M	SORRO	RNE
		CHAUSSEES	M	SUSSMILCH	SOLLAC
M	JACQUIN	SOPEMEA SA	M	TRIBODET	CERCHAR
M	JARLAN	CETIM	M	TRUFFERT	LCIE
MME	KOPLEWICZ	UNM	M	WENDLING	DEF
M	LAGENTE	CSTB			

AVANT-PROPOS

Cette nouvelle norme complète la série des normes françaises du domaine de la qualité.

Elle constitue, par son approche, une norme de base destinée à fixer les lignes directrices pour élaborer une demande d'essai(s) et réaliser les prestations d'essais correspondantes.

Elle reprend et détaille, dans son chapitre 7, certaines règles édictées par la norme européenne EN 45001 «Critères généraux concernant le fonctionnement des laboratoires d'essais» dans le but :

— d'étendre la notion de laboratoire d'essais à tout organisme prestataire d'essais (laboratoire, centre d'essais, centre technique, etc.),

— d'intégrer ces critères dans le cadre plus large des responsabilités du demandeur et du prestataire d'essais.

À partir de la page 4, cette norme comprend, d'une part, sur la page de gauche, des textes à caractère normatif constituant le corps de la norme homologuée, et, d'autre part, sur la page de droite, des commentaires à caractère purement informatif et non homologués.

SOMMAIRE

0 INTRODUCTION

Jusqu'à maintenant, les travaux de normalisation dans le domaine de la qualité des essais ne concernaient que les travaux relevant directement de la responsabilité et la compétence des prestataires d'essais ; ils n'abordaient que partiellement les aspects relatifs à :

— la qualité de la définition des essais et de l'exploitation de leurs résultats, au regard de la destination ou de l'usage des produits concernés,

— la représentativité des essais vis-à-vis de l'objectif recherché.

Se plaçant du point de vue d'une entreprise, d'un donneur d'ordres ou encore d'un consommateur, il est cependant évident que des essais ne sont utiles que s'ils sont représentatifs et correctement définis.

Ce constat conduit à estimer que la qualité des essais dépend étroitement de l'expression correcte des besoins du demandeur. En conséquence, la présente norme ne se limite pas à la seule «réalisation des essais», mais traite aussi de la phase initiatrice de l'essai qu'est «l'expression du besoin du demandeur».

1 OBJET

L'objectif recherché par cette norme consiste à prescrire l'application d'un certain nombre de principes destinés à obtenir des essais réalisés méthodiquement en respectant les exigences prévues par le demandeur d'essais et les critères généraux concernant les prestataires d'essais (voir EN 45001).

À cet effet, il est recommandé que le demandeur d'essais et le prestataire d'essais engagent, le plus tôt possible, un dialogue permettant de garantir que le but recherché sera atteint et que rien ne sera négligé pour l'obtenir.

La présente norme propose aux partenaires concernés, demandeur d'essais et prestataire d'essais, une démarche logique allant de la perception du besoin d'essai à la fourniture des résultats de l'essai correspondant.

Tout en se conformant aux principes prescrits, la démarche présentée par cette norme est cependant modulable en fonction de la complexité des essais et de la nature des produits à essayer.

1 a OBJET

La première partie de cette démarche doit permettre au **demandeur d'essais** d'élaborer et de valider la demande d'essai(s), afin de satisfaire ses besoins et ceux du prestataire d'essais.

Elle a pour objectifs :

— de mettre en œuvre un processus donnant l'assurance que les exigences du demandeur seront satisfaites,

— d'instaurer entre le demandeur et le prestataire d'essais, un dialogue motivé par le souci d'efficacité de la prestation d'essais.

Elle se décompose en deux grandes parties :

— l'**analyse du besoin** d'effectuer des essais, c'est-à-dire l'identification et la validation, par le demandeur, de la nécessité et de l'utilité de ces essais,

— l'**expression du besoin** relative à la réalisation de ces essais, c'est-à-dire l'établissement de la demande d'essai(s) qui résulte généralement du dialogue demandeur-prestataire.

La seconde partie de la démarche concerne le **prestataire d'essais** qui doit pouvoir :

— offrir une prestation de qualité, dans la préparation et la réalisation grâce aux dispositions et moyens mis en œuvre,

— être capable d'en apporter la preuve.

La norme est modulable dans le cas :

— d'essais complexes, comme par exemple les essais en vol d'un avion, les essais de qualification d'un produit complexe ou d'un système,

— d'essais simples normalisés, comme par exemple les essais de traction, les essais de résilience,

— d'essais répétitifs pour lesquels une partie de la démarche est faite une fois pour toutes, et donc pour lesquels seule la partie relative à la prestation d'essais reste à faire.

2 DOMAINE D'APPLICATION

La présente norme est applicable à tous types d'essais pour tous types de produits quels que soient les partenaires concernés.

3 RÉFÉRENCES

Guide ISO/CEI 25 Prescriptions générales concernant la compétence technique des laboratoires d'essais.

EN 45001 Critères généraux concernant le fonctionnement des laboratoires d'essais.

NF X 07-010 Métrologie — La fonction métrologique dans l'entreprise.

4 DÉFINITIONS

Dans le cadre de la présente norme, on entend par :

— prestataire d'essais : tout organisme qui doit exécuter une prestation d'essais. (Laboratoire, centre d'essais, centre technique, etc.)

— essai : ensemble d'opérations qui a pour but d'obtenir expérimentalement des informations sur un produit à partir d'un spécimen représentatif de tout ou partie de ce produit.

— spécimen : représentation matérielle d'une ou plusieurs caractéristiques du produit considéré. C'est donc soit un exemplaire de ce produit (prototype de développement, exemplaire de présérie, de série, etc.), soit une éprouvette représentative d'une caractéristique de ce produit (matière, composition chimique, résistance mécanique, etc.).

— produit : ce peut être :

- un matériel complexe ou l'un de ses constituants élémentaires quelle que soit sa nature (mécanique, chimique, électrique...),

- un logiciel,

- un procédé ou une évolution de procédé (de transformation, d'obtention etc.),

un produit peut être considéré comme un support de service.

4 a   DÉFINITIONS

Pour les besoins de la présente norme, la définition de l'essai donne une interprétation de la définition normalisée (guide ISO/CEI 2, NF X 00-001) :

— *«l'opération technique» devient «ensemble d'opérations» dont certaines peuvent ne pas avoir un caractère technique,*
— *les «caractéristiques» deviennent des «informations» supposées être de toute nature,*
— *ce n'est plus le produit qui fait l'objet de l'essai mais un «spécimen» représentatif.*

Les informations attendues de l'essai doivent permettre au demandeur d'essais de mener une action et donc ont notamment pour buts :

— *de vérifier une hypothèse ou un principe,*
— *d'acquérir une connaissance sur le fonctionnement ou la constitution, les propriétés, les caractéristiques d'un produit,*
— *d'apporter une justification sur la tenue de performances ou le respect de certaines caractéristiques (mécaniques, physiques, électriques, chimiques...),*
— *de valider le respect de l'application des normes de produits («marques NF»...) ou des cahiers des charges contractuels,*
— *d'identifier les causes d'anomalies constatées en utilisation.*

D'autre part, l'exécution d'un essai correspond à la prestation du laboratoire pour répondre à une demande d'essai(s), c'est-à-dire «exécuter les ordres du demandeur». La réalisation d'un essai est la phase pratique du processus d'exécution de l'essai.

5 PRÉSENTATION DE LA DÉMARCHE

Un essai n'a de sens que s'il permet de fournir, à un instant donné, les informations dont le demandeur a besoin. Ces informations sont de natures différentes suivant le moment où l'on se situe dans le cycle de vie du produit (de ses études de faisabilité jusqu'à son retrait de service).

Pour fournir ces informations, un ensemble d'actions est nécessaire ainsi que la participation de plusieurs intervenants. Cet ensemble d'actions peut être organisé comme un programme, ce qui suppose une décomposition en différentes phases bornées par des jalons. (Voir figure ci-dessous).

Les jalons sont des étapes permettant le passage d'une phase à la suivante ; ils peuvent constituer des points de rendez-vous entre les différents partenaires concernés par l'essai. Ils ont pour but de s'assurer que tous les travaux de la phase précédente sont terminés (ou font l'objet d'impasses identifiées ou traitées) et que les travaux de la phase suivante peuvent être engagés.

Le franchissement d'un jalon fait l'objet de décisions prises et reconnues par l'ensemble des intervenants en cause.

L'essai peut être décomposé en cinq phases :

— la phase d'opportunité et de faisabilité,
— la phase de définition préliminaire,
— la phase de préparation,
— la phase de réalisation,
— la phase de fourniture des résultats.

Les deux premières phases constituent la première partie de la démarche, objet du chapitre 6, qui doit aboutir à l'expression du besoin de l'essai sous forme d'une **demande d'essai(s)**. Ces phases sont de la responsabilité du demandeur d'essais dont le rôle consiste à analyser, exprimer et justifier le besoin mais aussi à engager le dialogue avec le prestataire d'essais afin d'optimiser la demande d'essai(s).

Les trois dernières phases constituent la seconde partie de la démarche objet du chapitre 7, qui consiste à exécuter une prestation d'essais conforme au besoin exprimé et qui aboutit à la fourniture d'un rapport d'essai(s) ; elles sont de la responsabilité du prestataire d'essais. La prestation débute par la prise en compte de la demande d'essai(s), même si certains travaux ont été effectués lors de la phase précédente dans le cadre du dialogue engagé avec le demandeur d'essais. Cette prise en compte ne devient généralement effective qu'après enregistrement et identification de la demande d'essai(s), puis transmission de celle-ci aux services chargés de préparer l'essai, prendre en charge le spécimen en vue de la réalisation de l'essai et fournir les résultats d'essais.

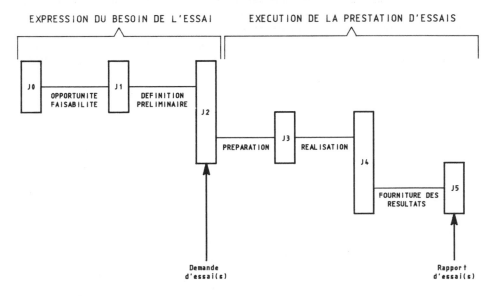

Jx = Jalon explicité dans le texte

5 a   PRÉSENTATION DE LA DÉMARCHE

Suivant le moment où l'on se situe dans le cycle de vie du produit, le but et la finalité des essais sont très différents. En effet :

— lors des études de faisabilité du produit, il s'agit de faire des choix de matériaux et de technologies, des choix de principes ; le produit n'existe pas encore matériellement et les essais de cette étape ont pour but de vérifier une hypothèse, de confirmer ou d'infirmer un principe,

— lors des études de définition préliminaire (ou d'avant-projet) du produit, il s'agit de traduire le besoin en terme d'exigences techniques, budgétaires, calendaires ; les différentes solutions possibles sont examinées ; les essais ont pour but d'apporter les critères de jugement pour établir un compromis, acceptable par les partenaires du projet, sur les performances attendues, les coûts prévisionnels et les délais réalisables,

— lors du développement du produit, les «**essais de mise au point**» ont pour but d'acquérir progressivement l'ensemble des connaissances relatives aux caractéristiques atteintes par le produit, pour s'assurer que celui-ci permettra de rendre le service attendu. Les «**essais de qualification**» ont pour but d'apporter l'assurance que le produit possèdera l'ensemble des caractéristiques et performances requises ; ils sont effectués sur un (ou des) exemplaire(s) représentatif(s) de la série et leur réussite conditionne la clôture de l'étape de développement et la mise en production du produit,

— en production du produit, les essais sont de deux types. Les uns ont pour but de s'assurer que le produit fabriqué ou en cours de fabrication est conforme à sa définition, que les constituants utilisés ont les performances requises ; ces essais sont de la responsabilité du fabricant. Les autres, demandés par le client et souvent contractuels ont pour but de prouver le bon fonctionnement du produit vis-à-vis de son utilisation, et donc sa conformité par rapport à la définition commandée par le client (définition «qualifiée») ; ce sont les essais de réception ou d'acceptation ou encore de validation du respect des normes de produits ou des normes dont l'application est obligatoire,

— en cours d'utilisation du produit, les essais ont pour but de s'assurer de son fonctionnement correct et de vérifier les hypothèses de durée de vie, de vieillissement, de maintenabilité dans le but de connaître sa disponibilité effective. D'autres types d'essais concernent l'analyse et la recherche des causes d'anomalies survenues au produit pendant son utilisation,

— lors du retrait d'utilisation du produit, il est parfois utile, voire nécessaire, d'évaluer les performances résiduelles des produits réformés et de réaliser ainsi un certain nombre d'expertises de diverses natures.

6 EXPRESSION DU BESOIN DE L'ESSAI

Quel que soit le type d'essai considéré, les fonctions générales devant être assurées consistent à obtenir des informations :

— à l'aide de méthodes et de moyens d'essais compatibles techniquement et économiquement avec l'objectif,
— en respectant les normes et règlements en vigueur,
— en assurant la sécurité des personnes et la sauvegarde des biens.

La caractérisation qualitative et quantitative de ces fonctions est réalisée au cours des phases opportunité-faisabilité et définition préliminaire, aboutissant à l'expression du besoin de l'essai traduite dans la **demande d'essai(s)**.

6.1 Phase d'opportunité et de faisabilité

Initialisée par une première perception d'un besoin d'essai (jalon J0), cette phase a pour but de valider ce besoin en fonction :

— de la représentativité des essais envisageables vis-à-vis de l'objectif à atteindre,
— des informations attendues (résultats de mesures, caractéristiques...),
— de la nature du spécimen à «essayer»,
— des normes et règlements applicables,
— des moyens existants et utilisables pour l'essai, ou dont il faut se pourvoir.

Cette phase se termine par un jalon (jalon J1), formalisé par trois décisions du demandeur d'essais :

— la faisabilité de l'essai et notamment l'identification du (ou des) prestataire(s) d'essais (laboratoire ou centre d'essais) pressenti(s) ou éventuellement choisi(s),
— les choix des concepts relatifs aux matériels spécifiques dont le spécimen doit être équipé (instrumentation),
— éventuellement le lancement du développement de moyens d'essais nouveaux (spécifiques ou non au projet) ou l'adaptation de moyens existants.

À ce stade, l'examen des problèmes liés à la sécurité des personnes et à la sauvegarde des biens doit avoir été pris en considération ; dans le cas contraire, cela signifie un retour au jalon initial et une nouvelle étude de faisabilité.

6.2 Phase de définition préliminaire

Cette phase a pour but d'obtenir un accord contractuel, entre le demandeur et le prestataire d'essais, sur :

— les fonctions à assurer par l'essai,
— les solutions retenues (moyens, méthodes) pour la conduite de l'essai,
— les dispositions à prendre pour avoir l'assurance d'obtenir les informations attendues.

Il s'agit de caractériser qualitativement et quantitativement les fonctions de l'essai ainsi que les solutions imposées pour sa réalisation dans des conditions économiques acceptables.

Il est donc nécessaire que s'instaure un dialogue entre demandeur et prestataire d'essais permettant l'établissement d'un flux de renseignements sur le spécimen, les informations attendues de l'essai, les moyens à mettre en œuvre pour l'essai.

La fin de cette sous-phase de définition de l'essai se concrétise pour le franchissement d'un jalon (jalon J2) qui a pour but de notifier au prestataire d'essais l'expression du besoin du demandeur d'essais, sous la forme d'une demande d'essai(s), permettant ainsi d'engager la phase de préparation de l'essai.

6.1 a   Phase d'opportunité et de faisabilité

Les travaux liés à la phase d'opportunité et de faisabilité sont de la responsabilité du demandeur d'essai et sont conduits, dans toute la mesure du possible, en liaison avec les prestataires d'essais potentiels ou, au minimun, en ayant une bonne connaissance de leurs possibilités. En effet, ils ont pour but :

— d'expliquer (ou de justifier) le besoin d'essais,

— de définir les informations attendues des essais,

— de s'assurer que les moyens d'essais existants permettent d'obtenir les informations attendues,

— d'identifier les prestataires d'essais (laboratoire, centre d'essais) susceptibles de pouvoir réaliser ces essais et de s'assurer que leur organisation permet de satisfaire les besoins du demandeur d'essais,

— de vérifier que la définition du spécimen est compatible avec les exigences liées à la réalisation des essais (notamment vis-à-vis des problèmes de sécurité des personnes et des biens), qu'il est représentatif du produit dont il est dérivé et sur lequel on veut des informations,

— de s'assurer que les exigences liées aux normes et règlements peuvent être prises en compte,

— de vérifier que les délais d'obtention des informations attendues sont compatibles avec les besoins (planification).

6.2 a   Phase de définition préliminaire

Les travaux à effectuer au cours de cette phase sont principalement liés à la caractérisation qualitative et quantitative des fonctions de l'essai et éventuellement des solutions imposées pour celui-ci :

— définition exhaustive des caractéristiques du spécimen et vérification de sa représentativité,

— définition exhaustive des informations (mesures, caractéristiques, ...) attendues de l'essai,

— définition de la forme sous laquelle seront restituées les informations issues de l'essai, et date à laquelle elles doivent être fournies au demandeur,

— élaboration de la définition et de la réalisation des moyens nouveaux spécifiques aux essais, etc.

De plus ces travaux doivent aboutir à la détermination d'une enveloppe budgétaire et calendaire des essais, associée aux informations attendues des essais et à l'évaluation des risques industriels encourus.

Le jalon J2 est sans nul doute le plus important pour l'essai, car, outre la notification de la demande d'essai(s), il formalise l'engagement des deux partenaires (demandeur et prestataire d'essais) à respecter leurs besoins réciproques dans un souci d'efficacité et d'économie.

À ce stade, aucune impasse, pouvant remettre en cause les décisions prises à J2 pour les phases ultérieures de l'essai, ne peut être admise.

6.3   La demande d'essai(s)

La demande d'essai(s) peut être définie comme étant l'ensemble des informations nécessaires et suffisantes fournies par le demandeur d'essais, pour permettre au prestataire d'essais :

— d'élaborer les dispositifs d'essais, de mesures et de protection des personnes et des biens,

— de préparer le soutien logistique lié à l'essai et notamment d'en élaborer la planification,

— de fournir les informations attendues,

— de respecter les coûts et délais prévus.

À cet effet, la partie technique de la demande d'essai(s) constitue la spécification technique de besoin ; elle est couramment appelée **programme d'essai(s).**

La demande d'essai(s) concrétise l'aboutissement de la phase d'expression du besoin de l'essai.

Le caractère contractuel (ou quasi-contractuel, dans le cas de relation interne) de ce document permet de figer, au moment de sa notification, les exigences du demandeur vis-à-vis du prestataire et, ainsi, de connaître le but à atteindre, les risques encourus et les conséquences de dérives ou d'interprétations abusives.

Il est donc souhaitable, voire indispensable, que la demande d'essai(s)résulte du dialogue engagé entre le demandeur d'essais et le prestataire d'essais et qu'elle reflète le meilleur compromis entre les exigences du demandeur et les possibilités réelles de les satisfaire.

7   PRESTATION D'ESSAIS

Le présent chapitre concerne la qualité des activités relevant de la responsabilité des prestataires d'essais.

La prestation d'essais commence lorsque la demande d'essai(s) est parfaitement définie (voir chapitre 6) et s'achève par l'émission du rapport d'essai(s).

La démarche adoptée en vue de l'exécution des essais depuis l'arrivée de la demande d'essai(s) et du spécimen soumis à l'essai jusqu'à l'émission du rapport d'essai(s) doit être formalisée.

On peut considérer deux types d'essais :

— les essais à caractère répétitif pour lesquels les conditions d'essais, incluant notamment les méthodes d'essais et modes opératoires, peuvent être préétablies,

— les essais réalisés en vue de répondre à la démarche spécifique d'un client. Le processus permettant le traitement des demandes d'essai(s) doit alors inclure la rédaction des conditions opératoires spécifiques permettant de répondre aux besoins de la demande d'essai(s).

Le présent chapitre reproduit le chapitre 5 de la norme NF EN 45001 auquel des commentaires ont été ajoutés. Toutefois le terme «laboratoire d'essais» a été remplacé par «prestataire d'essais».

6.3 a La demande d'essai(s)

La demande d'essai(s) se traduit par un document, établi par le demandeur, qui précise un ensemble d'exigences qu'il juge indispensable à la bonne exécution de la prestation d'essais. Cette demande initialise toutes les opérations ultérieures (préparation des essais, conduite ou réalisation des essais, présentation et fourniture des résultats d'essais).

Le programme d'essai(s) doit comporter des indications suffisantes sur les points suivants :

— *objectif des essais demandés, notamment en fonction de la place des essais dans le cycle de vie du produit,*

— *documents applicables et/ou de référence, dont l'intérêt réside essentiellement en l'utilisation d'une terminologie commune et la réunion des règles de l'art indispensables à la bonne réalisation des essais,*

— *identification du spécimen à essayer et de l'état dans lequel il se trouve matériellement vis-à-vis des essais à effectuer (prototype, échantillon, maquette instrumentée ou à instrumenter...),*

— *conditions d'exécution des essais, particulièrement lorsque les critères de choix des moyens d'essais sont imposés ou lorsque des dispositions relatives aux conditions d'installation et aux interfaces sont à respecter ou encore lorsque des méthodes d'essais, normalisées ou non, sont préconisées ou rendues obligatoires,*

— *chronologie des opérations si celle-ci comporte un caractère indispensable ou si l'inversion d'opérations comporte un risque vis-à-vis de l'objectif de l'essai ou soulève des problèmes de sécurité,*

— *nature des mesures à effectuer et exigences concernant la présentation des résultats en vue de leur traitement et de leur exploitation,*

— *sécurité des personnels chargés des essais, des tiers, de l'environnement et des produits essayés,*

— *modalités de traitement des anomalies et définition des responsabilités quant à la poursuite ou non des essais en fonction du type d'anomalies (défaillance du spécimen, de l'équipement d'essais, incident de procédure, etc.).*

La partie administrative de la demande d'essai(s) doit fixer les modalités relatives aux fournitures attendues, aux délais de réalisation et aux conditions financières d'exécution des activités du prestataire d'essais.

7.1 Gestion et organisation

Le prestataire d'essais doit être compétent pour effectuer les essais dont il est question. En l'absence de méthode d'essai reconnue, l'accord sur la méthode d'essai entre le client et le prestataire doit faire l'objet d'un document.

Le prestataire d'essais doit être organisé de façon que chaque membre du personnel soit informé de l'étendue et des limites de sa sphère de responsabilité.

Au sein de l'organisation, un encadrement doit être assuré par des personnes connaissant les méthodes d'essais, l'objectif des essais et l'évaluation des résultats d'essais. La proportion du personnel d'encadrement par rapport au personnel non cadre doit être telle qu'un encadrement satisfaisant soit assuré.

Le prestataire d'essais doit avoir un responsable technique. Celui-ci a la responsabilité générale des opérations techniques du laboratoire.

Un document décrivant l'organisation, la répartition des responsabilités, du prestataire d'essais doit être disponible et tenu à jour (voir paragraphe 7.4.2).

7.2 Personnel

Le prestataire d'essais doit disposer d'un personnel en nombre suffisant qui doit posséder la formation générale, les connaissances techniques et l'expérience nécessaires pour les fonctions qu'on lui a assignées.

Le prestataire d'essais doit assurer la continuité de la formation de son personnel.

Des informations concernant les qualifications, la formation et l'expérience du personnel technique doivent être tenues à jour par le laboratoire.

7.3 Locaux et équipement

7.3.1 Disponibilité

Le prestataire d'essais doit être pourvu de tout l'équipement nécessaire pour la réalisation correcte des essais et mesures pour lesquels il se déclare compétent.

Dans le cas exceptionnel l'obligeant à utiliser un équipement extérieur au laboratoire, il doit faire en sorte que la qualité de cet équipement soit assurée.

7.1 a   Gestion et organisation

L'organisation du prestataire, c'est-à-dire sa structure et la répartition des responsabilités, doit être soigneusement définie.

La structure du prestataire adoptée pour assurer ses prestations d'essais comporte généralement une ou plusieurs «unités techniques», ayant chacune la responsabilité d'un secteur d'activités d'essais.

La réalisation d'essais implique par ailleurs le recours à d'autres fonctions qui peuvent, le cas échéant, être assurées par des services spécialisés (planification des essais, fabrication des éprouvettes, entretien et vérification des matériels, etc.).

La répartition des principales responsabilités est matérialisée par un organigramme général, lequel pourra, si la taille du prestataire le nécessite, être complété par des organigrammes spécifiques à chaque secteur. De plus, apparaîtront notamment dans cet organigramme :

— l'organisme éventuel auquel le prestataire est rattaché et son mode de rattachement (dans le cas par exemple d'un laboratoire d'entreprise),

— les personnes impliquées dans la fonction qualité (responsable, correspondants au sein des unités techniques, liaisons avec les responsables opérationnels, etc.).

Ces fonctions peuvent être décentralisées à condition de leur conserver un niveau technique compatible avec la qualité des essais.

7.2 a   Personnel

Chaque membre du personnel, à son niveau :

— doit être averti de sa sphère de responsabilité (étendue et limites). Cela implique une définition systématique de ses attributions ayant une incidence sur la qualité des essais,

— doit posséder les compétences et l'aptitude nécessaires pour mener son action.

Divers facteurs doivent être pris en compte lorsqu'ils sont pertinents pour garantir le maintien de l'aptitude du personnel, à savoir :

— expérience — qualification, etc.,

— capacité physique (par exemple pour les essais nécessitant une vision correcte ou présentant un danger),

— formation continue,

— information sur les évolutions techniques en matière d'essais, les réglementations.

Le recours à du personnel non confirmé ou vacataire n'est acceptable que si cela ne risque pas de porter préjudice à la qualité des essais. Ce qui implique une compétence adaptée, que ce personnel soit bien encadré et que la proportion du personnel confirmé par rapport au personnel vacataire soit importante.

7.3.2 Locaux et environnement

L'environnement dans lequel les essais sont effectués ne doit ni invalider les résultats des essais ni affecter l'exactitude requise pour les mesures, en particulier lorsque les essais sont réalisés sur des sites autres que les locaux permanents du prestataire. Les locaux dans lesquels sont effectués les essais doivent être protégés comme il convient contre des conditions extrêmes telles que l'excès de température, de poussières, d'humidité, de vapeur, de bruit, de vibrations, de perturbations électromagnétiques et autres et doivent faire l'objet d'une maintenance appropriée. Ils doivent être suffisamment spacieux pour limiter les risques de dégât ou de danger et permettre aux opérateurs d'opérer avec aisance et précision. Les locaux doivent être pourvus de l'équipement et des sources d'énergie nécessaires aux essais. Lorsque les essais l'exigent, ils doivent être équipés de dispositifs de surveillance des conditions ambiantes.

L'accès à toutes les zones d'essais et leur utilisation doivent être réglementés d'une manière adaptée à l'objectif pour lequel le local du prestataire est utilisé et les conditions d'admission de personnes extérieures doivent être définies.

Des mesures adéquates doivent être prises afin d'assurer un bon entretien dans les locaux du prestataire.

7.3.3 Équipement

Tout l'équipement doit être maintenu en bon état de fonctionnement. Des procédures de maintenance doivent être disponibles.

Tout équipement d'essai qui a subi une surcharge ou une mauvaise manipulation ou qui donne des résultats douteux ou qui a été décelé comme étant défectueux lors d'une vérification ou tout autre moyen doit être retiré du service, étiqueté clairement et stocké en un endroit spécifié jusqu'à ce qu'il ait été réparé et qu'un essai ou une vérification ait démontré qu'il pouvait remplir ses fonctions de façon satisfaisante. Le prestataire doit examiner l'effet de ce défaut sur les essais précédents.

Un enregistrement doit être tenu à jour pour chaque équipement d'essai et de mesure de quelque importance. Cet enregistrement doit comporter :

— la désignation de l'équipement,
— le nom du fabricant, l'identification du type et le numéro de série,
— la date de réception et la date de mise en service,
— le cas échéant, l'emplacement habituel,
— l'état à la réception (par exemple, neuf ou non, ou reconditionné),
— des précisions sur les opérations de maintenance effectuées,
— l'historique de tout endommagement, de tout mauvais fonctionnement, de toute modification ou réparation.

L'équipement de mesure et d'essai utilisé chez le prestataire d'essais doit être vérifié s'il y a lieu, avant d'être mis en service puis conformément à un programme défini.

Le programme général d'étalonnage et de vérification de l'équipement doit être conçu et mis en œuvre de telle manière que, chaque fois que cela est possible, toutes les mesures effectuées par le prestataire d'essais puissent être raccordées à des étalons nationaux ou internationaux de mesure, s'il en existe. Lorsque le raccordement aux étalons nationaux ou internationaux n'est pas réalisable, le prestataire d'essais doit fournir des preuves suffisantes de la corrélation ou de l'exactitude des résultats d'essais par exemple en participant à un programme approprié d'essais interlaboratoires.

Les étalons de référence détenus par le prestataire ne doivent être utilisés que pour l'étalonnage à l'exclusion de toute autre utilisation.

Les étalons de référence doivent être étalonnés par un organisme compétent pouvant établir le raccordement à un étalon national ou international.

Si nécessaire, le matériel d'essai peut être soumis à des contrôles en service entre les vérifications régulières.

Les matériaux de références doivent si possible pouvoir être raccordés à des matériaux de référence étalons nationaux ou internationaux.

7.3.2 a   Locaux et environnement

Les locaux diffèrent selon leur usage (stockage, préparation et traitement des échantillons, réalisation des essais, etc.). Ils sont parfois de simples emplacements géographiques. Dans de nombreux cas cependant, ils peuvent devoir présenter certaines caractéristiques susceptibles d'incidence sur la qualité des essais, parmi lesquelles on peut citer :

— *un agencement correct permettant des manipulations précises et pratiques et évitant la gêne entre les diverses activités,*

— *une séparation franche avec les locaux voisins lorsque la nature des activités est incompatible,*

— *le regroupement de certains locaux en cas d'opérations d'essais successives (par exemple local de conditionnement d'échantillons et local d'essais),*

— *des critères de propreté (absence de poussières, désinfection, etc.) et de nettoyage,*

— *un environnement adapté ne pouvant perturber la réalisation des essais (absence de vibrations externes ou de perturbations électromagnétiques par exemple).*

Les conditions d'accès aux locaux et sites doivent être définies pour divers motifs possibles :

— *préserver la confidentialité touchant aux résultats d'essais ou au matériel essayé,*

— *maintenir strictement les conditions d'environnement et de sécurité des essais,*

— *assurer la sécurité (en cas de radioactivité, contamination, vapeurs nocives, etc.).*

7.3.3 a   Équipement

1 — L'équipement d'essai devra être pris au sens large du terme, sachant qu'il comprend :

    — *les équipements et instruments de mesure et d'essais,*
    — *les produits consommables.*

2 — Les dispositions de la norme NF X 07-010 «La fonction métrologique dans l'entreprise» sont à considérer pour l'application du présent document.

3 — Cas du matériel d'analyse :

    Dans le domaine de l'analyse physico-chimique dans lequel le concept d'étalonnage se conçoit globalement sur la méthode d'analyse, les techniques d'étalonnage varient selon les méthodes. Dans la majorité des cas, il s'agit cependant d'appliquer une méthode d'analyse sur des solutions ou matériaux de référence. Il est généralement réalisé :

    — *un étalonnage initial pour certaines méthodes (spectrométrie d'émission atomique par exemple), qui consiste à établir les courbes d'indication des appareils, par catégorie de matériaux et par types d'éléments à doser,*

    — *des étalonnages ou vérifications systématiques (ou par séries d'analyses) pour toutes les méthodes.*

    La qualité des opérations d'étalonnage repose donc :

    — *sur la qualité des matériaux ou solutions de référence ou des produits purs. Il convient notamment d'en disposer d'un éventail suffisant et d'en avoir défini les conditions de gestion et de conservation,*

    — *sur la qualité des méthodes d'étalonnage, lesquelles doivent être formalisées, en faisant, le cas échéant, partie de méthodes d'analyse.*

    En outre, les méthodes d'analyse (et partant d'étalonnage) impliquent souvent l'utilisation d'instruments de mesure (notamment des balances) dont il convient d'assurer le raccordement aux chaînes nationales d'étalonnage.

4 — Gestion des équipements d'essais

    La gestion des équipements repose sur l'application de tout ou partie des dispositions suivantes :

    — *conditions d'identification,*

    — *enregistrement des équipements permettant de situer la localisation, l'état du matériel et les opérations d'étalonnage et d'entretien ayant eu lieu et à venir,*

    — *tenue à jour de fiches de vie spécifiques à chaque équipement définissant la nature, la fréquence et les modalités d'étalonnage ou d'entretien de cet équipement d'essai et permettant d'en suivre le déroulement depuis sa mise en service,*

7.4   Procédures de travail

7.4.1   Méthodes d'essais et autres procédures

Le prestataire d'essais doit disposer d'instructions écrites sur l'utilisation et le fonctionnement de tout le matériel concerné, sur la manipulation et la préparation des objets soumis à l'essai (le cas échéant) et sur des techniques d'essais normalisées, lorsque l'absence de ces instructions peut compromettre le processus d'essai. Toutes les instructions, normes, manuels et données de références utiles aux travaux du prestataire d'essais doivent être tenus à jour et être facilement accessibles pour le personnel.

Le prestataire d'essais doit employer les méthodes et les modes opératoires qui sont prescrits par la spécification suivant laquelle les objets doivent être essayés. La spécification doit être mise à la disposition des personnes effectuant l'essai.

Le prestataire d'essais doit rejeter les demandes d'essai(s) à exécuter selon des méthodes risquant de nuire à l'objectivité du résultat ou qui présentent une faible validité.

Lorsqu'il est nécessaire d'employer des méthodes d'essais et des modes opératoires qui ne sont pas normalisés, ils doivent être rédigés dans leur totalité.

Tous les calculs et les transferts de données doivent être soumis à des contrôles appropriés.

Lorsque les résultats sont obtenus par des techniques informatiques de traitement des données, la fiabilité et la stabilité du système doivent être telles que l'exactitude des résultats ne soit pas affectée. Le système doit pouvoir détecter d'éventuelles défaillances au cours de l'exécution du programme et déclencher l'action appropriée.

— constats de vérification généralement matérialisés par un repère apposé sur le matériel justifiant son aptitude à l'emploi (étiquette comportant la date de la prochaine vérification à ne pas dépasser par exemple).

5 — Expression et exploitation des résultats d'étalonnage ou de vérification des équipements

— le contenu des documents d'étalonnage ou de vérification établis par le prestataire devra être défini,

— en cas de résultats de vérification trouvé hors des limites, une procédure d'étalonnage doit préciser la conduite à tenir, concernant au moins :

- les opérations à effectuer sur le matériel, à savoir son ajustage suivi d'un nouvel étalonnage, le déclassement ou la réforme du matériel,

- les résultats des essais antérieurs réalisés avec ce matériel,

- la modification de la périodicité de vérification si nécessaire.

6 — Les produits consommables

La réalisation des essais implique souvent l'utilisation de produits consommables, c'est-à-dire qui ne sont pas réutilisables après les essais. S'appliquant à tout domaine d'essais, cette définition recouvre des produits très divers, tels les produits chimiques, les sables et ciments de référence dans le domaine du génie-civil, etc. L'effet de ces produits sur la qualité des essais est variable, les précautions à prendre en dépendent. Elles peuvent concerner :

— les films plastiques, les fils de thermocouple, les combustibles gazeux, etc.,

— l'approvisionnement et la réception (définition des spécifications attendues, contrôles des produits à l'arrivée, etc.),

— la fabrication des produits lorsque cette opération est du ressort du prestataire,

— les conditions de stockage,

— les manipulations (préparation, conditionnement, etc.),

— la gestion (identification, suivi, état des stocks, etc.).

7 — Essais utilisant des animaux et substances vivantes

Des précautions analogues doivent être prises lorsque la réalisation des essais implique l'utilisation d'animaux vivants (notamment en biologie) ou de substances vivantes (semences végétales, moisissures, souches bactériennes, etc.).

7.4.2 Système qualité

Le prestataire doit mettre en œuvre un système qualité interne correspondant au type, à l'éventail et au volume des travaux effectués. Les éléments du système qualité doivent être consignés dans un manuel qualité, disponible pour l'usage par le personnel du prestataire. Le manuel qualité doit être tenu à jour en permanence par un responsable, désigné à cet effet.

Un ou des responsables de l'assurance qualité doivent être désignés et avoir l'accès direct à la direction générale.

Le manuel qualité doit contenir au moins :

— une déclaration exprimant la politique qualité,

— une description de la structure du prestataire (organigrammes),

— les activités opérationnelles et fonctionnelles relatives à la qualité de façon que chaque personne concernée connaisse l'étendue et les limites de sa responsabilité,

— les procédures générales d'assurance qualité,

— une référence appropriée aux procédures d'assurance qualité spécifique à chaque essai,

— le cas échéant, les références à des essais d'aptitude, et à l'utilisation de matériaux de référence, etc.,

— des dispositions satisfaisantes concernant le retour d'information et les actions correctives à entreprendre lorsque des anomalies sont détectées au cours des essais,

— une procédure de traitement des réclamations.

Le système qualité doit faire l'objet d'une revue systématique et périodique par la direction ou pour son compte en vue de maintenir l'efficacité des dispositions prises et d'entreprendre des actions correctives. De telles revues doivent faire l'objet d'enregistrements fournissant également des détails de toute action corrective entreprise.

7.4.2 a   Système qualité

1 — Documents descriptifs du système

Le système qualité d'un prestataire d'essais s'appuie généralement sur deux supports :

— le premier, constitué par le manuel qualité, éventuellement complété de documents associés, permet de définir les principes généraux qui régissent le fonctionnement de l'organisme dans la globalité,

— le second, matérialisé par des documents spécifiques à chaque type de prestation d'essais élaborés à partir des principes fixés par le manuel qualité, explicite l'ensemble des dispositions d'obtention et d'assurance de la qualité liées à une prestation particulière ou à un ensemble d'essais répondant à un même besoin. Ces documents sont souvent dénommés «Plans Qualité» dans les organismes d'essais.

2 — Organisation du processus d'essais

Après la prise en compte d'une demande d'essai(s), le processus de réalisation des essais comporte les phases suivantes :

a) Préparation des essais

Cette phase consiste en pratique à définir l'ensemble des dispositions à prendre et des moyens à mettre en œuvre par le prestataire d'essais de façon à répondre aux exigences du programme d'essai(s).

Une partie de cette définition peut être matérialisée par un (ou plusieurs) document(s) spécifique(s) dans lequel (lesquels) on pourra trouver (éventuellement sous forme de renvois à des documents internes) des dispositions relatives :

— à la répartition des responsabilités au cours de la réalisation des essais (responsables d'essais, du spécimen à essayer, etc.),

— aux choix des moyens d'essais et de mesure (notices d'utilisation, modalités de vérification, etc.),

— à l'approvisionnement en produits consommables nécessaires à la réalisation des essais,

— aux spécimens à essayer (vérification de l'état à l'arrivée, modalités d'identification, dossier descriptif, modalités de manipulation, notice de fonctionnement, etc.),

— à la réalisation proprement dite des essais (méthodes d'essais, modes opératoires, fiches suiveuses d'essai(s) permettant d'enregistrer toutes les opérations effectuées et de témoigner du déroulement de l'essai, modalités d'enregistrement des opérations et des résultats, etc.).

De plus, à ces dispositions d'ordre interne, s'ajoutent la référence du programme d'essai(s) et, si besoin, les réponses spécifiques retenues par le prestataire pour satisfaire ces exigences. Ces dispositions qui concernent l'adaptation des moyens du prestataire d'essais aux spécificités du produit à essayer, ne peuvent en effet pas toujours être rédigées dans l'absolu.

b) *Réalisation des essais*

La réalisation des essais consiste à appliquer l'ensemble des dispositions définies au cours de la phase de préparation des essais.

Les opérateurs doivent donc disposer des informations nécessaires et suffisantes et connaître les règles et procédures d'assurance qualité relatives à leurs fonctions (par exemple programme d'essai(s), plans qualité, fiches suiveuses éventuelles et cahiers d'essais, procédure de traitement des anomalies, incidents, et dérogations, etc.).

c) *Émission des résultats d'essais*

L'établissement du rapport d'essai(s), dont le contenu est défini au paragraphe 7.4.3, doit suivre un processus défini, spécifiant les sources à partir desquelles il est rédigé (critères de résultats, cahier d'essais, fiches suiveuses etc.), les modèles à utiliser, les responsabilités concernant sa rédaction, sa vérification et son approbation.

La nature de chaque intervention dans ce processus doit être précisée et en particulier celle des vérifications effectuées qui peuvent concerner :

— *le contenu technique,*
— *la cohérence des résultats,*
— *la réponse effective à la demande du client,*
— *le respect des procédures applicables, etc.*

Les signataires du rapport d'essai(s) et la signification de leur signature doivent également être définis.

3 — *Actions correctives et préventives*

Les exigences à satisfaire par les prestataires d'essais accrédités prévoient la mise en œuvre, d'un ensemble de dispositions systématiques.

Des écarts peuvent se produire dans leur application. Encore convient-il de les détecter, d'en déterminer la portée, et de prendre les mesures correctives et préventives qui s'imposent. Des procédures doivent être mises en place, concernant :

— *la réalisation d'audits internes,*
— *le traitement des dérogations,*
— *le traitement des anomalies,*
— *le traitement des réclamations.*

a) *L'audit interne*

L'audit interne est un examen méthodique d'une situation au regard des dispositions applicables définies chez le prestataire par le manuel qualité, les plans qualité ou d'autres documents dérivés.

Il est réalisé au sein de l'organisme prestataire d'essais et à son bénéfice par des personnes n'ayant pas de responsabilité directe dans la situation examinée.

Il peut concerner l'ensemble de l'organisme prestataire d'essais ou un des secteurs (par exemple : gestion des équipements, traitement des demandes d'essai(s), etc.).

Les modalités doivent en être définies, à savoir :

— *les circonstances (selon un programme ou à la suite d'anomalies),*
— *les supports utilisés (questionnaire, etc.),*
— *les modalités d'exploitation des résultats pour remédier aux écarts éventuels et en éviter la répétition.*

b) *Les dérogations*

Une dérogation est une autorisation écrite de s'écarter pour une tâche ou une durée spécifiée d'une disposition applicable préalablement définie et que les circonstances rendent incomplète, inapplicable ou inappropriée.

Une procédure de gestion des dérogations doit être prévue, précisant :

— *la notion de dérogation,*

— *la succession des opérations conduisant à une décision ainsi que les responsabilités associées,*

— *le mode de formalisation (utilisation de fiches, notification de certaines dérogations dans les rapports d'essai(s).*

c) *Les anomalies (ou incidents)*

L'anomalie est une déviation non volontaire, au cours d'une action ayant eu lieu, par rapport à une disposition applicable chez le prestataire.

Elle peut conduire soit à invalider une opération et à la recommencer si possible, soit à évaluer ses effets sur les résultats d'essais et les formaliser.

Une procédure de gestion et de traitement des anomalies (ou des incidents) doit être prévue, similaire à celle des dérogations.

Remarque : l'exploitation globale et périodique des rapports d'audits, des fiches d'anomalies et de dérogations facilite la révision des documents applicables (manuel qualité, plan qualité, etc.) en y prévoyant de nouvelles dispositions préventives appropriées.

d) *Les réclamations*

Il s'agit des réclamations externes des clients. Ces réclamations feront l'objet d'un archivage séparé comportant la réponse apportée par le prestataire. La procédure de traitement de ces réclamations, similaire à celles relatives aux dérogations et anomalies devra être formalisée.

4 — *Validation de la qualité des prestations d'essais*

Les prestataires doivent avoir la préoccupation de prévoir, dans la mesure du possible, une méthode d'autocontrôle de la qualité des prestations d'essais.

Des techniques existent, parmi lesquelles on peut citer :

— *les campagnes d'essais interlaboratoires,*

— *les essais sur matériaux ou produits de référence,*

— *l'application, sur un même échantillon, de plusieurs méthodes d'essais devant conduire au même résultat à l'erreur de mesure près,*

— *l'analyse statistique de résultats d'essais réalisés en grande série (résultats à moyenne théoriquement constante),*

— *le contrôle de la cohérence des résultats (connaissance de l'ordre de grandeur des résultats attendus, corrélation entre plusieurs caractéristiques sur un même produit).*

7.4.3 Rapport d'essai(s)

Le travail effectué par le prestataire d'essais doit faire l'objet d'un rapport qui présente avec exactitude, clarté et sans ambiguïté le résultat des essais et toutes autres informations utiles.

Chaque rapport d'essai(s) doit contenir au moins les informations suivantes :

— nom et adresse du prestataire d'essais et lieu de l'essai, si celui-ci est différent de l'adresse du laboratoire,

— identification unique du rapport (telle qu'un numéro de série) et de chaque page du rapport, et le nombre total de pages,

— nom et adresse du client, si nécessaire,

— description et identification de l'objet présenté à l'essai,

— date de réception de l'objet présenté à l'essai et date d'exécution de l'essai,

— identification de la spécification ou description de la méthode ou du mode opératoire de l'essai,

— description de la procédure d'échantillonnage, le cas échéant,

— toute divergence, adjonction ou suppression par rapport à la spécification d'essai et toute autre information utile à un essai spécifique,

— résultats des mesures, des examens et des résultats indirects, appuyés par des tableaux, des graphiques, des dessins et des photographies, le cas échéant et toutes les défaillances détectées,

— indication de l'incertitude de mesure, le cas échéant,

— signature et titre ou toute autre marque équivalente de la (ou des) personne(s) ayant accepté la responsabilité de validité technique du rapport d'essai(s) et la date d'émission,

— déclaration selon laquelle le rapport d'essai(s) ne concerne que les objets soumis à l'essai,

— clause selon laquelle le rapport ne doit pas être reproduit partiellement sans l'approbation du prestataire d'essais.

Il faut prêter une attention et un soin particulier à la présentation du rapport d'essai(s), notamment en ce qui concerne la transcription des paramètres et des résultats d'essais et la facilité d'assimilation par le lecteur. Pour chaque type d'essai effectué, il faut concevoir avec soin l'ensemble des rubriques spécifiques qui doivent être uniformisées autant que possible.

Des corrections ou des adjonctions au rapport d'essai(s) après émission ne devront être faites qu'au moyen d'un autre document intitulé, par exemple, «amendement/additif au rapport d'essai(s), n° de série (ou tout autre moyen d'identification)», document qui devra répondre aux exigences correspondantes des paragraphes précédents.

Un rapport d'essai(s) ne doit pas comporter de conseils ou de recommandations découlant des résultats d'essais.

Les résultats d'essais doivent être présentés avec exactitude, clarté, sans omission ni ambiguïté, conformément à des instructions qui peuvent faire partie de la méthode d'essais.

Les résultats quantitatifs doivent être présentés avec leurs incertitudes calculées ou estimées.

Les résultats d'essais obtenus à partir d'un prélèvement statistique issu d'un lot ou d'une production, sont fréquemment utilisés pour en inférer les propriétés de ce lot ou de cette production. Toute extrapolation des résultats d'essais aux propriétés d'un lot ou d'une production doit faire l'objet d'un document séparé.

Note : les résultats d'essais pourraient être des résultats de mesures, des conclusions tirées d'examens visuels ou d'une utilisation pratique de l'objet présenté à l'essai, des résultats dérivés ou tout autre type d'observation découlant des activités d'essais. Les résultats d'essais peuvent être appuyés par des tableaux, des photographies, ou informations graphiques de toutes sortes identifiées de manière appropriée.

7.4.3.a Rapport d'essai(s)

Dans le cas de publication de correctifs ou d'additifs, la diffusion doit se faire à tous les destinataires initiaux du rapport d'essai(s) d'origine, en attirant une attention particulière sur les modifications apportées.

7.4.4 Enregistrement

Le prestataire d'essais doit entretenir un système d'enregistrement adapté à ses besoins particuliers en respectant tout règlement en vigueur. Il doit permettre de conserver toutes les observations originales, les calculs et les résultats qui en découlent, les traces des étalonnages et des vérifications et le rapport d'essai(s) final pendant une période appropriée. Les enregistrements concernant chaque essai doivent contenir des informations suffisantes pour permettre une répétition de l'essai. Ils doivent mentionner l'identité du personnel chargé de l'échantillonnage, de la préparation ou des essais.

Tous les enregistrements et tous les rapports d'essai(s) doivent être conservés en lieu sûr et doivent être traités de manière confidentielle afin de préserver les intérêts du client à moins que la loi en dispose autrement.

7.4.5 Manipulation des articles à soumettre à l'essai ou des objets présentés à l'essai

Un système d'identification des échantillons ou articles à essayer ou à étalonner doit être appliqué, soit par la voie de documents, soit par marquage, afin de s'assurer qu'on ne puisse faire aucune confusion quant à l'identité de l'échantillon ou de l'article et aux résultats des mesures effectuées.

Le système doit comprendre des dispositions garantissant que les articles peuvent être traités de façon anonyme par exemple vis-à-vis d'autres clients.

Il doit exister une procédure lorsqu'un entreposage de type particulier des échantillons ou objets présentés à l'essai, est nécessaire.

À tous les stades du stockage, de la manutention et de la préparation pour les essais, des précautions doivent être prises afin d'éviter la détérioration des échantillons ou objets, par exemple par contamination, corrosion ou application de contraintes, ce qui invaliderait les résultats. Toute instruction pertinente fournie avec l'échantillon ou l'objet doit être observée.

Il doit exister des règles claires concernant la réception, la conservation et la destination ultérieure des échantillons ou objets.

7.4.6 Confidentialité et sûreté

Le personnel du prestataire d'essais doit être tenu au secret professionnel sur toutes les informations recueillies au cours de l'accomplissement de ses tâches.

Le prestataire d'essais doit respecter les termes et conditions prescrits par l'utilisateur de ses services afin d'assurer le caractère confidentiel et la sûreté de ses pratiques.

7.4.4 a   Enregistrements

Les documents et au moins les rapports d'essai(s) comportant des informations considérées comme essentielles pour démontrer a posteriori la qualité des essais doivent faire l'objet d'un archivage.

Le prestataire doit être organisé de façon à prouver qu'il maîtrise cet archivage.

Cet archivage peut concerner des documents de prescription (manuel qualité, modes opératoires) ou des documents comportant des résultats (relevés des résultats bruts, rapports d'essai(s), etc.).

La durée et les conditions physiques d'archivage (précautions de protection dans un lieu sûr) doivent être définies.

Remarque : le présent paragraphe utilise le terme «document» pour qualifier le support des informations utilisées chez un prestataire d'essais. Il est bien évident que divers supports existent (supports informatiques, microfilms, etc.). L'évolution rapide des matériels et logiciels informatiques rend toutefois l'archivage informatique délicat.

Pour l'archivage des données, il convient de prendre les précautions suivantes :

— les supports utilisés doivent permettre la bonne conservation de données,

— le prestataire doit maîtriser l'évolution des technologies. Des dispositions particulières doivent être instituées en cas de changement des matériels informatiques afin de permettre la lecture des données stockées,

— le prestataire doit maîtriser l'évolution des programmes informatiques utilisés. Une procédure d'archivage des différentes versions des programmes informatiques utilisés doit être mise en œuvre,

— des dispositions appropriées doivent être prises pour assurer la confidentialité et la sécurité des données archivées,

— le nom de la (ou des) personne(s) qui a (ont) signé le rapport d'essai(s) officiel doit pouvoir être connu.

7.4.5 a   Manipulation des spécimens soumis à l'essai

Diverses précautions doivent être prises, concernant les spécimens soumis à essais. Elles concernent :

— la réception des spécimens soumis à essais afin de vérifier leur état (absence d'altération, conditionnement correct, etc.), leur identification, l'existence des informations nécessaires aux essais (fourniture de certaines caractéristiques, précautions d'emploi, notice de fonctionnement pour un appareil, etc.),

— l'examen de la conformité des spécimens soumis à essais avec les dossiers techniques les définissant, et les mesures à prendre en cas de non-conformité,

— le stockage (durée et conditions physiques),

— la préparation pour essais (usinage d'éprouvettes, conditionnement d'échantillons, etc.),

— la gestion. Un système doit être prévu concernant l'identification des spécimens et le suivi des stocks.

7.4.7 Sous-traitance

Les prestataires d'essais doivent en principe effectuer eux-mêmes les essais dont ils acceptent la responsabilité par contrat. Exceptionnellement, lorsqu'un prestataire d'essais sous-traite une partie quelconque des essais, il faut que ces travaux soient confiés à un autre prestataire d'essais satisfaisant aux prescriptions de la présente norme. Le prestataire d'essais doit vérifier et être à même de prouver que son sous-traitant est compétent pour fournir les services considérés et respecter les mêmes critères de compétence que lui en ce qui concerne les travaux sous-traités. Le prestataire d'essais doit aviser son client de son intention de confier une partie des essais à un autre partenaire. Le sous-traitant doit être acceptable pour le client.

Le prestataire d'essais doit enregistrer et conserver le détail de son enquête sur la compétence de ses sous-traitants et leur respect des critères. Il tient à jour un enregistrement de toutes les opérations de sous-traitance.

BIBLIOGRAPHIE

RG Aéro 00011   «Qualité des essais en environnement».

Document RNE N° 19 «Exigences à satisfaire par les laboratoires d'essais accrédités».

Guide ISO/CEI 45   «Lignes directrices pour la présentation des résultats d'essais».

ISSN 0335-393 i

NF X 07-010
Décembre 1992

norme française

Métrologie

La fonction métrologique dans l'entreprise

E : Metrology — The metrology function within the firm
D : Metrologie — Die metrologische Funktion im Unternehmen

Norme française homologuée par décision du Directeur Général de l'afnor le 20 novembre 1992 pour prendre effet le 20 décembre 1992.

Remplace la norme homologuée de même indice, d'octobre 1986.

correspondance   À la date de publication de la présente norme il existe la norme internationale ISO 10012-1:1992 dont le domaine d'application est limité à la confirmation métrologique des moyens de mesure et qui diffère par certains concepts et par la terminologie.

analyse   Le rôle de la fonction métrologique consiste à maîtriser l'aptitude à l'emploi de tous les moyens de mesure utilisés dans l'entreprise et à en donner l'assurance.

La présente norme définit les principes de gestion de ces moyens (choix, réception, raccordement, surveillance) pour concourir à la qualité du produit et les dispositions générales qui en découlent.

Elle doit aider l'entreprise à mieux maîtriser la connaissance des performances exactes de ses moyens, leurs limites d'emploi et leur comportement dans le temps, ceci afin qu'elle puisse donner l'assurance de la qualité des opérations de mesurage qu'elle réalise.

descripteurs   **Thésaurus International Technique** : métrologie, instrument de mesurage, technique de mesure, entreprise, assurance de qualité, étalonnage, traçabilité, vérification, maintenance.

modifications   Par rapport à la précédente édition, les modifications apportées sont motivées par une amélioration du texte pour une meilleure compréhension et pour permettre de mieux satisfaire aux exigences des normes de la série NF EN 29000 et de la série NF EN 45000 relatives respectivement, à la gestion de la qualité et à l'assurance de la qualité, à la certification et à l'accréditation.

corrections

éditée et diffusée par l'association française de normalisation (afnor), tour europe cedex 7 92049 paris la défense — tél. : (1) 42 91 55 55

afnor 1992   © afnor 1992   1er tirage 92-12

Membres de la commission de normalisation

Président : M BARBIER

Secrétaire : M CLOAREC — AFNOR

M	ACREMAN	CSTB
M	ANTOINE	LCIE
M	BARBIER	AEROSPATIALE
M	BARSSE	SATCABLES SNC
MLLE	BERNAZZANI	KODAK PATHE
M	BLONDEAU	ECOLE DES MINES DE DOUAI
M	BONAMY	EDF DER
M	BOUDET	DGA DAT ETBS
M	BOULET	UGINE SA
M	BROUTIN	CEA CE CADARACHE
M	BRUN	FRANCE TELECOM DRI
MME	BUIL	SOFIMAE SA
M	CALMELS	DGA DION MISSILES ET ESPACE
M	CARLU	KODAK PATHE
M	CAUDRON	SANOFI RECHERCHE
M	CEARD	IUT B
M	CHEMIN	LABORATOIRES WOLFF
M	COLAS	CABLES PIRELLI
M	COURTIER	AFNOR
M	D'AMATO	BUREAU NATIONAL DE METROLOGIE
M	DABERT	SEXTANT AVIONIQUE SA
M	DAMION	ENSAM
M	DECAMP	SNECMA
M	DENGREVILLE	ELF ATOCHEM
M	DENIS	FAURE HERMAN SA
M	DICHTEL	SGS QUALITEST
M	DONOT	CETIM
M	DRAY	EDF DER
M	DUMONT	TELEMECANIQUE SA
M	DURAND	CERIB
M	ERARD	LCIE
M	FOLLIOT	LRBA
M	FOURCADE	CEA CESTA
M	GALLIOT	CLUB DE LA METROLOGIE
M	GELLER	DASSAULT ELECTRONIQUE
M	GELY	SOPEMEA SA
M	HRABOVSKY	BNTEC
M	JACQUIN	SOPEMEA SA
M	KARLESKIND	LABORATOIRES WOLFF
MME	KOPLEWICZ	UNM
M	LAVIGNON	HEWLETT PACKARD FRANCE
M	LE BECHEC	LCPC LABO CENT PONTS CHAUSSEES
M	LE FORESTIER	CMP ENGELHARD
M	LEGEAY	LCPC LABO CENT PONTS CHAUSSEES
MME	LENAN	E2M
M	LEVEQUE	CEBTP
M	MANNESSIEZ	CONTROLE ET PREVENTION
M	MILLERET	SOMELEC SA
M	NAUDOT	ALCATEL CIT ATC
M	OGER	BNIF
M	PAILLIER	DCA CEAT
M	PARTOUCHE	GAPAVE
M	PENIN	DAMELEC
M	PRIEL	LNE
M	REGNAULT	CLUB DE LA METROLOGIE
MME	RENARD	DRIRE
M	REPOSEUR	RNE
M	ROULEAU	GAZ DE FRANCE
M	SAINTOT	CETE DE L'EST
M	SALSENACH	AEROSPATIALE
MME	SILBERSTEIN	ISOVER SAINT GOBAIN
M	SUPLIGEON	DASSAULT SYSTEMES SARL
M	TRUFFERT	LCIE
M	VILLARROYA	APAVE PARISIENNE
M	WALLAERT	ESSO SAF

Sommaire

Avant-propos

La présente norme s'inscrit dans la démarche normative visant à aider les entreprises à définir, dans le cadre des systèmes qualité, les principales règles de gestion des moyens de mesure qu'elles utilisent et les dispositions générales qui en découlent. L'application de cette norme permet de satisfaire aux exigences des normes internationales et européennes de la série ISO 9000/EN 29000 et de la série EN 45000.

En effet, la qualité des opérations de mesurage est étroitement liée à l'adéquation des moyens métrologiques aux besoins réels de l'entreprise, au fonctionnement correct des moyens de mesure et au raccordement de ceux-ci aux étalons nationaux. L'entreprise ne peut acquérir et donner l'assurance de cette qualité que si elle maîtrise la connaissance des performances exactes de ses moyens de mesure ainsi que leurs limites d'emploi et leur comportement dans le temps.

La présente norme concerne les moyens de mesure. Toutefois, si l'étalonnage ou la vérification des moyens de mesure est une condition nécessaire à l'assurance de la qualité des opérations de mesurage effectuées, elle ne sera suffisante que dans l'hypothèse de la compatibilité des conditions et des méthodes d'emploi de ces moyens avec l'exactitude recherchée.

La fonction métrologique de l'entreprise évalue les besoins réels en moyens de mesure et oriente la gestion de ces moyens en fonction des besoins clairement définis et périodiquement actualisés.

Cette norme a été conçue dans l'esprit d'un guide : elle définit les missions qui incombent à la fonction métrologique de l'entreprise sans présager des moyens techniques et humains à mettre en place par l'entreprise elle-même, ni de l'attribution des tâches à un (ou des) service(s) spécifique(s) dans l'entreprise.

La sécurité des personnels liés à l'utilisation des moyens n'est pas traitée dans la mesure où cette préoccupation dépasse les missions strictes de la fonction métrologique.

Dans la norme internationale ISO 10012-1:1992 «Exigences d'assurance de la qualité des équipements de mesure — Partie 1 : Confirmation métrologique de l'équipement de mesure» le terme «étalonnage» est utilisé dans le sens de «vérification» et ne correspond pas à la définition donnée dans le «Vocabulaire international des termes fondamentaux et généraux de métrologie» (VIM — Voir la norme NF X 07-001 qui le reproduit).

1 Domaine d'application

La présente norme a pour objet de définir :

— les principes de gestion dans le choix, l'étalonnage, la vérification et la remise en état des moyens de mesure utilisés par l'entreprise pour concourir à la qualité du produit,

— les dispositions générales à mettre en œuvre pour assurer cette gestion notamment, le cas échéant, en ce qui concerne les références métrologiques de l'entreprise.

Par moyens de mesure, on entend instruments de mesure [1] ou systèmes de mesure [1] ou équipements de mesure.

Les dispositions relatives aux instruments de mesure réglementés en application du décret du 6 mai 1988 cité en référence ne sont pas abordées.

La présente norme s'applique à tout secteur d'activités et à tout type d'entreprises.

---

1) Voir définition à l'article 3.

2 Références normatives

Cette norme française comporte par référence datée ou non datée des dispositions d'autres publications. Ces références normatives sont citées aux endroits appropriés dans le texte et les publications sont énumérées ci-après. Pour les références datées, les amendements ou révisions ultérieurs de l'une quelconque de ces publications ne s'appliquent à cette norme française que s'ils y ont été incorporés par amendement ou révision. Pour les références non datées, la dernière édition de la publication à laquelle il est fait référence s'applique.

NF E 02-204	Vérification des tolérances des produits — Conditions d'acceptation.
NF E 10-022	Instruments de mesurage — Fiche de vie.
NF X 06-044	Application de la statistique — Traitement des résultats de mesure — Détermination de l'incertitude associée au résultat final.
NF X 07-001	Vocabulaire international des termes fondamentaux et généraux de métrologie.
X 07-011	Métrologie — Constat de vérification des moyens de mesure.
X 50-120	Qualité — Vocabulaire.
NF X 60-200	Documents techniques à remettre aux utilisateurs de biens durables à usage industriel et professionnel — Nomenclature et principes généraux de rédaction et de présentation.
NF ISO 10011-1	Lignes directrices pour l'audit des systèmes qualité — Partie 1 : Audit (indice de classement : X 50-136-1).
ISO/CEI Guide 25:1990	Prescriptions générales concernant la compétence des laboratoires d'étalonnage et d'essais.
ISO Guide 30	Termes et définitions utilisés en rapport avec les matériaux de référence.

Arrêté sur les systèmes mis en place par le Bureau National de Métrologie (BNM) en date du 11 mars 1977 — JO du 29 mars 1977, modifié par les arrêtés du 20 mars 1984 (JO du 14 avril 1984) et du 5 mai 1986 (JO du 22 mai 1986).

Décret 88-682 du 6 mai 1988 relatif au contrôle des intruments de mesure (JO du 8 mai 1988).

3 Définitions

Pour les besoins de la présente norme, les définitions suivantes s'appliquent :

3.1 appareil de mesure — appareil mesureur [1] : Dispositif destiné à faire un mesurage, seul ou en conjonction avec d'autres équipements.

3.2 mesure matérialisée [1] : Dispositif destiné à reproduire ou à fournir d'une façon permanente pendant son emploi, une ou plusieurs valeurs connues d'une grandeur donnée.

NOTE : cette grandeur peut être appelée grandeur fournie.

EXEMPLES : masse marquée ; mesure de capacité (à une ou plusieurs valeurs, avec ou sans échelle) ; résistance électrique ; cale étalon ; générateur de signaux étalons.

COMMENTAIRE HORS DÉFINITION : la notion de mesure matérialisée inclut les matériaux et les substances de référence tels que définis dans le guide ISO 30.

3.3 instrument de mesure : Le terme «instrument de mesure» recouvre les notions 3.1 et 3.2. Il est d'un emploi courant pour la notion 3.1.

---

[1] Définition tirée du «Vocabulaire international des termes fondamentaux et généraux de métrologie» édition 1984 (NF X 07-001).

3.4 système de mesure [1] : Ensemble complet d'instruments de mesure et autres dispositifs assemblés pour exécuter une tâche de mesurage spécifiée.

NOTE : le terme installation de mesure est réservé aux appareillages de mesurage habituellement de grande dimension, qui sont installés à poste fixe, par exemple :
— instrumentation d'une salle des chaudières,
— boucle étalon pour mesure de débit.

EXEMPLES : a) appareillage pour mesurer la résistivité des matériaux électrotechniques ;
b) appareillage pour l'étalonnage des thermomètres médicaux.

COMMENTAIRE HORS DÉFINITION : certains systèmes de mesure incluent des micro-ordinateurs, des logiciels ou des sous-ensembles personnalisés intégrés aux moyens de fabrication.

3.5 étalonnage [1] : Ensemble des opérations établissant, dans des conditions spécifiées, la relation entre les valeurs indiquées par un appareil de mesure ou un système de mesure ou les valeurs représentées par une mesure matérialisée, et les valeurs connues correspondantes d'une grandeur mesurée.

NOTE 1 : le résultat d'un étalonnage permet d'estimer les erreurs d'indication de l'appareil de mesure, du système de mesure ou de la mesure matérialisée, ou d'affecter des valeurs à des repères sur des échelles arbitraires.

NOTE 2 : un étalonnage peut aussi déterminer d'autres propriétés métrologiques.

NOTE 3 : le résultat d'un étalonnage peut être consigné dans un document, parfois appelé certificat d'étalonnage ou rapport d'étalonnage.

NOTE 4 : le résultat d'un étalonnage est parfois exprimé sous la forme d'un facteur d'étalonnage ou d'une série de facteurs d'étalonnage sous la forme d'une courbe d'étalonnage.

COMMENTAIRE HORS DÉFINITION : en pratique, le résultat d'un étalonnage permet de déterminer les valeurs des écarts d'indication d'un instrument de mesure, ou d'un système de mesure par rapport aux valeurs étalons. Il permet également, par l'application de corrections systématiques de réduire l'incertitude associée aux mesures.

3.6 vérification [2] : Confirmation par examen et établissement des preuves que les exigences spécifiées ont été satisfaites.

NOTE : dans le cadre de la gestion d'un parc d'instruments de mesure, la vérification permet de s'assurer que les écarts entre les valeurs indiquées par un appareil de mesure et les valeurs connues correspondantes d'une grandeur mesurées sont tous inférieurs aux erreurs maximales tolérées, définies par une norme, par une réglementation ou une prescription propre au gestionnaire du parc d'instruments de mesure.

Le résultat d'une vérification se traduit par une décision de remise en service, d'ajustage, de réparation, de déclassement ou de réforme. Dans tous les cas, une trace écrite de la vérification effectuée doit être conservée dans le dossier individuel de l'appareil de mesure.

---

1) *Définition tirée du «Vocabulaire international des termes fondamentaux et généraux de métrologie» édition 1984 (NF X 07-001).*
2) *Définition tirée du guide ISO/CEI 25.*

3.7 ajustage [1] : Opération destinée à amener un appareil de mesure à un fonctionnement et à une justesse [2] convenables pour son utilisation.

3.8 étalon [1] : Mesure matérialisée, appareil de mesure ou système de mesure destiné à définir, réaliser, conserver ou reproduire une unité ou une ou plusieurs valeurs connues d'une grandeur pour les transmettre par comparaison à d'autres instruments de mesure.

> EXEMPLES : a) étalon de masse de 1 kg,
>
> b) cale étalon,
>
> c) résistance étalon de 100 Ω ,
>
> d) pile étalon saturée de Weston,
>
> e) ampèremètre étalon,
>
> f) étalon atomique de fréquence à césium.

3.8.1 étalon primaire [1] : Étalon qui présente les plus hautes qualités métrologiques dans un domaine spécifié.

> NOTE : le concept d'étalon primaire est valable aussi bien pour les unités de base que pour les unités dérivées.

> COMMENTAIRE HORS DÉFINITION : lorsqu'une décision officielle nationale reconnaît cet étalon pour servir de base dans un pays à la fixation des valeurs de tous les autres étalons de la grandeur concernée, il s'agit de l'étalon national.

3.8.2 étalon secondaire [1] : Étalon dont la valeur est fixée par comparaison avec un étalon primaire.

> COMMENTAIRE HORS DÉFINITION : les étalons primaires et secondaires sont détenus par les laboratoires du Bureau National de Métrologie (BNM), laboratoires primaires, ou éventuellement, centres d'étalonnage agréés.

3.8.3 étalon de référence [1] : Étalon, en général de la plus haute «qualité» métrologique disponible en un lieu donné, duquel dérivent les mesurages effectués en ce lieu.

> COMMENTAIRE HORS DÉFINITION : l'étalon de référence de l'entreprise est destiné à étalonner ses étalons de travail ou de transfert. Cet étalon de référence doit être raccordé directement ou indirectement aux étalons nationaux lorsqu'ils existent.

3.8.4 étalon de travail [1] : Étalon qui, habituellement étalonné par comparaison à un étalon de référence, est utilisé couramment pour étalonner ou contrôler des mesures matérialisées ou des appareils de mesure.

---

1) *Définition tirée du «Vocabulaire international des termes fondamentaux et généraux de métrologie» édition 1984 (NF X 07-001).*

2) *Voir définition dans la norme NF X 07-001 (édition 1984).*

3.8.5 étalon de transfert [1] : Étalon utilisé comme intermédiaire pour comparer entre eux des étalons, des mesures matérialisées ou des appareils de mesure.

NOTE : lorsque le dispositif de comparaison n'est pas strictement un étalon, le terme dispositif de transfert devrait être utilisé.

EXEMPLE : calibre ajustable utilisé pour l'intercomparaison d'étalons à bouts

COMMENTAIRE 1 HORS DÉFINITION : lorsque le dispositif de comparaison n'est pas strictement un étalon, le terme «dispositif de transfert» devrait être utilisé.

EXEMPLE : calibre ajustable utilisé pour l'intercomparaison d'étalons à bouts.

COMMENTAIRE 2 HORS DÉFINITION : l'«étalon voyageur» est également défini dans la norme NF X 07-001. Il s'agit d'un «Étalon, parfois de construction spéciale, prévu pour son transport en des lieux différents».

EXEMPLE : étalon atomique de fréquence à césium, portable, fonctionnant sur batterie.

3.9 traçabilité : Aptitude à retrouver l'historique, l'utilisation ou la localisation d'un article ou d'une activité ou d'articles ou activités semblables au moyen d'une identification enregistrée.

NOTE 1 : le terme «traçabilité» peut être utilisé dans trois acceptions principales :

a) au sens de la mise sur marché, il s'applique à un produit ou service,

b) au sens de l'étalonnage, il s'applique au raccordement des équipements de mesure aux étalons nationaux ou internationaux, aux étalons primaires, aux constantes et propriétés physiques de base,

c) au sens du recueil de données, il relie les calculs et les données produites le long de la boucle de la qualité aux produits ou aux services.

NOTE 2 : le point de départ ou la période couverte par la traçabilité devraient être spécifiés.

COMMENTAIRE HORS DÉFINITION : la présente définition est tirée de la norme X 50-120. Dans le «Vocabulaire international des termes fondamentaux et généraux de métrologie», la traçabilité est définie restrictivement comme étant «la propriété d'un résultat de mesure consistant à pouvoir le relier à des étalons appropriés, généralement internationaux ou nationaux, par l'intermédiaire d'une chaîne ininterrompue de comparaisons», la manière dont s'effectue la liaison aux étalons étant appelée «raccordement aux étalons».

3.10 laboratoire accrédité par le BNM : L'accréditation d'un laboratoire par le Bureau National de Métrologie (BNM) est la reconnaissance de son aptitude à effectuer des étalonnages pour une grandeur donnée avec ses incertitudes associées. La compétence et l'expérience du personnel, l'équipement, les méthodes d'étalonnage utilisées et les raccordements aux étalons nationaux sont les éléments essentiels sur lesquels se fonde l'accréditation.

Il existe deux types de laboratoires accrédités : les Centres d'Étalonnage Agréés (CEtA) et les Services de Métrologie Habilités (SMH).

---

1) *Définition tirée du «Vocabulaire international des termes fondamentaux et généraux de métrologie» édition 1984 (NF X 07-001).*

4 Gestion des moyens de mesure

La gestion des moyens de mesure recouvre l'ensemble des actions à engager pour constituer et entretenir le parc d'instruments de mesure nécessaire à la satisfaction des besoins de l'entreprise.

Cette gestion nécessite de prendre en compte :

— l'analyse du besoin et le choix des moyens de mesure,

— la réception, la mise en service et le suivi des moyens,

— l'étalonnage ou la vérification des moyens et les décisions qui en découlent.

4.1 Analyse du besoin et choix des moyens de mesure

Le choix d'un moyen résulte de la prise en considération des besoins techniques, des conditions économiques et commerciales et des évaluations qui ont pu être faites par ailleurs de ce moyen.

4.1.1 Besoins techniques

L'appréhension des besoins techniques peut s'effectuer à partir des points suivants :

— il importe tout d'abord de réaliser l'adéquation des performances et de la classe de précision ou de l'exactitude des moyens de mesure avec les exigences technologiques de l'entreprise en tenant compte des contraintes de mise en œuvre et d'utilisation (grandeurs d'influence, manutention, maintenance, etc.) de ces moyens ;

— au moment du choix, l'homogénéité du parc des instruments de mesure de l'entreprise peut être un critère déterminant pour des considérations d'utilisation ou de maintenance par exemple ;

— il est judicieux d'effectuer une analyse prospective et rétroactive de l'utilisation et des possibilités d'évolution du moyen de mesure, afin de limiter les risques d'obsolescence et surtout d'ouvrir pour l'entreprise de nouvelles possibilités pour ce qui existe déjà ou ce qui est prévisible ;

— il est nécessaire de prévoir, en se référant notamment à la norme NF X 60-200, la remise par le fournisseur du moyen de mesure, de la documentation nécessaire à l'utilisation, aux possibilités d'ajustage et à la remise en état de ce matériel ;

— pour des moyens nouveaux ou sortant du cadre habituel de l'entreprise, il peut être important de prévoir, avec le fournisseur, les conditions et le contenu d'une assistance technique, au moins en début d'utilisation ;

— pour un moyen de mesure spécifique ou complexe, il est recommandé d'établir un cahier des charges définissant en particulier :

- les caractéristiques demandées du moyen de mesure,

- les conditions d'utilisation, d'environnement et de maintenance,

- les exigences particulières relatives à l'étalonnage et à la vérification,

- les conditions de réception.

4.1.2 Conditions économiques et commerciales

Ces conditions doivent être déterminées conjointement par la fonction achat et la fonction métrologique de l'entreprise en considérant les facteurs suivants :

— choix entre l'achat, la location ou le prêt du moyen de mesure pour tenir compte en particulier des conditions d'amortissement et des risques d'obsolescence,

— délai de livraison,

— contrat de maintenance et/ou assistance technique,

— exigences de disponibilité (temps d'indisponibilité toléré, temps de réparation,...).

4.1.3 Évaluation des moyens de mesure

Le choix des moyens de mesure peut aussi être déterminé à partir d'évaluations résultant de l'expérience acquise dans d'autres entreprises. Il est ainsi souhaitable de se procurer toute information ou documentation susceptible d'étayer le choix de l'entreprise.

4.2 Réception et mise en service des moyens de mesure

Dès l'arrivée d'un moyen de mesure, la fonction métrologique s'assure de la réalisation des opérations suivantes :

— une vérification de la conformité à la commande, aux spécifications du constructeur ou à des prescriptions particulières (voir 4.4.2) ainsi que le contrôle des documents techniques fournis,

— une identification de ce moyen (voir 4.6.1.1),

— une introduction de ce moyen dans l'inventaire (voir 4.6.1.2),

— un étalonnage ou une vérification initiale avant la mise en service (éventuellement effectués par ou chez le constructeur) ayant permis de déterminer le classement de l'instrument, ainsi que son aptitude à l'emploi,

— un repérage relatif à cet étalonnage ou vérification initialisant la notion d'intervalle d'étalonnage (voir 4.6.1.3).

4.3 Opérations d'étalonnage ou de vérification (voir figure 1)

Les opérations d'étalonnage et de vérification sont toutes deux fondées sur la comparaison à un étalon et n'incluent aucune intervention sur le moyen de mesure concerné autre que les opérations préliminaires (voir 4.3.1). Ce sont des opérations indispensables qui rendent significatives les indications fournies par les moyens de mesure.

Ces opérations se distinguent par leurs résultats :

— Le résultat d'un étalonnage est considéré comme étant l'ensemble des valeurs issues de la comparaison des résultats de mesure de l'instrument par rapport à l'étalon.

Il se traduit par un document d'étalonnage dont l'exploitation permet, par l'application de corrections systématiques, de réduire l'incertitude associée aux mesures (voir 4.4.4).

— Le résultat d'une vérification permet d'affirmer que le moyen de mesure satisfait ou non à des prescriptions préalablement fixées (généralement sous forme de limites d'erreur tolérées [1]). La satisfaction aux prescriptions autorise sa mise ou sa remise en service. Une vérification peut donc être effectuée :

- soit en comparant les résultats d'une opération d'étalonnage aux limites d'erreurs tolérées,

- soit directement à l'aide d'un étalon matérialisant les indications limites tolérées de l'instrument de mesure auquel il est comparé. Cette méthode ne nécessite pas l'obtention de résultats chiffrés.

Le résultat d'une vérification entraîne au moins :

- la mise à jour de la fiche de vie,

- un repérage (lorsque cela est réalisable),

et éventuellement l'émission d'un constat de vérification (voir la norme X 07-011), qui matérialisent pour l'utilisateur le fait que l'instrument peut être ou non remis en service (voir figure 1).

NOTE 1 : il résulte des indications précédentes et du schéma de la figure 1 qu'une vérification n'implique pas nécessairement la conservation des valeurs établissant la correspondance entre les indications des appareils comparés. Il y a néanmoins nécessité de garder trace de l'acte. Si cet instrument se révèle défectueux lors d'une vérification, il peut être exigé de conserver les résultats des mesures effectuées dans le cas où il serait nécessaire de mener une action corrective concernant les mesures effectuées antérieurement avec l'instrument (voir 4.6.1).

NOTE 2 : l'étalonnage entraîne un résultat chiffré. La vérification implique une notion de jugement aboutissant à une décision.

NOTE 3 : le terme «vérification» est utilisé quelquefois à tort pour désigner la surveillance des instruments en service qui permet soit de détecter une anomalie, soit d'effectuer un réglage, un calibrage ou une mise à zéro.

NOTE 4 : certains moyens de mesure ne sont utilisés exclusivement que sur une ou quelques-unes de leurs fonctions ; il peut être convenu de ne les étalonner (ou vérifier) que pour la ou les fonctions utilisées. Dans ce cas, ils devront être identifiés de façon à éviter tout risque d'erreur en cas d'emploi occasionnel sur une fonction non étalonnée (ou vérifiée).

---

1) (ou) Erreurs maximales tolérées : «valeurs extrêmes d'une erreur tolérées par les spécifications, règlements, etc. relatives à un instrument de mesure donné» (Vocabulaire International des termes fondamentaux et généraux de Métrologie).

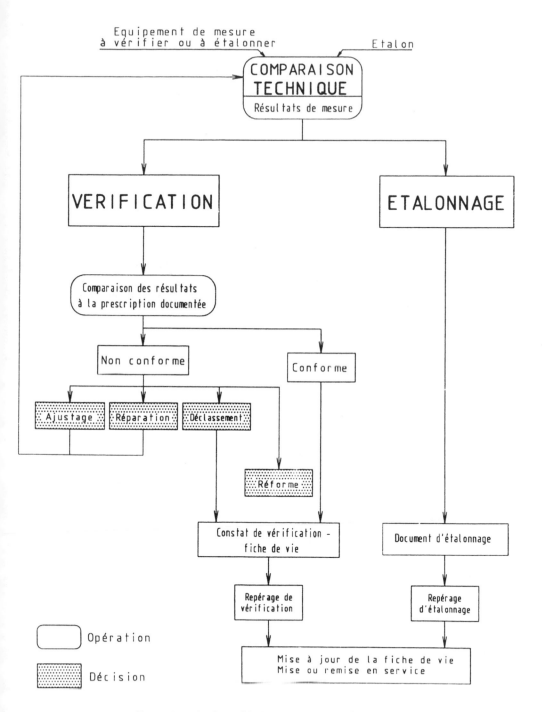

Figure 1 : opérations d'étalonnage ou de vérification

4.3.1 Opérations préliminaires

Un certain nombre d'opérations préliminaires doivent être effectuées sur les moyens de mesure à étalonner ou à vérifier dans le but d'assurer la validité de leur comparaison avec l'étalon.

Parmi ces opérations, on peut citer la mise en température pour les instruments de mesure dimensionnelle, le réglage du zéro mécanique pour les appareils à aiguille, le nettoyage et dégraissage des moyens mécaniques, la vérification de fonctionnement de toutes les commandes mécaniques, le préchauffage pour les appareils électroniques.

4.3.2 Raccordement aux étalons de référence de l'entreprise

Le raccordement aux étalons de référence de l'entreprise détermine l'aptitude d'un résultat de mesure à être relié à des étalons appropriés par l'intermédiaire d'une chaîne ininterrompue (voir figure 2).

Le raccordement des moyens de mesure à l'étalon de référence (voir 3.8.3) de l'entreprise est généralement réalisé par l'intermédiaire d'un étalon de travail et éventuellement un étalon de transfert intermédiaire (voir 3.8.4).

Le nombre d'étalons intermédiaires doit être choisi de sorte que la dégradation des incertitudes, due à l'utilisation des étalons successifs soit compatible avec l'incertitude recherchée pour l'instrument de mesure : un choix judicieux doit permettre la réalisation d'une chaîne d'étalons bien adaptée à l'application envisagée quant à leurs incertitudes, leurs stabilités et leurs domaines d'utilisation.

REMARQUE : dans le cas où il n'existe pas de chaîne d'étalons, le raccordement peut s'effectuer par l'intermédiaire de constantes fondamentales, par des méthodes de mesure de référence (analyse chimique par exemple) ou par l'utilisation de matériaux de référence.

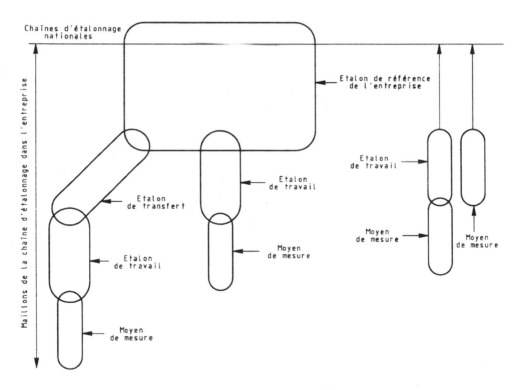

Figure 2 : chaîne d'étalonnage dans l'entreprise
(exemples de possibilités de ramifications)

4.3.3 Intervalle d'étalonnage ou de vérification

Quel que soit l'instrument de mesure considéré, un processus de comparaison systématique et à intervalle déterminé doit permettre de prévenir toute dégradation de la qualité de la mesure à effectuer et d'assurer sa crédibilité dans le temps.

Pour fixer cet intervalle, il faut tenir compte de facteurs tels que l'incertitude de mesure, le taux et le type d'utilisation, les dérives constatées, l'usure et la nature de l'équipement, éventuellement les contraintes économiques, normatives ou réglementaires,...

Cet intervalle, établi initialement pour un instrument de mesure donné, doit être réexaminé, et le cas échéant, réadapté en fonction de l'expérience acquise.

REMARQUE 1 : à l'intérieur de l'intervalle fixé, il est possible de procéder à des contrôles ponctuels de façon à déceler toutes anomalies de fonctionnement aux points de mesure couramment utilisés. En aucun cas, ces contrôles ne peuvent se substituer aux opérations d'étalonnage et de vérification prévues.

REMARQUE 2 : toute intervention susceptible de modifier les caractéristiques métrologiques nécessite d'examiner l'intervalle préalablement établi.

REMARQUE 3 : certains moyens de mesure ne sont utilisés qu'épisodiquement ; il convient de ne pas leur appliquer les mêmes règles strictes.

À cet effet, des consignes écrites doivent être données pour que ces appareils subissent des opérations de comparaison avant leur emploi. Ils doivent être clairement identifiés.

4.4 Méthodes d'étalonnage et de vérification

4.4.1 Étalonnage

Il s'agit d'appréhender l'adéquation des moyens et méthodes d'étalonnage aux instruments à étalonner ; à cet effet l'opérateur s'assure notamment que la méthode d'étalonnage prévue est adaptée. Parmi les critères à prendre en considération, le plus important est celui des incertitudes.

L'incertitude d'étalonnage doit être suffisament faible par rapport aux limites d'erreurs tolérées de l'instrument à étalonner. Un rapport entre ces deux valeurs compris entre 1/10 et 1/4 est souvent pratiqué.

Fixer un rapport strict (1/10 par exemple) induit dans bien des cas des difficultés techniques, voire des impossibilités et des coûts excessifs, au regard des objectifs à atteindre. Dans certains cas de mesures difficiles, on peut admettre 1/2 comme limite maximale. Il est préférable de fixer une limite à ce rapport par type d'instruments et en fonction de ses caractéristiques métrologiques.

D'autres critères doivent être pris en compte, par exemple :

— la discrétion [1] de l'instrument (c'est-à-dire son aptitude à ne pas modifier la valeur de la grandeur mesurée),

— le temps de réponse de l'instrument.

4.4.2 Vérification et prescription

La prescription de l'instrument, dans le cadre de cette norme, définit les conditions de son aptitude à l'emploi. Cette prescription se présente généralement sous la forme d'une liste de caractéristiques avec des erreurs maximales tolérées (ou limites d'erreurs tolérées).

Cette prescription est établie par l'entreprise en fonction de ses besoins ; elle peut être extraite d'une norme ou issue des spécifications du constructeur de l'instrument.

La vérification permet de s'assurer que les écarts entre les valeurs indiquées par un appareil de mesure ou un système de mesure, ou les valeurs représentées par une mesure matérialisée, et les valeurs connues correspondantes d'une grandeur mesurée (valeurs conventionnellement vraies [1]), sont tous inférieurs aux erreurs maximales tolérées.

Afin de pouvoir prendre des décisions d'acceptation ou de refus de l'instrument, il est nécessaire de fixer un critère de décision.

---

1) Voir définition dans la norme NF X 07-001 (édition 1984).

Sauf spécifications particulières à l'entreprise, les règles suivantes peuvent être employées :

— dans le cas où les incertitudes liées aux moyens et méthodes d'étalonnage sont considérées comme négligeables par rapport aux erreurs maximales tolérées,

- si l'écart entre la valeur conventionnellement vraie (déterminée par l'instrument étalon) et la valeur indiquée par l'instrument est inférieur à l'erreur maximale tolérée, l'instrument est accepté,

- si l'écart entre la valeur conventionnellement vraie et la valeur indiquée par l'instrument est supérieur à l'erreur maximale tolérée, l'instrument est refusé,

— lorsque les incertitudes liées aux moyens et méthodes d'étalonnage ne sont pas négligeables par rapport aux erreurs maximales tolérées, la prescription doit en faire état et les décisions sont illustrées par le tableau ci-après :

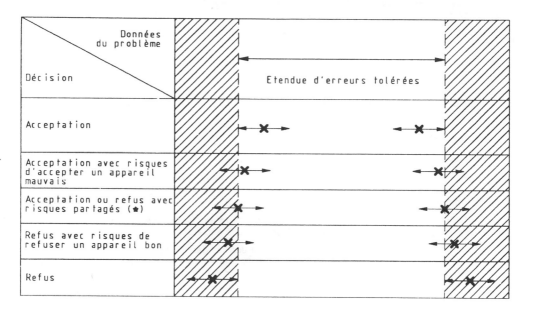

Légende :

X = Résultat du mesurage ou valeur conventionnellement vraie

◄—**X**—► = Incertitude de mesure

En grisé = Zones hors tolérance.

(*) En cas de doute ou de litige, deux solutions sont proposées :

- soit décider que la plus faible incertitude fera foi sous réserve qu'elle ait été convenablement déterminée,

- soit recourir à un nouveau mesurage effectué avec des moyens unanimement reconnus comme plus performants que ceux utilisés jusque-là.

Figure 3 : illustration schématique des conditions d'acceptation

4.4.3 Rédaction des procédures d'étalonnage ou de vérification

Le but des procédures d'étalonnage ou de vérification est de définir avec précision les opérations que l'opérateur doit effectuer pour réaliser l'étalonnage ou la vérification.

Une procédure d'étalonnage peut concerner un type d'instruments. Pour un instrument spécifique, une instruction particulière peut être décrite en référence avec la procédure générale.

Lors de la rédaction d'une procédure d'étalonnage ou de vérification, différentes questions doivent être traitées. La liste présentée ci-dessous ne constitue pas un plan type de rédaction, mais précise les principaux éléments qui doivent être examinés pour mettre au point et rédiger la procédure.

— Domaine d'application

— Principe physique de la méthode de mesure utilisée

    - références bibliographiques, normes, règles de l'art, etc.,

    - limitations de la méthode (domaine de mesure, incertitudes, types d'instruments pouvant être étalonnés, paramètres d'environnement acceptables, etc.).

— Définitions, symboles, unités

    - définition des grandeurs,

    - symboles employés,

    - unités et symboles des unités.

— Matériels utilisés

    - liste des équipements et accessoires nécessaires pour effectuer l'étalonnage ou la vérification,

    - schéma de montage,

    - consignes particulières d'utilisation des matériels.

— Opérations préliminaires (voir 4.3.1)

— Mode opératoire

    - définition précise de la séquence des différentes opérations,

    - notice d'utilisation des logiciels (si nécessaire),

    - nombre et positionnement sur l'échelle de mesures à effectuer,

    - précautions de manipulation des instruments.

— Définition des conditions d'environnement

— Traitement des résultats bruts

    - utilisation des résultats des étalonnages des instruments de référence,

    - application des corrections systématiques (étalonnage, température, etc.),

    - formules de calcul employées. Si dans le cadre de la méthode d'étalonnage on est amené à employer un logiciel, l'utilisateur veille à ce que ce logiciel soit documenté et qu'il possède un jeu de valeurs numériques permettant son contrôle. D'autre part, il faut attirer l'attention des utilisateurs sur les méthodes de calculs numériques employées et les causes d'incertitudes qu'elles peuvent générer.

— Détermination de l'incertitude d'étalonnage

    Il y a lieu de distinguer deux sources d'incertitudes :

    - l'incertitude liée à la méthode et aux moyens d'étalonnage.

    Lors de la mise en place d'une méthode d'étalonnage, il faut procéder à la qualification métrologique de la méthode. Cette opération se fonde sur des essais techniques et sur une analyse objective des causes d'incertitudes.

    Cette incertitude est elle-même déterminée à partir de plusieurs composantes provenant notamment du montage des étalons et des instruments utilisés, des conditions d'environnement.

    - l'incertitude liée à l'instrument à étalonner.

    Cette incertitude est déterminée à partir de caractéristiques propres à l'instrument dont notamment la fidélité et l'erreur de lecture ou de quantification.

    Le lecteur peut se reporter avec profit à la norme NF X 06-044.

— Présentation des résultats

    - mode de présentation des résultats,

    - établissement d'un document d'étalonnage type (fourniture d'un exemple).

4.4.4 Contenu du document d'étalonnage

Le document émis à l'issue d'un étalonnage doit comporter les renseignements suivants :

— Renseignements administratifs

- identification du laboratoire,
- titre du document (certificat d'étalonnage, rapport d'étalonnage, etc.),
- numéro d'identification du document,
- date de l'étalonnage,
- identification de l'instrument : nom de l'instrument, type, constructeur, numéro de série, numéro d'identification interne lorsqu'il existe (voir 4.6.1.1),
- identification du demandeur de l'étalonnage (si nécessaire),
- nombre de pages du document et de ses annexes,
- nom, titre et signature du responsable (ou des responsables autorisés) de la fonction métrologique.

— Informations techniques

- indications relatives à l'étalon utilisé et à son raccordement.
- conditions d'étalonnage

Dans le document d'étalonnage sont consignées les conditions d'étalonnage, en particulier la température d'étalonnage, la pression et l'hygrométrie, si nécessaire,

- méthode d'étalonnage

Le document rappelle la méthode d'étalonnage employée ou éventuellement la référence de la procédure utilisée,

- déroulement des opérations

Le document précise les différentes opérations effectuées et leur ordre d'exécution si celui-ci est significatif,

- résultats et incertitudes

Les résultats de mesure sont consignés dans le document avec les incertitudes correspondantes,

- annexes au document d'étalonnage

On peut faire figurer, mais uniquement en annexe, certains traitements et exploitation des résultats de l'étalonnage, tels que tables de valeurs numériques pour interpolation, courbe de régression, conformité aux spécifications, etc. On indique alors obligatoirement les hypothèses retenues et les méthodes de calcul employées.

4.4.5 Contenu du constat de vérification

Le constat de vérification doit comporter les mêmes renseignements administratifs que ceux contenus dans un document d'étalonnage, tout ou partie des informations techniques et le résultat des opérations qui découlent de la confrontation à la prescription et qui permettent de prononcer la remise en service (voir X 07-011).

4.5 Exploitation des résultats

Les opérations d'étalonnage ou de vérification telles que définies au paragraphe 4.3 doivent donner lieu à :

— des publications de résultats dans le cas d'un étalonnage (document d'étalonnage),

— des décisions consécutives à la confrontation aux prescriptions pour une vérification faisant suite ou non à un étalonnage.

Ces décisions sont de deux sortes :

— s'il y a conformité, la décision consiste en une mise ou une remise en service,

— s'il y a non-conformité, la fonction métrologique doit alerter l'utilisateur dans les meilleurs délais afin que celui-ci prennent les mesures correctives nécessaires. Par ailleurs la décision peut conduire à l'une des quatre solutions suivantes :

- l'ajustage,

- la réparation, donnant lieu à une nouvelle vérification,

- le déclassement, donnant lieu à une remise en service,

- la réforme.

Dans tous les cas la décision doit être enregistrée.

REMARQUE : il y a lieu de prendre en considération l'effet des dérives des appareils dues à leur usage ou à leur vieillissement : une traçabilité telle que décrite en 4.6.1 permet de mettre en évidence ces phénomènes.

4.5.1 Remise en service

Le moyen déclaré conforme suite à la confrontation à la prescription ou n'ayant subi qu'une opération d'étalonnage peut être remis en service chez l'utilisateur sous réserve de respecter les règles de gestion énumérées ou précisées par la présente norme (voir 4.6) et assurant notamment une traçabilité satisfaisante des moyens considérés.

La décision de remise en service implique la remise en cause de l'intervalle d'étalonnage ou de vérification établi (voir 4.3.3) et le cas échéant, sa modification, notamment lorsque les paramètres ayant servi à sa détermination ont évolué. Par ailleurs, en règle générale, cet intervalle doit être réduit pour tout moyen de mesure proche de ses limites d'erreurs tolérées.

4.5.2 Ajustage

Faisant suite à l'opération de confrontation à la prescription, il convient parfois de prévoir ce qui fait l'objet d'une 2e étape avec deux cheminements possibles.

a) Aucune possibilité d'intervention sur le moyen (exemples : calibre fixe mécanique, compteur horaire, appareil de mesure à aiguille, appareil plombé, etc.) :

— le document d'étalonnage permet l'utilisation du matériel par exploitation :

- d'un tableau recensant les écarts constatés,

- d'une courbe de correction ;

— la vérification ne peut entraîner que trois solutions :

- la réparation du moyen (paragraphe 4.5.3),

- le déclassement du moyen (paragraphe 4.5.4),

- la réforme pure et simple du moyen (paragraphe 4.5.5).

b) Possibilité d'intervention sur le moyen (ouverture de l'appareil, déplombage, etc.).

Les opérations d'ajustage à considérer sont celles pouvant être faites par du personnel qualifié appartenant à la fonction métrologique.

Ces interventions doivent pouvoir entraîner la remise en service du moyen considéré. Pour ce faire, l'opérateur utilise tous les ajustages permettant de rendre à nouveau opérationnels les réglages accessibles à l'utilisateur.

Dans tous les cas, ces interventions doivent conduire à un nouvel étalonnage ou à une nouvelle confrontation à la prescription, permettant de vérifier que le moyen considéré peut être remis en service.

4.5.3 Réparation

Les réparations des moyens de mesure constituent des opérations de maintenance généralement confiées à des ateliers spécialisés, voire au constructeur des moyens considérés. Toutefois, certaines interventions ponctuelles et limitées du type échange standard d'élément ou sous-ensemble peuvent être effectuées par le service métrologique sous réserve d'être confiées à des personnels compétents et qualifiés.

Toutes les opérations de maintenance réalisées sur les moyens de mesure doivent être gérées par la fonction métrologique.

Toute opération de maintenance entraîne obligatoirement une nouvelle confrontation à la prescription d'origine ou un nouvel étalonnage.

4.5.4 Déclassement

Dès qu'à la suite d'une vérification, il est établi qu'un moyen de mesure ne satisfait plus à ses exigences métrologiques d'origine (classe à laquelle il appartient), une décision de déclasssement doit être envisagée.

Dans ce cadre, le moyen de mesure doit être confronté avec une nouvelle prescription adaptée à sa nouvelle utilisation.

Toutes dispositions doivent être prises lors de sa remise en service pour que le moyen considéré soit effectivement utilisé dans son nouveau cadre et notamment que le repérage qui le caractérise soit suffisamment clair pour qu'il n'y ait aucune confusion possible pour l'utilisateur.

Il est nécessaire d'adapter son intervalle d'étalonnage ou de vérification à la nouvelle classe.

REMARQUE : lorsqu'à la suite d'un ajustage, le moyen de mesure retrouve des caractéristiques métrologiques adéquates, il est possible de prononcer ce qui s'appelle couramment un reclassement (par exemple réintégration dans sa classe d'origine).

4.5.5 Réforme

À la suite d'une vérification et lorsqu'une décision de déclassement ne peut plus être envisagée, il y a lieu de prononcer la réforme du moyen considéré.

Un moyen de mesure réformé est inapte à toute mesure et ne doit plus être utilisé à cette fin pour quelque motif que ce soit et donc être repéré en conséquence.

À cet effet, le matériel considéré fait l'objet d'un rebut sous forme de destruction matérielle avant toute opération de «ferraillage» (revente à la ferraille).

Toutefois, dans certains cas, des dispositions particulières peuvent être prises par la fonction métrologique lorsqu'il est possible de récupérer, sur du matériel réformé, certains éléments ou sous-ensembles destinés à des réparations sur des matériels équivalents. Lorsque tel est le cas, le moyen de mesure est rendu préalablement inapte à toute utilisation et repéré comme tel.

4.6 Suivi des moyens de mesure

En complément des opérations à caractère technique, la gestion des moyens de mesure fait appel à des tâches de type administratif (identification, inventaire, repérage, sorties d'ateliers, expéditions, réceptions, changements d'affectation,...) qu'il importe de maîtriser.

4.6.1 Traçabilité des moyens de mesure

Afin de connaître à tout moment l'état du parc des moyens de mesure, aussi bien pour l'utilisateur de ces moyens que vis-à-vis d'audits éventuels, il est indispensable d'assurer une traçabilité [1] satisfaisante des constituants de ce parc.

Pour assurer cette traçabilité, quatre actions sont nécessaires :

— identifier chaque moyen de mesure lors de la première mise en service, ou d'un premier recensement du parc existant (dans le cas de la création d'une fonction métrologique),

— inventorier qualitativement et quantitativement d'une manière permanente l'ensemble du parc des moyens de mesure,

---

1) Traçabilité : voir définition en 3.9.

— définir un mode de repérage pour chaque moyen de mesure afin de connaître sa situation vis-à-vis des opérations métrologiques,

— établir un programme d'étalonnage et de vérification qui couvre l'ensemble du parc de moyens de mesure et qui prenne en compte les intervalles des opérations métrologiques à effectuer.

4.6.1.1 *Identification interne*

Il s'agit d'affecter à chaque matériel un numéro d'identification (ou d'immatriculation).

Le numéro d'identification est donné soit par les services administratifs de l'entreprise (numéro d'immobilisation) soit par la fonction métrologique. Le choix du type de codification peut s'appuyer sur une logique de classification permettant de regrouper par famille, par classe de précision, par type d'utilisation, par lieu d'utilisation, etc. l'ensemble des moyens de mesure d'une même entreprise ou d'un même département.

Ce numéro sera apposé sur le moyen de mesure sous forme d'étiquette, gravure ou tout autre procédé garantissant son indélébilité.

4.6.1.2 *Inventaire*

L'identification permet d'élaborer un inventaire permanent qualitatif et quantitatif du parc des moyens de mesure. Cet inventaire sert à suivre techniquement l'évolution des moyens de mesure et leur situation vis-à-vis des interventions d'étalonnage, de vérification ou de remise en état ou tout autre événement qui concerne le moyen (déclassement, réforme,...).

Selon les possibilités de chaque entreprise, cet inventaire peut être constitué par un ensemble de fiches individuelles dites fiches de vie. La constitution de ces dernières peut s'inspirer de la norme NF E 10-022 quant à sa forme et à son contenu.

Ce système de fiche de vie présente l'avantage d'un suivi technique du moyen sans faire appel à d'autres documents puisqu'elle sert de support aux relevés de chaque intervention. Elle est, de plus, facile à introduire dans un système de fichier informatique.

4.6.1.3 *Repérage*

Indépendamment de l'identification, un repérage significatif visible doit permettre de connaître à tout moment sa situation vis-à-vis de son intervalle d'étalonnage ou de vérification et éventuellement de son classement initial.

La procédure et la signification du repérage doivent être connues des services utilisateurs.

Différents types de repérage peuvent être envisagés :

— un marquage peut être apposé sur le moyen ou associé à celui-ci. Ce sera par exemple :
- une étiquette portant en clair la date de la prochaine opération, et en outre, si possible, celle de la dernière opération [1],
- une étiquette de couleur renvoyant à un code déterminant la prochaine opération,
- un marquage du genre gravure chimique ;

— un traitement informatique à partir du numéro d'identification.

Dans le cas d'impossibilité d'apposer un marquage sur l'instrument, il peut être envisagé tout autre système préétabli par la fonction métrologique et permettant de fournir les mêmes renseignements.

Dans le cas d'un déclassement (voir 4.5.4), le repérage doit permettre de renseigner sans ambiguïté sur les nouvelles conditions d'emploi du moyen de mesure.

Il en est de même des restrictions d'emploi d'une (ou de plusieurs) fonction(s) d'un matériel à fonctions multiples.

Pour les appareils raccordés dans des laboratoires accrédités, le marquage de l'intervalle d'étalonnage n'est pas mentionné. Il est indispensable de mettre en place une gestion rigoureuse permettant de connaître à tout moment leurs situations vis-à-vis de leurs intervalles d'étalonnage.

---

1) Dans le cas d'un étalonnage et d'une utilisation obligatoire du document d'étalonnage, il est recommandé d'avoir la référence du document d'étalonnage sur l'étiquette.

4.6.1.4 *Programme d'étalonnage et de vérification*

Le programme d'étalonnage et de vérification est un document complémentaire qui permet de prendre en compte l'ensemble des opérations à effectuer sur la totalité du parc de moyens de mesure.

Son établissement doit se faire en fonction de l'intervalle d'étalonnage ou de vérification établi pour chaque moyen de mesure, des périodes favorables à la disponibilité de ces moyens et, bien sûr, de la répartition de la charge de travail correspondant aux opérations à effectuer.

Ce programme est établi pour une période déterminée ; il peut être présenté sous forme d'état manuel ou sous forme informatique. Il constitue un complément indispensable au repérage évoqué en 4.6.1.3.

4.6.2 Opérations liées aux déplacements des moyens de mesure

4.6.2.1 *Procedure d'appel*

Il est indispensable de rédiger une instruction qui indique la procédure à utiliser pour que les moyens de mesure soient appelés en temps voulu, afin de pouvoir effectuer les opérations d'étalonnage ou de vérification en respectant le programme préétabli.

Plusieurs systèmes peuvent être utilisés. À titre d'exemple, on peut citer :

— un appel automatique géré par informatique dans le cas d'un fichier informatisé,

— un appel par type d'appareil dans le but de réaliser des campagnes d'étalonnage,

— la responsabilisation d'un secteur utilisateur qui a pour mission d'avoir ses moyens de mesure à jour de vérification. (Dans ce cas, l'envoi du moyen est assuré par le responsable du secteur considéré.)

Dans tous les cas, la fonction qualité de l'entreprise ou du secteur concerné doit assurer le suivi de cette procédure et déclencher les relances éventuellement nécessaires.

REMARQUE : le retrait des moyens de mesure des services utilisateurs doit se faire après que la fonction métrologique se soit assurée que le fonctionnement de ces services ne se trouvera pas perturbé par l'absence du moyen de mesure ; sinon des dispositions appropriées (par exemple la dérogation sur la date de vérification ou la fourniture d'un moyen de remplacement) doivent être prises.

4.6.2.2 *Stockage — manutention — conditionnement — transport*

À chaque fois que les moyens de mesure sont amenés à être déplacés du lieu d'utilisation au lieu d'étalonnage ou inversement il y a lieu de prendre des précautions adaptées.

La fonction métrologique doit définir des procédures et disposer des moyens appropriés pour éviter toute détérioration ou endommagement des moyens de mesure soumis aux opérations d'étalonnage ou de vérification durant le stockage, la manutention, la préparation, l'étalonnage ou la vérification ; les instructions pertinentes fournies avec le moyen de mesure doivent être suivies.

Lorsque ces moyens de mesure doivent être stockés ou conditionnés dans des conditions d'environnement spécifiques, ces dernières doivent être, s'il y a lieu, maintenues, surveillées et enregistrées. Lorsque l'entreposage d'un moyen de mesure soumis à l'étalonnage ou à la vérification est exigé, la fonction métrologique doit prendre des dispositions concernant le stockage et la sécurité afin de protéger l'état et l'intégrité du moyen de mesure entreposé.

4.7 Anomalies

Une procédure de gestion et de traitement des anomalies doit exister.

Une anomalie constatée peut conduire soit à invalider une opération et à la recommencer si cela est possible, soit à évaluer les effets qu'elle peut avoir sur les résultats de mesure (par exemple il peut s'agir d'un appareil trouvé hors spécification lors d'une vérification).

4.8 Dérogations

La fonction métrologique doit avoir envisagé la possibilité qu'un instrument n'ait pas été étalonné ou vérifié dans les délais imposés par sa spécification. Le repérage doit permettre d'indiquer que cet instrument peut être utilisé avec une dérogation.

5 Dispositions générales

5.1 Organisation de la fonction métrologique

La fonction métrologique doit être assurée avec toute l'indépendance nécessaire afin que le personnel impliqué dans cette fonction ne puisse faire l'objet de pressions ou d'incitations intempestives qui pourraient influencer son jugement ou le résultat de ses travaux.

Son rattachement doit être tel que le principe d'indépendance soit garanti. Elle est généralement assurée par un service appelé «service de métrologie» placé sous l'autorité d'une personne à qui incombent la coordination et la responsabilité générale de toutes les opérations et actions relevant de cette fonction.

Certaines activités relevant de la fonction métrologique peuvent être attribuées à d'autres services de l'entreprise ou sous-traitées à l'extérieur (laboratoires spécialisés, prestataires de service en métrologie ou en maintenance,...) mais, dans tous les cas, la responsabilité de la politique suivie incombe totalement au responsable de la fonction métrologique.

Ce dernier doit être en mesure de faire la preuve, sur demande des personnes ou organismes évaluant l'efficacité de cette fonction, que les dispositions prises permettent d'assurer la bonne exécution des différentes tâches décrites dans la présente norme.

Ces dispositions concernent notamment le personnel et les locaux.

5.1.1 Personnel

Les postes techniques du personnel impliqué doivent faire l'objet d'une description de poste précisant les attributions confiées et la compétence nécessaire.

Il y a lieu d'assurer au personnel technique une formation adaptée. Ce personnel doit avoir l'instruction, les connaissances techniques et l'expérience en rapport avec les tâches qui lui sont attribuées.

Le responsable doit tenir à jour les informations appropriées sur les qualifications, la formation et l'expérience de l'ensemble du personnel impliqué dans la fonction métrologique.

Cette fonction doit être organisée de telle manière que chaque membre du personnel qui y participe soit conscient de l'étendue et des limites de sa sphère de responsabilité.

En outre, la fonction métrologique participe à la formation du personnel utilisateur des moyens de mesure.

5.1.2 Locaux

L'environnement, dans lequel les étalonnages et vérifications sont exécutés, ne doit pas compromettre l'exactitude des mesures effectuées et, par conséquent, être adapté aux caractéristiques métrologiques des moyens concernés. Les locaux protégés des conditions ambiantes excessives (température, humidité, pression,...) doivent être équipés de dispositifs de surveillance de ces conditions d'environnement.

L'accès à ces locaux et leur utilisation doivent être contrôlés de manière appropriée à leur destination et des règles doivent être fixées pour l'entrée de personnes étrangères au service de métrologie.

5.2 Règles relatives aux références métrologiques de l'entreprise

Les références métrologiques de l'entreprise sont constituées par l'ensemble des étalons qu'elle utilise. Les actions propres à la gestion des moyens de mesure développés à l'article 4 concernent aussi les références métrologiques.

L'appréhension des besoins d'étalonnage s'effectue à partir de l'analyse mentionnée en 4.1.1 qui permet d'inventorier les instruments utilisés dans l'entreprise, et les exigences de précision correspondantes ; ces éléments permettent de définir les grandeurs, les domaines de valeurs de ces grandeurs et les incertitudes maximales associées qui doivent être couverts par les possibilités d'étalonnage de l'entreprise.

Des dispositions particulières sont à prendre dans le choix des références et afin d'assurer leur conservation et leur raccordement aux étalons nationaux.

5.2.1 Choix et installation des références

Les références sont choisies de manière à répondre aux besoins. En ce qui concerne les étalons de référence, la stabilité dans le temps et la sûreté d'emploi sont des critères essentiels de choix à placer avant d'autres critères tels la commodité d'emploi ou les possibilités d'automatisation par exemple. Ce point doit être souligné car, pour les mêmes types de mesure, les critères de choix peuvent être très différents pour les autres moyens de mesure.

Choisir les références, de manière à pouvoir effectuer des recoupements, est un moyen de détecter une dérive éventuelle (ceci peut se faire soit en choisissant plusieurs étalons de même valeur et en effectuant des comparaisons des valeurs mesurées, soit en associant des appareils complémentaires).

Les références doivent être placées dans un local spécialement affecté à leur conservation et aux opérations d'étalonnage et dans lequel les paramètres d'environnement (température, vibrations, ensoleillement, etc.) sont maîtrisés et maintenus dans des limites compatibles avec les incertitudes recherchées.

5.2.2 Raccordement des références aux étalons nationaux

Le raccordement des références de l'entreprise aux étalons nationaux, géré par la fonction métrologique, comporte les deux opérations suivantes :

— les étalonnages externes des étalons de référence de l'entreprise qui garantissent leur rattachement aux étalons nationaux,

— les étalonnages internes des étalons de travail et des étalons de transfert.

5.2.2.1 *Programme de raccordement*

Pour chacune de ces deux opérations, un programme de raccordement fixe la liste des instruments concernés, l'intervalle des étalonnages, les points à étalonner ainsi que les conditions particulières éventuelles.

Ces programmes sont établis en fonction des besoins métrologiques de l'entreprise et en tenant compte des dérives, présumées ou constatées lors des étalonnages successifs, des étalons de référence ; à cette effet, deux possibilités sont à envisager : suivre la dérive sans intervention, ou procéder à des réajustements des instruments à chaque étalonnage, ce qui nécessite dans le dernier cas, de garder la trace de ces réajustements afin de ne pas perdre la connaissance du comportement dans le temps.

5.2.2.2 *Utilisation des documents d'étalonnage*

Les étalonnages externes portent sur les étalons de référence de l'entreprise et font l'objet de documents d'étalonnage ayant deux fonctions principales :

— déterminer les corrections applicables aux étalonnages faits par l'entreprise à partir de ses étalons de référence ; dans ce but, ces documents d'étalonnage doivent être en permanence disponibles dans le laboratoire et il est prudent d'en faire à cet effet une copie de travail,

— donner le moyen de suivre la stabilité ou l'évolution des étalons de référence en comparant les étalonnages successifs ; il est commode dans ce but d'exploiter les résultats figurant dans ces documents d'étalonnage en les présentant sous la forme la mieux adaptée à chaque cas (courbes, diagrammes,...) et de conserver soigneusement les originaux.

Les étalonnages internes peuvent porter :

— soit sur des étalons de référence de l'entreprise, étalonnés par elle-même à partir d'une combinaison des références étalonnées à l'extérieur,

— soit sur des étalons de travail et des étalons de transfert.

Le premier cas ne diffère pas sensiblement de celui des étalonnages externes et les mêmes recommandations s'appliquent aux documents d'étalonnage correspondants.

Dans le deuxième cas en revanche, la situation peut se présenter de manière très différente et l'entreprise peut préférer, dans les cas où cela est possible, ajuster les instruments de manière à les replacer dans des tolérances convenables pour les utiliser sans avoir à appliquer de corrections ; le document d'étalonnage peut alors seulement permettre de constater que l'ajustage a été correctement effectué. Ce document doit également être soigneusement conservé. Dans certains cas il peut être nécessaire de conserver la valeur des écarts avant ajustage de façon à assurer la traçabilité des mesures.

5.3 Évaluation de la fonction métrologique

Parmi les diverses façons d'évaluer la fonction métrologique, l'audit constitue le procédé privilégié permettant d'analyser et de vérifier l'efficacité de la fonction métrologique dans son entreprise (audit interne) ou dans celle de ses sous-traitants, des laboratoires de mesures, des sociétés prestataires de services de maintenance et d'étalonnage de moyens de mesurage, etc. (audits externes).

La norme NF ISO 10011-1 définit la méthode pour organiser, préparer et exécuter un audit.

Il s'agit, à l'aide de ces audits, d'examiner méthodiquement ce qui se pratique dans son entreprise ou celle de son (ses) fournisseur(s), par rapport aux objectifs que s'est fixée l'entreprise et d'en déduire les éventuelles actions correctives à mener. La présente norme peut servir à l'établissement du référentiel sur lequel sera fondé l'audit.

5.4 Sous-traitance de métrologie

5.4.1 Raccordement aux étalons nationaux

Pour assurer le raccordement de ses étalons de référence aux étalons nationaux, la fonction métrologique est amenée à avoir recours à la sous-traitance.

La fonction métrologique, doit être à même de pouvoir donner l'assurance que le raccordement est effectué de telle sorte que l'on puisse démontrer sa traçabilité aux étalons nationaux, par l'intermédiaire d'une chaîne ininterrompue de comparaison.

À chaque niveau de cette chaîne de comparaison, la fonction métrologique du fournisseur doit pouvoir démontrer que les sous-traitants satisfont totalement aux spécifications de la présente norme, lesquelles incluent des exigences d'assurance de la qualité.

Dans tous les cas, la fonction métrologique a la responsabilité soit :

— de s'assurer, elle-même, que son sous-traitant répond aux exigences requises, au moyen d'audits par exemple,

— de limiter son choix de sous-traitants aux seuls laboratoires d'étalonnage accrédités (voir 3.10). La traçabilité est alors implicite.

5.4.2 Étalonnage et vérification des instruments de mesure

Pour assurer la gestion de son parc d'instruments de mesure, la fonction métrologique peut être amenée à avoir recours à la sous-traitance.

Celle-ci ne doit être assurée que par des entreprises sous-traitantes satisfaisant aux spécifications de la présente norme.

Quelle que soit la solution mise en œuvre par l'entreprise, sa fonction métrologique reste responsable de toutes décisions concernant les instruments de mesure.

Annexe A

(informative)

Références bibliographiques

ISO/DIS 8402 (1991)   Management de la qualité et assurance de la qualité — Vocabulaire [1].

Guide ISO — CEI — OIML — BIPM sur l'expression des incertitudes de mesure (1992) [1].

ISO 10012-1   Exigences d'assurance de la qualité des équipements de mesure — Partie 1 : Confirmation métrologique de l'équipement de mesure.

OIML D3 (1979)   Qualification légale des instruments de mesurage.

OIML D5 (1982)   Principes pour l'établissement des schémas de hiérarchie des instruments de mesure.

OIML D20 (1988)   Vérification primitive et ultérieure des instruments et processus de mesure.

---

1) À l'état de projet.

II.2. Les processus transversaux

NOTE : PROJET DE NORME ISO/DIS 9000-2

La version en vigueur de l'ISO 9000-2 (*Indice de classement* X50-121-2) date de l'année 1993.

Cette norme est en cours de révision dans l'objectif d'un alignement avec la version 1994 des trois modèles pour l'assurance de la qualité ISO 9001, ISO 9002 et ISO 9003.

Ce document présente le projet de norme internationale ISO/DIS 9000-2.

PROJET DE NORME INTERNATIONALE ISO/DIS 9000-2

ISO/TC **176**/SC **2**   Secrétariat: **BSI**

Début du vote	Vote clos le
1996-03-07	1996-08-07

INTERNATIONAL ORGANIZATION FOR STANDARDIZATION• МЕЖДУНАРОДНАЯ ОРГАНИЗАЦИЯ ПО СТАНДАРТИЗАЦИИ• ORGANISATION INTERNATIONALE DE NORMALISATION

Normes pour le management de la qualité et l'assurance de la qualité —

Partie 2:
Lignes directrices génériques pour l'application de l'ISO 9001, l'ISO 9002 et l'ISO 9003
[Révision de la première édition (ISO 9000-2:1993)]

Quality management and quality assurance standards —

Part 2: Generic guidelines for the application of ISO 9001, ISO 9002 and ISO 9003

ICS 03.120.10

Descripteurs: gestion de qualité, assurance de qualité, système d'assurance qualité, mise en œuvre, conditions générales.

Pour accélérer la distribution, le présent document est distribué tel qu'il est parvenu du secrétariat du comité. Le travail de rédaction et de composition de texte sera effectué au Secrétariat central de l'ISO au stade de publication.

To expedite distribution, this document is circulated as received from the committee secretariat. ISO Central Secretariat work of editing and text composition will be undertaken at publication stage.

Sommaire

Introduction

La présente partie de l'ISO 9000 donne des recommandations pour l'application de l'ISO 9001, l'ISO 9002 et l'ISO 9003. Pour faciliter la référence croisée à ces normes, la présente partie de l'ISO 9000 a la même structure d'articles que l'ISO 9001, l'ISO 9002 et l'ISO 9003.

En général, le nombre et le domaine d'application des éléments et procédures du système de la qualité exigés pour l'assurance qualité sont les plus développés dans l'ISO 9001 et moins dans l'ISO 9003. Pour tous les articles, il convient d'appliquer les lignes directrices de la présente partie de l'ISO 9000 de façon cohérente avec les objectifs et les exigences de l'article correspondant, à supposer qu'il existe, dans la norme concernée (c'est-à-dire l'ISO 9001, l'ISO 9002 ou l'ISO 9003). Il est important de se référer au paragraphe 8.3 de l'ISO 9000-1 pour les recommandations relatives à l'importance et à l'étendue de la démonstration susceptible de convenir.

L'ISO 9000-1 fournit un aperçu général des normes internationales de la série ISO 9000 et explique l'utilisation de l'ensemble de ces normes. L'ISO 9004-1 fournit des recommandations permettant de développer et mettre en oeuvre un système de management de la qualité.

La présente partie de l'ISO 9000 ne fait pas double emploi avec les recommandations aux utilisateurs qui sont fournies dans d'autres normes de recommandations de l'ISO telles que l'ISO 9000-1, l'ISO 9000-3, l'ISO 9004-1 et l'ISO 9004-2.

1   Domaine d'application

La présente partie de l'ISO 9000 donne des recommandations sur l'application de l'ISO 9001, l'ISO 9002 et l'ISO 9003.

La présente partie n'ajoute pas d'exigences, ni ne change les exigences de l'ISO 9001, de l'ISO 9002 ou de l'ISO 9003.

En cas d'interprétation conflictuelle de l'ISO 9001, l'ISO 9002 ou l'ISO 9003 d'une part, et de l'ISO 9000-2 d'autre part, l'interprétation du texte dans l'ISO 9001, l'ISO 9002 ou l'ISO 9003 fait autorité. L'utilisation du "il convient que" dans la présente norme n'affaiblit pas les exigences exprimées en "doit" de l'ISO 9001, l'ISO 9002 et l'ISO 9003.

La présente partie de l'ISO 9000 donne des recommandations aux utilisateurs suivants :

   a) fournisseurs concernés par les applications de l'ISO 9001, l'ISO 9002 et l'ISO 9003 ;

   b) clients et tierce parties.

2   Références normatives

Les normes suivantes contiennent des dispositions qui, par suite de la référence qui en est faite, constituent des dispositions valables pour la présente norme internationale. Au moment de la publication, les éditions indiquées étaient en vigueur. Toute norme est sujette à révision et les parties prenantes des accords fondés sur la présente norme internationale sont invitées à rechercher la possibilité d'appliquer les éditions les plus récentes des normes indiquées ci-après. Les membres de la CEI et de l'ISO possèdent le registre des normes internationales en vigueur à un moment donné.

ISO 8402		Management de la qualité et assurance de la qualité - Vocabulaire [1].
ISO 9001	1994	Systèmes qualité - Modèle pour l'assurance de la qualité en conception, développement, production, installation et prestations associées.
ISO 9002	1994	Systèmes qualité - Modèle pour l'assurance de la qualité en production, installation et prestations associées.
ISO 9003	1994	Systèmes qualité - Modèle pour l'assurance de la qualité en contrôle et essais finals.
ISO 9004-1		Spécifications de conception.
ISO 10005		Management de la qualité - Lignes directrices pour les plans qualité.
ISO 10011-1		Lignes directrices pour l'audit des systèmes qualité - Partie 1 : Audit.
ISO 10011-2		Lignes directrices pour l'audit des systèmes qualité - Partie 2 : Critères de qualification pour les auditeurs de systèmes qualité.
ISO 10011-3		Lignes directrices pour l'audit des systèmes qualité - Partie 3 : Gestion des programmes d'audit.
ISO 10012-1		Exigences d'assurance qualité pour des équipements de mesure.
ISO 10013		Lignes directrices pour le développement des manuels qualité.

---

[1] A publier (révision de l'ISO 8402:1986).

3   Définitions

Pour les besoins de la présente norme internationale, les définitions suivantes s'appliquent :

Afin de clarifier le sens des termes "contrat", "exigences spécifiées" et "offre", les usages suivants s'appliquent à la présente partie de l'ISO 9000.

3.1   contrat : Exigences ayant fait l'objet d'un accord entre un fournisseur et un client et transmises par un moyen quelconque.

3.2   produit : Résultat d'activité ou de processus.

> NOTE 1 : Le terme produit peut inclure les services, les matériels, les produits issus de processus à caractère continu, les logiciels, ou une combinaison des deux.
>
> .
>
> NOTE 2 : Un produit peut être matériel (par exemple, assemblages ou produits issus de processus à caractère continu) ou immatériel (par exemple, connaissances ou concepts), ou une combinaison des deux.
>
> NOTE 3 : Dans le cadre de la présente norme internationale, le terme "produit" s'applique au produit intentionnel et ne s'applique pas aux sous-produits non-intentionnels affectant l'environnement. Ceci diffère de la définition donnée dans l'ISO 8402.

3.3   exigences spécifiées : L'une ou l'autre des définitions qui suivent s'applique :

a) exigences prescrites par le client et ayant fait l'objet d'un accord avec le fournisseur pour le produit ;

b) exigences prescrites par le fournisseur, et qui sont perçues comme satisfaisant un besoin du marché.

3.4   offre : Une offre est faite par un fournisseur en réponse à un appel d'offre en vue de l'attribution d'un contrat de fourniture d'un produit.

4   Exigences en matière de système qualité

4.1   Responsabilité de la direction

4.1.1 Politique qualité

Il est demandé à la direction du fournisseur, qui a pouvoir de décision (voir 4.1.2.1) de développer et définir sa politique qualité, ses objectifs qualité et son engagement dans une déclaration écrite.

Il est demandé que ceci soit pertinent avec les objectifs généraux et les besoins et attentes de ses clients.

Il convient que la déclaration soit publiée au sein de l'organisme et être vue pour être complètement supportée par le management.
Il convient que tous les employés, y compris les nouveaux embauchés, les personnes à temps partiel ou temporaires, soient formés de sorte qu'ils comprennent les objectifs de l'organisme et l'engagement nécessaire pour atteindre ces objectifs. Il convient que la politique soit exprimée dans un langage facile à comprendre et que les objectifs soient réalisables.

Il convient que la direction manifeste de façon continue son engagement en faveur de la politique qualité par des actions qui peuvent inclure, mais de façon non limitative, ce qui suit :

   - s'assurer que le personnel de l'organisme comprend bien et met en oeuvre la politique qualité ;

   - s'assurer que le personnel de l'organisme affiche des objectifs qualité avec les objectifs de l'ensemble de l'organisme ;

   - lancer, piloter et suivre la mise en oeuvre de la qualité, y compris la mise en oeuvre et la maintenance du système qualité ;

   - ne pas accepter de dérogations à la politique qualité dans tous les domaines et aspects de l'organisme ;

   - fournir des ressources et une formation appropriées pour appuyer le développement et la mise en oeuvre du système qualité (voir 4.1.2.2).

4.1.2 Organisation

4.1.2.1   Responsabilité et autorité

La direction qui a pouvoir de décision est la personne ou le groupe de personnes qui possède le niveau d'autorité nécessaire pour faire la politique et établir les objectifs, prévoir leur mise en oeuvre et en juger l'obtention. Le fournisseur aura besoin d'identifier clairement les personnes ayant une telle responsabilité exécutive.

En particulier, il convient que le personnel ayant la responsabilité et l'autorité de prendre les décisions qui maîtrisent tous les éléments du système qualité et des processus soit identifié, et que les exigences du travail soient définies et consignées par écrit (voir 4.18).

4.1.2.2   Moyens

Il faut que la direction du fournisseur tienne compte de l'identification et de la fourniture des ressources adéquates nécessaires pour exécuter sa politique qualité et atteindre ses objectifs ainsi que pour satisfaire les besoins et attentes du clients.

Il convient de prendre en considération ce qui suit :

- le personnel pour prévoir, gérer, faire le travail, maîtriser et exécuter les activités de vérification ;

- la connaissance des normes, des procédures et autres pratiques documentées qui sont nécessaires ;

- la formation et les qualifications (voir 4.18) ;

- la planification des activités de conception, de développement et de production afin d'allouer un temps suffisant pour faire le travail ;

- les équipements et processus, y compris l'acquisition d'un nouvel équipement ou d'une nouvelle technologie ;

- les moyens d'accès aux enregistrements relatifs à la qualité.

4.1.2.3   Représentant de la direction

Il est demandé que soit nommé un représentant de la direction ayant délégation de l'autorité, au sein de l'organisme fournisseur, pour gérer et superviser le travail relatif au système qualité. Il est nécessaire que ce représentant de la direction soit nommé par la direction ayant la responsabilité exécutive.

Les fonctions du représentant de la direction peuvent être complètement reliées aux activités du système qualité ou être en conjonction avec d'autres fonctions ou responsabilités au sein de l'organisme.

Il convient que le rôle défini inclue le rapport sur le bien fondé et l'efficacité du système qualité comme base pour l'amélioration, de sa revue de direction, et la liaison, en tant que de besoin, avec les clients, les sous-contractants et toutes autres parties externes sur les sujets de la qualité.

4.1.3 Revue de direction

Il convient que le processus de revue de direction, et ses raisons d'être, soient connus et compris au sein de l'organisme. Dans la revue du système qualité, la direction du fournisseur qui a pouvoir de décision peut inclure ce qui suit, mais de façon non limitative :

- l'adéquation de la structure organisationnelle, y compris le personnel et les moyens ;

- la conformité à l'ISO 9001, l'ISO 9002 ou l'ISO 9003, et la mise en oeuvre effective du système qualité ;

- la conformité avec la politique qualité ;

- l'information fondée sur le retour client, le retour interne (tels que les résultats d'audits internes), la performance du processus, la performance du produit, ainsi que les actions correctives et préventives prises.

Il convient que les intervalles entre les revues soient soigneusement planifiés et périodiquement revus pour assurer la continuité de la conformité et de l'efficacité du système qualité. Le processus de revue de direction, la fréquence des revues et le niveau des données d'entrée, dépendront des circonstances. Certains organismes ont trouvé acceptable des revues de direction planifiées sur une base annuelle.

Il convient que la direction se concentre sur des tendances qui peuvent indiquer des problèmes. Il convient que des domaines présentant des problèmes chroniques reçoivent une attention spéciale. Il convient que des actions nécessaires, suite à des modifications du système qualité lors d'une revue de direction, soient mises en oeuvre de façon appropriée. Il convient d'évaluer l'efficacité de toute modification. Il convient de mettre à jour des enregistrements de telles revues (voir 4.16).

4.2   Système qualité

4.2.1 Généralités

La mise en oeuvre d'un système qualité par le fournisseur est plus efficace lorsque les personnes travaillant dans l'organisme comprennent bien ses objectifs et son fonctionnement, en particulier dans le cadre de leur responsabilité, et ses interfaces avec les autres parties du système.

Le manuel qualité a un rôle important à cet égard, à la fois pour les parties internes et externes. Afin de donner une vue cohérente du système qualité, il convient que le manuel qualité inclue la politique qualité, une description de l'organisme, et un résumé des procédures du système qualité avec les références croisées appropriées à de la documentation plus détaillée. Le manuel qualité pourrait, par exemple, être un document unique, soutenu par plusieurs autres niveaux de documents, chacun d'eux devenant progressivement plus détaillé. Il peut également y avoir un manuel général du système, un ou plusieurs manuels spécifiques de procédures, des instructions de travail et des documents de référence. Ensemble, ces documents définissent le système qualité. D'autres recommandations sur le développement des manuels qualité sont données dans l'ISO 10013.

4.2.2 Procédures du système qualité

Des procédures du système qualité consignées par écrit sont nécessaires pour les exigences applicables de l'ISO 9001, l'ISO 9002 et l'ISO 9003, et il convient qu'elles soient cohérentes avec la politique qualité du fournisseur. Il est important de reconnaître que la structure et le niveau de détail exigés dans ces procédures devraient être adaptés aux besoins du personnel de l'organisme, ce qui dépendra des méthodes utilisées et des exigences de formation, de l'expérience et des qualifications de ce personnel, comme indiqué dans l'article 4.18.

Une procédure consignée par écrit, spécifie généralement l'objectif et le domaine d'application d'une activité :

- ce qui doit être fait et par qui ;

- quand, où, et comment cela doit être fait ;

- quels matériaux, équipements et documents doivent être utilisés et ;

- comment une activité doit être maîtrisée et enregistrée.

Des procédures consignées par écrit peuvent faire référence à des instructions de travail qui définissent comment une activité est exécutée.

4.2.3 Planification de la qualité

Le fournisseur a besoin de montrer que les activités de planification ont été exécutées, et qu'elles établissent les moyens par lesquels les exigences pour la qualité seront satisfaites. Il convient que la planification inclue l'application des éléments du système qualité, et comment les exigences de la qualité du produit seront satisfaites.

Ceci peut nécessiter ce qui suit :

a) pour la planification managériale et opérationnelle : préparation de l'application du système qualité ;

b) pour la planification du produit : établissement dans un plan qualité ou dans toutes autres procédures consignées par écrit, des pratiques spécifiques de la qualité, des moyens et de la séquence d'activités appropriés à un produit, projet ou contrat particulier.

D'autres recommandations sur la planification de la qualité sont données dans l'ISO 10005.

4.3   Revue de contrat

4.3.1 Généralités

Dans une situation où une offre, un contrat ou une commande doit être établi entre un fournisseur et un client, les moyens d'obtention de la satisfaction se trouve dans le processus de revue de contrat.

La revue de contrat est une des interfaces principales du fournisseur avec ses clients. Il convient que les procédures consignées par écrit comprennent une revue des exigences du client (exprimées dans une offre, un contrat ou une commande, qui peuvent être écrits ou verbaux) et comment les exigences du client sont revues et communiquées au sein de l'organisme.

La revue de contrat est préalable à l'acceptation d'un contrat ou d'une commande.

4.3.2 Revue

On ne dira jamais assez à quel point il est important de comprendre les besoins du client, dès le premier contrat, que ce soit au travers d'un appel d'offre ou de la réception de commandes verbales, jusqu'à la formulation du contrat, ou de la commande et lors de toutes phases ultérieures. Souvent, il importe d'établir un dialogue pour acquérir cette compréhension des besoins du client en ce qui concerne le produit, la livraison et les autres facteurs importants.

Lorsqu'une déclaration verbale d'exigences est reçue d'un client, il convient que le fournisseur s'assure qu'une commande (déclaration d'exigences) est comprise, documentée de façon adéquate et reçoit l'accord du client.

Une revue de contrat est un processus qui comprend ce qui suit :

   a) la revue de contrat ; elle se justifie à partir de la phase d'appel d'offre ou d'entrée de commande et aux phases ultérieures, préalables à l'acceptation du contrat ou de la commande ;

   b) l'accord au sein de l'organisme du client que :

      - les exigences ont été complètement définies ;
      - les exigences sont comprises ;
      - le fournisseur est à même de satisfaire les exigences du contrat, en mettant en oeuvre un processus défini pour vérifier que les moyens et équipements nécessaires sont disponibles pour satisfaire les exigences du contrat.

   c) la résolution de toute divergence avec le client ;

   d) la revue de contrat d'un produit standard (par exemple, "off the shelf", a "commodity item", un catalogue d'articles avec la publication des spécifications, etc.) peut être aussi simple que la vérification de l'exactitude de l'information donnée sur la commande ;

   e) les exigences du contrat, si cela est approprié, peuvent être traduites dans une terminologie, en tolérances ou toute autre information nécessaire pour la conception, les achats ou la maîtrise du processus ;

   f) un plan qualité préliminaire ou des procédures consignées par écrit, si cela est approprié, peuvent être développés pour permettre de comprendre comment mettre en oeuvre avec succès le contrat et soutenir le processus de revue de contrat.

Le fournisseur a intérêt à adopter une procédure de revue de contrat ou de commande qui présente les caractéristiques suivantes :

   - toutes les parties intéressées ont l'occasion et le temps suffisant de revoir le contrat ;

   - une check-list (liste de contrôle) ou tout autre moyen, par exemple un formulaire standard, est à la disposition des personnes qui participent à la revue de contrat pour vérifier et enregistrer qu'elles ont revu et compris les exigences du contrat ou de la commande ;

- les personnes participant à la revue de contrat disposent d'une méthode leur permettant de remettre en question les termes du contrat ou de la commande, d'obtenir les éclaircissements nécessaires et de résoudre les divergences avec les autres parties concernées.

4.3.3 Avenant au contrat

Lorsque les exigences d'un client changent, il convient de bien faire attention à ce que la procédure de revue de contrat soit répétée, (voir 4.3.2). Il est bénéfique pour le fournisseur d'avoir une procédure pour les revues par les mêmes fonctions que celles qui ont fait la revue du contrat original ou de la commande acceptée. Avant que de telles modifications prennent effet, il convient de disposer de méthodes, afin d'assurer que toutes modifications appropriées sont communiquées aux personnes concernées.

4.3.4 Enregistrements

Dans la plupart des cas, il peut être suffisant de garder les enregistrements sur la réalisation de la revue. Cependant, pour des objectifs internes, des enregistrements de l'évaluation liés à la revue de contrat peuvent être conservés dans certains des cas, tels que des projets critiques ou complexes. Il convient que ces enregistrements donnent une preuve objective pour les audits internes, et facilitent ce qui suit :

- revue du projet après livraison ;

- amélioration des processus et ;

- la génération de propositions pour des projets futurs.

4.4   Maîtrise de la conception

4.4.1 Généralités

Les aspects essentiels de la qualité, les exigences complémentaires telles que la sécurité, les caractéristiques et la sûreté de fonctionnement d'un produit sont déterminés durant la phase de conception et de développement. Toute conception défectueuse peut être une cause majeure de problèmes de qualité.

Lorsque l'on considère la maîtrise de la conception, il est important de noter que la fonction de conception peut s'appliquer à diverses activités selon des styles et des échelles de temps différents. Ces aspects sont liés aux produits, ainsi qu'à la conception du processus associée à la conception du produit. Il convient que le fournisseur considère toutes les phases de la conception associées à la conception du produit, toutes les phases du processus de conception pour lesquelles des procédures maîtrisées sont nécessaires.

4.4.2 Planification de la conception et du développement

Il convient que le fournisseur établisse des procédures pour la planification de la conception et du développement qui, lorsque cela est approprié, incluent des aspects tels que :

- l'identification, le domaine d'application et les objectifs ;

- des programmes de travail séquentiels et parallèles ;

- la durée, la fréquence et la nature des activités de vérification de conception et de validation ;

- l'évaluation de la sécurité, des caractéristiques et de la sûreté de fonctionnement intégrés dans la conception du produit ;

- des méthodes de mesure et d'essai du produit et des critères d'acceptation ;

- l'affectation des responsabilités.

Il convient que les plans de conception et de développement soient intégrés à d'autres plans et procédures de vérification relatives au produit.

Il convient que le fournisseur affecte clairement, à un personnel qualifié des responsabilités spécifiques de leadership en conception et autres fonctions relatives aux travaux de conception. Il convient que ce personnel ait accès aux informations et moyens nécessaires pour réaliser les travaux.

Il est recommandé que les activités de conception soient spécifiées au niveau de détail nécessaire pour permettre de mener à terme le processus de conception.

4.4.3 Interfaces organisationnelles et techniques

Lorsque les données d'entrée de la conception proviennent de diverses sources, les relations et interfaces qui en découlent, ainsi que les responsabilités et autorités appropriées, ont intérêt à être clairement définies, documentées, coordonnées et maîtrisées.

De nombreuses fonctions d'organisation à la fois internes et externes peuvent contribuer au processus de conception, avec par exemple ce qui suit :

- la recherche et le développement ;

- la mercatique et les ventes ;

- les achats ;

- l'assurance qualité et le management de la qualité ;

- l'ingénierie ;

- la technologie des matériaux ;

- la production/la fabrication ;

- les services internes ;

- la gestion des installations ;

- l'emmagasinage/le transport/la logistique ;

- les facilités de communications ;

- les systèmes d'information.

Il convient également d'établir, mais d'une façon non limitative ce qui suit :

- quelles informations il convient de recevoir et de communiquer ;

- l'identification des groupes émetteurs et récepteurs ;

- l'objet de la transmission d'informations ;

- l'identification des mécanismes de transmission ;

- la transmission de document et la maintenance des enregistrements.

4.4.4 Données d'entrée de la conception

D'une manière générale, les données d'entrée de la conception ont la forme de spécifications relatives aux exigences du produit, et/ou de description de produit avec des spécifications relatives à la configuration, à la composition, aux composants et à d'autres caractéristiques techniques.

Il est recommandé que toutes les données pertinentes concernant la conception (telles que les exigences de caractéristiques, fonctionnelles, descriptives et environnementales, les exigences de sécurité et réglementaires) soient définies, révisées et enregistrées par le fournisseur. Il est recommandé que les données d'entrée de la conception décrivent toutes les exigences dans la plus large mesure possible ; ce sont elles qui posent les bases et constituent une approche unifiée de la conception. Il est bon que ce document inclue les détails convenus entre le client et le fournisseur sur la façon dont ce dernier répondra aux exigences du client et aux exigences statutaires et réglementaires. Il est également recommandé que les données d'entrée de la conception incluent également les résolutions concernant toutes les exigences incomplètes, ambiguës ou contradictoires qui ont été identifiées aux stades de la revue de contrat et/ou de la vérification de conception ou relatives aux activités de maîtrise de conception.

Il est bon que les données d'entrée de la conception identifient les aspects de la conception, les matériaux et les processus nécessitant un développement et une analyse, y compris les essais de prototypes nécessaires pour vérifier leur adéquation. Il est recommandé que les données d'entrée de la conception soient préparées de façon à faciliter les mises à jour périodiques. Il est recommandé qu'elles indiquent aussi "quand" et "sur quels critères" une mise à jour des données sera déclenchée, qui est responsable de cette mise à jour, et si et dans quelles circonstances le client sera destinataire d'une copie. Les données d'entrée de la conception préparées de cette manière constituent le document de référence restant à jour pendant toute la durée de la conception.

4.4.5 Données de sorties de la conception

Pendant toute la durée du processus de conception, les exigences contenues dans la description sont traduites par le fournisseur en données de sortie.

Il convient que les données de sortie de la conception soient documentées en termes qui peuvent être vérifiés et validés par rapport aux exigences des données d'entrée de la conception et il est nécessaire qu'elles contiennent ou se réfèrent à des critères d'acceptation, dont on peut trouver des exemples dans ce qui suit :

- dessins et listes de pièces ;

- spécifications (y compris les spécifications sur les processus et matériaux) ;

- instructions ;

- logiciel ;

- procédures de service.

Les données de sortie de la conception sont les exigences du produit utilisées pour l'approvisionnement, la production, l'installation, le contrôle et les essais et les prestations associées. Etant donné leur impact sur les activités à suivre, il est important que ces documents soient revus et approuvés avant leur mise à disposition.

4.4.6 Revue de conception

Il convient que les revues de conception soient planifiées. Afin d'obtenir un certain niveau d'objectivité, il est nécessaire qu'elles impliquent toutes les fonctions, à la fois internes et externes, concernées par la phase de conception en cours de revue. Si nécessaire, il convient que l'équipe de la conception et tout autre personnel spécialisé y participent. La revue de conception et/ou des essais particuliers par un organisme externe agréé peuvent être une exigence réglementaire pour certains types de produits. La durée et la fréquence de ces revues sont une question de jugement et sont influencées par la maturité, la complexité et le coût du produit en cours de revue. Il convient de tenir à jour des enregistrements de telles revues (voir 4.16).

Il convient que les participants aux revues de conception soient suffisamment qualifiés pour être capables d'examiner les études de conception et leurs implications. Les revues de conception peuvent prendre en considération des questions telles que les suivantes :

a) les études satisfont-elles à toutes les exigences spécifiées du produit ?

b) la conception du produit est-elle compatible avec les moyens de fabrication ?

c) les considérations de sécurité sont-elles prises en considération ?

d) les études répondent-elles aux exigences fonctionnelles et opérationnelles, c'est-à-dire aux objectifs de rendement et de sûreté de fonctionnement ?

e) les matériaux et/ou les installations appropriés ont-ils été sélectionnés ?

f) la compatibilité des matériaux, des composants et/ou des éléments du service a-t-elle été vérifiée ?

g) la conception répond-elle à toutes les conditions prévues concernant l'environnement et la charge de travail ?

h) les composants ou les éléments du service sont-ils normalisés et tiennent-ils compte des exigences de fiabilité, disponibilité et maintenabilité ?

i) est-il prévu, dans les tolérances, une configuration ou des systèmes, pour l'interchangeabilité et le remplacement ?

j) les plans de mise en oeuvre de la conception sont-ils techniquement réalisables (par exemple les plans d'approvisionnement, de production, d'installation, de contrôle et d'essai) ?

k) lorsque l'on a eu recours à un logiciel pour les calculs de conception, la modélisation ou les analyses, le logiciel a-t-il été correctement validé, agréé et vérifié et placé sous gestion de configuration ?

l) les données d'entrée et les données de sortie de ce logiciel ont-elles été correctement vérifiées et consignées par écrit ?

m) les hypothèses faites pendant le processus de conception sont-elles valides ?

n) les résultats du modèle ou les essais de prototypes sont-ils pris en compte ?

4.4.7 Vérification de la conception

L'ISO 9001 décrit les mesures à prendre pour la maîtrise de la conception (par exemple revues de conception, essais et démonstrations, calculs en parallèle, comparaison avec une conception similaire ayant fait ses preuves) grâce auxquelles le fournisseur peut établir la vérification de la conception. La vérification de la conception est un contrôle nécessaire pour s'assurer que les données de sortie de la conception sont conformes aux exigences spécifiées (données d'entrée de la conception). Ceci est une activité continue et dans certains cas une combinaison de ces mesures peut être nécessaire. Il convient d'enregistrer les mesures de la vérification de la conception (voir 4.16).

Il convient que la durée et le personnel impliqué dans ces vérifications soient pris en compte dans les plans de conception.

Lorsqu'on a recours à des calculs parallèles ou à une comparaison avec une conception similaire ayant fait ses preuves comme forme de vérification de la conception, il est bon que le caractère approprié de ces méthodes de calcul et/ou de conception soit examiné par rapport à cette nouvelle application.

Lorsque l'on a recours aux essais et autres épreuves comme forme de vérification de la conception, il convient que la sécurité et les caractéristiques du produit soient vérifiées dans des conditions représentatives de l'éventail complet des conditions d'utilisation réelles. Il convient que les unités de produit utilisées pour les essais et autres épreuves soient obtenues dans les conditions de production prévues.

Lorsque la revue de documents de conception, à n'importe qu'elle phase avant la mise à disposition, est utilisée comme formulaire pour la vérification de la conception, il convient que cela soit fait par rapport aux normes, pratiques et critères d'acception prédéterminés appropriés.

4.4.8 Validation de la conception

La validation de la conception est nécessaire pour confirmer que le produit final répond aux exigences spécifiées pour l'utilisation telle que prévue. Il peut être nécessaire d'impliquer le client dans la validation de la conception.

Il convient que les besoins des utilisateurs (au travers de la mercatique), ou les exigences du client (au travers du contrat), soient établis lors de la revue de contrat (voir 4.3), et qu'ensemble, accompagnés de la réglementation appropriée, ils forment les exigences des données d'entrée de la conception.

Après une vérification de la conception réussie, il convient de faire une validation de la conception sous les conditions définies pour l'utilisation du produit final. Cependant, elle peut être nécessaire à des phases antérieures, lors du développement du produit s'il n'est pas possible ou faisable de valider certaines caractéristiques au stade final. Inversement, il peut y avoir d'autres situations où la validation ne peut être faite que par observation lors de l'utilisation initiale du produit.

Il convient d'inclure dans les enregistrements de conception, les résultats d'examen, d'essais et de démonstrations effectués lors de la validation de la conception.

4.4.9 Modifications de la conception

La conception d'un produit peut faire l'objet d'un changement ou d'une modification pour plusieurs raisons, par exemple :

- omissions ou erreurs (par exemple dans les calculs, choix des matériaux, etc.) commises pendant la phase de conception et identifiées après coup ;

- difficultés de fabrication et/ou d'installation découvertes après la phase de conception ;

- modifications demandées par le client ou le sous-contractant ;

- nécessité d'améliorer le fonctionnement ou les caractéristiques d'un produit ou d'un service ;

- modification des exigences de sécurité, réglementaires ou autres ;

- modifications rendues nécessaires par la revue de conception (voir 4.4.6), la vérification de la conception (voir 4.4.7), ou la validation de la conception (voir 4.4.8) ;

- modifications rendues nécessaires par les actions correctives ou préventives (voir 4.14).

Il convient que toute modification des données d'entrée de la conception soit identifiée et examinée par le fournisseur afin de déterminer si elle a une incidence sur les résultats de la revue de conception, de la vérification ou de la validation de conception préalablement approuvés. Il convient que les modifications de conception d'un élément isolé d'un produit soient évaluées quant à leur incidence sur l'ensemble du produit. L'amélioration d'une caractéristique peut avoir un effet néfaste imprévu sur une autre caractéristique.

Lorsque l'on procède à des modifications de conception majeures, il est bon que la procédure de vérification soit également revue et modifiée.

Il convient d'instaurer des procédures pour communiquer les nouvelles données de sortie de la conception à toutes les personnes concernées, pour enregistrer les éventuelles modifications de conception et pour s'assurer que seules les modifications de conception autorisées ont été effectuées (voir 4.5.3).

4.5   Maîtrise des documents et des données

4.5.1 Généralités

Les documents et les données contenant des informations et/ou des instructions peuvent être enregistrés, transmis ou reçus par différents moyens, par exemple, une copie, des disques magnétiques ou cassettes. Les documents décrivent ou contrôlent comment les choses doivent être faites, et il convient de les réviser pour refléter les changements de situations.

Les données donnent des informations sur lesquelles une décision peut être prise ; les données peuvent être présentées dans des documents ou sous une autre forme.

Il convient que le système du fournisseur assure une maîtrise claire et précise des procédures et des responsabilités d'approbation, d'édition, de diffusion et de gestion de la documentation interne et externe, y compris en ce qui concerne l'élimination ou l'identification (pour prévenir une mauvaise utilisation) des documents périmés. Ceci peut se faire, par exemple, en conservant une liste de référence des documents, indiquant le niveau d'approbation, la diffusion (emplacement des copies) et l'état de révision.

4.5.2 Approbation et diffusion des documents et des données

Il est recommandé que la maîtrise des documents et des données incluent les documents et données se rapportant à la conception, aux achats, à l'exécution des travaux, aux normes de qualité et au contrôle des matériaux, ainsi que les documents du système qualité. Il convient que les procédures écrites internes du fournisseur décrivent :

- comment doit s'effectuer la maîtrise des documents et des données pour ces fonctions ;

- qui est responsable de la maîtrise des documents ;

- ce qui, dans les documents, doit être maîtrisé ;

- où et quand la maîtrise doit avoir lieu.

Il convient que les documents applicables soient disponibles aux postes de travail appropriés.

4.5.3 Modifications des documents et des données

Compte tenu du fait que la documentation ou les données du fournisseur peuvent être sujettes à révision et à modification, il est recommandé que des vérifications existent pour la préparation, la réalisation, la publication et l'enregistrement des modifications. Ceci s'applique non seulement à la documentation et aux données internes mais également à la documentation et aux données externes mise à jour (les normes nationales, par exemple).

Il convient que le fournisseur instaure un mécanisme permanent de maîtrise des modifications de la documentation et des données. Il convient que ce mécanisme :

- assure cette maîtrise quel que soit le support de la documentation et des données ;

- suivre les procédures écrites ;

- assure une mise à jour précise des documents et des données ;

- fasse en sorte que seuls des documents et des données autorisés soient utilisés lors de la mise en oeuvre de modifications ;

- évite toute confusion, notamment lorsque les autorisations de modifications et les diffusions de documents et données proviennent de sources multiples.

- mettre à jour un enregistrement donnant les raisons pour lesquelles une modification a été faite.

Il convient de tenir compte de l'incidence que les modifications proposées peuvent avoir sur d'autres parties du système ou du produit. Des actions peuvent être nécessaires avant la mise en oeuvre d'une modification pour évaluer l'incidence de la modification sur d'autres parties de l'organisme et les en aviser, le cas échéant.

La diffusion planifiée d'une proposition de modification auprès du personnel des fonctions concernées peut contribuer à éviter une interruption de production. Le choix du moment approprié pour mettre en oeuvre la modification peut être un facteur important, notamment lorsque plusieurs modifications de la documentation doivent être coordonnées.

4.6   Achats

4.6.1 Généralités

Pour s'assurer que les produits achetés, qui deviennent une partie, ou affecte la qualité du produit du fournisseur sont conformes aux exigences spécifiées du client, ainsi qu'aux exigences statutaires et réglementaires, il est recommandé que les achats prévus et effectués par le fournisseur soient maîtrisés de façon appropriée.

Il convient que ceci comprenne ce qui suit, mais d'une façon non limitative :

- les services d'étalonnage, les activités d'essais et de contrôle et les processus spéciaux ;

- l'évaluation et le choix des sous-contractants (voir 4.6.2) ;

- des exigences d'achat claires et non ambigües (voir 4.6.3) ;

- les caractéristiques d'une vérification appropriée (voir 4.6.4) ;

- des procédures de contrôle (voir 4.10.2).

Il convient que le fournisseur établisse une relation de travail efficace et un système de retour d'information avec ses sous-contractants.

4.6.2 Evaluation des sous-contractants

Dans le développement de méthodes pour s'assurer de la conformité du produit acheté, il est nécessaire que le fournisseur établisse que tous les sous-contractants ont l'aptitude de fournir des produits satisfaisant des exigences spécifiées.

Il convient que le fournisseur mette en oeuvre une procédure consignée par écrit pour évaluer les capacités des fournisseurs. L'étendue de l'évaluation varie selon l'importance du produit acheté et son impact sur le produit final.

Une évaluation peut aller d'un audit complet du système qualité du sous-contractant jusqu'à l'acceptation d'une évaluation et d'une approbation en référence à des données historiques comme, par exemple, des enregistrements de performances passées, ou des produits certifiés et des programmes d'enregistrement de système qualité. Dans tous les cas, il est nécessaire que le fournisseur puisse démontrer que l'évaluation a été prise en considération, et que la sélection d'un sous-contractant a été faite sur une évaluation appropriée pour le produit acheté.

Il convient que le fournisseur soit capable de démontrer que les sous-contractants sont évalués d'après leurs performances. Il convient de mettre à jour des enregistrements des sous-contractants acceptables (voir 4.16).

4.6.3 Données d'achat

Il convient que les données du fournisseur concernant les achats définissent les exigences y compris les exigences techniques du produit auxquelles doit se soumettre le sous-contractant pour assurer la qualité du produit acheté. Ce résultat peut être obtenu, en partie, par référence à d'autres renseignements techniques disponibles tels que les normes nationales, les normes internationales, les méthodes d'essai, etc. A défaut, les renseignements indispensables peuvent être clairement et précisément énoncés dans le contrat de sous-traitance. Il est bon que les responsabilités d'examen et d'approbation des données concernant les achats soient clairement confiées au personnel adéquat.

Il convient que le statut de révision des documents référencés dans les données d'achat soit identifié.

4.6.4 Vérification du produit acheté

4.6.4.1   Vérification par le fournisseur chez le sous-contractant

Lorsque cela est spécifié de façon contractuelle, le fournisseur et le client peuvent être impliqués dans les activités de vérification chez le sous-contractant ; cependant, la vérification par le client ne supprime pas la responsabilité du fournisseur.

Il convient que le fournisseur inclue dans le sous-contrat des clauses ou des déclarations spéciales portant sur les procédures de vérification, et sur les méthodes de mise à disposition du produit (par exemple, il convient que la cargaison de produit ait reçue l'approbation préliminaire du fournisseur), lorsque la vérification est effectuée en dehors des installations du fournisseur.

4.6.4.2   Vérification par le client du produit sous-contracté

Lorsqu'une vérification est contractuellement exigée à la source (c'est-à-dire dans les installations du sous-contractant) par le client, il convient que le fournisseur inclue dans les contrats de sous-traitance des clauses ou des déclarations spéciales.

Lorsque cela est spécifié dans le contrat, le client peut étendre ses actions de vérification aux installations du sous-contractant pour s'assurer que le produit est conforme à des exigences spécifiées.

Dans de telles circonstances, il convient que le fournisseur prenne des dispositions pour que le client puisse évaluer la qualité du produit offert par le sous-contractant et, si nécessaire, l'efficacité du processus.

Lorsque cela est stipulé dans le contrat, le client peut utiliser les données du fournisseur pour décider quels produits destinés à être achetés nécessitent une vérification à la source et pour décider de la nature et de la portée de cette vérification.

Si le client, après vérification du produit du sous-contractant, exprime sa satisfaction, il n'est pas bon que le fournisseur prenne cela comme un prétexte pour relâcher sa vigilance. Le fournisseur reste entièrement responsable de la qualité du produit fourni au client.

4.7   Maîtrise du produit fourni par le client

Le fournisseur, après la réception du produit fourni par le client qui est mis à disposition du fournisseur pour utilisation en satisfaisant les exigences du contrat, accepte les responsabilités concernant la prévention des dommages, l'identification, l'entretien, le stockage, la manutention et l'utilisation de ce produit pendant qu'il est en sa possession.

Il convient donc que le fournisseur, si nécessaire, prenne des dispositions pour :

- l'inspection du produit à la réception afin de vérifier la quantité livrée et l'identité du produit et de détecter d'éventuels dommages survenus pendant le transport ;

- le contrôle périodique pendant le stockage afin de détecter des signes éventuels de détérioration, de contrôler les durées limites de stockage, d'assurer le maintien en bon état et de déterminer l'état du produit ;

- procéder à tout nouveau contrôle de conformité aux exigences contractuelles ;

- l'identification appropriée et la mise en sécurité du produit fourni de manière à éviter toute utilisation non autorisée ou toute mise au rebut non conforme.

Il convient de définir la responsabilité pour faire un rapport de non-aptitude au client qui est responsable de fournir un produit acceptable conformément aux termes du contrat. Il convient que des enregistrements des produits qui sont perdus, endommagés ou rendus impropres à l'utilisation soient tenus à jour (voir 4.16).

Lorsque le produit fournit par le client est un service, par exemple, l'utilisation des moyens de transport du client pour la livraison, il est recommandé au fournisseur de s'assurer que ce service est adapté et que sa mise à disposition est effective. Il convient que le fournisseur soit en mesure de fournir une preuve écrite indiquant que ces dispositions sont prises. Il est bon que le fournisseur obtienne du client, s'il y a lieu, des renseignements ou des exigences concernant la manutention, le stockage et la maintenance du produit fourni par le client.

Si nécessaire, il convient de spécifier les besoins d'étalonnage du "produit fourni par le client".

4.8   Identification et traçabilité du produit

Lorsque cela est approprié, il convient que le fournisseur définisse les moyens pour l'identification du produit par marquage ou étiquetage du produit ou de son emballage. Par exemple, on peut utiliser des couleurs différentes sur des pièces visuellement identiques mais présentant des caractéristiques fonctionnelles différentes. Pour les produits en vrac ou les produits issus de processus à caractère continu, l'identification peut se faire par marquage de lots bien définis et de documents d'accompagnement. L'identification d'un service peut s'effectuer au moyen de la documentation qui accompagne ce service.

La traçabilité d'un produit comprend l'aptitude à tracer l'historique, l'utilisation ou l'emplacement d'une entité ou d'une activité au moyen d'une identification enregistrée. La traçabilité est typiquement nécessaire lorsqu'il faut suivre une non-conformité depuis sa source et déterminer l'endroit où se trouve le reste du lot affecté. La traçabilité peut entraîner des coûts additionnels, lorsqu'elle est exigée dans un contrat, il convient de préciser l'étendue des enregistrements nécessaires relatifs à la qualité.

Le fournisseur peut assurer la traçabilité en affectant un identificateur (par exemple numéro de série, code de date, code d'identification du lot, numéro de lot) à chaque produit individuel, cet identificateur étant spécifique au point de démarrage des opérations. Des identificateurs séparés peuvent être exigés pour des changements intervenus dans le personnel d'exploitation, des changements de matières premières, d'outillage, pour des réglages machines nouveaux ou différents, des changements dans les méthodes de fabrication, etc. Il convient que les identificateurs de traçabilité figurent dans les documents de contrôle et de stockage concernés (voir 4.16).

Il peut exister des situations dans lesquelles la traçabilité nécessite la désignation du personnel concerné spécifiquement par chaque phase du processus d'exploitation ou de distribution. Plusieurs personnes à la suite peuvent assumer des fonctions de service successives dont chacune doit être traçable. Les enregistrements de preuves d'identification au moyen de signatures sur des documents numérotés par séries dans les opérations de facturation et les opérations bancaires sont des exemples de ce qui précède. Il n'y a pas de produit tangible en soi, mais il convient que la preuve de l'identité de chaque intervenant soit traçable.

4.9   Maîtrise des processus

Il convient que la planification, effectuée par le fournisseur, des processus de production, d'installation et de prestations associés tienne compte de chacune des conditions maîtrisées décrites dans l'article 4.9 de l'ISO 9001 et l'ISO 9002.

La maîtrise du processus visant à prévenir l'apparition de non-conformités est préférable au seul contrôle du produit fini ou du service. Il convient que les caractéristiques les plus critiques pour la qualité du produit/du service soient identifiées et soumises à des procédures de maîtrise du processus.

Les activités de maîtrise des processus peuvent inclure des procédures pour l'acceptation de matériaux ou d'entités entrant dans le processus et pour la détermination de leurs caractéristiques en cours de processus. Le nombre d'essais et de contrôles effectués en cours de processus dépendra en partie de l'incidence des non-conformités sur le processus suivant. Il convient de tenir compte de l'adéquation des processus de mesure lorsque l'on évalue l'efficacité de la maîtrise des processus de production.

Il convient que le fournisseur inclue, dans le domaine d'application du système qualité, la maintenance appropriée de ces moyens de fabrication et matériaux essentiels. Il est de la responsabilité du fournisseur d'établir l'aptitude du processus et de définir les activités de maintenance qui permettront d'assurer par la suite l'aptitude du processus.

Certains processus sont tels que les caractéristiques de qualité du produit ne peuvent pas être complètement vérifiées dans le produit fini. Ils sont souvent appelés "processus spéciaux". Bien que l'on trouve ces processus dans toutes les catégories génériques de produit : matériel, logiciel, matériaux issus de processus à caractère continu et services, ils sont particulièrement courants dans la production de matériaux issus de processus continus.

Les exemples abondent où :

- certaines caractéristiques du produit n'existent que plus en aval dans le processus ;

- la méthode de mesure n'existe pas ou il s'agit d'une méthode destructive pour le produit ;

- il n'est pas possible ou pratique de mesurer une caractéristique lors de contrôles ou essais ultérieurs.

Certains exemples dans lesquels les caractéristiques critiques de qualité de produit se retrouvent dans au moins un des trois cas utilisant un procédé spécial, sont donnés ci-après :

- résistance mécanique, ductilité, résistance à la fatigue, résistance à la corrosion d'une pièce de métal après soudage, brasage, traitement thermique ou placage ;

- aptitude à la teinture, retrait, caractéristiques de traction d'un plastique polymérisé ;

- goût, texture, aspect d'un produit de boulangerie ;

- exactitude d'un logiciel ou d'un document légal ou financier.

De tels produits sont généralement le résultat final d'une série d'opérations et ils exigent un respect rigoureux des procédures et séquences spécifiées du processus en cours, telles qu'indiquées ci-après :

a) pour un matériel ou un produit issu de processus à caractère continu, ces opérations peuvent faire intervenir des matériaux de base, des courbes de températures, des déformations physiques, des opérations de mélange et des conditions liées à l'environnement ;

b) pour un logiciel ou un service, elles peuvent inclure des données et documents de base, qui sont soumis à des exigences réglementaires et de droits d'auteurs.

Une assurance de la mesure et un étalonnage élaborés de l'équipement utilisé pour produire ou mesurer le produit peuvent être nécessaires pour de tels processus. Lorsque c'est possible, il convient que la maîtrise des processus inclue des méthodes de maîtrise statistique des processus, ce qui nécessite des procédures pour s'assurer que le logiciel, que les matériaux en cours de fabrication et que les activités nécessaires pour assurer le stockage, la manutention et le tri sont toujours appropriés.

Des compétences, des capacités et une formation particulières du personnel (voir 4.18) peuvent être nécessaires. Il convient que les exigences de qualification (par exemple compétences, connaissances, capacités) du personnel soient établies et la conformité aux exigences démontrées.

La connaissance du processus peut être considérée comme une base pour différencier les caractéristiques du produit fini des caractéristiques mesurables en cours de processus. Il convient que de tels processus aient des exigences de qualification établies et soient qualifiés au préalable, par un examen, un contrôle, une mesure ou un essai pour vérifier que le processus peut satisfaire aux exigences spécifiées (voir 4.16).

4.10 Contrôle et essais

4.10.1   Généralités

Cet article traite de toutes ces activités, contrôles et d'essais effectués depuis le contrôle à la réception jusqu'à la livraison du produit, l'installation et les prestations associées en tant que de besoin.

Cela nécessite que le fournisseur établisse et mette à jour des procédures consignées par écrit, pour ces activités, afin de vérifier la conformité à des exigences spécifiées, et que les enregistrements nécessaires soient conservés.

4.10.2   Contrôles et essais à la réception

4.10.2.1 Le contrôle à la réception est une des méthodes pour le fournisseur de vérifier que les articles fournis livrés dans les locaux du fournisseur répondent aux exigences spécifiées pour la qualité.

Il convient que les procédures ou le plan qualité du fournisseur spécifient la méthode permettant de vérifier que les produits reçus sont conformes aux spécifications, sont complets, sont correctement identifiés et ne sont pas détériorés. Il convient également que les procédures incluent des dispositions permettant de vérifier que les entités, matériaux ou services reçus sont accompagnés des documents nécessaires exigés (par exemple, certificats de conformité, rapports d'essai de routine et rapport d'essais d'acceptation). Il convient également de spécifier les mesures à prendre en ce qui concerne les non-conformités. L'analyse des données de contrôles antérieurs, l'historique des rejets en cours de fabrication ou les réclamations des clients pourraient influencer les décisions du fournisseur quant à l'étendue du contrôle exigé et la nécessité de réévaluer un sous-contractant.

4.10.2.2 Le présent paragraphe de l'ISO 9001 et l'ISO 9002 ne signifie pas que les entités reçues doivent être contrôlées et essayées par le fournisseur, si le niveau de confiance que le fournisseur doit avoir en ce qui concerne le produit peut être atteint par d'autres procédures définies, particulièrement dans les cas où l'information donnée par le sous-contractant est considérée suffisante (voir 4.6.4).

4.10.2.3 Dans le cadre d'une bonne pratique de management de la qualité, il convient d'éviter la mise à disposition de produit entrant susceptible d'être rappelé. Il convient que des produits susceptibles d'être rappelés ne soient mis à disposition que dans les cas suivants :

- s'il est possible de faire une évaluation objective de l'état de qualité et si une solution à d'éventuelles non-conformités peut encore être mise en oeuvre ;

- si la correction des non-conformités ne peut pas compromettre la qualité des produits adjacents, attachés ou intégrés.

Il convient que les procédures du fournisseur définissent qui est autorisé à permettre l'utilisation d'un produit reçu, sans qu'il ait préalablement pu être établi qu'il était conforme aux exigences spécifiées. Il convient que les procédures du fournisseur définissent également le mode d'identification formelle et de gestion de ce produit, au cas où un contrôle ultérieur révélerait des non-conformités.

4.10.3   Contrôles et essais en cours de réalisation

Les contrôles et essais en cours d'élaboration s'appliquent à toutes les formes de produits. Ils permettent une détection précoce des non-conformités et leur traitement à temps.

S'il y a lieu, il convient d'utiliser les techniques de maîtrise statistique pour identifier des dérives défavorables tant pour le produit que pour le processus avant que des non-conformités n'apparaissent réellement.

L'identification précoce des non-conformités, avant d'en arriver au stade du contrôle final, améliore l'efficacité de l'ensemble de l'activité en évitant la poursuite de la production de produits non conformes.

Il convient que les procédures ou le plan qualité du fournisseur assurent la validité des résultats des contrôles et des essais, y compris dans les situations où le contrôle en cours de fabrication est effectué par le personnel de production.

4.10.4   Contrôles et essais finals

Le contrôle final concerne les activités (examen, contrôle, mesure ou essai) dont dépend la mise à disposition finale du produit.

Des enregistrements des contrôles et résultats d'essais exécutés précédemment peuvent également être revus.

4.10.5   Enregistrements des contrôles et essais

Il convient que les enregistrements des contrôles et essais effectués par le fournisseur facilitent l'évaluation des produits ayant rempli les exigences de qualité.

Des enregistrements précis sont utiles pour montrer la conformité aux exigences réglementaires et statutaires et peuvent également apporter des preuves en ce qui concerne la fiabilité du produit.

4.11 Maîtrise des équipements de contrôle, de mesure et d'essais

4.11.1 Généralités

Cet article traite des équipements de contrôle, de mesure et d'essais utilisés pour démontrer la conformité du produit aux exigences spécifiées.

Même si les exigences ont explicitement trait aux équipements de contrôle, de mesure et d'essai, y compris les essais de logiciels, il est utile d'aborder le sujet en considérant que la mesure constitue, en elle-même, une opération faisant appel à des matériaux, des équipements et des procédures. Les exigences concernent explicitement des éléments du processus de mesure, éléments dont la finalité globale est de choisir des mesures appropriées, des équipements de contrôle, de mesure et d'essais appropriés et des procédures de mesure appropriées. Ces éléments sont spécifiés pour convaincre que les systèmes de mesure du fournisseur sont aptes à maîtriser de manière adéquate la production et le contrôle du produit.

Les méthodes statistiques sont des outils d'une grande utilité pour atteindre et démontrer la conformité aux exigences. En particulier, les méthodes statistiques sont des outils privilégiés pour satisfaire à l'exigence globale selon laquelle "l'équipement de contrôle, de mesure et d'essais doit être utilisé d'une manière qui assure que l'incertitude de la mesure est connue et cohérente avec l'aptitude de mesure requise".

Il convient que les exigences du présent paragraphe soient également appliquées par le fournisseur de manière appropriée dans la mesure où il s'agit de faire la démonstration de la conformité du produit à des exigences spécifiées. Ceci peut nécessiter contractuellement que des mesures soient effectuées après la production et le contrôle du produit, par exemple, lors de la manutention, du stockage, du conditionnement, de la préservation, de la livraison ou des prestations associées, et peut être exigé conformément à d'autres articles de la norme internationale applicable (l'ISO 9001, l'ISO 9002 ou l'ISO 9003).

4.11.2 Procédures de maîtrise

Ce paragraphe définit d'étendue de la maîtrise à exercer selon l'équipement de contrôle, de mesure et d'essais. Il convient que des enregistrements d'étalonnage soient mis à jour (voir 4.16). Pour une information générale et des conseils sur le management des équipements de contrôle, de mesure et d'essais, il est recommandé de consulter l'ISO 10012-1.

> NOTE : Les exigences et les conseils dans l'ISO 10012-1 n'ajoute rien aux exigences de l'ISO 9001, ISO 9002 ou ISO 9003, et ne les modifient pas non plus.

4.12 Etat des contrôles et des essais

Il convient que le système qualité du fournisseur et ses procédures assurent que les contrôles et essais exigés sont bien effectués. Il convient que ce système fournisse un moyen de connaître l'état du contrôle et de l'essai du produit au cours de la production, de l'installation et des prestations associées. L'état peut être indiqué par marquage, emplacement, étiquetage ou affichage, soit physiquement, soit grâce à des moyens électroniques.

Il convient que l'état indique si un produit a été ou non contrôlé et essayé et s'il a été :

- accepté comme répondant pleinement aux exigences ;

- accepté avec des déficiences identifiées par rapport à la spécification donnée ;

- mis à côté en attendant une analyse/décision future ;

- rejeté comme non satisfaisant.

La séparation physique de ces catégories de produits constitue souvent la méthode la plus sûre pour donner l'assurance de l'état et de l'affectation exacte des produits. Toutefois, dans un environnement automatisé, l'affectation exacte peut également être obtenue par d'autres moyens, par une base de données informatisée, par exemple.

4.13 Maîtrise du produit non conforme

4.13.1 Généralités

Lorsque la non-conformité d'un produit en cours de fabrication ou d'un produit fini à des exigences spécifiées a été déterminée (par des essais ou des contrôles, par exemple), il importe d'éviter toute utilisation ou installation accidentelles. Cela s'applique aux non-conformités des produits constatées dans la propre production du fournisseur, mais aussi aux non-conformités des produits livrés au fournisseur. Il convient que le fournisseur établisse et applique des procédures aux fins suivantes :

- déterminer quels produits sont concernés par la non-conformité, par exemple quelles sont les périodes de production, les machines de production ou les lots de produits concernés ;

- identifier les produits non conformes pour s'assurer qu'il est possible de les distinguer des produits conformes (voir 4.12) ;

- consigner par écrit l'existence de la non-conformité et, par exemple quels produits, quelles machines de production, quels lots de produits sont concernés ;

- évaluer la nature de la non-conformité ;

- envisager les différentes possibilités concernant le traitement des produits non conformes, décider quel traitement il est bon de faire, et enregistrer ce traitement ;

- maîtriser physiquement (par tri physique, par exemple) sur les mouvements, le stockage et le traitement ultérieur des produits non conformes en accord avec la décision de traitement ;

- prévenir ceux qui peuvent être affectées par la non-conformité, y compris, le cas échéant, le client.

4.13.2   Examen et traitement du produit non conforme

Il convient que le fournisseur dispose d'un processus de traitement des non-conformités avec une autorité désignée pour les spécifications techniques, les processus de reprise, et les exigences contractuelles. Il convient que le produit réparé ou repris soit recontrôlé selon les procédures consignées par écrit ou le plan qualité.

Il convient que l'information des éléments non conformes soit renvoyée au personnel approprié, de façon, que si nécessaire une action soit entamée pour identifier et corriger la cause de la non-conformité et prévenir sa réapparition en tant que de besoin (voir 4.14). Ces enregistrements (voir 4.16) et leurs analyses forment une mesure de l'efficacité du système qualité.

Il convient que les demandes du fournisseur pour des dérogations ou modifications dans les spécifications soient mises en oeuvre selon des procédures consignées par écrit.

Il convient que le fournisseur s'assure que de telles demandes soient claires et précises. Il convient que toute information, commentaire ou recommandation supplémentaire qui pourrait aider le client à prendre une décision soit fourni. Des dérogations demandées par des sous-contractants peuvent avoir l'accord du fournisseur. L'accord du client sur ces dérogations peut être une partie du contrat avec le fournisseur.

Les conseils précédents sont également applicables au produit fourni par des sous-contractants qui s'écartent des exigences spécifiées.

Bien que l'ISO 9003 ne comporte pas de paragraphe traitant explicitement de la revue et du traitement du produit non conforme, les conseils présentés ici peuvent être utile à la mise en oeuvre de l'article 4.13 de l'ISO 9003.

4.14 Actions correctives et préventives

4.14.1   Généralités

Il convient que le fournisseur ait des procédures documentées pour identifier et éliminer les causes des non-conformités réelles ou potentielles des produits, processus ou du système qualité.

Il convient d'identifier rapidement les causes des non-conformités détectées de manière à élaborer des actions correctives pour éviter leur réapparition. Ces causes peuvent inclure les aspects suivants :

- pannes, défaillances ou non-conformités des matériaux reçus, des processus, outils, équipements ou installations dans lesquels les produits sont fabriqués, stockés ou manipulés, y compris les équipements et systèmes associés à ces fonctions ;

- procédures et documentation inadéquates ou inexistantes ;

- non-respect des procédures ;

- maîtrise du processus inadéquate ;

- mauvais ordonnancement ;

- manque de formation ;

- conditions de travail inadéquates ;

- moyens inadéquates (humains ou matériaux) ;

- variabilité inhérente au processus.

Les conditions résultant de ces causes peuvent être révélées par analyse des éléments suivants :

- enregistrements des contrôles et essais ;

- enregistrements de non-conformité ;

- observations pendant la surveillance des processus ;

- observations faites au cours d'audits ;

- plaintes émanant de l'utilisateur, du client ou d'autres services ;

- observations provenant des autorités de réglementation ou des clients ;

- observations et rapports du personnel ;

- problèmes de sous-traitance ;

- résultats de revue de management ;

- variabilité inhérente au processus.

Les mêmes causes et conditions peuvent être impliquées dans une action préventive, lorsqu'il convient que des modèles ou des tendances qui peuvent indiquer l'apparition potentielle de non-conformités sont recherchés. Il convient que le degré de l'action préventive ou corrective engagée réponde et soit directement relié au risque, à l'étendue et la nature des problèmes et de leurs effets sur la qualité des produits.

Il convient de noter que l'exigence pour une action corrective est moins contraignante dans l'ISO 9003, de même qu'une action préventive n'est pas exigée dans l'ISO 9003.

4.14.2 Actions correctives

Il convient d'établir des procédures consignées par écrit pour déterminer les actions correctives, la façon de les effectuer et que leur efficacité soient vérifiée. Il peut être bénéfique de prendre en compte les informations concernant les actions correctives lorsque les revues de direction sont effectuées (voir 4.1.3).

Il est utile de mettre en oeuvre des procédures traitant des non-conformités constatées dans des produits considérés comme conformes lorsqu'ils ont été expédiés. Ces procédures peuvent inclure, entre autres, des investigations visant à établir si la non-conformité est un problème isolé ou répétitif et toutes actions à entreprendre, si nécessaire.

Une action corrective pour éliminer une cause de non-conformité n'est pas forcément nécessaire pour chaque apparition ou pour des incidents isolés de nature mineure, mais il convient de faire une analyse périodique des types de non-conformités pour identifier des opportunités d'amélioration du processus.

4.14.3   Actions préventives

Il convient de noter que l'action corrective est prise après que des non-conformités sont identifiées. L'action préventive est prise lorsqu'une non-conformité potentielle est identifiée comme le résultat de l'analyse des enregistrements et autres sources d'information, telles que les suivantes :

- documents de maîtrise statistique de processus ;

- plaintes des clients ;

- produit interne et provenant du sous-contractant, information du processus et du système qualité (voir 4.14.1).

Il convient d'analyser régulièrement les enregistrements relatifs à la performance du produit, afin de détecter toutes les tendances et d'identifier des domaines à risque qui peuvent conduire à des non-conformités potentielles.

Il convient que les analyses déterminent également les actions nécessaires à la prévention de tous les problèmes potentiels identifiés.

L'information sur les actions préventives prises est nécessaire pour former une partie intégrale du processus de revue de direction (voir 4.1.3), pour mettre à jour et améliorer l'efficacité du système qualité.

Une action préventive pour éliminer une non-conformité potentielle n'est pas nécessairement exigée pour chaque non-conformité potentielle identifiée, mais cela doit être pris en compte pour l'amélioration du système.

4.15 Manutention, stockage, conditionnement, préservation et livraison

4.15.1   Généralités

Il convient que le système du fournisseur offre une planification, une maîtrise et une documentation appropriées pour la manutention, le stockage, le conditionnement, la préservation et la livraison du produit. Ceci s'applique pour les matériaux en cours de fabrication et les produits finis.

4.15.2   Manutention

Il convient que la méthode du fournisseur ayant trait à la manutention du produit comporte une disposition concernant des équipements tels que des courroies antistatiques, des gants et des vêtements de protection ainsi que les moyens de transport tels que les palettes, conteneurs, tapis roulants, cuves, réservoirs, gréages, pipelines et véhicules. Ceci est nécessaire de manière que l'endommagement, la détérioration ou la contamination (dus aux vibrations, aux chocs, à l'abrasion, à la corrosion, à la variation de la température, aux décharges électrostatiques, aux radiations ou à toute autre condition lors de la manutention et du stockage) puissent être évités. L'entretien de l'équipement de manutention est un autre facteur à prendre en considération.

4.15.3   Stockage

Il convient que le fournisseur offre des installations de stockage adaptées, en tenant compte non seulement de la sécurité physique, mais également des conditions extérieures (température et humidité, par exemple). Il peut être souhaitable de contrôler périodiquement les produits stockés de manière à détecter une éventuelle détérioration. Il est bon que les méthodes d'identification fournissent des informations lisibles et durables, conformément aux exigences spécifiées. Il peut être nécessaire d'envisager des procédures administratives pour les dates d'expiration du produit et la rotation du stock ainsi que l'isolement de lot.

4.15.4   Conditionnement

Il convient que le conditionnement du fournisseur, les matériaux, l'emballage et l'étiquetage fournissent une protection adéquate contre l'endommagement du produit. Il convient de prendre en compte les différentes formes de stockage et les types de transport susceptibles d'être rencontrés.

Il convient que le conditionnement fournisse une description claire du contenu ou des ingrédients lorsque les règlements ou le contrat le spécifie.

Il convient que des dispositions soient prises pour contrôler l'efficacité du conditionnement.

4.15.5   Préservation

Il convient que les méthodes de préservation du fournisseur incluent une protection appropriée vis-à-vis de la détérioration et la contamination pendant le stockage, le transport ou toute autre période ultérieure, jusqu'à ce que la responsabilité du fournisseur cesse.

Des exemples de mesures de préservation sont les suivantes :

- maintenance des conditions de stérilité pour des équipements médicaux ;

- maintenance de conditions sans poussières ni parasites pour les semi-conducteurs ;

- protection pour les produits fragiles ;

- conditions d'hygiène et de température/humidité contrôlées pour la manutention de denrées alimentaires.

4.15.6   Livraison

Il convient que le fournisseur offre une protection de la qualité du produit après contrôle et essai final. Lorsque cela est spécifié contractuellement, il convient que le fournisseur fasse le nécessaire pour assurer la protection de la qualité du produit pendant l'expédition et les autres phases de la livraison. Pour certains produits, le délai de livraison est un facteur d'importance capitale. Il importe également de tenir compte des divers types de livraison et des variations de l'environnement susceptibles d'être rencontrées pendant la livraison.

4.16 Maîtrise des enregistrements relatifs à la qualité

Il convient que les enregistrements relatifs à la qualité puissent donner les preuves directes et indirectes que le produit satisfait aux exigences spécifiées. Il convient que ces enregistrements soient confidentiels et traités de façon appropriée.

Il convient que les enregistrements du fournisseur relatifs à la qualité puissent fournir la preuve que les éléments du système qualité concernés par les exigences de l'ISO 9001, l'ISO 9002 ou l'ISO 9003 ont été mis en oeuvre. Si les résultats n'ont pas été satisfaisants, il convient que les enregistrements relatifs à la qualité indiquent les mesures qui ont été prises pour remédier à la situation.

Il convient que les enregistrements relatifs à la qualité soient préparés, conservés en lieu sûr, protégés de l'accès par des personnes non autorisées, protégées contre des altérations et mis à jour par le fournisseur. Il convient que les enregistrements relatifs à la qualité soient correctement identifiés, collectés, indicés et fichés et facilement accessibles en cas de besoin. Ils peuvent être archivés ou copiés sous n'importe quelle forme appropriée, documents écrits ou supports électroniques, par exemple. Il convient que les copies des enregistrements relatifs à la qualité contiennent toutes les informations adéquates données par les enregistrements d'origine relatifs à la qualité. Il convient que le fournisseur soit en mesure de traduire les exigences du contrat en terme de présentation, de maintien et de disposition des enregistrements relatifs à la qualité.

Dans certains cas, le client peut être amené à archiver et mettre à jour des enregistrements relatifs à la qualité attestant la qualité de produits pendant une partie déterminée de leur durée d'utilisation. Il convient que le fournisseur tienne compte de la nécessité de fournir ces documents au client.

L'ISO 9001, l'ISO 9002 et l'ISO 9003 ne spécifient pas de durée minimale de conservation des enregistrements relatifs à la qualité. Dans certains cas, c'est au fournisseur qu'incombe la responsabilité de vérifier auprès des autorités réglementaires quelles sont leurs exigences. Il convient de prendre en considération les aspects de fiabilité et de légalité du produit par rapport à diverses formes d'archivage des enregistrements. Si une durée spécifique d'archivage est exigée, il est bon qu'elle soit stipulée dans le contrat. Si celle-ci n'est stipulée ni par la législation, ni par le contrat, il convient que le fournisseur tienne compte de la durée de service prévue du produit. Il convient que le fournisseur se documente sur les durées minimales de conservation.

Les enregistrements peuvent être supprimés après la période de conservation spécifiée. Le fournisseur peut également prendre en compte la nature du produit et déterminer une période de conservation appropriée.

4.17 Audits qualité internes

Il convient que le fournisseur effectue des audits qualité internes pour déterminer si les divers éléments du système qualité de l'organisme sont efficaces et adaptés pour atteindre les objectifs de qualité annoncés. Il convient que dans le plan d'audit qualité interne soit définie la fréquence des audits périodiques.

Il convient que le fournisseur sélectionne et assigne des auditeurs formés et qualifiés pour les activités auditées. L'exigence portant sur l'activité d'audit à effectuer par du personnel indépendant de celui ayant la responsabilité directe des activités auditées n'empêche pas les personnes qui ont des fonctions et responsabilités spécifiques au sein de l'organisme d'être auditeurs internes pour d'autres fonctions et domaines au sein de l'organisme.

Des audits périodiques internes peuvent être effectués sur des parties ou sur l'ensemble du système qualité :

- pour déterminer l'adéquation et la conformité des éléments du système qualité aux exigences spécifiées de leur documentation et à la mise en oeuvre des exigences ;

- pour déterminer dans quelle mesure le système qualité mis en oeuvre est efficace pour atteindre les objectifs de qualité ;

- pour fournir la possibilité d'améliorer le système qualité du fournisseur ;

- pour faciliter les audits qualité externes.

En plus des audits qualité périodiques internes, on peut décider d'effectuer un audit qualité interne pour les raisons suivantes :

- faire une évaluation initiale du système qualité lorsqu'on souhaite établir une relation contractuelle ;

- dans le cadre d'une relation contractuelle, vérifier que le système qualité continue de répondre aux exigences spécifiées et qu'il est mis en oeuvre ;

- lorsque des modifications significatives ont été opérées dans des domaines fonctionnels, par exemple dans le cas de réorganisations et de révisions de procédures ;

- lorsque la sécurité, le rendement ou la fiabilité des produits sont effectivement ou risquent d'être compromis en raison de non-conformités ;

- lorsqu'il est nécessaire de vérifier que les mesures correctives ont bien été prises et sont mises en oeuvre.

Il convient que les résultats d'audits soient présentés dans un rapport écrit (voir 4.16) et que les enregistrements indiquent les déficiences trouvées et la (les) action(s) corrective(s) nécessaire(s).

Il convient d'y inclure des délais de réponse aux observations faites lors des audits. Il convient de communiquer le résultat de l'audit comme suit :

- transmission au personnel de management responsable pour le service ou la fonction auditée ;

- donnée d'entrée des revues de direction (voir 4.1.3).

Il est important que les activités de suivi d'audit démontrent et confirment que des actions correctives ont été prises et qu'elles sont efficaces (voir 4.16).

Pour les lignes directrices générales sur l'audit des systèmes qualité, il est recommandé de consulter l'ISO 10011-1, l'ISO 10011-2 et l'ISO 10011-3.

> NOTE : Les conseils de l'ISO 10011 n'ajoutent rien aux exigences de l'ISO 9001, l'ISO 9002 et l'ISO 9003, et ne les modifient pas non plus.

4.18 Formation

La formation du personnel, y compris les nouveaux embauchés, le personnel à temps partiel et intérimaire, est essentiel pour l'obtention des objectifs qualité. Cet article concerne tous les niveaux du personnel au sein de l'organisme qui ont des activités affectant la qualité. Elle comprend la formation spécifique nécessaire pour l'exécution des tâches assignées et la formation générale pour augmenter le niveau de motivation et de sensibilisation à la qualité. Il convient que la formation du personnel concerne l'usage, et la justification, des procédures et documents découlant de l'approche du management de la qualité par le fournisseur.

Pour que son personnel puisse atteindre et maintenir un niveau approprié de compétence, le fournisseur peut périodiquement prendre un certain nombre de mesures, telles que les suivantes :

- évaluer les connaissances, l'expérience, les qualifications et la compétence générales du personnel affecté aux activités à effectuer ;

- identifier les besoins individuels de formation, par comparaison avec ceux qui sont nécessaires pour assurer un rendement satisfaisant ;

- prévoir, organiser et mettre en application des formations ou stages appropriées, soit dans l'entreprise, soit par un organisme extérieur ;

- enregistrer la teneur et les résultats des programmes de formation, de manière à pouvoir mettre ces enregistrements à jour et à identifier et combler rapidement les lacunes au niveau de la formation (voir 4.16) ;

- évaluer toutes modifications dans chaque processus pour toutes demandes de formation supplémentaires.

4.19 Prestations associées

Lorsque la fonctionnalité des produits dépend des prestations associées pour la maintenance ou l'utilisation propre du produits et lorsque le fournisseur offre pour certains des produits des prestations associées par garantie ou par contrat, il convient que le système qualité du fournisseur inclue des dispositions sur les types et l'étendue des prestations associées fournies. Il convient de considérer les activités suivantes comme appropriées :

- clarification des responsabilités des prestations associées chez le fournisseur, les distributeurs et les utilisateurs ;

- planification des activités des prestations associées, qu'elles soient effectuées par le fournisseur ou par un agent séparé ;

- validation de la conception et du fonctionnement d'outils ou d'équipement spéciaux pour la manutention et l'entretien des produits après l'installation ;

- maîtrise des équipements d'essai et de mesure utilisés pour le dépannage en clientèle et les essais ;

- fourniture et adaptation de la documentation, y compris des modes d'emploi pour l'utilisation des listes de pièces ou pièces de rechange, et pour l'entretien des produits après installation ;

- fourniture de solutions de secours appropriées avec conseils et soutien techniques, formation du personnel du client, accessoires ou pièces de rechange ;

- formation du personnel de prestations associées ;

- mise à disposition de personnel de prestations associées compétent ;

- retour des informations pouvant être utiles pour l'amélioration de la conception du produit ou des prestations associées ;

- autres activités de soutien du client.

Même lorsqu'elles ne sont pas spécifiées dans le contrat, les recommandations du présent document peuvent être utiles au fournisseur.

4.20 Techniques statistiques

4.20.1   Identification des besoins

L'utilisation de méthodes statistiques peut s'avérer profitable pour le fournisseur dans bien des cas, notamment en ce qui concerne la collecte, l'analyse et l'application de données. Ces techniques sont utiles pour démontrer l'aptitude d'un processus, ainsi que la conformité du produit aux exigences spécifiées. Ces techniques aident à décider des données à recueillir et à en tirer le meilleur parti, ainsi qu'à mieux connaître les exigences et attentes du client. Les méthodes statistiques sont utiles en ce qui concerne la conception des produits, services et processus, la maîtrise des processus, la lutte contre les non-conformité, l'analyse des problèmes, la détermination des risques, la découverte des causes fondamentales, l'établissement des limites du produit et du processus, les prévisions, la vérification et la mesure ou l'évaluation des caractéristiques concernant la qualité.

Les méthodes statistiques qui peuvent s'avérer profitables à cet effet sont, entre autres, les suivantes :

- méthodes graphiques (histogrammes, diagrammes de séquence, nuages de points, diagramme de Pareto, diagrammes de cause à effet, etc.), qui aident à diagnostiquer les problèmes et à suggérer des approches de calcul appropriées afin d'effectuer des diagnostics statistiques ;

- cartes de contrôle statistique, pour surveiller et maîtriser les processus de production et de mesure pour tous les types de produits (matériel, logiciel, services et produits issus de processus à caractère continu, et services) ;

- plan d'expériences, pour déterminer quelles variables ont une influence significative sur la performance des produits et des processus, et pour en quantifier les effets ;

- analyse de régression, qui propose un modèle quantitatif pour le comportement d'un processus ou d'un produit, lorsque les conditions de fonctionnement du processus ou de conception du produit sont modifiées ;

- analyse de variance (en séparant la variabilité totale observée), aboutissant à des estimations des composantes de la variance qui sont utiles pour concevoir des structures échantillons pour les cartes de contrôle et pour la caractérisation et la mise en circulation des produits ; les amplitudes des composantes de la variance constituent également la base du classement par ordre de priorité des efforts, en vue de l'amélioration de la qualité ;

- méthodes d'échantillonnage et d'acceptation ;

- échantillonnage de produits semi-finis entre les secteurs de production ;

- méthodes statistiques pour contrôle et essai.

Il convient que le fournisseur choisisse les techniques statistiques nécessaires pour satisfaire le besoin identifié. Il convient de choisir ces techniques parmi les normes disponibles, ou qu'elles soient établies par le fournisseur.

4.20.2 Procédure

Une fois que les techniques statistiques ont été choisies, il est important de documenter et de mettre en oeuvre ces techniques de telle façon que les données appropriées sont collectées et évaluées, et les résultats transmis aux fonctions des services concernées, de sorte que les actions nécessaires puissent être prises. Les données provenant de l'application de techniques statistiques peuvent être un moyen efficace pour démontrer la conformité aux exigences pour la qualité et peuvent être utilisées comme enregistrement relatif à la qualité.

This form should be sent to the ISO Central Secretariat, together with the English and French versions of the committee draft, by the secretariat of the technical committee or subcommittee concerned (see 2.5.9 of part 1 of the ISO/IEC Directives)

Ce formulaire doit être envoyé au Secrétariat central de l'ISO en même temps que les versions anglaise et française du projet de comité, par le secrétariat du comité technique ou du sous-comité concerné (voir 2.5.9 de la partie 1 des Directives ISO/CEI)

The accompanying document is submitted for circulation to member body vote as a DIS, following consensus of the P-members of the committee obtained

Le document ci-joint est soumis, pour diffusion comme DIS, au vote comité membre, suite au consensus des membres (P) du comité obtenu

on
le   **19** 95 11 03

☐ at the meeting of **TC** 176 /**SC** 2 : see résolution No. 110 in document SC 2/N 299
à la réunion du   voir   n°   dans le

☐ by postal ballot initiated on   **19**
par un vote par correspondance démarré le

P-members in favour:
Membres (P) approuvant le projet: All P-members of ISO/TC 176/SC 2 present at the plenary meeting of 1995.11.03 other than those given below

P-members voting against:
Membres (P) désapprouvant: Denmark, Finland, Germany, Italy, Sweden

P-members abstaining:
Membres (P) s'abstenant: South Africa, Spain, Norway

P-members who did not vote:
Membres (P) n'ayant pas voté:

Remarks/Remarques

I hereby confirm that this draft meets the requirements of part 3 of the ISO/IEC Directives
Je confirme que ce projet satisfait aux prescriptions de la partie 3 des Directives ISO/CEI

Date   1995.11.13   Name and signature of the secretary
                         Nom et signature du secrétaire

                                    C Corrie

FORM 8A (ISO)   FORMULAIRE 8A (ISO)

ISSN 0335-3931

normalisation française

X 50-122-4
ISO 9004-4
Juillet 1994

Indice de classement : **X 50-122-4**

Management de la qualité et éléments de système qualité

Partie 4 : Lignes directrices pour l'amélioration de la qualité

E : Quality management and quality system elements — Part 4 : Guidelines for quality improvement
D : Qualitätsmanagement und Elemente eines Qualitätssicherungssystems — Teil 4 : Leitfaden zur Qualitätsverbesserung

Fascicule de documentation publié par l'AFNOR en juillet 1994.

correspondance   Le présent document reproduit intégralement la norme internationale ISO 9004-4:1993.

analyse   Le présent fascicule de documentation donne des lignes directrices pour permettre la mise en œuvre d'une amélioration continue de la qualité au sein d'une organisation.

descripteurs   **Thésaurus International Technique** : assurance de qualité, programme d'assurance qualité, qualité, gestion, conditions générales.

modifications

corrections

édité et diffusé par l'association française de normalisation (afnor), tour europe cedex 7 92049 paris la défense — tél. : (1) 42 91 55 55

AFNOR 1994   © AFNOR 1994   1er tirage 94-07

Membres de la commission de normalisation

Président : M VAISENBERG

Secrétariat : MME DEL CERRO — AFNOR

M	AFFATICATI	MATRA GENERAL SA
M	ANGELINI	ASCII QUALITATEM
M	ARDAULT	SNCF
M	AULAGNER	IPEQ
M	BABY	EDF/DER
M	BAUDON	RNUR
M	BELLAMIT	SYMEDIA
M	BERNARD	GIAT INDUSTRIES
M	BESSIN	ABB CONTROL
M	BLAIZOT	FIEE
M	BLANC	CTDEC
M	BONNOME	
M	BRUNSCHWIG	
M	BUSSARD	EXECUTIVE CONSULTANT SA
M	CANCE	
M	CALMELS	MINISTERE DE LA DEFENSE — DGA DION MISSILES ET ESPACE
M	CANIS	LIONEL CANIS CONSEIL
M	CARLU	
M	CATINAUD	ISOVER SAINT GOBAIN
M	CATTAN	FRAMATOME SA
M	CAUDRON	GEC ALSTHOM TRANSPORT
M	CHASSIGNET	
M	CLOCHARD	GEC ALSTHOM T & D
M	COMBRET	RENAULT VEHICULES INDUSTRIELS
M	COPIN	CM CONSULTANTS
MME	DECROIX	BULL SA
M	DEDEWANOU	ROUSSEL UCLAF
MME	DEJEAN DE LA BATIE	UIC
MME	DELORT	UTE/SNQ
M	DEL FABBRO	MATRA DEFENSE
M	DESMARES	MINISTERE DE LA DEFENSE — DGA DCA
M	DOULIERY	AEROSPATIALE
M	DUPUIS	EDF
M	DUTRAIVE	
M	ETIENNE	MINISTERE DE L'EQUIPEMENT — DAEI
M	FABBRI	LORIENT NAVAL ET INDUSTRIES
M	FOURCADE	MATRA DEFENSE
M	FROMAN	
M	GAUTHIER	ATT GIS
M	GENESTE	CRCI
M	GERVASON	CENTRE TECHNIQUE DU PAPIER
MME	GILLIOT	
M	GODET	CIE SALINS MIDI ET SALINES EST
M	GRANGER	FRANCE TELECOM SCT
M	HAMES	3M FRANCE
M	IACOLARE	ALTRAN TECHNOLOGIES

M	KOLUB	SGS QUALITEST
M	KRYNICKI	HEWLETT PACKARD FRANCE
M	LALLET	GEC ALSTHOM ELECTROMECANIQUE
MME	LAVALETTE	SYSECA SA
M	LE CLANCHE	FRANCE TELECOM SCT
M	L'HERMITTE	EDF
M	LIETVEAUX	BNIF
M	LOLIVIER	LOGIQUAL
M	MAUGUIERE	THOMSON CSF
MME	MAURER	CISI
M	MIGNOT	MATRA DEFENSE
M	MILLERET	SOMELEC SA
M	MIRANDA	ARMEMENT SERVICES
M	MITONNEAU	AMOVI EURL
M	MONTJOIE	CEA
M	MOUGAS	CAMIF
MME	NEEL	DASSAULT AVIATION
M	NICOLAS	FIM
MME	NOTIS	AFNOR
M	OGER	INCHCAPE TESTING SERVICESM
MME	OUDIN DARRIBERE	
M	PAILHES	RHONE-POULENC CHIMIE
M	PIZON	FRANCE TELECOM SCT
M	QUEREL	PQI GENIE QUALITE
M	QUINIO	TECHNIP
MME	RENARD	LABORATOIRES METROLOGIE D'IVRY
MME	RENAUX	SOCOTEC QUALITE
M	RICHER	HEI
M	ROULEAU	GDF — DION PRODUCT TRANSPORT CTO
M	SAMPERE	CEP SYSTEMES
M	SANS	
M	SEGOT	LA POSTE
M	SERVAJAN	D'HERMY CONSEIL SA
MME	SIDI	CAP GEMINI SOGETI
M	THORETTON	AUTOMOBILES CITROEN
M	TILLET	RENAULT VEHICULES INDUSTRIELS
M	THOUSCH	SGS QUALITEST
M	TRAPON	BUREAU VERITAS
M	VAISENBERG	AFAQ/ICA
M	VINCENT	LEXMARK INTERNATIONAL SA
M	WEIDMANN	AIRBUS INDUSTRIE
M	WENISCH	SQIFE
M	WIDMER	EDF

Avant-propos national

Références aux normes françaises

La correspondance entre la norme mentionnée à l'article «Références normatives» et la norme française de même domaine d'application mais non identique est la suivante :

ISO 8402 : NF X 50-120

Sommaire

Avant-propos

L'ISO (Organisation internationale de normalisation) est une fédération mondiale d'organismes nationaux de normalisation (comités membres de l'ISO). L'élaboration des Normes internationales est en général confiée aux comités techniques de l'ISO. Chaque comité membre intéressé par une étude a le droit de faire partie du comité technique créé à cet effet. Les organisations internationales, gouvernementales et non gouvernementales, en liaison avec l'ISO participent également aux travaux. L'ISO collabore étroitement avec la Commission électrotechnique internationale (CEI) en ce qui concerne la normalisation électrotechnique.

Les projets de Normes internationales adoptés par les comités techniques sont soumis aux comités membres pour vote. Leur publication comme Normes internationales requiert l'approbation de 75 % au moins des comités membres votants.

La Norme internationale ISO 9004-4 a été élaborée par le comité technique ISO/TC 176, *Management et assurance de la qualité*, sous-comité SC 2, *Systèmes qualité*.

L'ISO 9004 comprend les parties suivantes, présentées sous le titre général *Management de la qualité et éléments de système qualité*:

— *Partie 1: Lignes directrices*

— *Partie 2: Lignes directrices pour les services*

— *Partie 3: Lignes directrices pour les produits issus de processus à caractère continu*

— *Partie 4: Lignes directrices pour l'amélioration de la qualité*

— *Partie 5: Lignes directrices pour les plans qualité*

— *Partie 6: Lignes directrices pour l'assurance de la qualité de la conduite de projet*

— *Partie 7: Lignes directrices pour la gestion de configuration*

— *Partie 8: Lignes directrices pour les principes de la qualité et leur application aux pratiques de management*

La partie 1 est une révision de l'ISO 9004:1987.

L'annexe A fait partie intégrante de la présente partie de l'ISO 9004. L'annexe B est donnée uniquement à titre d'information.

Introduction

Lors de la mise en œuvre d'un système qualité (tel que décrit dans l'ISO 9004 par exemple), la direction d'un organisme devrait veiller à ce que le système facilite et encourage une amélioration continue de la qualité. L'objectif permanent de la gestion de toutes les fonctions, à tous les niveaux de l'organisme, devrait être de s'efforcer de satisfaire le client et d'améliorer la qualité de façon continue.

La qualité des produits et des services est importante pour la compétitivité des entreprises. L'amélioration continue de la qualité est nécessaire pour renforcer la capacité concurrentielle d'une entreprise. Il convient de souligner que les stratégies novatrices pour l'introduction d'un nouveau produit, d'un nouveau service ou de technologies de processus et l'amélioration continue de la qualité sont tous des éléments à prendre en considération.

La motivation pour l'amélioration de la qualité vient du besoin de valeur ajoutée et de satisfaction du client. Il est bon que tous les membres d'un organisme prennent conscience que chaque processus peut être exécuté de manière plus efficace et avec un meilleur rendement, en diminuant les pertes et la consommation des ressources.

Ces améliorations d'efficacité et de rendement profitent au client, à l'organisme et à ses membres, ainsi qu'à la société en général. L'amélioration continue de la qualité renforce l'aptitude d'un organisme à faire face à la concurrence et l'opportunité pour ses membres à collaborer, à progresser et à exceller.

Management de la qualité et éléments de système qualité —

Partie 4:
Lignes directrices pour l'amélioration de la qualité

1 Domaine d'application

La présente partie de l'ISO 9004 fournit des lignes directrices en matière de management, destinées à la mise en œuvre, au sein d'un organisme, d'une amélioration continue de la qualité.

La façon d'adopter et de mettre en œuvre ces lignes directrices dépend de facteurs tels que la culture, la taille et la nature de l'organisme, des types de produits et services offerts, ainsi que des marchés et clients servis. Il convient donc qu'un organisme développe un processus d'amélioration adapté à ces besoins et à ces ressources propres.

La présente partie de l'ISO 9004 n'est pas destinée à une utilisation contractuelle, réglementaire ou de certification.

2 Référence normative

La norme suivante contient des dispositions qui, par suite de la référence qui en est faite, constituent des dispositions valables pour la présente partie de l'ISO 9004. Au moment de la publication, l'édition indiquée était en vigueur. Toute norme est sujette à révision et les parties prenantes des accords fondés sur la présente partie de l'ISO 9004 sont invitées à rechercher la possibilité d'appliquer l'édition la plus récente de la norme indiquée ci-après. Les membres de la CEI et de l'ISO possèdent le registre des Normes internationales en vigueur à un moment donné.

ISO 8402:—[1], *Management de la qualité et assurance de la qualité — Vocabulaire.*

3 Définitions

Pour les besoins de la présente partie de l'ISO 9004, les définitions données dans l'ISO 8402 et les définitions suivantes s'appliquent.

3.1 processus: Ensemble de moyens et d'activités liés qui transforment des éléments entrants en éléments sortants.

NOTE 1   Ces moyens peuvent inclure le personnel, les installations, les équipements, la technologie et la méthodologie.

3.2 chaîne d'approvisionnement: Ensemble de processus liés qui acceptent des entrées de la part de fournisseurs, ajoute de la valeur à ces entrées, et produit des sorties pour les clients.

NOTES

2   Les entrées et sorties peuvent être des produits ou services.

3   Les clients et fournisseurs peuvent être internes ou externes à l'organisme.

4   Une unité de chaîne d'approvisionnement est illustrée à la figure 1.

3.3 amélioration de la qualité: Actions entreprises dans tout l'organisme en vue d'accroître l'efficacité

---

1)   À publier. (Révision de l'ISO 8402:1986)

1

Figure 1 — Unité de chaîne d'approvisionnement

et le rendement des activités et processus pour apporter des avantages accrus à la fois à l'organisme et à ses clients.

3.4　pertes relatives à la qualité: Pertes occasionnées par la mise en œuvre du potentiel de moyens dans des processus et des activités.

NOTE 5　Comme exemples de pertes relatives à la qualité figurent la perte de la satisfaction du client, la perte de l'occasion d'accroître la valeur ajoutée au bénéfice du client, de l'organisme ou de la société, ainsi que le gaspillage des moyens. Les pertes relatives à la qualité sont un sous-ensemble des coûts relatifs à la qualité (voir 4.3).

3.5　action préventive: Action entreprise pour éliminer les causes d'une non-conformité, d'un défaut ou de tout autre événement indésirable potentiel, pour empêcher qu'il ne se produise.

3.6　action corrective: Action entreprise pour éliminer les causes d'une non-conformité, d'un défaut ou de tout autre événement indésirable existant, pour empêcher son renouvellement.

NOTE 6　Les actions pour corriger les sorties de processus comprennent la réparation, les retouches ou l'adaptation réalisées pour rectifier des sorties de processus non conformes, défectueuses ou d'autres sorties indésirables.

4　Concepts fondamentaux

4.1　Principes d'amélioration de la qualité

La qualité des produits, services et autres prestations d'un organisme est déterminée par la satisfaction des clients qui les utilisent et résulte de l'efficacité et de l'efficience des processus utilisés pour les créer et assurer leur soutien.

L'amélioration de la qualité s'obtient par l'amélioration des processus. Toute activité ou élément de travail, au sein d'un organisme, comporte un ou plusieurs processus.

L'amélioration de la qualité est une activité continue, qui s'efforce d'atteindre des niveaux toujours plus élevés d'efficacité et d'efficience des processus.

Il convient que les efforts d'amélioration de la qualité soient directement dirigés vers une recherche constante de possibilités d'amélioration, plutôt que vers l'attente d'un problème susceptible de mettre en lumière ces possibilités.

Une correction des sorties de processus diminue ou élimine un problème qui s'est manifesté. Les actions préventives et correctives éliminent ou diminuent les causes d'un problème et, par conséquent, toute manifestation future de ce problème. Ainsi, les actions préventives et correctives améliorent les processus d'un organisme et sont primordiales pour l'amélioration de la qualité.

4.2　Environnement pour l'amélioration de la qualité

4.2.1　Responsabilité et rôle inspirateur de la direction

La responsabilité et la décision de créer un environnement favorable à l'amélioration continue de la qualité incombent au plus haut niveau de la direction. Ce n'est que grâce à leurs propres actions, à leur constance et au développement des moyens que les membres de la direction peuvent communiquer la volonté et l'engagement nécessaire à la création d'un environnement propice à l'amélioration de la qualité. Les membres de la direction orientent l'amélioration de la qualité en communiquant des buts et des objectifs, en améliorant constamment leur propre processus de travail, en encourageant un climat de libre communication, de travail en équipe et de respect de l'individu, et en donnant à chacun les moyens d'améliorer son processus de travail au sein de l'organisme.

4.2.2　Valeurs, attitudes et comportements

L'environnement pour l'amélioration de la qualité exige souvent un nouvel ensemble de valeurs, d'atti-

2

tudes et de comportements partagés, centrés sur la satisfaction des besoins du client et fixant des objectifs de plus en plus ambitieux. Les valeurs, les attitudes et les comportements essentiels pour une amélioration continue de la qualité comprennent

— l'attention centrée sur la satisfaction des besoins des clients internes et externes;

— l'implication de la totalité de la chaîne d'approvisionnement, du fournisseur au client, dans l'amélioration de la qualité;

— la démonstration de l'engagement, du rôle inspirateur et de l'implication de la direction;

— la mise en évidence de l'amélioration de la qualité comme étant le travail de chacun, que ce soit en équipe ou par le biais d'activités individuelles;

— l'approche des problèmes par l'amélioration des processus;

— l'amélioration continue de tous les processus;

— l'établissement d'une communication ouverte, avec accès aux données et aux informations;

— la promotion du travail en équipe et le respect de l'individu;

— la prise de décision fondée sur l'analyse de données.

4.2.3 Objectifs de l'amélioration de la qualité

Il convient que les objectifs d'amélioration de la qualité soient établis dans l'ensemble de l'organisme. Il est recommandé qu'ils soient étroitement intégrés aux objectifs globaux de l'entreprise et se concentrent sur l'augmentation de la satisfaction du client et de l'efficacité et efficience du processus. Il convient que les objectifs d'amélioration de la qualité soient définis, de façon à pouvoir mesurer les progrès réalisés. Il est recommandé qu'ils soient bien intelligibles, ambitieux et pertinents. Il est bon que les stratégies propres à atteindre ces objectifs soient comprises et acceptées par tous ceux qui doivent travailler ensemble pour les atteindre. Il convient que les objectifs d'amélioration de la qualité soient révisés à intervalle régulier et reflètent les modifications des attentes du client.

4.2.4 Communication et travail d'équipe

La liberté de communication et le travail d'équipe éliminent les obstacles organisationnels et du personnel qui s'opposent à l'efficacité, à l'efficience et à l'amélioration continue des processus. Il convient que la liberté de communication et de travail d'équipe s'étendent à toute la chaîne d'approvisionnement, y compris aux fournisseurs et aux clients. La communication et le travail d'équipe supposent une confiance mutuelle. Celle-ci est essentielle si l'on veut que chacun participe à l'identification et au suivi des possibilités d'amélioration.

4.2.5 Reconnaissance du mérite

Les processus de reconnaissance du mérite encourage les actions qui sont en harmonie avec les valeurs, attitudes et comportements nécessaires à l'amélioration de la qualité (voir 4.2.2).

Les processus efficaces de reconnaissance du mérite soulignent l'enrichissement individuel et tiennent compte des facteurs qui influencent le rendement de l'individu au travail (par exemple chance de réussite, organisme, environnement). De plus, les processus efficaces de reconnaissance du mérite exaltent la performance et la reconnaissance du groupe, et encouragent un retour fréquent et informel des informations.

NOTE 7   Il convient que les systèmes de récompense soient en harmonie avec le processus de reconnaissance du mérite. En particulier, les systèmes de récompense doivent éviter de favoriser une concurrence interne aux effets néfastes.

4.2.6 Éducation et formation

Une éducation et une formation suivie sont indispensables à chacun. Des programmes d'éducation et de formation sont importants, dans la mesure où ils créent et entretiennent un climat propice à l'amélioration de la qualité. Il convient que tous les membres d'un organisme, y compris aux niveaux les plus hauts de la direction, bénéficient de programme d'éducation et de formation relatifs aux principes et pratiques de la qualité, ainsi qu'à l'application des méthodes appropriées d'amélioration de la qualité. Ceci comprend l'utilisation d'outils et de techniques d'amélioration de la qualité (voir annexe A). Il convient que tous les programmes d'éducation et de formation soient examinés afin de s'assurer de leur harmonie avec les principes et pratiques de la qualité. Il est bon que l'efficacité de l'éducation et de la formation soit évaluée régulièrement. Une formation séparée de l'application est rarement efficace (voir 7.3).

4.3 Pertes relatives à la qualité

Les occasions de diminuer les pertes relatives à la qualité constituent un guide pour les efforts visant à l'amélioration de la qualité. Ces pertes devraient être liées aux processus qui les engendre. Il est important

3

d'estimer ces pertes relatives à la qualité même si elles sont difficile à mesurer, telles que la perte de clientèle et l'incapacité à utiliser pleinement le potentiel humain disponible. Il convient que les organismes diminuent les pertes relatives à la qualité, en exploitant toutes les possibilités d'améliorer la qualité.

5 Management pour l'amélioration de la qualité

Bien que l'application des techniques décrites dans l'annexe A fournisse une certaine amélioration, le potentiel de ces techniques ne peut être bien mis en œuvre que si elles sont appliquées et coordonnées dans un cadre structuré. Ceci exige organisation, planification, mesure de l'amélioration de la qualité, et examen de toutes les activités d'amélioration de la qualité.

5.1 Organisation pour l'amélioration de la qualité

Une façon efficace d'organiser l'amélioration de la qualité identifie les possibilités d'amélioration de la qualité, d'une part verticalement au sein de la hiérarchie de l'organisme, et d'autre part horizontalement dans le flux des processus qui parcourent les limites de l'organisme. Lorsque l'on organise l'amélioration de la qualité, il convient d'observer l'approche suivante:

— un moyen d'offrir une politique, une stratégie, des objectifs essentiels d'amélioration de la qualité, des directives générales, un soutien et une large coordination des activités d'amélioration de la qualité de l'organisme;

— un moyen d'identifier les besoins et les objectifs interfonctionnels d'amélioration de la qualité et d'affecter les moyens nécessaires pour les atteindre;

— un moyen de poursuivre des objectifs d'amélioration de la qualité, par le biais de projets d'équipe dans les domaines de responsabilité et d'autorité directes;

— un moyen d'encourager chaque membre de l'organisme à poursuivre des activités d'amélioration de la qualité liée à son travail et un moyen de coordonner ces activités;

— un moyen d'examiner et d'évaluer le progrès des activités d'amélioration de la qualité.

Au sein de la hiérarchie de l'organisme, les responsabilités relatives à l'amélioration de la qualité comprennent

— les processus de management, tels que la définition de la mission de l'organisme, de la planification stratégique, de la clarification des rôles et des responsabilités, de l'acquisition et de l'affectation des moyens, de l'éducation et de la formation à assurer, ainsi que de la reconnaissance des mérites;

— l'identification et la planification de l'amélioration continue des processus de travail de l'organisme;

— l'identification et la planification de l'amélioration continue des processus de soutien administratifs de l'organisme;

— la mesure et l'identification de la diminution des pertes relatives à la qualité;

— le développement et le maintien d'un climat qui habilite, permet et impose à tous les membres de l'organisme d'améliorer la qualité de façon continue.

Dans le flux des processus qui dépassent les limites de l'organisme, les responsabilités d'amélioration de la qualité comprennent

— la définition et l'accord quant à la finalité de chaque processus et ses liens avec les objectifs de l'organisme;

— l'établissement et le maintien de la communication entre les divers services;

— l'identification des clients internes et externes du processus et la détermination de leurs besoins et attentes;

— la traduction des besoins et attentes du client en exigences spécifiques au client;

— l'identification des fournisseurs du processus, et la communication à ces derniers des besoins et attentes du client;

— la recherche des possibilités d'amélioration du processus, l'affectation des ressources en vue de l'amélioration et le contrôle de la mise en œuvre de ces améliorations.

4

5.2 Planification de l'amélioration de la qualité

Il convient que les objectifs et plans d'amélioration de la qualité fassent partie du plan stratégique d'entreprise d'un organisme.

Il convient que la direction fixe des objectifs d'amélioration de la qualité au sens le plus large du terme, y compris la réduction des pertes relatives à la qualité. Il convient de dresser des plans s'inscrivant dans le cycle de planification et des plans stratégiques de l'entreprise, et destinés à offrir des directives stratégiques et des instructions pour atteindre ces objectifs d'amélioration de la qualité et mettre en œuvre la politique de la qualité. Il est bon que ces plans abordent les principaux problèmes de pertes relatives à la qualité et s'appliquent à l'ensemble des fonctions ainsi qu'à tous les niveaux de l'organisme.

Il convient que l'élaboration de plans d'amélioration de la qualité concerne chacun au sein de l'organisme, ainsi que les fournisseurs et clients de l'organisme. Le fait d'impliquer chacun augmente fortement les possibilités d'amélioration.

Les plans d'amélioration de la qualité sont souvent mis en œuvre au moyen d'un ensemble de projets ou d'activités spécifiques d'amélioration de la qualité. Il est recommandé que la direction surveille et contrôle ces activités de mise en œuvre pour assurer leur intégration aux objectifs globaux et aux plans stratégiques d'entreprise de l'organisme.

Les plans d'amélioration de la qualité sont centrés sur des possibilités nouvellement identifiées et sur des domaines où les progrès réalisés sont jugés insuffisants. Le processus de planification reçoit des informations de tous les niveaux de l'organisme, de l'examen des résultats obtenus ainsi que des clients et des fournisseurs.

5.3 Mesure de l'amélioration de la qualité

Il convient qu'un organisme élabore un système de mesures adapté à la nature de ces activités. Il convient d'établir un système de mesures objectives pour identifier et diagnostiquer les possibilités d'amélioration et pour mesurer les résultats des activités d'amélioration de la qualité. Un système bien conçu comporte des mesures au niveau de l'unité, du service, au niveau interfonctionnel, et à tous les niveaux organisationnels. Il convient que les mesures aient trait aux pertes relatives à la qualité associées à la satisfaction des clients, à l'efficacité des processus et aux pertes sociales.

a) Les mesures des pertes relatives à la qualité, associées à la satisfaction du client, peuvent être fondées sur des renseignements tirés d'études effectuées sur les clients actuels et clients potentiels, d'études de produits et services concurrents, d'évolution des recettes, de contrôle systématique par le personnel de service, d'informations fournies par le personnel des ventes et de l'après-vente et des plaintes et réclamations des clients.

b) Les mesures des pertes relatives à la qualité associées à l'efficacité du processus, peuvent porter sur la main-d'œuvre, l'utilisation des capitaux et des matériels, la production, le tri, la réparation ou la mise au rebut des sorties de processus insatisfaisantes, les réajustements de processus, les temps d'attente, les durées de cycle, l'efficacité des livraisons, les conceptions inutilement redondantes, la taille des stocks et les mesures statistiques de l'aptitude technique du processus et de sa stabilité.

c) Les mesures des pertes sociales relatives à la qualité peuvent être fondées sur l'incapacité à exploiter le potentiel humain (par exemple selon les indications des études sur la satisfaction du personnel), les dommages causés par la pollution et l'évacuation des déchets ainsi que l'épuisement de ressources peu abondantes.

Le phénomène de variabilité est commun à toutes les mesures. Il convient d'interpréter statistiquement les tendances affichées par les mesures.

En plus de la fixation d'objectifs chiffrés définis et de leur atteinte, la mesure et l'exploration des tendances à partir d'une ligne de base formée par les performances passées sont très importantes. Cette mesure met en évidence une identification du problème basé sur des faits réels.

Il convient que les mesures soient signalées et étudiées en tant que partie intégrante des pratiques de comptabilité et de contrôle de management d'un organisme. Il convient que les personnes et les organismes impliqués dans le processus d'amélioration soient informés de leur progrès, en des termes qui soient significatifs et mesurables à partir de leur point de vue.

5.4 Revue des activités d'amélioration de la qualité

Il convient que des revues régulières des activités d'amélioration de la qualité soient entreprises à tous les niveaux de la direction de manière à vérifier que

5

— l'organisation pour l'amélioration de la qualité fonctionne de manière effective;

— les plans d'amélioration de la qualité sont adéquats et sont suivis;

— les mesures d'amélioration de la qualité sont appropriées et adéquates, et indiquent des progrès satisfaisants;

— les résultats de la revue sont intégrés au cycle de planification suivant.

Il convient que des actions appropriées soient prises si des divergences quelconques ont été identifiées.

6 Méthodologie de l'amélioration de la qualité

Les bénéfices d'une amélioration de la qualité vont s'accroître constamment si un organisme poursuit ses projets en matière d'amélioration de la qualité, selon une série d'étapes cohérentes et disciplinées fondées sur le recueil et l'analyse des données.

6.1 Participation de l'ensemble de l'organisme

Lorsqu'un organisme est bien motivé et dirigé en vue de l'amélioration de la qualité, un certain nombre de projets ou d'activités d'amélioration de la qualité, de complexité variable, seront continuellement entrepris et mis en œuvre par tous les membres et à tous les niveaux de l'organisme. Les projets et les activités d'amélioration de la qualité deviendront une part normale du travail de chacun et iront de ceux qui nécessitent la mise en place d'équipes de direction ou de coordination interfonctionnelle à ceux qui seront sélectionnés et mis en œuvre par des individus ou par des équipes.

Un projet ou une activité d'amélioration de la qualité commence généralement par l'identification d'une possibilité d'amélioration. Cette identification peut être fondée sur des mesures de pertes relatives à la qualité et/ou sur des comparaisons compétitives (évaluations de performance) avec des organismes ayant une position de leader reconnue dans un domaine particulier. Une fois défini, le projet ou l'activité d'amélioration de la qualité progresse par une série d'étapes et se termine par la mise en œuvre d'actions préventives ou correctives sur le processus, visant à atteindre et à maintenir un nouveau niveau de performance amélioré. Lorsque des projets ou activités d'amélioration de la qualité prennent fin, de nouveaux projets ou activités d'amélioration de la qualité sont sélectionnés et mis en œuvre.

6.2 Lancement de projet ou d'activité d'amélioration de la qualité

Tous les membres de l'organisme sont impliqués par le lancement de projet ou d'activité d'amélioration de la qualité. Il convient que la nécessité, la portée et l'importance d'un projet ou d'une activité d'amélioration de la qualité soient clairement définies et démontrées. Il convient que la définition inclue l'état et l'historique de la situation, les pertes relatives à la qualité qui y sont associées et la situation actuelle exprimée, si possible, en termes chiffrés spécifiques. Il est bon qu'une personne ou une équipe, y compris un responsable d'équipe, soit affecté à ce projet ou à cette activité. Il est nécessaire d'établir un plan et d'allouer les moyens adéquats. Il convient de prendre des dispositions pour des revues périodiques du domaine d'application du calendrier, de l'affectation des moyens et de l'avancement du projet.

6.3 Recherche des causes possibles

Cette étape a pour objectif d'améliorer la compréhension de la nature du processus à améliorer, grâce à la collecte, à la validation et à l'analyse des données. Il convient que la collecte des données soit toujours exécutée selon un plan soigneusement construit. Il est important d'effectuer la recherche des causes possibles avec une objectivité totale, sans la moindre idée préconçue de ce que les causes ou les actions préventives ou correctives pourraient être. Les décisions se fonderont ensuite sur les faits réels.

6.4 Établissement de relations de cause à effet

Les données sont analysées de manière à mieux saisir la nature du processus, à améliorer et à formuler d'éventuelles relations de cause à effet. Il est essentiel d'opérer une distinction entre coïncidence et relation de cause à effet. Les relations qui semblent avoir un degré élevé de cohérence avec les données doivent être testées et confirmées sur la base d'autres données recueillies conformément à un plan soigneusement construit.

6.5 Mise en œuvre des actions préventives ou correctives

Une fois les relations de cause à effet déterminées, il convient que des propositions d'actions préventives ou correctives s'attaquant aux causes soient élaborés et évaluées. Il est recommandé que les avantages et les inconvénients de chaque proposition soient examinés par les membres de l'organisme qui partici-

6

peront à la mise en œuvre de ces actions. Le succès de la mise en œuvre dépend de la collaboration de toutes les personnes concernées.

NOTE 8   Les améliorations de la qualité résultent des actions préventives ou correctives appliquées au processus pour produire soit des sorties plus satisfaisantes et/ou diminuer la fréquence des sorties insatisfaisantes. Le fait de se fier uniquement aux corrections des sorties de processus telles que réparations, retouches ou tri, est de nature à perpétuer les pertes relatives à la qualité.

6.6   Confirmation de l'amélioration

Après la mise en œuvre des actions préventives ou correctives, les données appropriées doivent être recueillies et analysées, pour confirmer qu'il y a bien eu amélioration de la qualité. Il convient que les données confirmatives soient recueillies sur la même base que les données recueillies pour la recherche et l'établissement des rapports de cause à effet. Les recherches doivent également intéresser les effets secondaires, désirables ou indésirables, qui peuvent avoir été introduits.

Si, après la mise en œuvre des actions préventives ou correctives, on continue d'obtenir des résultats insatisfaisants avec une fréquence sensiblement égale à la fréquence antérieure, il sera nécessaire de redéfinir le projet ou l'activité d'amélioration de la qualité en reprenant le problème à sa source.

6.7   Confirmation des gains

Après que l'amélioration de la qualité a été confirmée, elle doit être consolidée. Cela suppose généralement un changement de spécification et/ou des procédures et des pratiques opératoires ou administratives, une éducation et une formation nécessaires, et l'assurance que ces modifications deviendront partie intégrante de la charge de travail de toutes les personnes concernées. Le processus d'amélioration doit ensuite être maîtrisé à son nouveau niveau de performance.

6.8   Poursuite de l'amélioration

Si l'amélioration souhaitée est obtenue, il convient de sélectionner et de mettre en œuvre de nouveaux projets ou activités d'amélioration de la qualité. Étant donné qu'il est toujours possible d'améliorer la qualité, un projet ou une activité d'amélioration de la qualité peut être répétée sur la base de nouveaux objectifs. Il est conseillé de fixer des priorités et d'assigner des limites de temps à chaque projet ou activité d'amélioration de la qualité. Il est recom-

mandé que ces limites de temps ne fassent pas obstacle à l'efficacité des activités d'amélioration de la qualité.

NOTE 9   Le cycle «planifier-faire-vérifier-agir» est utilisé pour l'amélioration continue de la qualité. La méthodologie d'amélioration de la qualité de la présente partie de l'ISO 9004 souligne les phases vérifier-agir de ce cycle.

7   Outils et techniques de soutien

Les décisions fondées sur l'analyse des situations et des données jouent un rôle déterminant dans le succès des projets et activités d'amélioration de la qualité. Le succès des projets et activités d'amélioration de la qualité est notamment dû à l'application appropriée des outils et techniques développés dans ce but.

7.1   Outils pour données numériques

Dans la mesure du possible, il convient que les décisions d'amélioration de la qualité soient basées sur des données numériques. Il convient que les décisions qui concernent les différences, les tendances et l'évolution des données numériques, soient basées sur une interprétation statistique correcte.

7.2   Outils pour données non numériques

Certaines décisions d'amélioration de la qualité peuvent être fondées sur des données non numériques. Ces données jouent un rôle important en mercatique, en recherche et développement, et plus généralement dans les décisions au niveau de la direction. Il est recommandé d'utiliser les outils appropriés pour traiter correctement ce type de données de manière à les transformer en information utile pour les prises de décisions.

7.3   Formation à l'utilisation des outils et techniques

Il est bon que tous les membres de l'organisme reçoivent une formation à l'utilisation des outils et techniques d'amélioration de la qualité, afin d'améliorer leur processus de travail. Une formation séparée de l'utilisation est rarement efficace. On trouvera en annexe A une liste des outils et techniques nombreux qui ont été développés. Le tableau 1 reprend ces outils et techniques, ainsi que leurs utilisations sur le plan de l'amélioration de la qualité. D'autres outils ou techniques peuvent être appropriés pour des utilisations spécifiques.

7

Tableau 1 — Outils et techniques pour l'amélioration de la qualité

Article	Outils et techniques	Applications
A.1	Formulaire de collecte de données	Recueillir des données de manière systématique afin de se faire une idée claire des faits.
Outils et techniques pour données non numériques		
A.2	Diagramme d'affinité	Classer un grand nombre d'idées, d'opinions ou de problèmes concernant un sujet particulier.
A.3	Évaluation des performances	Comparer un processus aux processus des leaders reconnus, afin d'identifier les possibilités d'amélioration de la qualité.
A.4	Remue-méninges	Identifier les solutions possibles aux problèmes et les potentialités d'amélioration de la qualité.
A.5	Diagramme de cause à effet	Analyser et communiquer les relations de cause à effet. Faciliter la solution du problème à partir du symptôme par cause, afin d'arriver à la solution.
A.6	Schéma de flux	Décrire un processus existant. Concevoir un processus nouveau.
A.7	Diagramme arborescent	Montrer les relations entre un sujet et ses éléments constitutifs.
Outils et techniques pour données numériques		
A.8	Carte de contrôle	Diagnostic: évaluer la stabilité du processus. Maîtrise: déterminer le moment où un processus doit être ajusté, et le moment où il faut le laisser tel qu'il est. Confirmation: confirmer l'amélioration d'un processus.
A.9	Histogramme	Visualiser la dispersion des données. Communiquer visuellement des informations sur un comportement du processus. Prendre des décisions sur les points où concentrer les efforts d'amélioration.
A.10	Diagramme de Pareto	Afficher, par ordre d'importance, la contribution de chaque élément à l'effet total. Classer les possibilités d'amélioration.
A.11	Diagramme en nuage de points	Découvrir et confirmer les relations existantes entre deux ensembles de colonnes associées. Confirmer les rapports prévus entre deux ensembles de données associées.

8

Annexe A

(normative)

Outils et techniques de soutien

La présente annexe introduit certains des outils et techniques les plus courants de soutien de l'amélioration de la qualité. Les outils et techniques suivants présentés ici servent à l'analyse des données numériques et non numériques. Les formulaires de collecte des données sont présentés en premier lieu, car ils s'appliquent à ces deux types de données. Les outils pour données non numériques sont présentés, suivis des outils pour données numériques.

Chaque outil ou technique est présenté selon le format suivant.

a) **Application:** Utilisation de l'outil ou de la technique pour l'amélioration de la qualité.

b) **Description:** Brève description de l'outil ou de la technique.

c) **Procédure:** Procédure d'utilisation, étape par étape, de l'outil ou de la technique.

d) **Exemple:** Un exemple est donné pour certains des outils ou techniques.

A.1 Formulaire de collecte de données

A.1.1 Application

Un formulaire de collecte de données est utilisé pour recueillir des données de manière systématique, afin d'obtenir une image claire des faits.

A.1.2 Description

Le formulaire de collecte de données est un modèle de document servant à recueillir et à enregistrer des données. Il favorise le recueil des données d'une façon cohérente et facilite leur analyse.

A.1.3 Procédure

a) Établir la finalité spécifique de la collecte de ces données (c'est-à-dire, les questions qu'il faut aborder).

b) Identifier les données nécessaires pour atteindre l'objectif (aborder les questions).

c) Déterminer la façon dont les données seront analysées et par qui (outils statistiques).

d) Élaborer un formulaire pour recueillir les données. Définir un emplacement afin d'enregistrer les informations sur

— la personne qui a recueilli les données;

— le moment, le lieu et la façon dont les données ont été recueillies.

e) Précontrôler le formulaire, en recueillant et en enregistrant certaines données.

f) Examiner et réviser le formulaire, le cas échéant.

A.1.4 Exemple

Le nombre de défauts de reproduction de chaque type attribuable à chaque cause peut être relevé dans un formulaire tel que celui figurant dans le tableau A.1.

9

Tableau A.1 — Formulaire de collecte de données

Causes de défauts	Types de défaut				
	Pages manquantes	Copies chargées	Pénétration excessive d'encre	Pages dans le désordre	Total
Bourrage machine					
Humidité					
Toner					
État des originaux					
Autres (spécifier)					
				TOTAL	

Données recueillies par

Date:

Lieu:

De quelle manière:

A.2 Diagramme d'affinité

A.2.1 Application

Un diagramme d'affinité est utilisé pour classer un grand nombre d'idées, d'opinions ou de préoccupations concernant un sujet particulier.

Description

Lorsque des quantités importantes d'idées, opinions et autres préoccupations concernant un problème particulier sont recueillies, cet outil organise l'information en groupes sur la base des rapports naturels existant entre eux. Ce procédé est conçu pour stimuler la créativité et une participation totale. Il fonctionne le mieux en groupes de taille limitée (un maximum de 8 membres est recommandé), dont les membres sont habitués à travailler ensemble. Cet outil est souvent utilisé pour organiser les idées générées par remue-méninges.

A.2.2 Procédure

a) Énoncer le sujet à étudier en termes généraux (les détails peuvent influencer les réponses).

b) Recueillir le plus grand nombre possible d'idées, d'opinions ou de préoccupations individuelles sur fiche (une par fiche).

c) Mélanger les fiches et les étaler au hasard sur une grande table.

d) Regrouper les cartes ayant un lien commun:

— former des groupes de cartes qui semblent avoir un lien commun;

— limiter le nombre de groupes à dix, sans chercher à caser à tout prix des cartes individuelles dans un groupe;

— localiser ou créer une carte-titre représentative de l'orientation générale de chaque groupe;

— placer cette carte-titre en haut du groupe.

e) Recopier sur papier les informations données par les cartes, en les classant par groupe.

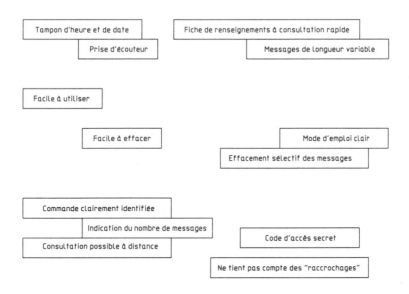

Figure A.1 — Disposition au hasard selon le point c) de A.2.2

A.2.3 Exemple

Les exigences relatives à un répondeur téléphonique sont illustrées à la figure A.1 et dans le tableau A.2.

Tableau A.2 — Données organisées en groupes selon le point e) de A.2.2

Messages de longueur variable Tampon d'heure et date Ne tient pas compte des «raccro-chages» Indique le nombre de messages	Messages reçus
Code d'accès secret Prise d'écouteur	Vie privée
Mode d'emploi clair Fiche de renseignements à consultation rapide	Mode d'emploi
Commande clairement identifiée Facile à utiliser Consultation possible à distance	Commandes
Facile à effacer Effacement sélectif des messages	Effacement

A.3 Évaluation des performances

A.3.1 Application

L'évaluation des performances est utilisée pour comparer un processus à ceux de leaders reconnus, afin d'identifier les possibilités d'amélioration de la qualité.

A.3.2 Description

L'évaluation des performances compare les processus et performances des produits et services à ceux de leaders reconnus. Elle permet l'identification des cibles et l'établissement des priorités pour la préparation de plans qui entraîneront des avantages compétitifs sur le marché.

A.3.3 Procédure

a) Déterminer les points sur lesquels portera l'évaluation des performances:

— il convient que ces points constituent des caractéristiques clés des processus et de leur résultats;

11

— il convient que cette évaluation des performances soit liée directement aux besoins des clients.

b) Déterminer les organismes sur lesquelles portera l'évaluation des performances:

— des organismes types peuvent être des concurrents directs et/ou des non-concurrents qui sont des leaders reconnus dans le domaine considéré.

c) Recueil des données:

— les données sur les performances de processus et besoins du client peuvent être obtenues par des moyens tels que contact direct, étude, interviews, contacts personnels et professionnels, revues techniques.

d) Organisation et analyse des données:

— l'analyse est orientée vers l'établissement des objectifs les plus appropriés pour tous les problèmes considérés.

e) Établissement des évaluations des performances:

— identifier les possibilités d'amélioration de la qualité sur la base des besoins des clients, ainsi que des performances des concurrents et des non-concurrents.

A.4 Remue-méninges

A.4.1 Application

Le remue-méninges est utilisé pour identifier les solutions possibles aux problèmes et les potentialités d'amélioration de la qualité.

A.4.2 Description

Le remue-méninges est une technique qui permet de capter la pensée créatrice d'une équipe afin de générer et de clarifier un ensemble d'idées, de problèmes ou de questions.

A.4.3 Procédure

Le remue-méninges implique deux phases.

a) **Phase de génération**

L'animateur passe en revue les règles de la recherche collective des idées, l'objectif de la séance de remue-méninges et les membres de l'équipe génèrent une liste d'idées. L'objectif est de générer le plus grand nombre d'idées possibles.

b) **Phase de clarification**

L'équipe examine la liste des idées de façon à s'assurer que chacun comprend toutes les idées émises. L'évaluation des idées s'opère lorsque la séance de remue-méninges est achevée.

Les lignes directrices pour le remue-méninges comprennent ce qui suit:

— un animateur est désigné;

— la finalité de la séance de remue-méninges doit être clairement énoncée;

— chaque membre de l'équipe peut s'exprimer à son tour et émettre une idée simple;

— chaque fois que possible, les membres de l'équipe se basent sur les idées des autres;

— à ce stade, les idées ne sont ni critiquées, ni discutées;

— les idées sont notées sur un support qui peut être lu ou vu par tous les membres de l'équipe;

— le processus se poursuit jusqu'à ce que toutes les idées aient été énoncées;

— toutes les idées sont réexaminées dans un but de clarification.

A.5 Diagramme de cause à effet

A.5.1 Application

Un diagramme de cause à effet est utilisé pour

— analyser les relations de cause à effet;

— communiquer les relations de cause à effet;

— faciliter la résolution des problèmes, en recherchant les symptômes profonds.

A.5.2 Description

Le diagramme de cause à effet est un outil utilisé pour réfléchir sur et représenter les rapports qui existent entre un effet donné (par exemple les variations d'une caractéristique de qualité) et ses causes potentielles. Les nombreuses causes potentielles sont organisées en catégorie majeure et en sous-catégorie, de façon que le diagramme ainsi formé ressemble à une structure en arêtes de poisson. De là le nom de diagramme en arêtes de poisson donné également à cet outil.

A.5.3 Procédure

a) Définir l'effet de manière claire et concise.

b) Définir les principales catégories de causes possibles.

Les facteurs à prendre en considération comprennent les éléments ci-après:

— système de données et d'information,

— environnement,

— équipement,

— matériaux,

— mesures,

— méthodes,

— personnes.

c) Commencer à construire le diagramme en définissant l'effet dans une case à droite et en positionnant les catégories majeures de façon que celles-ci «alimentent» la case effet (voir figure A.2).

d) Développer le diagramme en examinant en détail et en écrivant en entier les causes de niveau suivant, et en portant cette procédure à des niveaux d'ordre supérieur. Un diagramme bien développé n'aura pas de branches de moins de deux niveaux, et aura trois niveaux ou plus (voir figure A.3).

e) Sélectionner et identifier un petit nombre (3 à 5) de causes de niveau supérieur qui sont susceptible d'avoir la plus grande influence sur l'effet et qui exigent d'autres mesures telles que le recueil de données ou un effort de maîtrise.

NOTES

10   Une méthode alternative pour construire un diagramme de cause à effet consiste à rechercher systématiquement toutes les causes possibles et à les organiser en catégories et sous-catégories en recourant à un diagramme d'affinité.

11   Dans certains cas, reprendre sous forme de liste les principales étapes d'un processus en tant que catégories majeures peut se révéler avantageux, par exemple lorsque le flux d'un processus est l'effet qui doit être amélioré. Un schéma de flux est souvent utile pour définir ces différentes étapes.

12   Une fois élaboré, le diagramme peut devenir un «outil vivant», de nouveaux raffinements étant introduits au fur et à mesure de l'acquisition de connaissances et d'expériences nouvelles.

13   Le diagramme est souvent élaboré par groupes, mais il peut être élaboré grâce à la possession individuelle de connaissances et d'expériences de processus appropriées.

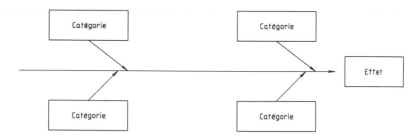

Figure A.2 — Diagramme initial de cause à effet

13

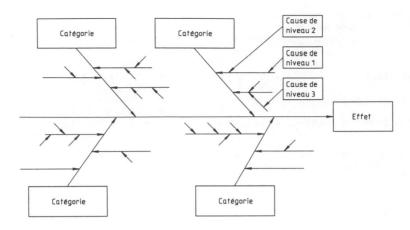

Figure A.3 — Description d'un diagramme de cause à effet

A.5.4 Exemple

La figure A.4 représente un diagramme de cause à effet pour la mauvaise qualité des photocopies.

A.6 Schéma de flux

A.6.1 Application

Un schéma de flux est utilisé pour

— décrire un processus existant, ou

— concevoir un nouveau processus.

A.6.2 Description

Un schéma de flux est une représentation imagée des différentes étapes d'un processus, utile pour explorer les possibilités d'amélioration grâce à une connaissance détaillée du mode de fonctionnement actuel du processus. En examinant la façon dont les diverses étapes d'un processus sont interdépendantes, il est souvent possible de dévoiler des sources potentielles de problèmes. Les schémas de flux peuvent être appliqués à tous les aspects du processus, depuis le cheminement des matériaux jusqu'aux étapes de vente ou d'entretien d'un produit.

Les schémas de flux sont réalisés avec des symboles facilement reconnaissables. Les symboles utilisés de manière conventionnelle sont illustrés à la figure A.5.

A.6.3 Procédure

A.6.3.1 Description d'un processus existant

a) Identifier le début et la fin du processus.

b) Observer la totalité du processus du début à la fin.

c) Définir les étapes du processus (activités, décisions, entrées, sorties).

d) Élaborer un projet de schéma de flux, pour représenter le processus.

e) Examiner le projet de schéma de flux, avec les personnes impliquées par le processus.

f) Améliorer le schéma de flux, sur la base de cet examen.

g) Vérifier le schéma de flux, par comparaison avec le processus réel.

h) Dater le schéma de flux, pour consultation et utilisation ultérieure. (Celui-ci sert de document de référence sur la façon dont le processus fonctionne régulièrement, et il peut être utilisé également pour identifier les possibilités d'amélioration.)

14

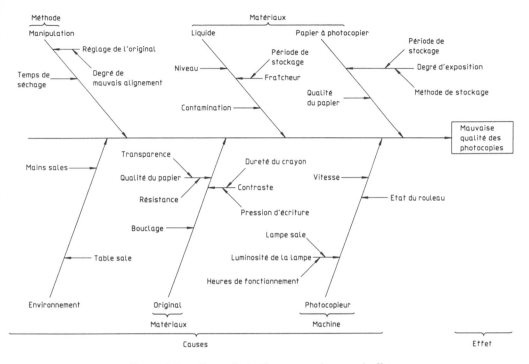

Figure A.4 — Exemple de diagramme de cause à effet

| Début et fin d'étape | Description des activités | Case de décision | Pour indiquer les sens du flux d'une activité vers l'activité suivante en une séquence |

Figure A.5 — Symboles utilisés pour les schémas de flux

15

A.6.3.2 Description d'un processus nouveau

a) Identifier le début et la fin du processus.

b) Visualiser les étapes à parcourir lors du processus (activités, décisions, entrées, sorties).

c) Définir les étapes dans le processus (activités, décisions, entrées, sorties).

d) Construire un schéma de flux, pour représenter le processus.

e) Examiner le projet de schéma de flux, avec les personnes devant être impliquées par le processus.

f) Améliorer le schéma de flux, sur la base de cet examen.

g) Dater le schéma de flux, pour consultation et utilisation ultérieure. (Celui-ci sert de document de référence sur la façon dont le processus est conçu pour fonctionner, et il peut être utilisée également pour identifier les possibilités d'amélioration à la conception.)

A.6.4 Exemple

Ce schéma de flux illustré à la figure A.6 représente le processus pour la reproduction d'un document.

A.7 Diagramme arborescent

A.7.1 Application

Un diagramme arborescent est utilisé pour montrer les relations existantes entre un sujet et ses éléments constitutifs.

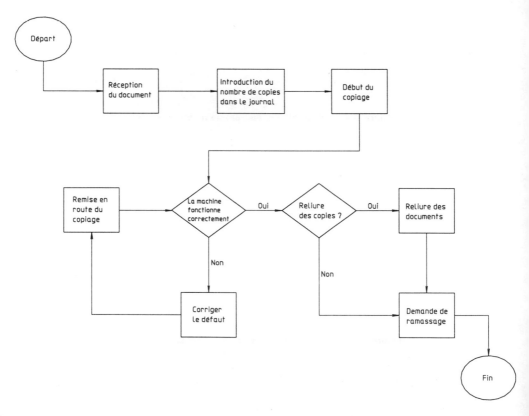

Figure A.6 — Exemple de schéma de flux

16

A.7.2 Description

Un diagramme arborescent est utilisé pour décomposer systématiquement un sujet en éléments constitutifs. Les idées générées par remue-méninges et affichées sous forme de graphiques ou de grappes à l'aide d'un diagramme d'affinités peuvent être converties en un diagramme arborescent, pour représenter des liens logiques et séquentiels. Cet outil peut être utilisé pour la planification et la résolution des problèmes.

A.7.3 Procédure

a) Énoncer clairement et simplement le problème à l'étude.

b) Définir les principales catégories du sujet. (Par remue-méninges ou en utilisant les cartes-titres du diagramme d'affinités.)

c) Élaborer le diagramme en plaçant le sujet dans une case à gauche. Raccorder les catégories principales latéralement à droite.

d) Pour chaque catégorie principale, définir les éléments constitutifs et tous les sous-éléments éventuels.

e) Raccorder latéralement à droite les éléments constitutifs et les sous-éléments pour chaque catégorie principale.

f) Examiner le diagramme de manière à vérifier qu'il n'y a pas de faille dans la séquence ou la logique.

A.7.4 Exemple

Le diagramme arborescent de la figure A.7 illustre un répondeur téléphonique.

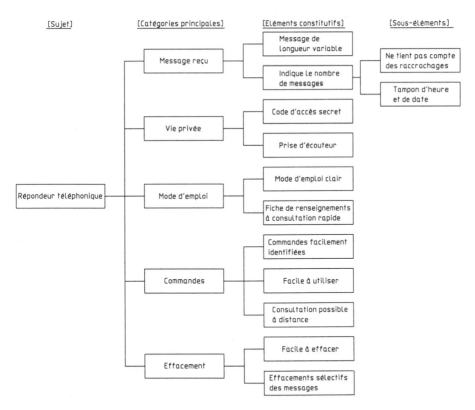

Figure A.7 — Exemple de diagramme arborescent

17

A.8 Cartes de contrôle

A.8.1 Application

Une carte de contrôle est utilisée pour les buts suivants.

a) Diagnostics: pour évaluer la stabilité du processus.

b) Maîtrise: pour déterminer le moment où un processus doit être ajusté et quand il doit être laissé tel qu'il est.

c) Confirmation: pour confirmer l'amélioration d'un processus.

A.8.2 Description

Une carte de contrôle est un instrument conçu pour distinguer les variations dues à des causes attribuables ou spéciales des variations aléatoires inhérentes au processus. Les variations aléatoires se répètent au hasard dans les limites prévisibles. Les variations dues à des causes attribuables doivent être identifiés, recherchés et maîtrisés.

La construction des cartes de contrôle se fonde sur des statistiques mathématiques. Les cartes de contrôle utilisent des données opérationnelles pour établir des limites dans lesquelles des observations futures doivent être escomptées, si le processus reste à l'abri de causes attribuables ou spéciales. On consultera les Normes internationales appropriées (par exemple ISO 7870 et ISO 8258, voir annexe B) pour de plus amples informations sur les cartes de contrôle.

NOTE 14   Il existe une grande variété de cartes de contrôle applicables à tous les types de caractéristiques mesurables ou comptables d'un processus, d'un produit ou de tout résultat. Il est recommandé qu'un organisme acquière une formation appropriée et développe une spécialisation adéquate sur la façon de concevoir et d'utiliser les cartes de contrôle en question.

A.8.3 Procédure

a) Sélectionner la caractéristique de l'application de la carte de contrôle.

b) Sélectionner le type de carte de contrôle approprié.

c) Décider quel sous-groupe choisir (un petit ensemble d'articles à l'intérieur duquel les variations sont supposées dues uniquement au hasard), son effectif et la fréquence d'échantillonnage du sous-groupe.

d) Recueillir et enregistrer des données sur au moins 20 à 25 sous-groupes, ou utiliser des données enregistrées précédemment.

e) Calculer les statistiques qui caractérisent chaque échantillon de sous-groupes.

f) Calculer les limites de contrôle basées sur les statistiques d'échantillons de sous-groupes.

g) Construire une carte et porter les statistiques de sous-groupes sur cette carte.

h) Examiner le graphique afin de voir quel point se situe en dehors des limites de contrôle et les modèles indiquant la présence de causes assignables (spéciales).

i) Décider des mesures à prendre par la suite.

A.8.4 Exemple

Les données figurant dans le tableau A.3 sont relevées et conduisent à la carte de contrôle illustrée à la figure A.8.

A.9 Histogramme

A.9.1 Application

Un histogramme est utilisé pour

— représenter graphiquement la dispersion des données;

— communiquer visuellement les informations sur le comportement du processus;

— prendre des décisions sur les points sur lesquels concentrer les efforts d'amélioration.

A.9.2 Description

Les données sont représentées graphiquement sous la forme d'une série de rectangles de largeur égale et de hauteur variable. La largeur représente un intervalle au sein de l'étendue des données. La hauteur représente le nombre d'observations dans un intervalle donné. La variation de hauteur illustre la distribution des valeurs des observations. La figure A.9 présente quatre modèles de variations généralement observés. En examinant ces modèles, on peut obtenir des informations sur le comportement du processus.

A.9.3 Procédure

a) Recueillir les données.

b) Déterminer l'étendue des données en soustrayant la valeur des données la plus petite de la valeur des données la plus grande.

c) Déterminer le nombre d'intervalles de l'histogramme (entre 6 et 12 souvent) et diviser l'étendue [étape b)] par le nombre d'intervalles, pour déterminer la largeur de chaque intervalle.

d) Reporter l'échelle des valeurs des données sur l'axe horizontal.

e) Reporter l'échelle des fréquences (nombre ou pourcentage d'observations) sur l'axe vertical.

f) Tracer la hauteur de chaque intervalle égale au nombre des valeurs des données qui se situent à l'intérieur de cet intervalle.

NOTE 15   Il est possible de concevoir un formulaire de collecte de données tel qu'un histogramme soit généré au fur et à mesure du recueil des données. Un tel formulaire est souvent appelé «barème».

A.9.4 Exemple

L'histogramme illustré à la figure A.10 représente l'histogramme des données d'excès de remplissage dans l'exemple de la carte de contrôle (tableau A.3).

A.10   Diagramme de Pareto

A.10.1   Application

Un diagramme de Pareto est utilisé pour

— afficher par ordre d'importance l'apport de chaque cause à l'effet total;

— classer les possibilités d'amélioration.

Tableau A.3 — Données d'excès de remplissage et statistiques d'échantillon $(\overline{X}, R)$

Valeurs en grammes

Sous-groupe n°	X_1	X_2	X_3	X_4	X_5	X	$\overline{X}$	R
1	47	32	44	35	20	178	35,6	27
2	19	37	31	25	34	146	29,2	18
3	19	11	16	11	44	101	20,2	33
4	29	29	42	59	38	197	39,4	30
5	28	12	45	36	25	146	29,2	33
6	40	35	11	38	33	157	31,4	29
7	15	30	12	33	26	116	23,2	21
8	35	44	32	11	38	160	32,0	33
9	27	37	26	20	35	145	29,0	17
10	23	45	26	37	32	163	32,6	22
11	28	44	40	31	18	161	32,2	26
12	31	25	24	32	22	134	26,8	10
13	22	37	19	47	14	139	27,8	33
14	27	32	12	38	30	149	29,8	26
15	25	40	24	50	19	158	31,6	31
16	7	31	23	18	32	111	22,2	25
17	38	0	41	40	37	156	31,2	41
18	35	12	29	48	20	144	28,8	36
19	31	20	35	24	47	157	31,4	27
20	12	27	38	40	31	148	29,6	28
21	52	42	52	24	25	195	39,0	28
22	20	31	15	3	28	97	19,4	28
23	29	47	41	32	22	171	34,2	25
24	28	27	22	32	54	163	32,6	32
25	42	34	15	29	21	141	28,2	27
Total							746,6	686
Moyenne							$\overline{\overline{X}} = 29,86$	
							$\overline{R} = 27,44$	

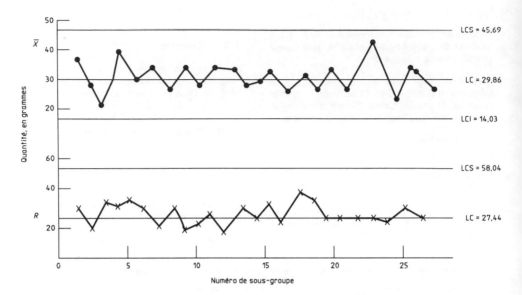

Figure A.8 — Cartes $\overline{X}$ et R pour données d'excès de remplissage

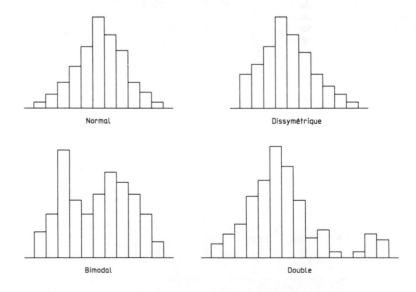

Figure A.9 — Modèles généralement observés dans les histogrammes

20

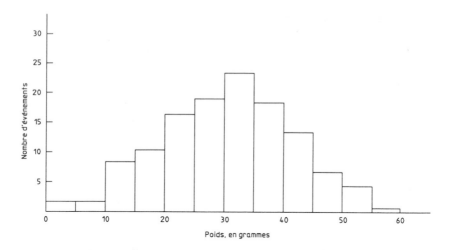

Figure A.10 — Exemple d'histogramme

A.10.2 Description

Un diagramme de Pareto est une technique de représentation graphique simple utilisée pour classer les causes, des plus importantes au moins importantes. Le diagramme de Pareto est basé sur le principe de Pareto, qui veut que bien souvent quelques causes seulement soient responsables de la majeure partie de l'effet. En distinguant les causes les plus importantes des causes les moins importantes, il est possible d'optimiser l'amélioration avec un minimum d'effort.

Le diagramme de Pareto représente, en ordre décroissant, la contribution relative de chaque cause à l'effet total. La contribution relative peut être basée sur le nombre d'événements, sur le coût associé à chaque cause, ou sur une autre mesure ayant une incidence sur l'effet. Des blocs sont utilisés pour représenter la part relative de chaque cause. Une ligne de fréquence cumulative est utilisée pour montrer la contribution cumulée des causes.

A.10.3 Procédure

a) Choisir les causes à analyser.

b) Choisir l'unité de mesure pour l'analyse, tel que le nombre d'événement, les coûts ou une autre mesure d'impact.

c) Choisir la période sur laquelle les données seront analysées.

d) Placer les causes de gauche à droite sur l'axe horizontal, dans l'ordre décroissant de l'unité de mesure. Les catégories qui contiennent le moins de causes peuvent être combinées pour former une catégorie «autre». Placer cette catégorie à l'extrême droite.

e) Construire deux axes verticaux, l'un à chaque extrémité de l'axe horizontal. Il convient que l'échelle de gauche soit calibrée dans l'unité de mesure, et sa hauteur égale à la somme des amplitudes de toutes les causes. L'échelle de droite doit avoir la même hauteur et être calibrée de 0 % à 100 %.

f) Au-dessus de chaque cause, tracer un rectangle dont la hauteur représente la grandeur de l'unité de mesure pour cette cause.

g) Construire la ligne de fréquence cumulée, en additionnant les amplitudes de chaque cause de gauche à droite (voir figure A.11).

h) Utiliser le diagramme de Pareto pour identifier les causes les plus importantes d'amélioration de la qualité.

A.10.4 Exemple

La figure A.11 représente un diagramme de Pareto pour la signalisation des pannes téléphoniques.

21

A.11 Diagramme en nuage de points

A.11.1 Application

Un diagramme en nuage de points est utilisé pour découvrir et représenter graphiquement les relations entre deux ensembles de données associés, et pour confirmer les relations présumées entre deux ensembles de données associés.

A.11.2 Description

Un diagramme en nuage de points est une technique de représentation graphique servant à étudier les rapports qui existent entre deux ensembles de don-

nées associées donnant des couples [par exemple (x, y), un pour chaque ensemble]. Le diagramme en nuage de points représente graphiquement les couples, sous la forme d'un nuage de points. Les relations entre les ensembles de données associés sont inférées de la forme des nuages. Une relation positive entre x et y signifie que des valeurs croissantes de x sont associées à des valeurs croissantes de y. Une relation négative entre x et y signifie que des valeurs croissantes de x sont associées à des valeurs décroissantes de y.

Six formes fréquentes de ces nuages sont représentées à la figure A.12. En examinant ces formes, il est possible de se faire une idée sur les relations existant entre ces ensembles de données.

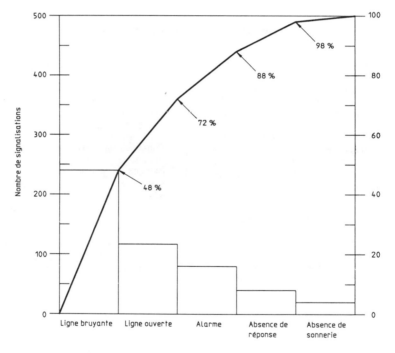

NOTE — Le diagramme ci-dessus indique que les lignes bruyantes et les lignes ouvertes représentent 72 % de la signalisation des pannes téléphoniques et indiquent ainsi les plus grandes possibilités d'amélioration.

Figure A.11 — Exemple de diagramme de Pareto

22

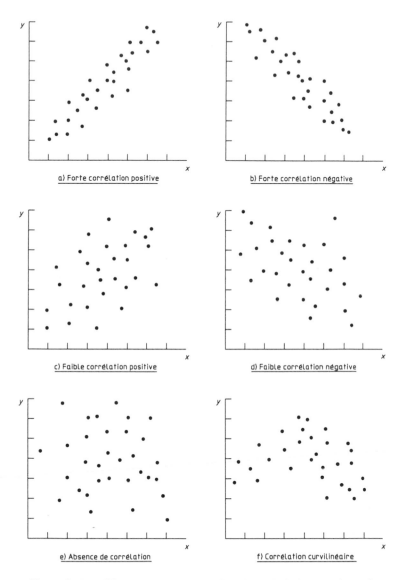

a) Forte corrélation positive

b) Forte corrélation négative

c) Faible corrélation positive

d) Faible corrélation négative

e) Absence de corrélation

f) Corrélation curvilinéaire

Figure A.12 — Diagrammes en nuage de points généralement observés

23

A.11.3 Procédure

a) Recueillir les couples de données (x, y) à partir de deux ensembles de données associés dont la corrélation doit être étudiée. Il est souhaitable de disposer d'environ 30 couples de données.

b) Identifier les axes x et y.

c) Trouver les valeurs minimales et maximales pour x et y, et utiliser ces valeurs pour graduer les axes horizontal (x) et vertical (y). Il est recommandé que les deux axes aient pratiquement la même longueur.

d) Tracer les couples de données (x, y). Si deux couples de données ont les mêmes valeurs, tracer des cercles concentriques autour du point relevé ou tracer le second point à proximité.

e) Examiner la forme du nuage de points pour découvrir les types et puissances des corrélations.

A.11.4 Exemple

Les données relatives à la quantité d'additif et au rendement associé figurent dans le tableau A.4. Le diagramme en nuage de points établi à partir de ces données est illustré à la figure A.13.

Tableau A.4 — Quantité d'additif «A»

Lot n°	Additif «A» g	Rendement %	Lot n°	Additif «A» g	Rendement %
1	8,7	88,7	16	8,4	89,4
2	9,2	91,1	17	8,2	86,4
3	8,6	91,2	18	9,2	92,2
4	9,2	89,5	19	8,7	90,9
5	8,7	89,6	20	9,4	90,5
6	8,7	89,2	21	8,7	89,6
7	8,5	87,7	22	8,3	88,1
8	9,2	88,5	23	8,9	90,8
9	8,5	86,6	24	8,9	88,6
10	8,3	89,6	25	9,3	92,8
11	8,6	88,9	26	8,7	87,2
12	8,9	88,4	27	9,1	92,5
13	8,8	87,4	28	8,7	91,2
14	8,4	87,4	29	8,7	88,2
15	8,8	89,1	30	8,9	90,4

24

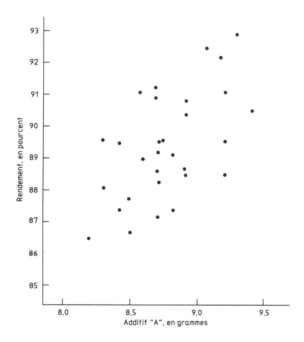

NOTE — Ce diagramme en nuage de points illustre une corrélation faible à positive entre la quantité d'additif «A» et le rendement associé.

Figure A.13 — Exemple de diagramme en nuage de points

25

Annexe B
(informative)

Bibliographie

[1] ISO 7870:1993, *Cartes de contrôle — Principes généraux et introduction à l'emploi.*

[2] ISO 8258:1991, *Cartes de contrôle de Shewhart.*

[3] ISO 9004:1987, *Gestion de la qualité et éléments de système qualité — Lignes directrices.*

[4] ISO 9004-2:1991, *Gestion de la qualité et éléments de système qualité — Partie 2: Lignes directrices pour les services.*

[5] ISO 9004-3:1993, *Management de la qualité et éléments de système qualité — Partie 3: Lignes directrices pour les produits issus de processus à caractère continu.*

26

norme française

NF ISO 10006
Indice de classement : X 50-122-6
ICS :

T1   Management de la qualité
T2   Lignes directrices pour la qualité du management de projet
T3

E :   Quality management - Guidelines to quality in project management
D :

Norme française homologuée par décision du Directeur Général de l'AFNOR le   pour prendre effet le .

correspondance

Le présent document reproduit intégralement la norme internationale ISO 10006:1996.

analyse

Le présent document donne des lignes directrices sur les concepts, les différents processus et pratiques du système qualité déterminants pour la qualité du management de projet.

Le présent document vient compléter l'ISO 9004-1 en ce qui concerne le management de projet.

descripteurs

Thésaurus International Technique :

modifications

corrections

Management et assurance de la qualité   AFNOR XG50

Membres de la commission de normalisation

Président : M VAISENBERG

Secrétariat : M MATHIEU - AFNOR

M	AFFATICATI	MATRA HACHETTE GENERAL SA
M	ANGELINI	ASCII QUALITATEM
M	ARDAULT	SNCF
M	AULAGNER	IPEQ
M	AUPETIT	ABB ENERGIE
M	BELLAMIT	TELIS SA
MLLE	BENSALEM	AFNOR
M	BESLIN	AFNOR
M	BESSIN	3A CONSULTING
M	BIANCHI	AFNOR
M	BLANC	CTDEC
M	BOISSON	COPACEL
M	BONDOUX	CHAMBRE COMMERCE ET INDUSTRIE
M	BOULANGER	CABINET AQA
M	BRUNET	AFNOR
M	BUSSARD	EXECUTIVE CONSULTANTS
MME	BUTIN	SUN MICROSYSTEMS FRANCE SA
M	CANIS	LIONEL CANIS CONSEIL
M	CARDETTI	ECOLE DES MINES DE DOUAI
M	CARLU	
M	CATTAN	FRAMATOME SA
M	CLOAREC	AFNOR
M	CLOCHARD	GEC ALSTHOM T&D
M	DEDEWANOU	ROUSSEL UCLAF
MME	DEL CERRO	AFNOR
M	DEL FABBRO	MATRA DEFENSE VELIZY LE BOIS
MME	DELORT	UTE
M	DESENFANT	CRCI
M	DESMARES	DGA DCA
M	DESVIGNES	SNCF
M	DIDIER	RNUR SA
M	DRUTEL	ABB CONTROL
M	DUCLUZEAU	AFNOR
M	DUMONT	FRAMATOME CONNECTORS FRANCE
M	DUPUIS	EDF DION DE L'EQUIPEMENT
M	DUTHOIT	LEXMARK INTERNATIONAL
M	ETIENNE	DAEI
M	FABBRI	LORIENT NAVAL ET INDUSTRIES
M	GERVASON	CTP - CENTRE TECHNIQUE DU PAPIER
M	GODET	CIE SALINS MIDI ET SALINES EST
M	GRAVIER	COGEMA
MLLE	GUERY	GEC ALSTHOM ELECTROMECANIQUE
M	HAMES	3M FRANCE
M	HOURRIEZ	GDF DION PRODUCT TRANSPORT CTO
M	IACOLARE	ALTRAN TECHNOLOGIES SA

MME	KANDL	IBM FRANCE
M	KOLUB	
M	LAGARDE	AFNOR
MLLE	LATIMIER	CRCI
MME	LAVALETTE	THOMSON CSF COMMUNICATIONS
M	LE CLANCHE	FRANCE TELECOM SCTT
M	LEJUEZ	DGA DCN
M	LIETVEAUX	BNIF
M	LIPIEC	FRANCE TELECOM ONS GESTION
MLLE	LUBERT	FRANCE TELECOM SCTT
M	MALLARD	
M	MAUGUIERE	THOMSON CSF COMMUNICATIONS
MME	MAURER	AFERP
M	MILLERET	SOMELEC SA
M	MIRANDA	DESCO
M	MITONNEAU	AMOVI
MME	MORIN	AFNOR
M	MORVAN	AFNOR
M	MOUGAS	CAMIF
MME	NEEL	DASSAULT AVIATION
M	NICOLAS	FIM
MME	NOTIS	AFNOR
M	OGER	
M	PAILHES	RHONE POULENC QUALITE SERVICES
M	QUEREL	PQI GENIE QUALITE
M	QUINIO	TECHNIP
MME	RENARD	ECOLE DES MINES DE DOUAI - LMI
M	RICHER	HEI
M	ROBIN	AFNOR
M	SAMPERE	CEP SYSTEMES
M	SARTRAL	SCHNEIDER ELECTRIC SA
M	SEGOT	LA POSTE
M	SERVAJAN	D'HERMY CONSEIL SA
M	SOBOLEVICIUS	CRCI
M	THORETTON	AUTOMOBILES CITROEN
M	TRAPON	
M	TURBOULT	FIEE
M	VAISENBERG	AFAQ
M	WEIDMANN	AIRBUS INDUSTRIE
M	WIDMER	EDF

Avant-propos national

Références aux normes françaises

La correspondance entre les normes mentionnées à l'article "Références normatives" et les normes françaises identiques est la suivante :

ISO 8402 : NF EN ISO 8402   (indice de classement : X 50-120)
ISO 9004-1 : NF ISO 9004-1 [1)]   (indice de classement : X 50-122-1)
ISO 10007 : NF EN ISO 10007 [1)]   (indice de classement : X 50-122-7)

[1)] En préparation.

PROJET DE NORME INTERNATIONALE ISO/DIS 10006

ISO/TC **176**/SC **2**   Secrétariat: **BSI**

Début du vote   Vote clos le
1996-06-06   1996-11-06

INTERNATIONAL ORGANIZATION FOR STANDARDIZATION• МЕЖДУНАРОДНАЯ ОРГАНИЗАЦИЯ ПО СТАНДАРТИЗАЦИИ• ORGANISATION INTERNATIONALE DE NORMALISATION

Management de la qualité — Lignes directrices pour la qualité du management de projet

(Anciennement CD 9004-6)

Quality management — Guidelines to quality in project management

ICS   03.120.10

Descripteurs: assurance de qualité, système d'assurance qualité, gestion de qualité, gestion, gestion de projet, conditions générales.

© Organisation internationale de normalisation, 1996

Sommaire

0   Introduction

La présente norme internationale donne des lignes directrices pour les éléments, concepts et pratiques du système qualité déterminants pour la qualité du management de projet et qui viennent compléter l'ISO 9004-1.

Ces lignes directrices s'adressent à un vaste public. Elles sont applicables à des projets extrêmement divers, qui vont du plus petit au plus grand et du plus simple au plus complexe. Elles peuvent être suivies par des personnes ayant l'expérience du management de projet et qui ont besoin de s'assurer que leur organisation applique effectivement les pratiques contenues dans la famille des normes ISO 9000, ainsi que par ceux ayant l'expérience du management de la qualité et à qui on demande de s'impliquer dans des organisations de projet et de mettre leurs connaissances et expériences au service du projet en question. Inévitablement, certains trouveront que les explications données ci-après sont trop détaillées ; il convient cependant de garder à l'esprit que d'autres lecteurs peuvent les considérer comme indispensables.

Il est admis que l'application de la qualité au management de projet revêt deux aspects : qualité des processus du projet et qualité du produit. Il est admis qu'un manquement au respect de l'un ou l'autre de ces deux objectifs est susceptible d'avoir des conséquences considérables sur le produit du projet, ses parties prenantes et sur l'organisation chargée du projet. Il est également admis que l'obtention de la qualité est une responsabilité managériale exigeant un engagement de tous les échelons impliqués de l'organisation, lesquels demeurent responsables de leurs produits respectifs.

Dans un projet, la création et la continuité de la qualité des processus et des produits exigent que l'on adopte une approche systématique. Il convient d'orienter cette approche vers la compréhension et la satisfaction des besoins implicites et explicites des clients et autres parties prenantes ainsi que vers la prise en compte des politiques qualité des organismes afin de les intégrer dans le management de projet.

1   Domaine d'application

La présente norme internationale donne des lignes directrices pour les éléments, les concepts et pratiques du système qualité, pour lesquels la mise en oeuvre est un élément important et a un impact sur la pratique du management de projet. Ces lignes directrices font appel aux processus du management de projet et servent de cadre de discussion pour leur mise en application.

La présente norme internationale s'applique à des projets de complexité variable, qu'ils soient petits ou grands, de courte ou longue durée, qui se situent dans des environnements distincts et quel que soit le type de produit du projet, y compris matériels, logiciels, produits issus de processus à caractère continu, services ou une combinaison de ceux-ci. Il peut s'avérer nécessaire d'adapter ces lignes directrices à un projet précis.

La présente norme internationale ne constitue pas un guide pour le management de projet.

2 Références normatives

Les normes suivantes contiennent des dispositions qui, par suite de la référence qui en est faite, constituent des dispositions valables pour la présente norme internationale. Au moment de la publication, les éditions indiquées étaient en vigueur. Toute norme est sujette à revue et les parties prenantes des accords fondés sur la présente norme internationale sont invitées à rechercher la possibilité d'appliquer les éditions les plus récentes des normes indiquées ci-après. Les membres de la CEI et de l'ISO possèdent le registre des normes internationales en vigueur à un moment donné.

ISO 8402   1994   Management de la qualité et assurance de la qualité - Vocabulaire.

ISO 9004-1   1994   Management de la qualité et éléments du système qualité - Partie 1 : Lignes directrices.

ISO 10007   1995   Management de la qualité - Lignes directrices pour la gestion de la configuration.

NOTE : Pour les références informatives, voir annexes A, B et C.

3 Définitions

Pour les besoins de la présente norme internationale, les définitions contenues dans l'ISO 8402:1994 ainsi que les définitions suivantes s'appliquent :

3.1 projet

Processus unique, qui consiste en un ensemble d'activités coordonnées et maîtrisées comportant des dates de début et de fin, entrepris dans le but d'atteindre un objectif conforme à des exigences spécifiques telles que les contraintes de délais, de coûts et de ressources.

NOTE 1 : Il est possible qu'un projet individuel fasse partie d'une structure de projet plus large.

NOTE 2 : Dans certains projets, le ou les objectifs sont affinés et les caractéristiques du produit sont déterminées progressivement, à mesure que le projet progresse.

NOTE 3 : Un projet peut aboutir à une ou plusieurs unités de produit.

NOTE 4 : L'organisation est temporaire et n'est mise en place que pour la durée de vie du projet.

NOTE 5 : Les interactions entre activités du projet peuvent être complexes.

3.2 produit du projet

Produit défini dans le cadre du projet et livré au client.

3.3   plan de projet

Document qui spécifie les exigences permettant d'atteindre les objectifs du projet.

> NOTE 1 : Il convient que le plan de projet comprenne le plan qualité ou s'y réfère.

> NOTE 2 : Le plan de projet comprend également d'autres plans, tels que ceux concernant les structures organisationnelles, les ressources, le calendrier et les coûts.

3.4   parties prenantes

Personne ou groupe de personnes ayant un intérêt commun dans les résultats de l'organisme fournisseur et dans l'environnement dans lequel il agit (ISO 9000-1:1994).

> NOTE 1 : Dans le contexte de cette définition, l'organisme fournisseur est l'organisation de projet.

> NOTE 2 : Des conflits d'intérêts peuvent surgir entre parties prenantes.

> NOTE 3 : Les parties prenantes peuvent être :

> - un client, bénéficiaire du produit du projet ;

> - un consommateur, par exemple l'utilisateur du produit du projet ;

> - un propriétaire, par exemple l'initiateur du projet, encore appelé entité d'origine du projet ;

> - un partenaire, lors de projets en commun par exemple ;

> - un bailleur de fonds, par exemple une institution financière ;

> - un sous-contractant, organisme qui fournit des produits à l'organisation de projet ;

> - la société, par exemple une entité juridictionnelle ou à pouvoir réglementaire et le public dans son ensemble ;

> - une partie prenante interne, par exemple un membre de l'organisation de projet.

3.5   processus

Ensemble de moyens et d'activités liés qui transforment des éléments entrants en éléments sortants (ISO 8402:1994).

> NOTE 1 : Les moyens peuvent comprendre le management, les services, le personnel, les finances, les infrastructures, les équipements, les techniques et les méthodes.

> NOTE 2 : Les processus du projet comprennent les processus du management de projet.

3.6 situation de progression

Evaluation des éléments sortants des activités liées au projet, réalisée à des moments appropriés du cycle de vie du projet, pour tous les processus, et basée sur des critères définis pour les processus et le produit.

> NOTE : Suite à la situation de progression, il peut être exigé de procéder à la revue des plans pour la partie du projet non encore close.

4. Caractéristiques des projets

4.1 Généralités

Le présent paragraphe traite des caractéristiques des projets qui se révèlent essentielles à la mise en application de cette norme.

4.2 Management de projet

Le management de projet comprend la planification, l'organisation, le suivi de la progression et la maîtrise de tous les aspects du projet dans un processus continu, afin d'atteindre ses objectifs internes et externes. Le management de projet intègre le management de la qualité (voir ISO 8402).

La qualité des processus du management de projet a une influence considérable sur la réussite d'un projet et sur la qualité du produit du projet.

4.3 Organisme

Pour les besoins de cette norme, l'entité d'origine du projet est l'organisme qui décide d'entreprendre le projet et qui le confie à une organisation de projet. L'organisation de projet est l'organisme qui mène à bien ce projet. L'organisation de projet peut faire partie intégrante de l'entité d'origine du projet.

4.4 Phases et processus de projet

Un projet est un processus que l'on peut diviser en de nombreux sous-processus distincts et interdépendants. Il est possible - et parfois recommandé - de regrouper de manière homogène ces sous-processus en phases. Pour l'entité responsable du projet, le "phasage" est un moyen de maîtriser la réalisation des objectifs - et d'évaluer les risques associés - en parvenant à un engagement progressif. Il se peut que les phases se chevauchent en grande partie au cours du cycle de vie du projet.

Dans le but de faciliter les discussions sur la qualité en matière de management de projet, une approche privilégiant les processus a été adoptée dans cette norme ; les processus de projet ont donc été regroupés en deux catégories : les processus du management de projet et les processus relatifs au produit du projet (ceux qui sont concernés par le produit du projet tels que la conception, la production et la vérification).

Les lignes directrices pour la qualité des processus du management de projet sont énumérées dans la présente norme internationale alors que les lignes directrices pour la qualité des processus relatifs au produit du projet figurent dans l'ISO 9004-1.

NOTE : Dans cette norme, le terme processus recouvre également celui de sous-processus.

5. Qualité dans les processus du management de projet

5.1 Généralités

Le tableau 1 énumère et décrit les processus de management de projet que l'on considère comme applicables à la majorité des projets. Tous les processus traités dans La présente norme n'existent pas obligatoirement dans un projet particulier alors que des processus supplémentaires peuvent se révéler nécessaires dans d'autres.

Les processus du management de projet sont regroupés par affinité, par exemple tous les processus programmés appartiennent à un même groupe. Dix groupes de processus de management de projet sont présentés. Le premier d'entre eux est le processus stratégique qui légitimise et indique les orientations à prendre pour un projet. Le second groupe couvre le management des interdépendances entre processus. Les huit autres groupes sont les processus relatifs au domaine d'intervention, aux délais, aux coûts et ressources, au personnel, à la communication, aux risques et aux achats.

Chacun des processus de management de projet est présenté dans un paragraphe séparé à l'intérieur de l'article 5, lequel comprend une description du processus et des recommandations pour la qualité du processus.

5.2 Processus stratégique

Le processus stratégique est un processus qui précise les orientations, organise et gère la réalisation des processus du projet.

Au moment de définir les orientations du projet, il convient de considérer les concepts suivants, déterminants pour parvenir à la qualité du management de projet :

- la satisfaction des besoins implicites et explicites du client et de toute autre partie prenante est primordiale ;

- un projet est mené comme un ensemble de sous-processus planifiés et interdépendants ;

- il est nécessaire de porter attention à la qualité des processus comme à celle du produit pour atteindre les objectifs du projet ;

- le management est responsable de la création d'un environnement favorable à la qualité ;

- le management est responsable de l'amélioration continue.

Le présent paragraphe donne des lignes directrices sur la manière de considérer ces concepts dans le processus stratégique. Des lignes directrices sur la manière de considérer ces concepts dans d'autres processus sont données dans la suite de l'article 5.

Le processus stratégique sera de qualité si l'on s'est assuré que ces concepts sont pris en compte dans tous les processus.

5.2.1 La satisfaction des besoins implicites et explicites du client et de toute autre partie prenante est primordiale

Il convient de comprendre clairement les besoins du client et de toute autre partie prenante afin de s'assurer que l'ensemble des processus se concentrent sur ces besoins et sont capables d'y répondre.

Il convient d'établir des interfaces entre toutes les parties prenantes et d'obtenir des retours d'information, en temps opportun, tout au long du projet. Il est recommandé de résoudre tout conflit entre parties prenantes. En temps normal, il convient de privilégier les besoins du client lorsque surgissent des conflits entre ses besoins et ceux de toute autre partie prenante. Il convient d'obtenir le consentement du client lors du règlement des conflits. Il est également recommandé de formaliser les accords des parties prenantes. Il y a lieu de continuer à porter attention aux besoins changeants des parties prenantes, y compris ceux des nouvelles parties prenantes, tout au long du projet.

Il y a lieu de définir les objectifs du projet en vue de satisfaire les exigences spécifiées et, si nécessaire, de les affiner en cours de projet. Il convient que les objectifs décrivent ce qui doit être réalisé, qu'ils soient exprimés en termes de délais, coûts, caractéristiques de produits et qu'ils soient mesurables.

5.2.2 Un projet est mené comme un ensemble de sous-processus planifiés et interdépendants

Il est recommandé d'identifier les processus du projet, ceux qui en sont chargés, leurs responsabilités, le tout étant consigné par écrit. Il y a lieu de définir les politiques relatives aux processus de projet. En général, la structure du produit et son découpage sont pris en compte pour assurer l'identification des processus appropriés. Il convient de définir, de coordonner et d'intégrer les interdépendances des processus. Il y a lieu de concevoir le projet en prenant en compte les processus qui interviennent plus tard dans le cycle de vie du produit. La stratégie concernant les achats de biens et services à l'extérieur est généralement établie en tenant compte des impacts possibles sur l'organisation de projet.

Il convient de déterminer et de formaliser les relations, la division des responsabilités et pouvoirs entre l'entité d'origine du projet et l'organisation de projet, ainsi qu'avec les autres parties prenantes.

Il est recommandé d'avoir recours à du personnel compétent, que les outils, techniques, méthodes et pratiques appropriés soient utilisés pour mener à bien, suivre l'avancement et maîtriser les processus, mettre en oeuvre des actions préventives et correctives et améliorer ces processus.

Il y a lieu de planifier les situations de progression (voir annexe B) afin d'estimer où en est le projet et de procéder à des revues de plans pour les travaux restants, s'il y a lieu.

5.2.3 Il est nécessaire de porter attention à la qualité du processus comme à celle du produit pour atteindre les objectifs du projet

Pour atteindre les objectifs, il convient de porter attention à la qualité du processus de management de projet, à la qualité des produits issus des processus et à la qualité du produit du projet.

La famille de normes ISO 9000 présente un certain nombre de pratiques relatives aux processus et produits, tels que la documentation, les audits et maîtrises de processus, qui contribuent à la réalisation des objectifs. Ces pratiques applicables à l'ensemble des processus de projets sont énumérées en annexe A.

5.2.4 Le management est responsable de la création d'un environnement favorable à la qualité

Il convient que le management de l'entité d'origine du projet et celui de l'organisation de projet coopèrent dans le but de créer un environnement favorable à la qualité. Il est recommandé que les moyens permettant de créer un tel environnement comprennent :

   - la mise en place d'une structure et d'un soutien organisationnels contribuant à la réalisation des objectifs :

      - la prise de décisions à partir de données et de renseignements basés sur des faits ;

      - la mise en oeuvre des situations de progression et leur utilisation dans un souci de qualité ;

      - l'implication de tout le personnel dans la recherche de la qualité des processus et produits ;

      - l'établissement de relations réciproques constructives avec les sous-contractants.

Il convient de nommer un chef de projet dans les meilleurs délais. Le chef de projet est une personne qui a des responsabilités et une autorité définies pour manager le projet. Il convient que l'autorité déléguée au chef de projet soit proportionnelle à ses responsabilités. Ce titre peut varier d'un projet à l'autre.

5.2.5 Le management est responsable de l'amélioration continue

Dans une organisation initiant des projets, le management est responsable de l'amélioration continue de la qualité des processus, en se fondant sur l'expérience. Afin de tirer profit de l'expérience, il convient de traiter le management de projet comme un processus à part entière et non pas comme une activité isolée. Il y a lieu de mettre en place un système permettant de recueillir et d'analyser les renseignements obtenus en cours de projet dans le but de les utiliser dans un processus d'amélioration continue.

L'organisation de projet est chargée d'améliorer en permanence la qualité de ses propres processus et autres activités. Il convient de prendre des dispositions pour l'auto-évaluation, les audits internes et externes potentiels, en prenant en compte les délais et les ressources nécessaires.

NOTE : L'ISO 9004-4 donne des lignes directrices pour l'amélioration de la qualité.

5.3 Processus de management des interdépendances

Ce paragraphe donne des recommandations pour la qualité des processus du management des interdépendances. Le projet se compose de plusieurs processus. Une action entreprise dans l'un de ces processus en affecte par conséquent d'autres. La responsabilité du management global des interdépendances au sein des processus du projet incombe au chef de projet. Les processus de management des interdépendances sont :

- le lancement du projet et l'élaboration du plan : évaluer les besoins du client et d'autres parties prenantes ; préparer un plan de projet et mettre en route les autres processus ;

- le management des interactions : gérer les interactions au cours d'un projet ;

- le management des modifications et de la configuration : anticiper les modifications et les gérer sur la totalité des processus ;

- la clôture : clore les processus de fin de projet et obtenir un retour d'information.

5.3.1 Lancement de projet et élaboration du plan

Il convient de préparer et de mettre à jour en permanence le plan de projet, qui comprend le plan qualité. Il y a lieu de préparer le plan qualité en le considérant comme une partie intégrante du plan de projet. Le niveau de détails sera fonction de la taille et de la complexité du projet.

Il est recommandé d'inclure dans le plan les exigences consignées par écrit du client et de toute autre partie prenante ainsi que les objectifs du projet. Il convient également de consigner par écrit la source de chaque exigence afin de rendre possible sa traçabilité.

Il convient d'identifier et d'inclure dans le plan de projet les caractéristiques du produit et la manière de les mesurer et les évaluer.

Il est recommandé de procéder à des revues de contrat dans le cas où le projet correspond à la réalisation d'un contrat.

Durant la phase de lancement, il y a lieu d'identifier parmi les projets déjà réalisés par l'entité d'origine du projet, ceux qui se rapprochent le plus du projet à lancer, afin d'exploiter au mieux l'expérience acquise.

Les processus utilisables par le projet considéré sont identifiés, consignés par écrit et insérés dans le plan.

Il convient d'établir le système qualité du projet, lequel comprend les politiques, la structure de l'organisme, les procédures, les processus et les ressources nécessaires à la réalisation des objectifs du projet. En général, ce système qualité comprend également des dispositions visant à faciliter et à promouvoir l'amélioration continue de la qualité. Puisque la qualité fait partie intégrante d'un management de projet adéquat, il est recommandé d'intégrer le système qualité du projet au système de management de projet. Le système qualité est généralement documenté dans le plan qualité.

Dans la mesure du possible, il convient que l'organisation de projet adopte et, si nécessaire, adapte les systèmes et les procédures qualité de l'entité d'origine du projet. Il est recommandé de faire référence dans le plan qualité, aux parties applicables de la documentation du système qualité de l'entité d'origine du projet dans le plan qualité. Dans les cas où d'autres parties prenantes ont des exigences particulières, il y a lieu de s'assurer que le système qualité qui en résulte correspond aux besoins du projet.

L'élaboration du plan de projet implique que l'on intègre les plans résultant de la planification d'autres processus du projet. Il convient de réviser les plans pour en assurer l'homogénéité et remédier aux divergences.

Il est recommandé que le plan identifie, prévoit et planifie les revues (voir annexe A) ainsi que la conservation des enregistrements. Généralement, les revues comprennent celles du système qualité, du plan de projet et leur adéquation à la réalisation des objectifs du projet.

Dans le but de fournir des indications fondamentales sur la mesure et le suivi des avancements, et de préparer la planification du travail restant, il convient de programmer et d'inclure les situations de progression (voir annexe B) dans le plan de projet.

Il convient d'intégrer les exigences des pratiques qualité à adopter tout au long du projet (voir annexe A) telles que la documentation, la vérification, l'enregistrement, la traçabilité, les revues et audits.

Afin d'effectuer le suivi des progressions, il y a lieu de définir des indicateurs de performance et de prendre des dispositions en vue d'une évaluation régulière. Il convient que les évaluations facilitent les actions correctives/préventives et confirment la validité des objectifs du projet dans un environnement changeant.

Il est recommandé d'identifier les interfaces dans le plan de projet. Il convient de porter une attention particulière aux interfaces suivantes :

- la liaison entre les clients et les autres parties prenantes ;

- les liaisons et canaux de communication de l'organisation de projet avec les différentes fonctions de l'entité d'origine du projet ;

- les interfaces entre fonctions au sein de l'organisation de projet.

5.3.2 Management des interactions

Dans le but de faciliter les relations envisagées entre processus, il convient de gérer les interactions au sein du projet. Cela inclut généralement la mise en place de procédures visant à établir le management des interfaces, la tenue de réunions de projet impliquant plusieurs fonctions, l'apport de solutions à des problèmes tels que les conflits de responsabilités ou les modifications causées par l'exposition à des risques, la mise en place de l'analyse de la valeur acquise du réalisé ainsi que les situations de progression dans le but de prévoir l'état du projet et le plan de travail restant (voir annexe B).

Il convient de faire appel aux situations de progression afin d'identifier les problèmes potentiels d'interfaces. Il y a lieu de noter que c'est aux interfaces, en règle générale, que les risques sont les plus importants et qu'il convient de les coordonner.

La communication dans le cadre du projet est un facteur clé de coordination, comme indiqué en 5.9.

5.3.3 Management des modifications et de la configuration

Le management des modifications recouvre l'identification et la consignation par écrit des causes de modifications, de leur impact, ainsi que la revue et l'homologation des modifications à apporter aux processus et au produit. Parmi ces modifications figurent celles qui nécessitent l'application de la maîtrise de la configuration, comme définie dans l'ISO 10007.

Le management de la configuration, défini dans l'ISO 10007, traite des modifications successivement apportées à un produit tout au long de son cycle de vie, telles qu'elles sont consignées par écrit et dure au-delà de la date de clôture du projet.

Le management des modifications comprend celles apportées au domaine d'intervention et au plan de projet. Avant qu'une modification ne soit autorisée, il convient d'en analyser la finalité, l'étendue et l'impact.

Le management des modifications comprend leur coordination au sein de processus de projets liés entre eux et la résolution de conflits susceptibles de surgir. Il est recommandé que les procédures de management des modifications comprennent une maîtrise des documents.

> NOTE : Pour obtenir des conseils supplémentaires sur le management des modifications, voir également l'ISO 9004-1.

5.3.4 Clôture

Au cours du projet, il convient de s'assurer que tous les processus de projet sont clos dans les conditions prévues. Il faut donc s'assurer que les enregistrements sont compilés et conservés pour un laps de temps spécifié.

Quelle que soit la raison de la clôture du projet, il convient d'entreprendre une revue complète des résultats de celui-ci. Il y lieu de prendre en compte l'ensemble des enregistrements pertinents, y compris ceux qui proviennent des situations de progression et des parties prenantes. Il est recommandé de porter une attention particulière au retour d'information du client et de le quantifier chaque fois que possible. Des enregistrements appropriés sont préparés à partir de cette revue, qui font ressortir les expériences susceptibles d'être utilisées par d'autres projets.

Il convient de communiquer la clôture du projet de manière formelle à toutes les parties prenantes.

5.4 Processus relatifs au domaine d'intervention

Pour les besoins de la présente norme, le domaine d'intervention comprend une description du produit du projet, ses caractéristiques ainsi que la façon dont celles-ci sont mesurées ou évaluées.

Le présent paragraphe donne des lignes directrices pour la qualité dans les processus relatifs au domaine d'intervention.

Ces processus visent à :

- traduire les exigences du client et de toute autre partie prenante, en activités à accomplir pour atteindre les objectifs du projet et pour organiser ces activités ;

- s'assurer que les personnes travaillent dans le domaine d'intervention, pendant la réalisation des activités ;

- évaluer les résultats des activités pour être sûr qu'ils répondent aux exigences du domaine d'intervention.

Les processus relatifs au domaine d'intervention sont :

- le développement de concepts : définir les grandes lignes des fonctions du produit du projet ;

- l'élaboration du domaine d'intervention et sa maîtrise : consigner par écrit les caractéristiques du produit dans des termes mesurables et en assurer la maîtrise ;

- la définition des activités : identifier et consigner par écrit les activités et les étapes nécessaires à la réalisation des objectifs du projet ;

- le maîtrise de l'activité : maîtriser les travaux réellement réalisés dans le cadre du projet.

5.4.1 Développement des concepts

Il convient de traduire les besoins implicites ou explicites du client en matière de processus et de produit en exigences consignées par écrit puis de les faire homologuer par le client.

Il est recommandé d'identifier les autres parties prenantes et de déterminer leurs besoins, de traduire ceux-ci en exigences consignées par écrit et, lorsque cela est approprié, de les faire homologuer.

Il y a lieu de consigner par écrit les sources de chaque exigence de partie prenante identifiée afin d'en faciliter la traçabilité.

5.4.2 Elaboration du domaine d'intervention et sa maîtrise

Au moment d'élaborer le domaine d'intervention du projet, il convient d'identifier et de consigner par écrit aussi précisément que possible les caractéristiques du produit dans des termes mesurables destinés à être utilisés en tant que base de conception et de développement. Il y a également lieu de spécifier les conditions pour mesurer ces caractéristiques ou la manière d'évaluer la conformité aux exigences du client et de toute autre partie prenante. Il est recommandé que les caractéristiques du produit soient traçables par rapport aux exigences du client et de toute autre partie prenante.

Il convient de référencer les preuves venant à l'appui des approches ou solutions alternatives, y compris les résultats des analyses qui ont été effectuées, considérées et incluses dans l'élaboration du domaine d'intervention.

Le management des modifications du domaine d'intervention du projet est traité dans le cadre du processus de management des modifications.

5.4.3 Définition des activités

Il convient de structurer systématiquement le projet en activités manageables.

> NOTE : Fréquemment, des termes tels que activités, tâches et lots de travaux sont employés pour faire référence aux éléments de cette structuration, le résultat étant généralement connu sous le nom d'Organigramme des Tâches (OT). Pour les besoins de la présente norme, le terme activité est utilisé en tant que terme générique pour désigner un élément de la structure.

Lors de la définition des activités, il convient que le management de projet implique les membres du personnel qui réaliseront ces activités, afin de tirer profit de leur expérience et d'obtenir leur accord.

Il y a lieu de définir chaque activité de telle sorte que ses éléments sortants soient mesurables.

Il convient de vérifier si la liste des activités est complète. Parmi les activités définies, il y a lieu de trouver les pratiques de qualité, les situations de progression et la préparation d'un plan de projet.

Il est recommandé d'identifier et de consigner par écrit les interactions entre activités et les interfaces entre le projet et les parties prenantes.

5.4.4 Maîtrise des activités

Il convient de mener et de maîtriser les activités conformément à leur définition et au plan de projet. La maîtrise des activités comprend la maîtrise des interactions, afin d'éviter des conflits ou malentendus. Il est recommandé de porter une attention particulière aux activités qui font appel à de nouvelles technologies.

Il est recommandé de mener des revues et d'évaluer les activités pour identifier les déficiences et les possibilités d'amélioration. La planification des revues est généralement adaptée à la complexité du projet et au moment où les activités de projet sont réalisées.

Il convient d'utiliser les résultats des revues dans les estimations d'avancement pour pouvoir déterminer les éléments sortants des processus et planifier le travail restant. Il y a lieu de consigner par écrit le plan soumis à révision pour le travail restant.

5.5   Processus relatifs aux délais

Le présent paragraphe donne des lignes directrices pour la qualité dans le cas des processus relatifs aux délais.

Ces processus ont pour objectif de déterminer la durée des activités et d'assurer la clôture du projet dans les délais prévus. Il s'agit de :

- la planification des liaisons entre activités : identifier les interrelations, les interactions logiques ainsi que les liaisons entre les activités de projet ;

- l'estimation des durées : estimer la durée de chaque activité en relation avec les conditions spécifiques et les ressources nécessaires ;

- l'élaboration du calendrier : mettre en relation les objectifs de délais, les activités de liaisons et leurs durées en tant que cadre d'élaboration de plannings généraux et détaillés ;

- la maîtrise des délais : maîtriser la réalisation des activités du projet, pour confirmer le calendrier proposé ou pour prendre des mesures appropriées permettant de rattraper les retards.

5.5.1 Planification des liaisons entre activités

Dans un souci d'homogénéité, il convient d'identifier et de réviser les éléments entrants permettant d'établir des liaisons et des interconnexions entre les activités de projet. Il y a lieu d'identifier, de justifier et de consigner par écrit tout besoin de modifier les données de référence.

Chaque fois que cela est possible, il est recommandé d'utiliser des réseaux standards ou attestés pour tirer profit d'expériences antérieures. Il convient de vérifier l'adéquation de ces réseaux au projet.

5.5.2 Estimation des durées

Il convient de faire estimer la durée de chaque activité par le personnel responsable de ces activités. Il est recommandé de vérifier la justesse des estimations de durée faites à partir d'expériences antérieures et leur possibilité d'application aux conditions du projet en cours. Il est recommandé que les éléments entrants soient consignés par écrit et qu'ils soient traçables depuis leur origine. Au moment de collecter les estimations de durée, il se révèle utile d'obtenir en même temps des estimations de ressources associées.

Il y a lieu de porter une attention particulière à accorder un laps de temps suffisant pour les pratiques qualité listées en annexe A.

Lorsque les estimations de durée se révèlent particulièrement incertaines, il convient d'en évaluer les risques, de les réduire puis d'incorporer aux estimations, les écarts appropriés pour les risques restants.

Il convient que le client et les autres parties prenantes soient impliqués lorsque cela se révèle utile ou nécessaire.

5.5.3 Elaboration du calendrier

Il y a lieu d'identifier les éléments entrants utiles à l'élaboration du calendrier et de vérifier s'ils correspondent aux conditions de projets spécifiques. Il est recommandé de faire particulièrement attention à l'identification de délais prolongés, d'activités de longue durée et du chemin critique.

Il est recommandé d'identifier les formats de planning standardisés qui conviennent aux besoins divers de l'utilisateur.

Il convient de remédier aux incohérences détectées dans l'intégration des estimations de durée par rapport aux liaisons des activités, avant de finaliser et de publier les calendriers. Il est recommandé que ces calendriers identifient les activités critiques ou quasi-critiques.

Le calendrier identifie généralement les événements particuliers, que l'on nomme parfois événements clés ou étapes jalon, qui nécessitent des éléments d'entrée ou des décisions spécifiques, ou pour lesquels on prévoit des éléments de sortie importants. Il convient que le calendrier comprenne les situations de progression.

Il y a lieu de tenir le client et les parties prenantes informés en cours d'élaboration du calendrier et de les impliquer lorsque cela se révèle nécessaire. En général, des calendriers appropriés leur sont fournis pour information ou, si nécessaire, pour homologation.

5.5.4 Maîtrise des délais

La préparation des revues du planning et la fréquence de collecte des données sont généralement élaborées afin d'assurer une maîtrise appropriée des activités de projet et des informations qui s'y rattachent. Il convient d'identifier les écarts par rapport au calendrier, de les analyser et, si ils sont conséquents, de les signaler en vue d'une action corrective.

Il convient d'utiliser des calendriers tenus à jour pour les situations de progression et lors de réunions. Il est recommandé que le management de projet procède à des revues régulières du calendrier du projet, comme précisé dans le plan de projet.

Il y a lieu d'analyser les tendances d'avancement du projet conjointement au travail restant afin d'anticiper les problèmes et opportunités qui seraient susceptibles de se présenter.

Il convient d'identifier les raisons réelles des écarts dans le calendrier, qu'ils soient favorables ou défavorables. Il y a lieu de prendre des mesures pour faire en sorte que les écarts défavorables n'affectent pas les objectifs du projet. Il est recommandé de tirer profit des écarts à la fois favorables et défavorables dans un souci d'amélioration continue.

Il convient de déterminer les impacts possibles des modifications du calendrier sur le budget et les ressources du projet ainsi que sur la qualité du produit. Il est recommandé de ne prendre des décisions concernant des actions à entreprendre qu'après avoir pris en compte les conséquences sur les autres processus et objectifs du projet. Il y a lieu de demander l'avis du client et des parties prenantes concernées sur les modifications qui affectent les objectifs du projet avant de les mettre en oeuvre. Lorsque des actions sont nécessaires pour rattraper un retard, il convient que le personnel impliqué soit identifié, ainsi que son rôle. Les revues de planning sont généralement coordonnées avec d'autres processus du projet en vue d'élaborer le plan de travail restant.

Il convient d'informer le client et les parties prenantes concernées de toute proposition de modification du calendrier et de les impliquer dans des prises de décisions qui les affectent.

5.6   Processus relatifs aux coûts

Le présent paragraphe donne des lignes directrices pour la qualité dans les processus relatifs aux coûts.

Ces processus visent à prévoir et à gérer les coûts du projet et à faire en sorte que le projet soit réalisé dans les limites du budget alloué. Il s'agit de :

- l'estimation des coûts : procéder à des prévisions de coûts concernant le projet ;

- la budgétisation : utiliser les résultats de l'estimation des coûts pour élaborer le budget du projet ;

- la coûtenance : maîtriser les coûts et les écarts par rapport au budget.

5.6.1 Estimation des coûts

Il convient que tous les coûts soient clairement identifiés (activités, biens et services), que l'estimation des coûts s'appuie sur des sources pertinentes d'information et qu'elle soit liée à l'Organigramme des Tâches. Au moment d'utiliser les estimations de coûts résultant de l'expérience passée, il convient de vérifier leur adéquation aux conditions actuelles du projet. Il est recommandé que les éléments entrants soient consignés par écrit et traçables depuis leur origine.

Il est recommandé de veiller tout particulièrement à prévoir des coûts suffisants pour les pratiques qualité figurant en annexe A.

Il y a lieu que l'estimation des coûts prenne en compte l'environnement économique (par exemple l'inflation, la fiscalité et le taux de change).

Lorsque les estimations de coûts se révèlent particulièrement incertaines, il convient d'en évaluer les risques et de réduire ceux-ci. Il est recommandé d'incorporer aux estimations des marges appropriées pour les risques restants.

Les estimations de coûts sont généralement présentées de manière à permettre l'élaboration de budgets conformément aux procédures comptables approuvées et acceptées ainsi qu'aux exigences du management de projet.

5.6.2 Budgétisation

Il convient que le budget soit basé sur des estimations et des calendriers.

Il est recommandé que le budget soit cohérent par rapport aux exigences du projet et que toute hypothèse, tolérance ou aléa soit identifiée et consignée par écrit. Généralement, le budget comprend tous les coûts autorisés et se présente de manière adaptée à la coûtenance du projet.

5.6.3 Coûtenance

Avant de procéder à une dépense, il convient d'établir les procédures que le système de coûtenance doit suivre, de les consigner par écrit et de les communiquer aux personnes responsables autorisant les travaux ou les dépenses.

Il y a lieu de planifier les revues, la fréquence de la collecte des données et des prévisions afin de s'assurer de la bonne maîtrise des activités du projet et des informations qui s'y rattachent. Il est recommandé de vérifier que le travail restant peut être réalisé dans les limites du budget encore disponible. Tout écart par rapport au budget est identifié, et dans le cas où il dépasse une limite donnée, il est analysé et signalé en vue d'une action corrective.

Il y a lieu d'analyser les tendances des coûts, grâce à des techniques telles que la valeur acquise, conjointement avec le travail restant, afin d'anticiper les problèmes et opportunités qui seraient susceptibles de se présenter.

Il convient d'identifier les raisons réelles des écarts par rapport au budget, qu'ils soient favorables ou défavorables. Il y a lieu de prendre des mesures pour faire en sorte que les écarts défavorables n'affectent pas les objectifs du projet. Il est recommandé de tirer profit à la fois des écarts favorables et défavorables dans un souci d'amélioration continue.

Il est recommandé de ne prendre des décisions concernant des actions à entreprendre qu'après avoir pris en compte les conséquences possibles sur d'autres processus et objectifs du projet. Il y a lieu de demander l'avis du client et des parties prenantes concernées sur les modifications qui affectent les objectifs du projet avant de les mettre en oeuvre. Il convient que les modifications des coûts du projet soient autorisées de manière appropriée avant de réaliser la dépense. Les revues de la prévision budgétaire sont généralement coordonnées avec d'autres processus du projet en vue de l'élaboration du plan de travail restant.

Il convient que les renseignements dont on a besoin pour assurer le déblocage des fonds en temps opportun soient disponibles et servent d'éléments d'entrée au processus de maîtrise des ressources.

Il est recommandé que le management de projet réalise des revues régulières des coûts du projet, comme indiqué dans le plan de projet. Les parties prenantes concernées peuvent exiger des revues financières supplémentaires.

5.7 Processus relatifs aux ressources

Le présent paragraphe donne des lignes directrices pour la qualité dans les processus relatifs aux ressources.

Ces processus ont pour objectif de prévoir et de maîtriser les ressources. Ils contribuent à identifier l'ensemble des problèmes qui peuvent se présenter en matière de ressources. Logiciels, équipements, installation, finances, systèmes d'information, matériels, personnel, services, et espace constituent des exemples de ressources. Ces processus sont :

- la planification des ressources : identifier, estimer, ordonnancer et allouer l'ensemble des ressources concernées ;

- la maîtrise des ressources : comparer le montant réel utilisé avec le plan des ressources et prendre des mesures s'il y a lieu.

NOTE : Cet article s'applique aux aspects quantitatifs du management du personnel seulement si ce dernier est considéré comme une ressource. Les autres aspects sont traités en 5.8, étant donné que le management du personnel diffère considérablement de celui des autres ressources.

5.7.1 Planification des ressources

Il convient d'identifier les ressources dont on a besoin pour réaliser le projet. Les plans de ressources indiquent généralement quelles ressources seront nécessaires au projet et le moment où elles le seront, conformément au calendrier. Il est recommandé que les plans indiquent la manière dont les ressources seront obtenues et allouées, leur origine, et si applicable, les méthodes permettant d'affecter les ressources excédentaires. En règle générale, les plans sont adaptés à la maîtrise des ressources. Il convient de vérifier la validité des éléments d'entrée par rapport au planning des ressources.

Lors de l'identification des ressources du projet, il y a lieu d'évaluer la stabilité et l'aptitude des organismes à fournir des ressources.

Il convient de prendre en compte les contraintes pesant sur les ressources. Disponibilité, considérations relatives à l'environnement et à la culture, accords internationaux, réglementations étatiques, financement et impact du projet sur l'environnement constituent des exemples de contraintes.

Il y a lieu de consigner par écrit les estimations de ressources et leur affectation, ainsi que toute hypothèse faite ou contrainte connue.

5.7.2 Maîtrise des ressources

Il convient d'établir le planning des revues, la fréquence de collecte des données et des prévisions afin d'assurer une maîtrise appropriée de l'allocation des ressources et de faire en sorte que les ressources encore disponibles sont suffisantes pour répondre aux objectifs du projet.

Il convient d'identifier les écarts par rapport au plan des ressources, de les analyser et de les signaler en vue d'une action corrective.

Il est recommandé de ne prendre des décisions concernant des actions à entreprendre qu'après avoir pris en compte les conséquences possibles sur d'autres processus et objectifs du projet. Il y a lieu de demander l'avis du client et des parties prenantes concernées sur les modifications qui affectent les objectifs du projet, avant de les mettre en oeuvre. Il convient que les modifications dans le plan des ressources soient autorisées de manière appropriée. Les revues des ressources sont généralement coordonnées avec d'autres processus du projet en vue de l'élaboration du plan de travail restant.

Il convient d'identifier les raisons réelles de l'insuffisance ou de l'excédent des ressources et de les utiliser dans un souci d'amélioration continue.

5.8   Processus relatifs au personnel

Le présent paragraphe donne des lignes directrices pour la qualité dans les processus relatifs au personnel. Ce sont les personnes qui déterminent la qualité et le succès du projet.

Il convient que les processus relatifs aux personnes visent à créer un environnement au sein duquel les personnes peuvent contribuer de manière effective et efficace au projet. Ces processus sont :

- la définition de la structure organisationnelle du projet : définir une structure organisationnelle conçue pour s'adapter aux besoins du projet, ce qui comprend l'identification des rôles au sein du projet ainsi que la définition des autorités et des responsabilités.

- affectation du personnel : sélectionner et affecter le personnel en nombre suffisant, doté des compétences appropriées pour s'adapter aux besoins du projet.

- formation de l'équipe : développer les compétences individuelles et collectives ainsi que la capacité à améliorer les résultats du projet.

   NOTE : Les aspects quantitatifs du personnel sont traités en 5.7.

5.8.1 Définition de la structure organisationnelle d'un projet

La structure organisationnelle d'un projet est normalement prévue en adéquation avec la politique de l'entité d'origine du projet et aux conditions particulières du projet. Il est recommandé de tirer profit de l'expérience des projets précédents, lorsqu'elle est disponible, en vue du choix de la structure organisationnelle la plus appropriée.

Il y a lieu que la structure organisationnelle du projet soit conçue pour encourager la communication et la coopération effectives entre tous les participants du projet.

Le chef de projet s'assure en général que la structure organisationnelle du projet est adaptée au domaine d'intervention du projet, à la taille de l'équipe, aux conditions locales et à la répartition des pouvoirs et des responsabilités envers l'entité d'origine du projet. La répartition dépendra de la structure organisationnelle de l'entité d'origine du projet telle que matricielle ou fonctionnelle. Il convient de porter une attention particulière à l'identification et à la mise en place des interrelations dans l'organisation du projet avec :

- le client et les autres parties prenantes concernées ;

- les fonctions pertinentes de l'entité d'origine du projet intervenant en support, en particulier si certaines d'entre elles sont chargées de suivre l'avancement des fonctions du projet telles que les délais, la qualité et les coûts.

Il convient de définir l'affectation des responsabilités et de l'autorité, et de préparer la description des postes.

Il est recommandé de porter une attention particulière à la fonction de projet chargée de la mise en oeuvre et du suivi d'avancement du système qualité ainsi qu'à ses interfaces avec d'autres fonctions du projet.

Il y a lieu de procéder à la planification des revues de la structure organisationnelle du projet afin de confirmer sa validité et son adéquation.

5.8.2 Affectation du personnel

Il convient de définir les compétences nécessaires en termes d'éducation, de connaissances et d'expérience pour les membres du personnel travaillant sur le projet. Lorsque des difficultés sont anticipées dans le recrutement du personnel en raison des compétences exigées, un délai suffisant est généralement alloué en vue d'une formation complémentaire.

Il convient de sélectionner les membres du personnel en délais opportun, en se fondant sur les descriptions de postes, et de prendre en compte les compétences et références obtenues lors de leurs expériences antérieures. Il y a lieu d'appliquer les critères de sélection à tout le personnel impliqué dans le projet, qu'il fasse partie intégrante de l'organisation de projet ou qu'il dépende toujours de l'entité d'origine du projet.

Il est recommandé de donner priorité aux compétences de meneur pour la sélection du chef de projet.

Au moment d'affecter les membres du personnel à des équipes spécifiques, il y a lieu de considérer leurs intérêts personnels, les relations interpersonnelles ainsi que leurs forces et faiblesses.

En général, le chef de projet est impliqué dans la nomination des autres membres de l'équipe. La connaissance des caractéristiques personnelles et de l'expérience de chacun est susceptible de contribuer à déterminer la meilleure répartition des responsabilités au sein de l'organisation de projet. Il convient que la description des postes soit comprise et acceptée par le candidat retenu. Il y a lieu de confirmer et de communiquer les nominations à toutes les parties intéressées.

Il convient de suivre l'efficacité et les compétences du personnel et de prendre les mesures nécessaires, s'il y a lieu.

5.8.3 Formation de l'équipe

La formation individuelle est essentielle à la formation globale de l'équipe. Ce point est abordé dans l'ISO 9004-1.

Il convient que la formation de l'équipe comprenne des actions de management global et individuel visant spécialement à améliorer la performance de l'équipe. Il est recommandé de reconnaître et de récompenser un bon travail d'équipe. Le management doit créer un environnement de travail qui encourage l'excellence, des relations de travail agréables, la confiance, le respect au sein de l'équipe et envers toutes les autres personnes impliquées dans le projet. Il est bon d'encourager le consensus, l'ouverture, la liberté de la communication, et l'engagement commun à la satisfaction du client.

5.9   Processus relatifs à la communication

Le présent paragraphe donne des lignes directrices pour la qualité dans les processus relatifs à la communication.

Ces processus ont pour objectif de faciliter les échanges d'information nécessaires à la réalisation du projet. Il permettent d'assurer en temps opportun et de manière appropriée l'élaboration, la collecte, la diffusion, l'archivage et enfin l'élimination définitive de l'information relative au projet. Ces processus sont :

   - la planification de la communication : planifier et les systèmes d'information et de communication du projet ;

   - le management de l'information : diffuser l'information nécessaire aux membres de l'organisation de projet et aux autres parties prenantes ;

   - la maîtrise de la communication : maîtriser la communication conformément au système de communication ayant fait l'objet d'une planification.

5.9.1 Planification de la communication

Il convient que la planification de la communication prenne en compte les besoins du projet et des personnes impliquées. Il est recommandé que le plan de communication définisse l'information à communiquer de manière formelle, les supports utilisés pour la transmettre et la fréquence de cette communication. Il est bon que la fréquence, le calendrier et l'objet des réunions soient définis dans le plan.

Il convient que le format, la langue et la structure des documents soient définis pour garantir leur compatibilité. Le plan définit généralement le système de gestion de l'information, identifie les personnes qui émettront et recevront l'information, mentionne la maîtrise de la documentation pertinente et les procédures de sécurité. Il est bon que le format des enregistrements d'avancement soit conçu pour mettre en évidence les écarts par rapport au plan de projet.

5.9.2 Gestion de l'information

Il convient que le système de gestion de l'information soit conçu pour traiter les besoins à la fois de l'entité d'origine du projet et ceux de l'organisation de projet. Il y a lieu d'y inclure des procédures permettant de préparer, recueillir, identifier, hiérarchiser, diffuser, classer, mettre à jour, archiver et extraire l'information. Il est recommandé que l'information inclue les conditions dans lesquelles les événements signalés sont intervenus. Cela permettra de vérifier la validité et la pertinence des informations avant de les utiliser pour d'autres projets.

Afin d'être efficace, il est bon que l'information soit pertinente par rapport aux besoins des destinataires, qu'elle soit présentée clairement et diffusée en se conformant de manière stricte au planning. Tous les accords informels qui affectent les résultats du projet sont consignés par écrit de manière formelle. Chaque fois que cela est possible, l'utilisation de supports électroniques peut se révéler avantageuse.

Il est bon d'établir les règles et lignes directrices des réunions. Il convient qu'elles soient adaptées au type de réunion considéré. Généralement, l'ordre du jour des réunions est distribué à l'avance. Il est recommandé que les procès-verbaux comprennent les décisions prises, les questions non encore réglées, les actions qui ont été convenues et leurs affectations. Il est bon de diffuser ces procès-verbaux auprès des parties concernées et dans les délais convenus.

5.9.3 Maîtrise de la communication

Il convient que le système de communication soit mis en oeuvre comme prévu, qu'il fasse l'objet d'un suivi et de revues pour s'assurer qu'il continue à répondre aux besoins du projet. Il est recommandé de porter une attention particulière aux interfaces entre fonctions et organisations, qui sont souvent l'objet de malentendus et de conflits.

5.10 Processus relatifs aux risques

Le présent paragraphe donne des lignes directrices pour la qualité dans les processus relatifs aux risques.

Le management des risques du projet traite des incertitudes qui pèsent sur la planification tout au long du projet et qui exigent l'adoption d'une approche structurée. Le but des processus liés aux risques est de minimiser l'impact d'événements potentiels négatifs et de profiter pleinement des opportunités qui se présentent dans un but d'amélioration. Dans la présente norme, le terme risque recouvre ces deux aspects. Les risques concernent soit les processus de projet soit la conformité du produit du projet par rapport aux objectifs. Les processus liés aux risques sont :

- l'identification des risques : déterminer les risques qui pèsent sur le projet ;

- l'estimation des risques : l'évaluation de la probabilité qu'un risque se produise et son impact sur le projet ;

- l'élaboration de la réponse aux risques : élaborer des plans en vue de faire face aux risques ;

- la maîtrise des risques : mettre en oeuvre et tenir à jour les plans relatifs aux risques.

Il est essentiel que ces processus et leurs éléments sortants soient consignés par écrit.

5.10.1 Identification du risque

Il convient d'identifier de manière structurée les risques concernant les processus et le produit ainsi que les moyens pour déterminer si les limites acceptables sont dépassées. Il y a lieu d'utiliser l'expérience et les données historiques de projets antérieurs.

Il est bon d'identifier le risque au début du projet, lors des situations de progression et dans d'autres occasions lorsque sont prises des décisions importantes.

Il convient de considérer non seulement les risques relatifs aux coûts, aux délais et au produit mais également ceux relatifs à des domaines tels que la sécurité, la responsabilité professionnelle, les technologies de l'information, la santé et l'environnement, en prenant en compte les exigences réglementaires ou statutaires, actuelles et prévisibles. Il est bon de remarquer que les interactions entre différents risques doivent être considérées. Il convient également d'identifier les technologies récentes et critiques.

Il est recommandé qu'un risque identifié soit confié à une personne, laquelle aura la responsabilité de gérer ce risque.

5.10.2 Estimation du risque

Il convient d'évaluer la probabilité d'occurrence et l'impact des risques identifiés, en prenant en compte l'expérience et les données historiques des projets antérieurs. Il est recommandé de toujours procéder à une analyse qualitative. Il est également bon de faire suivre une analyse quantitative chaque fois que cela est possible.

5.10.3 Elaboration des réponses aux risques

Il est préférable que les solutions visant à éliminer, réduire ou transférer le risque, que les décisions attestant leur existence, que les plans permettant de profiter des opportunités reposent sur des technologies connues ou des données obtenues lors d'expériences passées afin d'éviter d'introduire de nouveaux risques.

Lorsqu'un risque est identifié et qu'il nécessite un plan de prise en compte des aléas, il convient de vérifier qu'il n'y aura pas d'effets indésirables causés par la mise en oeuvre de ce plan.

Lorsque des dispositions sont prises dans le planning ou dans le budget pour faire face aux risques, il y a lieu de les identifier et de les maintenir distinctes pour les utiliser en cas de besoin.

Les risques sciemment acceptés sont identifiés, et les raisons de leur acceptation sont consignées par écrit.

5.10.4 Maîtrise du risque

Tout au long du projet, il convient de maîtriser les risques par un processus itératif d'identification de risques, d'estimation des risques et d'élaboration de réponses. Il est bon de gérer le projet tout en sachant qu'il existe des risques potentiels. Il est recommandé que les personnes soient encouragées à anticiper et à identifier les risques nouveaux et à les signaler.

Les plans de prise en compte des aléas sont tenus prêts à être utilisés.

Il est recommandé de suivre la situation des risques du projet et d'intégrer aux situations de progression les enregistrements concernant ces risques.

5.11 Processus relatifs aux achats

Le présent paragraphe donne des lignes directrices pour la qualité des processus relatifs aux achats.

Ces processus traitent des achats, acquisitions ou approvisionnements de produits destinés au projet. Comme indiqué dans l'ISO 8402, le terme produit peut inclure les services, les matériels, les produits issus de processus à caractère continu, les logiciels ou une combinaison de tout cela. Les processus relatifs aux achats sont :

- la planification et la maîtrise des achats : identifier et maîtriser ce qui doit être acheté et quand ;

- la documentation sur les exigences : compiler les conditions commerciales et les exigences techniques ;

- l'évaluation des sous-contractants : évaluer et déterminer les sous-contractants auxquels il convient de faire appel pour fournir les produits ;

- la sous-traitance : émettre des appels d'offres, évaluer les offres, négocier, préparer et passer les commandes ;

- la maîtrise du contrat : s'assurer que la performance des sous-contractants correspond aux exigences du contrat.

   NOTE 1 : Pour les besoins de cette norme, en référence à l'ISO 9004-1, l'organisation est celle chargée du projet et les sous-contractants fournissent les produits à cette organisation.

   NOTE 2 : Des lignes directrices venant compléter celles qui sont données ci-dessous peuvent être consultées à l'article 9 de l'ISO 9004-1:1994.

5.11.1   Planification et maîtrise des achats

Il convient dans les activités de planification des achats d'identifier et de fixer le calendrier des produits à se procurer, en portant une attention particulière aux éléments critiques pour la qualité, les délais et les coûts relatifs au produit du projet.

Du point de vue du management de projet, tous les produits, qu'ils soient obtenus par l'intermédiaire de sous-contractants externes ou de l'entité d'origine du projet, sont considérés comme des achats. Dans les deux cas, les exigences sont identiques. Cependant, alors que les produits externes sont fournis par un contrat formel, les produits "maison" sont obtenus en faisant appel à des procédures et des contrôles d'acquisition internes.

Il convient de planifier les achats de telle sorte que les interfaces entre et avec les sous-contractants puissent être traitées par l'organisation de projet.

Il est recommandé d'allouer un délai suffisant au processus global d'achat. Ce délai comprendra l'évaluation du sous-contractant, l'étude des exigences et la revue de contrat par les sous-contractants.

Pour permettre une maîtrise adéquate des achats, l'avancement des achats est généralement comparé au plan d'achat et des mesures sont prises si nécessaire.

5.11.2   Exigences documentaires

Il convient que les documents d'achat se fondent, si possible, sur des documents standards, qu'ils comprennent des dates de livraison des produits et les exigences pour la documentation associée au produit. Il y a lieu de s'assurer que les exigences du client sont prises en compte dans les documents d'achat.

Il est recommandé que les documents soient structurés afin d'obtenir des sous-contractants potentiels des réponses précises, complètes et qu'il soit possible de les comparer.

Au moment de la préparation des documents d'achat, il convient de faire attention aux exigences de droit d'accès aux locaux du sous-contractant, dans le but de procéder à des vérifications.

5.11.3   Evaluation des sous-contractants

Il convient de considérer la stabilité financière des sous-contractants au moment de leur évaluation.

5.11.4   Sous-traitance

Il convient de mettre en place une procédure pour la sous-traitance.

Dans l'évaluation des offres, tout écart dans une proposition du sous-contractant est généralement identifié et pris en compte. Il convient que les fonctions ou organismes ayant procédé à la revue initiale et ayant approuvé les exigences initiales, approuvent les écarts proposés à l'acceptation.

Il est recommandé que les évaluations des offres soient fondées non seulement sur le prix des sous-contractants mais aussi sur d'autres coûts associés tels que coûts de fonctionnement, de maintenance, droits de licence, transport, assurance, droits de douane, variations du taux de change, contrôles, audits qualité et solution à apporter pour remédier aux écarts.

Avant de signer le contrat pour la fourniture du produit, il y a lieu d'étudier attentivement les effets sur la qualité de toute dérogation accordée par rapport aux exigences.

Il convient que les documents du contrat soient vérifiés pour s'assurer qu'ils incluent la négociation préliminaire du contrat avec le sous-contractant et que les exigences du produit sont parfaitement remplies.

5.11.5 Maîtrise du contrat

La maîtrise du contrat commence avec la passation du contrat ou au moment de l'accord de principe pour son attribution, avec par exemple une lettre d'intention. Il est recommandé de mettre en place un système afin de s'assurer que les exigences du contrat, dates et enregistrements compris, soient respectées.

La maîtrise du contrat comprend la création de relations contractuelles appropriées et l'intégration des éléments sortants issus de ces relations à l'ensemble du management de projet.

Il convient de vérifier que les performances du sous-contractant correspondent aux exigences du contrat. Les résultats de ces vérifications sont généralement signalés en retour au sous-contractant ainsi que toute action qui a été décidée.

Avant l'achèvement du contrat, il y a lieu de vérifier que toutes les conditions du contrat et exigences ont été remplies et que le retour d'information sur les performances du sous-contractant a été effectué pour permettre la mise à jour du registre des sous-contractants.

6   Enseignements à tirer du projet

Le présent article donne des recommandations sur la manière dont le projet doit profiter à l'entité d'origine du projet dans le cadre d'un programme d'amélioration continue des projets actuels et futurs.

Il convient que l'entité d'origine du projet établisse un système permettant de recueillir, stocker, mettre à jour et extraire l'information utile pour d'autres projets et de s'assurer que cette information est effectivement exploitée.

Il est bon que l'information nécessaire pour tirer profit du projet provienne d'informations contenues dans le projet, du retour d'information du client et d'autres parties prenantes. Il convient de vérifier l'information avant de l'utiliser.

Avant de concevoir le système de gestion de l'information du projet, il convient que l'entité d'origine du projet définisse l'information dont elle a besoin pour tirer profit du projet et qu'elle s'assure de la mise en place d'un système permettant la collecte de l'information.

Juste avant de clore le projet, il est bon que l'entité d'origine du projet élabore des revues consignées par écrit des résultats du projet en faisant ressortir l'expérience pouvant être exploitée pour d'autres projets. Chaque fois que cela est possible, il est bon d'impliquer le client et les autres parties prenantes.

Tableau 1 : Description des processus du management de projet (Informative)

Processus	Description	Paragraphe
Processus stratégique		
Processus stratégique	Préciser les orientations du projet et organiser la réalisation des autres processus du projet.	5.2
Processus de Management des interdépendances		
Lancement du projet et élaboration du plan de projet	Evaluer les exigences des parties prenantes, préparer un plan de projet et lancer d'autres processus.	5.3.1
Management des interactions	Gérer les interactions qui se présentent en cours de projet.	5.3.2
Management des modifications et de la configuration	Anticiper les modifications et les gérer tout au long du projet.	5.3.3
Clôture	Clore les processus et obtenir un retour d'information.	5.3.4
Processus relatifs au domaine d'intervention du projet		
Développement de concepts	Définir les grandes lignes des fonctions du produit du projet.	5.4.1
Elaboration du domaine d'intervention et sa maîtrise	Consigner par écrit, en termes mesurables, les caractéristiques du produit du projet et les maîtriser.	5.4.2
Définition des activités	Identifier et consigner par écrit les activités et étapes nécessaires à la réalisation des objectifs du projet.	5.4.3
Maîtrise des activités	Maîtriser le travail effectivement réalisé.	5.4.4
Processus relatifs aux délais		
Planification des liaisons entre activités	Identifier les interrelations et les interactions logiques ainsi que les liaisons entre les activités du projet.	5.5.1
Estimation des durées	Estimer la durée de chaque activité en rapport avec les conditions spécifiques et les ressources nécessaires.	5.5.2
Elaboration du calendrier	Mettre en relation les objectifs de délais, les liaisons entre les activités et leur durée pour produire un cadre favorable à l'élaboration de calendriers généraux et détaillés.	5.5.3
Maîtrise des délais	Maîtriser la réalisation des activités du projet, pour confirmer la proposition de calendrier ou pour prendre les mesures adéquates en vue de rattraper les retards.	5.5.4

à suivre

Tableau 1 (*suite*)

Processus	Description	Paragraphe
Processus relatifs aux coûts		
Estimation des coûts	Procéder à des estimations de coûts pour le projet.	5.6.1
Budgétisation	Utiliser les résultats des estimations de coûts pour élaborer le budget du projet.	5.6.2
Coûtenance	Maîtriser les coûts et les écarts par rapport au budget du projet.	5.6.3
Processus relatifs aux ressources		
Planification des ressources	Identifier, estimer, prévoir et allouer les ressources concernées.	5.7.1
Maîtrise des ressources	Comparer l'usage effectif des ressources avec le plan et prendre des mesures si nécessaire.	5.7.2
Processus relatifs au personnel		
Structure organisationnelle	Définir une structure organisationnelle adaptée aux besoins du projet, identifier les rôles au sein du projet et définir les pouvoirs et responsabilités.	5.8.1
Processus d'affectation du personnel	Sélectionner et affecter le personnel ayant des compétences pour s'adapter au projet.	5.8.2
Formation de l'équipe	Développer des compétences individuelles et collectives ainsi que la capacité à améliorer les résultats du projet.	5.8.3
Processus opérationnels relatifs à la communication		
Planification de la communication	Préparer les systèmes d'information et de communication du projet.	5.9.1
Gestion de l'information	Diffuser l'information dont ont besoin les personnes qui travaillent pour l'organisation de projet et les autres parties prenantes.	5.9.2
Maîtrise de la communication	Maîtriser la communication conformément au système de communication figurant dans le plan.	5.9.3

à suiv

Tableau 1 (*fin*)

Processus	Description	Paragraphe
Processus relatifs aux risques		
dentification des risques	Déterminer les risques inhérents au projet.	5.10.1
stimation des risques	Evaluer les probabilités d'occurrence des risques et leur impact sur le projet.	5.10.2
laboration de réponses aux sques	Mettre au point des plans pour faire face aux risques.	5.10.3
aîtrise des risques	Mettre en oeuvre et tenir à jour les plans relatifs aux risques.	5.10.4
Processus relatifs aux achats		
lanification et maîtrise des achats	Identifier et contrôler la nature et la fréquence des achats.	5.11.1
xigences de documentation	Compiler les conditions commerciales et les exigences techniques.	5.11.2
valuation des sous-contractants	Evaluer et déterminer les sous-contractants qui doivent être contactés pour fournir les produits.	5.11.3
ous-traitance	Emettre des avis d'appels d'offre, évaluer les soumissions, négocier, préparer et passer la commande.	5.11.4
aîtrise du contrat	S'assurer que les performances du sous-contractant correspondent aux exigences du contrat.	5.11.5

Annexe A (informative)

Pratiques qualité du management de projet

Référence à la série de normes ISO 9000

La présente annexe énumère les pratiques qualité applicables à de nombreux processus de projets. Elle indique l'endroit où, dans la famille de normes ISO 9000, il est possible de trouver des informations supplémentaires. Certaines de ces pratiques ont également été évoquées dans l'article 5.

Action corrective : Il convient de mener des actions correctives, s'il y a lieu, en rapport avec le processus de management des modifications. Des lignes directrices complémentaires sont données dans l'article 15 de l'ISO 9004-1:1994. La définition de "action corrective" est donnée en 4.14 de l'ISO 8402:1994.

Action préventive : Il convient de mener des actions préventives tout au long du projet. La définition de "action préventive" est donnée en 4.13 de l'ISO 8402:1994.

Amélioration de la qualité : Il convient de procéder à l'amélioration de la qualité tout au long du projet. Des informations complémentaires sont données en 5.6 de l'ISO 9004-1:1994 et dans l'ISO 9004-4.

Assurance de la qualité : La définition de "assurance de la qualité" est donnée en 3.5 de l'ISO 8402:1994.

Audits qualité : Les audits qualité peuvent être menés pour des besoins à la fois internes et externes. Ils sont susceptibles d'être appliqués pour tous les processus de projets. Des recommandations complémentaires sont données en 5.4 de l'ISO 9004-1:1994 et de l'ISO 10011. La définition de "audit qualité" est donnée en 4.9 de l'ISO 8402:1994.

Contrôle : La définition du "contrôle" est donnée en 2.15 de l'ISO 8402:1994.

Définition et conception : Des recommandations sont données dans l'article 8 de l'ISO 9004-1:1994.

Documentation : La documentation comprend les spécifications, documents et enregistrements du système qualité. Il convient de consigner par écrit les éléments entrants et sortants des processus. Des recommandations supplémentaires sur la documentation sont données dans les articles 17 (enregistrements) et 5.3 (documentation du système qualité) de l'ISO 9004-1:1994. La définition de la "spécification" est donnée en 3.14 de l'ISO 8402:1994.

Formation : Des lignes directrices sont données en 18.1 de l'ISO 9004-1:1994.

Homologation : Il convient d'établir des exigences d'homologation et de consigner par écrit ces homologations (fait référence à l'ISO/CEI Guide 2).

Maîtrise des processus : Il convient de mener la maîtrise des processus tout au long du projet. Des informations complémentaires sur la maîtrise des processus sont données à l'article 11 de l'ISO 9004-1:1994.

Planification de la qualité : La définition de la "planification de la qualité" est donnée en 3.3 de l'ISO 8402:1994.

Revues : Il convient que les sujets de revues comprennent les éléments entrants et sortants des processus de projets, documentation comprise. Les types de revues définies dans l'ISO 8402:1994 sont la "revue de direction" (3.9), la "revue de contrat" (3.10) et la "revue de conception" (3.11).

Système qualité : La définition du "système qualité" est donnée en 3.6 de l'ISO 8402:1994.

Traçabilité : La définition de la "traçabilité" est donnée en 3.16 de l'ISO 8402:1994.

Validation des outils et techniques : Il convient que les méthodes, outils, techniques et logiciels utilisés soient adaptés au projet et soient valides. La définition de la "validation" est donnée en 2.18 de l'ISO 8402:1994.

Vérification : Il convient de procéder à la vérification des éléments sortants du projet. La définition de la "vérification" est donnée en 2.17 de l'ISO 8402:1994. Des lignes directrices supplémentaires sur la vérification du produit sont données à l'article 12 de l'ISO 9004-1:1994.

Annexe B (informative)

Application des situations de progression à la qualité

B.1   Généralités

Cette annexe illustre la manière dont les situations de progression peuvent être appliquées à la qualité. La "situation de progression" est définie dans l'article 3.6.

Les situations de progression fournissent l'occasion de penser en terme de qualité puisqu'elles s'appliquent à tous les processus.

Il convient d'utiliser les situations de progression pour contrôler l'adéquation du plan qualité et la conformité du travail fourni à ce plan. Il y a lieu de les utiliser pour évaluer la bonne synchronisation et interconnexion des processus du projet. Il est également recommandé qu'elles identifient et évaluent les activités ainsi que les résultats qui pourraient affecter défavorablement la réalisation des objectifs du projet. Elles sont généralement utilisées dans le but d'obtenir des éléments entrants pour les travaux restants et de faciliter la communication. Il y a lieu de les utiliser pour dynamiser le processus d'amélioration en identifiant les écarts et les évolutions en matière de risques.

Il convient d'utiliser les situations de progression pour fournir des renseignements au programme d'amélioration continue de l'organisation de projet.

B.2   Mise en oeuvre

Il convient d'attribuer à quelqu'un la responsabilité du management des situations de progression. En règle générale, les situations de progression impliquent les personnes responsables des processus du projet. Elles peuvent également impliquer d'autres parties prenantes.

Il convient de déterminer l'objet de chaque situation de progression figurant dans le plan, y compris quels processus doivent être évalués et quels éléments sortants sont exigés, afin d'assurer la disponibilité du personnel et de l'information appropriés. Au cours de l'évaluation, il est recommandé que les éléments sortants soient analysés selon des critères prédéfinis de performance acceptable et que la responsabilité des actions requises soit attribuée.

Il convient d'inclure dans le plan de projet les processus à évaluer, les critères d'évaluation et les responsabilités pour chaque situation de progression, ceci suffisamment à l'avance pour tenir compte des mesures et évaluations.

Annexe C (informative)

Bibliographie

[1] ISO 9000-1:1994   Normes pour le management de la qualité et l'assurance de la qualité - Partie 1 : Lignes directrices pour leur sélection et utilisation.

[2] ISO 9000-4:1993   Normes pour la gestion de la qualité et l'assurance de la qualité - Partie 1 : Guide de gestion du programme de sûreté de fonctionnement.

[3] ISO 9001:1994   Systèmes qualité - Modèle pour l'assurance de la qualité en conception, développement, production, installation et prestations associées.

[4] ISO 9004-2:1991   Gestion de la qualité et éléments de système qualité - Partie 2 : Lignes directrices pour les services.

[5] ISO 9004-4:1993   Management de la qualité et éléments de système qualité - Partie 4 : Lignes directrices pour l'amélioration de la qualité.

[6] ISO 10005:1995   Management de la qualité - Lignes directrices pour les plans qualité.

[7] ISO 10011:1991   Lignes directrices pour l'audit des systèmes qualité.

[8] ISO 10013:1995   Lignes directrices pour l'élaboration des manuels qualité.

[9] ISO/CEI 12207:1995 Technologies de l'information - Processus du cycle de vie des logiciels.

[10] CEI 300-3-3:1995   Gestion de la sûreté de fonctionnement - Partie 3 : Guide d'application - Section 3 : Coût du cycle de vie.

[11] CEI 300-3-9:1995   Gestion de la sûreté de fonctionnement - Partie 3 : Guide d'application - Section 9 : Analyse du risque des systèmes technologiques.

NOTE : NORME ISO 9000-4

Cette norme a été publiée sous les deux indices suivants :
- ISO 9000-4
- CEI 300-1 (1993)

Elle est reprise dans la collection française sous l'indice de classement C20-300-1 dans la version NF EN 60300-1 juillet 1994.

INTERNATIONAL STANDARD

NORME INTERNATIONALE

ISO 9000-4

IEC/CEI 300-1

First edition
Première édition
1993-04

ISO 9000-4

Quality management and quality assurance standards –

Part 4:
Guide to dependability programme management

IEC 300-1

Dependability management –

Part 1:
Dependability programme management

ISO 9000-4

Normes pour la gestion de la qualité et l'assurance de la qualité –

Partie 4:
Guide de gestion du programme de sûreté de fonctionnement

CEI 300-1

Gestion de la sûreté de fonctionnement –

Partie 1:
Gestion du programme de sûreté de fonctionnement

Reference number
Numéro de référence
CEI/IEC 300-1: 1993
ISO 9000-4: 1993 (E/F)

Révision de la présente publication

Le contenu technique des publications de la CEI est constamment revu par la Commission afin d'assurer qu'il reflète bien l'état actuel de la technique.

Les renseignements relatifs à ce travail de révision, à l'établissement des éditions révisées et aux mises à jour peuvent être obtenus auprès des Comités nationaux de la CEI et en consultant les documents ci-dessous:

- **Bulletin de la CEI**
- **Annuaire de la CEI**
- **Catalogue des publications de la CEI**
  Publié annuellement

Terminologie

En ce qui concerne la terminologie générale, le lecteur se reportera à la Publication 50 de la CEI: Vocabulaire Electrotechnique International (VEI), qui est établie sous forme de chapitres séparés traitant chacun d'un sujet défini, l'Index général étant publié séparément. Des détails complets sur le VEI peuvent être obtenus sur demande.

Les termes et définitions figurant dans la présente publication ont été soit repris du VEI et l'ISO 8402, soit spécifiquement approuvés aux fins de cette publication.

Symboles graphiques et littéraux

Pour les symboles graphiques, symboles littéraux et signes d'usage général approuvés par la CEI, le lecteur consultera:

— la Publication 27 de la CEI: Symboles littéraux à utiliser en électrotechnique;

— la Publication 617 de la CEI: Symboles graphiques pour schémas.

Les symboles et signes contenus dans la présente publication ont été soit repris des Publications 27 ou 617 de la CEI, soit spécifiquement approuvés aux fins de cette publication.

Publications de la CEI établies par le même Comité d'Etudes

L'attention du lecteur est attirée sur le deuxième feuillet de la couverture, qui énumère les publications de la CEI préparées par le Comité d'Etudes qui a établi la présente publication et par l'ISO/TC 176.

Revision of this publication

The technical content of IEC publications is kept under constant review by the IEC, thus ensuring that the content reflects current technology.

Information on the work of revision, the issue of revised editions and amendment sheets may be obtained from IEC National Committees and from the following IEC sources:

- **IEC Bulletin**
- **IEC Yearbook**
- **Catalogue of IEC Publications**
  Published yearly

Terminology

For general terminology, readers are referred to IEC Publication 50: International Electrotechnical Vocabulary (IEV), which is issued in the form of separate chapters each dealing with a specific field, the General Index being published as a separate booklet. Full details of the IEV will be supplied on request.

The terms and definitions contained in the present publication have either been taken from the IEV and ISO 8402 or have been specifically approved for the purpose of this publication.

Graphical and letter symbols

For graphical symbols, and letter symbols and signs approved by the IEC for general use, readers are referred to:

— IEC Publication 27: Letter symbols to be used in electrical technology;

— IEC Publication 617: Graphical symbols for diagrams.

The symbols and signs contained in the present publication have either been taken from IEC Publications 27 or 617, or have been specifically approved for the purpose of this publication.

IEC publications prepared by the same Technical Committee

The attention of readers is drawn to the back cover, which lists IEC publications issued by the Technical Committee which has prepared the present publication and by ISO/TC 176.

INTERNATIONAL STANDARD

NORME INTERNATIONALE

ISO 9000-4

IEC/CEI 300-1

First edition
Première édition
1993-04

ISO 9000-4

Quality management and quality assurance standards –

Part 4:
Guide to dependability programme management

IEC 300-1

Dependability management –

Part 1:
Dependability programme management

ISO 9000-4

Normes pour la gestion de la qualité et l'assurance de la qualité –

Partie 4:
Guide de gestion du programme de sûreté de fonctionnement

CEI 300-1

Gestion de la sûreté de fonctionnement –

Partie 1:
Gestion du programme de sûreté de fonctionnement

Bureau Central de la Commission Electrotechnique Internationale   3, rue de Varembé   Genève, Suisse

CODE PRIX
PRICE CODE   **L**

Pour prix, voir catalogue en vigueur
For price, see current catalogue

SOMMAIRE

CONTENTS

COMMISSION ÉLECTROTECHNIQUE INTERNATIONALE

GESTION DE LA SÛRETÉ DE FONCTIONNEMENT –

Partie 1: Gestion du programme de sûreté de fonctionnement

ORGANISATION INTERNATIONALE DE NORMALISATION

NORMES POUR LA GESTION DE LA QUALITÉ ET L'ASSURANCE DE LA QUALITÉ –

Partie 4: Guide de gestion du programme de sûreté de fonctionnement

AVANT-PROPOS

CEI 300-1/ISO 9000-4

La CEI (Commission Electrotechnique Internationale) et l'ISO (Organisation International de Normalisation) forment le système spécialisé de normalisation mondiale. Les organismes nationaux membres de la CEI ou de l'ISO participent au développement de Normes Internationales par l'intermédiaire des comités techniques créés par l'organisation concernée afin de s'occuper des différents domaines particuliers de l'activité technique. Les Comités d'Etudes de la CEI et les Comités Techniques de l'ISO collaborent dans des domaines d'intérêt commun. D'autres organisations internationales gouvernementales ou non gouvernementales en liaison avec la CEI et l'ISO participent également à ces travaux.

Les projets de Normes Internationales sont diffusés, pour vote, aux membres nationaux. La publication comme Norme Internationale requiert l'approbation d'au moins 75% des membres nationaux qui ont voté.

La Norme Internationale CEI 300-1/ISO 9000-4 a été élaborée par le CE 56 de la CEI: Sûreté de fonctionnement, en liaison étroite avec l'ISO/TC 176/SC 2: Systèmes qualité.

Les termes et les définitions spécifiques de la gestion de la sûreté de fonctionnement figurent dans la présente Norme Internationale. Il est prévu de faire figurer des termes et définitions harmonisés dans les futures éditions de la présente Norme Internationale et de la Norme ISO 8402: Qualité – Vocabulaire.

Cette première édition annule et remplace la publication CEI 300 (1984).

Le texte de cette norme est issu des documents suivants:

DIS	Rapport de vote
56(BC)189	56(BC)200

Le rapport de vote indiqué dans le tableau ci-dessus donne toute information sur le vote ayant abouti à l'approbation de cette norme.

INTERNATIONAL ELECTROTECHNICAL COMMISSION

DEPENDABILITY MANAGEMENT –

Part 1: Dependability programme management

INTERNATIONAL ORGANIZATION FOR STANDARDIZATION

QUALITY MANAGEMENT AND QUALITY ASSURANCE STANDARDS –

Part 4: Guide to dependability programme management

FOREWORD

IEC 300-1/ISO 9000-4

IEC (the International Electrotechnical Commission) and ISO (the International Organization for Standardization) form the specialized system for worldwide standardization. National bodies that are members of IEC or ISO participate in the development of International Standards through technical committees established by the respective organization to deal with particular fields of technical activity. IEC and ISO committees collaborate in fields of mutual interest. Other international organizations, governmental and non-governmental, in liaison with IEC and ISO, also take part in the work.

Draft International Standards are circulated to national bodies for voting. Publication as an International Standard requires approval by at least 75% of the national bodies casting a vote.

International Standard IEC 300-1/ISO 9000-4 was developed by IEC/TC 56: Dependability, in close collaboration with ISO/TC 176/SC 2: Quality systems.

Terms and definitions specific to dependability management are included in this International Standard. It is expected that harmonized terms and definitions will be included in future editions of this International Standard and of ISO 8402: Quality - Vocabulary.

This first edition cancels and replaces publication IEC 300 (1984).

The text of this standard is based on the following documents:

DIS	Report on the voting
56(CO)189	56(CO)200

Full information on the voting for the approval of this standard can be found in the report on voting indicated in the above table.

INTRODUCTION

La sûreté de fonctionnement est l'une des caractéristiques de performance les plus importantes pour de nombreux produits. L'assurance de la sûreté de fonctionnement concerne la fiabilité et la maintenabilité du produit aussi bien que la logistique de maintenance fournie par le client (et/ou le fournisseur). C'est une responsabilité qui doit être partagée entre le fournisseur et le client.

L'accroissement de la confiance vis-à-vis des services tels que les transports, l'électricité, les télécommunications et les services d'information conduit à de plus grandes prévisions et exigences de l'utilisation concernant la qualité de service. La sûreté de fonctionnement des produits utilisés dans de tels services est un facteur majeur qui contribue à leur qualité de service.

Le manque de ressources, les préoccupations relatives à la sécurité et à l'environnement, la complexité des produits, conjugués avec l'accroissement de l'intérêt pour le coût global de possession des produits, accentuent aussi le besoin en assurance de sûreté de fonctionnement ainsi qu'en ses éléments. L'expérience montre que le coût de maintenance peut très bien dépasser le coût d'acquisition initial.

De nombreux produits sont développés avec l'intention de satisfaire à des besoins ou à des exigences des utilisateurs, exprimés dans des spécifications. De telles exigences concernent normalement la fiabilité et la maintenabilité, quelquefois la disponibilité sous des conditions de logistique de maintenance données. Le client est souvent seul responsable de l'exploitation et de la maintenance.

Certains produits sont vendus ou loués avec des accords ou des garanties concernant les mesures des caractéristiques de sûreté de fonctionnement avec ou sans logistique de maintenance couverte par le fournisseur.

Pour d'autres produits, la spécification de sûreté de fonctionnement peut faire partie du processus de conception ou de maintien du produit.

L'existence d'un programme de sûreté de fonctionnement est dans l'intérêt du client et du fournisseur, pour toutes les phases concernées du cycle de vie.

INTRODUCTION

Dependability is one of the most important performance characteristics of many products. Dependability assurance addresses the reliability performance and maintainability performance of the product as well as the performance of the maintenance support provided by the customer (and/or the supplier). It is a responsibility to be shared by the supplier and the customer.

Society's increasing reliance upon services such as transportation, electricity, tele-communication and information services leads to higher user requirements and expectations with regard to quality of service. The dependability of products used for such services is a major contributing factor to their quality of service.

Scarcity of resources, safety and environmental concerns, increase in product complexity, together with mounting interest in the life-cycle cost of products also emphasize the need for assurance of dependability as well as of its elements. Experience shows that the maintenance cost may well exceed the original acquisition cost.

Many products are developed with the intention to satisfy users' needs or requirements as expressed in specifications. Such requirements normally concern reliability performance and maintainability performance, and, sometimes, availability performance under stated conditions of maintenance support. The customer is often solely responsible for operation and maintenance.

Some products are sold or leased with agreements or guarantees for measures of dependability characteristics, with or without maintenance support from the supplier.

For other products, the specification of dependability may be a part of the process of designing or maintaining the product.

The existence of an effective dependability programme is in the interest of both the customer and the supplier, for relevant life-cycle phases.

COMMISSION ÉLECTROTECHNIQUE INTERNATIONALE

GESTION DE LA SÛRETÉ DE FONCTIONNEMENT –

Partie 1: Gestion du programme de sûreté de fonctionnement

ORGANISATION INTERNATIONALE DE NORMALISATION

NORMES POUR LA GESTION DE LA QUALITÉ ET L'ASSURANCE DE LA QUALITÉ –

Partie 4: Guide de gestion du programme de sûreté de fonctionnement

1   Domaine d'application

La présente partie de la CEI 300/ISO 9000 fournit un guide sur la gestion du programme de sûreté de fonctionnement. Elle couvre les caractéristiques essentielles d'un programme de sûreté de fonctionnement détaillé pour la planification, l'organisation, la direction et la maîtrise des ressources pour réaliser des produits qui seront fiables et maintenables. En termes de gestion, elle concerne ce qui doit être fait, pourquoi, quand et comment il faut le faire, mais ne spécifie pas qui le fera ni où il convient de la faire en raison de la grande diversité des organisations et des projets.

La présente partie de la CEI 300/ISO 9000 est applicable aux produits matériels et/ou logiciels, pour lesquels les caractéristiques de sûreté de fonctionnement sont significatives pendant la phase d'exploitation et de maintenance. Les exigences ont pour premier objectif de maîtriser ce qui peut avoir de l'influence sur la sûreté de fonctionnement et ce, à toutes les phases du cycle de vie du produit, depuis sa planification jusqu'à son exploitation.

Tout contrat utilisant le guide fourni dans cette partie de la CEI 300/ISO 9000 peut en utiliser des parties choisies pour tenir compte de circonstances particulières. Les parties impliquées doivent se mettre d'accord et consigner par écrit le degré d'application, en incluant les informations données en tant que guide dans les autres parties de la série CEI 300. Toute clause choisie, utilisée dans ce sens, devient une exigence.

NOTES

1   Le guide fourni dans cette partie de la CEI 300/ISO 9000 s'applique en premier lieu à un fournisseur n'ayant qu'un petit nombre de clients qualifiés, mais il peut aussi s'appliquer à l'approvisionnement de produits destinés à la consommation.

2   Le guide donné dans cette partie de la CEI 300/ISO 9000 concerne les phases du cycle de vie comme définies et peuvent aussi s'appliquer à toute nouvelle subdivision de phases.

3   Le genre masculin est utilisé dans cette partie de la CEI 300/ISO 9000 pour représenter aussi le genre féminin lorsqu'on l'applique à des personnes.

4   Dans le contexte de cette partie de la CEI 300/ISO 9000, les termes «document» et «documentation» ne sont pas limités à des supports papier.

5   Le terme «client» utilisé dans cette partie de la CEI 300/ISO 9000 est synonyme du terme «acheteur».

INTERNATIONAL ELECTROTECHNICAL COMMISSION

DEPENDABILITY MANAGEMENT –

Part 1: Dependability programme management

INTERNATIONAL ORGANIZATION FOR STANDARDIZATION

QUALITY MANAGEMENT AND QUALITY ASSURANCE STANDARDS –

Part 4: Guide to dependability programme management

1 Scope

This part of IEC 300/ISO 9000 provides guidance on dependability programme management. It covers the essential features of a comprehensive dependability programme for the planning, organization, direction and control of resources to produce products which will be reliable and maintainable. In management terms, it is concerned with what has to be done, and why, and when and how it has to be done, but it is not specific about who should do it and where, because organizations and projects vary widely.

This part of IEC 300/ISO 9000 is applicable to hardware and/or software products, where dependability characteristics are significant during the operation and maintenance phase. The requirements are aimed primarily at controlling influences on dependability at all product life-cycle phases from product planning to operation.

Any agreement using the guidance given in this part of IEC 300/ISO 9000 may use selected parts to fit particular circumstances. The parties involved shall agree upon and record the extent to which it is applied, including the guidance given in other parts of the IEC 300 series. Any selected clauses used in this way become requirements.

NOTES

1   The guidance given in this part of IEC 300/ISO 9000 primarily applies to a supplier with a small number of qualified customers but it can also be applied to the supply of consumer products.

2   The guidance given in this part of IEC 300/ISO 9000 addresses the life-cycle phases as defined and would also apply to any further subdivision of phases.

3   The masculine gender is used in this part of IEC 300/ISO 9000 to represent also the feminine gender where applied to persons.

4   In the context of this part of IEC 300/ISO 9000 the terms "document" and "documentation" are not restricted to paper media.

5   The term "customer" used in this part of IEC 300/ISO 9000 is synonymous with the term "purchaser".

2   Références normatives

Les documents normatifs suivants contiennent des dispositions qui, par suite de la référence qui y est faite, constituent des dispositions valables pour la présente partie de la CEI 300/ISO 9000. Au moment de la publication, les éditions indiquées étaient en vigueur. Tout document normatif est sujet à révision et les parties prenantes aux accords fondés sur la présente partie de la CEI 300/ISO 9000 sont invitées à rechercher la possibilité d'appliquer les éditions les plus récentes des documents normatifs indiqués ci-après. Les membres de la CEI et de l'ISO possèdent le registre des Normes internationales en vigueur.

CEI 50(191): 1990, *Vocabulaire Electrotechnique International (VEI) – Chapitre 191 – Sûreté de fonctionnement et qualité de service*

CEI 300-2: XX, *Gestion de la sûreté de fonctionnement – Partie 2: Eléments et tâches du programme de sûreté de fonctionnement* (future publication à l'étude)

ISO 8402: 1986, *Qualité – Vocabulaire*

ISO 9001: 1987, *Systèmes qualité – Modèle pour l'assurance de la qualité en conception, développement, production, installation et soutien après la vente*

ISO 9002: 1987, *Systèmes qualité – Modèle pour l'assurance de la qualité en production et installation*

ISO 9003: 1987, *Systèmes qualité – Modèle pour l'assurance de la qualité en contrôle et essais finals*

ISO 9004: 1987, *Gestion de la qualité et éléments de système qualité – Lignes directrices*

3   Définitions

Pour les besoins de la présente partie de la CEI 300/ISO 9000, les termes et définitions de la CEI 50(191) et de l'ISO 8402 s'appliquent ainsi que les termes et définitions particuliers suivants:

3.1   sûreté de fonctionnement: Ensemble des propriétés qui décrivent la disponibilité et les facteurs qui la conditionnent: fiabilité, maintenabilité et logistique de maintenance.

NOTE - La sûreté de fonctionnement est une notion générale sans caractère quantitatif.

3.2   programme de sûreté de fonctionnement: Structures de l'organisation, responsabilités, procédures, processus et ressources utilisés pour la gestion de la sûreté de fonctionnement.

NOTE - Un programme de sûreté de fonctionnement concerne toutes les phases du cycle de vie d'un produit, depuis la planification jusqu'à l'exploitation et, éventuellement, le retrait de service. Un programme de sûreté de fonctionnement est formé d'éléments de programme divisés en tâches.

2 Normative references

The following normative documents contain provisions which, through reference in this text constitute provisions of this part of IEC 300/ISO 9000. At the time of publication, the editions indicated were valid. All normative documents are subject to revision, and parties to agreements based on this part of IEC 300/ISO 9000 are encouraged to investigate the possibility of applying the most recent editions of the normative documents listed below. Members of IEC and ISO maintain registers of currently valid International Standards.

IEC 50(191): 1990, *International Electrotechnical Vocabulary (IEV) − Chapter 191 − Dependability and quality of service*

IEC 300-2: XX, *Dependability management − Part 2: Dependability programme elements and tasks* (future publication under consideration)

ISO 8402: 1986, *Quality − Vocabulary*

ISO 9001: 1987, *Quality systems − Model for quality assurance in design/development, production, installation and servicing*

ISO 9002: 1987, *Quality systems − Model for quality assurance in production and installation*

ISO 9003: 1987, *Quality systems − Model for quality assurance in final inspection and test*

ISO 9004: 1987, *Quality management and quality system elements − Guidelines*

3 Definitions

For the purposes of this part of IEC 300/ISO 9000, the terms and definitions of IEC 50 (191) and ISO 8402 apply, together with the following particular terms and definitions:

3.1   dependability: The collective term used to describe the availability performance and its influencing factors: reliability performance, maintainability performance and maintenance support performance.

NOTE - Dependability is used only for general descriptions in non-quantitative terms.

3.2   dependability programme: The organizational structure, responsibilities, procedures, processes and resources used for managing dependability.

NOTE - A dependability programme covers all phases of a product's life cycle from planning to operation and possibly disposal. A dependability programme is composed of programme elements divided into tasks.

3.3 plan de sûreté de fonctionnement: Document décrivant les pratiques spécifiques de sûreté de fonctionnement, les ressources et la séquence des activités associées à un produit, un contrat ou un projet donné.

3.4 produit: Toute fourniture contractuellement spécifiée, biens ou services.

4 Responsabilités de gestion

4.1 Politique

Il convient que le fournisseur établisse et maintienne un document décrivant sa politique et ses objectifs quant aux caractéristiques de sûreté de fonctionnement de ses produits et aux services de soutien associés. Ce document pourra être une partie du document de la politique de la qualité préparé en accord avec 4.1.1 de l'ISO 9001 et les lignes directrices données en 4.2 et 4.3 de l'ISO 9004.

4.2 Organisation

Il convient que le fournisseur établisse et maintienne dans son organisation des éléments de programme et des ressources pour atteindre l'assurance de la sûreté de fonctionnement. Ces éléments peuvent être indépendants aussi bien que spécifiques à un produit ou à un projet. Il convient qu'ils soient facilement identifiables et puissent être indépendants du responsable de l'organisation tout en étant correctement interfacés avec lui pour la réalisation des activités d'assurance de la qualité.

Les fonctions pour atteindre l'assurance de la sûreté de fonctionnement et l'assurance de la qualité peuvent avoir des éléments organisationnels communs; dans ce cas, elles peuvent être intégrées et exécutées conjointement, mais doivent rester identifiables.

4.3 Système qualité

Il convient que le fournisseur établisse et maintienne un système qualité documenté en accord avec l'ISO 9001, l'ISO 9002 ou l'ISO 9003, selon le cas.

4.4 Etudes de marché et planification de produit

Il convient que le fournisseur établisse et maintienne des procédures pour des études de marché afin de déterminer les besoins des clients futurs pour la sûreté de fonctionnement des produits concernés par l'introduction sur le marché, et pour convertir ces besoins en spécifications.

Il convient que les premières activités de planification de produit, incluant les études de faisabilité, soient conduites sur la base des spécifications de sûreté de fonctionnement, basées sur l'étude de marché.

4.5 Revues de gestion

Il convient que le fournisseur réalise des revues, à un niveau de gestion et à intervalles de temps appropriés, du programme de sûreté de fonctionnement adopté en accord avec les lignes directrices de la présente partie de la CEI 300/ISO 9000. Des enregistrements de ces revues doivent être conservés.

NOTE - Il convient que ces revues soient coordonnées avec les revues de gestion réalisées en accord avec 4.1.3 de l'ISO 9001.

3.3 dependability plan: A document setting out the specific dependability practices, resources and sequence of activities relevant to a particular product, contract or project.

3.4 product: Any specified deliverable goods or service.

4 Management responsibilities

4.1 *Policy*

The supplier should establish and maintain a document expressing his policy and objectives regarding the dependability characteristics of his products and the related support services. This document may constitute a part of a quality policy document prepared in accordance with 4.1.1 of ISO 9001 and the guidance given in 4.2 and 4.3 of ISO 9004.

4.2 *Organization*

The supplier should establish and maintain programme elements and resources in his organization to achieve assurance of dependability. These elements can be product and project independent as well as project or product specific. They should be easily identifiable, and may be independent of but suitably interfaced with the organization responsible for performing quality assurance activities.

The functions to achieve assurance of dependability and quality assurance may have common organizational elements, in which case they may be integrated and executed in conjunction, but still remain identifiable.

4.3 *Quality system*

The supplier should establish and maintain a documented quality system in accordance with ISO 9001, ISO 9002 or ISO 9003, as applicable.

4.4 *Market research and product planning*

The supplier should establish and maintain procedures for market research to determine the needs of prospective customers for the dependability of products being considered for market introduction, and for converting these needs into specifications.

Early product planning activities, including feasibility studies, should be conducted on the basis of dependability specifications, based on market research.

4.5 *Management review*

The supplier should carry out reviews, at management level and with appropriate time intervals, of the dependability programme adopted in accordance with the guidance given in this part of IEC 300/ISO 9000. Records of such reviews should be maintained.

NOTE - These reviews should be coordinated with the management reviews done in accordance with 4.1.3 of ISO 9001.

4.6　Revues du programme de sûreté de fonctionnement

Il convient que le fournisseur établisse et maintienne des procédures pour l'établissement de revues systématiques, récurrentes et indépendantes pour examiner l'adéquation des processus ainsi que les procédures et outils utilisés pour son programme de sûreté de fonctionnement, comprenant:

- la revue du programme de sûreté de fonctionnement, de ses éléments et tâches, incluant l'argumentation pour leur sélection;

- la revue de tous les documents décrivant le programme, ses éléments, les tâches et les résultats;

- la prise en compte des performances effectives et de réalisation du programme de sûreté de fonctionnement et l'approbation des modifications;

- l'évaluation des caractéristiques d'efficacité-coût du programme en termes de bénéfices; plus grande sûreté de fonctionnement, plus petit coût de maintenance, etc.

5　Eléments de programme indépendants d'un produit ou d'un projet

5.1　Mise en oeuvre du programme de sûreté de fonctionnement

Il convient que le fournisseur soit capable de mettre en oeuvre un programme de sûreté de fonctionnement, avec la sélection des tâches basée sur la CEI 300-2, pour assurer que les exigences de sûreté de fonctionnement spécifiées sont tenues.

Il convient de documenter la structure et les éléments du programme de sûreté de fonctionnement ainsi que les descriptions détaillées des procédures, méthodes d'analyse, outils et principes statistiques utilisés pour définir, contrôler et évaluer les caractéristiques de sûreté de fonctionnement.

5.2　Méthodes

Il convient que le fournisseur établisse et maintienne l'accès à l'état de l'art en statistique ou autres méthodes quantitative et qualitative appropriées à la prédiction, à l'analyse et à l'estimation des caractéristiques de sûreté de fonctionnement de ses produits. Il est recommandé que les programmes d'instruction et de formation soient établis et dispensés aux catégories de personnel qui utiliseront ces méthodes.

5.3　Banques de données

Il convient que le fournisseur établisse et maintienne des banques de données pour fournir un retour d'information concernant la sûreté de fonctionnement de ses produits, à partir d'essais et/ou d'exploitation, afin d'assister la conception du produit, l'amélioration constante du produit, la planification de la logistique de maintenance, ou nécessaires par ailleurs au programme de sûreté de fonctionnement.

5.4　Enregistrements de sûreté de fonctionnement

Il convient de maintenir pendant une période appropriée, définie en relation avec la durée de vie attendue du produit, tous les documents contenant des exigences sur la sûreté de fonctionnement et leur allocation, les plans de sûreté de fonctionnement et les résultats des analyses et prédictions de sûreté de fonctionnement, les instructions et résultats de test de la sûreté de fonctionnement et les enregistrements des analyses de données opérationnelles. Il convient qu'une liste des documents concernés, incluant leur statut de révision, soit établie et maintenue en accord avec 4.5 de l'ISO 9001.

4.6 Dependability programme reviews

The supplier should establish and maintain procedures for a systematic, recurrent and independent review of the adequacy of processes, procedures and tools used for his dependability programme, including;

- review of the dependability programme and its elements and tasks, including the rationale for their selection;

- review of all documents describing the programme, its elements, tasks and results;

- consideration of the effective performance and achievement of the dependability programme and approval of any changes;

- evaluation of the cost-effectiveness of the programme in terms of its benefits; higher dependability, lower maintenance cost, etc.

5 Product or project independent programme elements

5.1 Dependability programme implementation

The supplier should be capable of implementing a dependability programme, with task selection based on IEC 300-2, to ensure that the specified dependability requirements are met.

The structure and elements of the dependability programme and the detailed descriptions of the procedures, analysis methods, tools and statistical principles used to define, control and evaluate dependability characteristics should be documented.

5.2 Methods

The supplier should establish and maintain access to effective statistical and other relevant qualitative and quantitative methods and models appropriate for prediction, analysis and estimation of dependability characteristics of his products. Education and training programmes should be issued and implemented for any personnel categories that will use the methods.

5.3 Data banks

The supplier should establish and maintain data banks to provide feedback on the dependability of its products, from testing and/or operation, in order to assist in product design, current product improvement, maintenance support planning, or as otherwise needed for the dependability programme.

5.4 Dependability records

All documents containing requirements for dependability and their allocation, dependability plans and results of dependability analyses and predictions, dependability test instructions and results, and field data analysis records should be retained for an appropriate period, defined with relation to the expected product life time. A master list of relevant documents, including their revision status, should be established and maintained in accordance with 4.5 of ISO 9001.

6   Eléments de programme spécifiques à un produit ou à un projet

6.1   *Planification et gestion*

Il convient que le fournisseur développe un plan de sûreté de fonctionnement en tant que partie du plan général du produit ou du projet.

Il convient que le plan de sûreté de fonctionnement soit revu et révisé, si nécessaire, aux revues de projet et de produit. Il convient que ces revues vérifient aussi que les éléments et tâches de programme, les analyses et les résultats soient conformes au plan et aux exigences de sûreté de fonctionnement spécifiées.

Il convient que le fournisseur établisse et maintienne des procédures pour assurer le suivi, comme défini dans la CEI 300-2, des exigences de sûreté de fonctionnement.

La sûreté de fonctionnement est un des facteurs clés dans la procédure de gestion de configuration qu'il convient que le fournisseur établisse et maintienne, en accord avec 8.8 de l'ISO 9004.

NOTE. - Les tâches de programme sont définies en 6.1 de la CEI 300-2 (plans de sûreté de fonctionnement; gestion des décisions concernant le projet; gestion de la traçabilité; gestion de configuration).

6.2   *Revue et liaison contractuelles*

Il convient que le fournisseur établisse et maintienne des procédures concernant les revues de contrat, en accord avec 4.3 de l'ISO 9001, afin d'assurer que les exigences de sûreté de fonctionnement, et les conditions et les contraintes pour la définition des exigences de sûreté de fonctionnement, soient correctement spécifiées et documentées, que les différences entre les exigences de sûreté de fonctionnement et celles du contrat soient résolues, que les conditions d'exploitation et de logistique de maintenance soient convenablement définies par le client et que les critères des tests d'acceptation soient spécifiés. Il convient que les comptes rendus de ces revues, contenant les décisions prises, soient maintenus.

Il convient que le fournisseur désigne un représentant chargé de la gestion pour assurer l'interface avec le client.

NOTE - Les tâches de programme sont définies en 6.2 de la CEI 300-2 (revue de contrat; représentant chargé de la gestion).

6.3   *Exigences de sûreté de fonctionnement*

Il convient que le fournisseur établisse des spécifications qui contiennent des exigences qualitatives et quantitatives pour la disponibilité, la fiabilité et la maintenabilité. Il convient que les hypothèses concernant la logistique de maintenance prenant en compte les informations fournies par le client, soient clairement établies.

Il convient que le fournisseur réalise une tâche de revue des exigences avant le début de la conception. Il convient que cette revue assure que les exigences de sûreté de fonctionnement incomplètes, ambiguës ou conflictuelles soient clarifiées ou modifiées. Il est recommandé que l'ensemble des exigences de sûreté de fonctionnement soit alloué, de façon appropriée, aux différentes parties du produit à concevoir.

6   Product or project specific programme elements

6.1   *Planning and management*

The supplier should develop a dependability plan as a part of the general product plan or project plan.

The dependability plan should be reviewed, and if necessary revised, at project and product reviews. These reviews should also verify that the programme elements and tasks, analyses, and results conform to the plan and the specified dependability requirements.

The supplier should establish and maintain procedures for securing traceability, as defined in IEC 300-2, of dependability requirements.

Dependability is one of the driving factors in the configuration management procedure, which should be established and maintained by the supplier in accordance with guidance given in 8.8 of ISO 9004.

NOTE - The programme tasks are defined in 6.1 of IEC 300-2 (dependability plans; project decision management; traceability management; configuration management).

6.2   *Contract review and liaison*

The supplier should establish and maintain procedures for contract review, performed in accordance with 4.3 of ISO 9001, in order to ensure that the dependability requirements and the conditions and constraints for definition of dependability requirements are adequately specified and documented, that any dependability requirements differing from those in the tender are resolved, that operations and maintenance support conditions are adequately defined by the customer and that acceptance testing criteria are specified. Records which include decisions taken at these reviews should be maintained.

The supplier should appoint a management representative to interface with the customer.

NOTE - The programme tasks are defined in 6.2 of IEC 300-2 (contract review; management representative).

6.3   *Dependability requirements*

The supplier should prepare specifications which contain qualitative and quantitative requirements for availability performance, reliability performance and maintainability performance. The maintenance support assumptions should be clearly stated, taking into account any customer-provided information.

The supplier should perform a requirements review activity prior to the start of design. This review should ensure that any incomplete, ambiguous or conflicting dependability requirements are clarified or modified. The overall dependability requirements should, as appropriate, be allocated to the various parts of the product to be designed.

NOTES

1   Les exigences de sûreté de fonctionnement peuvent devoir être redéfinies pendant le cycle de vie du produit.

2   Les tâches de programme sont définies en 6.3 de la CEI 300-2 (spécification des exigences de sûreté de fonctionnement; interprétation des exigences; allocation des exigences).

6.4   Ingénierie

Il convient que le fournisseur établisse et maintienne les règles, les lignes directrices et les pratiques de conception du produit et de sa logistique de maintenance pour assurer que la sûreté de fonctionnement souhaitée sera atteinte.

NOTE - Les tâches de programme sont définies en 6.4 de la CEI 300-2 (études de fiabilité; études de maintenabilité; études de logistique de maintenance; études de testabilité; études de facteurs humains).

6.5   Produits en provenance de l'extérieur

Il convient que le fournisseur établisse et maintienne des procédures pour définir les exigences de sûreté de fonctionnement pour les produits en provenance de l'extérieur.

Il convient que le fournisseur exige et assure que toutes les exigences du programme de sûreté de fonctionnement sont remplies pour chaque partie matérielle ou logicielle sous-traitée du produit final.

NOTE - Les tâches de programme sont définies en 6.5 de la CEI 300-2 (produits des sous-traités; produits fournis par le client).

6.6   Revue d'analyse, de prédiction et de conception

Il convient que le fournisseur identifie et réalise les activités (tâches de programme) de revues de conception formalisées, de prédiction et d'analyse de sûreté de fonctionnement adéquates pour le produit ou pour le projet.

NOTE - Les tâches de programme sont définies en 6.6 de la CEI 300-2 (analyse des modes de panne et de leurs effets; analyse par arbre de panne; analyse des charges et des contraintes; analyse des facteurs humains; prévisions; analyses de compromis; analyse des risques; revues de conception formalisées).

6.7   Vérification, validation et test

Il convient que le fournisseur établisse et maintienne des procédures de vérification et de validation adaptées à toutes les exigences de sûreté de fonctionnement.

NOTE - Les tâches de programme sont définies en 6.7 de la CEI 300-2 (planification des validations, des vérifications et des tests; test de durée de vie; test de sûreté de fonctionnement; test de croissance de fiabilité; test de production; test d'acceptation; déverminage sous contraintes).

6.8   Programme de coût global de possession

Il convient que le fournisseur établisse et maintienne des procédures pour estimer les éléments du coût global de possession pour le produit ou le projet.

NOTE - L'élément de programme est défini en 6.8 de la CEI 300-2 (programme de coût global de possession).

NOTES

1   Dependability requirements may need to be redefined during the product's life cycle.

2   The programme tasks are defined in 6.3 of IEC 300-2 (specification of dependability requirements; requirements interpretation; requirements allocation).

6.4   *Engineering*

The supplier should establish and maintain guidelines and practices for design of the product and its maintenance support to ensure that the desired dependability will be achieved.

NOTE - The programme tasks are defined in 6.4 of IEC 300-2 (reliability engineering; maintainability engineering; maintenance support engineering; testability engineering; human factors engineering).

6.5   *Externally provided products*

The supplier should establish and maintain procedures to specify dependability requirements for externally provided products.

The supplier should require and ensure that all requirements of the dependability programme are fulfilled by any subcontracted hardware or software parts of the final product.

NOTE - The programme tasks are defined in 6.5 of IEC 300-2 (subcontracted products; customer provided products).

6.6   *Analysis, prediction and design review*

The supplier should identify and perform dependability analysis, prediction and formal design review activities (programme tasks) adequate for the product or project.

NOTE - The programme tasks are defined in 6.6 of IEC 300-2 (fault mode and effects analysis; fault tree analysis; stress and load analysis; human factors analysis; predictions; trade-off analysis; risk analysis; formal design review).

6.7   *Verification, validation and test*

The supplier should establish and maintain procedures for effective and adequate verification and validation of dependability requirements.

NOTE - The programme tasks are defined in 6.7 of IEC 300-2 (verification, validation and test planning; life testing; dependability testing; reliability growth testing; production testing; acceptance testing; reliability stress screening).

6.8   *Life-cycle cost programme*

The supplier should establish and maintain procedures for assessing the life-cycle cost elements for the product or project.

NOTE - The programme element is defined in 6.8 of IEC 300-2 (life-cycle cost programme).

6.9   *Planification de l'exploitation et de la logistique de maintenance*

Il convient que le fournisseur communique au client les instructions nécessaires pour l'exploitation du produit.

Il convient que le fournisseur identifie et avise le client des exigences de logistique de maintenance pour le produit, en incluant les recommandations sur les pièces de rechange (type et nombre), les équipements de test, les outils spéciaux, le niveau de qualification du personnel de maintenance, etc.

NOTE - Les tâches de programme sont définies en 6.9 de la CEI 300-2 (planification de la logistique de maintenance; installation; services de soutien; études de soutien; approvisionnement des pièces de rechange).

6.10   *Améliorations et modifications*

Il convient que le fournisseur établisse et maintienne des procédures pour l'identification systématique et la mise en de oeuvre de toute amélioration nécesaire de la fiabilité et de la maintenabilité du produit ainsi que la logistique de maintenance, afin d'assurer la conformité aux exigences de sûreté de fontionnement.

Il convient que le fournisseur établisse et maintienne des procédures pour assurer que les changements ou les modifications du produit ou les changements des données relatives à ses caractéristiques de sûreté de fonctionnement donneront lieu à une revue et à la révision de toutes les analyses et des prédictions réalisées préalablement afin de déterminer les influences possibles sur la sûreté de fonctionnement et les éventuels besoins de lancer et de mettre en oeuvre des tâches d'amélioration du produit.

NOTE - Les tâches de programme sont définies en 6.10 de la CEI 300-2 (programmes d'amélioration; contrôle des modifications).

6.11   *Retour d'expériences*

Il convient que le fournisseur établisse et maintienne des procédures pour la saisie, le stockage et l'analyse des données de défaillance et de panne venant des tests, de la fabrication et des informations de sûreté de fonctionnement opérationnelles reçues du client.

Il convient que le fournisseur définisse et communique au client ses besoins en données et coopère avec le client à l'établissement des procédures appropriées de collecte, de stockage et d'analyse des données.

NOTE - Les tâches de programme sont définies en 6.11 de la CEI 300-2 (acquisition des données; analyse des données).

6.9 Operation and maintenance support planning

The supplier should provide the customer with information needed for the operation of the product.

The supplier should identify and advise the customer on the maintenance support requirements for the product, including recommendations on spare parts (range and scale), test equipment, special tools, maintenance personnel skill levels, etc.

NOTE - The programme tasks are defined in 6.9 of IEC 300-2 (maintenance support planning; installation; support services; support engineering; spares provisioning).

6.10 Improvements and modifications

The supplier should establish and maintain procedures for a systematic identification and implementation of any necessary improvement of the reliability performance and maintainability performance of the product and of the maintenance support performance, in order to ensure conformity to dependability requirements.

The supplier should establish and maintain procedures to ensure that changes or modifications of the product or changes to data related to its dependability characteristics will result in a review and, as necessary, revision of all analyses and predictions previously done in order to determine the possible influence on dependability and the possible need to initiate and implement product improvements.

NOTE - The programme tasks are defined in 6.10 of IEC 300-2 (improvement programmes, modification control).

6.11 Experiences feedback

The supplier should establish and maintain procedures for handling, storage and analysis of failure and fault data from testing and manufacturing and of operational dependability information received from the customer.

The supplier should define and communicate to the customer information on his need for field data and cooperate with the customer in the establishment of appropriate procedures for field data collection, storage and analysis.

NOTE - The programme tasks are defined in 6.11 of IEC 300-2 (data acquisition; data analysis).

300:	– Gestion de la sûreté de fonctionnement.
300-1 (1993)	Partie 1: Gestion du programme de sûreté de fonctionnement.
300-3-1 (1991)	Partie 3: Guide d'application. Section 1: Techniques d'analyse de la sûreté de fonctionnement. Guide méthodologique.
319 (1978)	Présentation des données de fiabilité pour les composants (ou pièces détachées) électroniques.
362 (1971)	Guide pour l'acquisition des données de fiabilité, de disponibilité et de maintenabilité à partir des résultats d'exploitation des dispositifs électroniques.
409 (1981)	Guide pour l'inclusion de clauses de fiabilité dans les spécifications de composants (ou pièces détachées) pour l'équipement électronique.
410 (1973)	Plans et règles d'échantillonnage pour les contrôles par attributs.
419 (1973)	Guide pour l'inclusion des procédures de contrôle lot par lot et périodique dans les spécifications de composants électroniques (ou pièces détachées).
605:	– Essais de fiabilité des équipements.
605-1 (1978)	Première partie: Prescriptions générales. Modification n° 1 (1982).
605-3-1 (1986)	Troisième partie: Conditions d'essai préférentielles. Equipements portatifs d'intérieur – Faible degré de simulation.
605-3-2 (1986)	Troisième partie: Conditions d'essai préférentielles. Section 2: Equipements pour utilisation à poste fixe à l'abri des intempéries – Degré de simulation élevé.
605-3-3 (1992)	Partie 3: Conditions d'essai préférentielles. Section 3: Cycle d'essai n° 3: Equipements pour utilisation à poste fixe partiellement à l'abri des intempéries – Faible degré de simulation.
605-3-4 (1992)	Partie 3: Conditions d'essai préférentielles. Section 4: Cycle d'essai n° 4: Equipements portatifs à utilisation en déplacement – Faible degré de simulation.
605-4 (1986)	Quatrième partie: Méthodes de calcul des estimations ponctuelles et des limites de confiance résultant d'essais de détermination de la fiabilité d'équipements. Modification n° 1 (1989).
605-6 (1986)	Sixième partie: Tests de validité de l'hypothèse d'un taux de défaillance constant. Modification n° 1 (1989).
605-7 (1987)	Septième partie: Plans d'échantillonnage pour confirmer le taux de défaillance et la moyenne des temps de bon fonctionnement dans l'hypothèse d'un taux de défaillance constant. Modification n° 1 (1990).
706:	– Guide de maintenabilité de matériel.
706-1 (1982)	Première partie: Sections un, deux et trois – Introduction, exigences et programme de maintenabilité.
706-2 (1990)	Partie 2: Section cinq – Etudes de maintenabilité au niveau de la conception.
706-3 (1987)	Troisième partie: Sections six et sept – Vérification et recueil, analyse et présentation des données.
706-4 (1992)	Guide de maintenabilité de matériel. Quatrième partie: Section 8 – Planification de la maintenance et de la logistique de maintenance.

(suite)

300:	– Dependability management.
300-1 (1993)	Part 1: Dependability programme management.
300-3-1 (1991)	Part 3: Application guide. Section 1: Analysis techniques for dependability. Guide on methodology.
319 (1978)	Presentation of reliability data on electronic components (or parts).
362 (1971)	Guide for the collection of reliability, availability, and maintainability data from field performance of electronic items.
409 (1981)	Guide for the inclusion of reliability clauses into specifications for components (or parts) for electronic equipment.
410 (1973)	Sampling plans and procedures for inspection by attributes.
419 (1973)	Guide for the inclusion of lot-by-lot and periodic inspection procedures in specifications for electronic components (or parts).
605:	– Equipment reliability testing.
605-1 (1978)	Part 1: General requirements. Amendment No. 1 (1982).
605-3-1 (1986)	Part 3: Preferred test conditions. Indoor portable equipment – Low degree of simulation.
605-3-2 (1986)	Part 3: Preferred test conditions. Section 2: Equipment for stationary use in weatherprotected locations – High degree of simulation.
605-3-3 (1992)	Part 3: Preferred test conditions – Section 3: Test cycle 3: Equipment for stationary use in partially weatherprotected locations – Low degree of simulation
605-3-4 (1992)	Part 3: Preferred test conditions. Section 4: Test cycle 4: Equipment for portable and non-stationary use – Low degree of simulation.
605-4 (1986)	Part 4: Procedures for determining point estimates and confidence limits from equipment reliability determination tests. Amendment No. 1 (1989).
605-6 (1986)	Part 6: Tests for the validity of a constant failure rate assumption. Amendment No. 1 (1989).
605-7 (1987)	Compliance test plans for failure rate and mean time between failures assuming constant failure rate. Amendment No. 1 (1990).
706:	– Guide on maintainability of equipment.
706-1 (1982)	Part 1: Sections One, Two and Three – Introduction, requirements and maintainability programme.
706-2 (1990)	Part 2: Section Five – Maintainability studies during the design phase.
706-3 (1987)	Part 3: Sections Six and Seven – Verification and collection, analysis and presentation of data.
706-4 (1992)	Guide on maintainability of equipment. Part 4: Section 8 – Maintenance and maintenance support planning.

(continued)

III. LE PILOTAGE PAR LA QUALITÉ

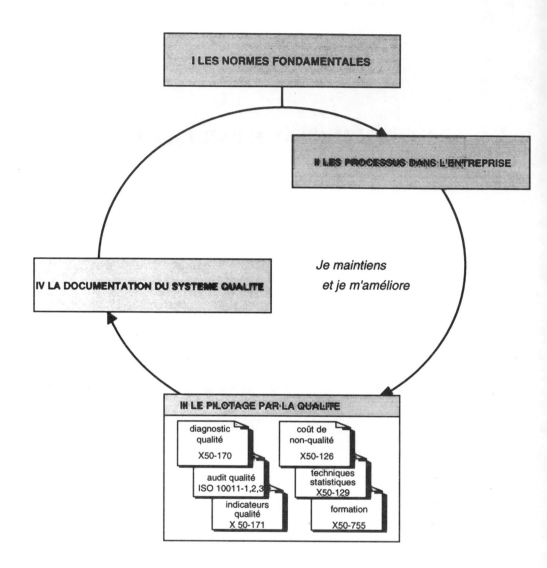

ISSN 0335-3931

normalisation française

X 50-170
Décembre 1992

Qualité et management
Diagnostic qualité

E : Quality and management — Quality diagnostic
D : Qualität und Lenkung — Qualitätsdiagnose

Fascicule de documentation publié par l'afnor en décembre 1992.

correspondance   À la date de publication du présent fascicule de documentation, il n'existe pas de travaux européens ou internationaux sur le sujet.

analyse   Le présent fascicule de documentation propose une méthode pratique de diagnostic qualité en donnant les conditions préalables de l'organisme telles que objectifs et motivation, des prescriptions sur le déroulement du diagnostic qualité : recueils des informations, analyse et rapport provisoire, ainsi que des renseignements sur rapport final.

descripteurs   **Thésaurus International Technique** : qualité, gestion, diagnostic, mise en œuvre, rapport technique, rédaction technique.

modifications

corrections

édité et diffusé par l'association française de normalisation (afnor), tour europe cedex 7 92049 paris la défense — tél. : (1) 42 91 55 55

afnor 1992   © afnor 1992   1er tirage 92-12

Membres de la commission de normalisation

Président : M LERMOYEZ

Secrétariat : MME MORIN — AFNOR

M	ALVERNHE	BNAE
M	BESSET	SNCF
M	BRUNSCHWIG	
M	CANCE	
M	CARLU	KODAK PATHE
M	CHAUVEAU	CETEN APAVE INTERNATIONAL
M	CLERMONT	
M	COPIN	CM CONSULTANTS
M	DEDEWANOU	ROUSSEL UCLAF
M	DESVIGNES	BNCF
M	DUTRAIVE	CEA CEN CADARACHE
M	ESCARON	MERLIN GERIN
M	FOURCADE	MATRA DEFENSE SA
M	FROMAN	COGEMA
M	GASTIGER	INERIS
M	GUERIN	MATRA DEFENSE SA
M	GUY	CM CONSULTANTS
M	KOLUB	SITE
M	LALLEMANT	TELEMECANIQUE SA
M	LARAVOIRE	DAEI
MME	LAVALETTE	SYSECA SA
M	LECHENET	CEP SYSTEMES
M	LERMOYEZ	IBM FRANCE

M	MAGOT-CUVRU	RAFFINERIE BP ET ELF DUNKERQUE
M	MARIA	GEC ALSTHOM STEIN INDUSTRIE
M	MENDES	EDF DER
M	MITONNEAU	AMOVI EURL
M	MONGILLON	AXIME
MME	NEEL	DASSAULT AVIATION
M	OGER	BNIF
M	PINON	MERLIN GERIN
M	PITIOT	SOPAD NESTLE SA
MME	RENARD	DRIRE
MME	RENAUX	SOCOTEC QUALITE
M	ROBIN	CABINET ROBIN CONCEPTS
M	ROULEAU	GDF DION PRODUCT TRANSPORT CTO
M	SARTRAL	TELEMECANIQUE SA
M	SAURA	GIAT INDUSTRIES
MME	SIDI	CAP GEMINI INTERNA SUPPORT
M	SOULEBOT	RHONE MERIEUX LABORATOIRE IFFA
M	TREILLAUD	ULN
M	TRUFFERT	LCIE
M	VAISENBERG	GEC ALSTHOM STEIN INDUSTRIE

Groupe d'experts «Diagnostic qualité»

Animateurs : M COPIN et M GUY

M	CANCE	
M	COPIN	CM CONSULTANTS
M	COURTAULT	MATRA DEFENSE SA
M	DEDEWANOU	ROUSSEL UCLAF
M	DOULIERY	AEROSPATIALE
M	ESCARON	MERLIN GERIN
M	GUY	CM CONSULTANTS
M	HUET	OPQCB
M	KOLUB	SITE
M	OGER	BNIF
M	ORSI	LETP LE CORBUSIER
MME	RENARD	DRIRE
M	ROBIN	CABINET ROBIN CONCEPTS
M	ROULEAU	GDF DION PRODUCT TRANSPORT CTO
MME	SIDI	CAP GEMINI INTERNA SUPPORT
M	VAISENBERG	GEC ALSTHOM STEIN INDUSTRIE

Sommaire

Avant-propos

Le diagnostic ne s'improvise pas. Son efficacité dépend dans une large mesure d'une parfaite définition de la mission, de la compétence de l'expert qui l'effectue, de ses connaissances, de la méthode et des documents utilisés.

La diffusion de ce fascicule de documentation auprès des responsables d'organismes, notamment des PME-PMI, devrait permettre une meilleure compréhension de l'utilité d'une telle démarche dont l'importance n'est pas à démontrer dans la mise en place d'un système pour le management de la qualité.

La rédaction du présent fascicule de documentation a été faite en fonction du cas d'un intervenant extérieur. Les adaptations nécessaires doivent être faites au cas par cas lorsque le diagnostic est fait par un collaborateur interne.

1 Domaine d'application

L'objet du présent fascicule de documentation est de proposer une définition ainsi qu'une méthode générale du déroulement pratique d'un diagnostic qualité, y compris la rédaction du rapport de conclusion.

Le diagnostic qualité est généralement le premier outil utilisé avant la mise en place ou pour l'amélioration du système qualité d'un organisme.

Ce fascicule de documentation peut s'appliquer à tout organisme voulant :

— mettre en place un système qualité répondant à ses besoins et à son marché,

— faire évoluer son système qualité (politique, stratégie).

2 Références normatives

Ce fascicule de documentation comporte par référence datée ou non datée des dispositions d'autres publications. Ces références normatives sont citées aux endroits appropriés dans le texte et les publications sont énumérées ci-après. Pour les références datées, les amendements ou révisions ultérieurs de l'une quelconque de ces publications ne s'appliquent à cette norme que s'ils y ont été incorporés par amendement ou révision. Pour les références non datées, la dernière édition de la publication à laquelle il est fait référence s'applique.

X 50-120	Qualité — Vocabulaire.
ISO 8402	Normes pour la gestion de la qualité et l'assurance de la qualité — Vocabulaire [1].
NF EN 29004	Gestion de la qualité et éléments de système qualité — Lignes directrices (indice de classement : X 50-122).
Pr X 50-180	Qualité et management — Effets économiques de la qualité — Défauts de contribution [2].

3 Terminologie

3.1 Diagnostic qualité

Description et analyse de l'état d'un organisme, d'un de ses secteurs ou d'une de ses activités, en matière de qualité, réalisé à sa demande et à son bénéfice, en vue d'identifier ses points forts et ses insuffisances, et de proposer des actions d'amélioration en tenant compte de son contexte technique, économique et humain.

---

1) *En cours de publication.*

2) *En préparation.*

NOTE 1 : il ne faut pas confondre le diagnostic qualité avec l'audit qualité (défini dans l'ISO 8402).

NOTE 2 : pour la suite du présent fascicule, le terme diagnostic seul sera utilisé.

COMMENTAIRES :

L'état d'un organisme est caractérisé par l'ensemble de ses activités, ses moyens (matériels, humains, financiers), son fonctionnement, ses résultats (qualité des produits et services, efficacité économique), son système organisationnel, sa position sur le marché, sa stratégie et ses perspectives d'évolution.

L'analyse de l'état se rapporte au management de la qualité.

Elle comprend notamment :

— un examen méthodique, complet et systématique de l'organisation et du fonctionnement de l'organisme ou d'un secteur diagnostiqué, pour détecter les défauts de contribution et les manques de qualité, en tenant compte de son contexte technique, économique et humain,

— une évaluation approchée des pertes dues aux manques de qualité.

3.2 Défaut de contribution

Dégradation spécifique et mesurable du chiffre ou des coûts, toujours imputable à un travail mal conçu ou mal exécuté.

NOTE : pour les autres termes relatifs à la qualité, voir X 50-120 et ISO 8402.

4 Conditions préalables

Les objectifs du diagnostic ne peuvent être atteints que s'ils sont clairement définis, et que s'il existe une bonne coopération entre l'organisme et l'expert.

4.1 Organisme

4.1.1 Objectifs et motivation

L'organisme doit définir :

— les motifs de sa demande et ce qu'il attend du diagnostic,

— l'objet et le domaine du diagnostic,

— l'utilité du diagnostic dans son environnement.

4.1.2 Entretien préalable

Cet entretien se déroule entre le demandeur et l'expert. Il doit permettre de préciser les objectifs du diagnostic, les grandes lignes de son déroulement et de consolider ainsi le bien-fondé de la démarche.

Il a, par ailleurs, pour but de recueillir les informations suivantes nécessaires à la préparation du diagnostic et, en particulier :

— les éléments d'identification de l'organisme, de son activité, de ses moyens humains et matériels et de sa situation financière,

— l'organigramme de l'organisme,

— le mode de direction et les méthodes de management utilisées,

— les préoccupations du responsable de l'organisme,

— la politique en matière de qualité et les objectifs poursuivis.

4.2 Expert

La pratique du diagnostic nécessite l'utilisation de méthodes d'investigation, d'observation, d'analyse, de synthèse et de propositions.

Les qualités personnelles de l'expert doivent lui permettre de maîtriser les ressources humaines dans l'application de ces méthodes.

Il est nécessaire que l'expert ait une expérience et une connaissance pratique du monde industriel pour connaître l'importance des facteurs humains, psychologiques et sociaux, dans le fonctionnement des organismes ; il doit avoir un langage commun avec les personnes rencontrées.

De plus, les problèmes commerciaux, financiers et de management des organismes ne doivent pas lui être étrangers ; ils conditionnent la prise en compte de l'environnement économique de l'organisme pour l'appréciation de la situation examinée.

4.3 Documentation

L'expert doit élaborer son propre guide qui correspond aux objectifs fixés par la direction de l'organisme du point de vue de la qualité compte tenu de sa situation au moment du diagnostic.

Pour ce faire, il utilise notamment les documents suivants :

— documents normatifs (généraux et sectoriels),

— documents propres à l'organisme,

— documents généraux du secteur économique concerné. L'expert ne peut se contenter d'utiliser un questionnaire type pour effectuer le diagnostic.

5 Déroulement du diagnostic

5.1 Phase 1 : recueil des informations

5.1.1 Objectif

Le but de cette phase est :

— de recueillir l'ensemble des informations sur l'organisation et le fonctionnement de l'organisme,

— d'identifier les dysfonctionnements et leurs conséquences.

Pour cela l'expert s'efforce de comprendre comment sont remplies les différentes fonctions de l'entreprise. Il est en effet préférable de parler en termes de fonctions plutôt que de postes, car plusieurs fonctions différentes peuvent être confiées à la même personne dans les petites entreprises.

5.1.2 Réunion d'ouverture

Un échange de vues entre le responsable de l'organisme, les responsables des différentes fonctions et l'expert a pour but :

— de confirmer les attentes, le domaine et l'utilité du diagnostic,

— d'organiser les différents contacts dans l'organisme,

— de préciser les modalités et la planification du diagnostic.

5.1.3 Visite de l'organisme

Cette première visite consiste en une présentation du fonctionnement général de l'organisme.

Au cours de cette visite, l'expert doit être accompagné par une personne ayant une connaissance d'ensemble de l'organisme.

Une description des différents interfaces, ainsi que du cycle du (ou des) produit(s) doit être faite avant la visite.

Cette visite est aussi l'occasion d'enregistrer un certain nombre d'observations faites «in situ» qui permettent de confirmer ou d'infirmer certaines informations recueillies au cours des entretiens. Elles peuvent également, le cas échéant, orienter les questions à poser.

5.1.4 Entretien avec les responsables

Ces entretiens sont orientés autour de trois axes :

a) Le recueil des faits et des éléments chiffrés

Ce recueil doit permettre de :

— préciser l'organisation et le fonctionnement réel de l'organisme ainsi que les dispositions mises en œuvre pour manager la qualité,

— relever les défauts de contribution (voir Pr X 50-180, en préparation),

— obtenir des éléments chiffrés permettant de déterminer les coûts relatifs à la qualité.

b) Le relevé des préoccupations

Il importe de connaître les préoccupations des participants, même si elles ne paraissent pas directement liées à la qualité ; elles peuvent, en effet, expliquer une situation et conditionner la disponibilité et l'adhésion pour les actions futures.

c) Le relevé des objectifs

Il convient de faire préciser pour chaque fonction les objectifs propres à court et moyen terme.

Ces entretiens ont lieu de préférence individuellement avec les personnes assurant les fonctions entrant dans le champ couvert par le diagnostic.

À l'issue de cette phase, il peut être utile de compléter les informations recueillies par d'autres entretiens ou faire établir des éléments chiffrés complémentaires.

5.2 Phase 2 : analyse

5.2.1 Classement des données, description de la situation observée

a) Plan de classement

La première tâche de l'expert consiste à classer l'ensemble des informations recueillies, qu'elles soient ou non en rapport direct avec la qualité, suivant un plan logique et exploitable par l'organisme.

L'ensemble de ces informations constitue pour l'expert sa connaissance de l'organisme.

b) Informations complémentaires

Après classement, il peut s'avérer nécessaire à l'expert de compléter ses informations par des investigations supplémentaires.

5.2.2 Analyse de l'état de l'organisme

Par référence au guide qu'il a établi (voir paragraphe 4.3), l'expert doit :

— analyser les informations recueillies,

— en dégager les points forts et les points faibles,

— relever les défauts de contribution et leur tendance d'évolution dans le temps et en estimer les conséquences et les risques encourus,

— déterminer l'importance des dysfonctionnements et définir les solutions à apporter, et l'urgence relative de chacune d'elles.

5.2.3 Propositions d'actions d'amélioration

À partir de l'analyse précédente, l'expert doit être en mesure d'énoncer un ensemble de propositions qu'il est utile de classer par priorité.

5.3 Phase 3 : rapport provisoire

5.3.1 Rédaction

Il est recommandé que le rapport soit articulé autour des alinéas suivants :

a) Identification et objet de l'organisme

b) Présentation de la situation existante

La présentation de la situation existante peut se faire suivant un plan analogue à la NF EN 29004 (ISO 9004).

c) Analyse critique

Cette analyse se fait à partir des données observées et prend notamment en compte :
— les défauts de contribution,
— la situation financière,
— l'image de marque de l'organisme.

d) Synthèse des informations recueillies

L'expert doit regrouper et classer par priorité les actions d'amélioration proposées.

> REMARQUE : l'expert veille à ce qu'un moyen simple (présentation, numérotation, etc.) établisse une corrélation entre les alinéas b), c), d) du paragraphe 5.3.1.

Le rapport provisoire est adressé au responsable de l'organisme pour examen, dans un délai convenu avec celui-ci.

Il est souhaitable que ce rapport soit examiné et discuté, avant l'étape suivante, par les principaux responsables de l'organisme.

5.3.2 Discussion du rapport avec le responsable de l'organisme

Cette discussion doit permettre d'aboutir à un accord entre l'expert et l'organisme sur le contenu du rapport final.

5.4 Phase 4 : rapport final

À l'issue de cette dernière visite, l'expert établit le rapport définitif de diagnostic, en tenant compte des remarques du responsable de l'organisme.

L'expert expédie l'original du rapport au responsable de l'organisme qui décide de sa diffusion en interne ou en externe.

6 Bibliographie

ISO 10011-1 Lignes directrices pour l'audit des systèmes qualité — Partie 1 : Audit (indice de classement : X 50-136-1).

ISO 10011-2 Lignes directrices pour l'audit des systèmes qualité — Partie 2 : Critères de qualification pour les auditeurs de systèmes qualité (indice de classement : X 50-136-2).

ISO 10011-3 Lignes directrices pour l'audit des systèmes qualité — Partie 3 : Gestion des programme d'audit (indice de classement : X 50-136-3).

ISSN 0335-3931

norme européenne
norme française

NF EN 30011-1
ISO 10011-1
Août 1993
Indice de classement : **X 50-136-1**

Lignes directrices pour l'audit des systèmes qualité

Partie 1 : Audit

E : Guidelines for auditing quality systems — Part 1 : Auditing
D : Leitfaden für das Audit von Qualitätssicherungssystemen —
   Teil 1 : Auditdurchführung

Norme française homologuée par décision du Directeur Général de l'afnor le 20 juillet 1993 pour prendre effet le 20 août 1993.

Remplace la norme homologuée NF ISO 10011-1, de décembre 1991.

correspondance   La norme européenne EN 30011-1:1993 a le statut d'une norme française. Elle reproduit intégralement la norme internationale ISO 10011-1:1990.

analyse   Le présent document, utilisable à des fins de gestion interne et en situations externes contractuelles, fournit des lignes directrices pour vérifier l'existence et la mise en œuvre des éléments d'un système qualité et pour vérifier l'aptitude du système à atteindre des objectifs qualité fixés.

descripteurs   **Thésaurus International Technique :** qualité, assurance de qualité, programme d'assurance de qualité, audité de qualité.

modifications   Par rapport à la norme NF ISO 10011-1 (indice de classement X 50-136-1), de décembre 1991, pas de modification.

corrections

éditée et diffusée par l'association française de normalisation (afnor), tour europe cedex 7 92049 paris la défense — tél. : (1) 42 91 55 55

afnor 1993   © afnor 1993   1er tirage 93-08

Outils/Méthodes/Techniques

Membres de la commission de normalisation

Président : M LERMOYEZ

Secrétariat : MME MORIN — AFNOR

		BNCF
M	ALLIER	FRANCE TELECOM SCTT
M	ALVERNHE	BNAE
M	ASSAIANTE	CNIM
MME	AYMARD-DUFOUR	LABORATOIRES UPSA
M	BARBEROLLE	GDF
M	BAZINET	EDF GDF SERVICES
M	BELLIER	M3P
M	BELLOC	UTE
M	BESSET	SNCF
M	BEYLIE	SEXTANT AVIONIQUE SA
M	BONNOME	
M	BRUNSCHWIG	
M	CALBA	EIFFEL
M	CANCE	
M	CARLU	KODAK PATHE
M	CHAMPELOVIER	MONETEL SA
M	CHARVET	AXIME
M	CHAUCHE	
M	CHAUVEAU	CETEN APAVE INTERNATIONAL
MME	CHOTEAU	DGA DAT ETBS
MME	CHOUZENOUX	ALCATEL CIT
M	CLERMONT	
M	COPIN	CM CONSULTANTS
MLLE	COUSIN	STERIA SA
M	CROMBEZ	FOURE LAGADEC ET CIE
MME	DECROIX	BULL SA
M	DEDEWANOU	ROUSSEL UCLAF
M	DOULIERY	AEROSPATIALE
M	DRION	SOPAD NESTLE SA
M	DUTRAIVE	
M	ESCARON	MERLIN GERIN
M	FAURE	ALUMINIUM PECHINEY
M	FAURIE	CETIM
M	FROMAN	
M	FUCHET	PROCIDA
M	GANGA	CETE LAB REG PONTS ET CHAUSSEES
M	GASTIGER	INERIS
M	GERARD	PHILIPS EGP
MME	GILLIOT	CONSULTANT
M	GOBIN	DUMEZ
MME	GUIARD	LABORATOIRE GUERBET
M	HARO	ESSILOR INTERNATIONAL SA
M	HESNARD	SCHWEPPES FRANCE SA
M	HOSSENLOPP	GEC ALSTHOM PROTECTION & CONTROLE
M	HUET	OPQCB
M	INGOLD	ECOLE CENTRALE DE PARIS

M	KOLUB	SITE
M	L'HERMITTE	EDF
M	LALLEMANT	TELEMECANIQUE SA
M	LALOI	CLECIM
MME	LAVALETTE	SYSECA SA
M	LE COUARHER	ALCATEL CIT
M	LECHENET	CEP SYSTEMES
M	LERMOYEZ	IBM
M	LOREC	FC QUALITE
M	LUBRANO	ARCO CHIMIE FRANCE SNC
M	MAITRE	CEGELEC SA
M	MARIA	GEC ALSTHOM STEIN INDUSTRIE
M	MARMIGNON	SNAP
M	MARTIAL	CEP SYSTEMES
M	MENDES	EDF DER
M	MILLERET	SOMELEC SA
M	MITONNEAU	AMOVI EURL
M	MONTJOIE	CEA
M	ME	DASSAULT AVIATION
	NEEL	
M	OGER	
M	ORSI	LETP LE CORBUSIER
MME	PERRIER	
M	PINON	MERLIN GERIN
MLLE	POUSSE	BIOMERIEUX SA
M	REBEYROL	MS2I
MME	RENARD	LABORATOIRES METROLOGIE D'IVRY
MME	RENAUX	SOCOTEC QUALITE
M	ROBIN	CABINET ROBIN CONCEPTS
M	ROULEAU	GDF DION PRODUCT TRANSPORT CTO
M	RUBICHON	FRANCE TELECOM SCTT
M	SARTRAL	TELEMECANIQUE SA
M	SAURA	GIAT INDUSTRIES
MME	SIDI	CAP GEMINI INTERNA SUPPORT
M	SOULEBOT	RHONE MERIEUX LABORATOIRE IFFA
MME	STIDEL	MFQ MOUVEMENT FRANCAIS QUALITE
M	TREILLAUD	SOGEPS
M	TRUFFERT	LCIE
M	VAISENBERG	
M	VALETTE	MATRA DEFENSE VELIZY LE BOIS
M	VAN DETH	SNCF DION EQUIPEMENT
M	VAUTRIN	SETRA
M	VINCQ	ECOLE DES MINES DE DOUAI
M	WIDMER	EDF GDF DION AFFAIRES GENERALES

Avant-propos national

Références aux normes françaises

La correspondance entre les normes mentionnées dans les annexes A et ZA de la norme NF EN 30011-1 et les normes françaises identiques est la suivante :

ISO 9000	: NF EN 29000 (indice de classement : X 50-121)
ISO 9001	: NF EN 29001 (indice de classement : X 50-131)
ISO 9002	: NF EN 29002 (indice de classement : X 50-132)
ISO 9003	: NF EN 29003 (indice de classement : X 50-133)
ISO 9004	: NF EN 29004 (indice de classement : X 50-122)
ISO 10011-2	: NF EN 30011-2 (indice de classement : X 50-136-2)
ISO 10011-3	: NF EN 30011-3 (indice de classement : X 50-136-3)

La correspondance entre les normes mentionnées à l'article «Référence normative» et les normes françaises de même domaine d'application mais non identiques est la suivante :

ISO 8402 : NF X 50-120

CDU 658.562 (035)

Descripteurs : qualité, assurance de qualité, programme d'assurance de qualité, audit de qualité.

Version française

Lignes directrices pour l'audit des systèmes qualité —
Partie 1 : Audit
(ISO 10011-1:1990)

Leitfaden für das Audit von
Qualitätssicherungssystemen —
Teil 1 : Auditdurchführung
(ISO 10011-1:1990)

Guidelines for auditing quality systems —
Part 1 : Auditing
(ISO 10011-1:1990)

La présente norme européenne a été adoptée par le CEN le 1993-04-05. Les membres du CEN sont tenus de se soumettre au Règlement Intérieur du CEN/CENELEC qui définit les conditions dans lesquelles doit être attribué, sans modification, le statut de norme nationale à la norme européenne.

Les listes mises à jour et les références bibliographiques relatives à ces normes nationales peuvent être obtenues auprès du Secrétariat Central ou auprès des membres du CEN.

Les normes européennes existent en trois versions officielles (allemand, anglais, français). Une version faite par traduction sous la responsabilité d'un membre du CEN dans sa langue nationale et notifiée au Secrétariat Central, a le même statut que les versions officielles.

Les membres du CEN sont les organismes nationaux de normalisation des pays suivants : Allemagne, Autriche, Belgique, Danemark, Espagne, Finlande, France, Grèce, Irlande, Islande, Italie, Luxembourg, Norvège, Pays-Bas, Portugal, Royaume-Uni, Suède et Suisse.

CEN

COMITÉ EUROPÉEN DE NORMALISATION

Europäisches Komitee für Normung
European Committee for Standardization

Secrétariat Central : rue de Stassart 36, B-1050 Bruxelles

Réf. n° EN 30011-1:1993 F

Avant-propos

Suite à la résolution BT 221/1991, l'ISO 10011-1:1990 «Lignes directrices pour l'audit des systèmes qualité — Partie 1 : Audit» a été soumise à la procédure d'acceptation unique.

Le résultat de la procédure d'acceptation unique était positif.

Cette norme européenne devra recevoir le statut de norme nationale, soit par publication nationale, soit par publication d'un texte identique, soit par entérinement, au plus tard en octobre 1993, et toutes les normes nationales en contradiction devront être retirées au plus tard en octobre 1993.

Selon le Règlement Intérieur du CEN/CENELEC, les pays suivants sont tenus de mettre cette norme européenne en application : Allemagne, Autriche, Belgique, Danemark, Espagne, Finlande, France, Grèce, Irlande, Islande, Italie, Luxembourg, Norvège, Pays-Bas, Portugal, Royaume-Uni, Suède et Suisse.

Notice d'entérinement

Le texte de la norme internationale ISO 10011-1:1990 a été approuvé par le CEN comme norme européenne sans aucune modification.

NOTE : Des références européennes des publications internationales sont mentionnées en annexe ZA (normative).

Sommaire

Avant-propos

L'ISO (Organisation internationale de normalisation) est une fédération mondiale d'organismes nationaux de normalisation (comités membres de l'ISO). L'élaboration des Normes internationales est en général confiée aux comités techniques de l'ISO. Chaque comité membre intéressé par une étude a le droit de faire partie du comité technique créé à cet effet. Les organisations internationales, gouvernementales et non gouvernementales, en liaison avec l'ISO participent également aux travaux. L'ISO collabore étroitement avec la Commission électrotechnique internationale (CEI) en ce qui concerne la normalisation électrotechnique.

Les projets de Normes internationales adoptés par les comités techniques sont soumis aux comités membres pour vote. Leur publication comme Normes internationales requiert l'approbation de 75 % au moins des comités membres votants.

La Norme internationale ISO 10011-1 a été élaborée par le comité technique ISO/TC 176, *Management et assurance de la qualité.*

L'ISO 10011 comprend les parties suivantes, présentées sous le titre général *Lignes directrices pour l'audit des systèmes qualité:*

— *Partie 1: Audit*

— *Partie 2: Critères de qualification pour les auditeurs de systèmes qualité*

— *Partie 3: Gestion des programmes d'audit*

L'annexe A de la présente partie de l'ISO 10011 est donnée uniquement à titre d'information.

Introduction

La série de normes ISO 9000 met l'accent sur l'importance de l'audit qualité en tant qu'outil essentiel de gestion pour atteindre les objectifs fixés par l'organisme dans le cadre de sa politique générale.

Il est recommandé d'effectuer des audits afin de déterminer si les différents éléments d'un système qualité sont efficaces et adaptés pour atteindre les objectifs qualité fixés.

La présente partie de l'ISO 10011 fournit des lignes directrices pour effectuer l'audit d'un système qualité d'un organisme (entreprise ou organisation). Elle permet aux utilisateurs d'adapter les lignes directrices décrites à leurs besoins.

L'audit du système qualité fournit également des preuves tangibles du besoin de réduire, d'éliminer et, surtout, de prévenir des non-conformités. Les conclusions de ces audits peuvent être utilisées par les dirigeants de l'organisme pour en améliorer le fonctionnement.

Lignes directrices pour l'audit des systèmes qualité —

Partie 1:
Audit

1 Domaine d'application

La présente partie de l'ISO 10011 établit les principes, les critères et les pratiques de base, et fournit des lignes directrices pour mettre en place, planifier, effectuer et documenter les audits des systèmes qualité.

Elle fournit des lignes directrices pour vérifier l'existence et la mise en œuvre des éléments d'un système qualité, et pour vérifier l'aptitude du système à atteindre les objectifs qualité définis. Elle est suffisamment générale pour être applicable ou adaptable à différentes industries et organismes. Il convient que chaque organisme élabore ses propres procédures pour mettre en œuvre ces lignes directrices.

2 Référence normative

La norme suivante contient des dispositions qui, par suite de la référence qui en est faite, constituent des dispositions valables pour la présente partie de l'ISO 10011. Au moment de la publication, l'édition indiquée était en vigueur. Toute norme est sujette à révision et les parties prenantes des accords fondés sur la présente partie de l'ISO 10011 sont invitées à rechercher la possibilité d'appliquer l'édition la plus récente de la norme indiquée ci-après. Les membres de la CEI et de l'ISO possèdent le registre des Normes internationales en vigueur à un moment donné.

ISO 8402:1986, *Qualité — Vocabulaire.*

3 Définitions

Pour les besoins de la présente partie de l'ISO 10011, les définitions données dans l'ISO 8402 et les définitions suivantes s'appliquent.

NOTE 1   Certains termes de l'ISO 8402 sont répétés ici et leur source est indiquée entre crochets.

3.1 audit qualité: Examen méthodique et indépendant en vue de déterminer si les activités et résultats relatifs à la qualité satisfont aux dispositions préétablies, si ces dispositions sont mises en œuvre de façon efficace et si elles sont aptes à atteindre les objectifs.

[ISO 8402]

NOTES

2   L'audit qualité s'applique essentiellement à des procédés, à des produits ou à des services, mais n'est pas restreint à un système qualité ou à des éléments de celui-ci. De tels audits sont couramment appelés «audit qualité de système», «audit qualité de procédé», «audit qualité de produit», «audit qualité de service».

3   Les audits qualité sont conduits par des personnes n'ayant pas de responsabilité directe dans les secteurs à auditer et de préférence en coopération avec le personnel du secteur concerné.

4   Un des buts d'un audit qualité est d'évaluer le besoin d'actions d'amélioration ou de correction. Il convient de ne pas confondre l'audit avec des activités de «surveillance» ou de «contrôle» conduites dans le seul but de maîtrise d'un processus ou d'acceptation d'un produit.

5   Les audits qualité peuvent être conduits pour des besoins internes ou externes.

3.2 système qualité: Ensemble de la structure organisationnelle, des responsabilités, des procédures, des procédés et des ressources pour mettre en œuvre la gestion de la qualité.

[ISO 8402]

1

NOTES

6 Il convient que le système qualité ne soit pas plus étendu que ne l'exige la réalisation des objectifs qualité.

7 Pour des besoins contractuels, des prescriptions obligatoires ou une évaluation, la démonstration de la mise en œuvre d'éléments identifiés du système peut être exigée.

3.3 auditeur (qualité): Personne qui a la qualification pour exécuter des audits qualité.

NOTES

8 Pour exécuter un audit qualité, il convient que l'auditeur soit mandaté pour cet audit particulier.

9 Un auditeur désigné pour gérer un audit qualité est appelé «responsable d'audit».

3.4 client: Personne ou organisme qui demande l'audit.

NOTE 10 Le client peut être:

a) l'audité qui souhaite que son propre système qualité soit audité par rapport à une norme de système qualité;

b) un client qui souhaite auditer le système qualité d'un fournisseur en faisant appel à ses propres auditeurs ou à une tierce partie;

c) un organisme indépendant mandaté pour déterminer si le système qualité permet la maîtrise adéquate des produits ou services à fournir (tels que les organismes de contrôle alimentaire, pharmaceutique, nucléaire ou autres instances réglementaires);

d) un organisme indépendant chargé d'effectuer un audit afin d'enregistrer le système qualité de l'organisme audité.

3.5 audité: Organisme à auditer.

3.6 observation: Constat de faits effectué au cours d'un audit et étayé par des preuves tangibles.

3.7 preuves tangibles: Informations, relevés ou constats de faits de nature qualitative ou quantitative, relatifs à la qualité d'un bien ou d'un service ou à l'existence et à la mise en œuvre d'un élément du système qualité, basés sur des observations, des mesures ou des essais, et qui peuvent être vérifiés.

3.8 non-conformité: Non-satisfaction aux exigences prescrites.

[ISO 8402]

NOTE 11 La définition s'applique à l'écart ou à l'inexistence d'une ou de plusieurs caractéristiques de qualité ou d'éléments d'un système qualité par rapport aux exigences prescrites.

4 Objectifs des audits et responsabilités

4.1 Objectifs des audits

Les audits sont normalement conçus pour atteindre l'un ou plusieurs des objectifs suivants:

— déterminer la conformité ou la non-conformité des éléments du système qualité aux exigences prescrites;

— déterminer l'efficacité du système qualité mis en œuvre à satisfaire aux objectifs qualité prescrits;

— donner à l'audité l'occasion d'améliorer son système qualité,

— satisfaire aux exigences réglementaires,

— permettre l'enregistrement du système qualité de l'organisme audité.

Les audits sont généralement déclenchés pour l'une ou plusieurs des raisons suivantes:

— faire l'évaluation initiale d'un fournisseur lorsqu'il existe une demande d'établir des relations contractuelles;

— vérifier, dans le cadre de l'organisme lui-même, que son propre système qualité satisfait en permanence aux exigences prescrites et qu'il est mis en œuvre;

— vérifier, dans le cadre des relations contractuelles, que le système qualité du fournisseur satisfait en permanence aux exigences prescrites et qu'il est mis en œuvre;

— faire évaluer, dans le cadre de l'organisme lui-même, son propre système qualité par rapport à une norme de système qualité.

Ces audits peuvent être déclenchés régulièrement ou à la suite des changements importants du système qualité de l'organisme ou de la qualité de ses procédés, produits ou services, ou pour le suivi d'actions correctives.

NOTES

12 Il convient que les audits qualité ne conduisent pas à un transfert de la responsabilité du personnel chargé de l'obtention de la qualité vers les auditeurs.

13 Il convient que les audits qualité ne conduisent pas à un élargissement du champ des fonctions qualité au-delà de ce qui est nécessaire pour satisfaire aux objectifs qualité.

2

4.2 Rôles et responsabilités

4.2.1 Auditeurs

4.2.1.1 Équipe d'audit

Qu'un audit soit effectué par une équipe ou par une seule personne, il convient de confier à un responsable d'audit la responsabilité générale.

Selon les circonstances, l'équipe d'audit peut comprendre des experts ayant une formation spécialisée, des auditeurs en cours de formation ou des observateurs sous réserve de leur acceptation par le client, l'audité et le responsable d'audit.

4.2.1.2 Responsabilité des auditeurs

Les auditeurs sont chargés de

— se conformer aux exigences applicables à l'audit;

— communiquer et clarifier ces exigences;

— préparer et accomplir efficacement les missions qui leur sont confiées;

— consigner les observations;

— rapporter les conclusions de l'audit;

— vérifier l'efficacité des actions correctives menées à la suite de l'audit (si le client le demande);

— conserver et mettre en sûreté les documents se rapportant à l'audit pour

  • les présenter sur demande,

  • garantir leur confidentialité,

  • traiter les informations confidentielles avec discrétion;

— coopérer avec le responsable d'audit et l'aider dans l'accomplissement de sa mission.

4.2.1.3 Responsabilités du responsable d'audit

Le responsable d'audit est, en dernier ressort, responsable de toutes les phases de l'audit. Il convient qu'il possède des capacités et une expérience en matière de gestion et dispose de l'autorité pour prendre les décisions relatives à la conduite de l'audit et à toute observation.

Les responsabilités du responsable d'audit comprennent en outre

— la participation au choix des autres membres de l'équipe d'audit;

— la préparation du plan d'audit;

— la représentation de l'équipe d'audit auprès de la direction de l'audité;

— la présentation du rapport d'audit.

4.2.1.4 Indépendance des auditeurs

Il convient que les auditeurs se montrent impartiaux et ne soient pas soumis à des influences qui pourraient affecter leur objectivité.

Il convient que toutes les personnes et tous les organismes impliqués dans un audit respectent l'indépendance et la probité des auditeurs, et les soutiennent à cet égard.

4.2.1.5 Fonctions des auditeurs

Il convient que le responsable d'audit

— définisse les exigences de toute mission d'audit, y compris les qualifications requises pour les auditeurs;

— respecte les exigences applicables à l'audit ainsi que les autres directives appropriées;

— prépare l'audit, mette au point les documents de travail, et donne les instructions à l'équipe d'audit;

— passe en revue les documents relatifs aux activités du système qualité existant afin de déterminer leur adéquation;

— signale immédiatement à l'audité les non-conformités critiques;

— signale tout obstacle majeur rencontré au cours de l'exécution de l'audit;

— rapporte les conclusions de l'audit de façon claire, définitive et sans retard.

Il convient que les auditeurs

— demeurent dans le champ d'application de l'audit;

— fassent preuve d'objectivité;

— rassemblent et analysent les preuves de ce qui est pertinent et suffisant pour tirer des conclusions concernant le système qualité audité;

— restent attentifs à toute indication de preuve qui pourrait influencer les conclusions de l'audit ou, éventuellement, nécessiter un complément d'audit;

3

— soient capables de répondre à des questions telles que:

- «les procédures, les documents et autres informations décrivant ou rapportant les éléments exigés du système qualité sont-ils connus, disponibles, compris et utilisés par le personnel du secteur audité?»

- «tous les documents et autres informations utilisés pour décrire le système qualité sont-ils adéquats pour atteindre les objectifs qualité prescrits?»

— agissent, en toutes circonstances, selon la déontologie.

4.2.2 Client

Le client

— décide s'il est nécessaire d'effectuer un audit, définit son objectif et déclenche le processus;

— définit l'organisme auditeur;

— détermine le champ général de l'audit, par exemple la norme ou le document relatif au système qualité par rapport auquel l'audit doit être effectué;

— reçoit le rapport d'audit;

— détermine l'action à mener, le cas échéant, à la suite de l'audit et en informe l'audité.

4.2.3 Audité

Il convient que les dirigeants de l'audité

— informent le personnel concerné de l'objet et du but de l'audit;

— désignent des membres responsables de son personnel pour accompagner les membres de l'équipe d'audit;

— mettent à la disposition de l'équipe d'audit tous les moyens nécessaires pour assurer le bon déroulement de l'audit;

— donnent accès, à la demande des auditeurs, aux installations et aux éléments de preuves;

— coopèrent avec les auditeurs en vue d'atteindre les objectifs de l'audit;

— déterminent et déclenchent les actions correctives à partir du rapport d'audit.

5 Audit

5.1 Déclenchement de l'audit

5.1.1 Champ de l'audit

Le client prend, en dernier ressort, les décisions concernant les éléments du système qualité, les sites concernés et les activités de l'organisme qui doivent être audités dans le temps imparti pour l'audit. Il convient de prendre ces décisions avec l'aide du responsable d'audit. Le cas échéant, il convient que l'audité soit consulté au moment de déterminer le champ de l'audit.

Il convient de définir le champ et le degré de pénétration de l'audit afin que soient satisfaits les besoins d'informations spécifiques du client.

Il convient que le client prescrive les normes ou les documents auxquels le système qualité de l'audité doit se conformer.

Il convient de fournir des preuves tangibles suffisantes pour démontrer le fonctionnement de l'efficacité du système qualité de l'audité.

Il convient que les moyens engagés pour l'audit soient suffisants pour permettre d'atteindre son objet et le degré de pénétration voulu.

5.1.2 Fréquence des audits

La nécessité d'effectuer un audit est déterminée par le client qui tient compte des exigences prescrites ou réglementaires et de tout autre facteur pertinent. Des modifications importantes dans la gestion, l'organisation, la politique de l'organisme, les techniques ou les technologies qui pourraient affecter le système qualité ou des modifications du système lui-même ainsi que les conclusions d'audits précédents sont des exemples types des circonstances à prendre en considération pour décider de la fréquence des audits. Au sein d'une entreprise, les audits internes peuvent être organisés régulièrement pour les besoins de la gestion ou pour la conduite d'affaires.

5.1.3 Revue préliminaire de la description du système qualité de l'audité

Comme support de la préparation de l'audit, il convient que l'auditeur examine, pour juger de son adéquation, le descriptif des méthodes utilisées par l'audité pour satisfaire aux exigences du système qualité (comme le manuel qualité ou un élément équivalent).

Si cet examen révèle que le système décrit par l'audité ne convient pas pour satisfaire aux exigences, il convient de ne pas aller plus loin dans l'audit sans résoudre les questions soulevées, à la satisfaction du client, de l'auditeur et, le cas échéant, de l'audité.

4

5.2 Préparation de l'audit

5.2.1 Plan d'audit

Il convient de faire approuver le plan d'audit par le client et de le communiquer aux auditeurs et à l'audité.

Il convient de concevoir le plan d'audit pour offrir toute souplesse d'adaptation en fonction des informations recueillies au cours de l'audit et permettre une bonne utilisation des moyens. Il convient que le plan indique

— les objectifs et le champ de l'audit;

— l'identité des personnes exerçant des responsabilités directes importantes dans le cadre des objectifs et du champ de l'audit;

— l'identification des documents de référence (tels que la norme de système qualité applicable et le manuel qualité de l'audité);

— l'identité des membres de l'équipe d'audit;

— la langue de l'audit;

— la date et le lieu où l'audit doit être effectué;

— l'identification des secteurs de l'organisme qui doivent être audités;

— la date et la durée prévues pour chaque activité principale de l'audit;

— le calendrier des réunions à tenir avec la direction de l'audité;

— les exigences en matière de confidentialité;

— la liste de diffusion du rapport d'audit et la date de publication prévue.

Si l'audité formule des objections quant à l'un des éléments du plan d'audit, il convient de porter immédiatement celles-ci à la connaissance du responsable d'audit. Il convient de faire lever ces objections par le responsable d'audit et l'audité, et, si nécessaire, le client, avant l'exécution de l'audit.

Il convient que les détails particuliers du plan d'audit ne soient communiqués à l'audité qu'au fur et à mesure du déroulement de l'audit si leur divulgation prématurée ne compromet pas l'obtention de preuves tangibles.

5.2.2 Missions de l'équipe d'audit

Il convient d'attribuer à chaque auditeur l'audit d'éléments spécifiques du système qualité ou de départe-

ments. Il convient de confier ces missions au responsable d'audit après avoir consulté les auditeurs concernés.

5.2.3 Documents de travail

Les documents nécessaires pour faciliter les investigations de l'auditeur et pour consigner et rendre compte des conclusions peuvent comprendre

— des listes de vérification utilisées pour l'évaluation de chaque élément du système qualité (normalement préparées par l'auditeur chargé d'auditer l'élément en question);

— des formulaires pour rendre compte des observations de l'audit;

— des formulaires pour consigner les éléments de preuves étayant les conclusions auxquelles sont arrivés les auditeurs.

Il convient de concevoir les documents de travail de façon à ne pas limiter les activités ou les investigations complémentaires qui peuvent s'avérer nécessaires à la suite des informations obtenues pendant l'audit.

Les documents de travail contenant des informations confidentielles ou touchant la propriété industrielle doivent être convenablement protégés par l'organisme qui audite.

5.3 Exécution de l'audit

5.3.1 Réunion d'ouverture

L'objet d'une réunion d'ouverture est

— de présenter les membres de l'équipe d'audit à la direction de l'audité;

— de rappeler les objectifs et le champ d'application de l'audit;

— de présenter un résumé des méthodes et des procédures qui seront utilisées pour effectuer l'audit;

— de déterminer les liens de communication officiels entre l'équipe d'audit et l'audité;

— de confirmer la mise à disposition à l'équipe d'audit des moyens et des installations dont elle a besoin;

— de confirmer l'heure et la date de la réunion de clôture et de toute réunion intermédiaire de l'équipe d'audit avec la direction de l'audité;

— de clarifier tout point obscur du plan d'audit.

5

5.3.2 Examen

5.3.2.1 Recueil des preuves

Il convient de recueillir les preuves par des entretiens, par l'examen des documents et par l'observation des activités et des situations dans les domaines concernés. Il convient de relever les indices de non-conformité, s'ils paraissent importants, même s'ils ne sont pas stipulés dans les listes de vérification et de les soumettre à des investigations. Il convient de vérifier les informations obtenues lors des entretiens par des informations du même type émanant d'autres sources indépendantes, telles que l'observation physique, les mesurages et les relevés.

Pendant l'audit, le responsable d'audit peut apporter des modifications aux missions des auditeurs et au plan d'audit avec l'approbation du client et l'accord de l'audité, si cela s'avère nécessaire pour mieux atteindre les objectifs de l'audit.

Si les objectifs ne peuvent être atteints, il convient que le responsable de l'audit en donne les raisons au client et à l'audité.

5.3.2.2 Observations d'audit

Il convient de documenter toutes les observations de l'audit. L'audit de toutes les activités ayant été réalisé, il convient que l'équipe d'audit passe en revue toutes ses observations afin de déterminer celles qui doivent être rapportées en tant que non-conformités. Il convient que l'équipe d'audit fasse en sorte que ces non-conformités soient documentées de façon claire et précise et soient étayées de preuves. Il convient d'identifier les non-conformités par rapport aux exigences spécifiques de la norme ou d'autres documents afférents en référence auxquels l'audit a été effectué. Il convient que le responsable d'audit passe en revue les observations avec le responsable du secteur audité. Il convient que les dirigeants de l'audité prennent acte de toutes les observations de non-conformités.

5.3.3 Réunion de clôture avec l'audité

En fin d'audit et avant de préparer le rapport, il convient que l'équipe d'audit tienne une réunion avec la direction de l'audité et les responsables des fonctions concernées. L'objet principal de cette réunion est de présenter les observations de l'audit à la direction de l'audité de façon à s'assurer qu'elle comprend clairement les conclusions de l'audit.

Il convient que le responsable d'audit présente les observations en tenant compte de leur importance telle qu'il la perçoit. Il convient que le responsable d'audit présente les conclusions de l'équipe d'audit concernant l'aptitude du système qualité à satisfaire aux objectifs qualité.

Il convient de conserver le compte rendu de cette réunion.

NOTE 14   Les auditeurs, si cela leur est demandé, peuvent faire des recommandations à l'audité pour l'amélioration du système qualité. Ces recommandations ne présentent pas un caractère contraignant pour l'audité. Il appartient à ce dernier de déterminer l'étendue de l'action ainsi que les voies et les moyens d'améliorer le système qualité.

5.4 Documents d'audit

5.4.1 Préparation du rapport d'audit

Le rapport d'audit est préparé sous la direction du responsable d'audit qui est responsable de son caractère précis et complet.

5.4.2 Contenu du rapport

Il convient que le rapport d'audit reflète fidèlement l'esprit et le contenu de l'audit. Il convient qu'il soit daté et signé par le responsable d'audit et qu'il contienne, selon le cas, les éléments suivants:

— l'objectif et le champ d'application de l'audit;

— les détails du plan d'audit, l'identité des membres de l'équipe d'audit et des représentants de l'audité, les dates de l'audit et l'identification de l'organisme spécifique audité;

— l'identification des documents de référence par rapport auxquels l'audit a été conduit (norme de système qualité, manuel qualité de l'audité, etc.);

— les observations de non-conformités;

— l'appréciation par l'équipe d'audit du degré avec lequel l'audité se conforme à la norme applicable au système qualité et à la documentation afférente;

— l'aptitude du système à atteindre les objectifs qualité définis;

— la liste de diffusion du rapport d'audit.

Il convient que toute communication entre la réunion de clôture et l'émission du rapport soit faite par le responsable d'audit.

5.4.3 Diffusion du rapport

Il convient que le rapport d'audit soit envoyé au client par le responsable d'audit. Il incombe au client de fournir un exemplaire du rapport d'audit à la direction de l'audité. Il convient de définir toute diffusion supplémentaire en consultation avec l'audité. Les rapports d'audit contenant des informations confidentielles ou touchant la propriété industrielle doivent être convenablement protégés par l'organisme chargé de l'audit et le client.

Il convient de publier le rapport d'audit dès que possible. S'il ne peut être publié dans le délai prévu, il convient de donner les raisons du retard au client et à l'audité et de fixer une nouvelle date de publication.

5.4.4 Conservation des dossiers

Il convient de conserver les documents d'audit conformément à l'accord passé entre le client, l'organisme chargé de l'audit et l'audité, et selon les exigences réglementaires.

6 Achèvement de l'audit

L'audit est achevé lorsque le rapport d'audit est remis au client.

7 Suivi d'action corrective

L'audité a la responsabilité de déterminer et de lancer toute action corrective nécessaire pour corriger une non-conformité ou pour éliminer la cause d'une non-conformité. La responsabilité de l'auditeur se limite à l'identification de la non-conformité.

Il convient de terminer l'action corrective et les audits de suivi qui en découlent dans un délai convenu par le client et l'audité après consultation de l'organisme chargé de l'audit.

NOTE 15   Il convient que l'organisme chargé de l'audit tienne le client informé de l'état d'avancement des actions correctives et des audits de suivi. Après vérification de la mise en œuvre des actions correctives, l'organisme chargé de l'audit pourra préparer un rapport de suivi et le diffuser de la même façon que le rapport d'audit d'origine.

7

Annexe A
(informative)

Bibliographie

[1] ISO 9000:1987, *Normes pour la gestion de la qualité et l'assurance de la qualité — Lignes directrices pour la sélection et l'utilisation.*

[2] ISO 9001:1987, *Systèmes qualité — Modèle pour l'assurance de la qualité en conception/développement, production, installation et soutien après la vente.*

[3] ISO 9002:1987, *Systèmes qualité — Modèle pour l'assurance de la qualité en production et installation.*

[4] ISO 9003:1987, *Systèmes qualité — Modèle pour l'assurance de la qualité en contrôle et essais finals.*

[5] ISO 9004:1987, *Gestion de la qualité et éléments de système qualité — Lignes directrices.*

8

Annexe ZA

(normative)

Des références normatives aux publications internationales avec ses publications européennes correspondantes

Cette norme européenne comporte, par référence datée ou non datée, des dispositions d'autres publications. Ces références normatives sont citées aux endroits appropriés dans le texte et les publications sont énumérées ci-après. Pour les références datées, les amendements ou révisions ultérieurs de l'une quelconque de ces publications ne s'appliquent à cette norme européenne que s'ils y ont été incorporés par amendement ou révision. Pour les références non datées, la dernière édition de la publication à laquelle il est fait référence s'applique.

Publication	Année	Titre	EN/HD	Année
ISO 10011-2	1991	Lignes directrices pour l'audit des systèmes qualité — Partie 2 : Critères de qualification pour les auditeurs de systèmes qualité	EN 30011-2	1993
ISO 10011-3	1991	Lignes directrices pour l'audit des systèmes qualité — Partie 3 : Gestion des programmes d'audit	EN 30011-3	1993

ISSN 0335-3931

norme européenne
norme française

NF EN 30011-2
ISO 10011-2
Août 1993
Indice de classement : X 50-136-2

Lignes directrices pour l'audit des systèmes qualité

Partie 2 : Critères de qualification pour les auditeurs de systèmes qualité

E : Guidelines for auditing quality systems — Part 2 : Qualification criteria for quality systems auditors
D : Leitfaden für das Audit von Qualitätssicherungssystemen — Teil 2 : Qualifikationskriterien für Qualitätsauditoren

Norme française homologuée par décision du Directeur Général de l'afnor le 20 juillet 1993 pour prendre effet le 20 août 1993.

Remplace la norme homologuée NF ISO 10011-2, de décembre 1991.

correspondance   La norme européenne EN 30011-2:1993 a le statut d'une norme française. Elle reproduit intégralement la norme internationale ISO 10011-2:1991.

analyse   Le présent document donne les critères de qualification pour le choix des auditeurs chargés d'effectuer les audits des systèmes qualité, à savoir enseignement, formation, expérience, qualités personnelles, aptitude au management, entretien des compétences, langue et choix du responsable d'audit.

descripteurs   **Thésaurus International Technique** : qualité, assurance de qualité, programme d'assurance de qualité, audité de qualité, qualification.

modifications   Par rapport à la norme NF ISO 10011-2 (indice de classement X 50-136-2), de décembre 1991, pas de modification.

corrections

éditée et diffusée par l'association française de normalisation (afnor), tour europe cedex 7 92049 paris la défense — tél. : (1) 42 91 55 55

afnor 1993   © afnor 1993   1er tirage 93-08

Membres de la commission de normalisation

Président : M LERMOYEZ

Secrétariat : MME MORIN — AFNOR

		BNCF		M	KOLUB	SITE
M	ALLIER	FRANCE TELECOM SCTT		M	L'HERMITTE	EDF
M	ALVERNHE	BNAE		M	LALLEMANT	TELEMECANIQUE SA
M	ASSAIANTE	CNIM		M	LALOI	CLECIM
MME	AYMARD-DUFOUR	LABORATOIRES UPSA		MME	LAVALETTE	SYSECA SA
M	BARBEROLLE	GDF		M	LE COUARHER	ALCATEL CIT
M	BAZINET	EDF GDF SERVICES		M	LECHENET	CEP SYSTEMES
M	BELLIER	M3P		M	LERMOYEZ	IBM
M	BELLOC	UTE		M	LOREC	FC QUALITE
M	BESSET	SNCF		M	LUBRANO	ARCO CHIMIE FRANCE SNC
M	BEYLIE	SEXTANT AVIONIQUE SA		M	MAITRE	CEGELEC SA
M	BONNOME			M	MARIA	GEC ALSTHOM STEIN INDUSTRIE
M	BRUNSCHWIG			M	MARMIGNON	SNAP
M	CALBA	EIFFEL		M	MARTIAL	CEP SYSTEMES
M	CANCE			M	MENDES	EDF DER
M	CARLU	KODAK PATHE		M	MILLERET	SOMELEC SA
M	CHAMPELOVIER	MONETEL SA		M	MITONNEAU	AMOVI EURL
M	CHARVET	AXIME		M	MONTJOIE	CEA
M	CHAUCHE			M	ME	DASSAULT AVIATION
M	CHAUVEAU	CETEN APAVE INTERNATIONAL			NEEL	
MME	CHOTEAU	DGA DAT ETBS		M	OGER	
MME	CHOUZENOUX	ALCATEL CIT		M	ORSI	LETP LE CORBUSIER
M	CLERMONT			MME	PERRIER	
M	COPIN	CM CONSULTANTS		M	PINON	MERLIN GERIN
MLLE	COUSIN	STERIA SA		MLLE	POUSSE	BIOMERIEUX SA
M	CROMBEZ	FOURE LAGADEC ET CIE		M	REBEYROL	MS2I
MME	DECROIX	BULL SA		MME	RENARD	LABORATOIRES METROLOGIE D'IVRY
M	DEDEWANOU	ROUSSEL UCLAF				
M	DOULIERY	AEROSPATIALE		MME	RENAUX	SOCOTEC QUALITE
M	DRION	SOPAD NESTLE SA		M	ROBIN	CABINET ROBIN CONCEPTS
M	DUTRAIVE			M	ROULEAU	GDF DION PRODUCT TRANSPORT CTO
M	ESCARON	MERLIN GERIN				
M	FAURE	ALUMINIUM PECHINEY		M	RUBICHON	FRANCE TELECOM SCTT
M	FAURIE	CETIM		M	SARTRAL	TELEMECANIQUE SA
M	FROMAN			M	SAURA	GIAT INDUSTRIES
M	FUCHET	PROCIDA		MME	SIDI	CAP GEMINI INTERNA SUPPORT
M	GANGA	CETE LAB REG PONTS ET CHAUSSEES		M	SOULEBOT	RHONE MERIEUX LABORATOIRE IFFA
M	GASTIGER	INERIS		MME	STIDEL	MFQ MOUVEMENT FRANCAIS QUALITE
M	GERARD	PHILIPS EGP				
MME	GILLIOT	CONSULTANT		M	TREILLAUD	SOGEPS
M	GOBIN	DUMEZ		M	TRUFFERT	LCIE
MME	GUIARD	LABORATOIRE GUERBET		M	VAISENBERG	
M	HARO	ESSILOR INTERNATIONAL SA		M	VALETTE	MATRA DEFENSE VELIZY LE BOIS
M	HESNARD	SCHWEPPES FRANCE SA		M	VAN DETH	SNCF DION EQUIPEMENT
M	HOSSENLOPP	GEC ALSTHOM PROTECTION & CONTROLE		M	VAUTRIN	SETRA
				M	VINCQ	ECOLE DES MINES DE DOUAI
M	HUET	OPQCB		M	WIDMER	EDF GDF DION AFFAIRES GENERALES
M	INGOLD	ECOLE CENTRALE DE PARIS				

Avant-propos national

Références aux normes françaises

La correspondance entre les normes mentionnées à l'article 2 «Références normatives» et dans l'annexe ZA de la norme NF EN 30011-2 et les normes françaises identiques est la suivante :

> *ISO 9000 : NF EN 29000 (indice de classement : X 50-121)*
>
> *ISO 9001 : NF EN 29001 (indice de classement : X 50-131)*
>
> *ISO 9002 : NF EN 29002 (indice de classement : X 50-132)*
>
> *ISO 9003 : NF EN 29003 (indice de classement : X 50-133)*
>
> *ISO 9004 : NF EN 29004 (indice de classement : X 50-122)*
>
> *ISO 10011-1 : NF EN 30011-1 (indice de classement : X 50-136-1)*
>
> *ISO 10011-3 : NF EN 30011-3 (indice de classement : X 50-136-3)*

La correspondance entre les normes mentionnées à l'article 2 «Références normatives» et les normes françaises de même domaine d'application mais non identiques est la suivante :

> *ISO 8402 : NF X 50-120*

NORME EUROPÉENNE
EUROPÄISCHE NORM
EUROPEAN STANDARD

EN 30011-2

Avril 1993

CDU 658.562 (035)

Descripteurs : qualité, assurance de qualité, programme d'assurance de qualité, audit de qualité, qualification.

Version française

Lignes directrices pour l'audit des systèmes qualité —
Partie 2 : Critères de qualification pour les auditeurs de systèmes qualité
(ISO 10011-2:1991)

Leitfaden für das Audit von
Qualitätssicherungssystemen —
Teil 2 : Qualifikationskriterien für
Qualitätsauditoren
(ISO 10011-2:1991)

Guidelines for auditing quality systems —
Part 2 : Qualification criteria for quality
systems auditors
(ISO 10011-2:1991)

La présente norme européenne a été adoptée par le CEN le 1993-04-05. Les membres du CEN sont tenus de se soumettre au Règlement Intérieur du CEN/CENELEC qui définit les conditions dans lesquelles doit être attribué, sans modification, le statut de norme nationale à la norme européenne.

Les listes mises à jour et les références bibliographiques relatives à ces normes nationales peuvent être obtenues auprès du Secrétariat Central ou auprès des membres du CEN.

Les normes européennes existent en trois versions officielles (allemand, anglais, français). Une version faite par traduction sous la responsabilité d'un membre du CEN dans sa langue nationale et notifiée au Secrétariat Central, a le même statut que les versions officielles.

Les membres du CEN sont les organismes nationaux de normalisation des pays suivants : Allemagne, Autriche, Belgique, Danemark, Espagne, Finlande, France, Grèce, Irlande, Islande, Italie, Luxembourg, Norvège, Pays-Bas, Portugal, Royaume-Uni, Suède et Suisse.

CEN

COMITÉ EUROPÉEN DE NORMALISATION

Europäisches Komitee für Normung
European Committee for Standardization

Secrétariat Central : rue de Stassart 36, B-1050 Bruxelles

Réf. n° EN 30011-2:1993 F

Avant-propos

Suite à la résolution BT 221/1991, l'ISO 10011-2:1991 «Lignes directrices pour l'audit des systèmes qualité — Partie 2 : Critères de qualification pour les auditeurs de systèmes qualité» a été soumise à la procédure d'acceptation unique.

Le résultat de la procédure d'acceptation unique était positif.

Cette norme européenne devra recevoir le statut de norme nationale, soit par publication nationale, soit par publication d'un texte identique, soit par entérinement, au plus tard en octobre 1993, et toutes les normes nationales en contradiction devront être retirées au plus tard en octobre 1993.

Selon le Règlement Intérieur du CEN/CENELEC, les pays suivants sont tenus de mettre cette norme européenne en application : Allemagne, Autriche, Belgique, Danemark, Espagne, Finlande, France, Grèce, Irlande, Islande, Italie, Luxembourg, Norvège, Pays-Bas, Portugal, Royaume-Uni, Suède et Suisse.

Notice d'entérinement

Le texte de la norme internationale ISO 10011-2:1991 a été approuvé par le CEN comme norme européenne sans aucune modification.

NOTE : Des références européennes des publications internationales sont mentionnées en annexe ZA (normative).

Sommaire

Avant-propos

L'ISO (Organisation internationale de normalisation) est une fédération mondiale d'organismes nationaux de normalisation (comités membres de l'ISO). L élaboration des Normes internationales est en général confiée aux comités techniques de l'ISO. Chaque comité membre intéressé par une étude a le droit de faire partie du comité technique créé à cet effet. Les organisations internationales, gouvernementales et non gouvernementales, en liaison avec l'ISO participent également aux travaux. L'ISO collabore étroitement avec la Commission électrotechnique internationale (CEI) en ce qui concerne la normalisation électrotechnique.

Les projets de Normes internationales adoptés par les comités techniques sont soumis aux comités membres pour vote. Leur publication comme Normes internationales requiert l'approbation de 75 % au moins des comités membres votants.

La Norme internationale ISO 10011-2 a été élaborée par le comité technique ISO/TC 176, *Management et assurance de la qualité*.

L'ISO 10011 comprend les parties suivantes, présentées sous le titre général *Lignes directrices pour l'audit des systèmes qualité*:

— *Partie 1: Audit*

— *Partie 2: Critères de qualification pour les auditeurs de systèmes qualité*

— *Partie 3: Gestion des programmes d'audit*

L'annexe A fait partie intégrante de la présente partie de l'ISO 10011. L'annexe B est donnée uniquement à titre d'information.

Introduction

Afin que les audits des systèmes qualité soient effectués de façon efficace et homogène, comme indiqué dans l'ISO 10011-1, des critères minimaux sont exigés pour qualifier les auditeurs.

La présente partie de l'ISO 10011-1 décrit ces critères minimaux.

Elle fournit également la méthode par laquelle il convient de juger et maintenir la conformité d'un auditeur potentiel à ces critères. Cette information est contenue dans l'annexe A qui fait partie intégrante de la présente partie de l'ISO 10011. L'annexe B contient des informations sur la certification nationale des auditeurs mais ne fait pas partie intégrante de la présente partie de l'ISO 10011.

Lignes directrices pour l'audit des systèmes qualité —

Partie 2:
Critères de qualification pour les auditeurs de systèmes qualité

1 Domaine d'application

La présente partie de l'ISO 10011 donne les lignes directrices relatives aux critères de qualification des auditeurs.

Elle est applicable pour opérer le choix des auditeurs chargés d'effectuer les audits des systèmes qualité selon l'ISO 10011-1.

2 Références normatives

Les normes suivantes contiennent des dispositions qui, par suite de la référence qui en est faite, constituent des dispositions valables pour la présente partie de l'ISO 10011. Au moment de la publication, les éditions indiquées étaient en vigueur. Toute norme est sujette à révision et les parties prenantes des accords fondés sur la présente partie de l'ISO 10011 sont invitées à rechercher la possibilité d'appliquer les éditions les plus récentes des normes indiquées ci-après. Les membres de la CEI et de l'ISO possèdent le registre des Normes internationales en vigueur à un moment donné.

ISO 8402:1986, *Qualité — Vocabulaire*.

ISO 10011-1:1990, *Lignes directrices pour l'audit des systèmes qualité — Partie 1: Audit*.

ISO 10011-3:1991, *Lignes directrices pour l'audit des systèmes qualité — Partie 3: Gestion des programmes d'audit*.

3 Définitions

Pour les besoins de la présente partie de l'ISO 10011, les définitions données dans l'ISO 8402 et l'ISO 10011-1 s'appliquent.

4 Enseignement

Il est recommandé que les candidats auditeurs aient reçu au moins un enseignement secondaire, c'est-à-dire la partie du système national d'éducation qui suit la phase d'enseignement primaire ou élémentaire et qui précède celle qui permet d'obtenir un diplôme d'enseignement supérieur, ou un enseignement déterminé par le comité d'évaluation décrit dans l'annexe A. Il convient que les candidats aient démontré leur capacité à exprimer clairement et avec facilité des concepts et des idées oralement et par écrit dans leur langue officielle.

5 Formation

Il est recommandé que les candidats auditeurs aient reçu la formation nécessaire pour garantir leur compétence dans les aptitudes requises pour effectuer et manager des audits. Il y a lieu de considérer comme particulièrement pertinente la formation dans les domaines suivants:

— la connaissance et la compréhension des normes par rapport auxquelles l'audit des systèmes qualité peut être effectué;

— les techniques d'évaluation d'examen, de questionnement, d'appréciation et de compte rendu;

— les autres techniques requises pour manager un audit telles que la planification, l'organisation, la communication ot l'animation.

Il est recommandé de démontrer cette compétence au moyen d'examens écrits ou oraux, ou par tout autre moyen acceptable.

1

6 Expérience

Il est souhaitable que les candidats auditeurs aient au moins quatre ans d'expérience professionnelle appropriée à plein temps (non compris la formation), dont au moins deux de ces années devraient avoir été effectuées dans des activités liées à l'assurance de la qualité.

Avant d'assumer des responsabilités dans l'exécution des audits en tant qu'auditeur, il est recommandé que le candidat ait acquis l'expérience du processus complet d'audit tel qu'il est décrit dans l'ISO 10011-1. Il convient que cette expérience ait été acquise en ayant participé à quatre audits au moins totalisant au minimum 20 jours d'audit consacrés à l'examen des documents, aux activités d'audit proprement dites et au rapport d'audit.

Il est souhaitable que toute expérience prise en compte soit raisonnablement récente.

7 Qualités personnelles

Il est souhaitable que les candidats auditeurs soient ouverts, matures, aient un jugement sain, une capacité d'analyse, de la ténacité, l'aptitude à percevoir les situations de manière réaliste, puissent comprendre les opérations complexes d'un point de vue général et saisir le rôle des éléments individuels au sein de l'organisme tout entier.

Il convient que l'auditeur soit en mesure d'utiliser ces qualités afin

— d'obtenir et d'évaluer honnêtement et objectivement les faits;

— de demeurer fidèle à l'objet de l'audit sans crainte, ni faveur;

— d'évaluer constamment les effets provoqués par les observations faites au cours de l'audit et les interactions entre personnes durant l'audit;

— de se comporter avec le personnel concerné de façon à atteindre, dans les meilleures conditions, les objectifs de l'audit;

— de réagir correctement aux usages du pays dans lequel l'audit est effectué;

— d'effectuer l'audit sans écarts dus à l'inattention;

— de prêter toute son attention et d'apporter un soutien total au processus d'audit;

— de réagir efficacement dans des situations difficiles;

— de parvenir à des conclusions communément acceptables fondées sur les observations faites au cours de l'audit;

— de rester ferme dans ses conclusions en dépit de toute pression exercée pour y apporter des modifications quand celles-ci ne sont pas fondées sur des preuves.

8 Aptitude au management

Il est souhaitable que les candidats auditeurs démontrent de manière appropriée leur connaissance ainsi que leur capacité à mettre en œuvre les techniques de management requises pour l'exécution d'un audit comme recommandé dans l'ISO 10011-1.

9 Entretien des compétences

Il est recommandé que les auditeurs entretiennent leur compétence en

— s'assurant que leur connaissance des normes et des exigences relatives au système qualité est à jour;

— s'assurant que leur connaissance des procédures et des méthodes d'audit est à jour;

— participant à des formations de perfectionnement si nécessaire;

— faisant examiner leur compétence au moins tous les trois ans par un comité d'évaluation (voir annexe A).

Il convient que ces mesures garantissent que les auditeurs continuent de satisfaire aux exigences de la présente partie de l'ISO 10011. Il est recommandé que les examens des auditeurs prennent en considération toute information complémentaire, positive ou négative, développée depuis le précédent examen.

10 Langue

Il est recommandé aux auditeurs de ne pas participer à des audits sans soutien dans le cas où ils ne parlent pas couramment la langue convenue pour l'audit. Le terme soutien signifie ici que les auditeurs disposent à tout moment d'une personne qui possède les compétences linguistiques techniques nécessaires et qui n'est pas soumise à des influences qui pourraient affecter l'exécution de l'audit.

2

11   Choix du responsable d'audit

Il est recommandé que le responsable d'audit chargé d'un audit spécifique soit choisi par la direction des programmes d'audit parmi les auditeurs qualifiés selon des facteurs décrits dans l'ISO 10011-3, en tenant compte des critères supplémentaires suivants:

— il convient que les candidats aient accompli, en tant qu'auditeurs qualifiés, au moins trois audits complets effectués selon les recommandations données dans l'ISO 10011-1;

— il convient que les candidats aient démontré leur aptitude à communiquer de façon efficace oralement et par écrit dans la langue convenue pour l'audit.

3

Annexe A

(normative)

Évaluation des candidats auditeurs

A.1 Généralités

La présente annexe fait partie intégrante de la présente partie de l'ISO 10011 et fournit des méthodes pour juger des candidats auditeurs en fonction des critères qui y sont définis.

A.2 Comité d'évaluation

Un outil essentiel pour l'application de la présente partie de l'ISO 10011 réside dans la constitution et le fonctionnement d'un comité d'évaluation qui peut être interne ou externe à l'audité et dont la vocation principale est d'évaluer les qualifications des candidats auditeurs.

Il est recommandé que ce comité d'évaluation soit présidé par une personne en activité dans le management d'opérations d'audit importantes, qui a satisfait aux recommandations de qualification des auditeurs données dans la présente partie de l'ISO 10011 et qui est admise par une majorité des membres du comité et par la direction de l'organisme responsable des activités du comité. Il convient que le comité comprenne des représentants d'autres secteurs qui possèdent des connaissances récentes et pertinentes du processus d'audit. Il pourrait comprendre des clients demandeurs de rapports d'audit et des audités soumis à des audits réguliers et importants.

Les méthodes de sélection des membres du comité dépendent du type d'audit envisagé, tel que:

— audits internes: il convient que les membres du comité soient choisis par la direction de l'organisme;

— audits réalisés par le client: il convient que les membres du comité soient choisis par le client, sauf accord contraire;

— audits réalisés par tierces parties indépendantes: il convient que les membres du comité soient choisis par le conseil d'administration du système national de certification ou son équivalent.

Il est recommandé que le comité d'évaluation ne comporte pas moins de deux membres.

Il convient que le comité d'évaluation fonctionne selon des règles définies par des procédures conçues

de façon à garantir que le processus de sélection n'est pas arbitraire, qu'il respecte les critères établis dans la présente partie de l'ISO 10011 et n'est pas susceptible d'engendrer de conflit d'intérêts.

A.3 Évaluations

A.3.1 Enseignement et formation

Il convient de démontrer par des preuves que le candidat a acquis les connaissances et les aptitudes nécessaires pour effectuer et manager les audits. Ceci peut se faire soit par un examen administré par un organisme de certification national, soit par tout autre moyen approprié acceptable par le comité d'évaluation.

Lors de l'évaluation des candidats auditeurs, il est souhaitable que le comité ait également recours à

— des entretiens avec les candidats;

— des examens;

— des travaux écrits des candidats.

A.3.2 Expérience

Il convient que le comité s'estime satisfait dès lors que l'expérience déclarée par un candidat a été réellement acquise au cours d'une période raisonnable.

A.3.3 Qualités personnelles

Il convient que le comité utilise des techniques telles que

— des entretiens avec les candidats;

— des discussions avec des employeurs précédents, des collègues, etc.;

— des tests structurés pour des caractéristiques appropriées;

— des simulations de rôle;

— des observations dans les conditions d'audit réelles.

4

A.3.4 Aptitudes au management

Il convient que le comité utilise des techniques telles que

— des entretiens avec les candidats;

— des discussions avec des employeurs précédents, des collègues, etc.;

— des tests structurés pour des caractéristiques appropriées;

— des simulations de rôle;

— des observations dans des conditions d'audit réelles;

— des dossiers de formations et des examens afférents.

A.3.5 Entretien des compétences

Il est recommandé que le comité d'évaluation examine périodiquement les prestations de l'auditeur en prenant en considération l'évaluation des prestations faite par la direction des programmes d'audit. Il convient que le comité d'évaluation effectue toute réévaluation de la certification d'un auditeur résultant de ces examens.

A.3.6 Décisions du comité d'évaluation

En ce qui concerne les candidatures proposées, il est recommandé que le comité d'évaluation se limite à leur approbation ou à leur rejet. Il convient que l'examen des performances des auditeurs ait pour seul résultat le maintien ou le retrait de leur qualification. Il convient de consigner les décisions par écrit et de les communiquer au candidat.

5

Annexe B

(informative)

Certification nationale des auditeurs

B.1 Généralités

La présente annexe contient des informations sur la certification nationale des auditeurs mais elle ne fait pas partie intégrante de la présente partie de l'ISO 10011.

B.2 Certification nationale

Les pays peuvent souhaiter mettre en place leur propre organisme national chargé d'assurer que les auditeurs sont évalués d'une manière compétente et homogène. Cet organisme pourrait soit certifier directement les auditeurs, soit accréditer d'autres organismes qui à leur tour certifieraient les auditeurs. Il convient d'effectuer cette certification d'auditeur en utilisant les critères contenus dans la présente partie de l'ISO 10011.

Il convient que l'organisme national soit composé de personnes qui satisfont aux exigences du comité d'évaluation (voir annexe A). Il se peut qu'il soit nécessaire de sélectionner ces personnes dans différents secteurs géographiques du pays (afin de faciliter les entretiens avec les candidats de régions différentes); et alors elles pourraient représenter une diversité suffisante d'organismes pour garantir que les points de vue significatifs et éclairés sont représentés.

Il est souhaitable que l'organisme national établisse un processus permettant de retirer rapidement la certification aux auditeurs qui ne se conduisent pas d'une manière correcte et professionnelle, en accord avec la déontologie. Il convient que ce processus comprenne une procédure d'appel impartiale et ouverte. L'application de ce processus peut être facilitée en exigeant des auditeurs pressentis de signer un code de déontologie approprié comme condition de certification.

Des prestations non satisfaisantes pourraient conduire soit à la perte de leur certification, soit à une participation des auditeurs à des activités de formation ayant pour résultat d'élever leurs prestations à un niveau acceptable.

6

Annexe ZA

(normative)

Des références normatives aux publications internationales avec ses publications européennes correspondantes

Cette norme européenne comporte, par référence datée ou non datée, des dispositions d'autres publications. Ces références normatives sont citées aux endroits appropriés dans le texte et les publications sont énumérées ci-après. Pour les références datées, les amendements ou révisions ultérieurs de l'une quelconque de ces publications ne s'appliquent à cette norme européenne que s'ils y ont été incorporés par amendement ou révision. Pour les références non datées, la dernière édition de la publication à laquelle il est fait référence s'applique.

Publication	Année	Titre	EN/HD	Année
ISO 10011-1	1990	Lignes directrices pour l'audit des systèmes qualité — Partie 1 : Audit	EN 30011-1	1993
ISO 10011-3	1991	Lignes directrices pour l'audit des systèmes qualité — Partie 3 : Gestion des programmes d'audit	EN 30011-3	1993

ISSN 0335-3931

norme européenne
norme française

NF EN 30011-3
ISO 10011-3
Août 1993
Indice de classement : X 50-136-3

Lignes directrices pour l'audit des systèmes qualité

Partie 3 : Gestion des programmes d'audit

E : Guidelines for auditing quality systems — Part 3 : Management of audit programmes

D : Leitfaden für das Audit von Qualitätssicherungssystemen — Teil 3 : Management von Auditprogrammen

Norme française homologuée par décision du Directeur Général de l'afnor le 20 juillet 1993 pour prendre effet le 20 août 1993.

Remplace la norme homologuée NF ISO 10011-3, de décembre 1991.

correspondance La norme européenne EN 30011-3:1993 a le statut d'une norme française. Elle reproduit intégralement la norme internationale ISO 10011-3:1991.

analyse Le présent document fournit des lignes directrices pour le management des programmes d'audit des systèmes qualité ; il s'agit de recommandations relatives à l'organisation, les normes, la qualification du personnel, les aptitudes des membres de l'équipe d'audit, la surveillance et le maintien des performances des auditeurs, les conditions de fonctionnement, les audits conjoints, l'amélioration du programme d'audit ainsi que le code de déontologie.

descripteurs **Thésaurus International Technique** : qualité, assurance de qualité, programme d'assurance de qualité, audité de qualité, gestion.

modifications Par rapport à la norme NF ISO 10011-3 (indice de classement : X 50-136-3), de décembre 1991, pas de modification.

corrections

éditée et diffusée par l'association française de normalisation (afnor), tour europe cedex 7 92049 paris la défense — tél. : (1) 42 91 55 55

afnor 1993 © afnor 1993 1er tirage 93-08

Membres de la commission de normalisation

Président : M LERMOYEZ

Secrétariat : MME MORIN — AFNOR

		BNCF
M	ALLIER	FRANCE TELECOM SCTT
M	ALVERNHE	BNAE
M	ASSAIANTE	CNIM
MME	AYMARD-DUFOUR	LABORATOIRES UPSA
M	BARBEROLLE	GDF
M	BAZINET	EDF GDF SERVICES
M	BELLIER	M3P
M	BELLOC	UTE
M	BESSET	SNCF
M	BEYLIE	SEXTANT AVIONIQUE SA
M	BONNOME	
M	BRUNSCHWIG	
M	CALBA	EIFFEL
M	CANCE	
M	CARLU	KODAK PATHE
M	CHAMPELOVIER	MONETEL SA
M	CHARVET	AXIME
M	CHAUCHE	
M	CHAUVEAU	CETEN APAVE INTERNATIONAL
MME	CHOTEAU	DGA DAT ETBS
MME	CHOUZENOUX	ALCATEL CIT
M	CLERMONT	
M	COPIN	CM CONSULTANTS
MLLE	COUSIN	STERIA SA
M	CROMBEZ	FOURE LAGADEC ET CIE
MME	DECROIX	BULL SA
M	DEDEWANOU	ROUSSEL UCLAF
M	DOULIERY	AEROSPATIALE
M	DRION	SOPAD NESTLE SA
M	DUTRAIVE	
M	ESCARON	MERLIN GERIN
M	FAURE	ALUMINIUM PECHINEY
M	FAURIE	CETIM
M	FROMAN	
M	FUCHET	PROCIDA
M	GANGA	CETE LAB REG PONTS ET CHAUSSEES
M	GASTIGER	INERIS
M	GERARD	PHILIPS EGP
MME	GILLIOT	CONSULTANT
M	GOBIN	DUMEZ
MME	GUIARD	LABORATOIRE GUERBET
M	HARO	ESSILOR INTERNATIONAL SA
M	HESNARD	SCHWEPPES FRANCE SA
M	HOSSENLOPP	GEC ALSTHOM PROTECTION & CONTROLE
M	HUET	OPQCB
M	INGOLD	ECOLE CENTRALE DE PARIS

M	KOLUB	SITE
M	L'HERMITTE	EDF
M	LALLEMANT	TELEMECANIQUE SA
M	LALOI	CLECIM
MME	LAVALETTE	SYSECA SA
M	LE COUARHER	ALCATEL CIT
M	LECHENET	CEP SYSTEMES
M	LERMOYEZ	IBM
M	LOREC	FC QUALITE
M	LUBRANO	ARCO CHIMIE FRANCE SNC
M	MAITRE	CEGELEC SA
M	MARIA	GEC ALSTHOM STEIN INDUSTRIE
M	MARMIGNON	SNAP
M	MARTIAL	CEP SYSTEMES
M	MENDES	EDF DER
M	MILLERET	SOMELEC SA
M	MITONNEAU	AMOVI EURL
M	MONTJOIE	CEA
M	ME NEEL	DASSAULT AVIATION
M	OGER	
M	ORSI	LETP LE CORBUSIER
MME	PERRIER	
M	PINON	MERLIN GERIN
MLLE	POUSSE	BIOMERIEUX SA
M	REBEYROL	MS2I
MME	RENARD	LABORATOIRES METROLOGIE D'IVRY
MME	RENAUX	SOCOTEC QUALITE
M	ROBIN	CABINET ROBIN CONCEPTS
M	ROULEAU	GDF DION PRODUCT TRANSPORT CTO
M	RUBICHON	FRANCE TELECOM SCTT
M	SARTRAL	TELEMECANIQUE SA
M	SAURA	GIAT INDUSTRIES
MME	SIDI	CAP GEMINI INTERNA SUPPORT
M	SOULEBOT	RHONE MERIEUX LABORATOIRE IFFA
MME	STIDEL	MFQ MOUVEMENT FRANCAIS QUALITE
M	TREILLAUD	SOGEPS
M	TRUFFERT	LCIE
M	VAISENBERG	
M	VALETTE	MATRA DEFENSE VELIZY LE BOIS
M	VAN DETH	SNCF DION EQUIPEMENT
M	VAUTRIN	SETRA
M	VINCQ	ECOLE DES MINES DE DOUAI
M	WIDMER	EDF GDF DION AFFAIRES GENERALES

Avant-propos national

Références aux normes françaises

La correspondance entre les normes mentionnées à l'article 2 «Références normatives» et dans l'annexe ZA de la norme NF EN 30011-3 et les normes françaises identiques est la suivante :

ISO 9000   : NF EN 29000 *(indice de classement : X 50-121)*

ISO 9001   : NF EN 29001 *(indice de classement : X 50-131)*

ISO 9002   : NF EN 29002 *(indice de classement : X 50-132)*

ISO 9003   : NF EN 29003 *(indice de classement : X 50-133)*

ISO 9004   : NF EN 29004 *(indice de classement : X 50-122)*

ISO 10011-1 : NF EN 30011-1 *(indice de classement : X 50-136-1)*

ISO 10011-2 : NF EN 30011-2 *(indice de classement : X 50-136-2)*

La correspondance entre les normes mentionnées à l'article 2 «Références normatives» et les normes françaises de même domaine d'application mais non identiques est la suivante :

ISO 8402 : NF X 50-120

NORME EUROPÉENNE
EUROPÄISCHE NORM
EUROPEAN STANDARD

EN 30011-3

Avril 1993

CDU 658.562 (035)

Descripteurs : qualité, assurance de qualité, programme d'assurance de qualité, audit de qualité, gestion.

Version française

Lignes directrices pour l'audit des systèmes qualité —
Partie 3 : Gestion des programmes d'audit
(ISO 10011-3:1991)

Leitfaden für das Audit von
Qualitätssicherungssystemen —
Teil 3 : Management von Auditprogrammen
(ISO 10011-3:1991)

Guidelines for auditing quality systems —
Part 3 : Management of audit programmes
(ISO 10011-3:1991)

La présente norme européenne a été adoptée par le CEN le 1993-04-05. Les membres du CEN sont tenus de se soumettre au Règlement Intérieur du CEN/CENELEC qui définit les conditions dans lesquelles doit être attribué, sans modification, le statut de norme nationale à la norme européenne.

Les listes mises à jour et les références bibliographiques relatives à ces normes nationales peuvent être obtenues auprès du Secrétariat Central ou auprès des membres du CEN.

Les normes européennes existent en trois versions officielles (allemand, anglais, français). Une version faite par traduction sous la responsabilité d'un membre du CEN dans sa langue nationale et notifiée au Secrétariat Central, a le même statut que les versions officielles.

Les membres du CEN sont les organismes nationaux de normalisation des pays suivants : Allemagne, Autriche, Belgique, Danemark, Espagne, Finlande, France, Grèce, Irlande, Islande, Italie, Luxembourg, Norvège, Pays-Bas, Portugal, Royaume-Uni, Suède et Suisse.

CEN

COMITÉ EUROPÉEN DE NORMALISATION

Europäisches Komitee für Normung
European Committee for Standardization

Secrétariat Central : rue de Stassart 36, B-1050 Bruxelles

Réf. n° EN 30011-3:1993 F

Avant-propos

Suite à la résolution BT 221/1991, l'ISO 10011-3:1991 «Lignes directrices pour l'audit des systèmes qualité —
Partie 3 : Gestion des programmes d'audit» a été soumise à la procédure d'acceptation unique.

Le résultat de la procédure d'acceptation unique était positif.

Cette norme européenne devra recevoir le statut de norme nationale, soit par publication nationale, soit
par publication d'un texte identique, soit par entérinement, au plus tard en octobre 1993, et toutes les normes nationales en contradiction devront être retirées au plus tard en octobre 1993.

Selon le Règlement Intérieur du CEN/CENELEC, les pays suivants sont tenus de mettre cette norme européenne en application : Allemagne, Autriche, Belgique, Danemark, Espagne, Finlande, France, Grèce,
Irlande, Islande, Italie, Luxembourg, Norvège, Pays-Bas, Portugal, Royaume-Uni, Suède et Suisse.

Notice d'entérinement

Le texte de la norme internationale ISO 10011-3:1991 a été approuvé par le CEN comme norme européenne sans aucune modification.

NOTE : Des références européennes des publications internationales sont mentionnées en annexe ZA
(normative).

Sommaire

Avant-propos

L'ISO (Organisation internationale de normalisation) est une fédération mondiale d'organismes nationaux de normalisation (comités membres de l'ISO). L'élaboration des Normes internationales est en général confiée aux comités techniques de l'ISO. Chaque comité membre intéressé par une étude a le droit de faire partie du comité technique créé à cet effet. Les organisations internationales, gouvernementales et non gouvernementales, en liaison avec l'ISO participent également aux travaux. L'ISO collabore étroitement avec la Commission électrotechnique internationale (CEI) en ce qui concerne la normalisation électrotechnique.

Les projets de Normes internationales adoptés par les comités techniques sont soumis aux comités membres pour vote. Leur publication comme Normes internationales requiert l'approbation de 75 % au moins des comités membres votants.

La Norme internationale ISO 10011-3 a été élaborée par le comité technique ISO/TC 176, *Management et assurance de la qualité*.

L'ISO 10011 comprend les parties suivantes, présentées sous le titre général *Lignes directrices pour l'audit des systèmes qualité*:

— *Partie 1: Audit*

— *Partie 2: Critères de qualification pour les auditeurs de systèmes qualité*

— *Partie 3: Gestion des programmes d'audit*

Introduction

Il est recommandé que tout organisme qui doit effectuer en permanence des audits de systèmes qualité se dote de la capacité à manager globalement tout le processus d'audit. La présente partie de l'ISO 10011 décrit les activités qui devraient être accomplies par cet organisme.

Lignes directrices pour l'audit des systèmes qualité —

Partie 3:
Gestion des programmes d'audit

1 Domaine d'application

La présente partie de l'ISO 10011 fournit des lignes directrices pour le management des programmes d'audit des systèmes qualité.

Elle est applicable pour mettre en place et maintenir une fonction de direction des programmes d'audit pour la conduite des audits de systèmes qualité selon les recommandations données dans l'ISO 10011-1.

2 Références normatives

Les normes suivantes contiennent des dispositions qui, par suite de la référence qui en est faite, constituent des dispositions valables pour la présente partie de l'ISO 10011. Au moment de la publication, les éditions indiquées étaient en vigueur. Toute norme est sujette à révision et les parties prenantes des accords fondés sur la présente partie de l'ISO 10011 sont invitées à rechercher la possibilité d'appliquer les éditions les plus récentes des normes indiquées ci-après. Les membres de la CEI et de l'ISO possèdent le registre des Normes internationales en vigueur à un moment donné.

ISO 8402:1986, *Qualité — Vocabulaire.*

ISO 10011-1:1990, *Lignes directrices pour l'audit des systèmes qualité — Partie 1: Audit.*

ISO 10011-2:1991, *Lignes directrices pour l'audit des systèmes qualité — Partie 2: Critères de qualification pour les auditeurs de systèmes qualité.*

3 Définitions

Pour les besoins de la présente partie de l'ISO 10011, les définitions données dans l'ISO 8402 et l'ISO 10011-1 et la définition suivante s'appliquent.

3.1 direction des programmes d'audit: Organisme ou fonction au sein d'un organisme à qui a été confiée la responsabilité de planifier et d'effectuer un ensemble programmé d'audits de systèmes qualité.

4 Management des programmes d'audit

4.1 Organisation

Il est recommandé que tout organisme, qui doit effectuer en permanence des audits de système qualité, se dote de la capacité à manager globalement tout le processus d'audit. Il convient que cette fonction soit indépendante de celles directement chargées de la mise en œuvre des systèmes qualité à auditer.

4.2 Normes

Il est recommandé que la direction des programmes d'audit définisse les normes de système qualité d'après lesquelles les audits seront habituellement effectués et développe les compétences qui lui permettront d'exécuter efficacement les audits d'après ces normes.

4.3 Qualification du personnel

4.3.1 Management du programme d'audit

Il est recommandé que le management du programme d'audit soit effectué par ceux qui disposent d'une connaissance concrète des procédures et des pratiques de l'audit qualité.

4.3.2 Auditeurs

Il est souhaitable que la direction des programmes d'audit emploie des auditeurs qui satisfont aux recommandations données dans l'ISO 10011-2. Il convient que ces auditeurs soient qualifiés par un co-

1

mité d'évaluation, acceptable par la direction des programmes d'audit et qui satisfait aux recommandations données dans l'ISO 10011-2.

4.4 Aptitudes des membres de l'équipe d'audit

Il est bon que la direction des programmes d'audit prenne en considération les facteurs suivants lors du choix des auditeurs et des responsables d'audit pour des missions particulières afin de garantir que les compétences apportées à chaque mission sont adéquates:

— le type de norme de système qualité par rapport à laquelle l'audit est à effectuer (par exemple, normes relatives aux produits manufacturés, aux logiciels ou aux services);

— le type de service ou produit et les exigences réglementaires associées (par exemple la santé, l'agro-alimentaire, les assurances, les ordinateurs, l'instrumentation, les équipements nucléaires);

— le besoin de qualifications professionnelles ou de compétences techniques dans une discipline particulière;

— la taille et la composition de l'équipe d'audit;

— le besoin d'aptitudes pour le management de ces équipes;

— la capacité d'employer efficacement les compétences des différents membres de l'équipe d'audit;

— les compétences personnelles nécessaires pour traiter avec un audité particulier;

— les compétences linguistiques requises;

— l'absence de tout conflit d'intérêts réel ou perçu;

— autres facteurs pertinents.

4.5 Surveillance et maintien des performances des auditeurs

4.5.1 Évaluations des prestations

Il est recommandé que la direction des programmes d'audit évalue de façon permanente les prestations de ses auditeurs, soit par l'observation des audits, soit par d'autres moyens. Il y a lieu d'utiliser ces informations pour améliorer le choix des auditeurs et leurs performances et identifier celles qui sont insuffisantes.

Il convient que la direction des programmes d'audit tienne ces informations à la disposition des comités d'évaluation, si nécessaire.

4.5.2 Homogénéité des conclusions des auditeurs

Il est souhaitable que des audits effectués par différents auditeurs parviennent à des conclusions semblables lorsque la même opération est auditée dans les mêmes conditions. Il convient que la direction des programmes d'audit établisse des méthodes pour mesurer et comparer les performances des auditeurs et aboutir à une homogénéité entre les auditeurs. Ces méthodes devraient comprendre:

— des ateliers de formation pour auditeurs;

— des comparaisons des performances des auditeurs;

— des examens des rapports d'audit;

— des évaluations des prestations;

— des permutations des auditeurs entre différentes équipes.

4.5.3 Formation

Il est recommandé que la direction des programmes d'audit évalue régulièrement les besoins en formation des auditeurs et prenne les mesures adéquates pour maintenir et améliorer leur aptitude à l'audit.

4.6 Conditions de fonctionnement

4.6.1 Généralités

Il est bon que la direction des programmes d'audit prenne en considération les facteurs suivants et, si nécessaire, établisse des procédures pour garantir que son personnel peut exercer son activité de manière homogène et qu'il est soutenu de façon adéquate.

4.6.2 Affectation des ressources

Il y a lieu d'établir des procédures afin de garantir la disponibilité de ressources adéquates pour atteindre les objectifs du programme d'audit.

4.6.3 Planification et ordonnancement du programme d'audit

Il y a lieu d'établir des procédures pour la planification et l'ordonnancement du programme d'audit.

4.6.4 Rapport d'audit

Il convient de normaliser le plus possible la présentation des rapports d'audit.

2

4.6.5 Suivi des activités correctives

Il est souhaitable d'établir des procédures pour maîtriser le suivi des actions correctives, si la direction des programmes d'audit en a reçu la mission.

4.6.6 Confidentialité

Il est recommandé que la direction des programmes d'audit établisse des procédures pour sauvegarder la confidentialité de toute information relative aux audits et aux auditeurs qu'elle pourrait détenir.

4.7 Audits conjoints

Il peut y avoir des cas où plusieurs organismes d'audit coopèrent pour auditer ensemble un système qualité. Dans ce cas, il convient de parvenir à un accord quant aux responsabilités particulières de chaque organisme, particulièrement en ce qui concerne l'autorité du responsable d'audit, les interfaces avec l'audité, les méthodes d'exécution et la diffusion des résultats de l'audit avant que l'audit ne commence.

4.8 Amélioration du programme d'audit

Il convient que la direction des programmes d'audit établisse une méthode d'amélioration permanente du programme d'audit par le retour d'informations et les recommandations provenant de toutes les parties concernées.

5 Code de déontologie

Il est recommandé que la direction des programmes d'audit tienne compte du besoin de mettre en pratique un code de déontologie dans l'exécution et le management de ses programmes d'audit.

3

Annexe ZA

(normative)

Des références normatives aux publications internationales avec ses publications européennes correspondantes

Cette norme européenne comporte, par référence datée ou non datée, des dispositions d'autres publications. Ces références normatives sont citées aux endroits appropriés dans le texte et les publications sont énumérées ci-après. Pour les références datées, les amendements ou révisions ultérieurs de l'une quelconque de ces publications ne s'appliquent à cette norme européenne que s'ils y ont été incorporés par amendement ou révision. Pour les références non datées, la dernière édition de la publication à laquelle il est fait référence s'applique.

Publication	Année	Titre	EN/HD	Année
ISO 10011-1	1990	Lignes directrices pour l'audit des systèmes qualité — Partie 1 : Audit	EN 30011-1	1993
ISO 10011-2	1991	Lignes directrices pour l'audit des systèmes qualité — Partie 2 : Critères de qualification pour les auditeurs de systèmes qualité	EN 30011-2	1993

ISSN 0335-3931

normalisation française

X 50-171

Octobre 1993

Indice de classement : **X 50-171**

Qualité et management

Indicateurs et tableaux de bord qualité

E : Quality and Management — Indicators and synoptical tables
D : Qualität und Lenkung — Indikatoren und Übersichtstafeln

Fascicule de documentation publié par l'AFNOR en octobre 1993.

correspondance À la date de publication du présent document, il n'existe pas de travaux européens ou internationaux sur le sujet.

analyse Le présent document propose une méthode d'aide à la mise en œuvre des indicateurs et des tableaux de bord qualité. Il traite notamment de la recherche de ces indicateurs, des mesures qu'ils donnent et de leur représentation, ainsi que de la construction des tableaux de bord. Des exemples de représentation sont également donnés.

descripteurs **Thésaurus International Technique** : qualité, gestion, tableau de bord de gestion.

modifications

corrections

édité et diffusé par l'association française de normalisation (afnor), tour europe cedex 7 92049 paris la défense — tél. : (1) 42 91 55 55

Membres de la commission de normalisation

Président : M LERMOYEZ

Secrétariat : MME MORIN — AFNOR

		BNCF
M	ALLIER	FRANCE TELECOM SCTT
M	ALVERNHE	BNAE
M	ASSAIANTE	CNIM
M	AYMARD-DUFOUR	LABORATOIRE UPSA
M	BARBEROLLE	GAZ DE FRANCE
M	BAZINET	EDF/GDF
M	BELLIER	M3P
M	BELLOC	UTE
M	BESSET	SNCF
M	BEYLIE	SEXTANT AVIONIQUE SA
M	BONNOME	
M	BRUNSCHWIG	
M	CALBA	EIFFEL
M	CANCE	
M	CARLU	KODAK PATHE
M	CHAUCHE	
M	CHAUVEAU	CETEN APAVE INTERNATIONAL
M	CLERMONT	
M	COPIN	CM CONSULTANTS
M	CROMBEZ	FOURE LAGADEC ET CIE
MME	DECROIX	BULL SA
M	DEDEWANOU	ROUSSEL UCLAF
M	DOULIERY	AEROSPATIALE
M	DRION	SOPAD NESTLE
M	DUTRAIVE	
M	ESCARON	MERLIN GERIN
M	FROMAN	
M	GANGA	CETE LAB REG PONTS ET CHAUSSEES
M	GASTIGER	INERIS
M	GERARD	PHILIPS EGP
MME	GILLIOT	CONSULTANT
M	GIRARDEAU	CETEN APAVE INTERNATIONAL
M	GOBIN	DUMEZ
M	GUERIN	MATRA DEFENSE
M	HUET	OPQCB
M	INGOLD	
M	KOLUB	SITE
M	L'HERMITTE	ELECTRICITE DE FRANCE
M	LALLEMENT	TELEMECANIQUE SA
M	LALOI	CLECIM
MME	LAVALETTE	SYSECA SA
M	LE COUARHER	ALCATEL CIT
M	LECHENET	CEP SYSTEMES
M	LERMOYEZ	IBM FRANCE
M	LIETVEAUX	BUREAU DE NORMALISATION DE LA FONDERIE
M	MAITRE	CEGELEC SA
M	MARIA	GEC ALSTHOM STEIN INDUSTRIE
M	MARMIGNON	BACOU SA

M	MARTIAL	CEP SYSTEMES
M	MENDES	EDF — DER
M	MILLERET	SOMELEC SA
M	MITONNEAU	AMOVI EURL
M	MONTJOIE	CEA
MME	NEEL	DASSAULT AVIATION
M	OGER	
M	ORSI	LEPT LE CORBUSIER
MME	PERRIER	
M	PINON	MERLIN GERIN
MLLE	POUSSE	BIOMERIEUX SA
M	REBEYROL	MS2I
MME	RENARD	ECOLE DES MINES DE DOUAI — ANTENNE D'IVRY/SEINE
MME	RENAUX	SOCOTEC QUALITE
M	ROBIN	CABINET ROBIN CONCEPTS
M	ROULEAU	GDF DION PRODUCT TRANSPORT CTO
M	RUBICHON	FRANCE TELECOM SCTT
M	SARTRAL	TELEMECANIQUE SA
M	SAURA	GIAT INDUSTRIES
MME	SIDI	CAP GEMINI SOGETI
M	SOULEBOT	RHONE MERIEUX LABORATOIRE IFFA
M	TREILLAUD	UNION LAITIERE NORMANDE
M	TRUFFERT	LCIE
M	VAISENBERG	AFAQ/ICA
M	VALETTE	MATRA DEFENSE
M	VAUTRIN	SETRA
M	VINCQ	ECOLE DES MINES DE DOUAI
M	WIDMER	EDF — DION DE L'EQUIPEMENT

Groupe d'experts «Indicateurs et tableaux de bord qualité»

Animateur : M CHAUCHE

M	BERNARD	GIAT INDUSTRIES
M	BELLIER	M3P
M	DEDEWANOU	ROUSSEL UCLAF
MME	GILLIOT	CONSULTANT
M	GIRARD	SATELEC SARL
M	GUERIN	MATRA DEFENSE
MME	LAVALETTE	SYSECA SA
M	LE COUARHER	ALCATEL CIT
M	MARMIGNON	BACOU SA
MME	NEEL	DASSAULT AVIATION
M	PICARD	AEROSPATIALE
M	REBEYROL	MS2I
MME	RENARD	ECOLE DES MINES DE DOUAI — ANTENNE D'IVRY/SEINE
M	VAISENBERG	AFAQ/ICA

Sommaire

Avant-propos

Si la nécessité de l'obtention de la qualité, non seulement sous ses aspects techniques, mais aussi éco-nomiques et humains, ne semble plus à démontrer dans un marché concurrentiel, l'efficacité des dispo-sitions mises en place pour y parvenir doit être testée en permanence. Les indicateurs et tableaux de bord qualité représentent une technique bien adaptée à cet objectif, et ce d'autant qu'ils peuvent être construits à partir d'informations souvent disponibles dans l'entité (entreprise, organisme, etc.), mais pas ou partiellement exploitées.

La mise en place d'indicateurs et de tableaux de bord qualité ne nécessite pas l'existence d'un système qualité formalisé ou couvrant toutes les activités de l'entité. Elle peut même en constituer une première étape.

1 Domaine d'application

Le présent fascicule de documentation a pour objet de donner une méthode qui structure la réflexion et facilite la mise en œuvre des indicateurs et tableaux de bord qualité. Leur utilisation doit être entendue comme une aide à la décision ou au pilotage.

Il s'adresse aux différents responsables d'entités et, en particulier, à ceux des petites, moyennes et grandes entreprises soucieux de leur réussite et de la rentabilité de celles-ci comme de l'efficacité de leurs propres actions.

2 Références normatives

Ce document comporte par référence datée ou non datée des dispositions d'autres publications. Ces références normatives sont citées aux endroits appropriés dans le texte et les publications sont énumé-rées ci-après. Pour les références datées, les amendements ou révisions ultérieurs de l'une quelconque de ces publications ne s'appliquent à ce document que s'ils y ont été incorporés par amendement ou révision. Pour les références non datées, la dernière édition de la publication à laquelle il est fait réfé-rence s'applique.

NF X 50-120   Qualité — Vocabulaire (reprend l'ISO 8402).

NF EN 29004   Gestion de la qualité et éléments de système qualité — Lignes directrices (indice de classement : X 50-122) (reprend l'ISO 9004).

3 Définitions

Dans le cadre de la présente norme, les définitions données dans la norme NF X 50-120 et les défini-tions suivantes s'appliquent :

3.1 indicateur qualité : Information choisie, associée à un phénomène, destinée à en observer périodiquement les évolutions au regard d'objectifs «qualité».

3.2 tableau de bord qualité : Visualisation synthétique qui caractérise la situation et l'évolution des indicateurs qualité.

4 Indicateurs qualité

4.1 Typologie

La typologie doit être abordée sous trois aspects :

— catégorie,

— mesure,

— représentation.

4.1.1 Catégorie

Les catégories d'indicateurs «qualité» sont indépendantes des types de marchés, des processus, des produits ; elles ne dépendent que des éléments du système qualité à mettre sous contrôle pour les maîtriser et les piloter.

Les indicateurs à prendre en compte sont ceux ayant trait :

— à la capacité à identifier et à caractériser les besoins existants et potentiels ; elle permet de définir les obligations de l'entité quant à la «qualité visée» ;

— à la capacité à concevoir, à définir, et à réaliser des produits et prestations conformes aux exigences préétablies : «qualité des processus» ;

— au degré de conformité des produits aux exigences techniques préétablies ;

— au traitement des non-conformités : par actions sur les produits et les processus ;

— au degré de pénétration de la démarche qualité, au niveau de formation, de motivation, et de communication quant à la qualité, du personnel de l'entité, à tous les niveaux hiérarchiques : «culture qualité» ;

— au degré de satisfaction avec lequel le client apprécie la conformité et l'aptitude du produit ou service par rapport à ses besoins et attentes : «qualité perçue» ;

— à l'amélioration de la qualité.

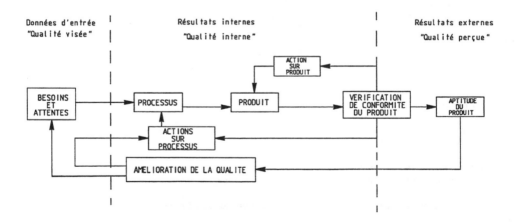

Figure 1 : Système qualité

4.1.2 Mesure

Elle peut prendre les formes suivantes :
- mesure brute ou comptage ;
- taux ou pourcentage ;
- ratio ;
- indice pondéré de plusieurs mesures ;
- notation : selon une grille de cotation ;
- démérite : indice global de totalisation des poids de défauts suivant une grille de cotation ;
- signal véhiculant une information ;
- etc.

4.1.3 Représentation

La représentation doit être simple, précise et sensible aux évolutions des phénomènes.

Elle peut prendre la forme de :
- tableaux,
- histogrammes,
- courbes,
- diagrammes : sectoriel, cible, etc.,
- signaux/pictogrammes.

4.2 Caractéristiques

La mesure du phénomène observé doit être fidèle et sans distorsion. L'information fournie par l'indicateur doit être exacte, précise et sensible pour refléter les variations significatives, et stable pour être reproductible.

D'autre part, les informations doivent être quantifiables dans un but de consolidation pour faciliter analyses et synthèses.

Pour qu'un indicateur soit apte à remplir pleinement sa mission, il doit présenter les caractéristiques mentionnées ci-après.

4.2.1 Pertinent

L'indicateur doit être approprié exactement au phénomène à observer.

4.2.2 Opérationnel

L'indicateur doit être facile à établir et pratique à utiliser. Élément de dialogue entre utilisateurs ayant des cultures et des préoccupations différentes, il doit constituer un bon support de communication acceptable par tous.

4.2.3 Économique

L'investissement de la mise en place de l'indicateur doit être rentable, ce qui implique qu'il soit utile à la prévention d'une part, et que ses coûts associés soient chiffrables, d'autre part.

4.3 Méthode de recherche

La recherche des indicateurs s'effectue progressivement, en fonction des objectifs qualité. Pour en faciliter l'acceptation et la compréhension par tous, elle doit être faite de manière participative.

1ère étape : définir la finalité de l'entité :
— produits et services à fournir, à partir des attentes et besoins identifiés et validés.

2e étape : énoncer les missions et déterminer les moyens pour un processus normal optimisé.

3e étape : énoncer les travaux et documents qui traduisent les missions.

4e étape : déterminer le ou les indicateurs adaptés :
— nature de ce qui est mesuré,
— catégorie,
— nature de la mesure.

5e étape : déterminer le niveau de pilotage :
a) comité de direction,
b) niveau de la fonction,
c) niveau de la sous-fonction.

NOTE : L'indicateur aide à piloter au niveau qui a le pouvoir de décision.

6e étape : définir, si possible, l'importance de chaque indicateur par rapport aux objectifs (poids de l'indicateur)

Pour faciliter ce travail de recherche, utiliser une grille d'analyse comme celle qui figure en annexe A.

4.4 Aide à la sélection

Les indicateurs à retenir sont ceux qui fournissent des informations non ambiguës, pour ne pas prêter à différentes interprétations.

Il faut donc privilégier la simplicité, pour faciliter la compréhension.

Les indicateurs dont le nombre est nécessairement limité (5 à 10 indicateurs par niveau de pilotage) doivent être classés et refléter si cela est nécessaire la priorité qu'ils peuvent avoir les uns par rapport aux autres.

Ils ne portent généralement pas sur tout le système qualité, mais sur ce qui est mis sous surveillance.

Les indicateurs retenus doivent permettre la prise de décision.

4.5 Construction

La collecte des informations doit permettre la mise en évidence de liens entre des phénomènes qui a priori ou apparemment étaient disjoints, et l'utilisation d'éléments non encore exploités.

Un indicateur peut être construit à partir de plusieurs mesures, mais une mesure ne devrait pas être utilisée dans plusieurs indicateurs de même catégorie.

Un tableau présentant les résultats d'une application de la méthode décrite en 4.3 à la fonction commerciale, est donné en annexe B. Il s'agit d'un exemple traitant de façon partielle de cette fonction qui montre, entre autres, comment des informations disponibles peuvent être utilisées pour construire des indicateurs qualité.

5 Tableaux de bord qualité

5.1 Objectifs

Les tableaux de bord qualité servent à :
— informer les responsables sur la situation et l'évolution de la qualité ;
— visualiser les écarts et les tendances par rapport aux objectifs ;
— montrer l'impact des décisions prises et mises en œuvre, et notamment l'amélioration de la qualité ;
— faire prendre des décisions.

Des tableaux de bord qualité devraient être mis en place à chaque stade de la boucle de la qualité (voir norme NF EN 29004), et ce aux différents niveaux hiérarchiques ayant pouvoir de décision.

5.2 Constitution

Les tableaux de bord qualité regroupent des indicateurs sélectionnés pour représenter synthétiquement l'activité considérée ; ils doivent permettre d'évaluer efficacement la contribution de cette activité pour atteindre les objectifs que l'entreprise s'est fixés. Ils incorporent donc les indicateurs dont l'importance est prépondérante pour les objectifs de l'entreprise.

Pour ce faire, les tableaux de bord qualité doivent être :
— fidèles, en donnant des informations conformes de la situation,
— précis, en donnant un nombre limité d'informations nécessaires à la surveillance et à l'amélioration du système qualité,
— conviviaux, pour une présentation synthétique facilement compréhensible.

5.3 Représentation

Le tableau de bord qualité est un support de communication sur la situation autant qu'une aide aux recentrages stratégiques de la politique qualité de l'entité.

Le tableau de bord qualité doit être convivial et d'une lecture rapide et aisée, ce qui se traduit par :
— un choix des indicateurs adéquats,
— une structure simple et relativement stable : pas d'évolutions trop fréquentes (elles sont par exemple annuelles),
— un contenu facilement compréhensible,
— des informations significatives et précises.

La représentation des indicateurs doit être adaptée aux utilisateurs, à la nature de l'information et à son évolution.

Les indicateurs sont classés par catégorie et en fonction de leur importance par rapport aux objectifs ; ceux-ci sont matérialisés sur la représentation.

Le support de présentation doit être d'un format aisément manipulable (un exemple est donné en annexe C).

6 Mise en place et exploitation

Le personnel concerné par la mise en place d'indicateurs et de tableaux de bord qualité doit être informé préalablement, et participer à leur élaboration. Il est important de le sensibiliser et de montrer l'intérêt de cette démarche pour son acceptation et de l'associer à des actions d'amélioration de la qualité.

En fonction de la culture qualité de ce personnel, une formation adaptée peut être nécessaire.

L'efficacité de cette démarche implique :

— une collecte des données à intervalles réguliers définis en fonction de l'activité observée et des objectifs fixés,

— la comparaison des résultats obtenus et des objectifs,

— et, si nécessaire, une analyse pour rechercher les causes de dérive, et mettre en œuvre des actions correctives.

7 Bilan

Il est recommandé de vérifier périodiquement, par exemple tous les ans, l'apport résultant de la mise en place d'indicateurs et de tableaux de bord qualité. Si certains indicateurs se révèlent ne plus être significatifs, il faut en rechercher d'autres en remplacement.

Dans le cas d'objectifs non atteints, et si les indicateurs utilisés sont significatifs, il est nécessaire de reconsidérer et d'adapter les moyens mis en œuvre, ou de réviser les objectifs fixés en fonction des moyens disponibles.

8 Bibliographie

Indicateur qualité — tableaux de bord — synthèse du Groupe de travail AFCIQ — 1990.

Annexe A

(informative)

Grille type pour la recherche des indicateurs qualité

Entité :						
Finalité :						
Missions	Travaux et Documents	Nature de ce qui est mesuré	Catégorie	Mesure	Niveau de pilotage	Poids de l'indicateur
			Paragraphe 4.1.1	Paragraphe 4.1.2	Paragraphe 4.3 (5ᵉ étape)	

Annexe B

(informative)

Exemple des résultats d'une application de la méthode à la fonction commerciale

Entité : FONCTION COMMERCIALE						
Finalité : Vendre des produits et en assurer la disponibilité auprès des clients						
Missions	**Travaux et Documents**	**Nature de ce qui est mesuré**	**Catégorie**	**Mesure**	**Niveau de pilotage** 1)	**Poids de l'indicateur** 2)
	Projet de contrat	Réussite	Qualité perçue	Nombre de contrats obtenus/Nombre de contrats négociés en %	a	++
	Finalisation de contrats	Nombre de contrats	Qualité processus	Nombre de contrats conclus par unité de temps	b	
Négocier les contrats	Maîtrise du contrat	Revues de contrat	Qualité produit 3)	Nombre de revues de contrats/Nombre de contrats en %	b	
	Données commerciales	Pénétration du marché	Qualité visée	Part de marché en %	a	+
	Procédure Revue de contrat	Sensibilisation à la procédure de la revue de contrat	Culture qualité	Effectif formé/ Effectif total en %	b	
	État de suivi	Rentabilité	Qualité processus	Marge obtenue/ Marge prévue en %	a	
Mettre en œuvre des contrats	État des pénalités	Niveau de pénalités	Qualité perçue	Montant pénalités/ Montant contrat en %	a	+++
		Coûts de garantie	Amélioration qualité	Évolution des coûts pour honorer la garantie	a	
1) Selon paragraphe 4.3 : a) Comité de direction, b) Niveau de la fonction, c) Niveau de la sous-fonction. 2) Poids de l'indicateur en fonction de la situation et des objectifs de l'entreprise. 3) Culture qualité, dans certains cas.						

Annexe C

(informative)

Exemple de présentation d'un tableau de bord qualité

Avec un format A3 recto-verso, plié au format A4, les quatre pages ainsi obtenues sont organisées de la façon suivante :

1) Sur la première page sont mentionnés :
- — le titre,
- — l'identification de l'entité,
- — la date et la périodicité,
- — une synthèse schématisant la tendance,
- — le cas échéant, les faits marquants de la période prise en considération,
- — etc.

2) Sur les deux pages centrales sont représentés les indicateurs accompagnés des commentaires éventuels associés.

3) La dernière page est consacrée aux points particuliers, aux commentaires sur la situation et aux propositions d'amélioration.

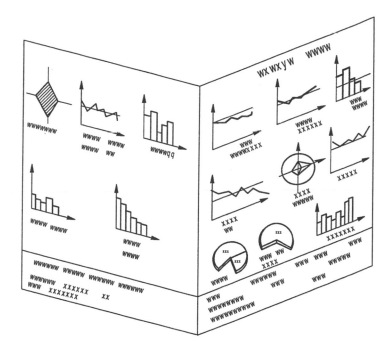

Figure C.1 : Exemple de présentation d'un tableau de bord qualité

ISSN 0335-3931

normalisation française

X 50-126
Octobre 1986

Gestion de la qualité

Guide d'évaluation des coûts résultant de la non-qualité

E : Quality management — Guide for evaluation of costs resulting from non-quality
D : Qualitätslenkung — Leitfaden für die Ermittlung der durch Nicht-Qualität enstehenden Kosten

Fascicule de documentation publié par l'afnor en octobre 1986.

correspondance

À la date de publication du présent fascicule de documentation, il n'existe pas de norme internationale traitant du même sujet.
La BSI a publié, sous la référence BS 6143, une norme traitant du même sujet.

analyse

Ce fascicule de documentation s'inscrit dans le cadre des travaux normatifs relatifs à la gestion de la qualité. Il constitue un guide à l'usage des entreprises pour évaluer rapidement les coûts résultant de la non-qualité.

descripteurs

Thésaurus International Technique : entreprise, évaluation, coût, définition, questionnaire-type, présentation.

modifications

corrections

éditée et diffusée par l'association française de normalisation (afnor), tour europe cedex 7 92049 paris la défense — tél. : (1) 42 91 55 55

afnor 86423   © afnor 1986   1er tirage 86-09

AVANT-PROPOS

Les coûts résultant de la non-qualité, imputables aux produits, ont été estimés, en France, pour l'année 1981 (1) à environ :
— *150 milliards de francs dans l'industrie et le bâtiment*
— *270 milliards de francs pour l'ensemble de l'activité industrielle nationale.*

Chaque entreprise génère une part des coûts précédents, part qui en 1981 était évaluée en moyenne à :

13 000 francs par an par salarié

Le chiffrage du coût de l'ensemble des défaillances, anomalies, erreurs,... est un aspect fondamental du système de gestion de l'entreprise car il conduit par la mise en œuvre d'actions pour l'amélioration de la qualité à :
— *maintenir ou développer le chiffre d'affaires (C.A),*
— *réduire les coûts de l'entreprise.*

C'est-à-dire comme l'illustre le schéma suivant à :

restaurer ou augmenter les marges

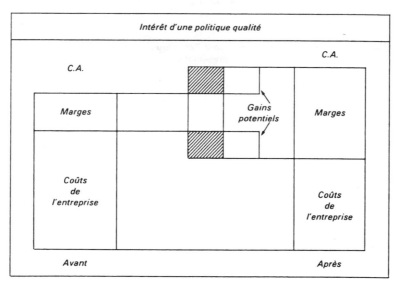

L'évaluation des coûts résultant de la non-qualité constitue l'une des premières étapes de la mise en œuvre par l'entreprise d'un système de gestion de la qualité qui s'inscrit dans le cadre d'une politique qualité.

*L'objet du présent guide est de permettre d'évaluer **concrètement** les coûts résultant de la non-qualité.*

*Celui-ci a été conçu pour être utilisé **rapidement** en s'appuyant sur des informations existant dans l'entreprise.*

---

(1)   *Voir référence — 3 — en Annexe 4.*

SOMMAIRE

1   OBJET

Le présent document constitue un guide à l'usage des entreprises pour l'évaluation des coûts résultant de la non-qualité. Il a été élaboré en prenant plus particulièrement en compte les coûts liés au produit et pour partie des coûts liés à la non-qualité du travail.

Il a pour objet de permettre une évaluation rapide et simplifiée de ces coûts et ainsi de mettre le chef d'entreprise en possession d'informations lui permettant d'entreprendre ou d'intensifier des actions en vue d'améliorer l'efficacité globale de son entreprise.

Remarque importante :

Il est à noter que les coûts pris en compte dans le présent guide sont incomplets et ne constituent qu'une partie des coûts résultant de la non-qualité engendrés par l'ensemble des erreurs et des défaillances : ils ne comportent pas un certain nombre d'éléments (mentionnés en Annexe 3) qui sont plus difficiles à chiffrer.

2   DOMAINE D'APPLICATION

Ce guide est utilisable par toute entreprise.

Cependant, son utilisation tiendra compte :

— dans chaque branche industrielle des spécificités de la profession (terminologie),

— dans le cadre de l'entreprise, de la structure de sa gestion, de la nature des produits et services qu'elle fournit et de la nature de ses marchés,

— du cas particulier des activités de services.

3 RÉFÉRENCES

NF X 50-120 (1)   Qualité — Vocabulaire.

NF X 50-122   Gestion de la qualité et éléments du système qualité — Lignes directrices.

X 60-020   Maintenance — Ratios de maintenance et de gestion des biens durables.

4 DÉFINITIONS

Les termes fondamentaux, définis dans la norme NF X 50-120 (1), sont applicables au présent document. S'y ajoutent les termes suivants :

— **produit** : terme englobant tous articles issus d'une production ou toutes prestations de services tels que :
  - . les productions matérielles (matières premières, produits semi-ouvrés ou finis, ingrédients, pièces, composants, équipements, matériels, systèmes, etc.),
  - . la documentation et les logiciels,
  - . les services (procédés, études, réparations, opérations de maintenance, contrôles, essais, expertises, opérations de transport, de distribution, prestations hospitalières, bancaires, hôtelières, communications, etc.).

— **prévention** : activité(s) ou action(s) ayant pour objet de rechercher, d'éviter ou de réduire l'apparition et/ou le renouvellement d'anomalies.

— **détection** : activité(s) ou action(s) ayant pour objet de vérifier la conformité des produits aux exigences de qualité.

5 CLASSIFICATION DES COÛTS RÉSULTANT DE LA NON-QUALITÉ

Les coûts résultant de la non-qualité peuvent se décomposer conformément au schéma suivant :

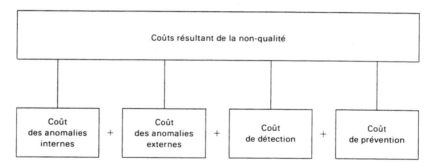

— **coûts des anomalies internes** : frais encourus lorsque le produit ne satisfait pas aux exigences de qualité **avant** d'avoir quitté l'entreprise,

— **coûts des anomalies externes** : frais encourus lorsque le produit ne répond pas aux exigences de qualité **après** avoir quitté l'entreprise,

— **coûts de détection** : dépenses engagées pour vérifier la conformité des produits aux exigences de qualité, c'est-à-dire pour financer la **recherche des anomalies,**

— **coûts de prévention** : investissements humains et matériels engagés pour vérifier, prévenir et réduire les anomalies, c'est-à-dire pour financer les actions menées au niveau des **causes des anomalies.**

Remarque :   L'ordre d'énumération des différentes rubriques correspond généralement à l'ordre de mise en place d'une politique qualité dans l'entreprise.

_____

(1)   *En cours de publication.*

6 MODALITÉS D'ÉVALUATION DES COÛTS RÉSULTANT DE LA NON-QUALITÉ

L'évaluation des coûts résultant de la non-qualité s'appuie sur le questionnaire du chapitre 7 suivant.

Les éléments retenus correspondent à ceux les plus facilement chiffrables par l'entreprise : en effet, le calcul des coûts s'appuie sur des données qui existent dans l'entreprise ou en clientèle, et qu'il faut collecter :

— soit dans la comptabilité générale ;
— soit dans la comptabilité analytique ;
— soit dans des documents administratifs, techniques, ou commerciaux ;
— soit à partir d'enquêtes par sondage,
  ou
— auprès des personnes de l'entreprise qui disposent des informations permettant d'effectuer ou d'évaluer le chiffrage.

Pour chacun des postes, les sources possibles d'informations peuvent être repérées sur la partie droite du questionnaire par une case qui pourra être cochée conformément aux sources effectivement utilisées.

De façon à pouvoir effectuer ultérieurement une analyse crédible et utile à partir des coûts saisis, il est souhaitable que les chiffres :

— correspondent au dernier exercice connu,
— soient incontestables, c'est-à-dire que le chiffrage soit effectué en prenant en compte «0 défaut» comme référence pour chaque anomalie (et non un nombre considéré comme «acceptable» d'anomalies),
— représentent des informations bien identifiées et exploitables, soit au niveau de l'entreprise dans son ensemble, soit au niveau d'un ou plusieurs secteurs de l'entreprise.

Cependant, lorsqu'une telle saisie des coûts n'est pas possible pour certains postes, on pourra :

. effectuer de simples évaluations crédibles à partir des données existant dans l'entreprise,
. calculer ou évaluer les coûts à partir d'une période pour laquelle on dispose d'informations, puis extrapoler les résultats de ce calcul ou de cette estimation au dernier exercice connu,
. calculer ou évaluer les coûts à partir des informations disponibles dans un domaine jugé représentatif de l'entreprise, puis extrapoler les résultats de ce calcul ou de cette estimation à toute l'entreprise.

L'évaluation des coûts se fait d'une façon générale en supposant les moyens de l'entreprise fixés, c'est-à-dire, sans remettre en cause l'existence de ces moyens, ou envisager des investissements matériels ou humains.

Les définitions et les bases de calcul de chacun des postes du questionnaire sont données en **Annexe 1**.

7 QUESTIONNAIRE D'ÉVALUATION DES COÛTS RÉSULTANT DE LA NON-QUALITÉ

Le présent questionnaire comprend :

— une première partie (partie A) permettant de répertorier les montants correspondant à chaque élément de coût et la nature des sources d'informations utilisées,
— une deuxième partie (partie B) ayant pour objet de présenter les résultats de l'évaluation,
— une troisième partie (partie C) où peuvent être mentionnées les conclusions d'une première réflexion menée à partir des résultats de l'évaluation.

Note : Le présent questionnaire peut, pour une utilisation directe, être extrait du corps du présent guide.

Page 6, intentionnellement blanche.

QUESTIONNAIRE D'ÉVALUATION DES COÛTS RÉSULTANT DE LA NON-QUALITÉ

A ÉVALUATION DES COÛTS RÉSULTANT DE LA NON-QUALITÉ

A.1 Coûts des anomalies

A.1.1 Coûts des anomalies internes

	Montant en milliers de francs	Sources		
		Comptabilité générale	Autres	
			Comptabilité analytique	Estimation
a) Rebuts			☐	☐
b) Retouches, reconditionnements, réparations, réfections, etc. ..			☐	☐
c) Déclassements sur produits finis ou en cours		☐	☐	☐
d) Pertes dues aux achats inemployables		☐	☐	☐
e) **Autres coûts internes :**				
. Pollution				☐
. Accidents du travail				☐
. Absentéisme				☐
. Divers (à préciser)		☐	☐	☐
TOTAL 1				

A.1.2   Coûts des anomalies externes

	Montant en milliers de francs	Sources		
		Comptabilité générale	Autres	
			Comptabilité analytique	Estimation
f) Réclamations clients			☐	☐
g) Coûts de garantie (SAV)			☐	☐
h) Remises ou ristournes		☐	☐	
i) **Autres coûts externes** :				
Pénalités de retard		☐	☐	
Agios pour non respect de délais			☐	
Pertes de clientèle				☐
Remboursements des dommages causés à autrui		☐	☐	
Prime d'assurance pour couverture de la responsabilité du fait des produits		☐	☐	
Divers (à préciser)		☐	☐	☐
TOTAL 2				

A.2 Coûts de détection et de prévention

j) **A.2.1 Coûts de détection**

	Montant en milliers de francs	Sources		
		Comptabilité générale	Autres	
			Comptabilité analytique	Estimation
— Salaires et charges liés aux vérifications	....		☐	☐
— Frais de contrôle sous-traités	....	☐	☐	☐
— Fournitures diverses et produits détruits pour essais utilisés pour l'évaluation du produit	....		☐	☐
— Amortissement du matériel de contrôle et d'essais utilisés pour l'évaluation du produit	....	☐	☐	☐
— Frais d'étalonnage	....	☐	☐	
— Divers (à préciser)	....	☐	☐	☐
TOTAL 3	....			

k) A.2.2   Coûts de prévention

	Montant en milliers de francs	Sources		
		Comptabilité générale	Autres	
			Comptabilité analytique	Estimation
— Établissement des documents relatifs à la gestion et à l'assurance de la qualité, (Manuel qualité, plans qualité, plans de contrôle) ...			☐	☐
— Évaluation des fournisseurs			☐	☐
— Sensibilisation, motivation et formation à la qualité et la gestion de la qualité			☐	☐
— Réalisation d'audits qualité			☐	☐
— Groupe d'amélioration de la qualité			☐	☐
— Analyse de la valeur			☐	☐
— Divers (à préciser)		☐	☐	☐
TOTAL 4				

B   PRÉSENTATION DES RÉSULTATS — RATIOS

	Montant en milliers de francs
Chiffres d'affaires (C.A.) H.T.	
Valeur ajoutée (V.A) (voir mode de calcul en Annexe 2)	
Total des coûts saisis des anomalies (TOTAL 1 + TOTAL 2)	
Total des coûts saisis de détection et de prévention (TOTAL 3 + TOTAL 4)	
Total des coûts saisis résultant de la non-qualité (TOTAL 1 + TOTAL 2) + (TOTAL 3 + TOTAL 4)	

Les ratios suivants, les plus couramment utilisés peuvent être calculés à partir des montants précédents et de l'effectif de l'entreprise.

Ratios			Résultats
$\dfrac{\text{Coûts résultant de la non-qualité}}{\text{Chiffre d'affaires}}$	= .... soit		.... % du C.A.
$\dfrac{\text{Coûts résultant de la non-qualité}}{\text{Valeur ajoutée}}$	= .... soit		.... % de la V.A.
$\dfrac{\text{Coûts résultant de la non-qualité}}{\text{Effectif de l'entreprise}}$	= .... soit		.... F par personne

C CONCLUSIONS D'UNE PREMIÈRE RÉFLEXION MENÉE À PARTIR DES RÉSULTATS PRÉCÉDENTS (voir chapitre 8 du guide)

8 ÉLÉMENTS D'ANALYSE DES COÛTS RÉSULTANT DE LA NON-QUALITÉ

Lors de la réflexion menée à partir de l'évaluation simplifiée des coûts résultant de la non-qualité, il convient de garder à l'esprit les aspects suivants.

— Les ratios proposés, bien qu'étant les plus couramment utilisés, ne constituent pas des indicateurs absolus.

Ils peuvent avoir des significations différentes en fonction du contexte de l'entreprise (par exemple, il en est ainsi pour le ratio $\dfrac{\text{Coûts résultant de la non-qualité}}{\text{Valeur ajoutée}}$ en fonction de la part d'activités sous-traitées par l'entreprise).

Ils peuvent être complétés par d'autres ratios significatifs $\left(\text{par exemple } \dfrac{\text{Coûts des rebuts}}{\text{Volume de production}} \right)$

par un ou plusieurs éléments de coûts pris en valeur absolue (par exemple, le coût du poste le plus important), ou par des bilans partiels pris en valeur absolue et regroupant plusieurs éléments de coûts (par exemple, coûts des rebuts + coûts des retouches).

— L'analyse des coûts résultant de la non-qualité reposant sur la crédibilité des résultats de l'évaluation de ces coûts, on pourra lors de l'analyse s'interroger en particulier sur :

 . la représentativité des données à partir desquelles les montants ont été calculés ou estimés,

 . la part des montants estimés par rapport aux montants calculés,

 . l'étendue du domaine couvert par l'évaluation.

— L'évaluation et l'analyse précédentes constituent une première étape d'une démarche plus globale qui conduit l'entreprise, en utilisant des outils de gestion appropriés, à prendre des dispositions visant à améliorer son efficacité. Ces dispositions peuvent comprendre par exemple :

 . la publication des résultats de l'évaluation précédente,

 . l'évaluation de coûts plus difficilement chiffrables (voir Annexe 3)

 . le suivi régulier des coûts résultant de la non-qualité au cours du temps,

 . la mise en évidence des domaines de responsabilités en matière de non-qualité, en particulier au niveau de chaque fonction de l'entreprise ou à l'extérieur de l'entreprise,

 . l'analyse plus fine des anomalies, des coûts engendrés et des causes de ces anomalies,

 . la définition et la mise en œuvre d'une politique qualité,

 . la définition et la mise en place des moyens de prévention,

 . une modification de l'organisation de l'entreprise.

Le choix de ces dispositions appartient à l'entreprise et est effectué notamment en fonction de la taille de l'entreprise, de sa structure, de la nature de ses produits et services et de la nature de ses marchés.

Le choix résulte également de la **rentabilité de l'investissement de prévention** que l'entreprise peut estimer à partir des économies attendues (réduction du coût des anomalies, optimisation des coûts de détection).

ANNEXE 1

DÉFINITIONS ET BASES DE CALCUL DES COÛTS
RÉSULTANT DE LA NON-QUALITÉ

— **Coûts des anomalies internes**

a) **Les rebuts** sont les produits qui, par suite de leur inaptitude à être livrés à l'utilisateur, sont éliminés soit en cours, soit en fin de fabrication.

Leur évaluation doit comprendre au minimum leur coût direct de production (coût matières et coût main d'œuvre) calculé en fonction du stade de production atteint lors de la mise au rebut.

. Ne pas inclure, le coût des déchets normaux et optimisés de fabrication, c'est-à-dire des déchets qu'il n'est technologiquement pas possible de supprimer (exemple : chutes de matières premières).

. Déduire, le prix de la récupération matière des pièces rebutées.

. Inclure, le coût des produits périssables rebutés pour péremption avant utilisation.

. Inclure, des coûts indirects tels que frais de transport, manutention et stockage.

b) **Les retouches, reconditionnements, réparations, réfections,** sont les opérations faites sur les produits achetés ou sous-traités et sur produits neufs en cours ou après fabrication, dans le but qu'ils redeviennent conformes aux spécifications afin d'en permettre la livraison. On calcule le coût des opérations de recherche de défauts en vue d'effectuer des retouches, réparations, réfections, ..., des opérations de contrôle sur produits retouchés, ainsi que des réfactions de prix qui en résultent. Sont également à prendre en compte les dépassements de temps de montage sur chantier, dûs à des imperfections dans la réalisation des éléments.

. soit évaluer le temps passé à ces opérations et le multiplier par le prix horaire du secteur correspondant,

. soit utiliser une approximation raisonnable.

Ne sont pas à prendre en compte les coûts des retouches, reconditionnements, réparations, réfections qui sont répercutés aux fournisseurs.

c) **Les produits déclassés ou de second choix** sont des produits dont le prix a été diminué par suite de non-conformité aux exigences qualité ou à cause d'une surproduction liée à des mauvaises prévisions de vente.

Le coût de non-qualité résultant de ces déclassements peut être estimé par la différence de prix entre le prix normal et le prix réduit correspondant au passage dans une catégorie de moindre valeur. On comptabilisera également les frais éventuels générés par la vente au prix réduit et le coût des stocks immobilisés jusqu'à la vente.

d) **Les achats inemployables** correspondent à des produits ou matières premières qui, par suite d'erreurs d'approvisionnements ou de modifications de conception, se trouvent inutilisables pour l'usage auquel ils étaient destinés.

On calcule la valeur de ces produits ou matières pour l'exercice considéré. En cas de réemploi, ils seront réintégrés pour leur valeur d'usage.

e) **Autres coûts internes :**

. **le coût de la pollution**

Ce coût peut être estimé à partir des redevances versées aux agences de bassin, des coûts liés aux installations de dépollution (investissement et exploitation), du coût de contrôle des rejets et éventuellement du coût des amendes et des procédures judiciaires.

. **le coût des accidents du travail (hors trajet)**

Ce coût peut s'évaluer en prenant en compte les coûts salariaux (indemnisation de l'absent, sur salaire du remplaçant ou pour heures supplémentaires, temps consacré par la maîtrise pour réguler l'absence, temps pour gérer les accidents du travail) et le surcoût des cotisations sociales engendré par les accidents du travail.

. **le coût de l'absentéisme**

Pour évaluer le coût de l'absentéisme (quel que soit le motif d'absence sauf pour accident du travail -coûts évalués séparément- et pour congés légaux), on prendra en compte les coûts salariaux (indemnisation de l'absent, sur salaire du remplaçant ou pour heures supplémentaires, temps consacré par la maîtrise pour réguler l'absence, temps pour gérer l'absentéisme (déclarations ...).

— **Coûts des anomalies externes**

f) **Les coûts des réclamations clients**

. Les dépenses entraînées par l'instruction de ces réclamations (coûts salariaux, frais de déplacements)

. Les frais engendrés lorsque des produits sont refusés par le client. Ces frais inclus :

   - le coûts des avoirs dûs à la non-qualité, c'est-à-dire, le montant des remboursements ou annulations de factures concernant les produits refusés par le client d'une manière définitive et le coût de traitement de ces remboursements ou annulations de factures.

   - Les frais de retour, reprise et de remise en état des produits refusés et renvoyés par le client, qui inclus les frais de transport, de manutention, de réception des marchandises, éventuellement de dédouanement et de retouche (le montant des dépenses correspondantes est à faire figurer au prix auquel on aurait traité s'il s'était agi d'une opération commerciale normale).

   - Les pertes liées aux produits retirés de la vente comprennent au minimum le coût direct de production des produits retirés de la vente à cause de problèmes de qualité et les frais engendrés par les opérations liées à ce retrait (manutention, transport, stockage, destruction ...).

g) **Les coûts de garantie** comprennent le coût de tous les produits fournis gratuitement en remplacement, ainsi que la part du coût de fonctionnement du Service après-vente correspondant à son activité au titre des interventions en garantie, ainsi que les frais de transport et déplacement inhérents.

h) **Les remises ou ristournes** à prendre en compte sont celles consenties à titre exceptionnel pour compenser les effets d'une livraison antérieure défectueuse ou encore pour une livraison non conforme.

i) **Autres coûts externes**

. Tout retard de livraison entraîne un report d'échéance qui se traduit par des **agios**.

En 1985 : en moyenne 1,5 % par mois de retard, soit 18 % l'an.

. Il est possible de déterminer **les clients perdus** soit, pour les produits industriels, en examinant l'état du chiffre d'affaires par client pour plusieurs périodes successives, soit pour les produits de consommation, en réalisant une enquête par sondage sur un échantillon représentatif des consommateurs de produits strictement comparables au produit en cause. On recherche ensuite les pertes de clients résultant de défauts de qualité. Une estimation du coût des manques à gagner, de la perte de prestige et des pertes de clients potentiels peut également être prise en compte.

. **Les remboursements des dommages causés à autrui** correspondent aux indemnités de toutes sortes payées en raison d'une mauvaise qualité des produits et services livrés.

Exemples : Destruction des produits confiés pour une opération de sous-traitance, remboursement d'un préjudice, etc.

- Le coût de la **prime d'assurance** pour couverture de la responsabilité du fait des produits correspond au montant de la prime (ou part de la prime) d'assurance qui couvre les conséquences de défaillances de produits en clientèle (à ne pas confondre avec la responsabilité civile, vol, etc).

- Divers autres coûts externes peuvent être pris en considération comme par exemple les frais d'expertises dûs à la non-qualité, les franchises payées ou les coûts des différés de règlement dûs à la non-qualité.

j) Coûts de détection

Ils incluent, les dépenses occasionnées par les opérations de vérifications (réception des produits achetés, contrôles en cours et en fin de fabrication, essais utilisés pour l'évaluation du produit, ...) et par les opérations d'enquêtes en clientèle. Ces dépenses sont à prendre en compte lorsque ces opérations :

. sont effectuées par le personnel du «service contrôle» ou du «service Qualité»

. sont effectuées par les opérateurs de production, sauf quand les temps de vérification sont inclus dans le cycle de production.

. sont sous-traitées.

Ces dépenses résultent des frais de personnels (salaires et charges) et de matériels relatifs à ces opérations et activités.

Ne pas inclure la recherche de défauts, la réparation, ou le tri des lots refusés qui sont comptabilisés dans le coût des anomalies internes (chapitre 7 — paragraphe A.1.1).

Ne pas prendre en compte les essais rentrant dans le processus normal de production.

Pour estimer l'amortissement du matériel de contrôle et d'essais on peut compter 10 % de sa valeur actuelle estimée.

k) Coûts de prévention

Sont à prendre en compte tous les investissements humains et matériels pour éviter, prévenir et réduire les anomalies.

Ces investissements correspondent aux frais de personnels (salaires et charges), aux frais administratifs (établissement de documents) et aux coûts des activités de prévention qui sont éventuellement sous-traités.

Les coûts d'étude et de mise en place des moyens de gestion de la qualité (exemples : diagnostic qualité, rédaction d'un manuel qualité, système d'évaluation des fournisseurs ...) peuvent être étalés sur plusieurs exercices si leur importance et leurs effets sont durables.

ANNEXE 2

CALCUL DE LA VALEUR AJOUTÉE

Mieux que le chiffre d'affaires, la valeur ajoutée traduit l'activité propre de l'entreprise.

Dans la plupart des cas, pour évaluer la valeur ajoutée, il suffit d'ajouter les lignes **FY, FZ, FX, GU, GA, GC, GD et GW** de l'imprimé CERFA n° 2052 N « Compte de résultat de l'exercice ».

Exemple :

Intitulé	Ligne	Exemple
Salaires et traitements	FY	1 810 500
+ Charges sociales	FZ	756 000
+ Impôts, Taxes et versements assimilés (taxes sur le C.A non comprises)	FX	250 300
+ Charges financières	GU	210 500
+ Dotations aux amortissements	GA	708 400
+ Dotations aux provisions (sur immobilisations)	GB	35 000
+ Dotations aux provisions (sur actif circulant)	GC	52 400
+ Dotations aux provisions (pour risques et charges)	GD	12 200
+ Résultat courant avant impôts	GW	165 800
= VALEUR AJOUTÉE		4 001 100

ANNEXE 3

AUTRES ÉLÉMENTS DE COÛTS RÉSULTANT DE LA NON-QUALITÉ

Les éléments (postes) d'évaluation des coûts résultant de la non-qualité, retenus au chapitre 7 du présent document, sont ceux dont le chiffrage par l'entreprise est généralement le plus facile.

L'entreprise peut également, en plus des éléments retenus au chapitre 7, estimer ou calculer les coûts des anomalies suivantes, lorsqu'elle dispose des sources d'information permettant ces calculs :

. Excès de charges financières,

. Retards de facturation,

. Pertes de prestige,

. Retards de lancement ou lancements prématurés de produits nouveaux,

. Absence, présence insuffisante ou inadaptée du produit sur points de vente,

. Demandes répétées de modifications en conception,

. Prix d'achats mal établis,

. Rupture de stock ou stocks excessifs (matière première, en cours, produits finis),

. Arrêts de production,

. Investissements sous utilisés,

. Surconsommation de matières premières et fournitures,

. Pannes des outils de production,

. Non-valorisation ou valorisation insuffisante des sous-produits.

ANNEXE 4

BIBLIOGRAPHIE

1 — Bilan de la qualité — Revue Qualité — Pratique du contrôle industriel — Juillet 1963 (disponible à l'AFQ (1)).

2 — Guide des coûts relatifs à la qualité — AFNOR/AFCIQ 1981 (2).

3 — Évaluation des coûts de non-qualité dans les petites et moyennes entreprises industrielles et commerciales — Rapport AFQ, 31 mars 1983 (disponible à l'AFQ (1)).

---

(1)   AFQ (Association Française des Qualiticiens) — 27, avenue Trudaine 75009 PARIS.

(2)   Une série de guides (chacun étant spécifique d'un secteur d'activité de l'entreprise) complétant cet ouvrage est en cours d'élaboration au sein de l'AFCIQ (Association Française pour le Contrôle Industriel et la Qualité).

DCC/VB1996-08-01
X50129.DOC

normalisation française

FD X 50-129
Indice de classement : X 50-129
ICS :

T1   Management de la qualité et assurance de la qualité
T2   Guide pour l'utilisation des méthodes statistiques dans le management de la qualité
T3

E :   Quality management and quality assurance - Guide for the use of statistical methods in
quality management
D :

Fascicule de documentation publié par l'AFNOR en

correspondance

A la date de publication du présent document, il existe des travaux internationaux traitant du
même sujet.

analyse

Le présent fascicule de documentation constitue un guide pour la bonne utilisation des
méthodes statistiques dans le management de la qualité. Il positionne les différentes méthodes
statistiques dans le cycle de vie d'un produit ou service, et permet l'élaboration d'une réponse à
l'exigence 4.20 de la norme NF EN ISO 9001.

descripteurs

Thésaurus International Technique :

modifications

corrections

FICHIER : E:\SEE\XDOM161.3\NF\X50129.DOC   VERSION DU : 01/08/96 13:35   NOMBRE DE PAGE(S) : 19 PAGE(S)

615-93

| Qualité et Management - Outils/Méthodes/Techniques | AFNOR XI50 |
| Méthodes statistiques | AFNOR X06E |

Membres de la commission de normalisation

Présidents : M OGER
M PERRUCHET

Secrétariat : MME MORIN - AFNOR
MME DEL CERRO - AFNOR

M	ALLIER	FRANCE TELECOM SCTT
M	ANGELINI	ASCII QUALITATEM
M	ASSAIANTE	CNIM
M	BALLAUD	QUALITE SYSTEME
M	BARBIER	AEROSPATIALE
MME	BEGUERE	SLP STATISTIQUES
M	BELLIER	M3P
M	BLANC	CTDEC
M	BOISHARDY	CETEN APAVE INTERNATIONAL
M	BONNOME	
M	BRUNSCHWIG	
M	CANIS	LIONEL CANIS CONSEIL
M	CARDETTI	ECOLE DES MINES DE DOUAI - LMI
M	CAZALBOU	FRANCE TELECOM
M	CHAUCHE	
M	CHEROUTE	PREVOYANCE SYSTEMES
M	COPIN	CM CONSULTANTS
M	DALRYMPLE	AFAQ
M	DAUDIN	INAPG
MME	DE LUZE	BNIF
M	DEL FABBRO	MATRA DEFENSE VELIZY LE BOIS
MME	DESENFANT	LNE
M	DESVIGNES	SNCF
M	DUPUIS	SNCF
M	ETIENNE	DAEI/METT
M	FEINBERG	INAPG
M	FROMAN	BF CONSEIL
M	FUCHET	AGREVO PRODETECH
M	GERVAIS	GDF
M	GIRARDEAU	CETEN APAVE INTERNATIONAL
M	HOURRIEZ	GDF DION PRODUCT TRANSPORT CTO
M	IACOLARE	ALTRAN TECHNOLOGIES SA
M	INGOLD	
M	JOURDAN	SCHNEIDER ELECTRIC SA
M	JUREDIEU	GIAT INDUSTRIES
M	KOLUB	
MME	LAVALETTE	THOMSON CSF COMMUNICATIONS
M	LE COUARHER	ALCATEL CIT
M	LECHENET	CEP SYSTEMES
M	LEGEAY	LCPC
M	MAITRE	CEGELEC SA
M	MARIA	GEC ALSTHOM STEIN INDUSTRIE

M	MARMIGNON	SNAP
M	MAZELIN	FRANCE TELECOM SCTT
M	MILLERET	SOMELEC SA
M	MIRANDA	DESCO
M	MITTONEAU	AMOVI
M	MOREAU	RHONE MERIEUX SA
MME	NEEL	DASSAULT AVIATION
MME	NOTIS	AFNOR
M	OGER	INTERTEK
MME	OUDIN DARRIBERE	
M	PALSKY	RHONE POULENC CHIMIE
M	PASCAL	SOLUTION INDUSTRIELS SERVICES
M	PERRIER	RNUR SA - VALID. CAPBIL.
M	PERRUCHET	UTAC
MME	PETETIN	AMOVI
MME	RENARD	ECOLE DES MINES DE DOUAI - LMI
M	SADO	TOTAL RAFFINAGE DISTRIBUTION
M	SANS	
M	SAPORTA	CNAM
M	SECHAUD	CNAM
M	SEGOT	LA POSTE
M	SERAUT	XL CONSULTANTS
M	SERVAJAN	D'HERMY CONSEIL SA
M	SERVENT	UTE
MME	SIDI	CAP GEMINI SOGETI
M	SIXOU	RNUR SA SCE
M	TOUTAIN	SCHNEIDER ELECTRIQUE SA
M	VAISENBERG	AFAQ
M	WENISCH	SQIFE
M	ZANKEVITCH	DRIRE

Groupe d'experts chargé de l'élaboration de la norme :

Animateur : M J. WENISCH

M	BASTIEN	DASSAULT AVIATION/DGQT/MT
M	BONNOME	
M	BRUNSCHWIG	
M	CAZALBOU	FRANCE TELECOM
M	CHEROUTE	PREVOYANCE SYSTEMES
MME	DEL CERRO	AFNOR
MM	DESENFANT	LNE
M	GUY	CM CONSULTANTS
M	L'HERMITTE	EDF - DOPEE
M	OGER	INTERTEK
MME	OUDIN-DARRIBERE	
M	PERRUCHET	UTAC/OTC
M	SANS	
M	WENISCH	SQIFE

Sommaire

0   Introduction

Dans ce fascicule, on entend par « **méthodes statistiques** » , l'ensemble des méthodes telles que la production, la collecte, l'analyse, la présentation et l'interprétation des données, sous forme numérique ou graphique.

Les méthodes statistiques modernes peuvent fournir une assistance dans bien des aspects du recueil et de l'application des données, que ce soit pour une meilleure compréhension des besoins des clients, la maîtrise du processus, l'élaboration de prévision ou la mesure de la qualité. Ces méthodes constituent ainsi une aide à la prise de décision.

Il n'y a pas d'améliorations possibles de la qualité du produit ou du procédé sans définition de critères quantifiables par des mesures aussi exactes ou par des évaluations aussi objectives que possible. Les statistiques, quant elles sont applicables, permettent d'analyser de façon rigoureuse ces éléments afin d'en tirer des conclusions plus sûres.

L'entreprise est un ensemble de processus transversaux et opérationnels traversés par un flux d'informations, de données et de paramètres qu'il est nécessaire d'identifier, de mesurer et de traiter afin de maîtriser et d'assurer la qualité.

Un produit et le procédé qui permet d'y aboutir peuvent se décomposer en éléments mesurables. L'examen des variations, normales ou anormales de ces différents éléments, par les méthodes statistiques adaptées et choisies par l'entreprise, permet de mieux comprendre les causes de non-qualité et leurs effets, et donc d'y remédier.

Une constatation générale peut être faite à propos des textes normatifs, ou des programmes de stages de formation, relatifs au management de la qualité : ces documents comportent toujours une allusion aux méthodes statistiques, si ce n'est un espace ou un temps assez importants consacrés à ce sujet : c'est en particulier le cas des normes ISO universellement connues sous le nom de "Série 9000".

Pour ne pas se limiter à des intentions ou des incitations sans suite, il a paru indispensable de donner, dans le cadre de ces normes les conseils nécessaires à la bonne utilisation des méthodes statistiques.

Devant l'ampleur du sujet, le guide est volontairement limité aux méthodes qui utilisent la statistique, sous quelque forme que ce soit, dans le management de la qualité : il laisse de côté d'autres catégories d'outils et de méthodes, non moins importants dans ce domaine, mais dans lesquels la statistique ne joue aucun rôle.

Ce fascicule positionne les différentes méthodes statistiques dans le cycle de vie d'un produit ou d'un service et propose une réponse aux exigences des Normes ISO 9000 (rubrique 4.20).

Il convient enfin d'insister sur l'ambition de ce guide d'être pour son utilisateur un outil pratique, pragmatique et simple : dans ce but, il développe autant que nécessaire les situations pour un emploi correct des méthodes citées qui sont développées dans les normes statistiques en référence (tableaux 3.1, 3.2, 3.3 et 3.4).

1   Domaine d'application

L'importance des techniques statistiques réside dans le multiplicité de leurs emplois possibles. Elles peuvent aider aussi bien la direction générale d'un organisme à prendre des décisions sur des investissements à partir d'analyse de marché ou d'enquête de satisfaction, que l'ingénieur d'étude pour optimiser un produit ou l'opérateur de fabrication pour maîtriser un processus de fabrication. Tous les niveaux hiérarchiques sont susceptibles de les utiliser.

L'enjeu consiste donc à donner accès à ces techniques à différentes populations qui aujourd'hui dans leur immense majorité les ignorent, par manque de documents synthétiques et accessibles aux non-experts des entreprises.

Ce guide est destiné aux dirigeants d'entreprise et au personnel impliqué dans l'utilisation des outils statistiques pour construire, réaliser, maîtriser, contrôler et assurer la qualité de ses produits.

Il est également destiné aux prestataires de services qui recherchent des outils d'aide à la détection des attentes des clients, au suivi de la prestation en cours, et au retour d'information sur la perception de la qualité du service par ses destinataires.

2   Références normatives

Ce document comporte par référence datée ou non datée des dispositions d'autres publications. Ces références normatives sont citées aux endroits appropriés dans le texte et les publications sont énumérées ci-après. Pour les références datées, les amendements ou révisions ultérieurs de l'une quelconque de ces publications ne s'appliquent à ce document que s'ils y ont été incorporés par amendement ou révision. Pour les références non datées, la dernière édition de la publication à laquelle il est fait référence s'applique.

NF EN ISO 9000-1	Normes pour le management de la qualité et l'assurance de la qualité - Partie 1 : Lignes directrices pour leur sélection et utilisation (Indice de classement : X 50-121-1).
NF EN ISO 9004-1	Management de la qualité et éléments de système qualité - Partie 1 : Lignes directrices (Indice de classement : X 50-122-1).
NF EN ISO 9001	Systèmes qualité - Modèle pour l'assurance de la qualité en conception, développement, production, installation et prestations associées (Indice de classement : X 50-131).
NF EN ISO 9002	Systèmes qualité - Modèle pour l'assurance de la qualité en production, installation et prestations associées (Indice de classement : X 50-132).
NF EN ISO 9003	Systèmes qualité - Modèle pour l'assurance de la qualité en contôle et essais finals (Indice de classement : X 50-133).
NF X 06-100	Guide pour la sélection des méthodes statistiques normalisées.

3   Position des outils et méthodes statistiques par rapport aux outils et méthodes de la qualité

La qualité d'un produit ou d'un service :

- **s'organise** avec les hommes en favorisant la communication (construire ensemble) avec toutes les compétences de l'entreprise et en développant la responsabilité et la motivation ;

- **se construit** avec des méthodes et de la rigueur à travers les différentes phases de son développement pour optimiser et valider ;

- **se mesure** avec des outils pour vérifier si l'objectif est atteint, identifier les attentes des clients, se situer par rapport à la concurrence et corriger éventuellement les écarts.

Les problèmes à résoudre tout au long du développement d'un produit ou service sont divers et variés et comme disait Philip B. CROSBY « quand on n'a qu'un marteau dans sa boîte à outils, tous les problèmes ont la forme d'un clou ».

Pour mener efficacement les actions préventives, correctives et curatives, mais aussi pour anticiper, innover et améliorer, il est nécessaire que l'entreprise utilise les outils et les méthodes appropriés parmi la centaine recensée dans la boîte à outils de la qualité (voir figure 1)

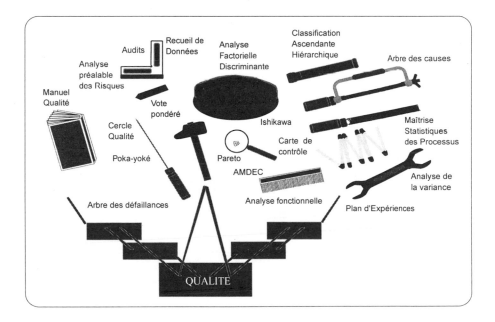

Figure 1 : La boîte à outils de la Qualité

Le choix d'un outil ou d'une méthode, face à une situation, n'est pas toujours facile pour un non-spécialiste; il peut exister beaucoup de critères techniques, financiers, humains, ... qui font que ce choix pourra être différent pour traiter le même problème dans des contextes différents. Toutefois, trois critères importants sont à prendre en considération dans tous les cas de figure (voir exemple ci-dessous : figure 2) :

- plus la dimension du problème, sa complexité ou le nombre de variables associées seront importants, plus l'outil ou la méthode choisie devront être structuré (abscisse) ;

- moins l'entreprise aura de connaissance et d'expérience sur le problème à résoudre et plus elle devra s'appuyer sur des méthodes statistiques ;

- plus les outils et méthodes seront structurés et mathématiquement complexes, plus les utilisateurs de ceux-ci devront être qualifiés. (axe diagonal).

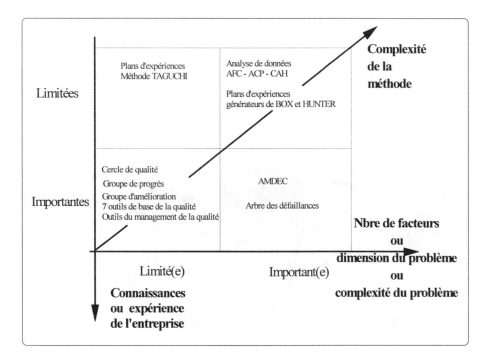

Figure 2 : Exemple d'application de ces 3 critères pour le choix d'une méthode

4   Concept d'un processus

L'entreprise est un ensemble de processus ; si l'ensemble des processus est maîtrisé, les résultats en terme de satisfaction du client seront concluants ; le problème fondamental de l'entreprise est d'identifier les grands processus qui constituent la colonne vertébrale dans son approche qualité et qui doivent être orientés vers le client final.

Les grands processus sont généralement des processus transversaux dans l'entreprise qui traversent de nombreux processus opérationnels et interfaces pour atteindre en fin de cycle le client final (voir figure 3). Les trois processus fondamentaux communs aux entreprises sont :

- le processus de développement des produits nouveaux qui assure l'avenir de l'entreprise ;

- le processus de traitement des commandes des clients qui fait vivre l'entreprise ;

- le processus de traitement des réclamations des clients qui assure la confiance des clients et à fortiori la pérennité de l'entreprise.

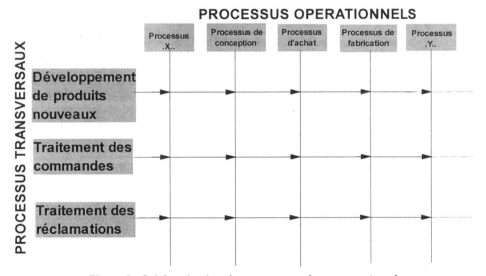

Figure 3 : Schématisation des processus dans une entreprise

Pour les Normes internationales de la famille ISO 9000 **« tout travail est accompli par un processus ».** Chaque processus a des entrants (cahier des charges, matière première, demande d'achat, ...); Les sortants sont les résultats des processus. Les sortants sont des produits, matériels ou immatériels. Le processus lui-même est (ou devrait être) une transformation qui ajoute de la valeur (voir figure 4). Tout processus implique un certain nombre de ressources, telles que : des personnes, ..., et est caractérisé par ses paramètres économiques, physico-chimiques, temporels, ... Un sortant peut être, par exemple, une facture, un logiciel de calcul, un combustible liquide, un dispositif clinique, un service bancaire ou un produit final ou intermédiaire. Pour maîtriser un processus, il est nécessaire de réaliser des mesures sur les entrants, en divers endroits du processus, ainsi que sur les sortants.

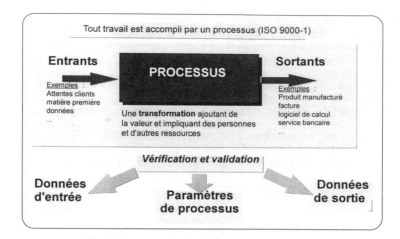

**Figure 4 : - Tout travail est accompli par un processus
- Un processus est un transformateur d'entrants en sortants**

5   Exigences des Normes ISO 9000 sur les techniques statistiques

Les exigences ISO 9001, ISO 9002 et ISO 9003 demandent à ce que l'entreprise d'une part identifie ses besoins en techniques statistiques et d'autre part formalise par écrit comment elle met en oeuvre ces techniques. (figure 5).

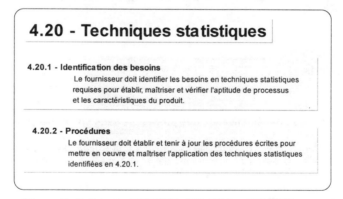

Figure 5 : Exigences ISO 9001, ISO 9002 et ISO 9003

Très rares sont les cas où les techniques statistiques, mêmes simples (ratios, moyennes, ...) ne sont pas applicables.

Un produit et le procédé qui permet d'y aboutir peuvent se décomposer en éléments mesurables. L'examen des variations, normales ou anormales de ces différents éléments, par les méthodes statistiques adaptées et choisies par l'entreprise, permet de mieux comprendre les causes de non-qualité et leurs effets, et donc d'y remédier.

La Norme ISO 9004-1 précise par la figure 6, les différentes activités de l'entreprise qui ont une incidence sur la qualité.

Figure 6 : Activités ayant une incidence sur la qualité

6   Eléments du cycle de vie d'un produit

La figure 7 schématise le cycle de vie courant d'un produit, de l'expression des attentes des clients jusqu'à l'utilisation du produit par ceux-ci, et dans le cadre du présent document, les différentes phases sont explicitées ci-après.

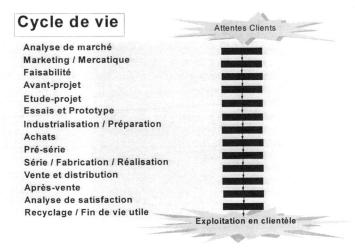

Figure 7 : Cycle de vie d'un produit

Analyse du marché : Détection et analyse des attentes explicites et implicites du marché et analyse de la concurrence.

Mercatique : Etude des possibilités de vente compte tenu de la qualité, des quantités, coûts et délais de mise à disposition sur le marché.

Faisabilité : Etude des différentes orientations pour mener à bien le projet, compte tenu des moyens en personnel, de l'équipement, de l'aptitude des équipements de l'entreprise, se concluant par la réalisation d'un cahier des charges.

Avant-Projet : Réponses au cahier des charges par des solutions exprimées en spécifications techniques et inventaire des contraintes à satisfaire pour le produit, le processus et l'assurance qualité (contraintes normatives réglementaires, de maintenabilité, de stockage, ...).

Etude - Projet : Conception du produit (ou service) dans le respect du cahier des charges et des spécifications de l'avant-projet.

Essais et Prototype : Vérifier que les résultats de conception sont conformes au cahier des charges et aux spécifications techniques (sert à vérifier que les données de sortie de conception satisfont aux données d'entrée de conception).

Industrialisation / Préparation : Préparation et mise en oeuvre des moyens de production ou de réalisation et de contrôle pour le produit.

Achats : Sélection et approvisionnement des fournitures externes entrant dans le produit final.

Présérie / Préfabrication : Vérification et mise au point des moyens définitifs de production et de contrôle par la réalisation de quantités limitées du produit.

Série / Fabrication / Réalisation : Réalisation du produit dans les quantités prévues et aux conditions définies.

Vente et Distribution : Réponse conforme à la commande de clients en terme de quantité, de qualité, de prix et de délais.

Après-Vente : Ensemble des interventions effectuées sur les produits en clientèle.

Analyse de satisfaction : Activité consistant à collecter et à analyser des informations en clientèle pour améliorer et/ou anticiper les produits.

Recyclage : Mise au rebut en fin de vie utile du produit ; dispositions prises en fin de vie utile du produit pour son élimination dans le respect des réglementations.

7 Intégration des outils et méthodes statistiques dans l'entreprise

Cette partie positionne sous forme de tableaux les techniques statistiques en fonction des objectifs recherchés :

- d'une part, dans les différentes phases du cycle de vie d'un produit ou service (tableau 1) ;

- d'autre part, en tenant compte des ressources de l'entreprise (tableau 2).

Les tableaux 3.1, 3.2, 3.3 et 3.4 précisent le tableau 2 par les normes nationales et/ou internationales.

Tableau 1 : Importance du domaine statistique en fonction du cycle de vie

Légende : ⬤ importance forte · ● importance moyenne · • importance faible

Objectif →			Décrire		Prendre des décisions		Suivre dans le temps		Maîtriser
Famille / Domaine → / Cycle de vie ⇩	ISO 9001	ISO 9004-1	Etude de données de même nature	Etude de liaison entre données de nature différente	Comparaison à un objectif	Comparaison d'observations entre elles	Etude de la fiabilité	Etude de l'évolution dans le temps	Maîtrise de la mesure
Analyse de marché	4.3 4.14	7	⬤	●	●	●	•	●	•
Mercatique	4.3 4.14	7	●	●	●	●	•	●	•
Faisabilité	4.4 4.3	8	●	•	●	•	⬤	•	●
Avant-projet	4.4	8	●	●	●	●	⬤	•	•
Etude-projet	4.4 4.11 4.14	8 13 15	●	●	●	●	●	●	•
Essais et prototype	4.4 4.11 4.14	8 13 15	●	●	●	●	●	•	⬤
Industrialisation Préparation	4.9 4.11	10 11 13	●	●	•	●	●	●	⬤
Achats	4.6 4.12 4.13 4.14	9 12 14 15	●	•	●	●	•	●	•
Pré-série	4.9 4.8 4.11 4.12 4.13 4.14	10 11 12 13 14 15	●	•	●	●	•	⬤	⬤
Série Fabrication ou réalisation	4.7 4.8* 4.9 4.10 4.11 4.12 4.13 4.14 4.15	10 11 12 13 14 15	●	•	●	•	•	●	●
Vente et distribution	4.3 4.15	16	●	•	●	•	•	●	•
Après-vente	4.19 4.9	10 16	●	●	●	●	●	●	•
Analyse de la satisfaction	4.14 4.3	15 16	●	●	●	●	•	●	•
Recyclage	4.4		●	•	●	•	•	•	•

⬤ importance forte

● importance moyenne

• importance faible

La première colonne à gauche représente le cycle de vie d'un produit ;

les 2 colonnes suivantes repèrent les numéros de chapitre respectivement des exigences ISO 9001 et des lignes directrices de ISO 9004-1, affectant la phase du cycle de vie.

L'importance de la pratique de méthodes statistiques pour chaque phase du cycle de vie peut être réprésentée comme proportionnelle dans le tableau 1 à la grosseur des points.

Tableau 2 : adéquation "ressources / méthodes statistiques"

Décrire		Prendre des décisions		Suivre dans le temps		Maîtriser
Etude des données de même nature	**Etude liaison entre données de nature différente**	**Comparaison à un objectif (valeur donnée, tolérance ...)**	**Comparaison d'observations entre elles**	**Fiabilité**	**Etude de l'évolution dans le temps**	**Maîtrise de la mesure**
Estimation de la moyenne	Représentation graphique à 2 ou 3 dimensions	Comparaison d'une moyenne à l'objectif	Comparaison de 2 moyennes entre elles	Estimation d'une durée de vie	Représentation graphique	Estimation de l'exactitude (justesse et fidélité) d'une méthode de mesure
Estimation de la médiane	Diagrammes matriciels ou de corrélation	Comparaison d'une variance à l'objectif	Comparaisons de 2 variances entre elles	Test d'ajustement à une loi de survie	Maîtrise statistique des processus	Estimation de l'incertitude de mesure
Estimation de la proportion	Régression et corrélation (modélisation)	Comparaison d'une proportion à l'objectif	Comparaison de 2 proportions entre elles	Techniques de fiabilité prévisionnelle	Cartes de contrôle	Techniques d'étalonnage
Estimation d'une variance	Plans d'expériences	Comparaison d'un paramètre à l'objectif (exemple: to lérances)	Tests non paramétriques (en l'absence de la connaissance de la loi)		Aptitudes des moyens et des processus	Essais interlaboratoires
Méthodes graphiques	Analyse de variance et/ou décomposition d'une variance en ses sources	Aptitude des moyens et des processus	Techniques d'échantillonnage		Série chronologique	Limites et capacité de détection d'un instrument
Estimation d'un intervalle de confiance	Analyses de données (AFC, ACP, CAH)	Plan d'échantillonnage pour acceptation	Analyse de données (Analyse factorielle discriminante)		Modèle de prévisions (recherche de tendances, analyse saisonnière)	
Estimation de l'intervalle de dispersion		Techniques d'échantillonnage				
Test d'ajustement à une loi normale						
Test d'ajustement d'une distribution à une loi						
Techniques de sondage						

LEGENDE

	Facile à mettre en oeuvre
	Nécessite un minimun de formation
	Nécessite un spécialiste

Le choix d'un outil ou d'une méthode statistique doit être réalisé en fonction des ressources de l'entreprise (connaissances, formation, moyens de calcul) des difficultés de mise en oeuvre, de l'interprétation, de la compréhension et des risques de conclusions erronées.

Tableau 3.1

DECRIRE

Etude des données de même nature		Références normatives	Etude liaison entre données de nature différente		Références normatives
Estimation de la moyenne	Variance connue / Variance non connue	NF X 06-052 ISO 2854 / NF X 06-042 ISO 2602 / NF X 06-056 ISO 2854	Représentation graphique à 2 ou 3 dimensions		
Estimation de la médiane		NF X 06-071 ISO 8595	Diagrammes matriciels ou de corrélation		
Estimation de la proportion		NF X 06-068 ISO 11453	Regression et corrélation (modélisation)		
Estimation d'une variance		NF X 06-060 ISO 2854	Plans d'expériences	Vocabulaire et indications générales	NF X 06-080 ISO 3534-3
Méthodes graphiques			Analyse de variance et/ou décomposition d'une variance en se sources		
Estimation d'un intervalle de confiance	Interprétation des résultats d'essais / Efficacité des tests portant sur des moyennes et des variances	NF X 06-042 ISO 2602 / FD X 06-064 ISO 3494	Analyses de données (AFC, ACP, CAH)		
Estimation de l'intervalle de dispersion	Détermination d'un intervalle statistique de dispersion	NF X 06-032 ISO 3207			
Test d'ajustement à une loi normale	Etude de la normalité d'une distribution	NF X 06-050 ISO 5479			
Test d'ajustement d'une distribution à une loi					
Techniques de sondage					

LEGENDE

	Facile à mettre en oeuvre
	Nécessite un minimun de formation
	Nécessite un spécialiste

Tableau 3.2

PRENDRE DES DECISIONS

Comparaison à un objectif (valeur données, tolérance ...)	Références normatives	Comparaison d'observations entre elles	Références normatives
Comparaison d'une moyenne à l'objectif		**Comparaison de 2 moyennes entre elles**	
Variance connue	NF X 06-053		
Variance inconnue	NF X 06-057 ISO 2854		
Estimation de la différence de deux moyennes à une valeur donnée	NF X 06-058	Estimation de la différence de deux moyennes	NF X 06-065 / NF X 06-054
Comparaison de la différence de deux moyennes à une valeur donnée	NF X 06-059	Comparaison de la différence de deux moyennes	NF X 06-055 ISO 2854
Comparaison d'une variance à l'objectif		**Comparaisons de 2 variances entre elles**	
Comparaison d'une variance à une valeur donnée	NF X 06-061 ISO 2854	Estimation du rapport de deux variances	NF X 06-065 / NF X 06-062 ISO 2854
		Comparaison du rapport de deux variances à une valeur donnée	NF X 06-063
Comparaison d'une proportion à l'objectif		**Comparaison de 2 proportions entre elles**	
Comparaison d'une proportion à une valeur donnée	NF X 06069 ISO 2854		NF X 06-070 ISO 2854
Comparaison d'un paramètre à l'objectif (exemple: tolérances)		**Tests non paramétriques (en l'absence de la connaissance de la loi)**	
		Test de comparaison par paire	NF X 06-073-1 ISO 3301
		Test de comparaison de plusieurs objets	NF X 06-073-2
		Comparaison de deux échantillons	FD X 06-065
Plan d'échantillonnage pour acceptation		**Techniques d'échantillonnage**	
Echantillonnage des produits liquides et pulvérulents en vrac	NF X 06-009 ISO/DIS 10725	Introduction et principe	NF X 06-019 et 021
		Sélection de plans	NF X 06-022 et 023
Contrôle de réception - Règles de décision applicables au contrôle d'un lot	NF X 06-029	Plans progressifs ISO 8422 et 23	NF X 06-024 et 025
		Construction d'un plan	NF X 06-026 et 027
		Contrôle d'un lot isolé	NF X 06-028 ISO 2859
Aptitude des moyens et des processus	NF X 06-033	**Analyse de données (Analyse factorielle discriminante)**	
Techniques d'échantillonnage			
Introduction et principe	NF X 06-019 et 021		
Sélection de plans	NF X 06-022 et 023		
Plans progressifs	NF X 06-024 et 025		
Construction d'un plan	NF X 06-026 et 027		
Contrôle d'un lot isolé	NF X 06-028 ISO 8422 ISO 8423 ISO 2859		

LEGENDE

Facile à mettre en oeuvre	
Nécessite un minimun de formation	
Nécessite un spécialiste	

Tableau 3.3

SUIVRE DANS LE TEMPS

Fiabilité	Introduction à la fiabilité	Références normatives	Etude de l'évolution dans le temps		Références normatives
Estimation d'une durée de vie		FD X 06-501	Représentation graphique		
Test d'ajustement à une loi de survie			Maîtrise statistique des processus	Guide de la MSP	FD X 06-030
Techniques de fiabilité prévisionnelle			Cartes de contrôle	Présentation générale Cartes aux mesures Cartes aux attributs Cartes EWMA et cusum	NF X 06-031-0 ISO 7870 NF X 06-031-1 ISO 8258 NF X 06-031-2 ISO 8258 NF X 06-031-3 et -4
			Aptitudes des processus		NF X 06-033
			Modèle de prévisions (recherche de tendances, analyse saisonnière)		
			Série chronologique		

LEGENDE

Facile à mettre en oeuvre
Nécessite un minimun de formation
Nécessite un spécialiste

Tableau 3.4

Maîtrise de la mesure		Références normatives
Estimation de l'exactitude (justesse et fidélité) d'une méthode de mesure	Principes généraux Répétabilité et reproductibilité por une méthode normalisée Mesures intermédiaires de fidélité Méthodes de base pour estimer la justesse Méthodes alternatives Applications pratiques	NF ISO 5725-1 NF ISO 5725-2 NF ISO 5725-3 NF ISO 5725-4 Pr ISO 5725-5 NF ISO 5725-6
Estimation de l'incertitude de mesure	Détermination de l'incertitude associée au résultat final	XP X 07-020
Techniques d'étalonnage		
Essais interlaboratoires	Estimation des erreurs à partir de comparaisons entre laboratoires	NF X 06-047
Limites et capacité de détection d'un instrument		ISO/DIS 11843-1

LEGENDE

	Facile à mettre en oeuvre
	Nécessite un minimun de formation
	Nécessite un spécialiste

ISSN 0335-3931

normalisation française

X 50-755
Juin 1994

Indice de classement : **X 50-755**

Formation professionnelle

Demande de formation

Méthode d'élaboration de projets de formation

E : Professional training — Request for training —
 Training project elaboration method
D : Ständige berufliche Weiterbildung — Bildungsantrag —
 Erarbeitungsmethode von Ausbildungsprojekten

Norme expérimentale publiée par l'AFNOR en juin 1994.

Les observations relatives à la présente norme expérimentale doivent être adressées à l'AFNOR avant le 30 juin 1995.

correspondance À la date de publication du présent document, il n'existe pas de norme ou de projet de norme européenne ou internationale sur le sujet.

analyse Le présent document définit l'étape d'analyse des besoins en formation qui précède l'élaboration d'un cahier des charges d'achat de formation. Il se présente sous forme de questionnaire dont l'objectif est de rappeler tous les éléments susceptibles d'être intégrés dans cette démarche.

descripteurs Thésaurus International Technique : formation, personnel, cahier des charges, gestion de projet, questionnaire-type.

modifications

corrections

Éditée et diffusée par l'Association Française de Normalisation (AFNOR), Tour Europe 92049 Paris La Défense Cedex — Tél. : (1) 42 91 55 55

Membres de la commission de normalisation

Président : M RUIZ

Secrétariat : M NACIRI — AFNOR

MME	ARAGOU	CNAM — CHOLET
M	BANET	SMH NEOPOST
M	BOSSU	DOUBLE OPTION
M	BURGUY	DASSAULT AVIATION
M	CHARRA	TUTORLAND CENTER TOULON
M	CHENEL	DLC CHAMBRE DE COMMERCE DE PARIS
MME	COMPIN	ASSOCIATION FRANCAISE DES BANQUES — MEMBRE DU GARF
MME	CORONE	CENTRE DE FORMATION DES PROFESSIONS BANCAIRES
M	DEDEWANOU	USIPHAR SNC
M	DUPOUEY	INSEP INGENIERIE
MME	GILLIOT	CONSULTANT
MME	GOUDET	CONFEDERATION SYNDICALE DES FORMATEURS ET CONSEILS
M	GRANDJEAN	CENTRE DES JEUNES DIRIGEANTS
M	HARISTOY	MATRA DEFENSE VELIZY LE BOIS
MLLE	HASSELMANN	PEUGEOT
MME	KINSEY	THE AMERICAN UNIVERSITY OF PARIS
M	LAURE	EDF-GDF
MME	LENEVEU	AFT
M	MACHURET	CONFEDERATION SYNDICALE DES FORMATEURS ET CONSEILS
MME	MAGUET	UNEDIC
MME	MARTIAL	APPLE FRANCE
M	MASSAERT	ELLIOTT INTERNATIONAL CONSEILS
M	MEZZIOUANE	INSTITUT DES MANAGERS EUROPEENS
M	NAVARRE	CGPME
M	OZANNE	EURACTION — CSFC
M	PIALAT	AFNOR
M	POTELET	AFPA
M	RUIZ	AGEFOS PME
M	SECHAUD	CNAM
MME	SEGUIN	MINISTERE DE L'EDUCATION NATIONALE
MME	SETTE	ASFODEL — MEMBRE DU GARF
M	TOMASETTI	UNION DES INDUSTRIES METALLURGIQUES ET MINIERES
MME	VAQUER	LEARNING INTERNATIONAL
MME	VIGNEAU	CONFEDERATION SYNDICALE DES FORMATEURS ET CONSEILS
M	VINCENT	CITROEN CIFC

Sommaire

1 Domaine d'application

La qualité de l'expression de la demande de formation de l'entreprise passe par une analyse correcte des besoins en formation.

Dans cet esprit, la présente norme X 50-755 est un outil d'aide à la décision (norme outil) ; elle est distincte et indépendante de la démarche qualité mais relève d'une logique analogue. Cet outil est destiné à aider toute entreprise ou organisation qui conduit un projet de formation pour son propre personnel (à l'exclusion des acheteurs de formation pour le compte de publics particuliers tels que les demandeurs d'emploi ou toutes personnes n'ayant pas d'activité professionnelle). Elle s'adresse aussi à toutes les personnes amenées à conseiller les entreprises sur la conduite des projets de formation.

Selon l'ampleur du projet, les différentes étapes sont plus ou moins détaillées. **L'action de formation n'est pas la seule réponse** pour régler les problèmes de l'entreprise, **c'est un moyen parmi d'autres**. Mal utilisée, la formation peut être source de non-qualité.

Le schéma ci-après reprend l'ensemble des phases à franchir lors d'un tel projet.

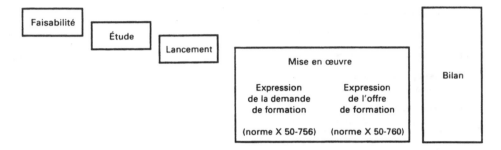

Figure 1

Tableau 1

Phase	Objectif	Remarques
Faisabilité	Formalisation des objectifs de l'entreprise et analyse des besoins	
Étude	Formalisation et validation des objectifs de formation	
Lancement	Condition de mise en œuvre de la formation	Les actions de formation peuvent être internes ou externes. L'essentiel est de rechercher la meilleure adéquation entre l'objectif poursuivi et le moyen mis en œuvre.
Mise en œuvre	Déroulement de chaque action interne ou externe	La norme n'intervient pas pour la mise en œuvre de la formation elle-même. Les caractéristiques pédagogiques sont du ressort de la négociation avec les formateurs. Cette étape est néanmoins rappelée dans la présente norme pour respecter la cohérence des différentes phases du projet de formation concerné. Elle fait d'ailleurs l'objet de normes spécifiques.
Bilan	Évaluer la formation et ses effets	Comme tout projet, le projet de formation doit intégrer la préoccupation d'évaluation finale à chacune des étapes de son élaboration.

La présente norme ne traite pas les points suivants :

— la définition du plan de formation de l'entreprise qui fait l'objet de définitions légales ou réglementaires et peut récapituler plusieurs projets de formation. Les dispositifs légaux et réglementaires concernant la formation sont supposés connus et appliqués.

— l'organisation de la fonction formation de l'entreprise (conditions d'organisation de la gestion administrative de la formation, des fonctions et responsabilités des personnes affectées à la gestion de la formation).

2 Références normatives

Ce document comporte par référence datée ou non datée des dispositions d'autres publications. Ces références normatives sont citées aux endroits appropriés dans le texte et les publications sont énumérées ci-après. Pour les références datées, les amendements ou révisions ultérieurs de l'une quelconque de ces publications ne s'appliquent à ce document que s'ils y ont été incorporés par amendement ou révision. Pour les références non datées, la dernière édition de la publication à laquelle il est fait référence s'applique.

X 50-105   Le management de projet — Concepts.

X 50-749:1992 Formation et développement des ressources humaines — Formation professionnelle — Démarche de normalisation.

X 50-750:1992 Formation professionnelle — Terminologie.

X 50-756:1992 Formation professionnelle — Demande de formation — Cahier des charges de la demande.

X 50-760:1992 Formation professionnelle — Organisme de formation — Informations relatives à l'offre.

X 50-761   Service et prestation de service de formation.

X 50-901:1991 Management de projet et innovation — Aide-mémoire à l'usage des acteurs d'un projet d'innovation.

3 Présentation et utilisation du contenu du projet

La présente norme fournit une liste de questions qu'il est conseillé de se poser lors de l'élaboration de projets de formation.

Mode de lecture :

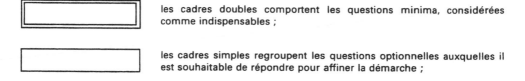

les cadres doubles comportent les questions minima, considérées comme indispensables ;

les cadres simples regroupent les questions optionnelles auxquelles il est souhaitable de répondre pour affiner la démarche ;

ce pictogramme identifie les questions qui relèvent de l'évaluation. On trouvera au niveau de chacune des phases des questions marquées de ce pictogramme et destinées à préparer cette évaluation.

Le terme «Direction» qui est utilisé dans la présente norme doit s'entendre au sens large : il correspond au niveau de management (dirigeant, comité de pilotage,...) qui a la responsabilité de la décision finale. Cette responsabilité peut être déléguée à un responsable de projet.

4 Faisabilité, étude, lancement et bilan

Première phase : Faisabilité

Formaliser les objectifs de l'entreprise (analyse des besoins de l'entreprise)

A priori, cette phase n'est pas spécifique «formation». Ce type de réflexion est nécessaire dans beaucoup d'occasions et, en tout cas, constitue un préalable indispensable à toute étude concernant la formation.

---

1 Quel est le projet ou l'objectif d'entreprise exprimé par la Direction ?

1.1 Sont-ils à dominante économique, sociale...?

S'agit-il d'assurer un développement et/ou de corriger un dysfonctionnement ?

1.2 Quelles sont les activités actuelles et quelles sont les activés recherchées ?

1.3 Quelles sont les populations et les compétences ciblées ?

1.4 Qu'est-ce qui favorise (opportunités) ou empêche (obstacles) aujourd'hui l'atteinte de l'objectif d'entreprise ?

---

2 Qui dirige le projet ou l'objectif d'entreprise ?

2.1 À quel niveau la Direction est-elle impliquée dans ce projet/objectif ?

Comment la Direction saura-t-elle qu'elle a atteint le (ou les) objectifs(s) de l'entreprise ?

Quelles sont les mesures quantitatives et/ou qualitatives retenues pour les résultats ?

— **économiques ?**

— **financiers ?**

— **sociaux ?**

---

3 La formation est-elle un des moyens pour atteindre l'objectif d'entreprise ?

Si NON :
le management de projet, hors formation, peut s'appuyer sur la norme X 50-105.

Si OUI :
Quels sont néanmoins, au regard des éléments suivants, les choix et les moyens autres que la formation :

— les délais,

— les coûts,

— l'environnement technique (matériel),

— les risques (activité de l'entreprise, environnement social, psychologique),

— le personnel concerné par l'objectif d'entreprise ?

Deuxième phase : Étude

Formaliser les objectifs de formation (analyse des besoins de formation)

4　Quels sont les objectifs de formation découlant des objectifs de l'entreprise et/ou assignés par la Direction ?

4.1 Quels sont les domaines de formation concernés ?

Comment la Direction saura-t-elle qu'elle a atteint le (ou les) objectif(s) de formation ?

Quels seront les moyens de mesure ?

5　Quels renseignements obtenir ?

5.1 Quelles sont les sources d'information disponibles pour l'analyse des besoins de formation (audit, études, rapports existants...) ?

5.2 Quel type d'analyse complémentaire préconiser (questionnaire, entretien, audit, conseil, référentiel, bilan professionnel,...) ?

6　Quelles sont les attentes des personnes à former ?

6.1 Y a-t-il cohérence avec celles :

　　— de la Direction ?

　　— d'autres acteurs ?

6.2 Y a-t-il motivation pour la formation ?

6.3 Y a-t-il des démotivations qui risquent d'influencer les résultats de la formation ?

---

7 Quel est le profil des personnes à former ?

Deuxième phase : Étude

Valider les objectifs de formation

---

8 Qui doit participer à cette validation ?

8.1 Qui rencontrer sur le terrain dans les équipes de travail ?

8.2 Quels sont les moyens particuliers pour impliquer la hiérarchie dans la validité des besoins ?

---

9 La validation confirme-t-elle les objectifs de formation découlant des objectifs de l'entreprise et/ou définis par la Direction ?

9.1 Si non, comment résorber l'écart constaté ?

---

10 Quelles sont les actions de formation à mettre en œuvre ?

 Comment la Direction prévoit-elle d'exploiter les résultats de l'analyse des besoins en vue de l'évaluation ?

 Les objectifs de formation sont-ils suffisamment précis ?

---

11 Chaque objectif de formation a-t-il un indicateur associé ?

11.1 Quelles sont les mesures quantitatives et/ou qualitatives retenues pour les résultats

— économiques ?

— financiers ?

— sociaux

• critères de productivité ?

• critères de performances ?

• taux de réalisation des objectifs ?

• effectifs touchés ?

11.2 Mesure des compétences acquises ?

— compétences validées par une qualification reconnue (diplômes, titres, ...)

— compétences validées en situation de travail (autonomie de l'acte)

Troisième phase : Lancement

Conditions de mise en œuvre de la formation

---

12 Comment mettre en œuvre et programmer les actions de formation au regard des éléments suivants :

— les délais,

— les coûts,

— l'environnement technique (matériel),

— les risques (activité de l'entreprise, environnement social, psychologique),

— le personnel concerné par l'objectif de formation ?

12.1 Quelles sont les priorités ?
(succession des actions de formation, cohérence des délais par rapport aux objectifs)

12.2 Quels types d'action de formation (et/ou d'accompagnement) sont les mieux adaptés aux objectifs de formation :

— stage de formation,

— formation-action au poste de travail liée aux projets à développer,

— formation en production,

— aide mutuelle, compagnonnage,

— auto formation notamment avec des moyens multimédia,

— information, communication, visite et voyages d'études d'autres entreprises ?
(liste non exhaustive)

12.3 Les informations nécessaires à la formalisation du cahier des charges sont-elles disponibles ?
(voir norme X 50-756)

---

13 Quelles compétences sont nécessaires aux intervenants pour réaliser les actions de formation ?

13.1 Quels intervenants choisir ?
(externes ou internes à l'entreprise)

13.2 Si les intervenants sont externes, quelles informations les concernant sont disponibles pour le choix ?
(pour l'aide au choix de l'organisme, voir la norme X 50-750).

13.3 Si les intervenants sont internes, auront-ils la possibilité de se rendre suffisamment disponibles pour la formation ?

---

14 Quelles vont être les caractéristiques de chaque action de la formation ? (durée, moyens, planification, modalités d'évaluation,...)

---

15 Quel est l'accompagnement de la formation ? (communication sur les actions, sensibilisation de la hiérarchie, organisation, adhésion du personnel,...)

15.1 Comment informer le personnel sur le lancement de la formation ?

réunion/entretien individuel ?

---

16 Comment informer le personnel de la forme d'évaluation de la formation et de ses conséquences ?

16.1 En cas d'évaluation spécifique du stagiaire (contrôle des connaissances, examen, test,...), comment informer préalablement les intéressés ?

 Comment la Direction suivra-t-elle le projet de formation ?

Quatrième phase : Mise en œuvre des actions de formation

> **17** La mise en œuvre des actions de formation relève des accords passés avec le ou les prestataires de formation interne(s) ou externe(s) (voir notamment les normes X 50-756, X 50-760 et X 50-761).

Comment assurer la maintenance de la qualité en formation :

— **mesure périodique,**

— **documentation,**

— **archivage documentaire,**

— **contrôle des formateurs,**

— **supports et matériel pédagogiques,**

— **réactivité à l'hétérogénéité des groupes et à l'évolution des programmes,**

— **...?**

Cinquième phase : Bilan
Évaluer la formation et ses effets

 Les objectifs de formation sont-ils atteints ?

Les indicateurs (définis au point 11) ont-ils été les seuls moyens de mesure utilisés ?

---

18 Si non, pour quelles raisons :
— objectifs mal définis ?
— moyens inadaptés ?
— modifications prévues et non-prises en compte ?
— indicateurs non réalistes ?
— incidences du contexte de travail sur les conditions de déroulement de la formation ?
— liaison entre formation suivie et le retour en situation de travail ?
(liste non exhaustive)

 Comment la Direction a-t-elle suivi le projet de formation ?

---

19 Comment mesurer l'écart entre les objectifs de formation initiaux et les besoins identifiés en cours de formation et en rechercher les causes précises ?

19.1 Si un écart est constaté les acteurs (stagiaires, hiérarchie,...) ont-ils été suffisamment informés sur les objectifs de formation et/ou sur les objectifs de l'entreprise ?

---

20 Comment est réalisée la mesure de l'indice de satisfaction du stagiaire ? (voir norme X 50-761)

20.1 Quels outils ?
(questionnaire, entretien, enquête,...)

20.2 Quels indices ?
• contenu,
• atmosphère (incidence du contexte de travail sur les conditions de déroulement de la formation)
• autres (hôtellerie, restauration,...)

---

21 Quel suivi ?

En cas de dérive, quelles seront les actions correctives ?

Y a-t-il lieu de prévoir des ajustements dans le domaine de la formation ?

(les actions correctives peuvent être engagées dès le début de l'action).

 Les objectifs de l'entreprise sont-ils atteints ?

Annexe A

(informative)

Repères juridiques
(issus du Code du travail)

Pour mémoire, voir le schéma récapitulatif ci-dessous.

A.1 L'élaboration du plan de formation de l'entreprise relève de la totale liberté de l'enteprise et de sa Direction. Néanmoins, le Code du travail prévoit des consultations obligatoires des représentants du personnel. Les différentes étapes de consultations sont présentées en synthèse dans la présente annexe. Elles induisent le déroulement type d'élaboration d'un plan de formation.

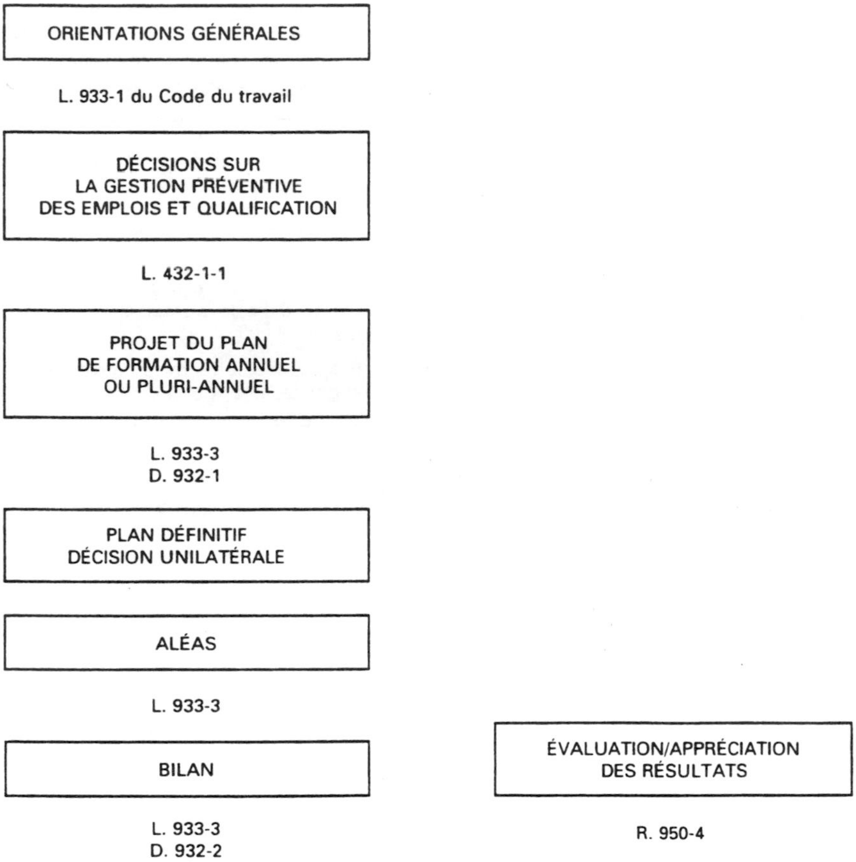

ORIENTATIONS GÉNÉRALES

L. 933-1 du Code du travail

DÉCISIONS SUR LA GESTION PRÉVENTIVE DES EMPLOIS ET QUALIFICATION

L. 432-1-1

PROJET DU PLAN DE FORMATION ANNUEL OU PLURI-ANNUEL

L. 933-3
D. 932-1

PLAN DÉFINITIF DÉCISION UNILATÉRALE

ALÉAS

L. 933-3

BILAN

L. 933-3
D. 932-2

ÉVALUATION/APPRÉCIATION DES RÉSULTATS

R. 950-4

Figure A.1

A.2 Rappel des conditions pour déduire les coûts d'une action de formation sur la participation légale au développement de la formation

La définition ci-dessous est indispensable pour les dépenses liées à l'action de formation afin de :

— rendre éligible au financement public les projets de formation d'entreprises susceptibles d'être aidées par les pouvoirs publics ;

— obtenir la prise en charge financière des actions de formation par l'intermédiaire des organismes collecteurs des fonds de la formation professionnelle (fonds d'assurance formation,...) ;

— déduire directement sur l'obligation légale à la formation de l'entreprise, les dépenses de formation engagées au profit de son personnel.

Les conditions de déductibilité d'une formation ont été expliquées par la circulaire N.37 du 14 mars 1986 du ministre du travail, de l'emploi et de la formation professionnelle dont voici des extraits :

«L'action de formation imputable, définie par la loi du 16 juillet 1971 sur un modèle très scolaire, ne pouvant revêtir que la forme de stages organisés selon des pédagogies classiques.

C'est pourquoi le législateur depuis 1984 a délibérement remplacé la référence au stage, trop restrictive, pour ne plus viser que la notion élargie d'**action de formation professionnelle**. La définition de cette action a été donnée par décret du 3 avril 1985 (**article R.950-4 du code du travail**) ...»

«... C'est ainsi que cette définition est fondée sur quatre critères : **des objectifs/un programme/ des moyens pédagogiques et d'encadrement/un dispositif de suivi du programme et d'appréciation des résultats**».

— «**l'objectif** d'une action de formation professionnelle au profit de salariés d'une entreprise, apparaît comme le but précis qu'elle se propose d'atteindre et vise à une évolution du savoir et du savoir-faire des salariés à partir de leurs compétences, qualifications et besoins. Cet objectif pédagogique qui s'apprécie en terme d'apprentissage se différencie de l'objectif plus opérationnel d'adaptation au poste de travail qui relève d'une phase ultérieure...»

— **le programme :**

«En cohérence avec les objectifs déterminés, l'action de formation doit se dérouler selon un programme préalablement établi.

Celui-ci se présente sous la forme d'un document écrit, faisant mention des différentes phases prévues, pratique ou théorique et les modalités de leur déroulement, pour atteindre le but recherché...»

— **les moyens pédagogiques et d'encadrement :**

«L'article R.950-4 vise les moyens pédagogiques et non les méthodes, laissant au formateur le choix de la pédagogie et des adaptations qu'il peut être amené à apporter pour s'assurer des objectifs.

En revanche **les moyens pédagogiques**, éléments matériels de la formation doivent être prévus et mentionnés dans la description de l'action de formation. Ils constituent en effet fréquemment des supports sans lesquels l'action serait vidée de son sens ou de son efficacité. Il en va ainsi, à titre d'exemple, pour l'enseignement assisté par ordinateur...

... Quant à **l'encadrement**, il faut entendre par là l'intervention de personnes disposant d'une formation technique en rapport avec le domaine de connaissances concerné et ayant la capacité de transmettre ces connaissances. Il s'agit généralement de la présence d'un formateur, extérieur à l'entreprise ou en faisant partie pendant la durée de la formation. Dans certains cas, cette intervention peut avoir précédé l'action de formation et se traduire sous forme de programmation dont l'élaboration a été spécialement conçue pour une démarche formative individuelle...»

— **suivi de l'exécution du programme et appréciation des résultats** :

«Ils sont la conséquence naturelle de la nécessité indiquée plus haut d'identifier clairement les objectifs assignés à une action de formation. Ils doivent résulter de la mise en œuvre d'une procédure d'évaluation de l'action elle-même. Parallèlement, il est nécessaire de mesurer son efficacité pour les différents bénéficiaires.

Cela se traduit par la production de documents tels que rapport, compte rendu, procès-verbal d'évaluation des acquis, liste d'émargement, etc. Mais ils appartient à l'initiateur de l'action de formation, en liaison avec l'employeur et les salariés participants de définir ces modalités de suivi et d'appréciation.

Le contrôle de la réalité des actions et de leur bien-fondé pourra s'y référer et trouver là des éléments de preuve...»

IV. LA DOCUMENTATION
DU SYSTÈME QUALITÉ

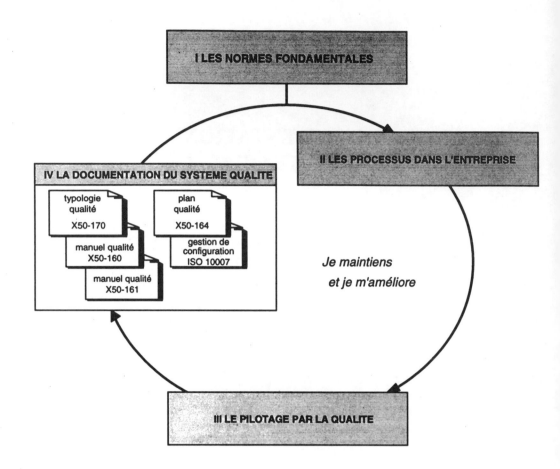

ISSN 0335-3931

normalisation française

X 50-163
Décembre 1992

Qualité et management

Typologie et utilisation de la documentation décrivant les systèmes qualité

E : Quality and management — Typology and use of the documents
describing the quality systems
D : Management und Qualitätssicherung — Typologie und Anwendung der
die Qualitätssysteme beschreibenden Dokumentationsunterlagen

Fascicule de documentation publié par l'afnor en décembre 1992.

correspondance À la date de publication du présent fascicule de documentation, il n'existe pas de travaux européens ou internationaux sur le sujet.

analyse Le présent fascicule de documentation a pour objet de préciser le domaine d'application et l'articulation des normes et fascicules de documentation relatifs au manuel qualité, au plan qualité, au manuel assurance qualité et au plan assurance qualité.

descripteurs **Thésaurus International Technique** : qualité, assurance de la qualité, relation client-fournisseur, manuel, document, description, caractéristique, utilisation.

modifications

corrections

édité et diffusé par l'association française de normalisation (afnor), tour europe cedex 7 92049 paris la défense — tél. : (1) 42 91 55 55

afnor 1992 1er tirage 92-12

Membres de la commission de normalisation

Président : M LERMOYEZ

Secrétaire : MME MORIN — AFNOR

M	ALVERNHE	BNAE
M	BESSET	SNCF
M	BRUNSCHWIG	
M	CANCE	
M	CARLU	KODAK PATHE
M	CHAMPELOVIER	MONETEL SA
M	CHAUCHE	EIFFEL
M	CHAUVEAU	CETEN APAVE INTERNATIONAL
M	CLERMONT	
M	COPIN	CM CONSULTANTS
M	COURTAULT	MATRA DEFENSE
M	DEDEWANOU	ROUSSEL UCLAF
M	DESVIGNES	BNCF
M	DUTRAIVE	CEA CEN CADARACHE
M	ESCARON	MERLIN GERIN
M	FOURCADE	MATRA DEFENSE SA
M	FROMAN	COGEMA
M	GASTIGER	INERIS
M	GUERIN	MATRA DEFENSE SA
M	KOLUB	SITE
M	LALLEMANT	TELEMECANIQUE SA
M	LARAVOIRE	DAEI
MME	LAVALETTE	SYSECA SA
M	LECHENET	CEP SYSTEMES

M	LERMOYEZ	IBM FRANCE
M	MAGOT-CUVRU	RAFFINERIE BP ET ELF DUNKERQUE
M	MARIA	GEC ALSTHOM STEIN INDUSTRIE
M	MENDES	EDF DER
M	MILLERET	SOMELEC SA
M	MITONNEAU	AMOVI EURL
M	MONGILLON	AXIME
MME	NEEL	DASSAULT AVIATION
M	OGER	BNIF
M	PINON	MERLIN GERIN
M	PITIOT	SOPAD NESTLE SA
MME	RENARD	DRIRE
MME	RENAUX	SOCOTEC QUALITE
M	ROBIN	CABINET ROBIN CONCEPTS
M	ROULEAU	GDF DION PRODUCT TRANSPORT
M	SARTRAL	TELEMECANIQUE SA
M	SAURA	GIAT INDUSTRIES
MME	SIDI	CAP GEMINI INTERNA SUPPORT
M	SOULEBOT	RHONE MERIEUX LABORATOIRE IFFA
M	TREILLAUD	ULN
M	TRUFFERT	LCIE
M	VAISENBERG	GEC ALSTHOM STEIN INDUSTRIE

Groupe d'experts «Manuel qualité»

Animateur : M OGER

M	ALVERNHE	BNAE
M	BESSET	SNCF
M	CANCE	
M	COPIN	CM CONSULTANTS
M	DEDEWANOU	ROUSSEL UCLAF
M	FOURCADE	MATRA DEFENSE
M	FROMAN	COGEMA
M	GASTIGER	INERIS
M	KOLUB	SITE
M	LALLEMANT	TELEMECANIQUE SA
M	LARAVOIRE	DAEI
M	OGER	BNIF
MME	RENAUX	SOCOTEC QUALITE
M	ROBIN	CABINET ROBIN CONCEPTS
M	VAISENBERG	GEC ALSTHOM STEIN INDUSTRIE

Sommaire

Avant-propos

Les règles essentielles pour le management et l'assurance de la qualité sont définies dans les normes suivantes :

    a) lignes directrices pour la sélection et l'utilisation des normes NF EN 29001 à 29004 :

      NF EN 29000 (ISO 9000)

    b) lignes directrices pour les systèmes qualité :

      NF EN 29004 (ISO 9004)

    c) assurance de la qualité pour les produits ou services :

      NF EN 29001 (ISO 9001)

      NF EN 29002 (ISO 9002)

      NF EN 29003 (ISO 9003)

L'application de ces règles implique nécessairement l'établissement d'un certain nombre de documents décrivant les dispositions réellement prises par tout organisme soucieux de la qualité de ses produits [1].

La nature et le contenu de ces documents varient en fonction de l'usage pour lequel ils sont établis.

0 Introduction

Ce fascicule de documentation se situe dans le cadre des travaux normatifs relatifs aux documents établis par les organismes pour décrire les dispositions mises en place en faveur de la qualité. La normalisation, présentée dans ce fascicule, a été jugée nécessaire en raison de la spécificité de ces documents quant à leur contenu et à leurs appellations.

Après analyse sélective des divers concepts en présence, les documents suivants ont été retenus :

— «manuel qualité» et «plan qualité» à l'usage interne de l'entreprise ;

— «manuel assurance qualité» et «plan assurance qualité» destinés aux relations générales clients-fournisseurs pour les stricts besoins d'assurance de la qualité ou en tant qu'outil pour la certification de systèmes qualités par tierce partie.

Ces documents peuvent être complétés par des documents d'application tels que procédures, instructions, modes opératoires, etc.

1 Domaine d'application

Le présent fascicule de documentation a pour objet de préciser le domaine d'application et l'articulation des différents documents décrivant le système qualité d'un organisme, relatifs au management et à l'assurance de la qualité pour ses produits.

Ce fascicule de documentation, présenté sous forme de guide, a été établi pour être utilisable quelles que soient la nature des activités de l'entreprise, sa taille ainsi que la complexité de ses produits. Son domaine d'application peut donc s'étendre à tous les organismes, depuis les petites et moyennes entreprises jusqu'aux grandes sociétés à établissements et activités multiples.

REMARQUE : les documents de mise en œuvre opérationnelle du système qualité qui ne font pas l'objet d'une normalisation générale ne sont pas développés dans le présent fascicule de documentation.

---

[1] *Suivant la définition donnée par la norme ISO 8402 le terme «produits» sera employé dans le sens «produits et services» dans tout le texte.*

2 Références normatives

Ce fascicule de documentation comporte par référence datée ou non datée des dispositions d'autres publications. Ces références normatives sont citées aux endroits appropriés dans le texte et les publications sont énumérées ci-après. Pour les références datées, les amendements ou révisions ultérieurs de l'une quelconque de ces publications ne s'appliquent à ce fascicule de documentation que s'ils y ont été incorporés par amendement ou révision. Pour les références non datées, la dernière édition de la publication à laquelle il est fait référence s'applique.

NF X 50-120	Qualité — Vocabulaire.
ISO 8402	Management de la qualité et assurance de la qualité — Vocabulaire [2].
NF EN 29000 (ISO 9000)	Normes pour la gestion de la qualité et l'assurance de la qualité — Lignes directrices pour la sélection et l'utilisation (indice de classement : X 50-121).
NF EN 29001 (ISO 9001)	Systèmes qualité — Modèle pour l'assurance de la qualité en conception/développement, production, installation et soutien après la vente (indice de classement : X 50-131).
NF EN 29002 (ISO 9002)	Systèmes qualité — Modèle pour l'assurance de la qualité en production et installation (indice de classement : X 50-132).
NF EN 29003 (ISO 9003)	Systèmes qualité — Modèle pour l'assurance de la qualité en contrôle et essais finals (indice de classement : X 50-133).
NF EN 29004 (ISO 9004)	Gestion de la qualité et éléments de système qualité — Lignes directrices (indice de classement : X 50-122).
NF X 50-160	Gestion de la qualité — Guide pour l'établissement d'un manuel qualité.
X 50-161	Manuel qualité — Guide pour la rédaction d'un manuel qualité.
X 50-162	Relations clients-fournisseurs — Guide pour l'établissement du manuel assurance qualité.
NF X 50-164	Relations clients-fournisseurs — Guide pour l'établissement d'un plan d'assurance qualité.

3 Définitions

3.1 Manuel qualité (selon la norme ISO 8402)

Document énonçant la politique qualité et décrivant le système qualité d'un organisme.

NOTE 1 : un manuel qualité peut porter sur la totalité des activités d'un organisme ou seulement sur une partie de celles-ci. Le titre et l'objet du manuel explicitent le champ d'application.

NOTE 2 : un manuel qualité contiendra normalement, ou fera référence à, au moins :

a) la politique qualité,

b) les responsabilités, les pouvoirs et les relations entre les personnes qui dirigent, effectuent, vérifient ou passent en revue les travaux qui ont une incidence sur la qualité,

c) les procédures et les instructions du système qualité,

d) des dispositions pour revoir, mettre à jour et gérer le manuel.

NOTE 3 : pour s'adapter aux besoins d'un organisme, le degré de détail et la forme d'un manuel qualité peuvent varier. Le manuel peut être constitué de plusieurs volumes. Selon l'objet du manuel, un qualificatif peut être utilisé, par exemple «manuel assurance qualité», «manuel management de la qualité».

---

[2] En cours de publication.

3.2 Manuel assurance qualité (selon la norme X 50-162)

Document décrivant les dispositions générales prises par un organisme en matière d'assurance de la qualité.

> NOTE : selon la structure de l'organisme, la nature et la diversité de ses activités, ce document peut porter sur tout ou partie de ces activités.

3.3 Plan qualité (selon la norme ISO 8402)

Document énonçant les pratiques, les moyens et la séquence des activités liées à la qualité, spécifiques à un produit, projet ou contrat particulier.

> NOTE 1 : un plan qualité fait généralement référence aux parties applicables du manuel qualité.

> NOTE 2 : selon l'objet du plan, un qualificatif peut être utilisé, par exemple «plan assurance qualité», «plan management de la qualité».

3.4 Plan assurance qualité (selon la norme NF X 50-164)

Document décrivant les dispositions spécifiques en matière d'assurance de la qualité prises par un organisme pour répondre aux exigences relatives à un produit et/ou un service particuliers.

3.5 Procédure (selon la norme ISO 8402)

Manière spécifiée d'accomplir une activité.

> NOTE 1 : dans de nombreux cas, les procédures sont exprimées par des documents (par exemple, procédures d'un système qualité).

> NOTE 2 : lorsqu'une procédure est exprimée par un document, le terme «procédure écrite» est souvent utilisé.

> NOTE 3 : une procédure écrite comporte généralement : l'objet et le domaine d'application d'une activité ; ce qui doit être fait et qui doit le faire ; quand, où et comment cela doit être fait ; quels matériels, équipements et documents doivent être utilisés, et comment cela doit être maîtrisé et enregistré.

4 Typologie de la documentation décrivant le système qualité

En vue d'aider les organismes à décrire les dispositions prises pour le management et l'assurance de la qualité, il s'est avéré utile de situer les principaux documents de description et de mise en œuvre opérationnelle de ces dispositions dans une articulation de structure de la documentation d'un organisme.

Ces différents documents sont :
- manuel qualité (NF X 50-160 et X 50-161),
- manuel assurance qualité (X 50-162),
- plan qualité,
- plan assurance qualité (NF X 50-164).

Ils se placent dans le tableau suivant :

Tableau 1

	La qualité dans l'organisme	
	Management de la qualité dans l'organisme NF EN 29004	Relations clients-fournisseurs NF EN 29001 — 29002 — 29003
Description des dispositions générales à l'organisme	Manuel qualité	Manuel assurance qualité
Description des dispositions spécifiques à la fourniture	Plan qualité	Plan assurance qualité
	Documents à usage interne à l'organisme et résultant d'une démarche volontariste	Documents pouvant être exigés contractuellement

Ce schéma ne signifie nullement que, pour un organisme donné, la production systématique des quatre types de documents soit nécessaire et/ou exigible. Il appartient à l'organisme de s'en tenir à ce qui est strictement nécessaire à ses propres besoins ainsi qu'aux conclusions des négociations contractuelles.

Ces documents sont en général complétés par des documents de mise en œuvre opérationnelle du système qualité, tels que procédures, instructions, modes opératoires, etc, auxquels ils font référence.

L'ensemble des documents précités se situent dans un schéma de structure de la documentation d'un organisme illustré à titre d'exemple par l'annexe A pour un organisme à produits et établissements multiples.

Les documents qui décrivent l'ensemble des dispositions prises en matière de qualité par un organisme doivent être cohérents et homogènes compte tenu de leurs domaines d'application respectifs.

5 Caractéristiques et principes d'usage des documents

5.1 Pour le management de la qualité

5.1.1 Le manuel qualité

Le manuel qualité est le document descriptif du système qualité mis en place par l'organisme en application de la norme NF EN 29004.

Le manuel qualité doit décrire les dispositions générales contribuant à la qualité, applicables à toutes les activités de l'organisme. Il fait référence, s'il y a lieu, aux procédures ou autres documents applicables au niveau de l'organisme.

Pour les organismes à produits multiples ou à établissements multiples, un manuel qualité général peut être complété par des manuels qualité établis aux niveaux des différents secteurs ; ces manuels font alors référence aux seules procédures et autres documents applicables à ces secteurs (voir figure A.1 en annexe A).

Le manuel qualité est établi par l'organisme essentiellement pour son usage interne.

5.1.2 Le plan qualité

Le plan qualité est établi par l'organisme pour décrire les dispositions spécifiques qu'il prend pour l'obtention de la qualité pour un produit particulier.

Lorsque l'organisme dispose d'un manuel qualité, le plan qualité peut se limiter à la description ou aux références des dispositions spécifiques pour ce produit particulier, pour les différents secteurs concernés (voir figure A.1 en annexe A).

Dans ce cas, ces dispositions ne doivent pas être en contradiction avec celles du manuel qualité.

Le plan qualité est établi par l'organisme essentiellement pour son usage interne.

5.2 Dans le cadre des relations clients-fournisseurs

5.2.1 Le manuel assurance qualité

Le manuel assurance qualité est établi par l'organisme pour décrire les dispositions générales qu'il prend en application d'un référentiel contractuel, en particulier des normes NF EN 29001, NF EN 29002 et NF EN 29003 pour l'assurance de la qualité.

Il peut être constitué d'extraits du manuel qualité.

Le manuel assurance qualité constitue un élément de base dans les relations clients-fournisseurs ou dans le cadre de la certification de système qualité d'entreprises par tierce partie.

5.2.2 Le plan assurance qualité

Le plan assurance qualité est établi par l'organisme pour décrire les dispositions spécifiques qu'il prend en matière d'assurance de la qualité pour un produit particulier et répondre aux exigences contractuelles d'assurance de la qualité, exprimées par son client.

Les dispositions spécifiques décrites dans le plan assurance qualité prévalent sur les dispositions correspondantes du manuel assurance qualité ou du manuel qualité.

Pour des produits faisant intervenir plusieurs organismes, le plan assurance qualité du produit final peut intégrer des plans assurance qualité établis pour chaque sous-ensemble (voir figure A.1 en annexe A : sous-traitance ou cotraitance).

Annexe A

Exemple d'articulation et d'application des documents

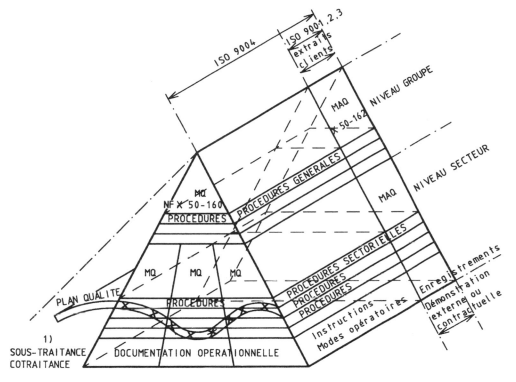

MQ   : Manuel qualité
MAQ : Manuel assurance qualité

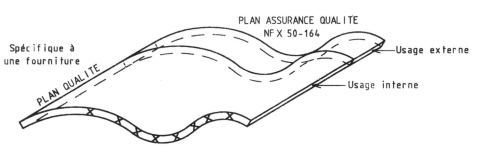

X Procédures de différents secteurs concernés
   pour le produit

Figure A.1

---

1) Partie du plan qualité concernant la sous-traitance ou la cotraitance.

ISSN 0335-3931

norme française

NF X 50-160
Octobre 1988

Gestion de la qualité

Guide pour l'établissement d'un manuel qualité

E : Quality management — Guide to the drawing up of quality manual
D : Qualitätslenkung — Leitfaden für das Abfassen eines Güte-Handbuchs

Norme française homologuée par décision du Directeur Général de l'afnor le 5 septembre 1988 pour prendre effet le 5 octobre 1988.

Remplace la norme homologuée NF X 50-113 de juin 1986.

correspondance

À la date d'homologation de la présente norme, il n'existe pas de norme internationale traitant du même sujet.

analyse

Cette norme se situe dans le cadre des travaux normatifs relatifs à la gestion et à l'assurance de la qualité. Fournir une base de référence afin d'aider les entreprises à concevoir et établir leur manuel qualité et favoriser l'harmonisation des pratiques d'établissement des manuels qualité sont les objectifs visés par cette norme.

descripteurs

Thésaurus International Technique : gestion, qualité, entreprise, manuel, caractéristique.

modifications

Par rapport à la norme NF X 50-113, changement des références, modifications rédactionnelles et remaniement par reprise des définitions de la norme NF X 50-120.

corrections

éditée et diffusée par l'association française de normalisation (afnor), tour europe cedex 7 92080 paris la défense — tél. : (1) 42 91 55 55

**Membres de la commission de normalisation
chargée de l'élaboration du présent document**

Animateur : M. J.-L. KOLUB

Secrétariat : AFNOR

AVANT-PROPOS

Le développement, la pérennité ou la survie de l'entreprise dépend de sa capacité à fournir en permanence des produits et des services compétitifs en termes de performances, de caractéristiques, de coûts et de délais, c'est-à-dire des produits et services ayant la qualité requise.

La mise en œuvre d'un système qualité est un facteur déterminant pour obtenir dans ce contexte l'efficacité optimale.

Les principes généraux et les dispositions principales permettant la mise en œuvre et l'évolution d'un système qualité sont exposés dans la norme NF EN 29004.

Le manuel qualité, qui décrit ces dispositions, est l'un des outils de gestion qui permet de mobiliser chacun des acteurs de l'entreprise autour des objectifs qualité fixés.

Le but essentiel de la présente norme est de favoriser l'harmonisation des pratiques d'établissement et la gestion du manuel qualité de façon à ce qu'il constitue un support efficace du système qualité de l'entreprise et une référence permanente dans le fonctionnement de celle-ci.

L'annexe ne fait pas partie intégrante de la présente norme.

Cette norme est complétée par le fascicule de documentation X 50-161 qui propose un guide pour la rédaction d'un manuel qualité.

SOMMAIRE

1 OBJET

La présente norme a pour objet, en vue de favoriser l'harmonisation des pratiques :

— de préciser les caractéristiques et principes d'usage du manuel qualité,
— de donner les éléments pour son établissement et sa gestion.

Elle est conçue comme un **guide** pour aider les entreprises dans leur réflexion pour l'élaboration de leur manuel qualité.

2 DOMAINE D'APPLICATION

La présente norme est utilisable par toute entreprise.

Elle nécessite, dans son application, une **adaptation appropriée** pour tenir compte des spécificités de chaque entreprise ; il en résulte que la structure ou le contenu d'un manuel qualité varie d'une entreprise à l'autre en fonction de ses activités, de sa surface technique et financière et de ses choix propres.

La présente norme n'implique pas l'existence systématique d'un manuel qualité dans toute entreprise.

En l'absence d'un manuel qualité, utilisable à des fins de gestion, l'entreprise peut élaborer un document appelé «manuel d'assurance qualité», qui décrit les dispositions prises par l'entreprise pour satisfaire les exigences des clients exprimées dans un cadre contractuel.

3 RÉFÉRENCES

NF X 50-120   Qualité — Vocabulaire.

NF EN 29004   Gestion de la qualité et éléments de système qualité — Lignes directrices (indice de classement : X 50-122) (1).

NF X 50-136-1   Systèmes qualité — Lignes directrices pour l'audit des systèmes qualité — Partie 1 : Lignes directrices pour l'audit.

X 50-161   Gestion de la qualité — Guide pour la rédaction d'un manuel qualité.

(1)   *En préparation.*

4   DÉFINITIONS

Les définitions données dans la norme homologuée NF X 50-120 sont applicables à la présente norme.

Il semble, toutefois, utile de rappeler, ci-après, la définition des termes suivants :

Manuel qualité

Document décrivant les dispositions générales prises par l'entreprise pour obtenir la qualité de ses produits ou services.

Note :   selon la structure de l'entreprise, la nature et la diversité de ses activités, ce document peut porter sur tout ou partie de ces activités.

Plan qualité

Document énonçant les modes opératoires, les ressources et la séquence des activités liées à la qualité, se rapportant à un produit, service, contrat ou projet particulier.

Note :   dans le cas de l'existence d'un manuel qualité, les plans qualité sont établis par référence à celui-ci.

Produit

Dans la présente norme à moins d'indication contraire, un «produit» ou un «service» peut être :

— soit le résultat d'activités ou de processus (produits matériels, produits immatériels tels que service, programme d'ordinateur, conception ou mode d'emploi),

— soit une activité ou un processus (tel que la prestation d'un service ou l'exécution d'un procédé de fabrication).

5   CARACTÉRISTIQUES ET PRINCIPES D'USAGE DU MANUEL QUALITÉ

5.1   Le manuel qualité est, conformément à la définition ci-dessus, le document descriptif du système qualité, objet de la norme NF EN 29004.

5.2   L'établissement et les mises à jour successives du manuel qualité traduisent l'expression d'une action volontaire et concertée au sein de l'entreprise. Cette action a pour effet d'améliorer les dispositions et les procédures existantes et de les adapter aux réalités économiques et industrielles. Elle contribue, en outre, à déceler et à remédier à d'éventuels dysfonctionnements.

5.3   Pour que soient assurées la maîtrise de l'ensemble des facteurs influant sur la qualité et la coordination des efforts de chacun dans l'entreprise, le manuel qualité doit décrire :

— l'ensemble des dispositions d'organisation relatives :

- aux structures de l'entreprise,
- aux missions des services opérationnels et fonctionnels en matière de qualité et aux responsabilités qui en découlent,
- aux procédures générales qui régissent l'obtention de la qualité,
- aux liaisons internes et externes de l'entreprise,
- à la formation, la qualification et la motivation du personnel ;

— les dispositions générales contribuant à la qualité, applicables à toutes les activités de l'entreprise.

Il ne se limite donc pas à la description des missions d'un seul service de l'entreprise, qu'il s'agisse d'un service chargé de la qualité et encore moins d'un service de contrôle.

En effet, bien qu'un service qualité soit un élément essentiel dans l'entreprise pour la gestion de la qualité, ce n'est pas lui qui permet d'atteindre la qualité ; il est l'un des éléments du système qualité, système dont le champ d'action englobe tous les services opérationnels de l'entreprise.

Le manuel qualité peut être complété, si besoin est, par des procédures ou des instructions (ou des parties de procédures ou d'instructions) dont il mentionne l'existence.

5.4 Le manuel qualité est établi par l'entreprise et essentiellement pour son **usage interne.**

De par le simple fait de l'écrire, il conduit à réfléchir à l'organisation, aux moyens et aux méthodes utilisés, à lever les ambiguïtés et à éliminer les imprécisions.

Cependant, il peut constituer un élément de base dans les relations client-fournisseur.

6 ÉTABLISSEMENT ET GESTION DU MANUEL QUALITÉ

6.1 Le manuel qualité fait mention de l'engagement du chef de l'entreprise en matière de qualité et, dès que la taille de celle-ci le permet, de la désignation d'un responsable chargé de coordonner et de mener à bien l'établissement du manuel qualité et de suivre son application et son évolution. Ce responsable peut être le chef de l'entreprise lui-même.

6.2 La rédaction des différents chapitres et paragraphes du manuel qualité est une œuvre collective à laquelle participent les différents services concernés de l'entreprise.

6.3 Le manuel qualité est le **reflet exact** de l'organisation et des dispositions de l'entreprise en matière de gestion de la qualité. Pour en permettre une interprétation sans ambiguïté, sa rédaction est claire et concise.

6.4 Il convient de veiller à la cohérence des différentes parties du manuel qualité et d'éviter les redondances, sous réserve des rappels jugés indispensables.

6.5 Dans le cas d'entreprise à établissements, usines, activités ou fonctions multiples, il est possible de concevoir un manuel qualité :
— pour l'ensemble de l'entreprise,
— pour un établissement, une usine, un département spécialisé ou une activité,
— pour une des fonctions de l'entreprise (études, approvisionnements, production,...).

6.6 Le manuel qualité évolue avec l'organisation et la nature des activités de l'entreprise.

Cette évolution reflète les évolutions du système qualité au sein de l'entreprise résultant des :
— modifications de l'organisation fonctionnelle et opérationnelle,
— modifications des dispositions et des procédures,
— enquêtes, revues, audits (NF X 50-136-1), etc.

La présentation du manuel qualité est spécialement étudiée pour faciliter sa mise à jour : classification et numérotation des différents chapitres et paragraphes, méthodes d'insertion et d'assemblage des pages, etc.

Une procédure de mise à jour (périodicité, faits générateurs de changements, etc.) est prévue et précisée à la rubrique «Gestion du manuel qualité».

6.7 Une procédure du manuel qualité traite des mesures applicables et des clauses restrictives concernant la propriété industrielle et sa diffusion.

6.8 L'existence du manuel qualité devrait être connue de toute personne de l'entreprise. Toute personne de l'entreprise concernée par une procédure ou une disposition décrite dans le manuel devrait pouvoir y avoir accès.

ANNEXE A

(ne fait pas partie intégrante de la norme)

EXEMPLE DE LISTE DE RUBRIQUES D'UN MANUEL QUALITÉ

A.1   Rubriques introductives du manuel qualité

— Sommaire

— Déclaration du chef de l'entreprise

— Politique qualité et objectifs généraux de l'entreprise en matière de qualité

— Objet et domaine d'application du manuel qualité

— Terminologie

— Gestion du manuel qualité

— Présentation de l'entreprise.

A.2   Dispositions pour obtenir la qualité

Ces dispositions font l'objet de rubriques qui se présentent en général dans l'ordre des fonctions qui interviennent dans la boucle de la qualité et des dispositions générales de la norme NF EN 29004.

normalisation française

X 50-161
Décembre 1988

Manuel qualité
Guide pour la rédaction d'un manuel qualité

E : Quality manual — Guide to the drafting of quality manual
D : Güte-Handbuch — Anleitung für das Abfassen von Güte-Handbucher

Fascicule de documentation publié par l'afnor en décembre 1988

Remplace le fascicule de documentation X 50-114, de décembre 1987.

correspondance

A la date de publication du présent fascicule de documentation, il n'existe pas de norme internationale traitant du même sujet.

analyse

Ce fascicule de documentation complète la norme NF X 50-160 « Gestion de la qualité — Guide pour l'établissement d'un manuel qualité » et s'inscrit dans le cadre des travaux normatifs relatifs à la gestion de la qualité.

Fournir une base de référence susceptible d'aider les entreprises à rédiger un manuel qualité et favoriser une meilleure harmonisation des pratiques dans la rédaction des manuels qualité sont les objectifs visés par le présent fascicule de documentation et la norme NF X 50-160.

descripteurs

Thésaurus International Technique : gestion de la qualité, qualité, entreprise, manuel, rédaction technique.

modifications

Par rapport au fascicule de documentation X 50-114, adaptation aux normes ISO/CEN relatives à la qualité, remaniement par modification de la structure du fascicule, adjonction de nouvelles rubriques, changement par passage du mode d'interrogation directe au mode d'interrogation indirecte, changement des références.

corrections

éditée et diffusée par l'association française de normalisation (afnor), tour europe cedex 7 92080 paris la defense — tel. : (1) 42 91 55 55

**Membres de la Commission de normalisation
chargée de l'élaboration du présent document**

Président : M. KOLUB

Secrétariat : AFNOR

M. ALVERNHE	BNAE	M. LE BART	EDF/GDF
M. BIZOT (ICA)	MINDEF/DAT	M. MAGANA	SARSCI
M. BLAIZOT	FIEE	M. MENDES	EDF/DER
M. BOICHIS	COGEMA	M. MIOT	AISD
M. BON		M. MOALIC	CNES
M. CANCE	MIN. DE LA DEFENSE/DRET	M. MOUGAS	CAMIF
M. CARLU	KODAK PATHE	M. MOURIER	SEB
M. CHAUVEL	BUREAU VERITAS	M. MOUTURAT	TECHNICATOME
M. CHOVE	CIE FSE PHILIPS	M. NAVIER	MIN. DE LA DÉFENSE/Don
M. CLERMONT			des Engins
M. CONRAD	SAINT-GOBAIN	M. OGER	BNIF
M. COPIN	CFEM	Mme PALMER	SYMECORA
M. DESMARAIS	CERBERUS GUINARD	M. PEYRACHE	UNM
M. DUTRAIVE	CEA CEN CADARACHE	M. REGNOUX	SOCOTEC INDUSTRIE
M. FERRAND	CERCHAR	Mme RENAUX	CFEM
M. FERRANDERY	MIN. DE L'INDUSTRIE -	M. ROULEAU	GDF/CTO
	SIDIT/SQUALPI	M. ROYER	GIMELEC
M. FROMAN	COGEMA	M. SANS	
M. GARNIER	CTBA	M. SCARAMELLI	CERN
M. GAVAND	CORECI	M. SEINCE	
M. GHEERBRANT	La Télémécanique Électrique	M. SIFFERLEN	
M. GIRAUD	ALSTHOM	M. SORRO	RNE
M. GOUPILLON	CEMAGREF	M. THIBAULT	AFNOR
M. GULLY	ETIC INTERNATIONAL	M. TRONEL	AFNOR
M. JAMPY	MINDEF/SIAR	M. VAISENBERG	STEIN INDUSTRIE
M. JOUSSOT	Lab. GUERBET SA	M. VOLLOT	MIN. DE LA DEFENSE/DGA
M. LALLEMANT	La Télémécanique Électrique	M. WACH	BNCF
M. LAVERGNE	SARSCI	M. WIDMER	EDF/SCF

SOMMAIRE

1 OBJET ET DOMAINE D'APPLICATION

1.1 Le présent fascicule de documentation, qui complète la norme NF X 50-160, a pour objet de faciliter le travail de rédaction d'un manuel qualité. Il procure aux rédacteurs une liste, aussi complète que possible, des sujets susceptibles d'être traités afin de décrire pour les personnes concernées de l'entreprise, et éventuellement de l'extérieur, le système qualité mis en place ainsi que les dispositions de gestion et d'assurance de la qualité. Les rubriques concernent les activités générales de l'entreprise ou, le cas échéant, les activités particulières de l'un de ses établissements (division, département, unité de production, usine ou groupe d'usines).

1.2 Le présent guide a été développé pour être utilisable quelles que soient la taille de l'entreprise et la nature de ses activités ainsi que la complexité de ses produits. Son domaine d'application peut donc s'étendre à tous les organismes, depuis les petites et moyennes entreprises jusqu'aux grandes entreprises à établissements et activités multiples.

Cependant, la liste-inventaire proposée, qui vise principalement les activités industrielles et les fabrications répétitives, peut être adaptée pour certaines activités telles que les activités de laboratoire, de service ou les entreprises commerciales.

AVERTISSEMENT

Il doit être clairement perçu que ce guide a été volontairement développé pour une application aussi générale que possible.

En fonction des activités de l'entreprise ou de l'établissement concerné, toutes les rubriques peuvent être simplifiées ou complétées ou ne pas être prises en compte dans la mesure où certaines peuvent s'avérer sans objet ou inapplicables.

Le manuel qualité est établi par l'entreprise essentiellement pour son **usage interne**. Cependant, certaines parties du manuel peuvent constituer un des éléments des relations client-fournisseur. La diffusion hors de l'entreprise relève de sa propre décision.

Ce fascicule n'a pas été conçu pour la mise en œuvre d'audits qualité ou pour l'évaluation et la sélection des fournisseurs.

---

2 RÉFÉRENCES

NF L 06-150	Assurance et gestion de la qualité - Marques de contrôle technique et de qualification d'opérateurs.
NF X 07-010	Métrologie - La fonction métrologique dans l'entreprise.
NF X 50-120	Qualité - Vocabulaire.
X 50-126	Gestion de la qualité - Guide d'évaluation des coûts résultants de la non-qualité.
X 50-127	Recommandations pour obtenir et assurer la qualité en conception.
NF X 50-136-1	Systèmes qualité - Lignes directrices pour l'audit des systèmes qualité - Partie 1 : Lignes directrices pour l'audit.
NF X 50-153	Analyse de la valeur - Recommandations pour sa mise en œuvre.
NF X 50-160	Gestion de la qualité - Guide pour l'établissement d'un manuel qualité.
NF X 60-200	Documents techniques à remettre aux utilisateurs de biens durables à usage industriel et professionnel - Nomenclature et principes généraux de rédaction et de présentation.
NF EN 29004	Gestion de la qualité et éléments de système qualité - Lignes directrices (indice de classement : X 50-122).

3 DÉFINITIONS

Les définitions, données dans la norme NF X 50-120, s'appliquent au présent fascicule de documentation ainsi que les termes rappelés dans la norme NF X 50-160.

Dans la suite du texte le terme « produit », employé seul, signifie en conséquence produit ou service.

4 EMPLOI DU GUIDE POUR LA RÉDACTION

4.1 Avant d'entreprendre le travail rédactionnel proprement dit, il est nécessaire d'examiner et de bien assimiler les principes de la norme NF X 50-160 ainsi que tout autre texte spécifique éventuel.

4.2 La rédaction d'un manuel qualité consiste à passer en revue les chapitres successifs de la norme relative à la gestion de la qualité (1) et à chercher à répondre à chacune des questions que peut soulever l'un des sujets traités en fonction des activités de l'entreprise.

4.3 Les paragraphes du texte à rédiger doivent décrire de façon suffisamment explicite les dispositions mises en place, les responsabilités définies et les programmes établis par l'entreprise dans le but de satisfaire aux objectifs fixés. Ce document doit, cependant, rester concis en se référant autant que de besoins à des procédures ou instructions existantes.

Le travail de rédaction peut être facilité en exploitant l'ensemble des paragraphes du présent fascicule de documentation dont l'énumération est harmonisée avec les normes citées en référence. L'ordre des rubriques ne doit pas être considéré comme un plan-type.

5 GUIDE - ÉNONCÉ DES RUBRIQUES

5.0 Rubriques introductives du manuel qualité

5.0.1 Sommaire

Indiquer ici le plan selon lequel le manuel qualité de l'entreprise est établi.

5.0.2 Déclaration du chef de l'entreprise

Les caractères et l'organisation des entreprises sont très divers et permettent à chaque entreprise d'exprimer une personnalité qui lui est propre.

La déclaration du chef d'entreprise exprime :
— la politique qualité de l'entreprise et l'objectif du manuel qualité,
— son engagement,
  - à accomplir cette politique qualité,
  - à veiller à ce que soient respectées intégralement les dispositions décrites dans le manuel qualité,
  - à avoir le souci constant de juger de la mise en œuvre et de l'efficacité de ces dispositions,
  - à assurer l'évolution du système qualité de l'entreprise.

Lorsque le chef d'entreprise décide de déléguer la vérification et l'évaluation de l'application des dispositions contenues dans le manuel qualité à une personne, il indique cette délégation et désigne cette personne.

---

(1) Voir NF EN 29004.

5.0.3 Politique qualité et objectifs généraux de l'entreprise en matière de qualité

Expliciter sous cette rubrique les intentions et les objectifs généraux de l'entreprise relatifs à la qualité tels qu'ils sont exprimés par le chef de l'entreprise.

5.0.4 Objet et domaine d'application du manuel qualité

Indiquer que le manuel qualité est un document qui décrit les dispositions générales prises par l'entreprise pour obtenir et assurer la qualité de ses produits. Préciser également le domaine d'application du manuel qualité (produits et secteurs concernés de l'entreprise).

5.0.5 Définitions et terminologie

Dans la mesure du possible, utiliser les termes déjà définis dans les documents à caractères normatifs.

Pour une bonne compréhension du manuel qualité, préciser dans ce paragraphe la signification des termes spécifiques à l'entreprise, ainsi que les abréviations et les symbolisations utilisées.

5.0.6 Gestion du manuel qualité

Préciser les dispositions prises par l'entreprise pour la création, la mise à jour, la diffusion et l'archivage du manuel qualité ou d'une partie de celui-ci. Ces dispositions incombent au gestionnaire du manuel qualité désigné par le chef d'entreprise.

— Création de rubriques

Lors de la création de nouvelles rubriques, s'assurer :
- qu'elles sont formalisées sur le support choisi (papier, disquette) avec la même disposition,
- qu'elles ont été identifiées à l'aide d'un numéro de codification standardisé,
- qu'elles sont cohérentes avec les rubriques existantes,
- qu'elles ont été validées par les personnes concernées.

— Feuilles de mises à jour.

S'assurer de :
- la date d'établissement de la première édition et des éditions successives du manuel qualité ou d'une partie de celui-ci,
- l'évolution des numéros de version et des numéros de page,
- la diffusion aux différents destinataires des nouvelles versions.

— Diffusion

Une liste des destinataires du manuel qualité et des feuilles de mises à jour (liste qui peut faire l'objet de restrictions de diffusion) peut être jointe au manuel qualité.

— Archivage

Conserver l'historique des évolutions du manuel qualité ou des parties de celui-ci.

5.0.7 Présentation de l'entreprise

Cette rubrique se limite à donner des renseignements généraux et concis sur l'entreprise :
- désignation — forme juridique — capital social, etc.,
- domaines d'activité de l'entreprise (produits et prestations fournis, éventuellement, techniques mises en œuvre),
- siège social,
- direction générale,
- directions et services de l'entreprise,
- usines de production et/ou départements spécialisés.

5.1   Système Qualité

5.1.1   Organisation de l'entreprise

a) Organigramme hiérarchique et fonctionnel

Cet organigramme doit être suffisamment complet pour permettre de comprendre l'organisation et le fonctionnement de l'entreprise. Les responsabilités nominatives par service ne sont pas indispensables mais un organigramme nominatif sur un autre document peut compléter utilement le manuel qualité.

De la même façon, les effectifs et leur répartition, peuvent figurer, à titre indicatif, dans le manuel qualité et permettre de mieux comprendre l'organisation.

b) Présentation des services

Chaque service mentionné dans l'organigramme est présenté succinctement en énonçant pour chacun d'eux ses attributions générales et ses responsabilités.

5.1.2   Responsabilités et autorités en matière de qualité

Préciser dans cette rubrique :
— les responsabilités respectives de chacun des services en matière de qualité ainsi que leur répartition éventuelle,
— les responsabilités, missions, autorités, limites d'action et moyens des personnes chargées de veiller à ce que les dispositions relatives à la gestion de la qualité soient définies et effectivement exécutées,
— les niveaux de rattachements, attributions et liaisons de ces personnes ou services dans l'entreprise et avec l'extérieur.

5.1.3   Moyens et personnel

Établir la liste des moyens essentiels nécessaires à la mise en œuvre de la politique qualité et à la réalisation des objectifs qualité. Ces moyens peuvent comprendre :
— les moyens humains,
— les équipements (conception, développement, fabrication, maintenance, contrôle et essais, etc.),
— les logiciels,
— les moyens financiers.

5.1.4   Procédures opérationnelles

Préciser comment et par qui sont établis, catalogués et tenus à jour les documents d'ordre opérationnel notamment les procédures prescrivant les objectifs et les performances concernant les diverses activités ayant un impact sur la qualité.

Ces procédures ne font pas partie intégrante du manuel qualité mais doivent y être référencées ou citées de sorte que l'utilisateur puisse s'y reporter.

5.2 Considérations sur les coûts relatifs à la qualité (1)

Les coûts font partie de la gestion interne de l'entreprise.

Définir les responsabilités et les moyens pour identifier et mesurer les coûts relatifs à la qualité qui concernent :
— la prévention (prévenir les non-conformités et les défauts, ...),
— l'évaluation (essais, contrôles, ...),
— les défaillances internes ou externes,
— l'assurance externe de la qualité.

Elles traitent aussi de la détermination du système de mesure et de l'établissement du tableau de bord qualité qui permettent d'évaluer l'adéquation et l'efficacité du système qualité.

5.3 Qualité en mercatique

Les besoins des utilisateurs sont :
— soit identifiés par une étude de marché,
— soit exprimés par une consultation ou un appel d'offre et traduits en une commande ou un contrat.

Il importe donc, pour que les produits soient de la qualité voulue et répondent aux engagements pris par l'entreprise :
— que les besoins soient bien précisés,
— que les engagements pris puissent être effectivement tenus (que ceux-ci concernent les spécifications, les moyens, les quantités, les délais ou les coûts).

Qu'il s'agisse de demandes résultant d'études de marchés, de consultations ou d'appels d'offres, les besoins peuvent être exprimés de façon très diverses : commande d'un produit en stock, commande de produits sur catalogue (2), commande d'un produit dont la définition est fournie par le client, commande d'un produit dont le développement a été réalisé par l'entreprise, contrat de développement, etc. Il sera fréquemment nécessaire de prévoir dans le manuel qualité des sous-paragraphes différents correspondant à ces cas.

Les questions pourront être traitées selon les rubriques suivantes :

5.3.1 Études de marché - Consultations - Appels d'offres

5.3.1.1 *Études de marché :*

Établir comment et par qui :
— sont identifiés les besoins :
  - enquêtes - dépouillements - analyses des résultats, ...,
  - définition des fonctions, performances, durée de vie, ...,
  - réglementations, normes, ...,
— sont élaborées les spécifications du produit (y compris celles relatives à l'aptitude aux besoins, donc à la qualité),
— est élaborée, vérifiée, approuvée et diffusée, la documentation des produits sur catalogue.

---

(1) *Voir X 50-126.*
(2) *Dans le cas de commande de produits sur catalogue, la qualité du contrat et la qualité attendue du produit passent par l'exhaustivité et la précision de la documentation fournie au client, documentation sur laquelle celui-ci se base pour passer la commande.*

5.3.1.2 *Consultations et appels d'offres*

Établir quelles sont les dispositions prises par l'entreprise pour :
— la réception des consultations et des appels d'offres,
— la vérification de la présence des éléments nécessaires pour connaître les besoins,
— la négociation et la vérification des clauses :
   - commerciales, administratives et juridiques,
   - techniques,
   - relatives à la qualité et à l'assurance de la qualité,
   - ainsi que celles qui peuvent ne pas être clairement explicitées, mais sont susceptibles d'en découler par filiation,
— l'établissement de la réponse aux consultations et appels d'offres.

5.3.2 Décision de programmation - Commandes et contrats

5.3.2.1 *Décision de programmation*

Préciser comment et par qui :
— sont prises les décisions de recherche d'investissements et de lancement,
— sont définis et vérifiés :
   - les clauses financières, techniques, relatives à la qualité et à l'assurance de la qualité, ...,
   - les risques industriels attachés aux nouveautés du produit.

5.3.2.2 *Commandes et contrats*

Définir comment et par qui :
— sont réceptionnés les documents de commande et les contrats,
— est vérifiée leur conformité aux consultations ou aux appels d'offres,
— se fait leur acceptation,
— se fait leur diffusion ou ce qui en découle après acceptation auprès de ceux qui auront à les appliquer.

5.3.3 Les plans qualité

La procédure conduisant à l'établissement de plans qualité, définit les points suivants :
— dans quelle circonstance un plan qualité est établi,
— pour quel produit un plan qualité est établi,
— à quel moment il faut l'établir,
— qui décide de son établissement,
— selon quel canevas il est établi,
— qui est responsable de son établissement, de son évolution, de sa mise à jour, de son archivage.

5.4 Conception et définition

Le fascicule de documentation X 50-127 aide à la rédaction de ce chapitre.

Les questions susceptibles d'être traitées sont énumérées ci-après.

5.4.1 Contribution apportée par les autres fonctions internes ou externes à l'entreprise

Préciser comment :
— sont réparties et attribuées les diverses tâches de conception aux activités internes ou externes à l'entreprise,
— sont réalisées les liaisons avec les différentes fonctions intervenant le long de la boucle de la qualité et leur est apportée l'information nécessaire,
— on s'assure de la faisabilité industrielle,
— on s'assure que les éléments sont contrôlables,
— on apporte l'information pour assurer la maintenance des produits (1),
— sont exprimés les besoins et contraintes auxquels doivent satisfaire la conception et la définition.

5.4.2 Établissement des documents de conception et de définition

5.4.2.1 *Actions préparatoires relatives aux besoins et exigences*

Définir comment et par qui :
— sont pris en compte les besoins exprimés pour le produit,
— sont pris en compte les normes applicables et autres documents normatifs,
— sont sélectionnées et affectés les moyens à mettre à disposition (matériels et personnel),
— sont appliquées les techniques suivantes :
  - analyse de la valeur (2),
  - analyse fonctionnelle pour déterminer les composantes de la qualité telles que la sécurité, la fiabilité, la maintenabilité,
— sont prises en compte les notions de coût objectif et de coût global,
— sont validés les lexiques ou glossaires, bilingues ou plurilingues, généraux ou spécifiques, appropriés à la traduction des documents de provenance étrangère.

5.4.2.2 *Analyse et synthèse des données de conception ; spécifications*

Définir comment et par qui :
— sont déterminés les incompatibilités et les degrés d'incompatibilité entre les données de conception constituées à partir des besoins exprimés, les contraintes exprimées, les composantes de la qualité retenues à la suite de l'analyse fonctionnelle,
— est établie la synthèse des données de conception finalement retenues pour engager celle-ci,
— sont établies les spécifications pour les besoins internes comme pour les besoins externes.

5.4.2.3 *Élaboration des documents de conception et de définition*

Ils sont appelés ici dans tous les cas « documents », car ce sont à la fois des supports et des véhicules de l'information concernant la conception et la définition.

Décrire comment et par qui est défini l'ensemble des documents de conception et de définition (y compris ceux concernant la conception assistée par ordinateur) tels que :
  - les spécifications relatives aux besoins et aux exigences,
  - les spécifications techniques,
  - les liasses de dessins techniques,
  - les répertoires et nomenclatures.

---

(1) Voir NF X 60-200.
(2) Voir X 50-153.

5.4.3   Justification de la conception et de la définition

Décrire comment et par qui :
— sont définis les programmes de justification et suivant quelles dispositions (dossier de calcul, essais, qualification) ils sont exécutés,
— est établi le dossier justificatif de définition,
— est sanctionnée la définition,
— sont diffusées les décisions,
— est établie la procédure concernant le respect des décisions en cas d'actions correctives,
— sont validés les documents applicables et leurs champs d'application respectifs.

5.4.4   Évolution des documents de conception et de définition

Décrire comment et par qui :
— sont élaborées les méthodes mises en place pour faire évoluer ces documents,
— sont déterminés les services extérieurs (clients, fournisseurs, utilisateurs, etc.) qui interviennent,
— sont justifiées et qualifiées les solutions retenues,
— est décidée leur application,
— sont effectuées leurs mises à jour.

En cas d'évolution majeure de la conception dans les cas notamment touchant à la sécurité, il convient d'énoncer comment et par qui :
— sont évaluées les conséquences sur les produits encore non livrés et sur les produits en clientèle,
— sont prises et notifiées les décisions consécutives,
— est effectuée la mise en œuvre et est vérifiée l'application,
— est fait l'enregistrement.

5.4.5   Qualification

La qualification interne est exercée par une autorité compétente appartenant à l'entreprise.

La qualification externe est exercée par une autorité compétente extérieure à l'entreprise.

5.4.5.1   *Qualification interne à l'entreprise*

Elle s'applique généralement en cours de conception, de développement et d'industrialisation pour valider, par exemple, un choix de matière, de technologie, de procédure ou de procédé, d'organisation et avoir les assurances nécessaires pour passer à l'étape suivante.

Définir comment et par qui sont établis :
— la procédure générale et les procédures particulières qui traitent
  - des modalités d'application, de participation, d'animation,
  - des documents supports de la qualification,
  - de la mise en œuvre des méthodes analytiques telles que l'analyse des modes de défaillance, de leurs effets et de leur criticité (AMDEC), l'évaluation du risque, l'essai de prototypes et/ou d'échantillons prélevés en production,
  - du choix et de l'emploi des prototypes et/ou des échantillons, et de leur destination après usage,
— la détermination de l'étendue et du niveau de sévérité des essais en fonction des risques identifiés,
— les conclusions de la qualification, les prises de décision et les documents afférents (rédaction, diffusion, consultations, archivage).

5.4.5.2 *Qualification externe à l'entreprise*

Définir comment et par qui sont établies les procédures qui traitent des points suivants :
— la responsabilité de formaliser la demande et le dossier de qualification,
— la désignation de l'interlocuteur de l'autorité de qualification externe,
— la rédaction de la demande,
— la constitution du dossier de qualification (rédaction, diffusion, consultations, archivage),
— la concertation sur les essais à exécuter, leur définition, le mode de consignation des résultats et, si nécessaire, leur confirmation par les organismes compétents,
— les modalités de décision concernant le lieu et les moyens d'essais,
— le mode de confirmation de l'obtention de la qualification,
— le mode d'identification des produits qualifiés,
— la méthode de surveillance pour s'assurer que les dispositions prévues sont respectées.

5.4.5.3 *Requalification*

Il peut être approprié de décrire les conditions de requalification. Les questions à traiter sont du même type que celles énoncées aux paragraphes 5.4.5.1 et 5.4.5.2.

5.4.6 Propriété industrielle

Les questions de propriété industrielle touchent aux brevets, modèles et définitions déposés, droits de reproduction, mesures de sauvegarde, etc.

Définir comment et par qui :
— sont accomplis, sur le plan externe, la prospection des brevets utiles, leur sélection, leur acquisition,
— sont accomplies, sur le plan interne, la détection et la mise au point des concepts brevetables, la mise au point, le dépôt et l'entretien des brevets,
— sont négociées les ventes et les licences de brevets,
— sont accomplies les actions similaires en matière de dépôts de modèles ou de définition ainsi que de droits de reproduction,
— sont définis les documents créés par l'entreprise qui doivent être couverts par les droits de propriété industrielle,
— sont définies les clauses de sauvegarde et les mentions à porter sur ces documents.

5.4.7 Revues de conception

Définir comment et par qui :
— est défini le jalonnement de la revue suivant les diverses phases de conception,
— est définie la composition de l'équipe chargée de la revue,
— sont définis le domaine à explorer et le programme de la revue,
— sont déclenchées les actions correctives ou d'amélioration éventuelles,
— sont pris en considération
  - les éléments relatifs aux besoins et à la satisfaction des utilisateurs,
  - les éléments relatifs à la spécification du produit et aux exigences concernant les services associés,
  - les éléments relatifs aux spécifications de procédé et aux exigences en matière de service.

5.5 Approvisionnements (fournitures et sous-traitance)

5.5.1 Généralités

Les approvisionnements concernent l'ensemble des fournitures de provenance extérieure à l'entreprise.

Cette rubrique est traitée avec le concours des différentes fonctions concernées de l'entreprise (conception, production, achats, contrôle) et décrit l'organisation mise en place.

L'entreprise étant responsable des fournitures commandées vis-à-vis des clients et utilisateurs, son action s'étend en matière de conformité et de qualité auprès de ses propres fournisseurs.

Les questions susceptibles d'être traitées sont énumérées ci-après.

5.5.2 Expression des besoins et exigences contractuelles

Mentionner les responsabilités pour :
— l'établissement des spécifications des fournitures en fonction des besoins,
  - définition précise du produit (documents de définition, nomenclature, dessins, etc.),
  - conditions de réception,
— l'établissement des clauses techniques contractuelles,
  - détermination et répartition des contrôles et essais à effectuer en cours de fabrication et en réception à l'entrée ainsi que les documents d'enregistrement des résultats,
  - définition des critères d'acceptation ou de refus correspondants,
  - définition des dispositions à suivre en cas de non-conformités, de modifications, de différends liés à la qualité ou de qualifications, s'il y a lieu,
  - définition des procédés spéciaux,
— l'établissement des clauses relatives à l'assurance de la qualité,
  - modèle d'assurance de la qualité,
  - production d'un plan qualité spécifique (éventuellement) demandé au fournisseur,
  - dispositions éventuelles d'accès et d'action des représentants de l'entreprise (notamment coordination avec l'action du personnel homologue du fournisseur),
— l'attribution de la mise en œuvre de ces clauses, selon le type de produits (produit spécifique ou sur catalogue) et selon le fournisseur,
— d'autres exigences : prix, délais, produits et services de maintenance, mise à disposition, service après-vente, intervention en cours de production, instruction et formation.

5.5.3 Sélection et choix des fournisseurs

Préciser comment et par qui sont évalués et choisis les fournisseurs et selon quels critères, notamment :
— l'aptitude à livrer des fournitures répondant à toutes les exigences des spécifications de la commande,
— le respect de la qualité requise, des délais et des prix et le maintien de la qualité dans le temps.

Les questions susceptibles d'être traitées sont les suivantes :
— la prospection préalable,
— la qualification des fournisseurs,
— la sélection des fournisseurs,
— l'agrément, le suivi ou retrait de l'agrément,
— l'appréciation résultant d'opérations d'évaluation de produits par échantillons,
— l'établissement de listes de fournisseurs consultables,
— l'adéquation du fournisseur au modèle d'assurance qualité demandé,
— l'évaluation périodique du système d'assurance qualité du fournisseur.

5.5.4   Commandes

Préciser dans cette rubrique :

— la responsabilité de l'établissement de la commande et le type des informations (choix, qualité requise, ...),
— le mode d'insertion des exigences en matière d'assurance de la qualité et l'expression de ces exigences suivant les cas (exigences spécifiques à la fourniture, élaboration d'un plan qualité, utilisation des modèles d'assurance de la qualité définis dans la normalisation ou autres référentiels, ...),
— le mode de circulation interne concernant le projet de commande,
— la diffusion (interne et externe) des commandes émises.

5.5.5   Vérification et contrôle d'entrée. Réception

Décrire :

— la procédure d'établissement des conditions de réception des approvisionnements,
— les méthodes de mise en application et de surveillance de l'application,
— la procédure d'évolution de ces conditions en fonction des résultats : allégement, simplification, renforcement, etc.,
— la procédure d'enregistrement des résultats, de leur conservation, de leur archivage, de leur consultation et de l'évaluation correspondante du fournisseur,
— la procédure d'enregistrement portant sur l'identification des lots, à des fins de traçabilité,
— les procédures de marquage.

5.5.6   Approvisionnements fournis par le client à l'entreprise

Pour l'exécution de son contrat, le client peut être amené à mettre certains approvisionnements à la disposition de l'entreprise :

— équipements, produits finis, semi-finis ou bruts,
— outillages (de fabrication, de contrôle),
— documentation, logiciels, etc.

Les questions suivantes sont à examiner et, le cas échéant, à traiter :

— l'établissement et la négociation des clauses particulières du contrat concernant ces approvisionnements,
— l'établissement et la diffusion des instructions permettant de porter ces clauses à la connaissance du personnel concerné,
— l'établissement et la négociation des conditions de contrôle, d'acceptation ou de refus,
— les modalités d'introduction dans les locaux de l'entreprise : identification, marquage, ségrégation, conservation, manutention, surveillance,
— les modalités d'introduction en production (précautions particulières avant utilisation ou montage, etc.),
— la détermination et la négociation des responsabilités du fait du produit (sécurité, garantie, etc.).

5.6   Production

5.6.1   Généralités

Les activités de production comprennent les opérations de transformation de produits approvisionnés, les opérations de fabrication proprement dites, le contrôle en cours de fabrication, le contrôle du produit terminé, les opérations de conditionnement et d'emballage, leur contrôle.

Les questions susceptibles d'être traitées sont énumérées ci-après.

5.6.2 Relation de la fonction production avec l'ensemble des autres fonctions de l'entreprise

Préciser comment et par qui :
— sont régies et assurées les relations de la production avec chacune des autres fonctions (mercatique, conception, achats, contrôle, qualité, après-vente, etc.),
— sont définis les points d'intervention du client.

5.6.3 Documents de production

Énoncer comment et par qui :
— est établie l'identification des produits,
— sont établies les gammes de fabrication (caractéristiques et tolérances, critères d'acceptation et de refus, ...),
— sont introduites ou citées les instructions ou fiches de fabrication et de contrôle (notamment les relevés servant d'éléments au contrôle statistique) et d'autocontrôle,
— se font la désignation et la codification des outillages à utiliser, y compris les outillages spécialisés,
— sont définis les procédés de fabrication,
— sont qualifiés ces procédés,
— est assurée la maîtrise de la mise en œuvre de ces procédés et de leur suivi selon les résultats obtenus,
— sont établies et diffusées les instructions concernant l'environnement,
— sont établies les instructions concernant la manutention, le transport, le stockage, le magasinage, la péremption,
— s'effectue l'identification de l'état de contrôle des produits en cours de production,
— s'effectue le repérage (ou marquage) de la date de fabrication et, le cas échéant, de péremption.

5.6.4 Moyens de production

Ces moyens comprennent :
— les approvisionnements,
— les moyens matériels en outillages, les équipements et les installations, y compris les équipements de contrôle, de mesure et d'essais,
— les moyens auxiliaires et annexes tels que l'eau, l'air comprimé, le courant électrique, les ingrédients et les produits chimiques utilisés,
— les moyens résultant des contraintes de l'environnement (température, hygrométrie, degré de pollution et de propreté).

Décrire comment et par qui :
— est maîtrisée la conformité des approvisionnements avant leur introduction en production,
— sont définis et qualifiés les autres moyens,
— est assurée leur mise en œuvre,
— est assuré leur entretien.

5.6.5 Moyens et procédés spéciaux

Énoncer comment et par qui :
— sont déterminés, définis et validés les moyens et les procédés spéciaux,
— sont établies les instructions correspondantes d'utilisation, de maintenance, de vérification,
— est suivie l'application de ces instructions.

5.6.6   Vérification et contrôle des produits finis

Décrire comment et par qui :

— sont énoncés les vérifications et les contrôles à accomplir sur produit fini (plan de contrôle, plan qualité, ...),

— est choisi le mode d'opération (à 100 % ou par échantillonnage),

— sont prises les décisions d'acceptation, de refus ou d'ajournement,

— sont menées les activités dans le cas du traitement de non-conformités.

5.7   Vérification et contrôle

5.7.0   Généralités

Les activités de vérification et de contrôle ne s'exercent pas exclusivement sur les produits. Elles s'exercent, en tant que de besoin, sur l'ensemble des activités qui contribuent à la qualité.

Les questions susceptibles d'être traitées sont énumérées ci-après.

5.7.1   Contrôle

5.7.1.1   *Documents généraux*

Ces documents de contrôle sont d'application générale, quelles que soient les productions spécifiques de l'entreprise.

Préciser comment et par qui :

— sont établis, tenus à jour et diffusés ces documents,

— sont définies les règles en matière de coordination et de planification (notamment pour éviter les opérations de contrôle inutiles),

— sont définies les règles permettant de s'assurer que les documents de contrôle (généraux et spécifiques) sont mis en place, en temps et lieux voulus.

5.7.1.2   *Documents spécifiques*

Ces documents définissent les dispositions spécifiques mises en œuvre pour effectuer le contrôle du produit ou du service considéré.

Préciser comment et par qui sont établis les plans de contrôle en prenant en compte :

— les opérations à effectuer et les paramètres à mesurer,

— les opérations à effectuer concernant les produits de provenance extérieure,

— les critères d'acceptation ou de refus (tolérances en particulier),

— les moyens à mettre en œuvre,

— les références des normes ou standards à utiliser,

— les conditions d'environnement à respecter,

— les méthodes statistiques de contrôle mises en œuvre,

— les opérations de contrôle concernant le produit terminé.

5.7.1.3   *Documents d'enregistrement des résultats*

Préciser comment et par qui sont définis, renseignés et diffusés ces documents.

5.7.1.4   *Synoptique de contrôle et de surveillance*

Ce synoptique est une représentation graphique de l'insertion des activités de contrôle dans le processus des activités considérées.

Préciser comment et par qui ce synoptique :

— est établi et tenu à jour,

— est diffusé auprès de tous les services et personnes concernés de l'entreprise,

— est diffusé éventuellement à l'extérieur, en vertu de négociations et d'engagements contractuels.

5.7.1.5 *Moyens de contrôle*

Préciser comment et par qui les moyens de contrôle sont définis, mis en place, étalonnés et mis en œuvre.

5.7.2 Marques de contrôle et de qualification d'opérateurs (1)

5.7.2.1 *Généralités - Rappel des principes généraux*

Les marques de contrôle ont pour objet d'attester l'exécution d'une opération de contrôle, de matérialiser la décision prise (état de contrôle) et d'identifier l'entreprise ainsi que l'auteur du marquage.

Les marques de qualification d'opérateurs ont pour objet d'attester qu'une opération a été effectuée par un opérateur qualifié et d'identifier l'entreprise ainsi que l'auteur du marquage.

Ces marques sont d'une importance primordiale en matière de traçabilité et de prévention d'erreurs d'emploi en production, lors de l'utilisation et de la maintenance.

5.7.2.2 *Système de marquage*

Le manuel qualité décrit le système de marquage mis en place par l'entreprise et les procédures d'application portant notamment sur :

— la définition, la configuration de ces marques et leur signification,

— le système d'attribution des marques,

— l'établissement et la tenue à jour de ce système,

— le mode de marquage en fonction du produit considéré (poinçons, cachets, signatures, procédés divers, précautions particulières),

— la vérification de la mise en application des instructions correspondantes,

— la vérification finale du marquage avant livraison du produit,

— l'information aux destinataires de la signification de ce marquage.

5.7.3 Autocontrôle

Ce mode de contrôle ne se caractérise pas par une application généralisée. C'est pourquoi cette rubrique du manuel qualité n'est à remplir que dans la mesure où ce mode de contrôle a été instauré dans l'entreprise ou dans l'une quelconque de ses parties.

Préciser comment et par qui :

— est déterminée et surveillée l'adéquation du personnel et des moyens d'autocontrôle aux opérations placées en autocontrôle,

— sont étudiées et décidées les missions de ce personnel,

— sont définies les mentions particulières qui sont portées sur les documents d'enregistrement des résultats de contrôle,

— sont définies les dispositions particulières (spécifications, définition, adéquation, validité, étalonnage, etc.) applicables aux moyens et outillages de contrôle et d'essais,

— sont définies et gérées les dispositions particulières résultant de l'exercice de l'autocontrôle par un fournisseur sur certains produits livrés à l'entreprise,

— sont validés les résultats de l'autocontrôle.

---

(1) *Voir NF L 06-150.*

5.7.4   Décisions consécutives au contrôle

Indiquer comment :
— sont déléguées les prises de décision pour acceptation ou refus,
— sont déléguées les prises de décision pour le traitement des non-conformités,
— est décidée la présentation à l'acceptation du client,
— est établie la procédure interne de recours à l'encontre des décisions,
— est établie la procédure externe de recours à l'encontre des décisions (recours exercés par le client, le fournisseur, le sous-traitant, etc.) (recours pouvant porter sur les approvisionnements fournis par le client, à propos de contrats en dépenses contrôlées, etc.).

5.7.5   Surveillance des produits avant acceptation définitive

Indiquer comment :
— est établie la procédure de surveillance des produits avant acceptation définitive pour qu'ils ne soient pas utilisés prématurément ou orientés vers une utilisation à laquelle ils ne sont pas destinés,
— se fait cette surveillance dans le cadre de l'identification de l'état de contrôle, du marquage, de la ségrégation, de la manutention, du stockage, etc.

5.7.6   Acceptation par le client

5.7.6.1   *Présentation à l'acceptation*

La présentation à l'acceptation du client par l'entreprise intervient lorsque celle-ci considère, après avoir effectué toutes les actions qui lui incombent et qui sont nécessaires à l'assurance de la qualité, que l'exécution du contrat est acquise et que le transfert de propriété peut être proposé.

5.7.6.2   *Documents de présentation*

L'exécution des opérations évoquées ci-dessus, qu'elles résultent de la réglementation, de clauses contractuelles ou qu'elles soient définies par l'entreprise, doit se traduire par des documents à fournir au client au moment de la présentation.

Préciser comment et par qui sont établis, signés et diffusés :
— les certificats de conformité et les procès-verbaux de contrôle sur produits terminés,
— s'ils sont contractuellement prévus, les registres de contrôle ou tout autre recueil équivalent.

Ces documents comportent la liste des dérogations acceptées et des modifications apportées.

Les opérations de contrôle, effectuées avant la présentation, donnent lieu à des documents d'enregistrement susceptibles d'être communiqués au client, sur sa demande, au titre de l'assurance qualité.

5.7.6.3   *Modalités de présentation*

Rapporter comment et par qui :
— est désigné le responsable de l'entreprise chargé des relations avec le client au moment de la présentation,
— est établie, diffusée et mise en œuvre la procédure précisant les modalités de présentation.

5.8   Manutention - Protection - Conditionnement - Emballage - Stockage - Transport

Ceci concerne les matériels entrant, les matériels en cours de fabrication et les produits finis en vue de maintenir leur qualité.

5.8.1   Manutention et stockage

Décrire les méthodes et les responsabilités pour :
— l'établissement et la diffusion des règles générales et particulières concernant les précautions à prendre pour la manutention et le stockage, y compris les vérifications périodiques en cours de stockage,
— la définition et la réalisation des moyens à employer,
— la surveillance de l'application de ces règles.

5.8.2   Protection - Conditionnement - Emballage

Décrire les responsabilités et les dispositions prises pour protéger le produit pendant la fabrication, le stockage et l'expédition afin d'éviter tout risque de détérioration et de péremption.

Ceci comprend :
— l'établissement et la diffusion des spécifications générales et des spécifications particulières relatives,
  - à l'environnement interne ou externe,
  - aux produits sujets à une altération due au vieillissement (durée de vie utile et limites d'utilisation),
  - aux produits devant faire l'objet d'une protection particulière,
— la détermination, s'il y a lieu, des opérations de maintenance nécessaires,
— la surveillance de l'application de ces spécifications.

5.8.3   Identification - Marquage - Étiquetage

Les produits étant identifiés, le marquage et l'étiquetage des moyens de conditionnement, d'emballage et de stockage doivent permettre l'identification des produits qu'ils contiennent et le respect des réglementations en vigueur.

Ce paragraphe définit les responsabilités et les dispositions pour :
— l'établissement et la diffusion des spécifications générales et des planifications particulières de marquage et d'étiquetage,
— la surveillance de l'application des spécifications.

5.8.4   Expédition - Transport

Les opérations d'expédition et de transport doivent faire l'objet de spécifications.

Définir :
— les responsables de l'établissement de ces spécifications,
— les dispositions prises pour l'application de ces spécifications,
— la vérification de l'application de ces spécifications notamment celle concernant l'intégrité des produits finis.

5.8.5   Documents d'accompagnement

Ils comprennent les documents relatifs à l'identification et ceux concernant l'utilisation et, éventuellement, tout autre document dont le contrat ou la réglementation prévoit qu'il doit être joint.

Définir :
— les responsables de leur établissement,
— leur mode de diffusion en accompagnement des produits.

5.9   Mise à disposition - Utilisation - Sécurité

La préparation des conditions de mise à disposition et d'utilisation des produits et services à lieu dès la phase de conception. Des représentations des fonctions concernées y participent afin de prendre des dispositions rendant aisées l'installation, la mise en service ainsi que la maintenance par du personnel qualifié.

5.9.1 Apport du support exploitation aux utilisateurs

Préciser comment et par qui :

— sont établis et validés les dossiers d'utilisation et de maintenance à partir des documents de conception,
— se réalise l'apport de l'assistance technique aux utilisateurs sous forme de formation, d'exécution de certains travaux par détachement de spécialistes, de participation à la politique de maintenance,
— sont définis, gérés et livrés les articles de maintenance,
— sont diffusées aux utilisateurs les modifications à apporter et les consignes à appliquer sur les produits en cours d'exploitation,
— sont définis les outillages nécessaires à l'exploitation du produit avec livraison éventuelle pour l'entreprise,
— sont maîtrisés les équipements de mesure, de contrôle et d'essai nécessaires pour l'installation et la mise en service sur le site.

5.9.2 Dispositions d'inviolabilité

Ces dispositions ont pour objet d'assurer la protection de certains produits contre toute intervention intempestive pouvant nuire à la qualité d'origine.

Elles permettent de visualiser et de constater les interventions sur tout produit, objet d'une garantie.

Décrire les responsabilités et les méthodes pour :

— la détermination des critères de choix des produits soumis à des dispositions d'inviolabilité,
— la définition des types (ou méthodes techniques) de disposition à mettre en œuvre pour chaque produit concerné,

notamment :

- le caractère d'indestructibilité en utilisation normale,
- l'absence de danger,
- la visibilité après intégration sur un ensemble de niveau supérieur,

— la diffusion des instructions correspondant aux dispositions d'inviolabilité,
— les dispositions à prendre pour l'information du client (ou des utilisateurs) dans ce domaine.

5.9.3 Sécurité relative au produit et responsabilité du fait du produit

Les aspects relatifs à la sécurité et liés à la qualité d'un produit ou d'un service doivent être identifiés de façon à réduire au minimum la responsabilité du fait de celui-ci.

Définir les responsabilités et les moyens pour :

— l'identification des normes relatives à la sécurité pouvant être prises en compte dès la conception du produit ou du service,
— la réalisation des essais de qualification sous l'angle de la sécurité,
— l'analyse des instructions et des avertissements destinés à l'utilisateur (manuel de maintenance, matériel d'étiquetage),
— le développement des moyens de traçabilité.

5.10 Équipements de contrôle, de mesure et d'essais

La validité des moyens de contrôle, de mesure et d'essais doit être assurée, en vue de répondre aux exigences de performance, de fiabilité et de conformité des produits.

Prendre en considération les points suivants :

5.10.1 Choix et mise en service des moyens

Énoncer comment et par qui :
— est défini le choix des moyens en fonction de leur adéquation aux besoins,
— sont établies les instructions concernant leur acceptation,
— sont établies les règles d'identification et de marquage applicables,
— s'effectuent les vérifications préalables à la première utilisation.

5.10.2 Gestion des moyens

Préciser comment et par qui :
— est constitué et géré le fichier de ces moyens,
— sont établies les règles applicables aux mouvements,
  - en cours d'utilisation,
  - consécutifs à un envoi en réparation,
  - suite à une décision de déclassement,
  - suite à une décision de réforme.

5.10.3 Mise en œuvre

Préciser comment et par qui :
— sont établies les instructions de préparation et de mise en œuvre des moyens,
— sont diffusées ces instructions,
— s'effectue leur mise à jour.

5.10.4 Étalonnages et vérifications (1)

Les moyens de l'entreprise doivent être étalonnés :
  - soit à partir des étalons de référence internes ou externes, dont elle dispose,
  - soit en faisant appel à des organismes d'étalonnage extérieurs dont la compétence a été reconnue.

Établir comment et par qui :
— est déterminé le raccordement des étalons de l'entreprise à des étalons de validité officiellement reconnue et sont établies,
  - les instructions correspondantes,
  - la liste des étalons de l'entreprise, leur identification et leur gestion,
  - la liste des instructions destinées à en maintenir la qualité,
— sont déterminées et mises en œuvre les règles d'étalonnage et de vérification des moyens et sont établies les instructions concernant,
  - la préparation des moyens nécessaires,
  - les opérations détaillées de mise en œuvre,
  - les décisions et propositions consécutives aux étalonnages ou vérifications,
  - les systèmes de relance permettant la réalisation des étalonnages ou vérifications aux dates selon les fréquences prévues,
  - les méthodes de repérage permettant aux utilisateurs des moyens de connaître l'état d'étalonnage ou la date à laquelle le prochain étalonnage est à effectuer,
— sont définies les données à enregistrer,
— sont effectués et vérifiés les enregistrements.

---

(1) Voir NF X 07-010.

5.10.5 Exigences d'environnement

Préciser comment et par qui sont définies les caractéristiques d'environnement compatibles avec les exigences de précision et de fidélité des moyens en cause.

5.10.6 Dispositions préventives et correctives

Énoncer comment et par qui :
— est établie la liste des dispositions prises pour éviter l'emploi d'étalons et de moyens de mesurage non conformes,
— si de tels moyens ont été utilisés, est définie la traçabilité de l'opération de mesurage sur les produits concernés en vue d'une action appropriée.

5.11 Traitement des non-conformités

Quel que soit le stade de production ou d'usage au cours duquel une non-conformité est constatée, cette constatation a pour conséquence :
— soit un rebut immédiat,
— soit un refus, en attente de décision,
— soit une réparation ou une retouche pour remise en conformité,
— soit une destination spéciale, sous réserve d'une redéfinition de l'usage du produit,
— soit une transformation pour un autre usage, selon une autre définition,
— soit une acceptation en l'état par dérogation,
— soit une acceptation en l'état, selon une évolution de la définition,
— soit un rebut après examen spécial du cas considéré,
— soit un audit qualité avec ses conséquences.

Définir comment et par qui :
— les produits non conformes sont identifiés afin d'en éviter une utilisation intempestive ou un mélange avec les produits conformes,
— sont établies les procédures de gestion des produits non conformes, les avis à requérir et les critères de décision,
— est prise la décision et sont déterminées les autorités qui doivent être informées,
— est établie la liste des mesures conservatoires à prendre pendant l'instruction des demandes de dérogations pour éviter l'utilisation des produits non conformes avant décision,
— sont effectués l'identification, le marquage et le suivi des produits après décision,
— sont engagés et menés les audits qualité que peuvent nécessiter certaines non-conformités,
— est prévu dans les cas complexes un examen des risques techniques avec les responsables concernés (conception, production, commercial, qualité, ...) et les procédures devant faire appel au client.

5.12 Actions correctives

Deux types d'actions doivent être menées :
— la recherche des causes et de l'origine des problèmes relatifs à la qualité pour en éviter les répétitions,
— la prévention et l'élimination des causes potentielles susceptibles d'entraîner ces problèmes.

Définir :
— qui recherche et analyse ces causes,
— comment et par qui sont définies les actions correctives à mener,
— comment et par qui leur application est vérifiée,
— comment sont archivés les documents relatifs à ces actions et à leur résultat.

5.13 Documentation relative à la qualité

Exposer comment et par qui sont établies et appliquées les dispositions du système qualité concernant la documentation relative à la qualité (y compris les enregistrements, les pièces témoins, etc.) :
— créée par l'entreprise ou collectée de l'extérieur,
— concernant les produits, les activités ou les fonctions.

Ces dispositions touchent à l'ensemble des actions telles que l'identification, l'établissement, la collecte, la référence, le classement, la mise en place, la mise en œuvre, l'évolution, la mise et la tenue à jour, la diffusion, la gestion, le stockage, la consultation, la conservation, le déclassement, la destruction.

La documentation concernant le produit comprend :
— d'une part, une documentation de base nécessaire à la réalisation du produit, citée dans les paragraphes de ce fascicule,
— d'autre part, une documentation relative à la maintenance et à l'utilisation du produit (4).

5.13.1 Ensemble de la documentation

Énoncer comment et par qui :
— sont identifiés les documents et les enregistrements,
— est établi le répertoire des documents applicables,
— sont établies les procédures concernant l'élaboration des documents,
— sont codifiées les relations inter-services concernant cette élaboration,
— sont vérifiés les documents par les différentes instances concernées,
— sont réalisées la mise en place de la documentation technique et sa disponibilité en temps et lieux voulus,
— sont introduits dans cette documentation les évolutions ou changements,
— sont réalisées la mise en place et la disponibilité, en temps voulu, des documents modifiés,
— sont traités les documents ayant fait l'objet d'évolutions ou de changements (retrait du circuit d'utilisation notamment),
— sont gérés les documents d'enregistrement, notamment ceux qui concernent la conformité et la qualité,
— sont gérés la détention, l'archivage et la durée de conservation des documents et enregistrements.

5.13.2 Documentation de provenance extérieure

La provenance extérieure de la documentation peut avoir plusieurs origines :
— la documentation en provenance des fournisseurs de composants, sous-ensembles, ...,
— la documentation en provenance des clients,
— la documentation en provenance de tiers telles que normes, réglementation, etc.

Les règles de mise en œuvre et de tenue à jour de cette documentation doivent tenir compte de l'action particulière exercée par les émetteurs de documents de provenance extérieure.

5.13.3 Enregistrements relatifs à la qualité

Le système qualité exige que des enregistrements suffisants soient établis et tenus en permanence pour démontrer que la qualité requise a été atteinte et pour vérifier que le système qualité est mis en œuvre de façon efficace.

5.13.4 Informations provenant de l'utilisation des produits

Un système de recueil d'informations provenant des utilisateurs, des clients, des distributeurs permet de connaître le comportement des produits en cours d'utilisation.

Décrire comment et par qui :
— est organisé le système de retour des informations sur le comportement des produits,
— est défini le type d'information à recueillir, tel que
  - opérations de maintenance,
  - temps de fonctionnement,
  - pannes,
  - expertises,
  - démontage, remontage,
  - réparation,
  - application des modifications, etc.,
— est définie la forme des documents permettant d'assurer ce recueil d'informations,
  - documents d'accompagnement (livret suiveur, fiche de matricule d'un équipement, fiche suiveuse d'un équipement, ...),
  - documents d'information immédiate (fiche d'intervention technique, compte rendu d'incident, rapport technique, fiche de défectuosité, ...),
— qui diffuse ces informations auprès des services concernés de l'entreprise,
— qui analyse et exploite ces informations pour
  - entreprendre les actions correctives qui s'imposent,
  - calculer la fiabilité obtenue.

5.13.5 Confidentialité et sauvegarde des droits

Exposer comment et par qui :
— sont prises les mesures de confidentialité touchant à la protection du savoir-faire industriel (voir paragraphe 5.4.6), de restriction de divulgation préjudiciable à l'entreprise, des contraintes formulées par certains clients (clauses de secret, par exemple),
— sont prises les mesures de sauvegarde portées sur la documentation,
— sont gérées la consultation et la diffusion suivant les mesures précitées.

5.14 Identification - Traçabilité

5.14.1 Identification

L'identification des éléments entrant dans la composition d'un produit a pour but :
— d'éviter les confusions en cours de fabrication et d'emploi,
— d'éviter l'utilisation d'éléments défectueux ou périmés,
— de faciliter l'accès aux informations se rapportant aux éléments composants,
— de les localiser,
— d'identifier les documents correspondants (conception et définition, approvisionnements, fabrication, inspections, contrôles, essais, enregistrement des résultats, ...).

5.14.2   Traçabilité

Certains produits (par exemple ceux dont la tenue en utilisation conditionne la sécurité) peuvent nécessiter un suivi individuel ou collectif (par lot) lors de certaines phases de réalisation, depuis l'élaboration matière jusqu'à leur réforme définitive. Cela a pour but de :

— retrouver (notamment en cas d'expertise après incident ou défaillance et dans des délais permettant de limiter les coûts d'intervention),
- l'origine des éléments composants du produit et ses principaux stades de fabrication,
- le ou les produits susceptibles de présenter les mêmes anomalies,
— suivre les produits en utilisation pour
- confirmer les limites de vie prévues,
- pouvoir les respecter,
- préciser les besoins en maintenance.

Il importe, en conséquence, de traiter les points suivants.

5.14.2.1   *Expression des besoins de la traçabilité*
Définir :
— les responsabilités et les dispositions prises pour :
- déterminer les produits à suivre,
- définir les bases sur lesquelles repose le suivi (résistance ou tenue de matériaux, analyse de pannes, besoin de suivi exprimés par les utilisateurs, etc.),
- définir les phases du cycle de vie du produit concernées par le suivi (élaboration, montage, utilisation),
— les méthodes et moyens mis en œuvre (dessins, spécifications, gammes, procès-verbaux, fiches suiveuses, etc.).

5.14.2.2   *Identification relative à la traçabilité*
Préciser :
— les responsabilités et les dispositions pour :
- définir l'identification,
- effectuer les repérages,
- vérifier l'application des repérages (méthodes et résultats),
— les méthodes et les moyens mis en œuvre concernant :
- les règles d'identification à appliquer,
- les conditions d'identification intermédiaires et finales,
- le stade et le moment de repérage.

5.14.2.3   *Recueil et archivage des informations et leurs accès*
Définir :
— les responsabilités et les dispositions d'archivage prises à chaque stade concernant :
- les informations à archiver et la forme sous laquelle elles le sont,
- les résultats correspondants à recueillir après exploitation,
- les résultats définitifs à conserver,
— les méthodes et les moyens mis en œuvre concernant :
- les conditions dans lesquelles l'archivage est assuré,
- la durée de conservation, selon la nature des documents,
- les conditions d'accessibilité des résultats archivés.

Décrire, en conséquence, les responsabilités et les moyens pour :
— établir la liste des produits et des éléments composants à identifier (en cours de fabrication et au stade final) et suivant quelles procédures, notamment,
  - dès la phase conception,
  - dans les phases ultérieures de développement,
— définir les méthodes d'intervention des personnes ou services chargés des questions qualité, notamment :
  - pour le faire en accord avec les clients,
  - en concertation avec les fournisseurs,
— fixer les règles des systèmes d'identification (groupe de caractères, symboles, numéros de lot, numéros de série, date de fabrication, lieu de fabrication, immatriculation, ...) et les organismes ou responsables chargés de les mettre en application,
— définir les méthodes permettant de préciser :
  - l'emplacement et le détail du marquage (généralement indiqué dans les dessins),
  - le stade du cycle de fabrication du produit au cours duquel le marquage devra être appliqué,
— définir les documents d'application qui devront tenir compte :
  - de la compatibilité avec les normes et règlements en vigueur,
  - de l'emplacement correct du marquage (pour éviter notamment les risques de fragilisation),
— déterminer les contrôles qui permettent de garantir que les repères d'identification sont bien attribués et appliqués conformément aux méthodes et procédures en vigueur dans l'entreprise.

5.14.2.4   *Liaison avec les fournisseurs*

Définir :
— les responsabilités et les dispositions prises pour :
  - formuler et transmettre les besoins de traçabilité aux fournisseurs,
  - assurer l'interface entre l'entreprise et ses fournisseurs,
  - surveiller l'application de ces dispositions,
— les méthodes et moyens mis en œuvre.

5.14.2.5   *Liaison avec les clients et les utilisateurs*

Définir :
— les responsabilités et les dispositions prises pour :
  - formuler et prendre en compte les besoins de traçabilité,
  - surveiller l'application des procédures mises en place,
— les méthodes et les moyens nécessaires pour assurer :
  - le suivi et le retour d'information,
  - l'exploitation des données.

5.15   Personnel

L'ensemble du personnel reçoit une information sur le fait que la qualité requise pour un produit donné, au moindre coût, est un paramètre prédominant de la réussite et que chacun peut et doit y concourir.

5.15.1   Actions d'information

Définir les responsabilités et les dispositions prises pour :
— sensibiliser tout le personnel à la qualité,
— informer le personnel sur les résultats obtenus pour l'amélioration de la qualité,
— informer les cadres de tous les services sur les notions de gestion de qualité,
— diffuser la documentation sur les stages, les revues techniques, les normes, etc.

5.15.2 Actions de formation

Les besoins en formation du personnel sont identifiés par des responsables désignés.

La motivation du personnel commence par la compréhension des tâches qui lui incombent et la façon dont elles contribuent aux activités d'ensemble.

Préciser les méthodes et moyens mis en œuvre et indiquer :

— comment est assurée la formation dans chaque fonction,
— comment elle est assurée dans la fonction qualité,
  - pour le personnel en place,
  - pour les nouveaux affectés,
— comment sont prises en compte les demandes du personnel désirant se perfectionner et les possibilités qui lui sont offertes,
  - dans sa spécialité et suivant l'évolution des techniques,
  - dans une discipline générale,
— comment intervient la fonction chargée de la qualité sur la formation et la motivation du personnel et les mesures précises relatives à la qualité qu'elle diffuse au personnel et aux responsables,
— comment sont désignés les responsables qui décident du choix des stages, des séminaires ou des colloques pour les domaines,
  - internes à l'entreprise,
  - externes à l'entreprise.

5.15.3 Qualification - Certification du personnel

Préciser les responsabilités et les moyens pour :

— déterminer les domaines d'application de techniques rendant nécessaires des besoins d'exigences de qualification formelle du personnel (procédés spéciaux, soudure, collage, contrôles non destructifs, etc.),
— définir les conditions de formation des agents spécialisés dans ces tâches, ainsi que les méthodes et les moyens employés pour la délivrance de certifications ou de marques de qualification,
— assurer les conditions de maintien et de renouvellement de ces qualifications en prenant en compte notamment :
  - l'expérience et les compétences obtenues dans la fonction,
  - les résultats relatifs au niveau de qualité,
  - les modifications des techniques,
  - les cas d'inactivité dans la fonction considérée,
— définir les marques de qualification et les méthodes employées.

5.15.4 Dossier « formation »

— Définir les responsabilités pour la tenue de ce dossier,
— rassembler et tenir à jour les renseignements sur la formation et la qualification du personnel, sur les essais effectués et les stages suivis.

5.16   Utilisation des outils et méthodes qualité

L'utilisation d'outils qualité constitue un élément important de contrôle, de vérification et d'amélioration de la qualité à toutes les phases de la boucle de la qualité. Il importe, à cette fin, de formaliser les responsabilités et les moyens pour :

— recueillir les informations qualité et les exploiter aux différentes phases de la boucle de la qualité,

— utiliser des méthodes et des applications appropriées (par exemple : analyse de la valeur, analyse des modes de défaillance, de leurs effets et de leur criticité (AMDEC), statistiques, etc.) pour exploiter, synthétiser et suivre l'évolution des données essentielles relatives à la qualité du produit à ces différentes phases,

— exploiter les résultats interprétés dans des bilans ou tableaux de bord permettant d'évaluer et de juger l'efficacité globale du système qualité.

5.17   Audit qualité

L'audit qualité (1) est un outil privilégié pour le chef d'entreprise, car il permet d'analyser, de vérifier, d'évaluer l'application et l'efficacité du système qualité de l'entreprise et de celui des fournisseurs et de procéder périodiquement à des revues du système qualité de l'entreprise.

Il convient de préciser, pour chaque type d'audit :

— le responsable prenant la décision de l'audit définissant, son objet et le notifiant aux audités,

— les principes d'organisation et de conduite des audits, décrits dans une procédure indiquant en fonction des besoins les secteurs audités et les fréquences d'audit,

— les responsables d'audits et les auditeurs qualifiés pour effectuer les audits,

— les fonctions et les responsables chargés d'examiner les conclusions de l'audit, de faire appliquer les conclusions et les recommandations pouvant en découler et d'assurer le suivi des actions préconisées.

6   BIBLIOGRAPHIE

Documents utilisés (en plus de certains document cités au Chapitre 2 Références) pour l'élaboration de ce fascicule de documentation.

— Recommandation BNAE RG Aéro 000 18 - Juillet 1982 : Guide pour l'établissement d'un manuel qualité.

---

(1) Voir NF X 50-136-1.

ISSN 0335-3931

NF X 50-164
Juin 1990

norme française

Relations clients-fournisseurs

Guide pour l'établissement d'un plan d'assurance qualité

E : Customer-supplier relations — Guide to the drawing up of a quality
assurance plan
D : Kunden-Lieferanten-Beziehungen — Leitfaden zur Erstellung eines
Qualitätssicherungsplans

Norme française homologuée par décision du Directeur Général de l'afnor
le 20 mai 1990 pour prendre effet le 20 juin 1990.

correspondance À la date d'homologation de la présente norme, il n'existe pas de norme internationale traitant du même sujet.

analyse Cette norme se situe dans le cadre des travaux normatifs relatifs à l'assurance
de la qualité.

Fournir une base de référence afin d'aider les clients et les fournisseurs à
concevoir un plan d'assurance qualité fixant la portée des éléments à prendre
en compte en matière d'assurance de la qualité pour un produit et/ou service
particuliers sont les objectifs fixés par cette norme.

descripteurs **Thésaurus International Technique** : relation client-fournisseur, assurance de
la qualité.

modifications

corrections

éditée et diffusée par l'association française de normalisation (afnor), tour europe cedex 7 92049 paris la défense — tél. : (1) 42 91 55 55

afnor 1990   © afnor 1990   1er tirage 90-06

Membres de la commission de normalisation chargée de l'élaboration du présent document

Président : M KOLUB

Secrétariat : AFNOR

M	ALVERNHE	BNAE
M	BAUX	SYNTEC
M	BESSET	SNCF
M	BLAIZOT	FIEE
M	BOISCHIS	COGEMA
M	BOILEAU	DAEI
M	BON	A.B. PROJEQT
M	BRUNSCHWIG	CONSEIL GENE DES PONTS ET CHAUSSEES
M	CANCE	DRET
M	CARLU	KODAK PATHE
M	CARRIERE	ALCATEL CIT DEPT TRANSMISSION
M	CHAUVEL	BUREAU VERITAS
M	CHAUVEL	SETRA
M	CHOVE	CHOVE CONSEIL
M	CLERMONT	
M	CONRAD	SAINT GOBAIN SA
M	COPIN	XAVIER PIETTRE CONSULTANT
M	DESMARAIS	CERBERUS GUINARD
M	DORE	GDF DETN
M	DRUELLES	VALLOUREC INDUSTRIES SA
M	DUBREUX	CIE FRANCAISE PHILIPS
M	DUTRAIVE	CEA CEN CADARACHE
M	FERRANDERY	SIDIT
M	FROMAN	COGEMA
M	GAVAND	CORECI
M	GHEERBRANT	TELEMECANIQUE SA
M	GIRAUD	ALSTHOM
M	GOUPILLON	CEMAGREF GROUPEMENT D'ANTONY
M	GULLY	ETIC INTERNATIONAL
M	ICA	BIZOT DAT
M	ISIK	UGAP
M	JACQUES	LAB CENTRAL PONTS ET CHAUSSEES
M	JAMPY	SIAR

M	JOUSSOT	LABORATOIRE GUERBET SA
M	KOLUB	AFNOR
M	LALLEMANT	TELEMECANIQUE SA
M	LAVERGNE	SARSCI
M	LE BART	EDF GDF DION DE LA DISTRIBUTION
M	LECONTE	EDF GDF DION DE LA DISTRIBUTION
M	MAGANA	SARSCI
M	MENDES	EDF DER
M	MENENDEZ	ELF AQUITAINE
M	MIOT	AISD
M	MOALIC	CNES
M	MOUGAS	CAMIF
M	MOURIER	SEB
M	MOUTURAT	TECHNICATOME
M	NAVIER	DION DES ENGINS
M	OGER	BNIF
M	PERNOLLET	UNM
M	PETETIN	CTBA
M	REGNOUX	SOCOTEC INDUSTRIE
MME	RENAUX	CEFEM
M	ROULEAU	GDF CTO
M	ROYER	GIMELEC
M	SAILLARD	CERTIMECA
M	SCARAMELLI	CERN
M	SIFFERLEN	
M	SORRO	RNE
M	THIBAULT	AFNOR
M	TOUSCH	SGS QUALITEST
M	TRONEL	AFNOR
M	VAISENBERG	STEIN INDUSTRIE
M	VOLLOT	DGA MISSION ASSURANCE QUALITE
M	WIDMER	EDF SCF

AVANT-PROPOS

En vue d'aider les fournisseurs à décrire les dispositions spécifiques d'assurance de la qualité prises pour répondre à une demande de leurs clients relative à une fourniture, il s'est avéré nécessaire :

— d'établir les règles d'élaboration du document descriptif de ces dispositions,

— d'en définir le contenu en relation avec les modèles pour l'assurance de la qualité.

L'appellation «plan d'assurance qualité» a été choisie car elle permet de différencier clairement la portée de ce document par rapport à celle relative au «plan qualité» qui peut contenir des dispositions qui n'entrent pas dans un contexte contractuel.

Le plan d'assurance qualité se place dans le schéma d'articulation suivant :

	La qualité dans l'entreprise		
	Management de l'entreprise NF EN 29004		Relations clients-fournisseurs NF EN 29001 — NF EN 29002 NF EN 29003
Description des dispositions générales à l'entreprise	Manuel qualité		Manuel d'assurance qualité
Description des dispositions spécifiques à la fourniture	Plan qualité		Plan d'assurance qualité
	Document à usage interne à l'entreprise et résultant d'une démarche volontariste		Document pouvant être exigé contractuellement

SOMMAIRE

1 OBJET

La présente norme est destinée à aider :
— les entreprises à définir et organiser les dispositions spécifiques à mettre en œuvre pour l'assurance de la qualité d'un produit et/ou d'un service particuliers,
— les clients à acquérir la confiance en ce que leurs besoins spécifiés seront satisfaits.

Elle a pour objet :
— de préciser les caractéristiques et de donner les principes d'usage des plans d'assurance qualité,
— de donner les éléments pour l'établissement et la gestion de ces documents.

2 DOMAINE D'APPLICATION

La présente norme est utilisable :
— soit lorsque le plan d'assurance qualité est demandé par le client au titre du contrat,
— soit lorsque le plan d'assurance qualité est établi par l'entreprise à sa propre initiative.

3 RÉFÉRENCES

NF EN 29000	Norme pour la gestion de la qualité et l'assurance de la qualité — Lignes directrices pour la sélection et l'utilisation. (Indice de classement : X 50-121.)
NF EN 29001	Systèmes qualité — Modèle pour l'assurance de la qualité en conception/développement, production, installation et soutien après la vente. (Indice de classement : X 50-131.)
NF EN 29002	Systèmes qualité — Modèle pour l'assurance de la qualité en production et installation. (Indice de classement : X 50-132.)
NF EN 29003	Systèmes qualité — Modèle pour l'assurance de la qualité en contrôle et essais finals. (Indice de classement : X 50-133.)
NF EN 29004	Gestion de la qualité et éléments de système qualité — Lignes directrices. (Indice de classement : X 50-122.)
NF X 50-120	Qualité — Vocabulaire.
NF X 50-160	Gestion de la qualité — Guide pour l'établissement d'un manuel qualité.
X 50-161	Manuel qualité — Guide pour la rédaction d'un manuel qualité.

4 DÉFINITIONS

Dans le cadre de cette norme, les définitions données dans la norme NF X 50-120 et les définitions suivantes s'appliquent :

4.1 Manuel d'assurance qualité

Document décrivant les dispositions générales prises par un organisme en matière d'assurance de la qualité.

Note : selon la structure de l'organisme, la nature et la diversité de ses activités, ce document peut porter sur tout ou partie de ces activités.

4.2 Plan d'assurance qualité

Document décrivant les dispositions spécifiques en matière d'assurance de la qualité prises par un organisme pour répondre aux exigences relatives à un produit et/ou un service particuliers.

5 CARACTÉRISTIQUES ET PRINCIPES D'USAGE D'UN PLAN D'ASSURANCE QUALITÉ

5.1 Le plan d'assurance qualité est établi par le fournisseur pour décrire les dispositions qu'il prend en matière d'assurance de la qualité pour un produit et/ou service particuliers et répondre aux exigences contractuelles d'assurance de la qualité, le cas échéant.

Les dispositions spécifiques décrites dans le plan d'assurance qualité prévalent sur les dispositions correspondantes du manuel d'assurance qualité ou du manuel qualité.

5.2 Les mises à jour successives du plan d'assurance qualité prennent en compte les évolutions du produit et/ou service, de son mode de réalisation et des dispositions d'assurance de la qualité.

5.3 Le plan d'assurance qualité doit décrire l'ensemble des dispositions spécifiques relatives :

— aux structures mises en place,
— aux missions des services opérationnels et fonctionnels en matière de qualité et aux responsabilités qui en découlent,
— aux procédures qui régissent l'assurance de la qualité du produit et/ou du service considérés,
— aux interfaces organisationnelles et techniques, internes et externes,
— à la formation et à la qualification spécifiques du personnel,
— à sa mise à jour.

Le plan d'assurance qualité peut se limiter à la description des dispositions spécifiques prises par le fournisseur pour répondre aux exigences contractuelles d'assurance de la qualité.

5.4 Lorsqu'elle est demandée contractuellement par le client, la fourniture du plan d'assurance qualité n'intervient qu'après la signature du contrat.

5.5 Le fournisseur est garant de la mise en œuvre du plan d'assurance qualité.

6 ÉTABLISSEMENT ET GESTION D'UN PLAN D'ASSURANCE QUALITÉ

6.1 Un plan d'assurance qualité ne devrait être demandé par le client et/ou établi par l'entreprise que lorsque l'importance du produit et/ou service commandés, sa nouveauté, sa complexité et/ou les conditions de sécurité associées le justifient.

Le simple fait de l'écrire permet de mieux définir l'organisation, les moyens et les méthodes utilisés, de lever les ambiguïtés et d'éliminer les imprécisions.

6.2 La rédaction du plan d'assurance qualité procède de la même démarche que celles pratiquées pour les autres documents descriptifs d'un système qualité : manuel qualité, manuel d'assurance qualité, plan qualité.

Si ces documents existent, l'examen de leurs rubriques successives peut faciliter ce travail en permettant de répondre à la plupart des questions qui se posent, limitées toutefois à celles qui sont appropriées au cas du produit et/ou service concernés.

Lors de cet examen, les réponses à apporter aux questions devront s'attacher à compléter ou à adapter les dispositions générales par les dispositions spécifiques relatives au produit et/ou service concernés.

6.3 Le plan d'assurance qualité est un document évolutif, lié aux étapes du projet relatif au produit et/ou au service. En conséquence, certaines rubriques peuvent n'être complétées que progressivement.

6.4 Une rubrique consacrée aux règles de gestion du plan d'assurance qualité doit prévoir, organiser et éventuellement planifier :

— le suivi de sa mise en œuvre,

— ses évolutions,

— l'information des organismes et du personnel directement concernés par tout ou partie du plan d'assurance qualité,

— la diffusion des dispositions adoptées à ceux qui devront les appliquer.

7 STRUCTURE D'UN PLAN D'ASSURANCE QUALITÉ

7.1 Rubriques introductives d'un plan d'assurance qualité

— Sommaire

— Objet et domaine d'application du plan d'assurance qualité

— Engagement du fournisseur

— Liste des documents de référence et des documents applicables

— Terminologie et abréviations spécifiques au plan d'assurance qualité

— Présentation de l'organisation spécifique mise en place dans le cadre de la fourniture concernée

— Règles spécifiques de gestion du plan d'assurance qualité.

7.2 Dispositions pour l'assurance de la qualité de la fourniture

Les dispositions spécifiques d'assurance de la qualité sont décrites dans diverses rubriques dont l'ordre résulte du choix de l'entreprise :

— soit dans l'ordre des rubriques des normes NF EN 29001, NF EN 29002 ou NF EN 29003 (exemple en annexe),

— soit dans l'ordre des activités qui interviennent dans les différentes phases de la réalisation de la fourniture.

ANNEXE
(ne fait pas partie intégrante de la norme)

À titre d'exemple, la présente annexe fait apparaître pour les diverses rubriques d'un plan d'assurance qualité leur correspondance avec les chapitres des différentes normes NF EN 29001, NF EN 29002, NF EN 29003.

Structure d'un plan assurance qualité		Correspondance avec les modèles pour l'assurance de la qualité		
N°	Titre	NF EN 29001	NF EN 29002	NF EN 29003
1	RUBRIQUES INTRODUCTIVES			
1.1	Sommaire			
1.2	Objet et domaine d'application			
1.3	Engagement du fournisseur	4.1.1	4.1.1	4.1.1
1.4	Documents de référence et documents applicables			
1.5	Terminologie et abréviations			
1.6	Organisation spécifique	4.1.2	4.1.2	4.1.2
1.7	Gestion du plan d'assurance qualité			
2	DISPOSITIONS EN MATIÈRE D'ASSURANCE QUALITÉ			
2.1	Revue de contrat	4.3	4.3	
2.2	Maîtrise de la conception	4.4		
2.3	Maîtrise des documents	4.5	4.4	4.3
2.4	Achats	4.6	4.5	
2.5	Produit et/ou service fournis par le client	4.7	4.6	
2.6	Identification du produit et/ou du service	4.8	4.7	4.4
2.7	Traçabilité du produit et/ou du service	4.8	4.7	
2.8	Maîtrise des procédés (1)	4.9	4.8	
2.9	Contrôle et essais (2)	4.10	4.9	4.5
2.10	Maîtrise des équipements de contrôle, de mesure et d'essai	4.11	4.10	4.6
2.11	État des contrôles et des essais	4.12	4.11	4.7
2.12	Maîtrise du produit et/ou du service non conformes	4.13	4.12	4.8
2.13	Actions correctives	4.14	4.13	
2.14	Manutention, stockage, conditionnement et livraison	4.15	4.14	4.9
2.15	Enregistrements relatifs à la qualité	4.16	4.15	4.10
2.16	Audits qualité internes	4.17	4.16	
2.17	Formation	4.18	4.17	4.11
2.18	Soutien après la vente	4.19		
2.19	Techniques statistiques	4.20	4.18	4.12
2.20	Autres dispositions (3)			

(1) Cette rubrique peut renvoyer aux listes des opérations applicables de production et d'installation.
(2) Cette rubrique peut renvoyer au plan de contrôle.
(3) Si nécessaire.

NORME
INTERNATIONALE

ISO
10007

Première édition
1995-04-15

Management de la qualité — Lignes directrices pour la gestion de configuration

Quality management — Guidelines for configuration management

Numéro de référence
ISO 10007:1995(F)

Sommaire

Page

ii

Annexes

iii

Avant-propos

L'ISO (Organisation internationale de normalisation) est une fédération mondiale d'organismes nationaux de normalisation (comités membres de l'ISO). L'élaboration des Normes internationales est en général confiée aux comités techniques de l'ISO. Chaque comité membre intéressé par une étude a le droit de faire partie du comité technique créé à cet effet. Les organisations internationales, gouvernementales et non gouvernementales, en liaison avec l'ISO participent également aux travaux. L'ISO collabore étroitement avec la Commission électrotechnique internationale (CEI) en ce qui concerne la normalisation électrotechnique.

Les projets de Normes internationales adoptés par les comités techniques sont soumis aux comités membres pour vote. Leur publication comme Normes internationales requiert l'approbation de 75 % au moins des comités membres votants.

La Norme internationale ISO 10007 a été élaborée par le comité technique ISO/TC 176, *Management et assurance de la qualité*, sous-comité SC 2, *Systèmes qualité*.

L'annexe A fait partie intégrante de la présente Norme internationale. Les annexes B, C et D sont données uniquement à titre d'information.

iv

Introduction

La présente Norme internationale donne des lignes directrices pour la gestion de la configuration. Il s'agit d'une discipline de management appliquée pendant le cycle de vie d'un produit afin d'apporter visibilité et maîtrise des caractéristiques fonctionnelles et physiques de ce produit. Les activités décrites sont un moyen de satisfaire à certaines exigences reprises d'autres Normes internationales de la famille ISO 9000.

Ces lignes directrices ont en outre pour but de développer une compréhension commune du sujet, d'encourager les organismes à appliquer la gestion de la configuration afin d'améliorer leurs performances, d'homogénéiser son utilisation dans l'industrie et d'améliorer la coopération nationale et internationale.

Management de la qualité — Lignes directrices pour la gestion de configuration

1 Domaine d'application

La présente Norme internationale donne des recommandations pour l'utilisation de la gestion de la configuration dans l'industrie et sur ses interfaces avec d'autres systèmes et procédures de management. Elle fournit tout d'abord une vue d'ensemble (article 4) et décrit ensuite le processus, l'organisation et les procédures détaillées.

Elle est à utiliser comme une aide au management des projets depuis la conception jusqu'au retrait de service des produits en passsant par l'étude, le développement, l'approvisionnement, la production, l'installation, l'utilisation et la maintenance. Elle précise les attendus de gestion de la configuration qui figurent dans l'ISO 9004-1, tandis que l'annexe B fournit une corrélation entre les recommandations figurant dans la présente Norme internationale et les exigences des normes de systèmes qualité ISO 9001, ISO 9002, ISO 9003 et ISO 9004-1.

Dans son application, la gestion de la configuration peut être adaptée à la particularité des projets, en tenant compte de l'importance, de la complexité et de la nature des travaux.

NOTE 1   Pour plus de précisions concernant des applications particulières (par exemple, logiciel), se reporter aux Normes internationales appropriées dont la liste figure dans l'annexe D.

2 Références normatives

Les normes suivantes contiennent des dispositions qui, par suite de la référence qui en est faite, constituent des dispositions valables pour la présente Norme internationale. Au moment de la publication, les éditions indiquées étaient en vigueur. Toute norme est sujette à révision et les parties prenantes des accords fondés sur la présente Norme internationale sont invitées à rechercher la possibilité d'appliquer les éditions les plus récentes des normes indiquées ci-après. Les membres de la CEI et de l'ISO possèdent le registre des Normes internationales en vigueur à un moment donné.

ISO 8402:1994, *Management de la qualité et assurance de la qualité — Vocabulaire.*

ISO 10011-1:1990, *Lignes directrices pour l'audit des systèmes qualité — Partie 1: Audit.*

ISO 10011-2:1991, *Lignes directrices pour l'audit des systèmes qualité — Partie 2: Critères de qualification pour les auditeurs de systèmes qualité.*

ISO 10011-3:1991, *Lignes directrices pour l'audit des systèmes qualité — Partie 3: Gestion des programmes d'audit.*

3 Définitions

Pour les besoins de la présente Norme internationale, les définitions données dans l'ISO 8402 et les définitions suivantes s'appliquent.

3.1 configuration: Ensemble des caractéristiques fonctionnelles et physiques d'un produit définies par les documents techniques et obtenues par le produit.

3.2 audit de la configuration: Examen destiné à s'assurer de la conformité d'un article de configuration avec ses documents de configuration.

3.3 configuration de référence: Configuration d'un produit, formellement établie à une étape de la vie du produit et servant de référence pour les activités ultérieures.

3.4 commission de gestion de la configuration: Groupe d'experts en matières techniques et adminis-

1

tratives auquel on a conféré l'autorité et la responsa-bilité de décision sur la configuration et sa gestion.

NOTE 2   Cette commission a souvent été limitée à une commission des modifications.

3.5   maîtrise de la configuration: Activités com-prenant la maîtrise des évolutions des articles de configuration après établissement formel de leurs do-cuments de configuration.

NOTES

3   Cette maîtrise comprend évaluation, compatibilité, ap-probation ou refus et mise en œuvre des évolutions.

4   La mise en œuvre des évolutions comprend les évolu-tions d'ingénierie ainsi que les dérogations avant et après production se répercutant sur la configuration.

3.6   documents de configuration: Documents né-cessaires pour définir les exigences, la conception, la construction/production et la vérification d'un article de configuration.

NOTE 5   Le terme document est utilisé quel que soit le support de l'information.

3.7   identification de la configuration: Activités destinées à déterminer les constituants du produit, à choisir les articles de configuration, à fixer dans des documents les caractéristiques physiques et fonc-tionnelles d'un article de configuration, y compris les interfaces et les évolutions ultérieures et à allouer des caractères ou des numéros d'identification aux arti-cles de configuration et à leurs documents.

3.8   article de configuration: Ensemble de maté-riels, de logiciels, de produits issus de processus à caractère continu, de services ou un sous-ensemble défini de ceux-ci, qui a été retenu pour la gestion de la configuration et qui est traité comme une seule entité dans le processus de gestion de la configu-ration.

3.9   gestion de la configuration: Activités d'ordre technique et organisationnel comprenant

— l'identification de la configuration;

— la maîtrise de la configuration;

— l'enregistrement de l'état de la configuration;

— l'audit de la configuration.

3.10   plan de gestion de la configuration: Docu-ment présentant l'organisation et les procédures de gestion de la configuration spécifiques à un produit ou à un projet.

3.11   enregistrement de l'état de la configuration: Action d'enregistrer et de présenter sous des formes définies les documents établis pour la configuration, l'état des demandes d'évolution et de la mise en œuvre des évolutions approuvées.

3.12   interface: Interaction physique ou fonctionnelle à la limite entre les articles de la configuration.

4   Système de gestion de la configuration, description et objectifs

4.1   Généralités

La gestion de la configuration est une discipline de management qui consiste à appliquer des règles techniques et administratives au développement, à la production et au soutien, dans tout le cycle de vie d'un article de configuration. Cette discipline s'appli-que aux matériels, aux logiciels, aux produits issus de processus à caractère continu, aux services et aux documents techniques correspondants. La gestion de la configuration fait partie intégrante de la gestion du cycle de vie (l'annexe C en donne un exemple typi-que).

D'autres disciplines impliquées dans le cycle de vie d'un produit (par exemple, la gestion de la documen-tation, les systèmes logistiques, la maintenance) peuvent contribuer à réaliser les objectifs de la ges-tion de la configuration.

La gestion de la configuration a pour objectif principal de formaliser et de présenter de manière claire et complète la configuration du produit à un instant donné et l'état d'accomplissement des exigences physiques et fonctionnelles. Elle a également pour objectif d'aider quiconque impliqué dans le projet, à quelque point du cycle de vie que ce soit, à disposer d'une documentation correcte et exacte.

Le paragraphe suivant donne une vue d'ensemble des principaux éléments du système de gestion de la configuration.

4.2   Vue d'ensemble

4.2.1   Processus de gestion de la configuration

Le processus de gestion de la configuration comprend les activités imbriquées suivantes:

— identification de la configuration;

2

— maîtrise de la configuration;

— enregistrement de l'état de la configuration;

— audit de la configuration.

Ces activités sont décrites plus en détail à l'article 5.

4.2.2 Organisation de la gestion de la configuration

Il convient d'organiser la gestion de la configuration en attribuant des responsabilités clairement établies et en lui donnant l'indépendance et l'autorité suffisante pour atteindre les objectifs qui lui sont fixés.

Ces activités sont décrites plus en détail à l'article 6.

4.2.3 Procédures et plans de gestion de la configuration

Il convient d'utiliser des procédures écrites décrivant les directives de l'entreprise dans ce domaine, les activités à accomplir et les règles liées au processus de gestion de la configuration.

Les directives, les activités et les règles de gestion de la configuration, spécifiques d'un programme ou d'un projet particulier, sont définies dans un plan de gestion de la configuration. Ce plan peut se référer aux procédures de gestion de la configuration en usage dans la société.

Ces activités sont décrites plus en détail à l'article 7.

4.2.4 Audit des systèmes de gestion de la configuration

Les audits des systèmes de gestion de la configuration sont effectués pour évaluer la conformité aux procédures et aux plans de gestion de la configuration.

Ces activités sont décrites plus en détail à l'article 8.

5 Processus de gestion de la configuration

5.1 Généralités

Les activités qui font partie du processus de gestion de la configuration sont décrites ci-après. Il est essentiel, pour que ce processus se déroule efficacement, que ces activités soient imbriquées.

5.2 Identification de la configuration

L'identification de la configuration comprend les activités suivantes.

5.2.1 Arborescence du produit et choix des articles de configuration

Il convient que les articles de configuration soient clairement désignés parmi les constituants du produit et que soient définies leur position dans l'arborescence du produit et les relations qui existent entre eux.

Il y a lieu de choisir les articles de configuration en décomposant le produit (par exemple, arborescence) en ses constituants et en leur appliquant des critères de choix appropriés (voir 7.2.1).

5.2.2 Documentation des articles de configuration

Il convient que toutes les caractéristiques fonctionnelles et physiques nécessaires pour un article de configuration y compris interfaces, évolutions, dérogations (avant et après production), figurent dans des documents clairement identifiés. Les documents sont normalement appelés documents de configuration.

5.2.3 Numérotation

Il convient d'établir des méthodes de numérotation et de les appliquer à l'identification des articles de configuration, de leurs sous-ensembles et constituants, des documents, des interfaces, des évolutions, des dérogations (avant et après production).

5.2.4 Établissement des configurations de référence

Il convient d'établir des configurations de référence par un accord formel, en des points particuliers de la vie du produit, et de les utiliser comme points de départ pour la maîtrise formelle d'une configuration.

Les configurations de référence, complétées de leurs évolutions approuvées, constituent la configuration approuvée courante.

5.3 Maîtrise de la configuration

Dès la diffusion pour application des documents de la configuration, il convient que toutes les évolutions soient gérées. Les conséquences des évolutions, les exigences des clients et la configuration de référence affectée décideront du degré de formalisation du traitement des évolutions et peuvent constituer la

3

base des systèmes de classement en catégories d'évolution.

La maîtrise de la configuration implique les activités suivantes, qu'il y a lieu de décrire en détail dans une procédure de maîtrise des évolutions:

— décrire et justifier l'évolution;

— évaluer les conséquences de l'évolution;

— approuver ou refuser l'évolution;

— mettre en œuvre l'évolution et vérifier son application;

— prendre en compte les dérogations avant et après production.

Afin de préserver l'intégrité de la configuration et de fournir une base pour la maîtrise des évolutions, il importe que les articles de configuration, leurs constituants et leurs documents soient maintenus dans un environnement qui

— correspond aux conditions d'environnement requises (par exemple, pour les ordinateurs, les logiciels, les données, les documents, les plans);

— les protège contre une évolution non autorisée ou une altération;

— fournit les moyens de les reconstituer en cas de destruction;

— dans le cas des logiciels, des données, des documents et des plans, permette la restitution contrôlée d'une copie des originaux;

— aide à obtenir la cohérence entre l'état «tel que réalisé» d'une configuration et l'état «tel que conçu».

5.4 Enregistrement de l'état de la configuration

Il convient que l'enregistrement de l'état de la configuration commence dès la première génération des données de configuration.

Il convient que l'enregistrement de l'état de la configuration fournisse des informations sur toutes les identifications de la configuration et sur tous les écarts par rapport aux configurations de référence spécifiées. Cela permet la traçabilité de toutes les évolutions par rapport aux configurations de référence.

Les enregistrements et les rapports sur l'état de la configuration sont généralement un sous-produit des activités d'identification et de maîtrise. Il convient d'éviter des redondances d'enregistrements.

5.5 Audits de la configuration

Il convient que des audits de la configuration soient effectués avant acceptation d'une configuration de référence afin de s'assurer que le produit est conforme aux exigences contractuelles ou spécifiées et que le produit est correctement décrit par ses documents de configuration (voir annexe C).

Il y a généralement deux types d'audits de la configuration:

a) l'audit de la configuration fonctionnelle: examen formel pour vérifier qu'un article de configuration possède les performances et les caractéristiques fonctionnelles spécifiées dans ses documents de configuration.

b) l'audit de la configuration physique: examen formel de la configuration d'un article de configuration «tel que réalisé» afin de vérifier qu'il est conforme à ses documents de configuration.

Un audit de la configuration peut être exigé pour l'acceptation formelle d'un article de configuration.

6 Organisation de la gestion de la configuration

6.1 Généralités

Il y a lieu d'organiser la gestion de la configuration de manière à assurer l'impartialité, l'indépendance et l'intégrité nécessaires pour atteindre les objectifs.

6.2 Structure de l'organisation

Il convient de définir la structure de l'organisation pour permettre une gestion efficace de la configuration.

Cette structure est normalement reliée à l'organisation de projet et adaptée au cas par cas pour répondre aux besoins des diverses étapes du cycle de vie. Il convient de définir les relations entre les activités qui contribuent au processus de gestion de la configuration. Ceci concerne la fonction gestion de la configuration elle-même, les interfaces organisationnels, les équipes de développement, d'approvisionnement et de contrat, la gestion des données, la fabrication, l'assurance de la qualité et d'autres disciplines susceptibles d'être impliquées, y compris, s'il y a lieu, les sous-traitants et les fournisseurs.

4

Il convient que l'organisation de la gestion de la configuration assure la coordination des activités de gestion de la configuration avec ces autres disciplines et l'attribution de l'autorité et de la responsabilité appropriées à chaque activité de gestion de la configuration.

Au sein de l'organisation du projet, il convient d'identifier l'autorité chargée d'approuver les configurations de référence et toutes les évolutions qui y sont apportées (généralement une «commission de gestion de la configuration»).

Pour de petits projets, les responsabilités de la gestion de la configuration peuvent être déléguées par la direction du projet à certaines personnes au sein du projet.

7 Procédures de gestion de la configuration

7.1 Généralités

Le présent article décrit les procédures qui constituent un système efficace de gestion de la configuration. Il convient que le système de gestion de la configuration soit décrit dans des procédures référencées dans le plan de gestion de la configuration. Il convient de définir dans ce plan les procédures spécifiques à un projet et leur degré d'application au cours du cycle de vie du produit.

7.2 Procédures d'identification de la configuration

7.2.1 Choix des articles de configuration

Les articles de configuration sont choisis en décomposant le produit en ses constituants. Cette méthode part du produit complet et le divise en sous-ensembles formés de matériels, logiciels, produits issus de processus à caractère continu, services ou de leur combinaison. C'est parmi ces sous-ensembles liés et subordonnés de manière logique que sont choisis les articles de configuration. Le choix des articles de configuration de premier niveau est effectué au plus tôt dans le projet (par exemple, lors des phases de faisabilité et de définition). Il convient de choisir les articles de configuration des autres niveaux de l'arborescence au début de la phase de développement.

Il convient que le choix des articles de configuration se fasse en appliquant des critères de sélection appropriés.

La sélection d'un trop grand nombre d'articles de configuration affecte la visibilité du produit, entrave la gestion et augmente les coûts. Un trop petit nombre d'articles de configuration ou une décomposition insuffisante rend plus difficile la logistique et la maintenance et limite les possibilités de gestion.

Le principal critère est de choisir les articles dont les performances et les caractéristiques physiques peuvent être gérées de manière indépendante jusqu'à la réalisation et l'utilisation finale de l'article.

D'autres critères peuvent être appliqués, tels que les suivants:

— criticité en termes de risques élevés, sécurité, succès de la mission;

— technologie, conception ou développement nouveaux ou modifiés;

— interfaces avec d'autres constituants;

— conditions d'approvisionnement;

— aspects logistique et maintenance.

7.2.2 Documentation des articles de configuration

Il convient que toutes les caractéristiques physiques et fonctionnelles nécessaires pour définir un article de configuration tout au long de son cycle de vie figurent dans des documents.

Les documents types comprennent habituellement des spécifications, des documents de conception, des listes, des données informatiques ainsi que des manuels d'utilisation et de maintenance.

Les documents requis pour un article dépendent du niveau de maîtrise recherché. Toutefois, il convient que la documentation inclue les informations relatives aux évolutions et à la traçabilité.

7.2.3 Méthodes de numérotation

Il convient d'établir des méthodes de numérotation et de les appliquer à l'identification des articles de configuration, aux documents de configuration, aux évolutions ainsi qu'aux sous-ensembles et constituants.

Les méthodes de numérotation tiennent compte des procédures de numérotation existantes dans l'entreprise ou chez les fournisseurs. Les numéros d'identification doivent toutefois être uniques.

5

Il convient que les méthodes de numérotation ou les autres systèmes de gestion de l'information permettent la gestion

— des relations hiérarchisées entre les articles de configuration au sein de l'arborescence du produit;

— des relations hiérarchisées des sous-ensembles et constituants dans chaque article de configuration;

— des relations entre les articles et les documents;

— des relations entre les documents et les évolutions;

— de la constitution de dossiers à la demande;

— d'autres demandes de regroupement.

7.2.4 Configurations de référence

Une configuration de référence se compose de tous les documents approuvés représentant la définition du produit à une étape de sa vie.

Il convient que des configurations de référence soient établies chaque fois qu'il est nécessaire de définir, au cours du cycle de vie du produit, une référence qui sert de point de départ pour les activités ultérieures.

Le niveau de détail avec lequel un produit est décrit dans une configuration de référence dépend du degré de maîtrise recherchée. Les configurations de référence fonctionnelles, par exemple, peuvent être constituées d'un seul document, tandis que les configurations de référence de production peuvent inclure un jeu complet de documents, y compris ceux concernant les outillages et les processus de fabrication.

7.3 Commission de gestion de la configuration

Le responsable du projet peut créer une commission de gestion de la configuration ayant l'autorité pour réviser, approuver/désapprouver le plan de gestion de la configuration, les procédures de gestion de la configuration, le choix des articles de configuration, les configurations de référence et les évolutions qui y sont apportées, y compris les dérogations avant et après production.

C'est généralement le responsable du projet qui nomme les membres de la commission de la gestion de la configuration au sein de laquelle il convient que toutes les disciplines nécessaires soient représentées. La commission de gestion de la configuration est présidée par le responsable du projet ou son représentant.

La commission de gestion de la configuration peut exister à plusieurs niveaux de décision, par exemple si les exigences contractuelles requièrent l'intervention du client dans le processus, celui-ci peut également créer une commission de gestion de la configuration.

La commission a pour fonction de vérifier

— qu'elle a l'autorité requise pour la configuration de référence concernée;

— que l'évolution est nécessaire;

— que les conséquences en sont acceptables;

— que l'évolution a été correctement classée et décrite dans les documents;

— que le programme d'application de l'évolution aux documents, matériels et/ou logiciels est satisfaisant.

7.4 Procédure de maîtrise de la configuration

7.4.1 Identification et description du besoin d'évolution

L'origine d'une évolution peut être interne ou provenir du client, d'un sous-traitant ou d'un fournisseur. Il convient que toutes les demandes d'évolution soient décrites dans des documents et en règle générale incluent les informations suivantes avant d'être soumises à la commission de gestion de la configuration:

— le ou les article(s) de configuration et les documents correspondants à modifier, leur nom et leur indice de révision;

— le nom de la personne élaborant la demande, l'organisme d'origine et la date de la demande;

6

— la raison de l'évolution;

— la description de l'évolution;

— l'urgence.

Il est recommandé de présenter les informations sur un formulaire normalisé qui servira de document pour les étapes ultérieures du processus d'évolution.

Il est également conseillé de donner un numéro d'identification unique à ce premier stade de la demande d'évolution afin de faciliter la traçabilité et l'identification.

Il y a lieu d'enregistrer l'état d'avancement du traitement de l'évolution ainsi que les décisions et dispositions prises.

D'autres informations, telles que le classement de l'évolution et la priorité, peuvent être incluses pour indiquer la procédure à suivre.

7.4.2 Instruction de la demande d'évolution

Il convient d'instruire la demande d'évolution comme indiqué ci-après et d'en consigner par écrit les résultats:

— avantages techniques de l'évolution demandée;

— incidence sur l'interchangeabilité, les interfaces, etc. et nécessité de changer les identifications;

— incidence sur le contrat, les délais et les coûts;

— incidence sur la fabrication, les méthodes d'essai et de contrôle;

— incidence sur les achats et sur les stocks;

— incidence sur la maintenance, les manuels d'utilisation, les pièces de rechange et les catalogues de pièces détachées.

Les critères d'évaluation ci-dessus peuvent être adaptés à la complexité du produit.

7.4.3 Approbation de l'évolution demandée

Après l'instruction de la demande d'évolution, il convient qu'une personne ou un groupe de personnes habilités à le faire examinent les documents résultant de l'instruction et décident d'approuver ou de refuser l'évolution.

Il convient que la procédure détermine le pouvoir, la responsabilité et le mode d'intervention de ces personnes.

L'autorité habilitée à approuver ou refuser peut être différente selon l'importance de l'évolution.

Il convient que la décision d'approbation ou de refus soit consignée et notifiée aux secteurs concernés.

7.4.4 Mise en œuvre et vérification de l'évolution approuvée

La mise en œuvre et la vérification d'une évolution approuvée comportent généralement les étapes suivantes:

— les changements de l'identification de la configuration sont formellement approuvés;

— les équipes concernées par l'évolution engagent les actions appropriées;

— il y a lieu de vérifier la conformité (conception, essai, fabrication, etc.).

7.5 Procédure d'enregistrement de l'état de la configuration

7.5.1 Généralités

Une bonne méthode d'identification de la configuration et de maîtrise des évolutions est un préalable à l'enregistrement correct de la configuration.

L'enregistrement de l'état de la configuration consiste à enregistrer et présenter les informations à l'intention du management et de la gestion de la configuration et de ses activités connexes. Il débute à la disponibilité du premier document de configuration et se poursuit tout au long du cycle de vie du produit.

7.5.2 Enregistrement

Il s'agit d'enregistrer les données retenues au cours des processus d'identification et de maîtrise de la configuration. Cela permet la visibilité et la traçabilité pour une gestion efficace de l'évolution de la configuration.

Les types de données normalement enregistrées sont les suivantes:

7

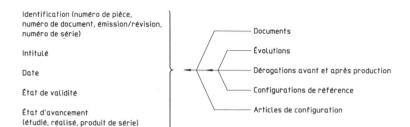

Identification (numéro de pièce, numéro de document, émission/révision, numéro de série)

Intitulé

Date

État de validité

État d'avancement (étudié, réalisé, produit de série)

— Documents

— Évolutions

— Dérogations avant et après production

— Configurations de référence

— Articles de configuration

Il convient que les données ci-dessus soient enregistrées de sorte que leurs interconnexions et liens, nécessaires pour l'établissement des rapports requis, soient inclus.

7.5.3 Présentation des informations

Il convient que divers types de rapports soient préparés à des intervalles définis par les besoins du management.

Les rapports types sont les suivants:

— liste des documents des configurations de référence;

— liste des articles de configuration et de leurs configurations de référence;

— état de la configuration courante (par exemple «telle que conçue», «telle que réalisée»);

— état des évolutions, des dérogations avant et après production;

— état de l'application et de la vérification des évolutions.

De tels rapports peuvent être émis pour un article de configuration isolé ou pour le produit complet. Ils peuvent être élaborés en utilisant des systèmes manuels ou informatisés.

7.6 Procédures d'audit de la configuration

Il convient d'effectuer les audits de la configuration à partir des procédures écrites et acceptées incluant les exigences en matière d'enregistrement et de présentation des informations.

L'audit de la configuration fonctionnelle est conduit en identifiant les exigences fonctionnelles et les performances d'un article de configuration telles qu'elles figurent dans sa configuration de référence fonctionnelle et en confirmant ensuite par l'examen des ré-

sultats des revues, des contrôles et des essais que les exigences ont été satisfaites.

L'audit de la configuration physique est conduit en examinant le produit, «tel que réalisé» et essayé, afin de s'assurer de la conformité aux documents de configuration. Cet audit (associé à l'audit de la configuration fonctionnelle) confirme que le produit (tel que défini par ses documents de configuration) répond aux exigences fonctionnelles et physiques qui le concernent.

Ces audits sont habituellement conduits une fois pour chaque configuration et peuvent être effectués de manière progressive (voir annexe D).

NOTE 6   Un audit n'est pas destiné à remplacer les autres formes de revue, essai ou contrôle d'un article en vue de déclarer sa conformité ou son acceptation.

7.7 Plan de gestion de la configuration

Il peut exister un plan de gestion de la configuration pour des applications propres à une société, pour des projets ou parce qu'il est demandé contractuellement.

Un plan de gestion de la configuration fournit, pour chaque projet, les procédures de gestion de la configuration à employer et indique qui les appliquera et quand. En cas de sous-traitance, le plan de gestion de la configuration du contractant principal sera habituellement le plan principal. Il convient que tous les sous-traitants élaborent leur propre plan qui peut être publié sous forme de document isolé ou être intégré dans celui du contractant principal. Le client peut élaborer également un plan de gestion de la configuration décrivant son intervention dans les activités de gestion de la configuration du contractant principal. Il est indispensable que tous ces plans soient compatibles et que le système de gestion de la configuration qu'ils décrivent puisse servir de base pour la gestion de la configuration au cours des étapes ultérieures du projet.

Le plan de gestion de la configuration peut être l'un des documents de gestion identifiés dans le contrat.

8

Il convient de le soumettre aux procédures de maîtrise des documents.

Il est recommandé que, chaque fois que cela est possible, le plan se réfère à des procédures existantes de l'organisme dans un but de simplicité et pour éviter leur duplication. L'annexe A recommande une structure et un contenu pour un plan de gestion de la configuration.

8 Audit du système de gestion de la configuration

Il convient d'effectuer les audits du système de gestion de la configuration en s'appuyant sur les procédures écrites de l'entreprise. Les audits du système de gestion de la configuration sont conduits pour

— vérifier que le système de gestion de la configuration existe et satisfait aux exigences spécifiées;

— déterminer la conformité de l'exécution de la gestion de la configuration avec les procédures décrites dans le plan de gestion de la configuration correspondant.

Selon la situation, l'audit peut être effectué dans le cadre de l'assurance qualité, de la gestion de la configuration ou par le client.

Il convient que les principes, les critères et l'exécution de l'audit de système de gestion de la configuration soient conformes aux différentes parties de l'ISO 10011.

9

Annexe A

(normative)

Structure et contenu recommandés pour un plan de gestion de la configuration

A.1 Introduction

Il convient que ce chapitre donne des informations générales. Les sujets types suivants peuvent y figurer:

— une description du système ou du ou des article(s) de configuration auxquels le plan s'applique;

— un programme donnant des indications sur le calendrier des activités de gestion de la configuration importantes;

— le but et l'objet du plan de gestion de la configuration;

— des documents connexes (c'est-à-dire plan de gestion de la configuration des fournisseurs, contractants, etc., qui sont étroitement liés au plan de gestion de la configuration concerné);

— des documents applicables et leur ordre de priorité.

A.2 Directives et procédures

Il convient que ce chapitre comporte des éléments de gestion de la configuration convenus avec le client ou le sous-traitant et qui forment la base des activités contractuelles de gestion de la configuration. Ces sujets sont les suivants:

— directives sur l'application de la gestion de la configuration et des disciplines de gestion connexes;

— organisation de la gestion de la configuration avec les responsabilités données à la commission de gestion de la configuration, aux comités, groupes et experts du fournisseur et aux autres organismes impliqués;

— critères convenus pour le choix des articles de configuration;

— fréquence, diffusion et contrôle des rapports, tant en interne que vis-à-vis du client;

— terminologie convenue.

A.3 Identification de la configuration

Il convient que ce chapitre contienne

— une arborescence des articles de configuration, les spécifications et les autres documents au plus haut niveau;

— les méthodes de numérotation à adopter pour les spécifications, plans et évolutions;

— les configurations de référence à établir, leur calendrier et les documents type qui les composeront;

— l'utilisation et l'affectation de numéros de série ou autre identification facilitant la traçabilité;

— les procédures de diffusion.

A.4 Maîtrise de la configuration

Il convient que ce chapitre indique

— l'organisation, la composition et le mandat de la commission de gestion de la configuration et ses relations avec les commissions équivalentes organisées par le client et les sous-traitants;

— les procédures de maîtrise des évolutions avant l'établissement d'une configuration de référence contractuelle;

— les procédures de traitement des évolutions depuis la demande jusqu'à la validation après application sur l'article de configuration (cela comprend les évolutions à l'initiative du client comme les évolutions internes ou du fait du fournisseur).

10

A.5 Enregistrement de l'état de la configuration

Il convient que figurent dans ce chapitre

— des procédures pour la saisie, l'enregistrement, le traitement et la mise à jour des données nécessaires à la production des rapports sur l'état de la configuration;

— la définition du contenu et des formats de tous les rapports de gestion de la configuration.

A.6 Audit de la configuration

Il convient que ce chapitre comprenne

— une liste des audits à conduire et leur position dans le calendrier du projet;

— les procédures d'audit à utiliser;

— les responsabilités et les disciplines impliquées;

— une définition du format des rapports d'audit.

11

Annexe B
(informative)

Correspondance entre les exigences de la gestion de la configuration et les éléments du système qualité

Article ou paragraphe	Titre	Article ou paragraphe correspondant de			
		ISO 9001	ISO 9002	ISO 9003	ISO 9004-1
Article 4	Systèmes de gestion de la configuration, description et objectifs	—	—	—	—
4.1	Généralités	—	—	—	5.2.6 ●
4.2	Vue d'ensemble	—	—	—	—
4.2.1	Processus de gestion de la configuration	4.4 ●	—	—	8 ○
4.2.2	Organisation de la gestion de la configuration	4.1.2.1 ●	4.1.2.1 ○	4.1.2.1 ○	5.2.3 ●
4.2.3	Procédures et plans de gestion de la configuration	4.2 ○	4.2 ○	4.2 ○	5.2.5 ○
4.2.4	Audit des systèmes de gestion de la configuration	4.17 ●	4.17 ●	4.17 ●	5.4 ●
Article 5	Processus de gestion de la configuration	—	—	—	—
5.1	Généralités	—	—	—	—
5.2	Identification de la configuration	—	—	—	—
5.2.1	Arborescence du produit et choix des articles de configuration	4.4.2 ○	—	—	8.2 ○
5.2.2	Documentation des articles de configuration	4.4.4 ●	—	—	8.1 ●
5.2.3	Numérotation	—	—	—	—
5.2.4	Établissement des configurations de référence	4.5.1 ○	—	—	8.6 ○
5.3	Maîtrise de la configuration	4.4.9 ●	—	—	8.8 ●
5.4	Enregistrement de l'état de la configuration	4.5.2 ○	4.5.2 ○	4.5.2 ○	—
5.5	Audits de la configuration	4.4.7 et 4.4.8 ●	4.10.1 ○	4.10.1 ○	8.4 ○
Article 6	Organisation de la gestion de la configuration	—	—	—	—
6.1	Généralités	4.1.2.1 ●	4.1.2.1 ○	4.1.2.1 ○	5.2.3 ●
6.2	Structure de l'organisation	—	—	—	—

12

Article ou paragraphe	Titre	Article ou paragraphe correspondant de			
		ISO 9001	ISO 9002	ISO 9003	ISO 9004-1
Article 7	Procédures de gestion de la configuration	—	—	—	—
7.1	Généralités	4.2.1 O	4.2.1 O	4.2.1 O	5.2.5 O
7.2	Procédures d'identification de la configuration	—	—	—	—
7.2.1	Choix des articles de configuration	4.4.2 O	—	—	8.2.2 O
7.2.2	Documentation des articles de configuration	4.4.6 ●	4.5.1 O	4.5.1 O	8.1 ●
7.2.3	Méthodes de numérotation	4.5.1 O	4.5.1 O	4.5.1 O	—
7.2.4	Configurations de référence	—	—	—	8.6 O
7.3	Commission de gestion de la configuration	4.4.9 ●	4.5.3 O	4.5.3 O	8.8 ●
7.4	Procédure de maîtrise de la configuration	—	—	—	—
7.4.1	Identification et description du besoin d'évolution	4.4.9 ●	4.5.3 O	4.5.3 O	8.8 ●
7.4.2	Instruction de la demande d'évolution	4.4.9 ●	4.5.3 O	4.5.3 O	8.8 ●
7.4.3	Approbation de l'évolution demandée	4.4.9 ●	4.5.3 O	4.5.3 O	8.8 ●
7.4.4	Mise en œuvre et vérification de l'évolution approuvée	4.5.1 O	—	—	8.8 ●
7.5	Procédure d'enregistrement de l'état de la configuration	—	—	—	—
7.5.1	Généralités	4.5.2 O	4.5.2 O	4.5.2 O	—
7.5.2	Enregistrement	4.5.1 O	4.5.1 O	4.5.1 O	—
7.5.3	Présentation des informations	4.5.2 O	4.5.2 O	4.5.2 O	—
7.6	Procédures d'audit de la configuration	4.4.7 et 4.4.8 ● 4.10.1 ●	4.10.1 O	4.10.1 O	8.4.3 O
7.7	Plan de gestion de la configuration	4.2 O	4.2 O	4.2 O	5.5.3 O
Article 8	Audit du système de gestion de la configuration	4.17 ●	4.17 ●	4.17 ●	5.4 ●
Annexe A	Structure et contenu recommandés pour un plan de gestion de la configuration				
A.1	Introduction	—	—	—	5.3.3 O
A.2	Directives et procédures	4.4.2 O	—	—	5.3.3 O
A.3	Identification de la configuration	4.4 O	—	—	5.3.3 O
A.4	Maîtrise de la configuration	4.4.9 O	—	—	5.3.3 O
A.5	Enregistrement de l'état de la configuration	4.5.2 O	4.5.2 O	4.5.2 O	—
A.6	Audit de la configuration	4.4.7 et 4.4.8 ● 4.10.1 O	4.10.1 O	4.10.1 O	8.4.3 O

Légende

—   Pas d'élément du système qualité équivalent.

O   Un certain lien existe.

●   Un lien très fort existe.

13

Annexe C
(informative)

Phases du projet — Activités de gestion de la configuration

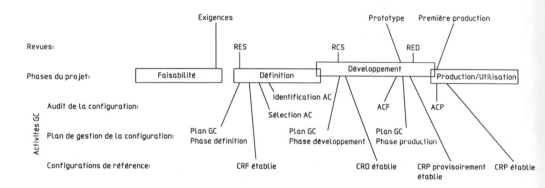

Légende

CRF = Configuration de référence fonctionnelle

CRD = Configuration de référence de développement

CRP = Configuration de référence de production

RES = Revue des exigences systèmes

RCS = Revue de conception systèmes

RED = Revue des études détaillées

ACF = Audit de la configuration fonctionnelle

ACP = Audit de la configuration physique

AC = Article de configuration

GC = Gestion de la configuration

NOTE — Cette figure est un exemple de gestion de la configuration dans un projet. Si un cycle de vie du projet différent est utilisé, on peut obtenir une autre figure.

14

Annexe D
(informative)

Bibliographie

[1] ISO 9000-1:1994, *Normes pour le management de la qualité et l'assurance de la qualité — Partie 1: Lignes directrices pour leur sélection et utilisation.*

[2] ISO 9000-2:1993, *Normes pour le management de la qualité et l'assurance de la qualité — Partie 2: Lignes directrices pour l'application de l'ISO 9001, l'ISO 9002 et l'ISO 9003.*

[3] ISO 9000-3:1991, *Normes pour la gestion de la qualité et l'assurance de la qualité — Partie 3: Lignes directrices pour l'application de l'ISO 9001 au développement, à la mise à disposition et à la maintenance du logiciel.*

[4] ISO 9001:1994, *Systèmes qualité — Modèle pour l'assurance de la qualité en conception, développement, production, installation et prestations associées.*

[5] ISO 9002:1994, *Systèmes qualité — Modèle pour l'assurance de la qualité en production, installation et prestations associées.*

[6] ISO 9003:1994, *Systèmes qualité — Modèle pour l'assurance de la qualité en contrôle et essais finals.*

[7] ISO 9004-1:1994, *Management de la qualité et éléments de système qualité — Partie 1: Lignes directrices.*

[8] ISO 9004-2:1991, *Gestion de la qualité et éléments de système qualité — Partie 2: Lignes directrices pour les services.*

[9] ISO 10006:—[1], *Management de la qualité — Lignes directrices pour l'assurance de la qualité de la conduite de projet.*

[10] ISO 10012-1:1992, *Exigences d'assurance de la qualité des équipements de mesure — Partie 1: Confirmation métrologique de l'équipement de mesure.*

[11] ISO 12220-2:—[1], *Traitements du cycle de vie total — Part 2: Gestion de la configuration du logiciel.*

---

1) À publier.

15

V. ANNEXES

L'ÉVOLUTION DES NORMES ISO 9000 A L'HORIZON 2000

Les grandes lignes de la révision "phase 2"

En 1990, il a été décidé de procéder à la révision des normes de base de la série ISO 9000, cette révision devant se faire en deux temps.

L'objectif de la révision "Phase 1" était de faire évoluer les textes afin de permettre de corriger des erreurs détectées lors de l'utilisation et de la pratique des normes ISO 9000, d'apporter les clarifications nécessaires et d'aménager certains éléments en vue de mieux satisfaire les besoins des utilisateurs tant dans le cadre de relations contractuelles que dans le cadre non contractuel.

Cette révision a abouti à la seconde publication en 1994 des normes de la série ISO 9000.

La "Phase 2" des révisions, qui devrait permettre une troisième édition vers l'an 2000, a débuté en 1993. La volonté des normalisateurs d'intégrer dans leur propre démarche les principes des démarches qualité a conduit à l'élaboration de spécifications techniques détaillées sur le contenu et la structure des futures normes. En même temps, les retours du terrain permettent à chaque pays membre de l'ISO/TC 176 d'affiner ses positions. Rappelons qu'environ soixante-dix pays sont représentés dans ce comité, ce qui ne facilite pas toujours le consensus...

Les grands axes retenus pour cette révision "Phase 2" sont les suivants :
- réduction du nombre de normes de la série ; en particulier, il ne devrait plus y avoir qu'un seul référentiel pour l'assurance de la qualité (avec une compatibilité ascendante, bien entendu) ;
- les guides concernant le management de la qualité seront également regroupés sous la référence ISO 9004 et non plus attachés aux catégories génériques de produits (disparition des ISO 9004-2/3/4 voire 9000-3).
- amélioration de la lisibilité ; en particulier pour faciliter le travail d'appropriation des textes nécessaire pour mener à bien toute démarche qualité, sans avoir recours à des spécialistes de l'exégèse. Cet aspect-là rejoint une des préoccupations majeures des petites entreprises.

- modification de la structure des normes, permettant de mieux mettre en évidence les processus clé liés à la réalisation du produit, et ceux liés à la mise en œuvre efficace de la démarche qualité. A noter la prise en compte de la position défendue par la France qui préconise une structure basée sur le cycle "P.D.C.A.".

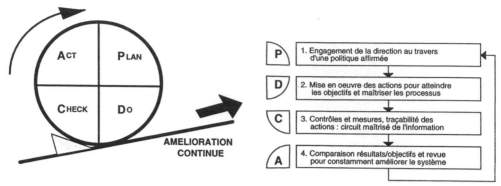

Les concepts fondamentaux de la démarche qualité (engagement de la direction, alignement de la politique qualité sur la stratégie de l'entreprise, satisfaction du client implication des hommes, maîtrise des processus, amélioration permanente) qui sous-tendent toutes les actions des entreprises tournées vers la maîtrise globale de la qualité vont ainsi se retrouver tant dans le référentiel pour l'assurance de la qualité que dans le guide de management.

Cela se traduit entre autres par :
- un renforcement des exigences d'engagement de la Direction,
- la prise en compte des résultats pour juger de l'efficacité de la démarche,
- une orientation très ferme vers la démonstration de l'efficacité des processus, plutôt que l'existence de procédures, et en particulier la nécessité de démontrer l'efficacité du processus d'amélioration permanente.

La démarche qualité vise, en externe, à satisfaire les clients de manière durable et, en interne, à améliorer les fonctionnements de l'entreprise. La révision de l'an 2000 permettra une meilleure prise en compte des réalités du marché et de l'existant dans l'entreprise, quel que soit le type de produit fourni ou le type d'organisation interne.

ISSN 0335-3931

normalisation française

FD X 50-175
Mai 1996

Indice de classement : **X 50-175**

ICS : 03.120.10 ; 03.120.20

Management de la qualité

Cohérence des démarches de maîtrise globale de la qualité, assurance de la qualité et certification ISO 9000

E : Quality management — Coherence of the overall quality control, quality assurance and ISO 9000 certification approaches
D : Qualitätsmanagement — Übereinstimmung der Gesamtqualitätslenkungs-, Qualitätssicherung- und ISO 9000 Zertifizierungsansätze

Fascicule de documentation

publié par l'AFNOR en mai 1996.

Correspondance

À la date de publication du présent document, il n'existe pas de travaux européens ou internationaux traitant du même sujet.

Analyse

Le présent fascicule de documentation a pour but d'apporter aux entreprises une clarification sur les possibilités d'amélioration permanente de la satisfaction des clients et des fonctionnements internes qu'une démarche de certification, bien conduite, des dispositifs d'assurance de la qualité, peut amener. Il constitue une introduction aux concepts de maîtrise globale de la qualité.

Descripteurs

Thesaurus International Technique : qualité, assurance de qualité, gestion, contrôle de qualité, certification, entreprise.

Modifications

Corrections

Édité et diffusé par l'Association Française de Normalisation (AFNOR), Tour Europe 92049 Paris La Défense Cedex — Tél. : (1) 42 91 55 55

AFNOR 1996 1er tirage 96-05-F

Membres de la commission de normalisation

Président : M AFFATICATI

Secrétariat : MME NOTIS — AFNOR

M	AFFATICATI	MATRA HACHETTE GENERAL SA
M	BAZINET	EDF GDF SERVICES
M	BERTIN	RHONE POULENC SA
MME	BRUTIN	AFAQ
M	BUSSARD	EXECUTIVE CONSULTANTS
M	DEDEWANOU	ROUSSEL UCLAF
MME	GIRARD	ECCO TRAVAIL TEMPORAIRE
M	JUREDIEU	GIAT INDUSTRIES
M	LAROCHE	EDF DION EQUIPEMENT SQR
MME	NEEL	DASSAULT AVIATION
M	QUINIO	TECHNIP

Sommaire

0 Introduction

L'assurance de la qualité répond en premier lieu au besoin de donner confiance au client, notamment sur le fait que le risque est minimisé. Pour le client, il ne faut pas oublier que c'est surtout la qualité du produit fourni qui est importante.

Le fait même que le référentiel international d'assurance qualité ISO 9000 soit générique a pour corollaire qu'un travail d'appropriation est nécessaire dans chaque entreprise par rapport à sa culture, ses activités et ses spécificités.

Si ce travail d'appropriation n'est pas fait par l'entreprise et par l'organisme certificateur, la certification est perçue plus sous l'aspect «contraintes et coûts» que comme moyen d'améliorer l'efficacité de l'entreprise.

De même que le système qualité sera orienté vers l'obtention de la qualité du produit et/ou du service, l'assurance de la qualité, elle, s'intégrera dans une démarche de maîtrise globale de la qualité, tournée résolument vers la satisfaction durable des clients et l'amélioration permanente des résultats de l'entreprise.

1 Domaine d'application

Le présent document a pour objet de :

— présenter les avantages et inconvénients liés aux objectifs retenus par les entreprises dans leur démarche qualité ;

— montrer la nécessité d'une approche globale de la qualité ;

— formuler des recommandations pour réduire les difficultés rencontrées et optimiser les résultats.

2 Références normatives

Ce document comporte par référence datée ou non datée des dispositions d'autres publications. Ces références normatives sont citées aux endroits appropriés dans le texte et les publications sont énumérées ci-après. Pour les références datées, les amendements ou révisions ultérieurs de l'une quelconque de ces publications ne s'appliquent à ce document que s'ils y ont été incorporés par amendement ou révision. Pour les références non datées, la dernière édition de la publication à laquelle il est fait référence s'applique.

NF EN ISO 8402	1995	Management de la qualité et assurance de la qualité — Vocabulaire.
NF EN ISO 9001	1994	Systèmes qualité — Modèle pour l'assurance de la qualité en conception, développement, production, installation et prestations associées.
NF EN ISO 9002	1994	Systèmes qualité — Modèle pour l'assurance de la qualité en production, installation et prestations associées.
NF EN ISO 9003	1994	Systèmes qualité — Modèle pour l'assurance de la qualité en contrôle et essais finals.
NF EN ISO 9004-1	1994	Management de la qualité et éléments de système qualité — Partie 1 : Lignes directrices.

3 Définitions

Pour les besoins du présent document, les définitions données dans la norme NF EN ISO 8402 s'appliquent.

4   Les motivations pour une certification ISO 9000

L'assurance de la qualité et la certification ISO 9000 rencontrent un intérêt croissant auprès des entreprises, donneurs d'ordres ou fournisseurs.

Dans la mise en œuvre d'un processus de certification, les motivations des entreprises sont différentes suivant leur maturité dans la démarche de maîtrise globale de la qualité et leurs objectifs principaux.

Parmi ces motivations, celles citées le plus couramment sont :

— répondre aux exigences des donneurs d'ordres ;

— se différencier si l'on est le premier certifié ;

— rester sur le marché si des concurrents sont déjà certifiés ;

— améliorer son image de marque ;

— créer une motivation forte en interne pour faire progresser la qualité.

5   Les résultats qualité suivant les objectifs recherchés au travers de la certification ISO 9000

Pour l'entreprise, trois objectifs peuvent être recherchés au travers de la certification ISO 9000 :

— obtenir un certificat ISO 9000 ;

— assurer la qualité par l'application de la norme ;

— franchir une étape importante dans la démarche de maîtrise globale de la qualité.

5.1   Premier objectif recherché : obtenir un certificat

Dans la mesure où il s'agit d'obtenir un «diplôme», uniquement comme argument commercial, la contrainte d'obtention rapide du certificat ISO 9000 risque de conduire à plaquer un système procédurier sans tenir compte des spécificités et sans implication suffisante des acteurs.

Si cela est le cas, aucun progrès dans le domaine de la qualité n'est alors possible, par démotivation des acteurs. En effet, une volonté forte et partagée d'amélioration continue est un des fondements essentiels pour réaliser ces progrès.

Dans la mesure où l'entreprise n'aura retenu que les aspects les plus contraignants de la démarche, il lui est difficile par la suite de réhabiliter la qualité et d'en faire comprendre l'intérêt, tant pour améliorer ses résultats que pour satisfaire ses clients.

5.2   Deuxième objectif recherché : assurer la qualité par l'application de la norme

Lorsque l'objectif est de mettre en place un dispositif d'assurance de la qualité, la volonté des dirigeants de l'entreprise crée une dynamique forte. Le besoin du client est identifié, les principaux dysfonctionnements internes sont mis en évidence et corrigés. Le changement d'attitude, vis-à-vis de la qualité, de l'ensemble du personnel est perceptible grâce à une plus grande implication et à une meilleure compréhension de l'assurance de la qualité.

Les points suivants feront l'objet d'une attention particulière :

— le manque d'expérience ;

— l'inadéquation des procédures au type d'activité ;

— l'insuffisante implication des opérationnels ;

— la contrainte de temps ;

— le relâchement après l'obtention du certificat.

Faute de quoi, le dispositif assurance qualité sera perçu par l'entreprise comme une contrainte n'aidant pas à l'amélioration des résultats et à la satisfaction des clients.

Il y aura d'autre part, un risque de sortir du marché soit parce que l'on est trop cher, soit parce que ce qui est écrit est devenu trop lourd pour pouvoir être appliqué.

En effet, il ne s'agit pas seulement de satisfaire aux exigences de la norme et de l'auditeur mais surtout d'améliorer le fonctionnement de l'entreprise.

5.2.1 Le manque d'expérience

Très souvent, le manque d'expérience ou de connaissances, la crainte de l'échec ou la crainte des certificateurs, le caractère analytique de la norme font percevoir l'assurance de la qualité comme un ensemble de contraintes nouvelles.

Les normes donnent des recommandations sur des «activités» souvent mal connues des entreprises (revue de direction, revue de contrat, maîtrise des documents, audits,...), ce qui nécessite un temps important de compréhension et d'appropriation.

Faute d'une analyse et d'une réflexion préalable, par manque d'intégration et d'optimisation, de nouveaux modes de fonctionnement contraignants se superposent à ceux habituels de l'entreprise.

La nécessité perçue de répondre complètement au modèle d'assurance de la qualité, en se focalisant sur les domaines qui jusque-là n'étaient pas traités, peut faire oublier qu'il convient aussi de se renforcer dans les domaines présentant des risques pour l'entreprise.

5.2.2 L'inadéquation des procédures au type d'activité

Lorsque les entreprises rédigent les procédures qui répondent aux exigences formulées dans chacun des articles de la norme, il est nécessaire qu'elles vérifient également que ces procédures sont les plus pertinentes pour assurer la qualité du produit et l'efficacité globale du système.

Des procédures non indispensables risquent d'être ajoutées si l'analyse préalable à la mise en place du dispositif d'assurance de la qualité (situation initiale, objectif, ressources, plan d'action) est insuffisante.

5.2.3 L'insuffisante implication des opérationnels

Si la participation des opérationnels n'est pas sollicitée systématiquement pour la formalisation des processus et pour la rédaction des procédures, alors ces dernières ne constituent pas une aide au quotidien : elles apparaissent aux opérationnels comme une construction de papiers inutile, voire gênante, déconnectée de la vie réelle de l'entreprise, qui ne résout pas efficacement les difficultés rencontrées. Il n'y a pas, alors, appropriation, garantie essentielle de leur application, et la volonté d'optimisation manque pour à la fois satisfaire l'exigence et faciliter la vie au quotidien.

5.2.4 La contrainte de temps

Si l'engagement d'être prêt à une date donnée est une motivation forte, il peut aussi conduire l'entreprise à sous-estimer les étapes préalables à une mise en œuvre efficace.

Toute difficulté non prévue risque de conduire par manque de temps ou de ressources à pallier le défaut rencontré par une nouvelle procédure et non par l'amélioration du processus concerné.

On agit davantage sur le correctif que sur le préventif.

5.2.5 Le relâchement après l'obtention du certificat

Lorsque l'objectif de certification est atteint, la pression diminue. Le risque existe de considérer que l'essentiel est fait. Il est alors difficile :

— soit de revenir sur l'existant pour l'optimiser ;

— soit de lancer une action plus vaste qui demande un engagement et une motivation renouvelés.

5.3 Troisième objectif recherché : franchir une étape importante dans la démarche de maîtrise globale de la qualité

Les modèles ISO 9001, 2, 3 d'assurance de la qualité décrivent les exigences à satisfaire. C'est à l'entreprise de définir les moyens les plus efficaces pour y parvenir.

L'amélioration simultanée de la satisfaction des clients et des modes de fonctionnement interne repose sur une réflexion préalable concernant les objectifs à court et moyen terme de l'entreprise. Le bon positionnement et l'orientation de l'assurance de la qualité et de la certification dans la démarche de maîtrise globale de la qualité constituent le fondement du succès.

La norme est générique : elle s'applique à des situations différentes. En conséquence, chaque entreprise définit sa propre voie qui correspond à son marché et à ses modes de fonctionnement.

Le diagnostic préalable (état des lieux) permet, d'une part, de mettre en regard les besoins des clients, le fonctionnement de l'entreprise et les exigences de la norme, et, d'autre part, de définir des objectifs et la manière de les atteindre.

Le diagnostic s'assimile à une revue initiale de direction sur la base des quatre aspects fondamentaux suivants :

— compréhension du référentiel ;

— adéquation à la politique de l'entreprise ;

— positionnement de l'assurance qualité dans la démarche de maîtrise globale de la qualité ;

— ressources à mettre en œuvre.

Les procédures sont nécessaires et utiles pour assurer la répétitivité des opérations et diminuer la variabilité des modes opératoires, mémoriser le savoir-faire et en assurer la pérennité. La formation, les compétences et la polyvalence sont tout aussi importantes et sont à prendre en compte pour définir le juste nécessaire en matière de contenu et le niveau de détail de ces procédures.

L'implication des hommes et la communication interne sur la démarche de maîtrise globale de la qualité constituent des conditions de réussite.

6   L'incidence des relations donneurs d'ordres-fournisseurs

La mise en œuvre des normes ISO 9000 apporte une clarification et une amélioration des relations entre donneur d'ordres et fournisseurs.

Les donneurs d'ordres sont souvent moteur dans cette approche en obligeant leurs fournisseurs à franchir une étape souvent difficile au départ mais généralement positive. Il s'agit pour les premiers de s'appuyer sur des entreprises qui ont déjà mis en place un dispositif d'assurance de la qualité et par là même de diminuer le coût d'évaluation par une confiance accrue en ces fournisseurs. Pour ces derniers, la certification permet d'éviter la multiplication des audits.

A contrario, le caractère de contrainte imposée par l'acheteur n'a pas incité les fournisseurs à analyser leur intérêt propre pour la mise en place d'un dispositif, économiquement viable, adapté à leurs propres objectifs. La mise en place du système qualité risque de ne pas être perçue comme une démarche de progrès, mais comme une exigence supplémentaire.

6.1   Les besoins du donneur d'ordres

Les donneurs d'ordres achètent un produit (au sens générique produit/service). Le système qualité du fournisseur doit donc leur donner confiance dans ce produit. Toutefois, il y a nécessité de vérifier que la maîtrise des processus et le dispositif d'assurance de la qualité sont adaptés au type de produit fourni.

L'existence d'un dispositif documenté permet à travers le manuel qualité et les procédures de vérifier l'adéquation au besoin, de savoir ce qui est maîtrisé.

Lorsque cela est nécessaire, des exigences particulières peuvent être spécifiées, par exemple pour la maîtrise de certains processus de développement (industrie de l'armement) ou de production (industrie de l'automobile).

6.2 Les difficultés rencontrées par le fournisseur

La norme est difficile à comprendre et à mettre en œuvre dans de petites structures dans lesquelles chacune des personnes assume différentes fonctions et est donc peu disponible pour mener la démarche.

Le donneur d'ordres n'a pas toujours le recul suffisant pour ne définir que des objectifs. Il a tendance à prescrire des modes de fonctionnement qui viennent de sa propre entreprise et peuvent être néfastes dans un contexte différent (taille, activité, etc.).

6.3 Le partenariat

Des relations de partenariat efficaces reposent sur :

— la définition par le fournisseur de ses priorités et objectifs ainsi que l'identification des conditions de réussite dans son organisation ;

— une relation inscrite dans la durée et la confiance réciproque, nécessaire pour que, passées les premières difficultés, les relations client-fournisseur soient au bénéfice mutuel des deux parties.

Le cas échéant, il appartient au donneur d'ordres principal d'un fournisseur de l'aider à mettre en place un dispositif d'assurance de la qualité qui constituera une base reconnue et donc une économie globale.

Le donneur d'ordres principal doit cependant laisser au fournisseur le soin de mettre en œuvre son système qualité en utilisant les méthodes et les moyens qui seront les plus adaptés à son entreprise.

7 Approche globale du management de la qualité et de l'assurance de la qualité

7.1 Les textes de référence

7.1.1 Les normes ISO 9000

La norme ISO 9004, peu connue du «grand public» est aujourd'hui perçue par bon nombre de ses utilisateurs comme un guide pour le management de l'assurance de la qualité dans l'entreprise.

En plus des éléments de management contenus dans les normes ISO 9001, 2 et 3 qu'elle reprend et complète, l'ISO 9004 fournit aux entreprises des éléments de caractère économique ou conceptuel qui favorisent la mise en place d'un système qualité efficace non seulement pour assurer la satisfaction du client mais aussi pour améliorer de façon continue la performance économique des processus attachés au cycle de vie du produit.

Les normes ISO 9001, 2 et 3 spécifient les exigences du dispositif d'assurance de la qualité qu'une entreprise doit satisfaire pour démontrer son aptitude à fournir à ses clients un produit ou un service conforme à des besoins identifiés.

Dans ces normes, les éléments du dispositif d'assurance de la qualité sont :

— explicités et formulés en termes d'exigences à satisfaire et non en termes d'indications sur la façon de faire ;

— organisés de manière cohérente de façon à constituer un système qualité s'appuyant pour l'essentiel sur la maîtrise des processus attachés au cycle de vie du produit depuis sa conception jusqu'à sa livraison et éventuellement son installation et son utilisation.

Le caractère générique de ces normes nécessite une lecture adaptée au secteur d'activité, voire même un guide d'application, de façon à en faciliter la compréhension et la mise en œuvre par l'entreprise.

7.1.2 Les concepts des Prix Qualité

Les Prix Qualité, américain, européen, français (Malcolm Baldrige National Quality Award [MBNQA], European Quality Award [EQA], Prix Français de la Qualité [PFQ]), ont élargi la notion de système qualité à celle de l'ensemble des modes de fonctionnement pour assurer en même temps :

— la satisfaction des clients ;

— l'efficacité de l'entreprise par une meilleure utilisation de ses ressources.

Les critères retenus dans ces prix sont le plus souvent utilisés par les entreprises pour entreprendre une démarche d'amélioration globale sans pour autant concourir à l'un de ces prix.

La politique de l'entreprise vis-à-vis de résultats internes et externes guide l'action qualité : satisfaction client, objectifs d'entreprise exprimés en termes de politique, stratégie, et résultats, objectifs qualité, sont liés.

L'optimisation des fonctionnements et plus particulièrement la maîtrise des processus et l'implication des hommes sont les conditions nécessaires pour assurer à la fois l'efficacité du système mis en œuvre et la satisfaction des différentes parties intéressées.

7.2 La maîtrise des processus transversaux

Appelée plus ou moins explicitement dans les différents référentiels, la maîtrise des processus transversaux (ceux qui traversent plusieurs fonctions verticales de l'entreprise) est une composante importante de la démarche qualité.

L'analyse de ces processus part des concepts qualité : orientation client, processus critique pour les objectifs d'entreprise — donc s'inscrivant dans sa politique —, et reconnaît ce qui est fait et ce qui doit être fait par l'implication du personnel et des différents niveaux hiérarchiques, par la mise en place d'indicateurs qualité ainsi que par la remontée d'information.

C'est l'application concrète des concepts qualité sur des modes de fonctionnement précis et réels.

Tout en assurant la réduction des temps de cycles et des coûts, la maîtrise des processus transversaux est aussi un élément clé d'assurance de la qualité, pour à la fois améliorer les résultats — ce qui a de la valeur pour le client — et sécuriser le fonctionnement vis-à-vis de la direction de l'entreprise et des actionnaires.

7.3 La complémentarité des différentes approches

L'existence de différents référentiels dans le domaine qualité peut amener à penser qu'il y a contradiction alors qu'il y a complémentarité.

L'élaboration des Prix Qualité a permis de dégager les concepts fondamentaux du management de la qualité dans des orientations et un langage qui sont ceux des dirigeants d'entreprise, d'en faire des outils de management, de réconcilier objectifs d'entreprise et démarche qualité.

Par comparaison, l'approche ISO 9000 est plus analytique, plus précise et plus complète pour la maîtrise des processus qui affectent directement la réalisation des produits et services. Cette approche est plus difficile à appréhender et à piloter par des dirigeants d'entreprises.

La norme ISO 9004 occupe une position intermédiaire. Elle propose des recommandations pour mettre en œuvre un système qualité efficace. Elle procède de la recherche de l'équilibre entre la formalisation du management et le référentiel analytique.

C'est l'équilibre entre la formalisation du management et l'appropriation des référentiels techniques qui assure la réussite des démarches qualité.

La démarche qualité doit, en externe, satisfaire les clients d'une manière durable, et parallèlement, en interne, améliorer l'ensemble des fonctionnements et des résultats. Elle donne confiance tant au client qu'aux différentes parties prenantes de l'entreprise, l'actionnaire, le personnel, les fournisseurs, l'environnement global dans lequel elle existe.

L'appropriation des concepts de qualité globale (engagement de la direction, satisfaction du client, alignement de la politique qualité sur la stratégie de l'entreprise, implication des hommes, maîtrise des processus, amélioration permanente) est indispensable pour assurer la réussite et l'efficacité du dispositif d'assurance de la qualité qui, en quelque sorte les matérialise. La mise en place de ce dispositif constitue une première étape structurante, opérationnelle, et plus abordable qu'une démarche de maîtrise globale de la qualité, qui en est plutôt le prolongement naturel.

8 Recommandations

Si la certification matérialise une étape importante d'une démarche qualité, cette dernière ne peut être réduite au seul respect des exigences de la norme, encore moins à l'obtention d'une certification à seule vocation externe. L'application de la norme doit être l'occasion d'une réflexion sur la place de l'assurance de la qualité dans la démarche d'ensemble.

Pour être efficace et contribuer aux objectifs d'entreprise, il convient de fonder toute action sur les concepts de maîtrise globale de la qualité et ce, quel que soit l'état du dispositif d'assurance de la qualité :

— mise en place initiale ;

— en cours de mise en place ou déjà mis en place sinon certifié lorsque l'on veut aller plus loin dans l'efficacité du système qualité ;

— culture existante de maîtrise globale de qualité et volonté de renforcer le dispositif d'assurance de la qualité.

Le cas de la mise en place initiale d'un dispositif d'assurance de la qualité est étudié ci-dessous. Deux autres situations sont analysées en complément :

— amélioration de l'efficacité d'un système qualité existant ;

— renforcement du dispositif d'assurance de la qualité lorsqu'il existe une forte culture qualité.

8.1 Recommandations à l'organisme pour la mise en place initiale d'un dispositif d'assurance de la qualité

La mise en place d'un dispositif d'assurance de la qualité concerne la majorité des fonctions de l'entreprise : il est donc recommandé de la mener comme un projet.

8.1.1 Le rôle de la Direction

La Direction a un rôle essentiel dans le cadre de la démarche :

— elle affiche l'objectif de la démarche qualité : il ne s'agit ni d'obtenir le certificat pour le certificat, ni d'appliquer la norme pour la norme mais de répondre à l'intérêt à moyen terme de l'entreprise par la satisfaction des clients et l'amélioration des fonctionnements ;

— elle diffuse les concepts qualité, définit des objectifs clairs, fixe un planning à la fois ambitieux et réaliste, met à disposition les ressources nécessaires, contrôle les différentes phases du déroulement ;

— elle assure la communication relative au projet, motive le personnel, explique la politique poursuivie et les résultats attendus, montre l'implication personnelle des dirigeants, est disponible pour résoudre les difficultés rencontrées, reconnaît les efforts des participants, valorise les résultats.

L'engagement de la Direction tout au long du projet est une condition essentielle de réussite.

8.1.2 La phase d'élaboration du projet

C'est une phase importante d'analyse pour définir l'action et en assurer l'efficacité.

La norme définit le «quoi», le marché le «pourquoi», l'entreprise le «comment».

Cette phase d'analyse dans les trois domaines, norme, besoin du marché, fonctionnement de l'entreprise, permet de construire un dispositif d'assurance de la qualité adapté aux spécificités de l'entreprise et aux caractéristiques du produit ou du service suivant sa nature et sa complexité.

Il est recommandé de vérifier la bonne compréhension de la norme, ainsi que l'appropriation des concepts, après en avoir clarifié le champ d'application, à savoir les processus qui, tout au long du cycle de vie, sont directement liés aux caractéristiques attendues du produit et/ou du service.

Après avoir soigneusement précisé les besoins des clients et du marché, il est essentiel non seulement d'analyser les risques liés au fonctionnement habituel de l'entreprise, et d'identifier les processus défaillants, mais aussi de consolider l'existant qui donne satisfaction.

La valeur ajoutée du dispositif d'assurance de la qualité se retrouve dans la cohérence et la contribution aux objectifs d'ensemble, la confiance donnée aux clients, la confiance accrue dans les fonctionnements quotidiens.

Au terme de cette phase, les objectifs à atteindre sont définis, les points majeurs à résoudre identifiés, le temps nécessaire évalué, les principaux besoins en ressources estimés.

Il est vivement recommandé de porter une attention particulière sur les formations nécessaires.

8.1.3 Le rôle du chef de projet

L'assurance de la qualité couvrant un ensemble de processus dépendant le plus souvent de responsables hiérarchiques différents, la désignation par la Direction Générale d'une personne jouant le rôle de chef de projet [1] dans la phase de réalisation est recommandée :

Dans la mesure où les critères suivants sont satisfaits, le chef de projet peut ou non faire partie du personnel de l'entreprise (consultant, temps partagé,...) :

— formation préalable sur la compréhension de la norme et si possible expérience de la conduite de projet ;

— connaissance de l'entreprise et autorité pour mettre en place les évolutions nécessaires ;

— animation ou au moins participation à la phase d'avant-projet.

Ses tâches consisteront à valider et endosser les conclusions de cette phase :

— engagement sur les objectifs à atteindre et les points majeurs à résoudre ;

— définition du plan d'actions en termes de responsabilité, personnel concerné, formation, ressources allouées, phases principales de réalisation, indicateurs associés aux résultats attendus ;

— conduite de la réalisation du projet (compte rendu de l'avancement et soutien du plan de communication) ;

— en cas de difficultés, évaluation de leur importance et de la nécessité ou non d'affecter des ressources supplémentaires ou d'effectuer des modifications de planning.

8.1.4 La phase de réalisation

Elle aura été précédée d'une information et d'une formation du personnel.

Dans cette phase, il s'agit de couvrir les exigences de la norme sans plaquer sur l'entreprise un ensemble de procédures qui alourdissent son fonctionnement.

La première règle est d'impliquer les opérationnels dans la rédaction de ces procédures afin de rester aussi proche du terrain que possible. C'est aussi la meilleure façon de tenir compte de leur compétence et de leur formation, de capitaliser sur leur savoir-faire et d'en assurer la pérennité.

La seconde est de mesurer le risque à couvrir ; s'il est important, la bonne réponse n'est pas nécessairement la mise en place d'une nouvelle procédure mais la refonte du processus qui en est la cause.

Il est important de savoir reconcevoir un processus qui n'est pas satisfaisant même si cela nécessite une étude supplémentaire ; le gain en performance, coût, délai, est souvent très significatif. Ceci peut se faire soit dans le cadre du projet en cours soit comme une amélioration ultérieure des modes de fonctionnement.

Rappelons qu'au titre de l'ISO 9000-1 : Normes pour le management et l'assurance de la qualité — Partie 1 : Lignes directrices pour leur sélection et leur utilisation (paragraphe 5.4) : «Le maintien de la cohérence des procédures,... résulte d'une combinaison de la documentation, des compétences et de la formation du personnel. Dans chaque situation un équilibre approprié entre l'étendue des compétences et la formation doit être recherché.»

Il s'agit donc dans chaque cas d'apprécier la valeur ajoutée apportée par le contenu de la procédure, d'en prévoir les modifications ultérieures pour s'adapter aux évolutions de l'entreprise.

Chaque étape importante sera suivie par des indicateurs afin de vérifier que les objectifs intermédiaires préalablement définis ont été atteints.

Les principaux résultats seront valorisés, le personnel encouragé, les efforts des participants reconnus.

---

1) *S'agissant de la mise en place du dispositif, il n'est pas nécessaire qu'il soit le représentant de la Direction au sens de la norme ISO 9001 (paragraphe 4.1.2.3).*

8.2 Les autres situations

8.2.1 Amélioration de l'efficacité d'un système qualité existant

Lorsque l'entreprise est déjà engagée dans une démarche d'assurance de la qualité, il est souvent possible de relancer le projet, de recaler les objectifs, d'impliquer davantage les opérateurs dans les procédures, de s'assurer que l'on couvre bien les risques importants.

L'on peut aussi décider de laisser se dérouler l'opération en cours avant d'attaquer une deuxième phase d'amélioration plus importante et plus ciblée sur les risques liés au produit et/ou au fonctionnement. Cela doit alors être annoncé comme une nouvelle étape de construction de la qualité, le temps disponible étant utilisé pour préparer le recalage suivant le dispositif précédemment décrit en utilisant les enseignements, audits internes ou de certification, de l'opération engagée.

8.2.2 Renforcement du dispositif d'assurance de la qualité lorsqu'il existe une forte culture qualité

Lorsqu'il existe une culture qualité et que l'on veut renforcer le dispositif d'assurance qualité, certains concepts de base (satisfaction client, engagement direction, implication des hommes, maîtrise des processus,...) sont connus.

Il s'agit non seulement de les appliquer concrètement sur chaque processus directement lié aux caractéristiques du produit ou du service, mais aussi de les documenter et de renforcer les liens entre eux pour assurer un fonctionnement d'ensemble.

Les éléments de conduite de projet et de réalisation décrits précédemment s'appliquent, leur mise en œuvre est facilitée par la culture qualité.

La réussite de la mise en place de ce dispositif renforcera l'implication des opérationnels et alimentera en retour la culture qualité.

8.3 Maintien et amélioration du dispositif d'assurance de la qualité

L'amélioration qualité porte sur deux aspects :

— la réduction des risques à travers l'assurance de la qualité ;

— la création d'avantages différentiateurs en termes de satisfaction des clients et d'amélioration des fonctionnements.

Il s'agit, au-delà de la seule conformité du produit, d'élargir le champ de l'amélioration à la satisfaction du client.

L'orientation qualité qui a été donnée par la Direction, la connaissance des concepts qualité, la prise en compte de la norme qui préconise l'amélioration continue tant au niveau des produits que des processus et du système qualité, constituent une base durable pour une amélioration permanente de la qualité des produits et des modes de fonctionnement de l'entreprise.

L'expérience montre que passée la certification, il est souvent nécessaire de simplifier le système mis en place et de renforcer les actions préventives pour éliminer les causes de non-conformité.

La difficulté principale réside dans la construction du plan d'amélioration. Il s'agit de sélectionner les actions qui correspondent aux axes stratégiques prioritaires et qui sont réalisables.

Les axes d'amélioration sont systématiquement appréciés par rapport à la politique de l'entreprise et à son marché, dont la connaissance est affinée par des enquêtes de satisfaction des clients et l'étude de la concurrence.

La réussite de la démarche passe par des actions courtes, ayant des résultats visibles, qui renforcent la culture qualité et donnent confiance aux différentes parties intéressées : client, actionnaire, personnel, fournisseurs, environnement global.

ISSN 0335-3931

norme européenne

norme française

NF EN ISO 8402
Juillet 1995

Indice de classement : **X 50-120**

ICS : 03.120.10

Management de la qualité et assurance de la qualité

Vocabulaire

E : Quality management and quality assurance — Vocabulary
D : Qualitätsmanagement — Begriffe

Norme française homologuée

par décision du Directeur Général de l'AFNOR le 5 juin 1995 pour prendre effet le 5 juillet 1995.

Remplace, avec la norme NF X 50-125, la norme homologuée NF X 50-120, de septembre 1987.

Correspondance   La norme européenne EN ISO 8402:1995 a le statut d'une norme française. Elle reproduit la norme internationale ISO 8402:1994, dans laquelle le texte en langue russe a été remplacé par le texte en langue allemande reproduisant la version officielle de la norme DIN EN ISO 8402.

Le présent document définit les termes de base relatifs aux concepts de la qualité, applicables à toutes les catégories génériques de produits comprenant les matériels, les logiciels, les produits issus de processus à caractère continu et les services.

Descripteurs   **Thésaurus International Technique** : qualité, assurance qualité, vocabulaire.

Modifications   Ce document reproduit la norme internationale ISO 8402 de 1994 qui est elle-même une version révisée de la norme ISO 8402 de 1986, intégrant un ensemble d'additifs élaborés postérieurement. Par rapport à la norme NF X 50-120, il comprend des définitions révisées auxquelles s'ajoutent de nombreuses définitions nouvelles.

Corrections

Éditée et diffusée par l'Association Française de Normalisation (AFNOR), Tour Europe 92049 Paris La Défense Cedex — Tél. : (1) 42 91 55 55

AFNOR 1995   1er tirage 95-07-F

Membres de la commission de normalisation

Président : M EL GAMMAL

Secrétariat : MME NOTIS — AFNOR

M	ARDAULT	SNCF
M	ASSAIANTE	CNIM
M	BAUDON	RNUR
M	BERTIN	RHONE POULENC SA
M	BIANCHI	AFNOR
M	BOELY	FRANCE TELECOM SCTT
M	BON	AB PROJECT
M	BRUNET	AFNOR
M	CLOCHARD	GEC ALSTHOM T & D
M	DEL CERRO	AFNOR
M	DESMARES	DGA - DCA
M	EL GAMMAL	CNES
M	FOURCADE	MATRA DEFENSE VELIZY LE BOIS
M	FRIART	CEP SYSTEMES
M	FROMAN	
M	GAILLARD	LCIE
M	GIRARD	SATELEC SA
M	GIRARDEAU	CETEN APAVE INTERNATIONAL
M	GOOSSENS	COMMISSION CENTRALE DES MARCHES
M	HOULETTE	GEC ALSTHOM DIV TSO
M	IACOLARE	ALTRAN TECHNOLOGIES SA
M	JONQUIERES	SCHNEIDER ELECTRIC SA
M	KOLUB	QUALITEST
M	LAGARDE	AFNOR
M	MARTIN	
MME	MARTY	GIAT INDUSTRIES
M	MONTJOIE	
M	MOUGAS	CAMIF
M	SAMPERE	CEP SYSTEMES
M	SANS	
M	SERVENT	UTE
M	TRONEL	AFNOR

Annexe NA

(informative)

Correspondance entre les termes français, anglais et allemands

Acheteur	Purchaser	Auftraggeber
Action corrective	Corrective action	Korrekturmaßnahme
Action préventive	Preventive action	Vorbeugungsmaßnahme
Amélioration de la qualité	Quality improvement	Qualitätsverbesserung
Assurance de la qualité	Quality assurance	Qualitätssicherung
Audit qualité	Quality audit	Systemaudit; Dienstleistungsaudit; Produktaudit; Verfahrensaudit
Audit qualité de processus	Process quality audit	Systemaudit
Audit qualité de produit	Product quality audit	Produktaudit
Audit qualité de service	Service quality audit	Dienstleitungsaudit
Audit de système qualité	Quality system audit	Qualitätsaudit
Audité	Auditee	Auditierte Organisation
Auditeur qualité	Quality auditor	Qualitätsauditor
Autocontrôle	Self-inspection	Selbstprüfung
Boucle de la qualité	Quality loop	Qualitätskreis
Classe	Grade	Anspruchsklasse
Client	Customer	Kunde
Compatibilité	Compatibility	Verträglichkeit
Conformité	Conformity	Konformität
Contrôle	Inspection	Prüfung
Contractant	Contractor	Contractant
Coûts relatifs à la qualité	Quality-related costs	Qualitätsbezogene Kosten
Défaut	Defect	Mangel
Degré de démonstration	Degree of demonstration	Darlegungsgrad
Dérogation (après production)	Waiver; concession	Sonderfreigabe (nach Realisierung)
Dérogation (avant production)	Production permit; deviation permit	Sonderfreigabe (vor Realisierung)
Entité	Entity; item	Einheit
Enregistrement	Record	Aufzeichnung
Évaluation qualité	Quality assessment	Qualitätsbewertung
Exigences de société	Requirements of society	Forderungen der Gesellschaft
Exigences pour la qualité	Requirements for quality	Qualitätsforderung
Fournisseur	Supplier	Lieferant
Interchangeabilité	Interchangeability	Austauschbarkeit
Maîtrise de la qualité	Quality control	Qualitätslenkung
Management de la qualité	Quality management	Qualitätsmanagement
Management total de la qualité	Total quality management	Umfassendes Qualitätsmanagement
Manuel assurance de la qualité	Quality assurance manual	
Manuel management de la qualité	Quality management manual	
Manuel qualité	Quality manual	Qualitätsmanagement Handbuch; QM-Handbuch
Modèle pour l'assurance de la qualité	Model for quality assurance	Modell der QM-Darlegung; Modell der Qualitätssicherung
Non-conformité	Nonconformity	Fehler

Observation d'audit qualité	Quality audit observation	Qualitätsaudit-Feststellung
Organisation	Organizational structure	Organisationsstruktur
Organisme	Organization	Organisation
Pertes relatives à la qualité	Quality losses	Qualitätsbezogene Verluste
Plan assurance qualité	Quality assurance plan	Qualitätssicherungsplan
Plan management de la qualité	Quality management plan	Qualitätsmanagement-Darlegung
Plan qualité	Quality plan	Qualitätsmanagementplan; QM-Plan
Planification de la qualité	Quality planning	Qualitätsplanung
Point d'arrêt	Hold point	Haltepunkt
Politique qualité	Quality policy	Qualitätspolitik
Première partie	Business first party	
Prestation de service	Service delivery	Dienstleistung, Erbringung einer
Preuve tangible	Objective evidence	Nachweis
Procédé	Process	Prozeß
Procédure	Procedure	Verfahren
Processus	Process	Prozessen
Processus de qualification	Qualification process	Qualifizierungsprozeß
Produit	Product	Produkt
Qualification	Qualification	Qualifikation
Qualifié	Qualified	qualifiziert
Qualité	Quality	Qualität
Qualité totale	Total quality	
Réparation	Repair	Reparatur
Reprise	Rework	Nacharbeit
Responsabilité du fait du produit	Product liability	Produkthaftung
Responsable audit qualité	Lead quality auditor	Qualitätsaudit-Leiter
Revue de conception	Design review	Designprüfung
Revue de contrat	Contract review	Vertragsprüfung
Revue de direction	Management revue	QM-Bewertung
Seconde partie	Business second party	
Sécurité	Safety	Sicherheit
Service	Service	Dienstleistung
Sous-contractant	Subcontractor; subsupplier	Unterauftragnehmer
Sous-traitant	Subcontractor	
Spécification	Specification	Spezifikation
Spirale de la qualité	Quality spiral	Qualitätsspirale
Sûreté de fonctionnement	Dependability	Zuverlässigkeit
Surveillance de la qualité	Quality surveillance	Qualitätsüberwachung
Système qualité	Quality system	Qualitätsmanagementsystem; QM-System
Titulaire du contrat	Contractor	Auftragnehmer
Traçabilité	Traceability	Rückverfolgbarkeit
Traitement d'une non-conformité	Disposition of nonconformity	Behandlung fehlerhafter Einheiten
Validation	Validation	Validierung
Validé	Validated	Validiert
Vérification	Verification	Verifizierung
Vérifié	Verified	Verifiziert

NORME EUROPÉENNE
EUROPÄISCHE NORM
EUROPEAN STANDARD

EN ISO 8402

Mars 1995

ICS 03.120.10

Descripteurs : qualité, assurance qualité, vocabulaire.

Version française

**Management de la qualité et assurance de la qualité —
Vocabulaire**

Qualitätsmanagement —
Begriffe

Quality management and quality assurance —
Vocabulary

La présente norme européenne a été adoptée par le CEN le 1995-01-11.

Les membres du CEN sont tenus de se soumettre au Règlement Intérieur du CEN/CENELEC qui définit les conditions dans lesquelles doit être attribué, sans modification, le statut de norme nationale à la norme européenne.

Les listes mises à jour et les références bibliographiques relatives à ces normes nationales peuvent être obtenues auprès du Secrétariat Central ou auprès des membres du CEN.

La présente norme européenne existe en trois versions officielles (allemand, anglais, français). Une version faite dans une autre langue par traduction sous la responsabilité d'un membre du CEN dans sa langue nationale, et notifiée au Secrétariat Central, a le même statut que les versions officielles.

Les membres du CEN sont les organismes nationaux de normalisation des pays suivants : Allemagne, Autriche, Belgique, Danemark, Espagne, Finlande, France, Grèce, Irlande, Islande, Italie, Luxembourg, Norvège, Pays-Bas, Portugal, Royaume-Uni, Suède et Suisse.

CEN

COMITÉ EUROPÉEN DE NORMALISATION

Europäisches Komitee für Normung
European Committee for Standardization

Secrétariat Central : rue de Stassart 36, B-1050 Bruxelles

Réf. n° EN ISO 8402:1995 F

Avant-propos

Cette norme européenne a été reprise par le CEN des travaux de l'ISO/TC 176 «Management de la qualité et assurance de la qualité», sous-comité SC1 «Concepts et Terminologie» de l'Organisation internationale de normalisation (ISO).

Cette deuxième édition de l'EN ISO 8402 remplace la première édition EN 28402:1991.

Cette norme européenne devra recevoir le statut de norme nationale soit par publication d'un texte identique, soit par entérinement au plus tard en septembre 1995, et toutes les normes nationales en contradiction devront être retirées au plus tard en septembre 1995.

Selon le Règlement Intérieur du CEN/CENELEC, les pays suivants sont tenus de mettre cette norme européenne en application : Allemagne, Autriche, Belgique, Danemark, Espagne, Finlande, France, Grèce, Irlande, Islande, Italie, Luxembourg, Norvège, Pays-Bas, Portugal, Royaume-Uni, Suède et Suisse.

Notice d'entérinement

Le texte de la norme internationale ISO 8402:1994 a été approuvé par le CEN comme norme européenne sans aucune modification.

Sommaire

Avant-propos

L'ISO (Organisation internationale de normalisation) est une fédération mondiale d'organismes nationaux de normalisation (comités membres de l'ISO). L'élaboration des Normes internationales est en général confiée aux comités techniques de l'ISO. Chaque comité membre intéressé par une étude a le droit de faire partie du comité technique créé à cet effet. Les organisations internationales, gouvernementales et non gouvernementales en liaison avec l'ISO, participent également aux travaux. L'ISO collabore étroitement avec la Commission Électrotechnique Internationale (CEI) en ce qui concerne la normalisation électrotechnique.

Les projets de Normes internationales adoptés par les comités techniques sont soumis aux comités membres pour vote. Leur publication comme Normes internationales requiert l'approbation de 75 % au moins des comités membres votants.

La Norme internationale ISO 8402 a été élaborée par le comité technique ISO/TC 176, *Management de la qualité et assurance de la qualité*, sous-comité SC 1, *Concepts et terminologie*.

La présente Norme internationale est une version révisée et substantiellement augmentée de l'ISO 8402:1986.

L'annexe A de la présente Norme internationale est donnée uniquement à titre d'information.

ii

Foreword

ISO (the International Organization for Standardization) is a worldwide federation of national standards bodies (ISO member bodies). The work of preparing International Standards is normally carried out through ISO technical committees. Each member body interested in a subject for which a technical committee has been established has the right to be represented on that committee. International organizations, governmental and non-governmental, in liaison with ISO, also take part in the work. ISO collaborates closely with the International Electrotechnical Commission (IEC) on all matters of electrotechnical standardization.

Draft International Standards adopted by the technical committees are circulated to the member bodies for voting. Publication as an International Standard requires approval by at least 75 % of the member bodies casting a vote.

International Standard ISO 8402 was prepared by Technical Committee ISO/TC 176, *Quality management and quality assurance*, Subcommittee SC 1, *Concepts and terminology*.

This second edition cancels and replaces the first edition (ISO 8402:1986), which has been revised and substantially extended.

Annex A of this International Standard is for information only.

Vorwort

Die ISO (Internationale Organisation für Normung) ist die weltweite Vereinigung nationaler Normungsinstitute (ISO-Mitgliedskörperschaften). Das Erarbeiten Internationaler Normen obliegt den Technischen Komitees der ISO. Jede Mitgliedskörperschaft, die sich für ein Thema interessiert, für das ein Technisches Komitee eingesetzt wurde, ist berechtigt, in diesem Komitee mitzuarbeiten. Internationale (staatliche und nichtstaatliche) Organisationen, die mit der ISO in Verbindung stehen, sind an den Arbeiten ebenfalls beteiligt. Die ISO arbeitet in allen Fragen der elektrotechnischen Normung eng mit der International Electrotechnical Commission (IEC) zusammen.

Die von den Technischen Komitees verabschiedeten Entwürfe zu Internationalen Normen werden den Mitgliedskörperschaften zur Abstimmung vorgelegt. Die Veröffentlichung als Internationale Norm erfordert eine Zustimmung von mindestens 75 % der Mitgliedskörperschaften, die eine Stimme abgegeben haben.

Die Internationale Norm ISO 8402 ist vom Technischen Komitee TC 176, *Quality management and quality assurance*, Unterkomitee SC 1, *Concepts and terminology*, erstellt worden.

Diese zweite Ausgabe macht die erste Ausgabe (ISO 8402:1986), die revidiert und beträchtlich erweitert worden ist, ungültig und ersetzt sie.

Anhang A dieser Internationalen Norm dient ausschließlich der Information.

iv

Introduction

Dans le domaine de la qualité, beaucoup de termes d'usage courant s'emploient dans un sens spécifique ou plus restrictif que celui donné par l'ensemble des définitions du dictionnaire. Ceci résulte notamment :

— de l'adoption par différents secteurs commerciaux et industriels d'une terminologie de la qualité satisfaisant leurs besoins spécifiques perçus,

— de l'introduction d'une multiplicité de termes par les professionnels de la qualité dans différents secteurs industriels et économiques.

La présente Norme internationale a pour objet de clarifier et de normaliser les termes relatifs à la qualité tels qu'ils s'appliquent au domaine du management de la qualité. Ces termes et définitions sont traités et regroupés dans le texte selon un ordre logique des sujets. Il sont également regroupés dans un index alphabétique à la fin du document par souci d'ordre pratique.

Dans le langage courant, le terme **qualité** (2.1) n'a pas le même sens pour tout le monde. Dans la présente Norme internationale, le terme **qualité** est défini comme étant **l'ensemble des caractéristiques d'une entité qui lui confèrent l'aptitude à satisfaire des besoins exprimés et implicites.**

Il y a de nombreuses acceptions différentes du mot qualité. Ces différentes acceptions créent de nombreuses confusions et malentendus. Deux de ces acceptions sont «la conformité aux exigences» et «le degré d'excellence». La conformité aux exigences amène à argumenter que la «qualité coûte moins», ce qui est vrai dans certains cas. Inversement, «le degré d'excellence» implique que «la qualité coûte plus», ce qui est vrai dans certains cas. Afin d'éviter une certaine confusion dans l'acception du terme **qualité**, un autre terme, **classe** (2.2), peut être utilisé pour décrire le degré d'excellence. Le terme classe est, le cas échéant, utilisé au sens descriptif de l'excellence technique. La **classe** reflète une différence planifiée ou reconnue dans les **exigences pour la qualité** (2.3). Bien que les catégories définies par différentes catégories de classe ne soient pas nécessairement rangées les unes par rapport aux autres dans un certain ordre, des indicateurs peuvent être facilement utilisés au sens d'un ordre décrivant celui de l'excellence technique. Un exemple de cet usage est illustré par le fait qu'il est plus coûteux de diriger un hôtel cinq étoiles qu'une pension.

Le terme **produit** (1.4) est utilisé tout au long de la présente Norme internationale. C'est **le résultat d'activités ou de processus** et il peut être matériel ou immatériel ou bien une combinaison des deux. Dans la normalisation actuelle ISO du management de la qualité, les **produits** sont classés en quatre catégories génériques de **produits** :

— matériels (par exemple pièces, composants, montages),

— logiciels (par exemple programmes d'ordinateur, procédures, informations, données, enregistrements),

— produits issus de processus à caractère continu (par exemple matières premières, liquides, solides, gaz, tôles, fils),

— services (par exemple assurances, banques, transports).

Il est reconnu que les produits sont généralement une combinaison de ces catégories génériques de produits. Les termes et concepts présentés dans la présente Norme internationale sont destinés à être appliqués à tout produit.

Dans la présente Norme internationale, le terme **entité** (1.1) comprend le terme **produit**, mais englobe également un concept plus large, tel qu'une activité, un **processus** (1.2), un **organisme** (1.7) ou une personne.

Il y a eu une certaine confusion concernant la compréhension des termes **maîtrise de la qualité** (3.4), **assurance de la qualité** (3.5), **management de la qualité** (3.2) et **management total de la qualité** (3.7). L'objectif de la présente Norme internationale est de clarifier ces concepts.

En termes simplifiés, la **maîtrise de la qualité** concerne les moyens opérationnels utilisés pour satisfaire aux **exigences pour la qualité**, tandis que l'**assurance de la qualité** vise à donner confiance en cette satisfaction, à la fois au sein de l'organisme et à l'extérieur vis-à-vis des **clients** (1.9) et des autorités. Dans les Normes internationales, les termes anglais «ensure» et «assure» sont employés dans le sens suivant : «ensure» signifie rendre sûr ou certain, «assure» signifie se donner confiance ou donner confiance aux autres.

Le **management de la qualité** comprend à la fois la **maîtrise de la qualité** et l'**assurance de la qualité**, ainsi que les concepts supplémentaires de **politique qualité** (3.1), **planification de la qualité** (3.3.) et **amélioration de la qualité** (3.8). Le **management de la qualité** opère tout au long du **système qualité** (3.6). Ces concepts peuvent s'étendre à toutes les parties d'un organisme.

Le **management total de la qualité** apporte à ces concepts une stratégie de management global à long terme ainsi que la participation de tous les membres de l'organismme dans l'intérêt de l'**organisme** lui-même, de ses membres, de ses clients et de la société considérée dans son ensemble.

Tous les concepts traités dans la présente Norme internationale ont à la fois des implications économiques et de temps. Il faut l'admettre lors de l'interprétation de toutes les définitions de la présente Norme internationale, même si chaque définition ne le mentionne pas explicitement.

La distinction faite dans la présente Norme internationale entre les termes **défaut** (2.11) et **non-conformité** (2.10) est essentielle car elle comporte des connotations juridiques, tout particulièrement lorsque la **responsabilité du fait du produit** (2.12) est mise en cause. Par conséquent, le terme **défaut** doit être utilisé avec une extrême précaution.

Les termes définis dans la présente Norme internationale s'appliquent directement aux Normes internationales relatives à la qualité dont la liste figure dans l'annexe A.

D'autres normes appropriées figurent dans l'annexe A. Il est bon d'apporter une attention particulière aux normes de vocabulaire dans le domaine des statistiques : ISO 3534, Parties 1 à 3.

vi

Introduction

Many ordinary words, in everyday use, are used in the quality field in a specific or restricted manner compared with the full range of dictionary definitions, due to such reasons as:

— the adoption of quality terminology by different sectors of business and industry to suit their specific perceived needs,

— the introduction of a multiplicity of terms by quality professionals in different industrial and economic sectors.

The intent of this International Standard is to clarify and standardize the quality terms as they apply to the field of quality management. These terms and definitions are discussed and grouped together in the text according to logical topics. They are also regrouped in an alphabetical index at the end for convenience.

The word **quality** (2.1) in popular usage often means different things to different people. In this International Standard **quality** is defined as **the totality of characteristics of an entity that bear on its ability to satisfy stated and implied needs.**

There are many different usages of the word quality. These different usages create considerable confusion and misunderstanding. Two such usages are "conformance to requirements" and "degree of excellence". "Conformance to requirements" leads people to argue that "quality costs less", which in some cases it does . Conversely, "degree of excellence" implies that "quality costs more", which in some cases it does. In order to resolve some of the confusion in the usage of the word **quality**, another term **grade** (2.2) can be used to describe the degree of excellence. The term grade is used, when needed, to describe the sense of technical excellence. **Grade** reflects a planned or recognized difference in the **requirements for quality** (2.3). Although the different categories of grade do not necessarily stand in rank order relationship to each other, grade indicators can readily be used in a rank order sense to describe the sense of technical excellence. An example of this usage is that it costs more to provide and run a five-star hotel than a boarding house.

The term **product** (1.4) is used throughout this International Standard. It is the **result of activities or processes** and can be tangible or intangible, or combination thereof. In current ISO quality management standardization, products are classified in four generic **product** categories:

— hardware (e.g. parts, components, assemblies),

— software (e.g. computer programs, procedures, information, data, records),

— processed materials (e.g. raw material, liquids, solids, gases, sheets, wires),

— services (e.g. insurance, banking, transport).

It is recognized that products generally involve combinations of these generic product categories. The terms and concepts presented in this International Standard are intended to be applicable to any product.

In this International Standard, the term **entity** (1.1) includes the term product, but extends further to cover, for example, activity, **process** (1.2), **organization** (1.7) or person.

vii

Confusion has arisen in understanding the terms **quality control** (3.4), **quality assurance** (3.5), **quality management** (3.2) and **total quality management** (3.7). This International Standard is intended to clarify these concepts.

In simplified terms, **quality control** concerns the operational means to fulfil the **quality requirements,** while **quality asssurance** aims at providing confidence in this fulfilment, both within the organization and externally to **customers** (1.9) and authorities. Within International Standards, the English terms «ensure» and «assure» are used in the following sense: «ensure» means to make sure or certain, «assure» means to give confidence to oneself or to others.

Quality management includes both **quality control** and **quality assurance**, as well as the additional concepts of **quality policy** (3.1), **quality planning** (3.3) and **quality improvement** (3.8). **Quality management** operates throughout the **quality system** (3.6). These concepts can be extended to all parts of an organization.

Total quality management brings to these concepts a long-term global management strategy and the participation of all members of the organization for the benefit of the **organization** itself, its members, its customers and society as a whole.

All concepts addressed in this standard have both economic and time implications. This should be recognized in the interpretation of all definitions in this International Standard even though it has not been explicitly stated in each definition.

The distinction made in this International Standard between the terms **defect** (2.11) and **nonconformity** (2.10) is crucial as it has legal connotations, particulary those associated with **product liability** (2.12) issues. Consequently, the term **defect** should be used with extreme care.

The terms defined in this International Standard have direct application to the International Standards on quality given in annex A.

Other pertinent standards are listed in annex A. Special attention should be paid to vocabulary standards in the statistics field: parts 1 to 3 of ISO 3534.

viii

Einleitung

Viele übliche Wörter des täglichen Gebrauchs werden — verglichen mit dem vollständigen Begriffsumfang eines Wörterbuches — auf dem Qualitätsgebiet in einer spezifischen oder eingeschränkten Weise benutzt. Das ist Ursachen zuzuschreiben wie etwa:

— Unterschiedliche Wirtschafts- und Industriebereiche haben sich eine qualitätsbezogene Terminologie zu eigen gemacht, die zu ihren spezifisch empfundenen Erfordernissen paßt,

— Die Einführung einer Vielfalt von Begriffen durch Fachleute im Qualitätsmanagement in den verschiedenen Industrie- und Wirtschaftsbereichen.

Die Zielsetzung dieser Internationalen Norm ist es, auf dem Gebiet des Qualitätsmanagements angewendete, qualitätsbezogene Begriffe zu klären und zu normen. Diese Begriffe wurden diskutiert und im Text entsprechend logischen Gesichtspunkten zusammengestellt. Sie sind zur Erleichterung am Schluß auch in einem alphabetischen Stichwortverzeichnis zusammengestellt.

Das Wort **Qualität** (2.1) bedeutet bei volkstümlicher Anwendung oft unterschiedliche Dinge für verschiedene Menschen. In dieser Internationalen Norm ist **Qualität** definiert als **die Gesamtheit von Merkmalen einer Einheit bezüglich ihrer Eignung, festgelegte und vorausgesetzte Erfordernisse zu erfüllen.**

Es gibt viele unterschiedliche Anwendungen des Wortes Qualität. Diese unterschiedlichen Anwendungen verursachen erhebliche Konfusion und Mißverständnisse. Zwei solche Anwendungen sind "Erfüllung von Forderungen" und "Vortrefflichkeitsgrad". "Erfüllung von Forderungen" verleitet zur Argumentation, daß «Qualität weniger kostet", was in einigen Fällen zutrifft. Umgekehrt bedeutet "Vortrefflichkeitsgrad", daß «**Qualität** mehr kostet", was in einigen Fällen zutrifft. Um einiges von dem durch den Gebrauch des Wortes "Qualität" verursachten Durcheinander zu beseitigen, kann ein anderes Wort, **Anspruchsklasse** (2.2), benutzt werden, um den Vortrefflichkeitsgrad zu beschreiben. Das Wort **Anspruchsklasse** wird, sofern erforderlich, benutzt, um die Bedeutung technischer Vortrefflichkeit zu beschreiben. Anspruchsklasse spiegelt einen geplanten oder anerkannten Unterschied in der **Qualitätsforderung** (2.3) wider. Obwohl die verschiedenen Kategorien von Anspruchsklassen nicht notwendigerweise in einer gegenseitigen Rangfolge-Beziehung stehen, können Anspruchsklassen-Indikatoren leicht im Sinn einer Rangfolge verwendet werden, um die Bedeutung technischer Vortrefflichkeit zu beschreiben. Ein Beispiel für diese Benutzung ist, daß es mehr kostet, ein Fünfsternehotel zu erstellen und zu betreiben als eine Pension.

Die Benennung **Produkt** (1.4) ist überall in dieser Internationalen Norm benutzt. Es ist das **Ergebnis von Tätigkeiten und Prozessen** und kann materiell oder immateriell oder eine Kombination daraus sein. In der laufenden ISO-Normung des Qualitätsmanagements sind **Produkte** in vier übergeordnete **Produkt**kategorien unterteilt:

— Hardware (z.B. Teile, Komponenten, zusammengesetzte Produkte),

— Software (z.B. Computerprogramme, Verfahren, Information, Daten, Aufzeichnungen),

— Verfahrenstechnische Produkte (z.B. Rohmaterial, Flüssigkeiten, Feststoffe, Gase, Platten, Drähte)

— Dienstleistungen (z.B. Versicherung, Bankwesen, Transport).

Es ist anerkannt, daß Produkte im allgemeinen Kombinationen aus diesen vier übergeordneten Produktkategorien sind. Die in dieser Internationalen Norm vorgestellten Begriffe sind für die Anwendung auf jedes Produkt vorgesehen.

In dieser Internationalen Norm schließt der Begriff **Einheit** (1.1) den Begriff **Produkt** (1.4) ein, hat aber einen größeren Umfang, um z.B. Tätigkeit, **Prozeß** (1.2), **Organisation** (1.7) oder Person abzudecken.

Bezüglich des Verständnisses der Begriffe **quality control** (3.4), **quality assurance** (3.5), **quality management** (3.2) und **total quality management** (3.7) ist eine Verwirrung entstanden. Diese Internationale Norm soll diese Begriffe klarstellen.

Vereinfacht gesagt betrifft **quality control** die Arbeitsmittel zur Erfüllung der Qualitätsforderungen, während **quality assurance** auf das Schaffen von Vertrauen zielt, daß sie erfüllt werden, und zwar sowohl innerhalb der Organisation (1.7) als auch außerhalb gegenüber Kunden (1.9) und Behörden. In Internationalen Normen werden die englischen Wörter "ensure" und "assure" in der folgenden Bedeutung benutzt: "ensure" bedeutet "sicher oder gewiß machen", "assure" bedeutet "sich selbst oder anderen Vertrauen verschaffen".

Quality management umfaßt sowohl **quality control** als auch **quality assurance**, ebenso die weiteren Begriffe **Qualitätspolitik** (3.1), **Qualitätsplanung** (3.3) und **Qualitätsverbesserung** (3.8). **Quality management** wirkt überall im Qualitätsmanagementsystem (3.6) (nachfolgend "QM-System"). Diese Begriffe können auf alle Teile einer Organisation übertragen werden.

Total quality management erweitert diese Begriffe um eine langfristige und umfassende Managementstrategie sowie um die Beteiligung aller Mitglieder der **Organisation**, zum Nutzen der **Organisation** selbst, ihrer Mitglieder, ihrer Kunden und der Gesellschaft als Ganzes.

Alle in dieser Internationalen Norm angesprochenen Begriffe haben sowohl wirtschaftliche als auch terminrelevante Bezüge. Bei der Interpretation aller Definitionen dieser Internationalen Norm sollte dies bedacht werden, auch wenn diese Bezüge nicht in jeder Definition explizit zum Ausdruck kommen.

Die in dieser Internationalen Norm herausgestellte Unterscheidung zwischen den Begriffen **Mangel** (2.11) und **Fehler** (2.10) ist entscheidend, weil sie rechtliche Bedeutung hat, insbesondere solche im Zusammenhang mit Angelegenheiten der **Produkthaftung**. Dementsprechend sollte das Wort "**Mangel**" mit äußerster Vorsicht benutzt werden.

Die in dieser Internationalen Norm festgelegten Begriffe haben direkte Anwendung auf die Internationalen Normen mit Qualitätsbezug, die sich im Anhang A finden.

Andere einschlägige Normen sind im Anhang A aufgelistet. Besondere Aufmerksamkeit ist den Begriffsnormen auf dem Gebiet der Statistik zu widmen : Teile 1 bis 3 von ISO 3534.

x

Management de la qualité et assurance de la qualité — Vocabulaire	Quality management and quality assurance — Vocabulary	Qualitätsmanagement — Begriffe

1 Domaine d'application

La présente norme internationale définit les termes fondamentaux relatifs aux concepts de la qualité, applicables à tous les domaines en vue de l'élaboration et l'utilisation des normes relatives à la qualité et pour une compréhension mutuelle dans les communications internationales.

1 Scope

This international standard defines the fundamental terms relating to quality concepts, as they apply to all areas, for the preparation and use of quality-related standards and for mutual understanding in international communications.

1 Anwendungsbereich

Diese Internationale Norm definiert die wesentlichen Benennungen qualitätsbezogener Begriffe, wie sie auf allen Gebieten für die Ausarbeitung und die Anwendung von qualitätsbezogenen Normen sowie für die gegenseitige Verständigung in internationalen Beziehungen angewendet werden.

2 Termes et définitions

Dans les définitions suivantes, les termes appartenant à l'index alphabétique figurent en caractères gras. Dans chaque définition, il est fait référence au numéro où ils sont définis.

2 Terms and definitions

In the following definitions, the terms appearing in the alphabetical index are in bold type. Within each definition, reference is made to the number where they are defined.

2 Begriffe

In den nachfolgenden Definitionen sind Benennungen, die sich im alphabetischen Stichwortverzeichnis finden, fett gedruckt. Innerhalb jeder Definition ist (bei solchen halbfett gedruckten Benennungen) auf die Nummer Bezug genommen, unter der sie definiert sind.

Les termes et définitions numérotés sont classés dans les rubriques principales indiquées ci-après :

— termes généraux ;

— termes relatifs à la qualité ;

— termes relatifs au système qualité ;

— termes relatifs aux outils et aux techniques.

The numbered terms and definitions are classified under the following main headings:

— general terms;

— terms related to quality;

— terms related to quality system;

— terms related to tools and techniques.

Die numerierten Begriffe sind in die folgenden Gruppen eingeordnet:

— Allgemeine Begriffe;

— Qualitätsbezogene Begriffe;

— Begriffe zum QM-System;

— Begriffe zu Werkzeugen und Techniken.

1

Section 1 : Termes généraux	Section 1: General terms	Gruppe 1: Allgemeine Begriffe

1.1
Entité

Ce qui peut être décrit et considéré individuellement.

NOTE — Une **entité** peut être, par exemple :

— une activité ou un **processus** (1.2)

— un **produit** (1.4)

— un **organisme** (1.7), un système ou une personne

— ou une combinaison de l'ensemble ci-dessus.

1.1
Entity; item

That which can be individually described and considered.

NOTE — An **entity** may be, for example:

— an activity or a **process** (1.2)

— a **product** (1.4)

— an **organization** (1.7), a system or a person

— or any combination thereof.

1.1
Einheit

Das, was einzeln beschrieben und betrachtet werden kann.

ANMERKUNG — Eine **Einheit** kann z.B. sein :

— eine Tätigkeit oder ein **Prozeß** (1.2)

— ein **Produkt** (1.4)

— eine **Organisation** (1.7), ein System oder eine Person, oder

— irgendeine Kombination daraus.

1.2
Processus; procédé

Ensemble de moyens et d'activités liés qui transforment des éléments entrants en éléments sortants.

NOTE — Ces moyens peuvent inclure le personnel, les finances, les installations, les équipements, les techniques et les méthodes.

1.2
Process

Set of interrelated resources and activities which transform inputs into outputs.

NOTE — Resources may include personnel, finance, facilities, equipment, techniques and methods.

1.2
Prozeß

Satz von in Wechselbeziehungen stehenden Mitteln und Tätigkeiten, die Eingaben in Ergebnisse umgestalten.

ANMERKUNG — Zu den Mitteln können Personal, Finanzen, Anlagen, Einrichtungen, Techniken und Methoden gehören.

1.3
Procédure

Manière spécifiée d'accomplir une activité.

NOTES

1 Dans de nombreux cas, les **procédures** sont exprimées par des documents [par exemple, **procédures** d'un **système qualité** (3.6)].

2 Lorsqu'une **procédure** est exprimée par un document, le terme «**procédure écrite**» est souvent utilisé.

1.3
Procedure

Specified way to perform an activity.

NOTES

1 In many cases, **procedures** are documented [e.g. **quality system** (3.6) **procedures**].

2 When a **procedure** is documented, the term "written **procedure**" or "documented **procedure**" is frequently used.

1.3
Verfahren

Festgelegte Art und Weise, eine Tätigkeit auszuführen.

ANMERKUNGEN

1 In vielen Fällen sind **Verfahren** dokumentiert [z.B. **Verfahren** eines **QM-Systems** (3.6)] [1].

2 Wenn ein **Verfahren** dokumentiert ist, werden häufig die Benennungen "schriftlich niedergelegtes **Verfahren**" oder "**Verfahren**sanweisung" benutzt.

---

1)   Fußnote in der deutschsprachigen Fassung: Häufig auch "QM-Verfahren" und"QM-Anweisung".

2

3 Une **procédure** écrite comporte généralement l'objet et le domaine d'application d'une activité ; ce qui doit être fait et qui doit le faire ; quand, où et comment cela doit être fait ; quels matériels, équipements et documents doivent être utilisés ; et comment cela doit être maîtrisé et enregistré.

3 A written or documented **procedure** usually contains the purposes and scope of an activity; what shall be done and by whom; when, where and how it shall be done; what materials, equipment and documents shall be used; and how it shall be controlled and recorded.

3 Ein schriftlich niedergelegtes **Verfahren** oder eine **Verfahren**sanweisung enthält üblicherweise den Zweck und Anwendungsbereich einer Tätigkeit; was getan werden muß und durch wen; wann, wo und wie es getan werden muß; welche Materialien, Einrichtungen und Dokumente benutzt werden müssen; und wie dies gelenkt und aufgezeichnet werden muß.

1.4 Produit

Résultat d'activités ou de **processus** (1.2).

NOTES

1 Le terme «**produit**» peut inclure les **services** (1.5), les matériels, les produits issus de processus à caractère continu, les logiciels, ou une combinaison de ceux-ci.

2 Un **produit** peut être matériel (par exemple, assemblages ou produits issus de processus à caractère continu) ou immatériel (par exemple, connaissances ou concepts), ou une combinaison des deux.

3 Un **produit** peut être soit intentionnel [par exemple, une offre aux **clients** (1.9)] soit non intentionnel (par exemple, un polluant ou des effets indésirables).

1.4 Product

Result of activities or **processes** (1.2).

NOTES

1 A **product** may include **service** (1.5), hardware, processed materials, software, or a combination thereof.

2 A **product** can be tangible (e.g. assemblies or processed materials) or intangible (e.g. knowledge or concepts), or a combination thereof.

3 A **product** can be either intended [e.g. offering to **customers** (1.9)] or unintended (e.g. pollutant or unwanted effects).

1.4 Produkt

Ergebnis von Tätigkeiten und **Prozessen** (1.2).

ANMERKUNGEN

1 Der Begriff **Produkt** kann **Dienstleistung** (1.5), Hardware, verfahrenstechnische Produkte, Software oder Kombinationen daraus einschließen.

2 Ein **Produkt** kann materiell (z.B. Montageergebnisse, verfahrenstechnische Produkte) oder immateriell (z.B. Wissen oder Entwürfe) oder eine Kombination daraus sein.

3 Ein Produkt kann entweder beabsichtigt sein [z.B. Angebotsprodukt für **Kunden** (1.9)] oder unbeabsichtigt (z.B. Schadstoffe oder unerwünschte Effekte).

1.5 Service

Résultat généré par des activités à l'interface entre le **fournisseur** (1.10) et le **client** (1.9) et par des activités internes au **fournisseur** pour répondre aux besoins du **client**.

NOTES

1 Le **fournisseur** ou le **client** peut être représenté à l'interface par des personnes ou par des équipements.

2 Les activités du **client** à l'interface avec le **fournisseur** peuvent être essentielles pour la **prestation de service** (1.6).

3 La livraison ou l'utilisation de **produits** (1.4) matériels peut faire partie de la **prestation de service**.

4 Un **service** peut être lié à la fabrication et à la fourniture d'un **produit** matériel.

1.5 Service

Result generated by activities at the interface between the **supplier** (1.10) and the **customer** (1.9) and by **supplier** internal activities to meet the **customer** needs.

NOTES

1 The **supplier** or the **customer** may be represented at the interface by personnel or equipment.

2 **Customer** activities at the interface with the **supplier** may be essential to the **service delivery** (1.6).

3 Delivery or use of tangible **products** (1.4) may form part of the **service delivery**.

4 A **service** may be linked with the manufacture and supply of tangible **product**.

1.5 Dienstleistung

An der Schnittstelle zwischen **Lieferant** (1.10) und **Kunde** (1.9) sowie durch interne Tätigkeiten des **Lieferanten** (1.10) erbrachtes Ergebnis zur Erfüllung der Erfordernisse des **Kunden**.

ANMERKUNGEN

1 Der **Lieferant** oder der **Kunde** können an der Schnittstelle durch Personal oder durch Einrichtungen vertreten sein.

2 Für die **Erbringung einer Dienstleistung** (1.6) können **Kunde**ntätigkeiten an der Schnittstelle zum **Lieferanten** wesentlich sein.

3 Lieferung oder Gebrauch materieller **Produkte** (1.4) kann Bestandteil der **Erbringung einer Dienstleistung** sein.

4 Eine **Dienstleistung** kann mit der Herstellung und Lieferung eines materiellen **Produkts** verbunden sein.

3

1.6
Prestation de service

Celles des activités du **fournis-seur** (1.10) qui sont nécessaires à la fourniture du **service** (1.5).

1.6
Service delivery

Those **supplier** (1.10) activities necessary to provide the **service** (1.5).

1.6
Erbringung einer Dienstleistung

Die zur Lieferung einer **Dienstleistung** (1.5) nötigen Tätigkeiten eines **Liefe-ranten** (1.10).

1.7
Organisme

Compagnie, société, firme, entre-prise ou institution, ou partie de celles-ci, à responsabilité limitée ou d'un autre statut, de droit public ou privé, qui a sa propre structure fonctionnelle et administrative.

NOTE — La définition ci-dessus s'applique aux normes qualité. Le terme «organisme» est défini différem-ment dans le Guide ISO/CEI 2.

1.7
Organization

Company, corporation, firm, enter-prise or institution, or part thereof, whether incorporated or not, public or private, that has its own func-tions and administration.

NOTE — The above definition is valid for the purpose of quality standards. The term "organization" is defined dif-ferently in ISO/IEC Guide 2.

1.7
Organisation

Gesellschaft, Körperschaft, Betrieb, Unternehmen oder Institution oder Teil davon, eingetragen oder nicht, öffentlich oder privat, mit eigenen Funktionen und eigener Verwaltung.

ANMERKUNG — Die obige Definition gilt für qualitätsbezogene Normen. Im ISO/IEC Leitfaden 2 ist das Wort "Organisation" anders definiert.

1.8
Organisation

Responsabilités, liaisons hiérarchi-ques et relations agencées selon une structure permettant à un **organisme** (1.7) d'accomplir ses fonctions.

1 8
Organizational structure

Responsibilities, authorities and relationships, arranged in a pat-tern, through which an **organiza-tion** (1.7) performs its functions.

1.8
Organisationsstruktur

In einem Schema geregelte Verantwort-lichkeiten [2], Befugnisse [2] und Wech-selbeziehungen, mit deren Hilfe eine **Organisation** (1.7) ihre Aufgaben erfüllt.

1.9
Client

Destinataire d'un **produit** (1.4) fourni par le **fournisseur** (1.10).

NOTES

1   Dans une situation contractuelle, le **client** (1.9) est dénommé «**acheteur**» (1.11).

2   Le **client** peut être, par exemple, le consommateur final, l'utilisateur, le bénéficiaire ou l'**acheteur**.

3   Le **client** peut être interne ou externe à l'**organisme** (1.7).

1.9
Customer

Recipient of a **product** (1.4) pro-vided by the **supplier** (1.10).

NOTES

1   In a contractual situation, the **cus-tomer** (1.9) is called the "**purchaser**" (1.11).

2   The **customer** may be, for example, the ultimate consumer, user, beneficiary or **purchaser**.

3   The **customer** can be either exter-nal or internal to the **organization** (1.7).

1.9
Kunde [3]

Empfänger eines vom **Lieferanten** (1.10) bereitgestellten **Produkt**s (1.4).

ANMERKUNGEN

1   In einer Vertragssituation darf der **Kunde** "**Auftraggeber**" (1.11) genannt werden.

2   Der **Kunde** kann z.B. der Endverbrau-cher, Anwender, Nutznießer oder Auftragge-ber sein.

3   Der **Kunde** kann in Beziehung zur **Orga-nisation** (1.7) entweder extern oder intern sein.

---

[2]   Fußnote in der deutschsprachigen Fassung: Die Kombination aus Verantwortlichkeit und Befugnis wird im Deutschen oft als "Zuständigkeit" bezeichnet.

[3]   Fußnote in der deutschsprachigen Fassung: Auch "Abnehmer".

4

1.10
Fournisseur

Organisme (1.7) qui fournit un **produit** (1.4) au **client** (1.9)

NOTES

1 Dans une situation contractuelle, le **fournisseur** peut être dénommé «**titulaire du contrat**» (1.12).

2 Le **fournisseur** peut être, par exemple, le producteur, le distributeur, l'importateur, l'ensemblier ou l'organisme de service.

3 Le **fournisseur** peut être interne ou externe à **l'organisme.**

1.10
Supplier

Organization (1.7) that provides a **product** (1.4) to the **customer** (1.9).

NOTES

1 In a contractual situation, the **supplier** may be called the "**contractor**" (1.12).

2 The **supplier** may be, for example, the producer, distributor, importer, assembler or service organization.

3 The **supplier** can be either external or internal to the **organization.**

1.10
Lieferant

Organisation (1.7), die dem **Kunden** (1.9) ein **Produkt** (1.4) bereitstellt.

ANMERKUNGEN

1 In einer Vertragssituation darf der **Lieferant** "**Auftragnehmer**" (1.12) genannt werden.

2 Ein **Lieferant** kann z.B. der Hersteller, Verteiler, Importeur, eine Montagefirma oder eine Dienstleistungsorganisation sein.

3 Der **Lieferant** kann in Beziehung zur **Organisation** entweder extern oder intern sein.

1.11
Acheteur

Client (1.9) dans une situation contractuelle.

NOTE — Dans la pratique des affaires, l'**acheteur** est parfois appelé «**seconde partie**».

1.11
Purchaser

Customer (1.9) in a contractual situation.

NOTE — The **purchaser** is sometimes referred to as the "**business second party**".

1.11
Auftraggeber [4)]

Kunde (1.9) in einer Vertragssituation.

ANMERKUNG — Der **Auftraggeber** wird manchmal als die "business second party" bezeichnet.

1.12
Titulaire du contrat

Fournisseur (1.10) dans une situation contractuelle.

NOTES

1 Dans la pratique des affaires, le **titulaire du contrat** est parfois appelé «**première partie**».

2 En français, le **titulaire du contrat** est parfois appelé le «**contractant**».

1.12
Contractor

Supplier (1.10) in a contractual situation.

NOTES

1 The **contractor** is sometimes referred to as the "**business first party**".

2 In French, the "**titulaire du contrat**" is sometimes called "**contractant**".

1.12
Auftragnehmer

Lieferant (1.10) in einer Vertragssituation.

ANMERKUNG

1 Der **Auftragnehmer** wird manchmal als die "business first party" bezeichnet.

2 Im Französischen wird der "titulaire du contrat" gelegentlich "contractant" genannt.

1.13
Sous-contractant

Organisme (1.7) qui fournit un **produit** (1.4) au **fournisseur** (1.10).

NOTES

1 En anglais, le «**subcontractor**» peut également être appelé «**subsupplier**».

2 En français, le **sous-contractant** peut également être appelé, selon le cas, «**sous-traitant**» ou «**sous-commandier**».

1.13
Subcontractor

Organization (1.7) that provides a **product** (1.4) to the **supplier** (1.10).

NOTES

1 In English, the **subcontractor** may also be called "**subsupplier**".

2 In French, the "**sous-contractant**" may also be called, as appropriate, "**sous-traitant**" or "**sous-commandier**".

1.13
Unterauftragnehmer [5)]

Organisation (1.7), die dem **Lieferanten** (1.10) ein **Produkt** (1.4) bereitstellt.

ANMERKUNGEN

1 Im Englischen kann der **subcontractor** auch "**subsupplier**" genannt werden.

2 Im Französischen kann der "**sous-contractant**" je nach Fall auch "**sous-traitant**" oder "**sous-commandier**" genannt werden.

---

4) Fußnote in der deutschsprachigen Fassung: "purchaser" wird häufig mit "Käufer" übersetzt.
5) Fußnote in der deutschsprachigen Fassung: Auch "Unterlieferant".

5

Section 2 : Termes relatifs à la qualité

Section 2: Terms related to quality

Gruppe 2: Qualitätsbezogene Begriffe

2.1
Qualité

Ensemble des caractéristiques d'une **entité** (1.1) qui lui confèrent l'aptitude à satisfaire des besoins exprimés et implicites

NOTES

1 Dans une situation contractuelle, ou dans un environnement réglementé tel que le domaine de la **sécurité** (2.8) nucléaire, les besoins sont spécifiés, tandis que dans d'autres, il convient d'identifier et de définir les besoins implicites.

2 Dans de nombreux cas, les besoins peuvent évoluer avec le temps ; ceci implique la revue périodique des **exigences pour la qualité** (2.3).

3 Les besoins sont habituellement traduits en caractéristiques avec des critères spécifiés (voir **exigences pour la qualité**). Les besoins peuvent inclure, par exemple, des aspects de performance, de facilité d'emploi, de **sûreté de fonctionnement** (2.5) (disponibilité, fiabilité, maintenabilité), de **sécurité**, des aspects relatifs à l'environnement [voir **exigences de société** (2.4)], des aspects économiques et esthétiques.

4 Il convient que le terme «qualité» ne soit pas utilisé isolément ni pour exprimer un dégré d'excellence dans un sens comparatif, ni pour des évaluations techniques dans un sens quantitatif. Pour exprimer ces deux sens, il est bon qu'un qualificatif soit utilisé. Par exemple, on peut employer les termes suivants :

a) «**qualité** relative» lorsque les **entités** sont classées en fonction de leur degré d'excellence ou d'une manière comparative [à ne pas confondre avec **classe** (2.2)].

2.1
Quality

Totality of characteristics of an **entity** (1.1) that bear on its ability to satisfy stated and implied needs.

NOTES

1 In a contractual environment, or in a regulated environment, such as the nuclear **safety** (2.8) field, needs are specified, whereas in other environments, implied needs should be identified and defined.

2 In many instances, needs can change with time; this implies periodic review of **requirements for quality** (2.3).

3 Needs are usually translated into characteristics with specified criteria (see **requirements for quality**). Needs may include, for example, aspects of performance, usability, **dependability** (2.5) (availability, reliability, maintainability), **safety**, environment [see **requirements of society** (2.4)], economics and aesthetics.

4 The term "**quality**" should not be used as a single term to express a degree of excellence in a comparative sense nor should it be used in a quantitative sense for technical evaluations. To express these meanings, a qualifying adjective shall be used. For example, use can be made of the following terms:

a) "relative **quality**" where **entities** are ranked on a relative basis in the degree of excellence or comparative sense [not to be confused with **grade** (2.2)].

2.1
Qualität

Gesamtheit von Merkmalen (und Merkmalswerten) einer **Einheit** (1.1) bezüglich ihrer Eignung, festgelegte und vorausgesetzte Erfordernisse zu erfüllen [6].

ANMERKUNGEN

1 In einer vertraglichen Situation, oder in einer gesetzlich festgelegten Situation wie etwa auf dem Gebiet kerntechnischer **Sicherheit** (2.8), sind Erfordernisse spezifiziert, während in anderen Situationen vorausgesetzte Erfordernisse festgestellt und genau festgelegt werden müssen.

2 In zahlreichen Fällen können sich Erfordernisse im Laufe der Zeit ändern; das bedeutet eine periodische Prüfung der **Qualitätsforderung** (2.3).

3 Erfordernisse werden gewöhnlich in Merkmale mit vorgegebenen Werten umgesetzt (siehe **Qualitätsforderung**). Erfordernisse können z.B. Gesichtspunkte der Leistung, Brauchbarkeit, **Zuverlässigkeit** (2.5) (Verfügbarkeit, Funktionsfähigkeit, Instandhaltbarkeit), **Sicherheit** (2.8), Umwelt [siehe **Forderungen der Gesellschaft** (2.4)], der Wirtschaftlichkeit und Ästhetik mit einbeziehen.

4 Die Benennung "**Qualität**" sollte weder als einzelnes Wort gebraucht werden, um einen Vortrefflichkeitsgrad im vergleichenden Sinn auszudrücken, noch sollte sie in einem quantitativen Sinn für technische Bewertungen verwendet werden. Um diese Bedeutungen auszudrücken, sollte ein qualifizierendes Adjektiv benutzt werden. Z.B. können folgende Benennungen verwendet werden:

a) "Relative **Qualität**", wo **Einheiten** auf relativer Grundlage nach dem "Vortrefflichkeitsgrad" oder im vergleichenden Sinn geordnet werden [was nicht verwechselt werden darf mit der **Anspruchsklasse** (2.2)].

---

6) Fußnote in der deutschsprachigen Fassung: "Festgelegte und vorausgesetzte Erfordernisse" sind zwei spezifische Konkretisierungen der Qualitätsforderung. Die Qualitätsdefinition gilt, wie auch die ANMERKUNG 1 zeigt, für jeden beliebigen Bestandteil und jede beliebige Konkretisierung der Qualitätsforderung, gleichviel wie diese jeweils genannt werden.

6

b) «niveau de **qualité**» dans un sens quantitatif (tel qu'employé dans le contrôle par échantillonnage) et «mesure de la **qualité**» lorsque des évaluations techniques précises sont effectuées.

5 L'obtention d'une **qualité** satisfaisante implique l'ensemble des phases de la **boucle de la qualité** (4.1). Les contributions à la **qualité** de ces différentes phases sont parfois considérées séparément pour les distinguer ; par exemple, **qualité** due à la définition des besoins, **qualité** due à la conception du **produit** (1.4), **qualité** due à la **conformité** (2.9), **qualité** due au soutien du **produit** tout au long de son cycle de vie.

6 Dans certains textes existants, on identifie la **qualité** à «l'aptitude à l'usage», ou à «l'aptitude à l'emploi», ou à «la satisfaction du **client** (1.9)» ou à «la conformité aux exigences». Ces notions ne représentent que certaines facettes de la **qualité**, telle que définie ci-dessus.

b) "**quality** level" in a quantitative sense (as used in acceptance sampling) and "**quality** measure" where precise technical evaluations are carried out.

5 The achievement of satisfactory **quality** involves all stages of the **quality loop** (4.1) as a whole. The contributions to **quality** of these various stages are sometimes identified separately for emphasis; for example, **quality** due to definition of needs, **quality** due to **product** (1.4) design, **quality** due to conformance, **quality** due to **product** support throughout its life time.

6 In some references, **quality** is referred to as "fitness for use" or "fitness for purpose" or "**customer** (1.9) satisfaction" or "conformance to the requirements". These represent only certain facets of **quality**, as defined above.

b) "**Qualitätslage**" in einem quantitativen Sinn (wie bei der Annahmestichprobenprüfung benutzt) sowie "**Qualitäts**meßgröße", wo genaue technische Bewertungen erfolgen.

5 Die Erzielung einer zufriedenstellenden Qualität bezieht alle Stadien des ganzen Qualitätskreises (4.1) ein. Zur Betonung sind die Beiträge zur Qualität [7] aus diesen verschiedenen Stadien manchmal getrennt ausgewiesen; z.B. die von der Festlegung der Erfordernisse herrührende Qualität, die vom Produkt-Design (1.4 Produkt) herrührende Qualität, die von der Forderungserfüllung herrührende Qualität, die von der Produktpflege überall während seiner Lebensdauer herrührende Qualität.

6 In einigen Literaturstellen ist **Qualität** als "fitness for use" oder "fitness for purpose" oder "customer (1.9) satisfaction" oder "conformance to the requirements" aufgefaßt. Diese Auffassungen beschreiben lediglich einige Facetten von Qualität, wie sie oben definiert ist.

2.2
Classe

Catégorie ou rang attribué à des **entités** (1.1) ayant la même fonction d'usage, mais soumises à des **exigences pour la qualité** (2.3) différentes.

NOTES

1 La **classe** traduit une différence prévue ou reconnue dans les **exigences pour la qualité**. L'accent est mis sur la relation entre fonction d'usage et coût.

2 Une **entité** de classe élevée (par exemple un hôtel de luxe) peut être de **qualité** (2.1) non satisfaisante et inversement.

3 Lorsque la **classe** est indiquée par un chiffre, la **classe** la plus élevée est désignée habituellement par 1, les **classes** inférieures étant 2, 3, 4, etc. Lorsque la **classe** est indiquée par un nombre de points, tel que par exemple un nombre d'étoiles, la **classe** la moins élevée est désignée habituellement par le plus petit nombre de points ou d'étoiles.

2.2
Grade

Category or rank given to **entities** (1.1) having the same functional use but different **requirements for quality** (2.3).

NOTES

1 **Grade** reflects a planned or recognized difference in **requirements for quality**. The emphasis is on the functional use and cost relationship.

2 A high grade **entity** (e.g. luxurious hotel) can be of unsatisfactory **quality** (2.1) and vice versa.

3 Where **grade** is denoted numerically, the highest **grade** is usually designated as 1, with the lower **grades** extending to 2, 3, 4, etc . Where **grade** is denoted by a point score, such as a number of stars, the lowest **grade** usually has the least points or stars.

2.2
Anspruchsklasse [8]

Kategorie oder Rang unterschiedlicher **Qualitätsforderungen** (2.3) an **Einheiten** (1.1) für den gleichen funktionellen Gebrauch.

ANMERKUNGEN

1 Die **Anspruchsklasse** spiegelt einen geplanten oder anerkannten Unterschied in der **Qualitätsforderung** wider. Die Betonung liegt auf der Beziehung zwischen funktionellem Gebrauch und Kosten.

2 Eine **Einheit** (1.1) hoher Anspruchsklasse (z.B. ein Luxushotel) kann von nicht zufriedenstellender **Qualität** (2.1) sein, und umgekehrt.

3 Wo **Anspruchsklassen** numerisch gekennzeichnet sind, ist es üblich, daß die höchste Anspruchsklasse als 1 bezeichnet ist, wobei sich die niedrigeren Anspruchsklassen auf 2, 3, 4 usw. erstrecken. Wo **Anspruchsklassen** mit einer Punkteskala bezeichnet sind, etwa durch eine Anzahl von Sternen, hat die niedrigste Anspruchsklasse üblicherweise die wenigsten Punkte oder Sterne.

---

[7] Fußnote in der deutschsprachigen Fassung: "Beiträge zur Qualität" haben bei beliebigen Einheiten die genormte Benennung "Qualitätselement"; nicht zu verwechseln mit "QM-Element".

[8] Fußnote in der deutschsprachigen Fassung: Häufig kurz "Klasse".

7

2.3
Exigences pour la qualité

Expression des besoins, ou leur traduction en un ensemble d'exigences exprimées en termes quantitatifs ou qualitatifs pour les caractéristiques d'une **entité** (1.1) afin de permettre sa réalisation et son examen.

NOTES

1 Il est essentiel que les **exigences pour la qualité** reflètent complètement les besoins exprimés et implicites du **client** (1.9).

2 Le terme «exigences» couvre aussi bien les exigences du marché, celles du contrat, que celles qui sont internes à un **organisme** (1.7). Elles peuvent être élaborées, détaillées et actualisées à différents stades de la planification.

3 Les exigences exprimées en termes quantitatifs et relatives aux caractéristiques comprennent, par exemple, des valeurs nominales, des valeurs assignées, des écarts limites et des tolérances.

4 Il convient d'exprimer les **exigences pour la qualité** en termes de fonctions et par des documents.

2.3
Requirements for quality

Expression of the needs or their translation into a set of quantitatively or qualitatively stated requirements for the characteristics of an **entity** (1.1) to enable its realization and examination.

NOTES

1 It is crucial that the **requirements for quality** fully reflect the stated and implied needs of the **customer** (1.9).

2 The term "requirements" covers market-based and contractual as well as an **organization**'s (1.7) internal requirements. They may be developed, detailed and updated at different planning stages.

3 Quantitatively stated requirements for the characteristics include, for instance, nominal values, rated values, limiting deviations and tolerances.

4 The **requirements for quality** should be expressed in functional terms and documented.

2.3
Qualitätsforderung [9]

Formulierung der Erfordernisse oder deren Umsetzung in eine Serie von quantitativ oder qualitativ festgelegten Forderungen [10] an die Merkmale einer **Einheit** (1.1) zur Ermöglichung ihrer Realisierung und Prüfung.

ANMERKUNGEN

1 Es ist entscheidend, daß die **Qualitätsforderung** die festgelegten und vorausgesetzten Erfordernisse des **Kunden** (1.9) voll widerspiegelt.

2 Der Begriff "Forderung" erfaßt sowohl marktbegründete als auch vertragliche als auch interne Forderungen einer **Organisation** (1.7). Sie können in den unterschiedlichen Planungsstufen entwickelt, detailliert und aktualisiert werden.

3 Quantitativ festgelegte Forderungen an die Merkmale enthalten z.B. Nennwerte, Bemessungswerte, Grenzabweichungen und Toleranzen.

4 Die **Qualitätsforderung** sollte in funktionalen Bedingungen ausgedrückt und dokumentiert werden.

2.4
Exigences de société

Obligations résultant de lois, de règlements, de règles, de codes, d'actes et d'autres considérations.

NOTES

1 L'expression «d'autres considérations» vise notamment la protection de l'environnement, la santé, la **sécurité** (2.8), la sûreté, la conservation de l'énergie et des ressources naturelles.

2 Il convient que toutes les **exigences de société** soient prises en compte lors de la définition des **exigences pour la qualité** (2.3).

3 Les **exigences de société** comprennent des exigences juridiques et réglementaires. Elles peuvent varier selon les juridictions.

2.4
Requirements of society

Obligations resulting from laws, regulations, rules, codes, statutes and other considerations.

NOTES

1 "Other considerations" include notably protection of the environment, health, **safety** (2.8), security, conservation of energy and natural resources.

2 All **requirements of society** should be taken into account when defining the **requirements for quality** (2.3).

3 **Requirements of society** include jurisdictional and regulatory requirements. These may vary from one jurisdiction to another.

2.4
Forderungen der Gesellschaft

Verpflichtungen aufgrund von Gesetzen, Vorschriften, Verordnungen, Kodizes, Statuten und anderen Erwägungen.

ANMERKUNGEN

1 "Andere Erwägungen" betreffen vor allem Schutz der Umwelt, Gesundheit, **Sicherheit** (2.8), Schutz, Erhaltung von Energie- und natürlichen Hilfsquellen.

2 Alle **Forderungen der Gesellschaft** sollten bei der Festlegung der **Qualitätsforderung** (2.3) in Betracht gezogen werden.

3 **Forderungen der Gesellschaft** enthalten juristische und gesetzliche Forderungen. Diese können je nach Rechtsprechung unterschiedlich sein.

---

[9] Fußnote in der deutschsprachigen Fassung: umgangssprachlich auch "Qualitätsanforderung".

[10] Fußnote in der deutschsprachigen Fassung: Häufig auch "Einzelforderungen".

8

2.5
Sûreté de fonctionnement

Ensemble des propriétés qui décrivent la disponibilité et les facteurs qui la conditionnent : fiabilité, maintenabilité et logistique de maintenance.

NOTES

1 La **sûreté de fonctionnement** est une notion générale sans caractère quantitatif.

2 La **sûreté de fonctionnement** est un des aspects de la **qualité** (2.1) liés au temps.

3 La définition de la **sureté de fonctionnement** et la note 1 citées ci-dessus proviennent de la publication CEI 50 (191), qui contient également des termes et des définitions qui lui sont associés.

2.5
Dependability

Collective term used to describe the availability performance and its influencing factors: reliability performance, maintainability performance and maintenance-support performance.

NOTES

1 **Dependability** is used only for general descriptions in non-quantitative terms.

2 **Dependability** is one of the time-related aspects of **quality** (2.1).

3 The definition of **dependability** and note 1 given above are taken from IEC 50 (191), which also includes related terms and definitions.

2.5
Zuverlässigkeit

Zusammenfassender Ausdruck zur Beschreibung der Verfügbarkeit und ihrer Einflußfaktoren: Funktionsfähigkeit, Instandhaltbarkeit und Instandhaltungsbereitschaft.

ANMERKUNGEN

1 **Zuverlässigkeit** wird nur für allgemeine Beschreibungen in nichtquantitativem Sinn benutzt.

2 **Zuverlässigkeit** ist einer der zeitbezogenen Aspekte der **Qualität** (2.1).

3 Die obige Definition von **Zuverlässigkeit** sowie ANMERKUNG 1 sind aus IEC 50 (191) entnommen, wo auch zugehörige Begriffe enthalten sind.

2.6
Compatibilité

Aptitude d'**entités** (1.1) à être utilisées conjointement dans des conditions spécifiques pour satisfaire à des exigences pertinentes

NOTE — La définition ci-dessus s'applique aux normes qualité. Le terme «compatibilité» est défini différemment dans le Guide ISO/CEI 2.

2.6
Compatibility

Ability of **entities** (1.1) to be used together under specific conditions to fulfil relevant requirements.

NOTE — The above definition is valid for the purposes of quality standards. The term "**compatibility**" is defined differently in ISO/IEC Guide 2.

2.6
Verträglichkeit [11]

Eignung von **Einheiten** (1.1), unter spezifischen Bedingungen zusammen benutzt zu werden, um relevante Forderungen zu erfüllen.

ANMERKUNG — Die obige Definition gilt für qualitätsbezogene Normen. Im ISO/IEC Leitfaden 2 ist das Wort "Verträglichkeit" anders definiert.

2.7
Interchangeabilité

Aptitude d'une **entité** (1.1) à être utilisée sans modification à la place d'une autre pour satisfaire aux mêmes exigences.

NOTES

1 En fonction de circonstances particulières, il convient d'ajouter un qualificatif tel que «**interchangeabilité fonctionnelle**» ou «**interchangeabilité dimensionnelle**»

2 La définition ci-dessus s'applique aux normes qualité. Le terme «**interchangeabilité**» est défini différemment dans le Guide ISO/CEI 2.

2.7
Interchangeability

Ability of an **entity** (1.1) to be used in place of another, without modification, to fulfil the same requirements.

NOTES

1 A qualifier such as "functional **interchangeability**" or "dimensional **interchangeability**" should be used depending on specific circumstances.

2 The above definition is valid for the purposes of quality standards. The term "interchangeability" is defined differently in ISO/IEC Guide 2

2.7
Austauschbarkeit

Eignung einer **Einheit** (1.1), anstelle einer anderen - ohne Änderungen - benutzt zu werden, um dieselben Forderungen zu erfüllen

ANMERKUNGEN

1 Ein Bestimmungswort wie etwa "funktionale **Austauschbarkeit**" oder "maßliche **Austauschbarkeit**" sollte abhängig von den spezifischen Umständen benutzt werden.

2 Die obige Definition gilt für qualitätsbezogene Normen. Im ISO/IEC Leitfaden 2 ist das Wort "Austauschbarkeit" anders definiert.

---

11) Fußnote in der deutschsprachigen Fassung: Auch "Kompatibilität".

9

2.8
Sécurité

État dans lequel le risque de dommages corporels ou matériels est limité à un niveau acceptable.

NOTES

1   La **sécurité** est l'un des aspects de la **qualité** (2.1).

2   La définition ci-dessus s'applique aux normes qualité. Le terme «**sécurité**» est défini différemment dans le Guide ISO/CEI 2.

2.8
Safety

State in which the risk of harm (to persons) or damage is limited to an acceptable level.

NOTES

1   **Safety** is one of the aspects of **quality** (2.1).

2   The above definition is valid for the purposes of quality standards. The term "safety" is defined differently in ISO/IEC Guide 2.

2.8
Sicherheit

Zustand, in dem das Risiko eines Personen- oder Sachschadens auf einen annehmbaren Wert begrenzt ist.

ANMERKUNGEN

1   **Sicherheit** ist einer der Aspekte der **Qualität** (2.1).

2   Die obige Definition gilt für qualitätsbezogene Normen. Im ISO/IEC Leitfaden 2 ist das Wort "Sicherheit" anders definiert.

2.9
Conformité

Satisfaction aux exigences spécifiées.

NOTE — La définition ci-dessus s'applique aux normes qualité. Le terme «**conformité**» est défini différemment dans le Guide ISO/CEI 2.

2.9
Conformity

Fulfilment of specified requirements.

NOTE — The above definition is valid for the purposes of quality standards. The term "**conformity**" is defined differently in ISO/IEC Guide 2.

2.9
Konformität

Erfüllung festgelegter Forderungen.

ANMERKUNG — Die obige Definition gilt für qualitätsbezogene Normen. Im ISO/IEC Leitfaden 2 ist das Wort "Konformität" anders definiert.

2.10
Non-conformité

Non-satisfaction à une exigence spécifiée.

NOTE — La définition s'applique à l'écart ou l'absence, par rapport aux exigences spécifiées, d'une ou plusieurs caractéristiques constitutives de la **qualité** (2.1) [y compris celles relatives à la **sûreté de fonctionnement** (2.5)], ou d'un ou plusieurs éléments de **système qualité** (3.6).

2.10
Nonconformity

Nonfulfilment of a specified requirement.

NOTE — The definition covers the departure or absence of one or more **quality** (2.1) characteristics [including **dependability** (2.5) characteristics], or **quality system** (3.6) elements from specified requirements.

2.10
Fehler [12)]

Nichterfüllung einer festgelegten Forderung

ANMERKUNG — Die Definition umfaßt die Nichterfüllung festgelegter Forderungen bei einem oder mehreren Qualitätsmerkmalen (2.1 Qualität) [eingeschlossen **Zuverlässigkeits**merkmale (2.5 Zuverlässigkeit)], oder durch Elemente eines **QM-Systems** (3.6), oder deren Nichtvorhandensein.

2.11
Défaut

Non-satisfaction à une exigence ou à une attente raisonnable liées à une utilisation prévue, y compris celles qui ont trait à la **sécurité** (2.8).

NOTE — L'attente doit être raisonnable dans les circonstances du moment.

2.11
Defect

Nonfulfilment of an intended usage requirement, or reasonable expectation, including one concerned with **safety** (2.8).

NOTE — The expectation must be reasonable under the existing circumstances.

2.11
Mangel

Nichterfüllung einer Forderung oder einer angemessenen Erwartung bezüglich der beabsichtigten Anwendung, eingeschlossen solche, welche die **Sicherheit** (2.8) betreffen.

ANMERKUNG — Die Erwartung unter den bestehenden Umständen muß angemessen sein.

---

12)   Fußnote in der deutschsprachigen Fassung: "Nonconformity" wird verschiedentlich als "Nichtkonformität" übersetzt.

10

2.12
Responsabilité du fait du produit

Terme générique utilisé pour décrire l'obligation faite à un producteur, ou à d'autres, de dédommager des pertes relatives à des dommages corporels, matériels ou autres causés par un **produit** (1.4).

NOTE — Les implications légales et financières de la **responsabilité du fait du produit** peuvent varier selon les juridictions.

2.12
Product liability

Generic term used to describe the onus on a producer or others to make restitution for loss related to personal injury, property damage or other harm caused by a **product** (1.4).

NOTE — The legal and financial implications of **product liability** may vary from one jurisdiction to another.

2.12
Produkthaftung

Verpflichtung eines Produzenten oder anderer zum Schadensersatz aufgrund eines Personen-, Sach- oder anderen Schadens, verursacht durch ein **Produkt** (1.4).

ANMERKUNG — Die rechtlichen und finanziellen Auswirkungen von **Produkthaftung** können je nach Rechtsprechung unterschiedlich sein.

2.13
Processus de qualification

Processus démontrant qu'une **entité** (1.1) est capable de répondre aux exigences spécifiées.

NOTE — Le terme «qualification» est parfois utilisé pour désigner ce **processus** (1.2).

2.13
Qualification process

Process of demonstrating whether an **entity** (1.1) is capable of fulfilling specified requirements.

NOTE — The term "qualification" is sometimes used to designate this **process** (1.2).

2.13
Qualifizierungsprozeß

Prozeß zur Darlegung, ob eine **Einheit** (1.1) zur Erfüllung der festgelegten **Qualitätsforderung** (2.3) fähig ist.

ANMERKUNG — Das Wort "Qualifikation" (2.14) wird manchmal zur Kennzeichnung dieses **Prozess**es (1.2) benutzt.

2.14
Qualifié

Statut accordé à une **entité** (1.1), quand l'aptitude à répondre aux exigences spécifiées a été démontrée.

2.14
Qualified

Status given to an **entity** (1.1) when the capability of fulfilling specified requirements has been demonstrated.

2.14
Qualifiziert [13]

Status einer **Einheit** (1.1), wenn ihre Fähigkeit zur Erfüllung der festgelegten **Qualitätsforderung** (2.3) dargelegt wurde.

2.15

Contrôle

Activités telles que mesurer, examiner, essayer ou passer au calibre une ou plusieurs caractéristiques d'une **entité** (1.1), et comparer les résultats aux exigences spécifiées en vue de déterminer si la **conformité** (2.9) est obtenue pour chacune de ces caractéristiques.

NOTES

1 En français, le terme «inspection» peut désigner une activité de **surveillance de la qualité** (4.7) conduite dans le cadre d'une mission bien définie.

2 La définition ci-dessus s'applique aux normes qualité. Le terme «**contrôle**» est défini différemment dans le Guide ISO/CEI 2.

2.15

Inspection

Activity such as measuring, examining, testing or gauging one or more characteristics of an **entity** (1.1) and comparing the results with specified requirements in order to establish whether **conformity** (2.9) is achieved for each characteristic.

NOTES

1 In French, the term "inspection" may designate an activity of **quality surveillance** (4.7) carried out within the framework of a defined assigment.

2 The above definition is valid for the purposes of quality standards. The term "**inspection**" is defined differently in ISO/IEC Guide 2.

2.15

Prüfung: Tätigkeit wie Messen, Untersuchen, Ausmessen bei einem oder mehreren Merkmalen einer **Einheit** (1.1) sowie Vergleichen der Ergebnisse mit festgelegten Forderungen, um festzustellen, ob **Konformität** (2.9) für jedes Merkmal erzielt ist.

ANMERKUNGEN

1 Im Französischen kann das Wort "inspection" eine Tätigkeit der **Qualitätsüberwachung** (4.7) bezeichnen, die im Rahmen eines festgelegten Auftrags erfüllt wird.

2 Die obige Definition gilt für qualitätsbezogene Normen. Im ISO/IEC Leitfaden 2 ist das Wort "Prüfung" anders definiert.

---

13) Fußnote in der deutschsprachigen Fassung: Dieser Status wird auch als "Qualifikation" bezeichnet.

2.16
Autocontrôle

Contrôle (2.15) par l'exécutant lui-même du travail qu'il a accompli, suivant des règles spécifiées.

NOTE — Les résultats de l'**autocontrôle** peuvent être utilisés pour la maîtrise du **processus** (1.2).

2.16
Self-inspection

Inspection (2.15) of the work by the performer of that work, according to specified rules.

NOTE — The results of **self-inspection** may be used for **process** (1.2) control.

2.16
Selbstprüfung

Prüfung (2.15) der Arbeit durch den Ausführenden selbst nach festgelegten Regeln.

ANMERKUNG — Die Ergebnisse von Selbstprüfung können zur Prozeßlenkung (1.2 Prozeß) verwendet werden.

2.17
Vérification

Confirmation par examen et apport de **preuves tangibles** (2.19) que les exigences spécifiées ont été satisfaites.

NOTES

1 En conception et développement, la **vérification** concerne le **processus** (1.2) d'examen du résultat d'une activité en vue de déterminer la **conformité** (2.9) aux exigences fixées pour ladite activité.

2 Le terme «**vérifié**» désigne le statut correspondant.

2.17
Verification

Confirmation by examination and provision of **objective evidence** (2.19) that specified requirements have been fulfilled.

NOTES

1 In design and development, **verification** concerns the **process** (1.2) of examining the result of a given activity to determine **conformity** (2.9) with the stated requirements for that activity.

2 The term "**verified**" is used to designate the corresponding status.

2.17
Verifizierung

Bestätigen aufgrund einer Untersuchung und durch Bereitstellung eines **Nachweises** (2.19), daß festgelegte Forderungen erfüllt worden sind.

ANMERKUNGEN

1 In Design und Entwicklung betrifft **Verifizierung** den **Prozeß** (1.2) der Untersuchung des Ergebnisses einer betrachteten Tätigkeit, um **Konformität** (2.9) mit den an diese Tätigkeit (bezüglich ihres Ergebnisses) gestellten Forderungen festzustellen.

2 Das Wort "**verifiziert**" wird zur Bezeichnung des betreffenden Status benutzt.

2.18
Validation

Confirmation par examen et apport de **preuves tangibles** (2.19) que les exigences particulières pour un usage spécifique prévu sont satisfaites.

NOTES

1 En conception et développement, la **validation** concerne le **processus** (1.2) d'examen d'un **produit** (1.4) en vue de déterminer la **conformité** (2.9) aux besoins de l'utilisateur.

2 La **validation** s'effectue normalement sur le **produit** final dans des conditions d'utilisation définies. Elle peut s'avérer nécessaire à des étapes antérieures.

3 Le terme «**validé**» désigne le statut correspondant.

4 Plusieurs **validations** peuvent être effectuées s'il y a différents usages prévus.

2.18
Validation

Confirmation by examination and provision of **objective evidence** (2.19) that the particular requirements for a specific intended use are fulfilled.

NOTES

1 In design and development, **validation** concerns the **process** (1.2) of examining a **product** (1.4) to determine conformity (2.9) with user needs.

2 **Validation** is normally performed on the final **product** under defined operating conditions. It may be necessary in earlier stages.

3 The term "**validated**" is used to designate the corresponding status.

4 Multiple **validations** may be carried out if there are different intended uses.

2.18
Validierung

Bestätigen aufgrund einer Untersuchung und durch Bereitstellung eines **Nachweises** (2.19), daß die besonderen Forderungen für einen speziellen beabsichtigten Gebrauch erfüllt worden sind.

ANMERKUNGEN

1 In Design und Entwicklung betrifft **Validierung** den **Prozeß** (1.2) der Untersuchung eines **Produkts** (1.4), um **Konformität** (2.9) mit Erfordernissen des Anwenders festzustellen.

2 **Validierung** erfolgt üblicherweise am End**produkt** unter festgelegten Betriebsbedingungen. Sie kann in früheren Stufen nötig sein.

3 Das Wort "**validiert**" wird zur Bezeichnung des betreffenden Status benutzt.

4 Mehrfache **Validierungen** können ausgeführt werden, wenn unterschiedliche beabsichtigte Anwendungen vorkommen.

2.19
Preuve tangible

Information dont la véracité peut être démontrée, fondée sur des faits et obtenue par observation, mesurage, essai ou autres moyens.

2.19
Objective evidence

Information which can be proved true, based on facts obtained through observation, measurement, test or other means.

2.19
Nachweis

Information, deren Richtigkeit bewiesen werden kann, und die auf Tatsachen beruht, welche durch Beobachtung, Messung, Untersuchung oder durch andere Ermittlungsverfahren gewonnen sind.

Section 3 : Termes relatifs au système qualité

Section 3: Terms related to the quality system

Gruppe 3: Begriffe zum Qualitätsmanagement-system

3.1
Politique qualité

Orientations et objectifs généraux d'un **organisme** (1.7) concernant la **qualité** (2.1), tels qu'ils sont exprimés formellement par la direction au plus haut niveau.

NOTE — La **politique qualité** est un élément de la politique générale et est approuvée par la direction au plus haut niveau.

3.1
Quality policy

Overall intentions and direction of an **organization** (1.7) with regard to **quality** (2.1), as formally expressed by top management.

NOTE — The **quality policy** forms one element of the corporate policy and is authorized by top management.

3.1
Qualitätspolitik

Umfassende Absichten und Zielsetzungen einer **Organisation** (1.7) zur **Qualität** (2.1), wie sie durch die oberste Leitung formell ausgedrückt werden.

ANMERKUNG — Die **Qualitätspolitik** bildet ein Element der Unternehmenspolitik und ist durch die oberste Leitung genehmigt.

3.2
Management de la qualité

Ensemble des activités de la fonction générale de management qui déterminent la **politique qualité** (3.1), les objectifs et les responsabilités, et les mettent en œuvre par des moyens tels que la **planification de la qualité** (3.3), la **maîtrise de la qualité** (3.4), l'**assurance de la qualité** (3.5) et l'**amélioration de la qualité** (3.8) dans le cadre du **système qualité** (3.6).

NOTES

1 Le **management de la qualité** est la responsabilité de tous les niveaux de direction, mais il doit être conduit par la direction au plus haut niveau. Sa mise en œuvre implique tous les membres de l'**organisme** (1.7).

2 Le **management de la qualité** prend en compte les aspects économiques.

3.2
Quality management

All activities of the overall management function that determine the **quality policy** (3.1), objectives and responsibilities and implement them by means such as **quality planning** (3.3), **quality control** (3.4), **quality assurance** (3.5) and **quality improvement** (3.8) within the **quality system** (3.6).

NOTES

1 **Quality management** is the responsibilty of all levels of management but must be led by top management. Its implementation involves all members of the **organization** (1.7).

2 In **quality management**, consideration is given to economic aspects.

3.2
Qualitätsmanagement [14]

Alle Tätigkeiten des Gesamtmanagements, die im Rahmen des **QM-Systems** (3.6) die **Qualitätspolitik** (3.1), die Ziele und Verantwortungen festlegen sowie diese durch Mittel wie **Qualitätsplanung** (3.3), **Qualitätslenkung** (3.4), **Qualitätssicherung/QM-Darlegung** (3.5) und **Qualitätsverbesserung** (3.8) verwirklichen.

ANMERKUNGEN

1 **Qualitätsmanagement** ist die Verantwortung aller Ausführungsebenen, muß jedoch von der obersten Leitung angeführt werden. Ihre Verwirklichung bezieht alle Mitglieder der **Organisation** (1.7) ein.

2 Beim **Qualitätsmanagement** werden Wirtschaftlichkeitsgesichtspunkte beachtet.

3.3
Planification de la qualité

Activités qui déterminent les objectifs et les **exigences pour la qualité** (2.3), ainsi que les exigences pour la mise en œuvre d'éléments du **système qualité** (3.6).

3.3
Quality planning

Activities that establish the objectives and **requirements for quality** (2.3) and for the application of **quality system** (3.6) elements.

3.3
Qualitätsplanung

Tätigkeiten, welche die Ziele und **Qualitätsforderungen** (2.3) sowie die Forderungen für die Anwendung der Elemente des **QM-Systems** (3.6) festlegen.

---

14)   Fußnote in der deutschsprachigen Fassung: bisher "Qualitätssicherung"; siehe Fußnote zu Begriff 3.5.

14

NOTE — La **planification de la qualité** recouvre :

a) la planification pour un **produit** (1.4) : identification, classification et pondération des caractéristiques relatives à la **qualité** (2.1) ainsi qu'établissement des objectifs, des **exigences pour la qualité** et des contraintes ;

b) la planification de management et opérationnelle : préparation de la mise en œuvre du **système qualité** comprenant l'organisation et le calendrier ;

c) L'élaboration de **plans qualité** (3.13) et la prise de dispositions pour l'**amélioration de la qualité** (3.8).

NOTE — **Quality planning** covers:

a) **product** (1.4) planning: identifying, classifying and weighting the characteristics for **quality** (2.1) as well as establishing the objectives, **requirements for quality** and constraints;

b) managerial and operational planning: preparing the application of the **quality system** including organizing and scheduling;

c) the preparation of **quality plans** (3.13) and the making of provisions for **quality improvement** (3.8).

ANMERKUNG — Qualitätsplanung umfaßt:

a) Planung bezüglich Produkt (1.4): Identifizieren, Klassifizieren und Gewichten der Qualitätsmerkmale (2.1 Qualität) sowie Festlegen der Ziele, der Qualitätsforderungen (2.3) und der einschränkenden Bedingungen;

b) Planung bezüglich Führungs- und Ausführungstätigkeiten: Vorbereiten der Anwendung des QM-Systems (3.6) samt Ablauf- und Zeitplänen;

c) Das Erstellen von QM-Plänen (3.13) sowie das Vorsehen von Qualitätsverbesserung (3.8).

3.4
Maîtrise de la qualité

Techniques et activités à caractère opérationnel utilisées pour satisfaire aux **exigences pour la qualité** (2.3).

NOTES

1 La **maîtrise de la qualité** comprend des techniques et activités à caractère opérationnel qui ont pour but à la fois de piloter un **processus** (1.2) et d'éliminer les causes de fonctionnement non-satisfaisant à toutes les phases de la **boucle de la qualité** (4.1) en vue d'atteindre la meilleure efficacité économique.

2 Certaines actions de **maîtrise de la qualité** et d'**assurance de la qualité** (3.5) sont liées entre elles.

3.4
Quality control

Operational techniques and activities that are used to fulfil **requirements for quality** (2.3).

NOTES

1 **Quality control** involves operational techniques and activities aimed both at monitoring a **process** (1.2) and at eliminating causes of unsatisfactory performance at all stages of the **quality loop** (4.1) in order to achieve economic effectiveness.

2 Some **quality control** and **quality assurance** (3.5) actions are interrelated.

3.4
Qualitätslenkung

Arbeitstechniken und Tätigkeiten, die zur Erfüllung von **Qualitätsforderungen** (2.3) angewendet werden.

ANMERKUNGEN

1 **Qualitätslenkung** umfaßt Arbeitstechniken und Tätigkeiten, deren Zweck sowohl die Überwachung eines **Prozesses** (1.2) als auch die Beseitigung von Ursachen nicht zufriedenstellender Ergebnisse in allen Stadien des **Qualitätskreises** (4.1) ist, um wirtschaftliche Effektivität zu erreichen.

2 Einige Maßnahmen von **Qualitätslenkung** und **Qualitätssicherung/QM-Darlegung** (3.5) stehen zueinander in Wechselbeziehung.

3.5
Assurance de la qualité

Ensemble des activités préétablies et systématiques mises en œuvre dans le cadre du **système qualité** (3.6), et démontrées en tant que de besoin, pour donner la confiance appropriée en ce qu'une **entité** (1.1) satisfera aux **exigences pour la qualité** (2.3).

3.5
Quality assurance

All the planned and systematic activities implemented whitin the **quality system** (3.6), and demonstrated as needed, to provide adequate confidence that an **entity** (1.1) will fulfil **requirements for quality** (2.3).

3.5
Qualitätssicherung [15]; QM-Darlegung

Alle geplanten und systematischen Tätigkeiten, die innerhalb des **QM-Systems** (3.6) verwirklicht sind, und die wie erforderlich dargelegt werden, um ausreichendes Vertrauen zu schaffen, daß eine **Einheit** (1.1) die **Qualitätsforderung** (2.3) erfüllt wird.

---

15) Fußnote in der deutschsprachigen Fassung: Die Übersetzung von "quality assurance": "Qualitätssicherung" wurde bisher für den Oberbegriff verwendet, welcher — der internationalen Entwicklung folgend — nunmehr mit "Qualitätsmanagement" (3.2) benannt ist.

NOTES

1 L'**assurance de la qualité** vise à la fois des objectifs internes et externes :

   a) **assurance de la qualité interne** : au sein d'un **organisme** (1.7), l'**assurance de la qualité** sert à donner confiance à la direction ;

   b) **assurance de la qualité externe** : dans des situations contractuelles ou autres, l'**assurance de la qualité** sert à donner confiance aux **clients** (1.9) ou à d'autres.

2 Certaines actions de **maîtrise de la qualité** (3.4) et d'**assurance de la qualité** sont liées entre elles.

3 Si les **exigences pour la qualité** ne reflètent pas entièrement les besoins de l'utilisateur, l'**assurance de la qualité** peut ne pas donner la confiance appropriée.

NOTES

1 There are both internal and external purposes for **quality assurance**:

   a) internal **quality assurance:** within an **organization** (1.7), **quality assurance** provides confidence to the management;

   b) external **quality assurance:** in contractual or other situations, **quality assurance** provides confidence to the **customers** (1.9) or others.

2 Some **quality control** (3.4) and **quality assurance** actions are interrelated.

3 Unless **requirements for quality** fully reflect the needs of the user, **quality assurance** may not provide adequate confidence.

ANMERKUNGEN

1 Es gibt sowohl interne als auch externe Gründe für die **Qualitätssicherung/QM-Darlegung:**

   a) Interner Zweck der **Qualitätssicherung/QM-Darlegung** ist es, innerhalb einer **Organisation** (1.7) der Führung Vertrauen zu verschaffen;

   b) Externer Zweck der **Qualitätssicherung/QM-Darlegung** ist es, in vertraglichen oder anderen Situationen den **Kunden** (1.9) oder Anderen Vertrauen zu verschaffen.

2 Einige Maßnahmen von **Qualitätslenkung** (3.4) und **Qualitätssicherung/QM-Darlegung** stehen zueinander in Wechselbeziehung.

3 Wenn die **Qualitätsforderung** (an das Produkt) die Erfordernisse des Anwenders nicht in vollem Umfang widerspiegelt, kann **Qualitätssicherung/QM-Darlegung** ausreichendes Vertrauen nicht verschaffen.

3.6
Système qualité

Ensemble de l'**organisation** (1.8), des **procédures** (1.3), des **processus** (1.2) et des moyens nécessaires pour mettre en œuvre le **management de la qualité** (3.2).

3.6
Quality system

Organizational structure (1.8), **procedures** (1.3), **processes** (1.2) and resources needed to implement **quality management** (3.2).

3.6
QM-System [16)]

Zur Verwirklichung des **Qualitätsmanagements** (3.2) erforderliche **Organisationsstruktur** (1.8), **Verfahren** (1.3), **Prozesse** (1.2) und Mittel.

NOTES

1 Il convient que le **système qualité** ne soit pas plus étendu qu'il n'est besoin pour atteindre les objectifs relatifs à la **qualité** (2.1).

2 Le **système qualité** d'un **organisme** (1.7) est conçu essentiellement pour satisfaire les besoins internes de management de l'**organisme.** Il va au-delà des exigences d'un **client** (1.9) particulier qui n'évalue que la partie du **système qualité** qui le concerne.

3 Pour les besoins d'une **évaluation qualité** (4.6) contractuelle ou obligatoire, la démonstration de la mise en œuvre d'éléments identifiés du **système qualité** peut être exigée.

NOTES

1 The **quality system** should be as comprehensive as needed to meet the **quality** (2.1) objectives.

2 The **quality system** of an **organization** (1.7) is designed primarily to satisfy the internal managerial needs of the **organization.** It is broader than the requirements of a particular **customer** (1.9), who evaluates only the relevant part of the **quality system.**

3 For contractual or mandatory **quality assessment** (4.6) purposes, demonstration of the implementation of identified **quality system** elements may be required.

ANMERKUNGEN

1 Das **QM-System** sollte den zum Erreichen der **Qualitätsziele** (2.1 Qualität) erforderlichen Umfang haben.

2 Das **QM-System** einer **Organisation** ist in erster Linie dazu vorgesehen, die internen Erfordernisse der **Organisation** (1.7) zu erfüllen. Es ist umfangreicher als die Forderungen eines einzelnen **Kunden** (1.9), der nur den (für ihn) relevanten Teil des **QM-Systems** bewertet.

3 Für vertragliche oder andere verpflichtende Zwecke der **Qualitätsbewertung** (4.6) kann gefordert werden, daß die Verwirklichung festgelegter Elemente des **QM-Systems** dargelegt wird.

---

16) Fußnote in der deutschsprachigen Fassung: Bisher "Qualitätssicherungssystem". Siehe auch nationales Vorwort.

16

3.7
Management total de la qualité

Mode de management d'un **organisme** (1.7), centré sur la **qualité** (2.1), basé sur la participation de tous ses membres et visant au succès à long terme par la satisfaction du **client** (1.9) et à des avantages pour tous les membres de l'**organisme** et pour la société.

NOTES

1   Par «tous ses membres», on entend le personnel dans tous les services et à tous les niveaux de l'**organisation** (1.8).

2   Une implication forte et permanente de la direction au plus haut niveau et la formation générale et permanente de tous les membres de l'**organisation** sont indispensables au succès de ce mode de management.

3   En **management total de la qualité**, le concept de **qualité** se réfère au fait d'atteindre tous les objectifs de management.

4   Le concept «avantages pour la société» implique, si besoin est, de satisfaire les **exigences de société** (2.4).

5   Le **management total de la qualité (TQM)** ou certains de ses aspects sont parfois désignés par les expressions «qualité totale», «CWQC» (en anglais «company wide quality control»), «TQC» (en anglais «total quality control»), etc.

3.7
Total quality management

Management approach of an **organization** (1.7), centered on **quality** (2.1), based on the participation of all its members and aiming at long term success through **customer** (1.9) satisfaction, and benefits to all members of the **organization** and to society.

NOTES

1   The expression "all its members" designates personnel in all departments and at all levels of the **organizational structure** (1.8).

2   The strong and persistent leadership of top management and the education and training of all members of the **organization** are essential for the success of this approach.

3   In **total quality management**, the concept of **quality** relates to the achievement of all managerial objectives.

4   The concept "benefits to society" implies, as needed, the fulfilment of **requirements of society** (2.4).

5   **Total quality management (TQM)** or parts of it are sometimes called "**total quality**", "**CWQC**" (company wide quality control), "**TQC**" (total quality control) and so on.

3.7
Umfassendes Qualitätsmanagement [17)]

Auf die Mitwirkung aller ihrer Mitglieder gestützte Managementmethode einer **Organisation** (1.7), die **Qualität** (2.1) in den Mittelpunkt stellt und durch Zufriedenstellung der **Kunden** (1.9) auf langfristigen Geschäftserfolg sowie auf Nutzen für die Mitglieder der **Organisation** und für die Gesellschaft zielt.

ANMERKUNGEN

1   Der Ausdruck "alle ihre Mitglieder" bezeichnet jegliches Personal in allen Stellen und allen Hierarchie-Ebenen der **Organisationsstruktur** (1.8).

2   Wesentlich für den Erfolg dieser Methode ist, daß die oberste Leitung überzeugend und nachhaltig führt, und daß alle Mitglieder der **Organisation** ausgebildet und geschult sind.

3   Der Begriff **Qualität** bezieht sich beim **umfassenden Qualitätsmanagement** auf das Erreichen aller geschäftlichen Ziele.

4   Der Begriff "Nutzen für die Gesellschaft" bedeutet Erfüllung der an die Organisation gestellten **Forderungen der Gesellschaft** (2.4).

5   **Total quality management** (TQM) oder Teile davon werden gelegentlich auch "**total quality**", "**CWQC**" (company wide quality control), "**TQC**" (total quality control) usw. genannt.

3.8
Amélioration de la qualité

Actions entreprises dans tout l'**organisme** (1.7), en vue d'accroître l'efficacité et le rendement des activités et des **processus** (1.2) pour apporter des avantages accrus à la fois à l'**organisme** et à ses **clients** (1.9).

3.8
Quality improvement

Actions taken throughout the **organization** (1.7) to increase the effectiveness and efficiency of activities and **processes** (1.2) in order to provide added benefits to both the **organization** and its **customers** (1.9).

3.8
Qualitätsverbesserung

Überall in der **Organisation** (1.7) ergriffene Maßnahmen zur Erhöhung der Effektivität und Effizienz von Tätigkeiten und **Prozessen** (1.2), um zusätzlichen Nutzen sowohl für die Organisation als auch für ihre **Kunden** (1.9) zu erzielen.

---

17)   Fußnote in der deutschsprachigen Fassung: "Umfassend" betrifft die Gesamtheit aller beliebigen Einheiten (1.1) der Organisation (1.7), die systematischem Qualitätsmanagement unterworfen wird.

17

3.9
Revue de direction

Évaluation formalisée, effectuée par la direction au plus haut niveau, de l'état et de l'adéquation du **système qualité** (3.6) par rapport à la **politique qualité** (3.1) et à ses objectifs.

NOTES

1   La **revue de direction** peut inclure de reconsidérer la **politique qualité.**

2   Les résultats d'**audits qualité** (4.9) constituent une des données d'entrée possibles de la **revue de direction.**

3   La «direction au plus haut niveau» désigne la direction de l'**organisme** (1.7) dont le **système qualité** est passé en revue.

3.9
Management review

Formal evaluation by top management of the status and adequacy of the **quality system** (3.6) in relation to **quality policy** (3.1) and objectives.

NOTES

1   **Management review** may include the review of the **quality policy.**

2   **Quality audit** (4.9) results are one of the posssible inputs to **management review.**

3   The term "top management" refers to the management of the **organization** (1.7) whose **quality system** is being reviewed.

3.9
QM-Bewertung

Formelle Bewertung des Standes und der Angemessenheit des **QM-Systems** (3.6) in bezug auf **Qualitätspolitik** (3.1) und die Qualitätsziele durch die oberste Leitung.

ANMERKUNGEN

1   QM-Bewertung kann eine Bewertung der Qualitätspolitik einschließen.

2   Ergebnisse von Qualitätsaudits (4.9) sind eine der möglichen Informationsquellen für eine QM-Bewertung.

3   Der Ausdruck "oberste Leitung" bezeichnet die Leitung derjenigen Organisation (1.7), deren QM-Systems bewertet wird.

3.10
Revue de contrat

Actions systématiques effectuées par le fournisseur avant la signature du contrat pour s'assurer que les **exigences pour la qualité** (2.3) sont définies de façon adéquate, sans ambiguïté, exprimées par des documents et réalisables par le **fournisseur** (1.10).

NOTES

1   La **revue de contrat** est de la responsabilité du **fournisseur**, mais elle peut être effectuée conjointement avec le **client** (1.9).

2   Une **revue de contrat** peut être répétée à différentes étapes du contrat, si besoin est .

3.10
Contract review

Systematic activities carried out by the supplier before signing the contract, to ensure that **requirements for quality** (2.3) are adequately defined, free from ambiguity, documented and can be realized by the **supplier** (1.10).

NOTES

1   The **contract review** is the responsibility of the **supplier** but can be carried out jointly with the **customer** (1.9).

2   A **contract review** may be repeated at different phases of the contract as needed.

3.10
Vertragsprüfung [18)]

Vor der Vertragsunterzeichnung durch den **Lieferanten** ausgeführte systematische Tätigkeiten, um sicherzustellen, daß die **Qualitätsforderung** (2.3) angemessen festgelegt, frei von Unklarheiten, dokumentiert und durch den Lieferanten (1.10) realisierbar ist.

ANMERKUNGEN

1   Für die **Vertragsprüfung** ist der **Lieferant** verantwortlich, sie kann jedoch zusammen mit dem **Kunden** (1.9) durchgeführt werden.

2   Eine **Vertragsprüfung** kann entsprechend den Erfordernissen bei unterschiedlichen Vertragsphasen wiederholt werden.

3.11
Revue de conception

Examen d'une conception, mené de façon complète et systématique à l'aide de documents, en vue d'évaluer sa capacité à satisfaire aux **exigences pour la qualité** (2.3), d'identifier les problèmes et, s'il y en a, de proposer le développement de solutions.

3.11
Design review

Documented, comprehensive and systematic examination of a design to evaluate its capability to fulfil the **requirements for quality** (2.3), identify problems, if any, and propose the development of solutions.

3.11
Designprüfung [19)]

Dokumentierte, umfassende und systematische Untersuchung eines Designs, um seine Fähigkeit zu beurteilen, die **Qualitätsforderung** (2.3) zu erfüllen, um Probleme festzustellen, falls vorhanden, sowie um das Erarbeiten von Lösungen zu veranlassen.

---

18)   Fußnote in der deutschsprachigen Fassung: Auch "Vertragsüberprüfung".

19)   Fußnote in der deutschsprachigen Fassung: "Design" kann "Entwicklung", "Berechnung", "Konstruktion" bzw. deren Ergebnis, "Entwurf", "Gestaltung" oder "Konzept" usw. einschließen und entsprechend benannt werden.

18

NOTE — Une **revue de conception** peut être conduite à toute étape du **processus** (1.2) de conception, mais il convient, dans tous les cas, d'en mener une à l'achèvement de ce **processus.**

NOTE — A **design review** can be conducted at any stage of the design **process** (1.2), but should in any case be conducted at the completion of this **process**.

ANMERKUNG — Eine Designprüfung kann in jeder Phase des Design-**Prozesses** (1.2 Prozeß) durchgeführt werden, jedenfalls sollte aber eine Designprüfung nach Abschluß dieses **Prozesses** durchgeführt werden.

3.12
Manuel qualité

Document énonçant la **politique qualité** (3.1) et décrivant le **système qualité** (3.6) d'un **organisme** (1.7).

NOTES

1 Un **manuel qualité** peut porter sur la totalité des activités d'un **organisme** ou seulement sur une partie de celles-ci. Le titre et l'objet du manuel explicitent le champ d'application.

2 Un **manuel qualité** contiendra normalement, ou fera référence à, au moins :

    a) la **politique qualité** ;

    b) les responsabilités, les pouvoirs et les relations entre les personnes qui dirigent, effectuent, vérifient ou passent en revue les travaux qui ont une incidence sur la **qualité** (2.1) ;

    c) les **procédures** (1.3) et les instructions du **système qualité** (3.6) ;

    d) des dispositions pour revoir, mettre à jour et gérer le manuel.

3 Pour s'adapter aux besoins d'un **organisme**, le degré de détail et la forme d'un **manuel qualité** peuvent varier. Le manuel peut être constitué de plusieurs volumes. Selon l'objet du manuel, un qualificatif peut être utilisé, par exemple «**manuel assurance qualité**», «**manuel management de la qualité**».

3.12
Quality manual

Document stating the **quality policy** (3.1) and describing the **quality system** (3.6) of an **organization** (1.7).

NOTES

1 A **quality manual** may relate to the totality of an **organization**'s activities or only to a part of it. The title and scope of the manual reflects the field of application.

2 A **quality manual** will normally contain or refer to, as a minimum:

    a) **quality policy**;

    b) the responsibilities, authorities and inter-relationships of personnel who manage, perform, verify or review work affecting **quality** (2.1);

    c) the **quality system** (3.6) **procedures** (1.3) and instructions;

    d) a statement for reviewing, updating and controlling the manual.

3 A **quality manual** can vary in depth and format to suit the needs of an **organization**. It may comprise more than one document. Depending on the scope of the manual, a qualifier may be used, for exemple "**quality assurance manual**", "**quality management manual**".

3.12
Qualitätsmanagement-Handbuch [20]

Dokument, in dem die **Qualitätspolitik** (3.1) festgelegt und das **QM-System** (3.6) einer **Organisation** (1.7) beschrieben ist.

ANMERKUNGEN

1 Ein **Qualitätsmanagement-Handbuch** *(nachfolgend "QM-Handbuch")* kann sich auf die Gesamtheit der Tätigkeiten einer **Organisation** oder nur auf einen Teil davon beziehen. Titel und Zweckbestimmung des Handbuchs spiegeln den Anwendungsbereich wider.

2 Ein **QM-Handbuch** wird gewöhnlich mindestens enthalten oder verweisen auf:

    a) die **Qualitätspolitik**;

    b) die Verantwortungen und Befugnisse (Zuständigkeiten) sowie die gegenseitigen Beziehungen von Personal, das qualitätsbezogene Tätigkeiten leitet, ausführt, prüft oder bewertet;

    c) die **Verfahren** (1.3) des **QM-Systems** (3.6) und Anweisungen hierzu;

    d) eine Festlegung zur Prüfung, Aktualisierung und Verwaltung des Handbuchs.

3 Ein QM-Handbuch kann bezüglich Ausführlichkeit und Format unterschiedlich sein, um den Erfordernissen einer Organisation zu entsprechen. Es kann mehr als ein Dokument enthalten. Abhängig vom Zweck des Handbuchs kann ein Bestimmungswort verwendet werden, z.B. Qualitätssicherungs-Handbuch/QM-Darlegungs-Handbuch". [21])

---

20) Fußnote in der deutschsprachigen Fassung: Siehe auch nationales Vorwort.
21) Fußnote in der deutschsprachigen Fassung: Siehe auch nationales Vorwort.

19

3.13
Plan qualité

Document énonçant les pratiques, les moyens et la séquence des activités liées à la **qualité** (2.1) spécifiques à un **produit** (1.4), projet ou contrat particulier.

NOTES

1 Un plan **qualité** fait généralement référence aux parties du **manuel qualité** (3.12) applicables spécifiquement.

2 Selon l'objet du plan, un qualificatif peut être utilisé, par exemple «**plan assurance qualité**», «**plan management de la qualité**».

3.14
Spécification

Document énonçant des exigences.

NOTES

1 Il convient d'utiliser un qualificatif pour préciser le type de **spécification,** comme par exemple «**spécification** de **produit** (1.4)», «**spécification** d'essai».

2 Il convient qu'une **spécification** contienne des dessins, des modèles ou autres documents appropriés ou qu'elle en indique la référence. Il convient également qu'elle indique les moyens et les critères suivant lesquels la **conformité** (2.9) peut être vérifiée.

3.15
Enregistrement

Document qui fournit des **preuves tangibles** (2.19) des activités effectuées ou des résultats obtenus.

NOTES

1 Un **enregistrement qualité** (2.1) fournit des **preuves tangibles** de l'étendue de la satisfaction des **exigences pour la qualité** (2.3) [par exemple, **enregistrement qualité** d'un **produit** (1.4)] ou de l'efficacité du fonctionnement d'un élément du **système qualité** (3.6) (par exemple, **enregistrement** relatif au **système qualité**).

3.13
Quality plan

Document setting out the specific **quality** (2.1) practices, resources and sequence of activities relevant to a particular **product** (1.4), project or contract.

NOTES

1 A **quality plan** usually makes reference to the parts of the **quality manual** (3.12) applicable to the specific case.

2 Depending on the scope of the plan, a qualifier may be used, for exemple "**quality assurance plan**", "**quality management plan**".

3.1.4
Specification

Document stating requirements.

NOTES

1 A qualifier should be used to indicate the type of **specification** such as "**product** (1.4) **specification**", "test **specification**".

2 A **specification** should refer to or include drawings, patterns or other relevant documents and indicate the means and the criteria whereby **conformity** (2.9) can be checked.

3.15
Record

Document which furnishes **objective evidence** (2.19) of activities performed or results achieved.

NOTES

1 A **quality** (2.1) **record** provides **objective evidence** of the extent of the fulfilment of the **requirements for quality** (2.3) [e.g. **product** (1.4) **quality record**] or the effectiveness of the operation of a **quality system** (3.6) element (e.g. **quality system record**).

3.13
Qualitätsmanagementplan [22]

Dokument, in dem die spezifischen **qualität**sbezogenen Arbeitsweisen und Hilfsmittel sowie der Ablauf der Tätigkeiten im Hinblick auf ein einzelnes **Produkt** (1.4), ein einzelnes Projekt oder einen einzelnen Vertrag darlegt sind.

ANMERKUNGEN

1 Ein **Qualitätsmanagementplan** *(kurz "QM-Plan")* nimmt üblicherweise Bezug auf diejenigen Teile des **QM-Handbuchs** (3.12), die im spezifischen Fall anwendbar sind.

2 Abhängig vom Anwendungsbereich des Plans kann ein Bestimmungswort verwendet werden, z.B. "**Qualitätssicherungsplan/QM-Darlegungsplan**".

3.14
Spezifikation

Dokument, in dem Forderungen festlegt sind.

ANMERKUNGEN

1 Ein Bestimmungswort sollte benutzt werden, um den Typ der **Spezifikation** anzuzeigen, wie etwa "**Produktspezifikation**", "**Prüfspezifikation**".

2 Eine **Spezifikation** sollte auf Zeichnungen, Vorlagen oder andere einschlägige Dokumente verweisen oder diese enthalten und sollte die Mittel und Kriterien angeben, mit denen die **Konformität** (2.9) geprüft werden kann.

3.15
Aufzeichnung

Dokument, das einen **Nachweis** (2.19) über eine ausgeführte Tätigkeit oder über erzielte Ergebnisse enthält.

ANMERKUNGEN

1 Eine **Qualitäts**aufzeichnung liefert einen **Nachweis** (2.19) darüber, inwieweit die **Qualitätsforderung** (2.3) erfüllt ist (z.B. eine **Aufzeichnung** über die **Produktqualität**) oder über die Wirksamkeit eines Elements des **QM-Systems** (3.6) (z.B. eine **Aufzeichnung** über das **QM-System**).

---

[22] Fußnote in der deutschsprachigen Fassung: Siehe auch nationales Vorwort.

20

2 Parmi les objectifs des **enregistrements qualité** figurent la démonstration, la **traçabilité** (3.16) et les **actions préventives** (4.13) et **correctives** (4.14).

3 Un **enregistrement** peut être écrit ou conservé sur un support de données quelconque.

3.16
Traçabilité

Aptitude à retrouver l'historique, l'utilisation ou la localisation d'une **entité** (1.1) au moyen d'identifications enregistrées.

NOTES

1 Le terme «**traçabilité**» peut être utilisé dans trois acceptions principales :

    a) lorsqu'il se rapporte à un **produit** (1.4), le terme peut se référer à

       - l'origine des matériaux et des pièces,

       - l'historique des **processus** (1.2) appliqués au **produit**,

       - la distribution et l'emplacement du **produit** après livraison ;

    b) lorsqu'il se rapporte à l'étalonnage, il s'applique au raccordement des équipements de mesure aux étalons nationaux ou internationaux, aux étalons primaires, aux constantes et propriétés physiques de base ou matériaux de référence,

    c) lorsqu'il se rapporte à la collecte de données, il relie les calculs et les données générés tout au long de la **boucle de la qualité** (4.1), en remontant parfois aux **exigences pour la qualité** (2.3) pour une **entité**.

2 Il convient que tous les aspects concernant les éventuelles exigences de **traçabilité** soient clairement spécifiés, par exemple en termes de période couverte, point d'origine ou identification.

2 Some of the purposes of **quality records** are demonstration, **traceability** (3.16) and **preventive** (4.13) and **corrective actions** (4.14).

3 A **record** can be written or stored on any data medium.

3.16
Traceability

Ability to trace the history, application or location of an **entity** (1.1), by means of recorded identifications.

NOTES

1 The term "**traceability**" may have one of three main meanings:

    a) in a **product** (1.4) sense, it may relate to

       - the origin of materials and parts,

       - the **product** processing history,

       - the distribution and location of the **product** after delivery;

    b) in a calibration sense, it relates measuring equipment to national or international standards, primary standards, basic physical constants or properties, or reference materials,

    c) in a data-collection sense, it relates calculations and data generated throughout the **quality loop** (4.1) sometimes back to the **requirements for quality** (2.3) for an **entity**.

2 All aspects of **traceabilty** requirements, if any, should be clearly specified, for example, in terms of periods of time, point of origin or identification.

2 Einige der Zwecke von **Qualitätsaufzeichnungen** sind Darlegung, **Rückverfolgbarkeit** (3.16) sowie **Vorbeugungsmaßnahmen** (4.13) und **Korrekturmaßnahmen** (4.14).

3 Eine **Aufzeichnung** kann aufgeschrieben oder auf irgendeinem Datenträger gespeichert sein.

3.16
Rückverfolgbarkeit

Vermögen, den Werdegang, die Verwendung oder den Ort einer Einheit (1.1) anhand aufgezeichneter Kennzeichnungen verfolgen zu können.

ANMERKUNGEN

1 Der Begriff **Rückverfolgbarkeit** kann einen von drei wesentlichen Sinngehalten haben:

    a) in Beziehung auf ein **Produkt** (1.4) betrifft Rückverfolgbarkeit

       - die Herkunft von Material und Teilen,

       - die Verarbeitungsgeschichte des **Produkts**,

       - die Verteilung und den Verbleib des **Produkts** nach seiner Auslieferung;

    b) im Sinn der Kalibrierung bringt Rückverfolgbarkeit Meßeinrichtungen in eine Verbindung mit nationalen oder internationalen Normalen/Standards, Primärnormalen/Primärstandards oder physikalischen Fundamental-Konstanten oder - Eigenschaften oder mit Referenzmaterialien;

    c) im Sinn der Datenerfassung bringt Rückverfolgbarkeit die überall im **Qualitätskreis** (4.1) erzeugten Berechnungen und Daten zuweilen in eine Verbindung mit der **Qualitätsforderung** (2.3) an eine **Einheit**.

2 Sofern **Rückverfolgbarkeit**sforderungen bestehen, sollten alle Aspekte eindeutig festgelegt werden, z.B. in der Form von Zeitspannen, eines Ursprungsorts oder einer Kennzeichnung.

Section 4 : Termes relatifs aux outils et aux techniques	Section 4: Terms related to tools and techniques	Gruppe 4: Begriffe zu Werkzeugen und Techniken
4.1 **Boucle de la qualité**	**4.1** **Quality loop**	**4.1** **Qualitätskreis**
Modèle conceptuel des activités interdépendantes qui influent sur la **qualité** (2.1) lors des différentes phases s'échelonnant de l'identification des besoins à l'évaluation de leur satisfaction.	Conceptual model of interacting activities that influence **quality** (2.1) at the various stages ranging from the identification of needs to the assessment of whether these needs have been satisfied.	Begriffsmodell, das die zusammenwirkenden Tätigkeiten enthält, welche die **Qualität** (2.1) beeinflussen, und zwar von der Feststellung der Erfordernisse bis zur Feststellung, ob diese Erfordernisse erfüllt worden sind.
NOTE — La **spirale de la qualité** est un concept similaire.	NOTE — The **quality spiral** is a similar concept.	ANMERKUNG — Die "**Qualitätsspirale**" ist ein ähnlicher Begriff.
4.2 **Coûts relatifs à la qualité**	**4.2** **Quality-related costs**	**4.2** **Qualitätsbezogene Kosten** [23]
Coûts occasionnés pour rendre sûre une **qualité** (2.1) satisfaisante et en donner la confiance, ainsi que pertes subies lorsque la **qualité** satisfaisante n'est pas obtenue.	Those costs incurred in ensuring and assuring satisfactory **quality** (2.1), as well as the losses incurred when satisfactory quality is not achieved.	Kosten, die durch das Sicherstellen zufriedenstellender **Qualität** (2.1) und durch das Schaffen von Vertrauen, daß die Qualitätsforderungen erfüllt werden, entstehen, sowie Verluste infolge des Nichterreichens zufriedenstellender **Qualität.**
NOTES	NOTES	ANMERKUNGEN
1 Les **coûts relatifs à la qualité** sont définis au sein d'un **organisme** (1.7) selon des critères qui lui sont propres.	1 **Quality-related costs** are classified within an **organization** (1.7) according to its own criteria.	1 **Qualitätsbezogene Kosten** sind in einer **Organisation** (1.7) gemäß deren eigenen Kriterien eingeteilt.
2 Certaines pertes sont difficilement quantifiables, mais peuvent être d'une grande importance, telles que la perte de clientèle.	2 Some losses might be difficult to quantify but can be very significant, such as loss of goodwill.	2 Einige Verluste mögen schwer quantifizierbar sein. Sie können aber sehr bedeutsam sein, etwa ein Verlust an positiver Einstellung.
4.3 **Pertes relatives à la qualité**	**4.3** **Quality losses**	**4.3** **Qualitätsbezogene Verluste**
Pertes occasionnées par la non-mise en œuvre du potentiel des moyens dans des **processus** (1.2) et des activités.	Losses caused by not realizing the potential of resources in **processes** (1.2) and activities.	In **Prozessen** (1.2) und bei Tätigkeiten dadurch verursachte Verluste, daß verfügbare Mittel nicht ausgeschöpft werden.
NOTE — Comme exemples de **pertes relatives à la qualité** figurent la perte de la satisfaction du **client** (1.9), la perte de l'occasion d'accroître la valeur ajoutée au bénéfice du **client**, de l'**organisme** (1.7) ou de la société, ainsi que le gaspillage de moyens et de biens .	NOTE — Some examples of **quality losses** are the loss of **customer** (1.9) satisfaction, loss of opportunity to add more value to the **customer**, the **organization** (1.7) or society, as well as waste of resources and materials.	ANMERKUNG — Einige Beispiele für **qualitätsbezogene Verluste** sind: Verlust der **Kunden**zufriedenheit (1.9 Kunde), versäumte Gelegenheiten zu Wertsteigerungen für den **Kunden**, für die **Organisation** (1.7) oder für die Gesellschaft, ebenso eine Vergeudung von Mitteln und Material.

---

[23]   Fußnote in der deutschsprachigen Fassung: Bisher häufig auch "Qualitätskosten".

22

4.4
Modèle pour l'assurance de la qualité

Ensemble normalisé ou sélectionné d'éléments de **système qualité** (3.6) associés pour satisfaire les besoins d'**assurance de la qualité** (3.6) dans une situation donnée.

4.4
Model for quality assurance

Standardized or selected set of **quality system** (3.6) requirements combined to satisfy the **quality assurance** (3.5) needs of a given situation.

4.4
Modell der Qualitätssicherung; Modell der QM-Darlegung [24]

Genormte oder ausgewählte Serie von Forderungen an ein **QM-System** (3.6) [25], zusammengestellt zur Erfüllung von Erfordernissen der **Qualitätssicherung/QM-Darlegung** (3.5) in einer gegebenen Situation.

4.5
Degré de démonstration

Étendue de la preuve fournie pour donner confiance en ce que les exigences spécifiées sont satisfaites.

NOTES

1 Le **degré de démonstration** peut aller d'une affirmation d'existence, à la fourniture de documents détaillés et de **preuves tangibles** (2.19) de cette satisfaction.

2 L'étendue dépend de critères tels qu'aspect économique, complexité, innovation, **sécurité** (2.8) et considérations relatives à l'environnement.

4.5
Degree of demonstration

Extent to which evidence is produced to provide confidence that specified requirements are fulfilled.

NOTES

1 The **degree of demonstration** may range from an affirmation of existence to furnishing detailed documents and **objective evidence** (2.19) of fulfilment.

2 The extent depends on criteria such as economics, complexity, innovation, **safety** (2.8) and environmental considerations.

4.5
Darlegungsgrad [26]

Ausmaß, in dem Nachweis mit dem Ziel geführt ist, Vertrauen zu schaffen, daß festgelegte Forderungen erfüllt sind.

ANMERKUNGEN

1 Der **Darlegungsgrad** kann von einer Erklärung, daß detaillierte Dokumente vorhanden sind, bis zur Übergabe dieser Dokumente und einem **Nachweis** (2.19) über die Erfüllung reichen.

2 Das Ausmaß hängt von Kriterien wie etwa Überlegungen zur Wirtschaftlichkeit, Komplexität, Innovation, **Sicherheit** (2.8) und Umwelt ab.

4.6
Évaluation qualité

Examen systématique en vue de déterminer dans quelle mesure une **entité** (1.1) est capable de satisfaire aux exigences spécifiées.

NOTES

1 Une **évaluation qualité** peut servir à déterminer la capacité d'un **fournisseur** (1.10) en matière de **qualité** (2.1). Dans ce cas, en fonction des conditions particulières, le résultat d'une **évaluation qualité** peut être utilisé dans un but de **qualification** (2.13), d'homologation, d'enregistrement, de certification ou d'accréditation.

4.6
Quality evaluation

Systematic examination of the extent to which an **entity** (1.1) is capable of fulfilling specified requirements.

NOTES

1 A **quality evaluation** may be used to determine **supplier** (1.10) **quality** (2.1) capability. In this case, depending on specific circumstances, the result of **quality evaluation** may be used for **qualification** (2.13), approval, registration, certification or accreditation purposes.

4.6
Qualitätsbewertung

Systematische Untersuchung, inwieweit eine **Einheit** (1.1) fähig ist, die festgelegte Qualitätsforderung (2.3) zu erfüllen.

ANMERKUNGEN

1 Eine **Qualitätsbewertung** kann zur Feststellung der **Qualitäts**fähigkeit (2.1 Qualität) eines **Lieferanten** (1.10) benutzt werden. In diesem Fall kann das Ergebnis der **Qualitätsbewertung**, je nach den spezifischen Umständen, zum Zweck einer **Qualifikation** (2.13), einer Genehmigung, einer Registrierung, Zertifizierung oder Akkreditierung verwendet werden.

---

24)   Fußnote in der deutschsprachigen Fassung: Früher auch "QS-Nachweisstufe".

25)   Fußnoto in der deutschsprachigen Fassung: Früher auch "QS-Nachweisforderung".

26)   Fußnote in der deutschsprachigen Fassung: Früher auch "QS-Nachweistiefe".

23

2 Un qualificatif supplémentaire peut être employé avec le terme «**évaluation qualité**» suivant le domaine d'application [par exemple, **processus** (1.2), personnes, système] et le moment où elle se déroule (par exemple avant le contrat), tel que «**évaluation qualité** précontractuelle de **processus**".

3 Une **évaluation qualité** globale d'un **fournisseur** (1.10) peut également comprendre une estimation des ressources financières et des moyens techniques.

4 En anglais, l'**évaluation qualité** est parfois appelée «**quality assessment**», «**quality appraisal**» ou «**quality survey**», suivant les circonstances.

2 An additional qualifier may be used with the term "**quality evaluation**" depending on the scope [e.g. **process** (1.2), personnel, system], and timing (e.g. precontract) of the **quality evaluation** such as "precontract **process quality evaluation**".

3 An overall **supplier** (1.10) **quality evaluation** also may include an appraisal of financial and technical resources.

4 In English, **quality evaluation** is sometimes called "**quality assessment**", "**quality appraisal**" or "**quality survey**" in specific circumstances.

2 In Abhängigkeit vom Anwendungsfall der **Qualitätsbewertung** [z.B. **Prozeß** (1.2), Personal, System] und je nach Zeitpunkt der **Qualitätsbewertung** (z.B. vorvertraglich) kann zusammen mit dem Wort **Qualitätsbewertung** ein zusätzliches Bestimmungswort verwendet werden wie etwa "vorvertragliche **Prozeß-Qualitätsbewertung**".

3 Eine umfassende **Lieferanten-Qualitätsbewertung** kann auch eine Abschätzung der finanziellen und technischen Mittel mit einbeziehen.

4 Im Englischen wird unter spezifischen Umständen die **Qualitätsbewertung** zuweilen "**quality assessment**", "**quality appraisal**" oder "**quality survey**" genannt.

4.7
Surveillance de la qualité

Supervision et **vérification** (2.17) continues de l'état d'une **entité** (1.1) et analyse des **enregistrements** (3.15) afin de s'assurer que les exigences spécifiées sont satisfaites.

NOTES

1 La **surveillance de la qualité** peut être exercée par ou pour le **client** (1.9).

2 La **surveillance de la qualité** peut comprendre l'observation et la supervision des actions permettant d'éviter la détérioration ou la dégradation d'une **entité** [par exemple, un **processus** (1.2)] avec le temps.

3 «Continues» peut signifier permanentes ou fréquentes.

4 En français, une activité de **surveillance de la qualité** conduite dans le cadre d'une mission bien définie peut être appelée «**inspection**».

4.7
Quality surveillance

Continual monitoring and **verification** (2.17) of the status of an **entity** (1.1) and analysis of **records** (3.15) to ensure that specified requirements are being fulfilled.

NOTES

1 **Quality surveillance** may be carried out by, or on behalf of, the **customer** (1.9).

2 **Quality surveillance** may include observing and monitoring controls which can prevent the deterioration or degradation of an **entity** [e.g. a **process** (1.2)] with time.

3 "Continual" may mean either constant or frequent.

4 In French, a **quality surveillance** activity carried out within the framework of a defined assignment may be called "**inspection**".

4.7
Qualitätsüberwachung

Ständige Überwachung und **Verifizierung** (2.17) des Zustandes einer **Einheit** (1.1) sowie Analyse von **Aufzeichnungen** (3.15), um sicherzustellen, daß festgelegte **Qualitätsforderungen** erfüllt werden.

ANMERKUNGEN

1 **Qualitätsüberwachung** kann durch den **Kunden** (1.9) oder in seinem Auftrag durchgeführt werden.

2 **Qualitätsüberwachung** kann Beobachtungs- und Überwachungstätigkeiten umfassen, die der Verschlechterung oder Beeinträchtigung einer **Einheit** [z.B. eines **Prozesses** (1.2)] im Lauf der Zeit vorbeugen können.

3 "Ständige" kann entweder dauernd oder häufig bedeuten.

4 Im Französischen kann die im Rahmen einer festgelegten Aufgabe ausgeführte Tätigkeit einer **Qualitätsüberwachung** "inspection" genannt werden.

4.8
Point d'arrêt

Point défini dans un document approprié, au-delà duquel une activité ne doit pas se poursuivre sans l'accord d'un **organisme** (1.7) ou d'une autorité désignés.

4.8
Hold point

Point, defined in an appropriate document, beyond which an activity must not proceed without the approval of a designated **organization** (1.7) or authority.

4.8
Haltepunkt

In einem geeigneten Dokument festgelegter Punkt, über den hinaus eine Tätigkeit ohne die Genehmigung einer bezeichneten **Organisation** (1.7) oder eines Befugnisinhabers nicht fortschreiten darf.

24

NOTE — L'accord pour poursuivre une activité après un **point d'arrêt** est donné généralement par écrit, mais il peut également être donné par tout autre système d'autorisation agréé.

NOTE — The approval to proceed beyond a **hold point** is given usually in written form, but it may be given by any other agreed system of authorization.

ANMERKUNG — Die Genehmigung, über einen Haltepunkt hinaus fortzuschreiten, wird üblicherweise schriftlich gegeben, kann jedoch auch durch ein anderes vereinbartes Genehmigungssystem erfolgen.

4.9
Audit qualité

Examen méthodique et indépendant en vue de déterminer si les activités et résultats relatifs à la **qualité** (2.1) satisfont aux dispositions préétablies et si ces dispositions sont mises en œuvre de façon effective et sont aptes à atteindre les objectifs.

NOTES

1 L'**audit qualité** s'applique essentiellement, mais n'est pas restreint, à un **système qualité** (3.6) ou à des éléments de celui-ci, à des **processus** (1.2), à des **produits** (1.4) ou à des **services** (1.5). De tels audits sont couramment appelés «**audit de système qualité**», «**audit qualité de processus**», «**audit qualité de produit**», «**audit qualité de service**».

2 Les **audits qualité** sont conduits par une équipe n'ayant pas de responsabilité directe dans les secteurs à auditer et de préférence en coopération avec le personnel de ces secteurs.

3 L'un des buts d'un **audit qualité** est d'évaluer le besoin d'amélioration ou d'**action corrective** (4.14). Il convient de ne pas confondre l'audit avec des activités de **surveillance de la qualité** (4.7) ou de **contrôle** (2.15) conduites dans le but de maîtrise d'un **processus** ou d'acceptation d'un **produit**.

4 Les **audits qualité** peuvent être conduits pour des besoins internes ou externes.

4.9
Quality audit

Systematic and independent examination to determine whether **quality** (2.1) activities and related results comply with planned arrangements and whether these arrangements are implemented effectively and are suitable to achieve objectives.

NOTES

1 The **quality audit** typically applies, but is not limited to, a **quality system** (3.6) or elements thereof, to **processes** (1.2), to **products** (1.4) or to **services** (1.5). Such audits are often called "**quality system audit**", "**process quality audit**", "**product quality audit**", "**service quality audit**".

2 **Quality audits** are carried out by staff not having direct responsibility in the areas being audited but, preferably, working in cooperation with the relevant personnel.

3 One purpose of a **quality audit** is to evaluate the need for improvement or **corrective action** (4.14). An audit should not be confused with **quality surveillance** (4.7) or **inspection** (2.15) activities performed for the purpose of **process** control or **product** acceptance.

4 **Quality audits** can be conducted for internal or external purposes.

4.9
Qualitätsaudit

Systematische und unabhängige Untersuchung, um festzustellen, ob die **qualität**sbezogenen Tätigkeiten und damit zusammenhängende Ergebnisse den geplanten Anordnungen entsprechen, und ob diese Anordnungen tatsächlich verwirklicht und geeignet sind, die Ziele zu erreichen.

ANMERKUNGEN

1 Das **Qualitätsaudit** wird typischerweise auf ein **QM-System** (3.6) oder auf Elemente davon, auf **Prozesse** (1.2) oder auf **Produkte** (1.4) (einschließlich **Dienstleistungen** (1.5)) angewendet, ist jedoch nicht darauf beschränkt. Solche **Qualitätsaudits** werden oft "**Systemaudit**", "**Verfahrensaudit**", "**Produktaudit**", "**Dienstleistungsaudit**" genannt.

2 **Qualitätsaudits** werden durch Personen durchgeführt, die keine direkte Verantwortung in den zu auditierenden Bereichen haben, wobei es aber wünschenswert ist, daß sie mit dem betreffenden Personal zusammenarbeiten.

3 Einer der Zwecke eines **Qualitätsaudits** ist die Beurteilung der Notwendigkeit einer Verbesserung oder **Korrekturmaßnahme** (4.14). Ein Qualitätsaudit sollte nicht mit den Tätigkeiten von **Qualitätsüberwachung** (4.7) oder **Prüfung** (2.15) verwechselt werden, die zum Zweck der **Prozeß**lenkung oder Produktannahme durchgeführt werden.

4 **Qualitätsaudits** können für interne oder externe Zwecke durchgeführt werden.

4.10
Observation d'audit qualité

Constat fait au cours d'un **audit qualité** (4.9) et étayé par des **preuves tangibles** (2.19).

4.10
Quality audit observation

Statement of fact made during a **quality audit** (4.9) and substantiated by **objective evidence** (2.19).

4.10
Qualitätsaudit-Feststellung

Während eines Qualitätsaudits (4.9) festgestellter und durch **Nachweis** (2.19) belegter Sachverhalt.

25

4.11
Auditeur qualité

Personne **qualifiée** (2.14) pour effectuer des **audits qualité** (4.9).

NOTE — Un **auditeur qualité** désigné pour diriger un **audit qualité** s'appelle un «**responsable d'audit qualité**».

4.11
Quality auditor

Person **qualified** (2.14) to perform **quality audits** (4.9).

NOTE — A **quality auditor** designated to manage a **quality audit** is called a "**lead quality auditor**".

4.11
Qualitätsauditor

Zur Durchführung von **Qualitätsaudits** (4.9) **qualifizierte** (2.14) Person.

ANMERKUNG — Ein zur Leitung eines **Qualitätsaudits** ernannter **Qualitätsauditor** wird "Qualitätsaudit-Leiter" genannt.

4.12
Audité

Organisme (1.7) soumis à audit.

4.12
Auditee

Organization (1.7) being audited.

4.12
Auditierte Organisation

Organisation (1.7), die auditiert wird.

4.13
Action préventive

Action entreprise pour éliminer les causes d'une **non-conformité** (2.10), d'un **défaut** (2.11) et de tout autre événement indésirable potentiels pour empêcher qu'ils ne se produisent.

NOTE — Les **actions préventives** peuvent nécessiter par exemple des changements dans les **procédures** (1.3) et les systèmes afin d'obtenir une **amélioration de la qualité** (3.8) à chacun des stades de la **boucle de la qualité** (4.1).

4.13
Preventive action

Action taken to elimitate the causes of a potential **nonconformity** (2.10), **defect** (2.11) or other undesirable situation in order to prevent occurence.

NOTE — The **preventive actions** may involve changes, such as in **procedures** (1.3) and systems, to achieve **quality improvement** (3.8) at any stage of the **quality loop** (4.1).

4.13
Vorbeugungsmaßnahme

Tätigkeit, ausgeführt zur Beseitigung der Ursachen eines möglichen **Fehlers** (2.10), **Mangels** (2.11) oder einer anderen unerwünschten Situation, um deren Vorkommen vorzubeugen.

ANMERKUNG — Die **Vorbeugungsmaßnahmen** können Veränderungen mit sich bringen wie etwa bei **Verfahren** (1.3) und Systemen, um eine Qualitätsverbesserung (3.8) in irgend einem beliebigen Stadium des **Qualitätskreises** (4.1) zu erreichen

4.14
Action corrective

Action entreprise pour éliminer les causes d'une **non-conformité** (2.10), d'un **défaut** (2.11) ou de tout autre événement indésirable existants, pour empêcher leur renouvellement.

NOTES

1 Les **actions correctives** peuvent nécessiter par exemple des changements dans les **procédures** (1.3) et les systèmes afin d'obtenir une **amélioration de la qualité** (3.8) à chacun des stades de la **boucle de la qualité** (4.1).

2 Il y a une différence entre «**correction**» et «**action corrective**» :

- «**corrrection**» s'applique à une **réparation** (4.18), une **reprise** (4.19) ou une mise à niveau et concerne le **traitement d'une non-conformité** (4.15) existante ;

- «**action corrective**» concerne l'élimination de la cause d'une **non-conformité**.

4.14
Corrective action

Action taken to eliminate the causes of an existing **nonconformity** (2.10), **defect** (2.11) or other undesirable situation in order to prevent recurrence.

NOTES

1 The **corrective actions** may involve changes, such as in **procedures** (1.3) and systems, to achieve **quality improvement** (3.8) at any stage of the **quality loop** (4.1).

2 There is a distinction between "**correction**" and "**corrective action**":

- "**correction**" refers to **repair** (4.18), **rework** (4.19) or adjustment an relates to the **disposition of** an existing **nonconformity** (4.15);

- "**corrective action**" relates to the elimination of the causes of a **nonconformity**.

4.14
Korrekturmaßnahme

Tätigkeit, ausgeführt zur Beseitigung der Ursachen eines vorhandenen **Fehlers** (2.10), **Mangels** (2.11) oder einer anderen unerwünschten Situation, um deren Wiederkehr vorzubeugen

ANMERKUNGEN

1 Die **Korrekturmaßnahmen** können Veränderungen mit sich bringen wie etwa bei **Verfahren** (1.3) und Systemen, um eine **Qualitätsverbesserung** (3.8) in irgend einem beliebigen Stadium des **Qualitätskreises** (4.1) zu erreichen.

2 Zu unterscheiden ist zwischen einer "**Korrektur**" und einer "**Korrekturmaßnahme**":

- "**Korrektur**" betrifft eine **Reparatur** (4.18), eine **Nacharbeit** (4.19) oder eine Anpassung und bezieht sich auf die Behandlung eines existierenden **Fehlers**;

- "**Korrekturmaßnahme**" bezieht sich auf die Beseitigung der Ursachen eines **Fehlers**.

26

4.15
Traitement d'une non-conformité

Action à entreprendre vis-à-vis d'une **entité** (1.1) présentant une **non-conformité** (2.10) en vue de résoudre cette dernière.

NOTE — Cette action peut revêtir la forme, par exemple, d'une **correction** telle que **réparation** (4.18) ou **reprise** (4.19), d'un reclassement, d'une mise au rebut, d'une **dérogation** (4.17), de la modification d'un document ou d'une exigence.

4.15
Disposition of nonconformity

Action to be taken to deal with an existing nonconforming **entity** (1.1) in order to resolve the **nonconformity** (2.10).

NOTE — The action may take the form of, for example, **correction** such as **repair** (4.18) or **rework** (4.19), regrade, scrap, **concession** (4.17) and amendment of a document or a requirement.

4.15
Behandlung fehlerhafter Einheiten

Auszuführende Maßnahme zur Behandlung einer vorhandenen fehlerhaften **Einheit** (1.1), um den **Fehler** (2.10) zu beseitigen.

ANMERKUNG — Die Maßnahme kann z.B. die Form einer **Korrektur** annehmen wie etwa **Reparatur** oder **Nacharbeit** (4.19), Neueinstufung, Ausschuß, **Sonderfreigabe (nach Realisierung)** (4.17), Berichtigung eines Dokuments oder eine Zusatzforderung.

4.16
Dérogation (avant production)

Autorisation écrite de s'écarter des exigences spécifiées à l'origine pour un **produit** (1.4) avant sa réalisation.

NOTE — Une telle **dérogation** est accordée pour une quantité ou une période limitée et pour une utilisation précise.

4.16
Production permit; deviation permit

Written authorization to depart from the originally specified requirements for a **product** (1.4) prior to its production.

NOTE — A **production permit** is for a limited quantity or period, and for a specified use.

4.16
Sonderfreigabe (vor Realisierung)

Vor der Realisierung eines **Produkts** (1.4) erteilte schriftliche Ermächtigung, die ursprüngliche Qualitätsforderung nicht zu erfüllen.

ANMERKUNG — Eine **Sonderfreigabe (vor Realisierung)** gilt für eine begrenzte Menge oder Zeitspanne und für eine festgelegte Anwendung.

4.17
Dérogation (après production)

Autorisation écrite d'utiliser ou de livrer un **produit** (1.4) non conforme aux exigences spécifiées.

NOTE — Une telle **dérogation** est limitée à la livraison d'un **produit** qui possède certaines caractéristiques non conformes comprises dans des limites précises, pour une quantité ou une période de temps limitées.

4.17
Waiver; concession

Written authorization to use or release a **product** (1.4) which does not conform to the specified requirements.

NOTE — A **waiver** is limited to the shipment of a **product** that has specific nonconforming characteristics within specific deviations, for a limited time or quantity.

4.17
Sonderfreigabe (nach Realisierung)

Schriftliche Ermächtigung, ein **Produkt** (1.4), das die festgelegten Forderungen nicht erfüllt, zu gebrauchen oder freizugeben.

ANMERKUNG — Eine **Sonderfreigabe (nach Realisierung)** gilt für eine begrenzte Menge oder Zeitspanne und ist eingeschränkt auf den Versand eines **Produkts**, das spezifische fehlerhafte Merkmale (mit Werten) innerhalb spezifischer Abweichungen aufweist.

4.18
Réparation

Action entreprise sur un **produit** (1.4) non conforme de façon qu'il satisfasse aux exigences de l'utilisation prévue, bien qu'il ne soit pas nécessairement conforme aux exigences spécifiées à l'origine.

NOTES

1 La **réparation** est un des modes de traitement d'un **produit** non conforme.

4.18
Repair

Action taken on a nonconforming **product** (1.4) so that it will fulfil the intended usage requirements although it may not conform to the originally specified requirements.

NOTES

1 **Repair** is one type of disposition of a nonconforming **product**.

4.18
Reparatur

An einem fehlerhaften **Produkt** (1.4) mit dem Ziel ausgeführte Maßnahme, daß es die Forderungen für den beabsichtigten Gebrauch erfüllen wird, obwohl es die ursprünglich festgelegten Forderungen möglicherweise nicht erfüllt.

ANMERKUNG

1 **Reparatur** ist eine der Arten der Behandlung eines fehlerhaften **Produkts**.

27

2   La **réparation** comprend les dispositions curatives prises pour rendre utilisable un **produit** devenu non conforme après avoir été conforme antérieurement, par exemple, au titre d'une opération de maintenance.

2   **Repair** includes remedial action taken to restore, for usage, a once conforming but now nonconforming **product**, for exemple, as part of maintenance.

2   **Reparatur** [27] schließt auch eine Abhilfemaßnahme zur Wiederherstellung eines früher fehlerfreien, nun aber fehlerhaften **Produkts** für den Gebrauch ein, z.B. als Bestandteil einer Instandhaltung.

4.19
Reprise

Action entreprise sur un **produit** (1.4) non conforme de façon qu'il satisfasse aux exigences spécifiées.

NOTE — La **reprise** est un des modes de traitement d'un **produit** non conforme.

4.19
Rework

Action taken on a nonconforming **product** (1.4) so that it will fulfil the specified requirements.

NOTE — **Rework** is one type of disposition of a nonconforming **product**.

4.19
Nacharbeit

An einem fehlerhaften **Produkt** (1.4) mit dem Ziel ausgeführte Maßnahme, daß es die festgelegten Forderungen erfüllen wird.

ANMERKUNG — **Nacharbeit** ist eine der Arten der Behandlung eines fehlerhaften **Produkts**.

---

27)   Fußnote in der deutschsprachigen Fassung: Eine Reparatur als Bestandteil der Instandhaltung heißt auch "Instandsetzung" oder "Instandstellung".

28

Annexe A
(informative)

Bibliographie

ISO 3534-1:1993, *Statistique — Vocabulaire et symboles — Partie 1 : Probabilité et termes statistiques généraux.*

ISO 3534-2:1993, *Statistique — Vocabulaire et symboles — Partie 2 : Maîtrise statistique de la qualité.*

ISO 3534-3:1985, *Statistique — Vocabulaire et symboles — Partie 3 : Plans d'expérience.*

ISO 9000-1:1994, *Norme pour le management de la qualité et l'assurance de la qualité — Partie 1 : Lignes directrices pour leur sélection et utilisation.*

ISO 9000-2:1993, *Norme pour le management de la qualité et l'assurance de la qualité — Partie 2 : Lignes directrices pour l'application de l'ISO 9001, l'ISO 9002 et l'ISO 9003.*

ISO 9000-3:1991, *Norme pour le management de la qualité et l'assurance de la qualité — Partie 3 : Lignes directrices pour l'application de l'ISO 9001 au développement, à la mise à disposition et à la maintenance du logiciel.*

ISO 9000-4:1993, *Norme pour le management de la qualité et l'assurance de la qualité — Partie 4 : Guide de la gestion du programme de sûreté de fonctionnement.*

ISO 9001:1994, *Systèmes qualité — Modèle pour l'assurance de la qualité en conception, développement, production, installation et prestations associés.*

ISO 9002:1994, *Systèmes qualité — Modèle pour l'assurance de la qualité en production, installation et prestations associés.*

ISO 9003:1994, *Systèmes qualité — Modèle pour l'assurance de la qualité en contrôle et essais finals.*

ISO 9004-1:1994, *Management de la qualité et éléments du système qualité — Partie 1 : Lignes directrices.*

ISO 9004-2:1991, *Management de la qualité et éléments du système qualité — Partie 2 : Lignes directrices pour les services.*

ISO 9004-3:1993, *Management de la qualité et éléments du système qualité — Partie 3 : Lignes directrices pour les produits issus de processus à caractère continu.*

Annex A
(informative)

Bibliography

ISO 3534-1:1993, *Statistics — Vocabulary and symbols — Part 1: Probability and general statistical terms.*

ISO 3534-2:1993, *Statistics — Vocabulary and general symbols — Part 2: Statistical quality control.*

ISO 3534-3:1985, *Statistics — Vocabulary and general symbols — Part 3: Design of experiments.*

ISO 9000-1:1994, *Quality management and quality assurance standards — Part 1: Guidelines for selection and use.*

ISO 9000-2:1993, *Quality management and quality assurance standards — Part 2: Generic guidelines for the application of ISO 9001, ISO 9002 and ISO 9003.*

ISO 9000-3:1991, *Quality management and quality assurance standards — Part 3: Guidelines for the application of ISO 9001 to the development, supply and maintenance of software.*

ISO 9000-4:1993, *Quality management and quality assurance standards — Part 4: Guide to dependability programme management.*

ISO 9001:1994, *Quality systems — Model for quality assurance in design, development, production, installation and servicing.*

ISO 9002:1994, *Quality systems — Model for quality assurance in production, installation and servicing.*

ISO 9003:1994, *Quality systems — Model for quality aussurance in final inspection and test.*

ISO 9004-1:1994, *Quality management and quality system elements — Part 1: Guidelines.*

ISO 9004-2:1991, *Quality management and quality system elements — Part 2: Guidelines for services.*

ISO 9004-3:1993, *Quality management and quality system elements — Part 3: Guidelines for processed materials.*

29

ISO 9004-4:1993, *Management de la qualité et éléments du système qualité — Partie 4 : Lignes directrices pour l'amélioration de la qualité.*

ISO 10011-1:1990, *Lignes directrices pour l'audit des systèmes qualité — Partie 1 : Audit.*

ISO 10011-2:1991, *Lignes directrices pour l'audit des systèmes qualité — Partie 2 : Critères de qualification pour les auditeurs de systèmes qualité.*

ISO 10011-3:1991, *Lignes directrices pour l'audit des systèmes qualité — Partie 3 : Gestion des programmes d'audit.*

ISO 10012-1:1992, *Exigences d'assurance de la qualité des équipements de mesure — Partie 1 : Confirmation métrologique de l'équipement de mesure.*

Guide ISO/CEI 2:1991, *Termes généraux et leurs définitions concernant la normalisation et les activités connexes.*

CEI 50 (191):1990, *Vocabulaire Électrotechnique International — Chapitre 191 : Sûreté de fonctionnement et qualité de service*

ISO 9004-4:1993, *Quality management and quality system elements — Part 4: Guidelines for quality improvement.*

ISO 10011-1:1990, *Guidelines for auditing quality systems — Part 1: Auditing.*

ISO 10011-2:1991, *Guidelines for auditing quality systems — Part 2: Qualification criteria for quality systems auditors.*

ISO 10011-3:1991, *Guidelines for auditing quality systems — Part 3: Management of audit programmes.*

ISO 10012-1:1992, *Quality assurance requirements for measuring equipment — Part 1: Metrological confirmation system for measuring equipment.*

ISO/IEC Guide 2:1991, *General terms and definitions concerning standardization and related activities.*

IEC 50(191):1990, *International Electrotechnical Vocabulary — Chapter 191: Dependability and quality of service.*

30

Annexe B

Index alphabétique

A

B

31

C

D

E

F

I

M

N

O

P

33

P (suite)

Q

34

R

S

T

V

35

Annex B

Alphabetical index

In this index the references of the terms are those of the table in clause 3.

36

C (continued)

D

E

G

H

I

L

M

N

O

38

39

Q (continued)

R

40

S

T

V

W

41

Anhang B

Alphabetisches Stichwortverzeichnis

42

43

O

P

Q

44

Q

R

S

T

U

45

V

Z

46

ISSN 0335-3931

norme française

NF X 50-125
Août 1995

Indice de classement : **X 50-125**

ICS : 01.040.03 ; 03.120.00 ; 03.120.10

Qualité

Management de la qualité et assurance de la qualité

Vocabulaire — Termes complémentaires

E : Quality — Quality management and quality assurance —
Vocabulary — Complementary terms
D : Qualität — Qualitätsmanagement und Qualitätssicherung —
Vokabular — Zusätzliche Begriffe

Norme française homologuée

par décision du Directeur Général de l'AFNOR le 5 juillet 1995 pour prendre effet le 5 août 1995.

Remplace, avec la norme NF EN ISO 8402, la norme homologuée NF X 50-120, de septembre 1987.

Correspondance
Le présent document n'est pas équivalent à la norme internationale ISO 8402:1994.

Analyse
Le présent document donne des termes et des définitions de termes, utiles pour l'usage français, relatifs aux concepts de la qualité, non inclus dans la norme internationale ISO 8402:1994.

Descripteurs
Thésaurus International Technique : qualité, assurance de la qualité, vocabulaire, vocabulaire technique.

Modifications
Par rapport à la norme NF X 50-120, reprise uniquement des termes utiles pour l'usage du français.

Corrections

Éditée et diffusée par l'Association Française de Normalisation (AFNOR), Tour Europe 92049 Paris La Défense Cedex — Tél. : (1) 42 91 55 55

    AFNOR 1995   1er tirage 95-08-F

Membres de la commission de normalisation

Président : M EL GAMMAL

Secrétariat : MME NOTIS — AFNOR

M	ASSAIANTE	CNIM
MME	AYMAR-DUFOUR	LABORATOIRE UPSA
M	BABY	ELECTRICITE DE FRANCE
M	BARBEROLLE	GAZ DE FRANCE
M	BAUDON	RNUR
M	BERTIN	RHONE POULENC SA
M	BIANCHI	AFNOR
M	BOELY	FRANCE TELECOM
M	BON	AB PROJEQT
M	BRUNET	AFNOR
M	CALBA	EIFFEL
M	CARLU	KODAK PATHE
M	CLOCHARD	GEC ALSTHOM
M	COPIN	CM CONSULTANTS
MME	DEL CERRO	AFNOR
M	DESVIGNES	BNCF
M	DUJARDIN	GIMELEC
M	DUTRAIVE	
M	EL GAMMAL	CNES
M	FOURCADE	MATRA DEFENSE
M	FROMAN	
M	GAILLARD	LCIE
M	GASTIGER	INERIS
M	GIRARD	SATELEC SA
M	GIRARDEAU	CETEN APAVE
M	GOOSSENS	CCM
M	HOULETTE	GEC ALSTHOM
M	IACOLARE	ALTRAN TECHNOLOGIE
M	JONQUIERES	MERLIN GERIN
M	KOLUB	SITE
M	LAGARDE	AFNOR
M	LE CLERC	EUREQUIP SA
M	MARTIN	CEP SYSTEMES
M	MONTJOIE	CEA
M	MOUGAS	CAMIF
M	POTIE	XL CONSULTANTS
M	ROULEAU	GAZ DE FRANCE
M	SAMPERE	CEP SYSTEMES
M	SANS	
M	SARTRAL	TELEMECANIQUE SA
M	SERVENT	UTE
MME	SIDI	CAP GEMINI SOGETI
M	TRONEL	AFNOR
M	VALADAS	DIRECTION GENERALE DES ARMEES
M	WIDMER	ELECTRICITE DE FRANCE — GAZ DE FRANCE

Groupe d'experts XX50 «Terminologie et Concepts — Besoins français» :

Animateur : M FOURCADE

M	ASSAIANTE	CNIM
M	BAUDON	RNUR
M	BERTIN	RHONE POULENC SA
M	BON	AB PROJEQT
M	EL GAMMAL	CNES
M	FRIART	CEP SYSTEMES
M	FROMAN	
M	GIRARD	SATELEC SA
M	HOULETTE	GEC ALSTHOM
M	KOLUB	SITE
M	MARTIN	CEP SYSTEMES
M	MONTJOIE	CEA
M	POTIE	XL CONSULTANTS
M	SANS	
MME	SIDI	CAP GEMINI SOGETI
M	VALADAS	DIRECTION GENERALE DES ARMEES
M	WIDMER	ELECTRICITE DE FRANCE — GAZ DE FRANCE

Sommaire

Avant-propos

Le présent document fait suite à l'annulation de la norme NF X 50-120. Il reprend des définitions de certains termes non inclus dans la norme ISO 8402 qui figuraient dans la norme NF X 50-120, et définit de nouveaux termes pour les besoins de la qualité (besoins nationaux). Il propose en outre une traduction en anglais des termes et de leur définition.

Certains termes étudiés mais non retenus sont listés en annexe A.

1 Domaine d'application

Le présent document a pour objet de définir des termes relatifs au management de la qualité non inclus dans l'ISO 8402:1994 et utiles pour l'usage français.

2 Termes et définitions

2.1 Accident

Événement ou conjugaison d'événements imprévus ayant des effets indésirables sur les personnes, les biens ou l'environnement, et qui provoquent des dommages.

2.1 Accident

Unforeseen event or combination of events having undesirable effects on persons, property or environment and causing damage.

2.2 Anomalie

Écart entre une situation existante et une situation attendue.

> NOTE : Une anomalie justifie une investigation qui peut déboucher sur la constatation d'une non-conformité ou d'un défaut.

2.2 Anomaly

Deviation between present situation and expected situation.

> NOTE : An anomaly justifies an investigation which can bring about the discovery of a non-conformity or a defect.

2.3 Approbation

Accord formel donné par une personne ou un organisme désignés.

2.3 Approval

Formal agreement given by an authorized person or organization.

2.4 Cahier des charges

Document regroupant l'ensemble des exigences relatives à un produit.

> NOTE : Ces exigences peuvent être techniques, fonctionnelles, administratives ou autres.

2.4 Schedule of conditions

Document gathering all the requirements relating to a product.

> NOTE : The requirements may be technical, administrative, functional or other.

2.5 Clause de surveillance

Clause particulière à un contrat, établie avant exécution de celui-ci, définissant les modalités pratiques de la surveillance par le client de son exécution.

2.5 Surveillance clause

Clause specific to a contract, drawn up prior to its execution, which defines the practicalities of customer surveillance of its implementation.

2.6 Défaut de contribution

Dégradation spécifique et mesurable du chiffre d'affaires ou des coûts, imputable à une activité ou une tâche mal conçue ou mal exécutée.

2.6 Default in contribution

Specific and measurable deterioration in the turnover or in costs, such deterioration always being attributable to badly conceived or badly conducted work.

2.7 Diagnostic qualité

Description et analyse de l'état d'un organisme, d'un de ses secteurs ou d'une de ses activités, en matière de qualité, réalisées à sa demande et à son bénéfice, en vue d'identifier ses points forts et ses insuffisances et de proposer des actions d'amélioration, en tenant compte de son contexte technique, économique et humain.

2.7 Quality diagnosis

Description and analysis of the state of an organization, of one of its sectors or of one of its activities, as far as quality is concerned, conducted at its request and for its benefit, with a view to identifying its strong points and its inadequacies and to proposing improvement actions, taking into account its technical, economic and human context.

2.8 Incident

Événement ou conjugaison d'événements imprévus, perturbant le déroulement d'un processus et susceptible d'avoir des effets indésirables sur les personnes, les biens ou l'environnement.

2.8 Incident

Unforeseen event or combination of events which disturb the progress of the process and which are likely to have undesirable effects on persons, property or environment.

2.9 Indicateur qualité

Information choisie, associée à un phénomène, destinée à en observer périodiquement les évolutions par rapport à des objectifs qualité.

2.9 Quality indicator

Selected information related to a phenomenon, intended for periodically observing its developments with respect to quality objectives.

2.10 Procédé

Ensemble des moyens et méthodes permettant d'accomplir une activité.

NOTE : Le terme anglais «process» (ISO 8402:1994) couvre à la fois les notions de «processus» et «procédé».

2.10 Part of process

All of the means and methods which allow activity achievement.

NOTE : The English term «process» (ISO 8402:1994) encompasses both French terms «processus» and «procédé».

2.11 Rebut

Produit ayant fait l'objet d'une décision de destruction parce qu'il n'est pas conforme aux exigences, et qu'il est de ce fait inutilisable et irrécupérable.

2.11 Scrap

Product subject to a destruction decision on the grounds that it is not conforming to requirements and hence neither usable nor recoverable.

2.12 Rejet

Refus d'accepter un produit tel qu'il est présenté.

2.12 Rejection

Non acceptance of a product as presented.

2.13 Tableau de bord qualité

Visualisation synthétique qui caractérise la situation et l'évolution des indicateurs qualité.

2.13 Quality dashboard

Synthetic visualisation which characterises the status and trend of the quality indicators.

Annexe A

(normative)

Autres termes

A.1 Les termes suivants, étudiés par le groupe d'experts, sont :

— à considérer comme des termes généraux ;

— à utiliser dans leur acception générale (définitions générales des dictionnaires en vigueur).

Acceptation
Clause
Défectuosité
Dysfonctionnement
Écart
Mise à disposition

A.2 Pour éviter tout malentendu ou toute interprétation de traduction (série ISO 9000), le terme français «reprise» (ISO 8402:1994) est la traduction du terme anglais «rework», traduit dans les versions antérieures par «retouche».

A.3 Le terme «disposal» (normes de la famille ISO 9000) est à traduire en français par «mise hors service».

A.1 The following terms, studied by the working group experts should :

— be considered as general terms ;

— be used with their usual meaning (as defined in any valid dictionary).

Acceptance
Clause
Defectivity
Misfunctioning
Deviation
Release

A.2 The term «rework» is translated into French as «reprise» (ISO 8402:1994).

It was previously translated as «retouche»

A.3 The English term «disposal» (ISO 9000 family standards) should be translated in French as «mise hors service».

Annexe B

(informative)

Bibliographie

NF EN ISO 8402 : Management de la qualité et assurance de la qualité — Vocabulaire.

Quality management and quality assurance — Vocabulary (indice de classement : X 50-120).

Index alphabétique

Alphabetical Index

TABLE ALPHANUMÉRIQUE DES NORMES

Table alphanumérique des normes

Norme internationale ISO	Référence		Indice de classement
9000-4	NF	EN 60300-1	C 20-300-1
	NF	X 07-010	X 07-010
8042	NF	EN ISO 8402	X 50-120
9000-1	NF	EN ISO 9000-1	X 50-121-1
DIS 9000-2	Pr	X 50-121-2	X 50-121-2
9004-1	NF	EN ISO 9004-1	X 50-122-1
9004-2	NF	EN 29004-2	X 50-122-2
9004-4	NF	EN 29004-4	X 50-122-4
DIS 10006	Pr	NF EN ISO 10006	X 50-122-6
10007	Pr	NF EN ISO 10007	X 50-122-7
	NF	X 50-125	X 50-125
		X 50-126	X 50-126
		X 50-127	X 50-127
	NF	X 50-128	X 50-128
	Pr	X 50-129	X 50-129
9001	NF	EN ISO 9001	X 50-131
9002	NF	EN ISO 9002	X 50-132
9003	NF	EN ISO 9003	X 50-133
10011-1	NF	EN 30011-1	X 50-136-1
10011-2	NF	EN 30011-2	X 50-136-2
10011-3	NF	EN 30011-3	X 50-136-3
	NF	X 50-142	X 50-142
	NF	X 50-160	X 50-160
		X 50-161	X 50-161
		X 50-163	X 50-163
	NF	X 50-164	X 50-164
	FD	X 50-175	X 50-175
		X 50-755	X 50-755

contenues dans le recueil

Bibliographie normative

(Note : les références des normes contenues dans le recueil sont en caractère gras.)

1. Les normes internationales de la famille ISO 9000

ISO 8402   Juill. 1995   Management de la qualité et assurance de la qualité - Vocabulaire.

ISO 9000-1   Août 1994   Normes pour le management de la qualité et l'assurance de la qualité - Partie 1 : Lignes directrices pour leur sélection et utilisation.

ISO DIS 9000-2 [1]   Normes pour le management de la qualité et l'assurance de la qualité - Partie 2 : Lignes directrices pour l'application de l'ISO 9001, l'ISO 9002 et l'ISO 9003.

ISO DIS 9000-3 [1]   Normes pour la gestion de la qualité et l'assurance de la qualité - Partie 3 : Lignes directrices pour l'application de l'ISO 9001 au développement, à la mise à disposition et à la maintenance du logiciel.

ISO 9000-4   Avril 1993   Normes pour la gestion et l'assurance de la qualité - Partie 4 : Guide de gestion du programme de sûreté de fonctionnement.

ISO 9001   Août 1994   Systèmes qualité - Modèle pour l'assurance de la qualité en conception, développement, production, installation et prestations associées.

ISO 9002   Août 1994   Systèmes qualité - Modèle pour l'assurance de la qualité en production, installation et prestations associées.

ISO 9003   Août 1994   Systèmes qualité - Modèles pour l'assurance de la qualité en contrôle et essais finals.

ISO 9004-1   Août 1994   Management de la qualité et éléments de système qualité - Partie 1 : Lignes directrices.

ISO 9004-2   Août 1994   Gestion de la qualité et éléments de système qualité - Partie 2 : Lignes directrices pour les services.

ISO 9004-3   Juin 1993   Management de la qualité et éléments de système qualité - Partie 3 : Lignes directrices pour les produits issus de processus à caractère continu.

ISO 9004-4   Juin 1993   Management de la qualité et éléments de système qualité - Partie 4 : Lignes directrices pour l'amélioration de la qualité.

---

1. DIS : Dratf International Standard (Projet de Norme International)

ISO	CD 9004-8	(2)		Management de la qualité et éléments de système qualité - Partie 8 : Principes du management de la qualité et lignes directrices pour leur application.
ISO	10005	Sept	1995	Management de la qualité - Lignes directrices pour les plans qualité.
ISO	**DIS 10006**	(3)		Management de la qualité - Lignes directrices pour la qualité du management de projet.
ISO	**10007**	Avril	1995	Management de la qualité - Lignes directrices pour la gestion de configuration.
ISO	**10011-1**	Déc.	1991	Lignes directrices pour l'audit des systèmes qualité - Partie 1 : Audit.
ISO	**10011-2**	Déc.	1991	Lignes directrices pour l'audit des systèmes qualité - Partie 2 : Critères de qualification pour les auditeurs de systèmes qualité.
ISO	**10011-3**	Déc.	1991	Lignes directrices pour l'audit des systèmes qualité - Partie 3 : Gestion des programmes d'audit.
ISO	10012-1	Janv.	1992	Exigences d'assurance de la qualité des équipements de mesure - Partie 1 : Confirmation métrologique de l'équipement de mesure.
ISO	DIS 10012-2	(3)		Exigences en matière d'assurance de la qualité de l'équipement de mesure - Partie 1 : Management de l'équipement de mesure.
ISO	10013	Mars	1995	Lignes directrices pour l'élaboration des manuels qualité.
ISO	DIS 10014	(3)		Lignes directrices pour le management des effets économiques de la qualité.
ISO	CD 10015	(2)		Management et assurance de la qualité - Lignes directrices pour la formation continue.

2. Les normes complémentaires

2.1 Assurance qualité et management de la qualité

X 50-124		Déc.	1991	Qualité et Management - Vision 2000 - Mise en oeuvre des normes internationales dans le domaine de la qualité - Une stratégie pour les années 90.

---

2. CD : Committee Draft (Projet de Comité)
3. DIS : Dratf International Standard (Projet de Norme International)

NF X 50-125	Août	1995	Qualité - Management de la qualité et assurance de la qualité.
X 50-126	Oct.	1986	Gestion de la qualité - Guide d'évaluation des coûts résultant de la non-qualité.
X 50-127	Janv.	1988	Gestion de la qualité - Recommandations pour obtenir et assurer la qualité en conception.
NF X 50-128	Déc.	1990	Gestion de la qualité et éléments de système qualité - Lignes directrices pour les achats et les approvisionnements.
Pr X 50-129			Guide pour l'utilisation des méthodes statistiques dans le management de la qualité.
NF X 50-160	Oct.	1988	Gestion de la qualité - Guide pour l'établissement d'un manuel qualité.
X 50-161	Déc.	1988	Manuel qualité - Guide pour la rédaction d'un manuel qualité.
X 50-162	Oct.	1991	Relations Clients-Fournisseurs - Guide pour l'établissement du manuel assurance qualité.
X 50-163	Déc.	1992	Qualité et management - Typologie et utilisation de la documentation décrivant les systèmes qualité.
NF X 50-164	Juin.	1990	Relations clients-fournisseurs - Guide pour l'établissement d'un plan d'assurance qualité.
X 50-165	Jan.	1989	Page de garde de rapport d'audit qualité.
X 50-168	Oct.	1988	Relations Clients-Fournisseurs - Questionnaire-type d'évaluation préliminaire d'un fournisseur.
X 50-170	Déc.	1992	Qualité et management - Diagnostic qualité.
X 50-171	Oct.	1993	Indicateurs et tableaux de bord qualité.
FD X 50-175	Mai	1996	Management de la qualité - Cohérence des démarches de maîtrise globale de la qualité, assurance de la qualité et certification ISO 9000.
X 50-180-1	Avril	1994	Qualité et Management - Défaut de contribution du compte d'exploitation pour l'industrie et les services - Partie 1.

2.2 Analyse de la valeur

X 50-100	Avr.	1987	De l'expression du besoin à la compétitivité.
FD X 50-101	Nov.	1995	Analyse fonctionnelle - L'analyse fonctionnelle outil interdisciplinaire de compétitivité.
NF X 50-150	Août	1990	Analyse de la valeur, analyse fonctionnelle - Vocabulaire.
NF X 50-151	Déc.	1991	Analyse de la valeur, analyse fonctionnelle - Expression fonctionnelle du besoin et cahier des charges fonctionnel.
NF X 50-152	Août	1990	Analyse de la valeur - Caractéristiques fondamentales.
X 50-103	Mai	1985	Analyse de la valeur - Recommandations pour sa mise en oeuvre.

2.3 Métrologie

NF X 07-001	Déc.	1994	Normes fondamentales - VIM (remplace NF X 07-001, décembre 1984).
NF X 07-002	Sep.	1971	Instruments de pesage - Vocabulaire.
FD X 07-003	Nov	1995	Métrologie - Termes et définitions utilisés en rapport avec les matériaux de référence (IDT Guide ISO 30).
NF X 07-010	Déc.	1992	Métrologie - La fonction métrologique dans l'entreprise (remplace NF X 07-010, octobre 1986).
X 07-011	Déc.	1994	Métrologie - Constat de vérification des moyens de mesure.
FD X 07-012	Nov	1995	Métrologie - Métrologie dans l'entreprise - Certification d'étalonnage des moyens de mesure.
X 07-015	Déc.	1993	Métrologie - Raccordement des résultats de mesure aux étalons.
X 07-016	Déc.	1993	Métrologie - Essais -Modalités pratiques pour l'établissement des procédures d'étalonnage.
FD X 07-017-1	Nov	1995	Métrologie - Procédure d'étalonnage et de vérification des instruments de pesage à fonctionnement non automatique.
X 07-143	Déc.	1993	Métrologie - Essais -Conception et réalisations des essais - Pertinence et représentativité des essais.
X 07-144-1	Déc.	1994	Métrologie - Conception et réalisation des essais - Essais en environnement - Partie 1 : Bases de la démarche.

NF X 50-005	Août	1975	Relations fournisseurs-utilisateurs - Essais comparatifs de produits - Principes de base.
X 50-006	Févr.	1989	Relations fournisseurs-utilisateurs - Reprise des résultats d'essais comparatifs de produits.
X 50-051	Mai	1982	Guide pour l'élaboration des informations principales nécessaires aux consommateurs avant l'achat.
NF X 50-142	Déc.	1990	Relations clients-fournisseurs - Qualité des essais - Lignes directives pour demander et organiser les essais.

2.4   Certification - accréditation - essais

FD X 07-145-1	Nov	1995	Essais - Conception et réalisation des essais - Partie 1 : représentativité du spécimen.
NF EN 45001	Déc.	1989	Critères généraux concernant le fonctionnement de laboratoires d'essais.
NF EN 45002	Déc.	1989	Critères généraux concernant l'évaluation des laboratoires d'essais.
NF EN 45003	Nov.	1995	Système d'accréditation de laboratoires d'essais et d'étalonnage - Prescriptions générales pour la gestion et la reconnaissance.
NF EN 45004	Oct.	1995	Critères généraux pour le fonctionnement des organismes procédant à l'inspection.
NF EN 45011	Déc.	1989	Critères généraux concernant les organismes de certification procédant à la certification des produits.
NF EN 45012	Déc.	1989	Critères généraux concernant les organismes de certification procédant à la certification des systèmes qualité.
NF EN 45013	Déc.	1989	Critères généraux concernant les organismes de certification procédant à la certification du personnel.
NF EN 45014	Déc.	1989	Critères généraux concernant la déclaration de conformité par les fournisseurs.
NF EN 45020	Févr.	1994	Termes généraux et leurs définitions concernant la normalisation et les activités connexes.

Autres recueils et ouvrages AFNOR

Recueils de normes

Dans la collection "Qualité et efficacité des organisation" :

Le vade-mecum de l'auditeur qualité - Edition 1996

Gérer et assurer la qualité - Edition 1996

La qualité en formation professionnelle - Edition 1996 (à paraître)

Qualité et ingénierie du logiciel - Edition 1996

Métrologie - Gérer et maîtriser les équipements de mesure - Edition 1996 (à paraître)

Méthodes statistiques - Edition 1996
Tome 1 : Vocabulaire
Tome 2 : Estimations et tests statistiques
Tome 3 : Contrôle statistique d'acceptation
Tome 4 : Maîtrise statistique des processus
Tome 5 : Traitement des résultats de mesure

Maintenance industrielle - Edition 1996
Tome 1 : Maintenance Industrielle - Méthodes et outils
Tome 2 : Maintenance Industrielle - Relations contractuelles

Management de projet - Edition 1994

Management des produits et des processus - Edition 1996

OUVRAGES

Maintenance

AFNOR, *Comment réussir votre maintenance*, 1986.

AFNOR, *Contrats de maintenance*, 2e édition, 1988.

AFNOR, *Documents d'exploitation et de maintenance*, 1984.

Boucly Francis, *Le management de la maintenance assistée par ordinateur*, 1990.

Boulenger Alain, *Vers le zéro panne avec la maintenance conditionnelle*, 1988.

Boulenger Alain/Pachaud Christian, *Surveillance des machines par analyse des vibrations.*

Du dépistage au diagnostic, 1995.

Fougerousse Serge/Germain Jacques, *Pratique de la maintenance industrielle par le coût global*, 1991.

Gormand Claude, *Le coût global (Life Cycle Cost). Pour investir plus rationnellement*, 1986.

Nakajima Seiichi, *La maintenance productive totale (TPM). Nouvelle vague de la production industrielle*, 1987.

Nakajima Seiichi, *La maintenance productive totale (TPM). Mise en oeuvre*, 1989.

Smit/Slaterus, *Gestion de l'information pour le management de la maintenance. Le modèle MIMM*, 1994.

Gestion de production

Brissard Jean-Louis/Polizzi Marc, *Les outils de la gestion de production industrielle*, 1990.

Browne Jimmie/Harhen John/Shivnan James, *Les systèmes de production dans un environnement CIM*, 1994.

Goldratt Eliyahu/Cox Jeff, *Le but. Un processus de progrès permanent*, 2e édition, 1993.

Hutchins David, *Le juste-à-temps*, 1989.

Plossl George, *La nouvelle donne de la gestion de production. 30 principes pour réussir*, 1993.

Gestion de projet - Analyse de la valeur

Mémentos "A SAVOIR"

Bellut Serge, *Estimer le coût d'un projet*, 1995.

Boulet Claude/Ballieu Joël, *L'analyse de la valeur*, 1995.

Caupin/Le Bissonnais, *Conduire un projet d'investissement*, 1996.

Caupin/Le Bissonnais, *Comment décider d'un projet ?*, 1996.

Gormand Claude, *Le coût global*, 1995.

Le Bissonnais, *Les métiers pour conduire un projet,* 1996.

Petitdemange Claude, *Analyse de la valeur et ingénierie simultanée*, 1995.

Tassinari Robert, *L'analyse fonctionnelle*, 1995.

AUTRES OUVRAGES SUR LA GESTION DE PROJET

AFAV, *Exprimer le besoin. Applications de la démarche fonctionnelle,* 1989.

AFITEP, *Dictionnaire de management de projet*, 3e édition, 1996.

AFITEP, *Estimation des coûts d'un projet industriel*, 1995.

AFITEP, *Le management de projet. Principes et pratique*, 1991.

Bellut Serge, *La compétitivité par la maîtrise des coûts. Conception à coût objectif et analyse de la valeur,* 1990.

Briner Wendy/Geddes Michael/Hasting Colin, *Le manager de projet : un leader*, 1993.

Chassignet Claude, *Maîtriser et gérer l'information technique. La gestion de la configuration*, 1991.

Frame J. Davidson, *Le nouveau management de projet*, 1995.

Joly Michel/Le Bissonnais Jean/Muller Jean-Louis, *Maîtrisez le coût de vos projets. Manuel de coûtenance*, 1995.

Joly Michel/Muller Jean-Louis, *De la gestion de projet au management par projet,* 1994.

Lamand Guy, *La maîtrise des risques dans les contrats de vente*, 1993.

Le Bissonnais Jean, *Le Management de projet de A à Z. 500 questions pour faire le point*, 1992.

Petitdemange Claude, *La maîtrise de la valeur. La gestion de projet et l'ingénierie simultanée,*

2e édition, 1991.

Villemain Charles, *La planification opérationnelle. Objectifs, méthodes et métiers de la planification de projet*, 1991.

Westney, *Gestion de petits projets. Techniques de planification, d'estimation et de contrôle*, 1991.

Logistique

Brunet Hervé/Le Denn Yves, *La démarche logistique,* 1990.

Commission centrale des marchés, *Guide documentaire de l'emballage,* 1986.

Laurentie Jean, *Logistique, démarche et techniques,* 1994.

Qualité

Mémentos "A SAVOIR"

Babey Frédéric/Pétris Inès, *La norme ISO 9001 et le secteur de l'informatique,* 1996.

Beaumont Olivier, *Réussir votre certification ISO 9000,* 1996.

Bellaïche Michel, *Qualité de service. L'approche ISO 9004-2,* 1995.

Brown Mark Graham, *Qualité et prix Baldrige. Des outils pour progresser,* 1996.

Cerkevic Chantal, *Démarche qualité et communication,* 1995.

Cerkevic Chantal, *Les prix qualité. Malcolm Baldrige, Deming, Européen, Français,* 1995.

Fiorentino Raphaël, *QFD - Quality Function Deployment,* 1993.

Fiorentino Raphaël /Palsky Alain, *Maîtrise statistique des processus continus,* 1994.

Garin Hervé, *AMDEC/AMDE/AEEL,* 1994.

Garin Hervé, *Assurance qualité et certification d'entreprise,* 1993.

Garin Hervé, *La relation client-fournisseur interne,* 1993.

Garin Hervé, *MSP - Maîtrise statistique des procédés,* 1993.

Périgord Michel/Vandeville Pierre, *L'audit qualité,* 1993.

Souvay Pierre, *Les plans d'expériences. Méthode Taguchi,* 1995.

Souvay Pierre, *Statistique de base appliquée à la maîtrise de la qualité,* 1994.

Souvay Pierre, *Statistique et qualité. Étude de cas,* 1994.

Souvay Pierre, *Les tables statistiques. Mode d'emploi,* 1994.

AUTRES OUVRAGES SUR LA QUALITÉ

ADELI/SYNTEC Informatique, *ISO 9001 et développement du logiciel. Guide d'application,* 1996.

AKAO Yoji, *QFD - Prendre en compte les besoins du client dans la conception des produits,* 1993.

Alexis Jacques, *Pratique industrielle de la méthode Taguchi. Les plans d'expériences,* 1995.

Balm Gerald J., *Évaluer et améliorer ses performances. Le Benchmarking,* 1994.

Buch Jensen Poul, *Guide d'interprétation des normes ISO 9000,* 2e édition, 1996.

Cérutti Olivier/Gattino Bruno, *Indicateurs et tableaux de bord,* 1992.

CIIBA/AFNOR, *Management de la qualité du logiciel, Les référentiels,* 1995

Contamine Marcel, *Ce qui a changé dans les normes ISO 9000,* 1994.

CTI, *La métrologie en PME-PMI. Pratique de la mesure dans l'industrie,* 1996.

Demonsant Jacques, *Comprendre et mener les plans d'expérience,* 1996.

Froman Bernard, *Le manuel qualité. Outil stratégique d'une démarche qualité*, 1995.

Gitlow Howard Seth/Gitlow Shelly Jan, *Le guide Deming pour la qualité et la compétitivité*, 1991.

Ishihara Katsuyoshi, *Manuel pratique de gestion de la qualité*, 1986.

Ishihara Katsuyoshil, *Le TQC ou la qualité à la Japonaise*, 1984.

Juran Joseph, *Gestion de la qualité*, 1983.

Juran Joseph, *Planifier la qualité*, 1989.

Juran Joseph, *La qualité dans les services*, 1987.

Juse, *Comment lancer les cercles de qualité,* 1989.

Juse, *TQC - Les 14 étapes du processus (2 tomes)*, 1993.

Lamouille Jean-Luc/Murry Bernard/Potié Christian, *La maîtrise statistique des procédés (SPC)*, 1989.

Lamprecht James, *Appliquer les normes ISO 9000 dans les PME-PMI,* 1996.

Lamprecht James, *ISO 9000. Se préparer à la certification*, 1994.

Lamprecht James, *ISO 9000 et les services*, 1995.

Lochner Robert/Matar Joseph, *Conception de la qualité. Les plans d'expériences*, 1992.

Martin Jean-Pierre, *La qualité des logiciels. Du bricolage à l'industrialisation*, 1987.

MFQ, *Métrologie dans l'entreprise. Outil de la qualité,* 1995.

MFQ, *PME-PMI : La démarche qualité*, 2e édition, 1992.

Mitonneau Henri, *Changer le management de la qualité : Sept nouveaux outils,* 1989.

Mitonneau Henri, *Réussir l'audit qualité,* 2e édition, 1994.

Norris/Rigby, *Conception et qualité du logiciel,* 1995.

Ozeki Kazuo/AsakaTetsuichi, *Les outils de la qualité*, 1992.

Périgord Michel, *Les parcours de la qualité. Démarches et outils*, 1992

Potié Christian, *Diagnostic qualité. Méthodes d'expertise et d'investigation*, 1991.

Price Frank, *Faire bien à tous les coups. L'approche Deming*, 1991.

Revoil Gilles, *Assurance qualité dans les laboratoires d'analyses et d'essais*, 1995.

Sado Marie-Christine/Sado Gilles, *Les plans d'expériences. De l'expérimentation à l'assurance qualité,* 1991.

Souvay Pierre, *La statistique, outil de la qualité*, 1986.

Vandeville Pierre/Gambier Christine, *Conduire un audit qualité. Méthodologie et techniques*, 1995.

Adresses utiles

Ascert International
45-47, avenue Carnot
94230 Cachan
Tél. : 01 46 15 70 60

Association Française de Normalisation (AFNOR)
Tour Europe
92049 Paris-La Défense Cedex
Tél. : 01 42 91 55 55
Télex : AFNOR 611974F
Télécopie : 01 42 91 56 56

Association Française d'Analyse de la valeur (AFAV)
Tour Europe - Cedex 7
92049 Paris La Défense
Tél. : 01 42 91 59 56

Association Française de Gestion Industrielle (AFGI)
73, boulevard de Clichy
75009 Paris
Tél. : 01 48 74 45 27

Association Française du Management de Projet (AFITEP)
3, rue Française
75001 Paris
Tél. : 01 42 36 36 37

Association Française pour l'Assurance de la Qualité (AFAQ)
116, avenue Aristide Briand, BP 40
92224 Bagneux cedex
Tél. : 01 46 11 37 37

Bureau Nationale de Métrologie (BNM)
22, rue Monge
75005 Paris
Tél. : 01 43 19 36 36

Bureau Véritas Quality International France
Immeuble Apollo
10, rue Jacques Daguerre
92565 Rueil Malmaison Cedex
Tél. : 01 47 14 43 28

CDAF
6, rue Paul Cézanne
93364 Neuilly Plaisance Cedex
Tél. : 01 43 08 20 20

COFRAC
Siège : 1, rue Gaston Boissier
75015 Paris
Section essais. Tél. : 01 40 52 05 70
Autres sections. Tél. : 01 43 19 50 52

Lloyd's Register Quality Assurance France SA
Immeuble Le Danica
17-19, avenue Georges Pompidou
69486 Lyon Cedex 03
Tél. : 04 72 13 31 41

Mouvement Français pour la Qualité (MFQ)
5, esplanade Charles de Gaulle
92733 Nanterre Cedex
Tél. : 01 47 24 02 02

Index alphabétique

Imprimé en France. - JOUVE, 18, rue Saint-Denis, 75001 PARIS
N° 238897G. - Dépôt légal : Septembre 1996

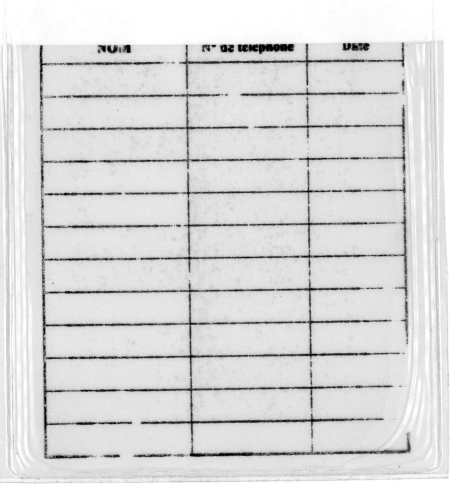

NOM	N° de téléphone	Date